es 1451

edition suhrkamp

Neue Folge Band 451

Die Bände der Reihe »Poetik« haben sich zum Ziel gesetzt, die hiesige Diskussion über poetologische Fragen durch Vermittlung internationaler Beiträge zu bereichern, zugleich interdisziplinäre Fragestellungen zu fördern und – von Fall zu Fall – an »vergessene« Themen zu erinnern. Der zweite Band ist der »Typologie« gewidmet, ihrer Genese als christliche Denkform und Interpretationsmethode, ihrer expliziten oder impliziten Bedeutung für Intention, Konvention und Tradition literarischer und bildnerischer Werke. Typologie kann der jüngstvergangenen und gegenwärtigen Diskussion über Hermeneutik und Allegorese neue Impulse geben: das Denken im Spannungsfeld von Typus und Antitypus, Verheißung und Erfüllung, die vielfältigen Notwendigkeiten der Umdeutung theologischer, historischer, philosophischer, künstlerischer Sinnzusammenhänge sind nicht nur für das Mittelalter charakteristisch. In diesem Sinne ist es ein Ziel des Bandes, allgemein auf ein Defizit gegenwärtiger Interpretationsansätze aufmerksam zu machen, besonders aber, die – hierzulande noch kaum untersuchte – Ausstrahlung der Typologie in die Neuzeit zu dokumentieren. Der Band legt nicht nur Grundtexte des typologischen Denkens erstmals in deutscher Sprache vor, sondern macht auch Forschungsergebnisse aus Einzeldisziplinen zugänglich.

Volker Bohn ist Professor für Neuere deutsche Philologie an der Johann Wolfgang Goethe-Universität in Frankfurt/Main.

Typologie

Internationale Beiträge zur Poetik

Herausgegeben von
Volker Bohn

Suhrkamp

Poetik. Internationale Beiträge
Band 2: Typologie
Redaktion: Reinhold Grether, Olaf Hansen,
Eckhard Lobsien, Jörg Villwock

edition suhrkamp 1451
Neue Folge Band 451
Erste Auflage 1988

Erstausgabe

Satz: Uhl + Massopust, Aalen
Druck: Nomos Verlagsgesellschaft, Baden-Baden
Umschlagentwurf: Willy Fleckhaus
Printed in Germany

1 2 3 4 5 6 – 93 92 91 90 89 88

Inhalt

Einleitung

Das griechische Wort »Typos« hat sich in Wissenschaft und Philosophie, aber auch in der Umgangssprache als ein vielfach verwendeter Begriff eingebürgert. Demgegenüber will der vorliegende Band an einen Sinnaspekt des Ausdrucks erinnern, der uns heute nicht mehr so geläufig, vielleicht sogar fremd geworden ist und der ursprünglich aus der christlichen Offenbarungstheologie stammt. Hier bezieht sich »Typos« nicht auf die Ordnung der Dinge im Raum, sondern auf die Gliederung von Zeit als Heilsgeschichte. Ein »typisches«, d. h. vorbildliches Vergangenes wird dabei zur Gegenwart als seinem »Antitypus« (Gegenbild) in eine schöpferische Steigerungsbeziehung gesetzt, und zwar in der Weise, daß letztere sich nicht auf die bloße Nachahmung (imitatio) des Gewesenen beschränkt, sondern ihm vielmehr in lebendiger Wiederholung Ergänzung und Erfüllung gewährt. Das bedeutet für die Denkform, die man Typologie nennt, zunächst und vor allem, daß sie Ereignisse der Vergangenheit unter dem Aspekt ihres verborgenen prophetischen Gehalts wahrzunehmen fordert. Entsprechend wird das im Christentum zentrale Problem des inneren Zusammenhangs der beiden Testamente vom Typologiekonzept her in die Frage nach den Antizipationen, den Vorprägungen des Neuen im Alten gefaßt.

Die Geltung dieses bibelhermeneutischen Verfahrens ist durch die Autorität der Evangelien selbst insofern verbürgt, als diese die Person Jesu wiederholt in typologische Beziehungen einrücken: zum alttestamentlichen Prophetentum, zu Adam und Abraham, aber nicht zuletzt auch zu Gestalten der Mythologie. So nennt z. B. Johannes Christus den »wahren Weinstock«, der den orgiastischen Rausch negiert, um an seine Stelle die christliche Kultekstase zu setzen, die sich vom dionysischen Taumel als eine nüchterne Trunkenheit abhebt, zu der nur Wasser benötigt wird. Ähnliche Beziehungen zu mythologischen Bewußtseinsgestalten finden sich in den Texten des Johannes noch mehrfach – Christus ist ihm auch der wahre Herakles und der wahre Asklepios –, wobei solche überhöhenden Identifikationen jedesmal zugleich den Zweck erfüllen, die Anhänger der betreffenden Ideen und Kulte für das Christentum zu gewinnen. Hierin bekundet sich die rhetorische Dimension der Typologie, in der sie auf die Akzeptanz des Anspruchs hinwirkt, daß ein Überbotenes, Überwundenes sich im Überbietenden erfülle.

Wie Christus im Evangelium des Johannes die altgriechischen Mysteriengötter überbietet, so überbietet er in der Apokalypse die zeitgenössischen Geschichtsgötter, den persischen Mithras, den römischen Gottkaiser unter dem Aspekt der Synthese von religiöser und weltlicher Macht, den jüdischen Messias in der Funktion des Weltrichters. So zeichnen sich im Neuen Testament zwei verschiedene Bedeutungen der Typologie ab: eine evangelische und eine apokalyptische, auf das Zukunftsbild des verheißenen Eschaton bezogene. Nach der ersten Bedeutung hat die Typologie eine mehr abschließende Funktion, indem sie die gegenwärtige Vollendung des in der Vergangenheit nur Angelegten verkündet, nach der zweiten öffnet sie den Ausblick zu einer erst noch kommenden Offenbarung. Im Rahmen dieser gemäß den Erstrekkungen der Zeit dreifach gestuften Typologie ist Christus sowohl Antitypus als auch typisches Vorbild: Antitypus, insofern in ihm die gegenwärtige Erfüllung der vergangenen alttestamentlichen Verfassung beschlossen ist, Typus in Hinsicht auf die ausstehende eschatologische Heilsverwirklichung.

So zeigt sich das Verständnis der Substanz des Christentums mit dem der typologischen Denkform aufs engste verbunden. Die wesentliche Rolle, die sie bei der Herausbildung des hellenisch-jüdisch-christlichen Traditionsgefüges spielt, verbürgt die eminente geistesgeschichtliche Relevanz ihrer Erforschung. Der Typologiebegriff bezeichnet nicht nur ein äußerliches Schema der Textexegese, das als Angelegenheit antiquarischer Reminiszenz abzutun wäre, sondern weist in den Grund einer Denkstruktur von welthistorischer Tragweite. Entsprechend sind ihm gewidmete Forschungsbemühungen auf Interdisziplinarität vital angewiesen. Die Kunsthistorie ist hier ebenso gefordert wie die Religionsgeschichte, die Sprach- und Literaturwissenschaft ebenso wie die Geschichtswissenschaft, die Philosophie und die Theologie. Die Beiträge, die der vorliegende Band sammelt, machen den Reichtum der skizzierten Problematik einsichtig, indem sie die bis in die Neuzeit hineinreichende Wirksamkeit des typologischen Bewußtseins und die Vielfalt seiner literarischen Umsetzungen aufzeigen; sie erhellen unter verschiedenen methodischen Gesichtspunkten das Maß, in dem die Typologie als poetische Schaffenskategorie wirksam geworden ist, und geben Einblick in die internationale Forschungslage.

Zugleich wird deutlich, wie sehr das Thema sich mit aktuellen Fragestellungen berührt. Das gilt nicht nur für das neu erwachte Interesse an der Ästhetik des Erhabenen, sondern auch für den gegenwärtigen Stand der kritischen Diskussion von Historismus und Strukturalismus. Denn die Auflösung geschichtlicher Kontexte in die Beliebigkeit historischer Fakten und Methoden einerseits und die Reduktion konkreter Ereignisfolgen auf die starre Wiederholung des Gleichen andererseits sind die Pole, gegen die sich der Typologiebegriff abgrenzt. Dieser impliziert die Idee einer dynamischen Struktur: er mahnt u. a. eine Beschränkung des Übergewichts der Historie an zugunsten der Wertigkeit des Vergangenen für das gegenwärtige geschichtliche Dasein mit seinen in die Zukunft weisenden Möglichkeiten, für die Vollendung dessen, worauf die geschichtliche Situation als ganze hinstrebt. So berührt das Typologiekonzept zumindest formal die historische Perspektive phänomenologischer Untersuchungen, die jüngst Hans Blumenberg mit der Neufassung der lebensphilosophischen Kategorie der »Bedeutsamkeit«[1] geschaffen hat.

Typologie ist also eine Figur kritischer Rezeption. »Die distanzierenden Abklärungen führen zu produktiven Anverwandlungen, bereichern beide Seiten, bewahren das Alte vor dem Fall in das Vergessen.«[2] Diesen Aspekt hilft der Aufsatz Hans Blumenbergs zu verdeutlichen. Seine Bedeutung im Rahmen des vorliegenden Bandes liegt vor allem darin, daß er anhand des Vorgangs der Christianisierung antiker Überlieferung den allgemeinen Kontext beschreibt, in dem typologisches Denken als theologische Zuspitzung einer Grundform adaptiven Umgangs mit Tradiertem bei den Kirchenvätern bedeutsam werden konnte. Blumenbergs Ausführungen belegen exemplarisch die enge Bindung des typologischen Denkens an ein geschichtliches Selbstverständnis des Neuen, sofern es weder willkürlicher Einbruch in das Kontinuum des Alten noch bloß dessen lineare Fortsetzung sein will.

Das frühe Christentum grenzt sich dergestalt gegen die Stoa einerseits und die Gnosis andererseits ab. An die Typologie als Form der Schriftexegese knüpft sich das theologische Problem des Bezugs zwischen Schöpfung und Erlösung. Indem die Gnosis das eine vom anderen schroff trennte, mußte sie folgerichtig auch die Einheit der beiden Testamente negieren. Auf der anderen Seite ließ der stoische Monismus keinen Raum für eine gegen die Schöpfung abgehobene Erlösungsvorstellung. Das sind die Extreme, die das typologische Denken des frühen Christentums dadurch zu balancieren sucht, daß es einen Weg weist, Schöpfungsprinzip (Altes Testament) und Erlösungsprinzip (Neues Testament) ohne Preisgabe ihrer tieferen Einheit auseinanderzuhalten. Diese Situierung aber hat insofern eine über den spätantiken Modellfall hinausweisende heuristische Bedeutung für die Betrachtung der Typologie-Tradition, als sie die Vermutung nahelegt, daß überall da, wo – aus welchen Gründen auch immer – die typologische Geschichtsdeutung schwindet, Gnostizismus und Stoizismus neue Wirksamkeit entfalten.

Die in dem vorliegenden Band versammelten Aufsätze bezeugen überdies, daß sich die Herausforderungen des typologischen Denkens zumeist im Zusammenhang eines historischen Bewußtseins stellen, in dessen Zentrum sich ein extrem zwiespältiges Subjektbewußtsein artikuliert, wobei Selbstzurücknahme und Selbstbehauptung eine stringente Verbindung eingehen. Die dergestalt geäußerte Herausforderung der Typologie gilt nicht der Formulierung einer neuen Metaphysik, sondern dem Aufspüren und dem Nachweis von präfigurativen Weltsichten in unterschiedlichen und oft unerwarteten Denk- und Textzusammenhängen.

Bedeutsamkeit durch Präfiguration herzustellen ist freilich immer ein nachträgliches Unternehmen. Dynamik wird beschworen um der Geltung des Augenblicks willen, Erfüllung ist nur als abgeleitete zu haben. Stärke und Fragilität standen folglich im typologischen Denken von jeher in engem Zusammenhang. Überzeugt davon, daß selbst marginale Ereignisse der Lebenswelt eine präfigurative, also gottgewollte Bedeutung haben, sahen sich die Vertreter des typologischen Denkens gehalten, auch solche Begebenheiten als Zeichen göttlichen Willens festzuhalten, die sie nicht unmittelbar verstanden, die sie also zu interpretieren hatten. Die Geschichte der Typologie in Amerika kann deshalb im systematischen Zusammenhang mit modernen Interpretationstheorien gesehen werden, ihre Aktualität liegt in der Entwicklung eines ausgreifenden hermeneutischen Formenkatalogs. Auf dem Weg von strikter Exegese des Alltags bis hin zu säkularisierten Symbolsystemen, die nicht mehr die Anschaulichkeit der Weltauslegung ins Zentrum stellten, sondern das *Prinzip* der Sinnkonstruktion und die Frage nach dessen Möglichkeit.

Typologie verlangt demzufolge nach ständiger Übersteigerung. Dies gilt insbesondere dort, wo sie als methodisch greifbarer Sonderfall in Erscheinung tritt. Als variantenreiche Ausformung von Analogiebildung mißverstanden, verliert sie an Substanz. Die Analogie dient keiner Enträtselung; im strengen Sinn stellt sie die Frage nach Transzendenz in dem historisch bewußten Sinn, wie es zur Analogie überhaupt kommen konnte. Jeder Analogiebildung bleibt daher ein Moment des Rätselhaften inhärent. In ihm liegt der Ursprung eines literarischen und bildhaften Formenreichtums, den das Subjekt gegen typologische Präfiguration produziert.

Eine wesentliche Zielsetzung des vorliegenden Bandes ist die Ablösung des Themas von den Restriktionen, die aus der Annahme entspringen, Typologie sei ein Spezifikum des Mittelalters. Unter ihrer Voraussetzung wird entweder die Reichweite typologischen Denkens zu eng – nämlich rein mediävistisch – oder die des Mittelalters – aufgrund der Konsequenz, Geschichtsräume, in denen sich Typologisches zeigt, als mittelalterlich charakterisieren zu müssen – zu weit bestimmt. Die Frage der epochalen Zuordnung von Typologie bedarf der Differenzierung vor dem Hintergrund ausführlicher Darstellung ihrer je spezifischen Präsenz und Wirksamkeit in spätantiken, mittelalterlichen und neuzeitlichen Kontexten. Dazu sollen hier zumindest Anstöße gegeben werden. So ist es denn einerseits eine Gefahr, das typologische Denken als ein Epochenphänomen zu beschreiben, etwa als Begleiterscheinung eines Säkularisierungsprozesses, wie es andererseits problematisch ist, die Typologie als eine Denkform zu sehen, die im wissenssoziologischen Sinn eine neben anderen ist. Die Herausforderung der Typologie liegt in ihrem Anspruch auf Sinnbildung ohne ein Versprechen auf Bestätigung. Typologisches Denken und Sprechen bleibt der Ungewißheit verhaftet. Darin liegt ihr philosophischer Gehalt, ihr Widerspruchspotential. Was in ihrem Kontext sich als Subjektivität äußert, ist eine Form des erschrockenen Zugriffs, dem es darum geht, Geschichtsbewußtsein zu artikulieren gegen die Überlegenheit der Präfiguration.

Was Friedrich Ohly in bezug auf die Geschichtswissenschaft feststellt – sie habe der typologischen Denkform »bisher überraschend wenig Aufmerken geschenkt« –, ließe sich mit gleichem Recht auch von der Philosophie sagen. Das damit angesprochene

Desiderat mag – im Rahmen dieser Einleitung – durch einen Hinweis auf die zentrale Bedeutung der Typologie für die Spätphilosophie Schellings deutlich werden, die dem Zusammenhang zwischen Mythos und Offenbarung sowie der inneren Konsistenz der letzteren nachdenkt. Dieser Hinweis ist darüber hinaus für das Thema insgesamt von spezieller Wichtigkeit, als er zum einen die Richtung aufzeigt, in der die – ebenfalls von Friedrich Ohly seit längerem geforderte – philosophische Grundlegung der typologischen Denkform zu gewinnen wäre, und zum anderen das forschungshistorische Faktum verständlich macht, daß die gelehrte Bearbeitung des Typologie-Problems immer wieder in der Geistmetaphysik des Deutschen Idealismus Rückhalt und Anregung finden konnte.[3]

Daß Schelling Begriff und Sache der Typologie von der bibelwissenschaftlichen Diskussion des späten 18. Jahrhunderts her vertraut waren, wird verschiedentlich sichtbar. Am deutlichsten zeigt es sich in dem Teil der *Philosophie der Offenbarung*, der dem Alten Testament gewidmet ist. Schelling legt hier dar, daß das typologische Verhältnis im Begriff der Offenbarung selbst insofern verankert ist, als »jede Offenbarung schon einen ursprünglichen, substantiellen Inhalt des Bewußtseins voraussetzen muß, den sie selbst nicht aufheben darf, weil sie nur an ihm und in ihm das Bewußtsein des Wahren hervorbringen kann«.[4] Damit ist genau das Prinzip der typologischen Offenbarungsdeutung getroffen, die ja grundsätzlich in der Anschauung wurzelt, daß das Höhere im Niederen, das Wahre im Falschen vorgebildet sei, dieses noch verschlossene Elemente enthalte, die es mit jenem über die Distanz hinweg verbinden. Schelling verkennt nicht die Sachnähe seines Ansatzes zu dem, was er das »Erklärungssystem« der »typischen Theologie« nennt, »nach welcher die zahlreichen, vom mosaischen Gesetz vorgeschriebenen Handlungen, vorzüglich aber die Opfer, typi, d. h. Vorbilder seyn sollten, die ihre Wahrheit nicht in sich selbst, sondern nur in dem hatten, was durch sie vorgebildet wurde, in Christo, und zumal in dem großen Opfer des neuen Testamentes«.[5] Die Kritik, die Schelling dieser Deutungsweise entgegenhält, ist nicht prinzipiell, sondern gilt nur ihrer faktischen Beschränkung auf die Beziehung zwischen Judentum und Christentum. Ausdrücklich fordert er die Einbindung der Mythologie in den typologischen Interpretationsansatz: »Aber das Christentum war nicht weniger die Zukunft des Heidenthums als des

Judenthums, und nicht dieses allein ist vorbildlich; auch das Heidenthum enthielt Vorbilder des Verhältnisses, das in seiner Wahrheit erst durch Christus erschienen ist.«[6]

Darin, daß Schelling aufgrund seiner historischen Studien an die europäische Tradition der Typologie anknüpfen konnte, beruht seine Bedeutung für die philosophische Betrachtung der Geschichte dieser Denkform. Schelling behandelt sie nicht als bloßes hermeneutisches Problem. Die Prägung, die die Typologie bei ihm erfährt, evoziert in besonderem Maße deren dämonologischen Hintergrund, der, wie die Studie Jean Daniélous zu Gregor von Nyssa zeigt, auch den Kirchenvätern stets gegenwärtig war.

Schellings Blick auf das typologische Verhältnis dringt in die »polemische« Dimension durch, die ihm zugrunde liegt. Und in dieser Hinsicht läßt sich seine Deutung zumindest formal mit derjenigen Nietzsches parallelisieren, die allerdings den Kampfaspekt der typologischen Allegorese nur betont, um ihre moralisch fragwürdige Seite kenntlich zu machen: »Was soll man von den Nachwirkungen einer Religion erwarten, welche in den Jahrhunderten ihrer Begründung jenes unerhörte philologische Possenspiel um das Alte Testament aufgeführt hat: ich meine den Versuch, das Alte Testament den Juden unter dem Leibe wegzuziehen, mit der Behauptung, es enthalte nichts als christliche Lehren und *gehöre* den Christen als dem *wahren* Volke Israel: während die Juden es sich nur angemaßt hätten. Und nun ergab man sich einer Wut der Ausdeutung und Unterschiebung, welche unmöglich mit dem guten Gewissen verbunden gewesen sein kann: wie sehr auch die jüdischen Gelehrten protestierten, überall sollte im Alten Testament von Christus und nur von Christus die Rede sein, überall namentlich von seinem Kreuze, und wo nur ein Holz, eine Rute, eine Leiter, ein Zweig, ein Baum, eine Weide, ein Stab genannt wird, da bedeute dies eine Prophezeiung auf das Kreuzesholz; selbst die Aufrichtung des Einhorns und der ehernen Schlange, selbst Moses, wenn er die Arme zum Gebet ausbreitet, ja selbst die Spieße, an denen das Passahlamm gebraten wird, – alles Anspielungen und gleichsam Vorspiele des Kreuzes! Hat dies jemals jemand *geglaubt*, der es behauptete?... Man war eben im *Kampfe* und dachte an die Gegner und nicht an die Redlichkeit.«[7]

Bei Schelling hat der dem typologischen Verhältnis zugrunde liegende Kampf freilich eine andere, man möchte sagen »paulinische« Dimension, insofern er in den Typen eine nichtmenschliche

Kraft konzentriert sieht, die es zu überwinden galt. »Aber obwohl bloß Schatten und Vorbilder des Zukünftigen, hatten die Opfer des Alten Testaments darum doch, oder sie hatten vielmehr eben deswegen für *ihre* Zeit reelle Bedeutung.«[8] Die alttestamentlichen Typen haben also nach Schelling eine objektive Bedeutung, die ihren Sinn aber erst vom neutestamentlichen Antitypus her erhält, indem er sie zugleich negiert und erfüllt. Es wäre gewiß der Mühe wert und ein selbständiges Thema der Philosophiegeschichte, diesen Gedanken der negativen Erfüllung im Gesamtraum des Deutschen Idealismus zu lokalisieren. Im engen Rahmen unserer Einleitung muß der Hinweis auf Hegel und dessen Begriff des »Pleroma« genügen, wie er in den *Theologischen Jugendschriften* über den »Geist des Christentums« entfaltet wird, um den Zusammenhang zwischen Gesetz und Gnade philosophisch einsichtig zu machen. Zweifellos berührt die hier gegebene Deutung der Bergpredigt mit der Frage nach einem Sein, welches das gesetzesförmig fixierte Sollen und die abstrakte Verbindlichkeit moralischer Normen übersteigt, den Kern des Typologieproblems. »Unmittelbar gegen Gesetze gekehrt zeigt sich dieser über Moralität erhabene Geist Jesu in der Bergpredigt, die ein an mehreren Beispielen von Gesetzen durchgeführter Versuch ist, den Gesetzen das Gesetzliche, die Form von Gesetzen zu benehmen, der nicht Achtung für dieselben predigt, sondern dasjenige aufzeigt, was sie erfüllt, aber als Gesetze aufhebt und also etwas Höheres ist als der Gehorsam gegen dieselben und sie entbehrlich macht.«[9]

Typologie hat es mit Formen gewaltfreier, weil an die Erschöpfung des Negativen gebundener Überwindung zu tun, als Denkweise kreist sie um die Vermittlung zwischen Kontinuität und Diskontinuität, um die Möglichkeit entschiedener Distanzierung unter gleichzeitiger Vermeidung der Gefahr einer einsinnigen Entwertung des Distanzierten. Darauf beruht ihre philosophische Relevanz. Schellings Verständnis der Typologie ist vor allem dadurch charakterisiert, daß in ihm die von der Gnosis geprägte mythologische Sicht des Alten Testaments als Moment aufgehoben bleibt: »Die ganze Offenbarung des A. T. ist nur die durch die Mythologie durchwirkende Offenbarung (das Christentum hat diese Hülle durchbrochen). Ein höherer Wille ist es, der auch im A. T. jene Potenzen zu seinen Werkzeugen gemacht, sich in ihnen darzustellen sucht.«[10] Für den Zusammenhang, dem dieser Band gewidmet ist, bleibt hier als wichtigste Frage zu klären: die

Stellung der Typologie im Schellingschen Systemgefüge von reinrationaler und positiver, auf Mythologie und Offenbarung bezogener Philosophie. Daß dem typologischen Verhältnis bei Schelling eine Schlüsselstellung zukommt, bezeugt nicht zuletzt die naturteleologische Wendung, die er ihm gegeben hat: »In jeder Bewegung, die ein bestimmtes Ziel hat, wirkt dieses Ziel schon selbst als causa finalis mit. Von Anfang der Bewegung ist das seyn Sollende mitgesetzt, und das seyn Sollende ist auch schon ein Seyn. Das Ziel der ganzen Natur ist das Menschliche, insofern wirkt das Menschliche schon in der Natur (als causa finalis); daher finden sich in der Natur Präformationen menschlicher, sittlicher Verhältnisse.«[11] Wir dürfen Aussagen solcher Art der orphischen Schicht romantischer Philosophie zuweisen. Ihr entstammt das große Programm der Versöhnung von Wissenschaft und Religion, von Descartes und Vico, in dem die typologische Denkform bei Schelling geistesgeschichtlich anzusiedeln wäre.

Daß nun allerdings der Versuch von Versöhnung im Kontext einer Präfigurationslehre den Menschen in ein Dilemma stellt, das nur im Sinne einer Aufhebung zu lösen ist, hat Schelling in seiner sechsten Vorlesung zur *Einleitung in die Philosophie der Offenbarung* festgehalten:

»Die Sache verhält sich also eigentlich so: beides ist gefordert, eine Wissenschaft, die das Wesen der Dinge begreift, den Inhalt alles Seins, und eine Wissenschaft, welche die wirkliche Existenz der Dinge erklärt.« (S. 697)

Vor einer solchen Einsicht liegt die Notwendigkeit der Hermeneutik, ihre Erschöpfung und daran anschließend der Versuch ihrer Erneuerung. Ähnlich verhält es sich mit dem teleologischen Denken, der eschatologischen Dimension in der Typologie, dem Milleniarismus: Alles spitzt die Präfiguration zu, sie verspricht die Zuwendung auf ein Ziel, nur um dessen Erreichen letztendlich zu verweigern. Was immer sie an Gewißheit nahelegt, löst ihre eigene Systematik in Ungewißheit auf. Verkommt also das typologische Denken nicht zu einem sterilen Verfahren letztlich bedeutungsloser Zuordnungen, so bleibt es gerade aufgrund seiner inhärenten Widersprüchlichkeiten eine eminente Herausforderung an ein Denken, dem die Kategorie des Sinns substantiell geblieben ist.

Ohlys Hinweis, daß Diltheys Typusbegriff keinen Bezug zur theologischen Typologie habe, ist zur systematischen Abgrenzung des Themas gewiß hilfreich, doch bleibt zu überprüfen, inwiefern der im Typologiegedanken angelegte geschichtliche Sinn dem zuerst durch Dilthey und dann durch Heidegger im Blick auf die methodische Grundlegung der Geisteswissenschaften entwickelten Verständnis von Geschichtlichkeit in wesentlichen Punkten nahekommt. Dabei wäre zu erinnern, daß Diltheys Typusbegriff Wandlungen erfährt, die für die Beurteilung seines Zusammenhangs mit der theologischen Typologie beachtenswert sind. Zwar entlehnt Dilthey den Ausdruck »Typus« zunächst der vergleichenden Naturwissenschaft, doch bedeutet er ihm zunehmend mehr als bloß das Allgemeingültige, Norm- und Regelhafte, indem er ihn zur historischen Grundkategorie erhebt und dem Problem der Polarität zwischen Gleichförmigem und Individuell-Einzigartigem im geschichtlichen Dasein zuordnet. Der Begriff des Typus koinzidiert dann mit dem des »Bedeutsamen« und gewinnt so einen Schlüsselwert für die Analyse des Geschichtsbewußtseins als »Kraftübertragung« und »Lebensverhältnis«.[12] Und diese dynamische Sicht des Umgangs mit Vergangenem, die zugleich eine poetische ist – Dilthey gewinnt den veränderten Typusbegriff primär aus poetologischen Studien –, entspricht genau dem theologischen Typologiegedanken, der, wo er stilbildend wirkt, vor allem eine schöpferisch deutende Integration des Vergangenen in die Dynamik der Gegenwart fordert. Hier geht es weniger um Objektivation des Gewesenen als vielmehr um »Methexis«, um die Teilhabe des Alten am Neuen und des Neuen am Alten. Die typologische Interpretation von Geschichte vollzieht sich und weiß sich selbst als Form des »In-der-Geschichte-seins«. Das markiert einerseits ihren Abstand zu jedem Vergangenheitsbezug, der auf »theoretische« Kenntnisnahme beschränkt ist, und andererseits ihre Nähe zu dem, was der Begriff »Geschichtlichkeit« zu fassen sucht: daß Geschichte kein bloßer Objektbereich ist, sondern einen Existenzsinn hat, den es auch auf wissenschaftlichem Niveau methodisch zu wahren gilt.[13]

In der Form einer Fragestellung hat Goethe in seinem Kommentar zu einer Platoübersetzung unter dem Titel *Plato als Mitgenosse einer christlichen Offenbarung* ein Problem bezeichnet, das auf die philosophische Dimension der Typologie verweist. Gemeint ist die Problematik des Unterschieds von historischem und geschichtlichem Wahrheitsgehalt. Gegen die Kritik historischer Wahrheit, besser Genauigkeit, hält er fest: »Diese Fictionen, diese Hieroglyphen deren jede Kunst bedarf, werden so übel von allen verstanden, welche alles Wahre natürlich haben wollen und dadurch die Kunst aus ihrer Sphäre reißen.«[14]

So gilt es denn für den scheinbaren Sonderfall der Typologie in Neuengland und in Amerika darauf zu achten, daß, form- und ausdrucksproduzierend, die Typen über ihre spezifische Thematik hinausweisen. Der Besinnungshorizont der Typologie umfaßt die Grundstruktur des Verhältnisses von Subjektivität und Geschichte: die Diskussion der Lyrik Emily Dickinsons durch Karl Keller verdeutlicht dies. Ebenso zeigt der pointierte Aufsatz von Sacvan Bercovitch die Typologie in der Konsequenz von Säkularisierung als eine paradoxe: Weltlichkeit steht zu sich selbst im Widerspruch. Der Gedanke der *Mission* wirft notwendig den der Legitimation auf, die ohne Inanspruchnahme einer Heilsperspektive, es sei denn um den Preis der Ideologiebildung, nicht auskommt. Die Tragweite typologischen Denkens wird hier deutlich: seine Bedeutung liegt in der Negation einer doppelten Geschichtsschreibung. Sie muß dem Subjekt in der Welt Geltung verschaffen, ohne behaupten zu können, daß dem Subjekt in der Welt damit zu einem vorenthaltenen Recht verholfen würde. Vergegenwärtigung von Subjektivität im Prozeß der Geschichte stellt eben diese in Frage. So bleibt in der Typologie ein Geschichtsbewußtsein bewahrt, das sich stets dort prägnant äußert und im literarischen Kontext eben dort wirkt, wo sie als Antwort auf die Sentenz von Thoreau zu begreifen ist, dem Subjekt bleibe stets vorenthalten, das Beste von dem auszudrücken, was ihm wesentlich ist.[15] Dieser Hinweis auf das Wesentliche artikuliert das von Goethe angesprochene Problem von Dazugehörigkeit und Ausschließung. Literarisch äußert sich dieses Problembewußtsein im sprachlichen Gestus des Extremen, in der gezielten Paradoxie, der gewagten gedanklichen Vorwegnahme ebenso wie in der Reduktion des Anspruchs auf Subjektbewußtsein. In den Aufsätzen von Sacvan Bercovitch und Karl Keller werden die angeführten Überlegungen jeweils perspektivisch beleuchtet. Sie verdeutlichen, wie im literarischen Text die resignative, weltbezügliche Frage des »Warum« immer wieder die dezidierte Antwort des »Dennoch« erhält, wo immer nämlich die behauptete Subjektivität ihre grundsätzliche Fragilität nicht nur begreift, sondern auch thematisiert.

Typologisches Denken ist als Weise der Sinnerschließung von

Vergangenem zugleich eine Form schöpferischer Erkundung der Zukunft als Heilsdimension. So erstreckt sich ihre Reichweite in alle drei Gestalten der Zeitlichkeit, wobei der Vergangenheit theologisch die Zeit vor Christus zugeordnet wird, der Gegenwart die Zeit Christi und der Zukunft die Zeit nach Christus. Die dreidimensionale Anwendung der Typologie hat sich insbesondere in der Tradition des Origenes entfaltet und prägt in eminentem Maße die mittelalterliche Geschichtstheologie, die ihre höchste Ausbildung im Werk Joachims von Fiore gefunden hat. Der typologische Geschichtssinn konstituiert sich hier zumal in der aktualen Steigerung des Alten und in der Antizipation künftiger Vollendung sowie in der Durchforschung des Diesseits nach präfigurierenden Spuren des Eschaton. Typologie stellt in diesem Kontext die Instanz dar, die versichert, daß der Zufall im Verhältnis zur metaphysischen Bestimmung des Menschen ohnmächtig ist. So wird verständlich, daß die Typologie eine Perspektive auf den Tod enthält und die Bedeutung einer existentiellen Einstellung gewinnen kann, die das irdische Leben als Vorbildung eines höheren und Sterben als Übergang ins geistige Sein betrachtet.

Die dreiteilige Zeitdeutung ist für die neuzeitliche Nachwirkung der Typologie von entscheidender Wichtigkeit. Das gilt zumal für die Romantik, wobei besonders an Hölderlins Tragödie *Der Tod des Empedokles* zu denken wäre, die ersichtlich um eine typologische Deutung des Opfers zentriert ist. Schon die chronologische Nähe zwischen der dritten Fassung und dem Aufsatz *Das Werden im Vergehen* zeigt an, daß der Zusammenhang von Auflösung und gesteigerter Erneuerung für die poetische Konzeption des Fragments eine zentrale Rolle spielt. Zur weiteren Erforschung solcher Bezüge stellt die in den vorliegenden Band aufgenommene Arbeit Henri de Lubacs, die dem Einfluß der Geschichtstheologie Joachims von Fiore und seiner Lehre vom »Dritten Evangelium« auf Schleiermacher und Hölderlin gewidmet ist, Material zur Verfügung.

Allerdings reicht die Aufgabe gewiß über die hier behandelte Periode weit hinaus, wie der Proust-Aufsatz Marcel Mullers deutlich macht. Eine weiterweisende Hypothese findet sich in Ernst Jüngers *Pariser Tagebuch*: »Die beiden Bücher sind in wunderbarer Weise aufeinander angelegt. Sie geben die Geschichte des Menschen, einmal als Gottes Geschöpf und dann als Gottes Sohn. Das Offene, Unabgeschlossene des Buches scheint ein

Drittes Testament zu fordern: *nach* der Auferstehung, aus der Verklärung heraus. Tatsächlich deutet sich das am Schluß der Bibel in der Offenbarung an. Das höchste Bestreben der abendländischen Kunst könnte man dahin auslegen, daß sie dieses Testament zu schaffen sucht; es schimmert durch ihre großen Werke durch. Doch könnte man auch sagen, daß jeder von uns Autor des Dritten Testaments ist; die Handschrift ist das Leben, und aus ihr bildet sich die höhere Wirklichkeit des Textes im Unsichtbaren, im postmortalen Raum.«[16]

Die Typologie, der Idee eines Kosmos verpflichtet, behält sich vor, dessen Grenzen in jeweils eigenlogischer Form zu bestimmen, zugespitzt formuliert: sie kommt immer zu früh, wo sie etwas zum Abschluß bringen möchte. Ihre prinzipielle Zeitgerechtigkeit hingegen artikuliert sich als ein geschichtsphilosophisches Angebot. Emerson, dessen Blick auf die Naturgeschichte als Bild eines Heilsplans gerichtet war, hat die Grenzen der Typologie stets aufs Neue erweitert, weil ihm die gegenläufige Bewegung von Entsprechungen auf einen gemeinsamen Erfüllungspunkt hin unheimlich war. Mehrfach zitiert er, auf die Leere eines solchen Punktes abzielend, Fontenelle mit dem Satz, daß die Erfahrung des Menschen an solcher Einsicht nur die der Enttäuschung sein könne. Ende und Einblick in ein innerstes Prinzip fallen der Typologie gegensinnig in eins. Sie folgt statt dessen der Idee, daß unsere Erkenntnis durchaus eine eigene Grenze hat, daß aber eben darin auch ihr Wesen, ihr faktischer Sinn für das Subjekt liegt. So gewinnt wohl auch jene Frage eines der bedeutendsten Begründer der amerikanischen Puritanismusforschung, Perry Millers, ihren Sinn, die zu beantworten er selbst vermieden hat: wie lange denn eine Ursprungsfrage nach dem »errand«, nach der Suche in der Wildnis angesichts des realgeschichtlichen Verlaufs ihre Bedeutung behalten kann. Realgeschichtlich, den Abwurf der Atombombe auf Hiroshima in seiner Wirkung aus Regierungsakten zitierend, verweist Perry Miller auf eine apokalyptische Vision. Aber, so führt er aus: »After centuries of calculation, the date and moment became precise: it was 0815 hours – not 2400 – on 6 August, 1945 and the place was not Rome after all.« Er fährt fort:

»The authors of the highly official United States Bombing Survey are not I am persuaded theologians or poets and they probably did not know that they were falling into the pattern of a literary form more ancient, and more rigid than the sonnet. Yet a hundred artists of the apocalyptic vision would envy their summation: ›The atomic bomb shattered the normal fabric of community life and disrupted the organizations for handling the disaster‹ Edwards had predicted, not letting himself become too specific before the event, that there would be no help in these«.[17]

Abschließend befindet Perry Miller, worin die eigentliche Überschreitung der typologischen Eschatologie zu begreifen ist: »Catastrophe, by and for itself, is not enough.« Der Typologie bleibt die Frage nach dem Sinn eines unterstellten Geschichtsplans.

Olaf Hansen, Jörg Villwock

Anmerkungen

1 Siehe Hans Blumenberg, *Arbeit am Mythos*, Frankfurt/M. 1979.

2 Friedrich Ohly, *Außerbiblisch Typologisches zwischen Cicero, Ambrosius und Aelred von Rievaulx*, in: *Schriften zur mittelalterlichen Bedeutungsforschung*, Darmstadt 1977, S. 340.

3 Daß dies auch für die Anwendung des Typologiebegriffs in der neueren Historiographie gilt, zeigt Droysens *Theologie der Geschichte*, wo es heißt: »Die Geschichte hält fest an dem Glauben an eine weise und gütige Weltordnung Gottes, die nicht bloß einige Gläubige, noch ein auserwähltes Volk, sondern das ganze Menschengeschlecht, alles Erschaffene umfaßt; und darin, daß sie dem Glauben, ›das ist eine Zuversicht, nicht zu zweifeln an dem, was man nicht siehet‹, nachringt mit dem Erkennen, daß sie den unendlichen Inhalt dieses Glaubens in endlich menschlicher Weise, in den Kategorien des Denkens und Begreifens immer von neuem, in immer engerer Umzirkelung auszusprechen versucht, darin und nur darin weiß sie sich als Wissenschaft. Sie beruft sich auf das große Wort des Heidenapostels: ›Als die Zeit erfüllet war‹, zum Zeugnis, daß die Stiftung des Christentums nicht ein willkürlicher und zusammenhangloser Gnadenakt göttlichen Beliebens war, sondern Gottes ewiger Ratschluß von Anbeginn zu diesem Punkte hin die Völker, Juden wie Heiden, geleitet, erzogen und geweiht hat.« (Johann Gustav Droysen, *Geschichte des Hellenismus*, Bd. III, Geschichte der Epigonen, Darmstadt 1980, S. XII f.)

4 Friedrich Wilhelm Joseph Schelling, *Philosophie der Offenbarung*, Bd. II, Darmstadt 1974, S. 142.

5 Ebda.

6 Ebda.
7 Friedrich Nietzsche, *Morgenröte,* in: *Werke in drei Bänden,* hg. von K. Schlechta, München 1969, Bd. 1, S. 1067 (Aph. 84).
8 F. W. J. Schelling, *Philosophie der Offenbarung,* a. a. O., S. 146.
9 Georg Wilhelm Friedrich Hegel, *Frühe Schriften,* in: *Werke,* Bd. 1, Frankfurt/M. 1986, S. 324.
10 F. W. J. Schelling, *Philosophie der Offenbarung,* a. a. O., S. 124.
11 A. a. O., S. 146.
12 Vgl. *Briefwechsel zwischen Wilhelm Dilthey und dem Grafen Paul York von Wartenburg* 1877–1897, Halle a. d. S. 1923, S. 155.
13 Vgl. Martin Heidegger, *Sein und Zeit*, Tübingen ^{13}1976, S. 372.
14 *Goethes Werke*, WA, 1., 41.2 (dtv Band 47, S. 169–176).
15 H. D. Thoreau, *Journal*, March 14, 1838. »That which properly constitutes the life of every man is a profound secret. That is what every one would give most to know, but is himself most backward to impart.«
16 Ernst Jünger, *Strahlungen* (2. Teil), in: *Werke,* Bd. 3, Stuttgart 1962, S. 151.
17 Perry Miller, *Errand Into The Wilderness,* Cambridge ^{5}1976, S. 238.

Friedrich Ohly
Typologie als Denkform der Geschichtsbetrachtung

Geladen, als Philologe auf der Tagung einer benachbarten Disziplin zu sprechen[1], die – anders als die Theologie, die Kunstgeschichte und die Geschichte der europäischen und amerikanischen Literaturen – der typologischen Denkform der Geschichtsbetrachtung bisher überraschend wenig Aufmerken geschenkt hat, bin ich gehalten, in Vortragskürze in die Denkform einzuführen, ihre Bedeutung für den Historiker vielleicht einleuchtend zu machen und Forschungsperspektiven, wenn auch nur im Anriß, in den Blick zu rücken. Ohne Forschungsbericht[2], im Rückgriff auf manchem schon Bekanntes, auch auf eigen Publiziertem fußend[3], gilt es, Verständnis für eine von der Patristik bis tief in die Neuzeit hinein wirkkräftige Art der Anschauung von der Geschichte wachzurufen und zu fördern. Die hier zur Rede stehende Typologie ist mit der homonymen Typologie im Sinne von Typenlehren, die in allen Geistes- und Sozialwissenschaften, vornehmlich auch in der Psychologie, und so auch in den Geschichtswissenschaften ihre Ordnungsfunktionen üben, keineswegs identisch.[4] Auch die Steigerung des Erfahrenen zum Typus und die Metamorphose des Typus im morphologischen Geschichtsdenken Diltheys haben keinen Bezug zur theologischen Typologie, die wir hier meinen.[5] Unsere Typologie ist zunächst eine bibelexegetische Methode. Sie besteht in der Zusammenschau zweier Geschehnisse, Einrichtungen, Personen oder Dinge, deren je eines aus dem Alten und dem Neuen Testament gegriffen und zu einem Ereignispaar derart verbunden wird, daß durch die Zuordnung zu einem spiegelnden Sichbeleuchten ein Sinnzusammenhang zwischen den beiden an den Tag gebracht wird. Die Opferung Isaaks durch Abraham im Alten weist voraus auf das Kreuzesopfer Jesu durch Gottvater im Neuen Testament[6], der Durchzug durch das Rote Meer im Alten auf Jesu Taufe im Jordan in dem Neuen Testament[7], das Passahopfer in dem Alten auf das Abendmahl im Neuen Testament. Der Königin von Saba Aufsuchen König Salomos im Alten präfiguriert den Zug der hl. drei Könige zum Jesuskind im Neuen Testament.[8]

Derartige Sinnbeziehungen zwischen Geschehnissen in alter und neuer Zeit sind mit unserem Begriff Typologie gemeint.

Der aus dem 18. Jahrhundert stammende Begriff Typologie beruht auf den biblischen Wörtern týpos und antítypos im Sinne von Vorprägung und Ausprägung. Der Typus heißt häufiger auch figura oder forma, man spricht von Präfigurationen. Andere Metaphern für das Verhältnis zwischen dem Alten und dem Neuen sind etwa die Folge von Schatten und Gestalt, Kindheit und Erwachsensein, skizzenhaftem Aufriß und Gemälde; sie meinen jeweils die gesteigerte Erfüllung wie von einer Andeutung durch ihre Ausdeutung im heilsgeschichtlich Späteren. Das typologische Denken wurzelt im Glauben an die das Alte und das Neue Testament überbindende Einheit der Offenbarung Gottes, deren Geschiedenheit in der Zeit durch ihre Einheit in der Hingerichtetheit auf Christus aufgehoben wird. Die frühchristliche Kraft einer Zusammenschau, die das Verbindende aus dem Unterschiedenen derart heraushebt, daß eine die Zeiten umschließende Einheit aus dem Prozeß der Offenbarung von Gottes zeituniversalem Heilswillen in den Blick tritt, ist das Produkt einer gewaltigen, auf eine sinngebende Ordnung der Geschichte gerichteten Phantasie, die in vergleichbaren Konzepten, auf die wir noch zu sprechen kommen, ihre geschichtsphilosophischen Verwandten hat.

Der theologische Exeget der Bibel steht auf dem Glauben an die göttliche Inspiriertheit ihres Wortes und an den in Gottes Vorsehung eingeschlossenen Plan der Heilsgeschichte, aus dem alles biblische Geschehen seinen unverrückbaren Ort und einen ihm heimlich eingeprägten, über sich hinausweisenden Sinn empfängt. Das weithin herrschende Schweigen des Alten Testamentes über die providentiellen Heilsgedanken, mit denen Gott den biblischen *Geschehnissen* eine realprophetische, auf eine Erfüllung in Christus angelegte Qualität verlieh, hat auch das Neue Testament über allgemeine Aussagen hinaus allein durch eine begrenzte Zahl von Beispielen von wegweisender Art gelüftet. Indem Paulus und der Hebräerbrief die von Jesus mit Zurückhaltung geübte typologische Geschichtsauslegung als eine Aufgabe der Theologie zu sehen gaben, erweckten sie das theologische Verlangen, im Nachdenken der vorskizzierten Gottesgedanken sie an wachsend weiter aufzudeckenden Beispielen über das in der Bibel Gesagte hinaus in deren Sinn für ihre Zeit und alle Zukunft nach- und auszuoffenbaren. Nicht nur die Frühgeschichte der theologischen Typologese in der

Zeit der Kirchenväter, auch ihre Geschichte in den folgenden Epochen bis an unsere Zeit heran hat für den Historiker den mächtigen Reiz, den alle nicht in einem System erstarrenden Bewegungen einer geistigen Suche haben. Der von jeder Zeit zu leistenden »Arbeit am Mythos« (Hans Blumenberg) entsprechend, geschieht innerhalb eines durch den Offenbarungsanspruch der Bibel erheblich eingegrenzteren Spielraums der Gedankenbewegungen, die Geschichtliches im Rahmen des Christentums jeweils schöpferisch neu betrachten, etwas Analoges, das für Überraschungen gerade in den fruchtbarsten Epochen der christlichen Kultur noch immer gut war. Nicht so der Humanismus und die Reformation, entschieden erst die Aufklärung und der Umbruch zum Historismus distanzierten uns von jeder Art einer allegorisierenden Weltauslegung derart, daß die Gefahr, von deren welken Spätformen auf ihre frischen Anfänge zurückzuschließen, auf der Hand lag. Vom gegenwärtigen Interesse an der Metapher – für die Geschichtswissenschaft nenne ich nur die Werke von Demandt und von Schlobach[9] – führt am ehesten ein Weg zurück zur Einsicht, daß die Typologese als eine auf die *Geschichte* gerichtete Art der Allegorese wie jedes ursprüngliche Allegorisieren das Produkt einer kühn und geistreich weltaufschließend kombinierenden Phantasie ist. Jede Erstfindung einer typologischen Beziehung hat etwas Künstlerisches, und es darf nicht überraschen, daß eben auch die europäische Dichtung (von etwa 800 bis 1800, und darüber hinaus) und die bildenden Künste die typologische Denkform als eine Möglichkeit zusammenschauender Gestaltung sich zu eigen machten. Anders als übriges dichterisches Allegorisieren blieb sie auch davor bewahrt, zu einer Spielform des Verstandes und Witzes zu degenerieren. So gut wie alle Künste, im Mittelalter von der Buchmalerei, der Goldschmiedekunst, der Skulptur und der Architektur bis hin zur Glasfenstermalerei, und einige bis ins 19. Jahrhundert, zählen Typologisches zu ihren Gegenständen und haben eigene Formen seiner Darstellung ausgebildet. Die Kunstgeschichte hat über das Ikonographische hinaus die Möglichkeiten der Formensprache zur Sichtbarmachung typologischer Beziehungen noch nicht systematisch untersucht. Noch bedarf es elementarer Handreichungen zur Erleichterung einer wechselseitigen Kenntnisnahme dessen, was auf voneinander entfernt liegenden Forschungsfeldern bisher schon geleistet ist. Die Theologie, die Kunstgeschichte und die Literaturgeschichte und von den dreien jeweils wieder ihre bestimmten Epochen, Konfessionen und Kontinenten zugewandten Sparten wissen noch zu wenig von der jeweils anderweitigen Bemühung um den gleichen Gegenstand, als daß aus einer Zusammenschau ein Gesamtbild von der Geschichte und der Wirkkraft des typologischen Denkens bisher hätte gewonnen werden können. Nachdem die Kunstgeschichte von 1860 bis etwa 1920 das Feld der Typologieforschung allein bestellte, lag ihre Führung in den Jahrzehnten von 1935 bis 1965 bei der biblischen und patristischen Theologie, während die gleichzeitig in Deutschland in Gang gekommene literarhistorische Typologieforschung wieder ins Stocken kam und lebendige Impulse erst seit fünfzehn Jahren wieder besonders der amerikanischen (und englischen) Anglistik zu verdanken hat. Lakunen bisher unerforscht gebliebener Felder könnten allenthalben auch für Historiker gewiß noch zu entdecken sein, denen das Problem seit Herbert Grundmanns Studien zu Joachim von Floris (1927) wohlvertraut ist. Für die deutschen Historiker darf ich sonst auf die Nennung des Namens Erich Meuthen mich beschränken.[10]

Ältere Werke der Geschichtsschreibung bis hin zum Historismus sind das Ergebnis einer produktiven Einbildungskraft, die dem Gewesenen eine geistige Gestalt gibt, von der es selbst vielleicht kaum einmal träumte. Es gehört zum Fascinosum älterer Historiographie, daß sie uns *Anschauungen* von der Geschichte bietet, gezielte und aussparende Anleuchtungen des Gewesenen aus den Impulsen eines geistig anteilnehmenden, eines Sinn suchenden Interesses. Das gilt für keine Weltzeit vielleicht so wie für den christlichen, auf Biblischem, Antikem sowie Heimischem gegründeten Aion. Keine Epoche war so reich an höchst verschiedenartigen Gattungen der geschichtlichen Überlieferung und der Historiographie, an literarischen Formen, in deren Gattungstelos jeweils Vorprägungen der Art von Anschauung des Gewesenen und auch der Sinnrichtung seiner Betrachtung schon enthalten waren, anders so in Volkshistorien als in Weltchroniken, in der Herrschervita als in der Legende, in Annalen als in Nekrologen. Wie literarischen Gattungen sind auch Sprachen spezifische Möglichkeiten eines Bildes von der Geschichte eigen. Die französischen Chansons de geste, die Heldendichtung der Germanen und die slavischen Bylinen haben keine lateinischen Entsprechungen, und verschiedene lateinische Gattungen haben in Volkssprachen auf lange Zeit hin kein Analogon. Jede Gattung hat ein eigenes

Weltbild, eigene Vorstellungen von Gott und von den Menschen, eine spezifische Anschauung von der Geschichte – wie Gattungen übrigens so auch Sprachen und gewiß auch Mündlichkeit und Schriftlichkeit. Es gibt ein weites Feld von unvertauschbar ausgeprägten Formen der Geschichtsbetrachtung, und erst die geistige Ordnung des Gesamtfeldes macht die reiche Fülle von Möglichkeiten, zum Gewesenen durch seine Darstellung in ein Verhältnis sich zu setzen, überschaubar. Geschichtsphilosophische Denkformen können zur geistigen Ordnung im Gefüge dieses Formenfeldes ihren Beitrag leisten, da nur bestimmte Gattungen ihnen einen Raum zur Anwendung eröffnen. Das aus der Antike stammende, vom Christentum dank seiner Stützung durch die Danielexegese übernommene und dem Mittelalter vertraute Denkbild einer Folge von Weltreichen, deren letztes und gegenwärtiges, das römische, durch Translationen in seinem Fortbestand zu sichern sei, gab der mittelalterlichen Gegenwart das Hochgefühl des Lebens in dem vierten, römischen, christlichen und letzten Weltreich, das zu dauern habe bis zum Antichrist. Die augustinische, freilich schon älter angebahnte Lehre von den sechs Weltaltern, deren fünf erste von der Schöpfung bis zu Christus führten, der das sechste und letzte, das christliche Weltalter heraufführte, vermittelte das gleiche Gegenwartsbewußtsein.[11] Im letzten und vollkommensten Weltalter lebend, lebte man zugleich im letzten und höchsten Weltreich. Der alte heilsgeschichtliche Ordnungsgedanke einer Stufenfolge der Heilszeitstände ante legem, sub lege und sub gratia konnte dies nur unterstreichen. Das Gleiche gilt bei der Zuordnung von Zeiten zu den Personen der Trinität oder den sieben Gaben des Heiligen Geistes seit dem 12. Jahrhundert. Das sogenannte Mittelalter stand dann in jeder Hinsicht auf der letzten Höhe, schaute zurück auf Niederes und sah vor sich nichts Höheres als die siebte Zeit des Seins bei Gott nach dem Weltende. Das Denken in Weltreichen und Weltaltern und in Heilszeitständen sah das Alte Testament und die Antike als die Vorgeschichte einer christlichen Hochgeschichte, in der alle früheren Zeiten sich erfüllen. Wenn die Weltreiche und Weltalter historischer Forschung hinreichend vertraut sind, gilt dies, wenn ich recht sehe, weniger für die verwandte und am Ende gar bedeutendere Denkform der Geschichtsbetrachtung, die unter dem Begriff Typologie uns eben hier beschäftigt.

Die Bibel setzt der Geschichte einen Anfang und ein Ende, die

Schöpfung und das Weltgericht. Nur Gott ist vor und nach dieser Geschichte, auch Christus als Mitschöpfer und als Richter. Das typologische Denken ist christozentrisch; der historische inkarnierte Christus ist die Zeitenmitte. Die von der Schöpfung bis zum Jüngsten Gericht reichende Weltzeit als Geschichte hat zwei Seiten, die vor Christus, die nach Christus. Unsere Zeitrechnung entspricht dem. Die Zeit vor Christus ist die Zeit der Typen, die Zeit Christi und nach Christus die der Antitypen. Der Typus ist das Alte in der Altzeit, der Antityp das Neue in der Neuzeit. Diese entscheidende Aussage soll von vornherein unterstreichen, daß wie die Weltreichlehre und die Weltalterlehre auch das typologische Denken einen Begriff Mittelalter schlechthin ausschließt, liegt es doch mitten in der Neuzeit, in dem letzten Weltreich, in der letzten aetas mundi, mit einer Vorausschau einzig auf die letzten Dinge, auf die Eschatologie. C. A. Patrides vergleicht diese christliche Geschichtsanschauung mit der Himmelsleiter aus Jakobs Traum.[12] Die letzte Stufe führt zum Tor der Himmelsstadt. Die in über 100 Werken von Orosius (417) bis ans Ende des 17. Jahrhundert, auch im Protestantismus, reich vertretene Gattung der Weltchronik hat fast dreizehnhundert Jahre lang in der Regel mit der Schöpfung eingesetzt, um dann dem Ablauf der sechs Weltalter zu folgen; und seit dem von Augustinus angeregten Beda bis zu Hartmann Schedel (1493) und so fort auch noch im 17. Jahrhundert pflegte sie zu schließen mit dem Ende der Geschichte in der Eschatologie, der Otto von Freising, Joachim von Fiore und Vincenz von Beauvais und andere Beachtung schenkten, um nur drei Bekanntere aus vielen anderen in Ost und West zu nennen. Die Gattung der Weltchronik, ich nenne sie als Beispiel, schließt den Gedanken an ein Mittelalter bis ans 18. Jahrhundert heran aus.[13] »Des Joachim von Fiore im ›Liber figurarum‹ gemalten Stammbäume der heilsgeschichtlichen Zeiten mit ihren Geschlechterreihen und synchronistischen Zuordnungen von biblischem und außerbiblischem, von kirchlichem und außerkirchlichem Geschehen gewinnen eine typologische Struktur, wo Joachim die Konkordanz der alten und der neuen Zeit so darstellt, daß die Zeit von Christus bis zur Weltenruhe nach seiner Parusie die Zeit von Adam bis zu Jesus antitypisch spiegelt, so daß die gesamte Kirchengeschichte der Geschichte des alten Gottesvolks entspricht. Sein Bild der Weltzeit heißt wie andere typologische Übersichten *Concordia veteris testamenti et novi*, wobei das Neue bis zu dem Weltende dauert.«[14]

Mit dem Gesagten sei ein Horizont umrissen, der das weiter Auszuführende weit genug umschließt, aber sein Gebiet im Feld der Möglichkeiten von Geschichtsbetrachtung auch genug begrenzt, um uns bewußt zu halten, daß Typologie eine Denkform unter anderen und kein Schlüssel zum Geschichtlichen schlechthin ist. Einige thesenhaft knappe Bestimmungen mögen ihre Besonderheiten schnell skizzieren, ohne daß weitere Begründungen und Belegendes mit vorzubringen wären.[15] Die Typologie sieht die Geschichte als nach Gottes Heilsplan ablaufende Heilsgeschichte. Für die christliche Welt hat sie ihre Heimat in der Bibel, wo Jesus und Paulus sie anwenden und bezeugen. Jesus sagt nach Johannes 3,14f. »Und wie Moses in der Wüste die Schlange erhöht hat, so muß des Menschen Sohn erhöht werden, auf daß alle, die an ihn glauben, das ewige Leben haben.« Grundbedingung alles Typologischen ist das Moment der Steigerung. Beim gleichen Vorgang der Erhöhung entspricht in der Steigerung Gottvater dem Moses, Christus der Ehernen Schlange und beim Heil der an das Erhöhte Glaubenden das ewige Leben der Gesundheit. Nach der Sprache des Paulus ist die Erhöhung der Schlange am Stamm der Typus und die Erhöhung Christi am Kreuz der Antitypus. Stamm und Kreuz nennen die biblischen Texte nicht. Die Bildkünste haben sie hinzugebracht, um das Gemeinsame im Sichunterscheidenden bei der Erhöhung am Holz dem Auge zu verdeutlichen. Typus und Antitypus bedürfen einer Ähnlichkeit, in der das Gemeinsame und das Unterschiedene sich darstellt. Die vom frühen Mittelalter bis ins 19. Jahrhundert reichende Geschichte der Darstellung von Typologischem durch die Künste und eine systematische Untersuchung der künstlerischen Mittel, diese Darstellung zu leisten, sind noch ungeschrieben. Seine große Ausbildung erfuhr das typologische Denken in der Bibelexegese, die vom 3. bis ins 18. Jahrhundert und selbst damit noch nicht endend und in allen Konfessionen die Schrift typologisch auszulegen wußte. Die Typologie setzt Altes und Neues Testament in ein schöpferisches Spannungsverhältnis der Steigerung des Alten in das Neue durch seine Erfüllung im Sinne des Wortes der Bergpredigt *non veni solvere sed adimplere*. Die Erfüllung des Typus in seinem Antitypus ist von der Erfüllung der Wortprophetie der alttestamentlichen Propheten im Neuen Testament entschieden abzuheben. Auch die Typen sind eine prophetische Vorverkündung des Kommenden, jedoch *in factis*, nicht *in dictis*. Der Typus und der Antitypus sind etwas

Geschichtliches, Typologie ist Deutung von Geschichtlichem, und ist damit ein Gegenstand auch des Historikers. Typen sind Geschehnisse wie der Durchzug durch das Rote Meer oder die Aufrichtung der Ehernen Schlange, sind Personen wie Moses oder David, Handlungen wie der Bau der Arche und der Stiftshütte und des Tempels Salomos, die ihren Antitypus in der Kirche finden, sind Einrichtungen wie der Tempelkult, der sich antitypisch in der Liturgie der Kirche spiegelt, das jüdische Königtum, zu dem das christliche sich in ein typologisches Verhältnis setzte. Tausend Bibelkommentare und tausend Predigten haben dies Denken für Epochen praktiziert und eingeübt und popularisiert, so daß es in der Dichtung bis ans Ende des 17. Jahrhunderts manifest bleibt. Die großen typologischen Bildzyklen des 12. und 13. Jahrhunderts haben über tausend Typen mit Hunderten von Antitypen in einen typologischen Verweiszusammenhang gestellt. Die Kunstgeschichte kennt Derartiges noch aus dem 19. Jahrhundert.

Das Spezifikum der Typologie liegt in ihrer Zusammenschau des in der Zeit Getrennten, in der Zusammenrückung zweier aus der Sukzession der Zeit gehobener Szenen, in der Augenfälligmachung einer Simultaneität des Ungleichzeitigen in der Weise, daß das Alte auf das Neue als seine Steigerung herüberdeutet, immer hinweg über die Zeitengrenze und die Zeitenmitte des historischen Erscheinens Christi als des Wendepunkts der Heilsgeschichte. Das christliche Aufzeigen der Erfüllungen einer alttestamentlichen Prophetie der Fakten durch jenseits des großen Zeitensprunges in Entsprechungen geschehene Überfakten – wenn so die Steigerung des Typs im Antitypus zu unterstreichen mir einmal erlaubt ist – führt zu einem wechselseitigen Sichanleuchten der Zeiten, das beide unauflöslich aneinander bindet, denn die Neuzeit wäre diese nicht ohne die Altzeit, und die Altzeit findet die Vollendung ihres Sinnes in der Neuzeit. Typologische Betrachtung deckt den Schleier von der Altzeit, läßt das Licht der Neuzeit auf sie fallen. Sich von der Altzeit lösend, wird die Neuzeit zugleich auch neu an sie gebunden. Eine Aneignung und Übernahme des Gewesenen durch ein Sichspiegeln als ein Sichdurchdringen hat es mit so mächtiger Intensität so leicht in der Geschichte nicht ein zweites mal gegeben. Mit der Rede vom Alten und dem Neuen Testament, vom alten und neuen Gesetz[16] ist die Rede von der Altzeit und der Neuzeit von langeher schon vorgeprägt gewesen. Schon Augustinus stellt *vetustas* »Altzeit« und *novitas* »Neuzeit« so gegeneinander. Er bemerkt zum Tempel Salomos: *Ibi enim diruebatur uetustas, ut nouitas aedificaretur.*[17] Die Epoche, die nicht ahnte, daß sie einmal »Mittelalter« heißen könnte, lebte in der Orientierung am Vergangenen auf das Neue ihrer Tage als eine überwindende Vollendung des ihr Überkommenen hin. Im neuen Athen Alkuins sollten die sieben Gaben des Heiligen Geistes die sieben freien Künste überkrönen.[18] Die biblische Typologie als Denkform hatte eine Kraft der Ausstrahlung, die in die Altzeit und die Neuzeit weithin ausgriff. Im Hinblick auf das corpus Christi mysticum war es theologisch unbedenklich, die Zeit der antitypischen Erfüllungen über Christus und das Neue Testament hinaus in der Ecclesia fortleben zu lassen, deren Liturgie und deren Sakramente, deren Einrichtungen und Geschichte Altzeitliches in neuzeitlichen Überhöhungen wiederzufinden gaben. Honorius Augustodunensis und Joachim von Fiore, in Ansätzen auch Gerhoh von Reichersberg, haben die Geschichte des Alten Testamentes und die Kirche typologisch durchgespiegelt. Auf der Seite des Neuen wurden das Marienleben und die Heiligenlegende ins System der typologischen Konkordanzen einbezogen. Mit der Kirchengeschichte eng genug verschränkt, konnte auch politische Geschichte einbegriffen werden, ich nenne Constantinus als den neuen Moses, Karl den Großen als den neuen David.[19]

Schwieriger war es, Typen der Altzeit über die im Alten Testament gegebenen hinaus zu entdecken und theologisch zu legitimieren. Die von Adam bis Moses dem Menschen allein gegebene Erstoffenbarung Gottes im Buch der Natur als lex naturae war durch das geschriebene Gesetz und die Propheten nicht aufgehoben, sondern erweitert worden zu der nun doppelten Bezeugung Gottes im liber naturae und liber scripturae. Der Grundsatz, daß die beiden Bücher Gottes, sein Werk und sein Wort, sich wechselseitig zu erklären haben, stützt die Einbeziehung der Natur in die Welt der Offenbarungen vor Christus, aus der die auf ihn vorausweisenden Typen nun auch gegriffen werden können. In der Patristik schon geübt, hat die Einbeziehung von Typen aus der Naturgeschichte seit dem 12. Jahrhundert beträchtlich sich vermehrt. In dem großen typologischen Zyklus *Concordantia caritatis* aus dem 14. Jahrhundert entsprechen den 238 Antitypen aus der Bibel und der Legende je zwei Typen aus dem Alten Testament und ebenso zwei Typen aus der Naturgeschichte (476 Typen also allein aus diesem Feld).[20] Im mariologischen typologischen Zyklus des

Dominikaners Franz von Retz von 1420 stammen fünf typische Szenen aus dem Alten Testament, 21 Szenen aus Sage, Mythus, Geschichte und Legende sowie 34 Szenen aus der Naturgeschichte. Die Erwähnung mythischer Szenen führt uns auf das Problem der Einbeziehung auch der heidnischen Antike in den Typenschatz der Altzeit. Eine theologische Legitimation erleichterte die Lehre von der Kirche aus den Juden und den Heiden sowie von einer Vorinspiriertheit der Antike durch den Logos spermatikós. So kam es nach vorsichtigen Ansätzen in der Patristik seit dem 12. Jahrhundert verstärkt zur Einbringung von Typen auch aus der Antike, und zwar weniger aus ihrer Geschichte als aus der Mythologie. Das in Hunderten von Handschriften überlieferte und in viele Sprachen übersetzte *Speculum humanae salvationis* von 1324 hat Typen auch aus der Profangeschichte der Antike aufgenommen. Da finden sich unter anderem der Traum des Astyages, König Codrus von Athen, Antipater und Caesar, Augustus mit der tiburtinischen Sibylle. Die von Astyages im Traum empfangene Verkündigung der Geburt des Königs Cyrus durch seine Tochter ist der Typus der Verkündigung an Joachim, seine Tochter Maria werde Christus gebären. Der Opfertod des sagenhaften Griechenkönigs Codrus für die Befreiung des belagerten Athen wird dem Antityp in Christi Opfertod auch ikonographisch angeglichen. Auf lange Sicht bedeutungsvoller ist die Hereinnahme der antiken Mythologie in das geistige System der typologischen Konkordanz von Alt und Neu. Erst das Hochmittelalter verhalf früheren Ansätzen auf diesem Feld zum vollen Durchbruch, dessen Wirkungen die christliche Deutung der antiken Mythen bis ans 18. Jahrhundert heran wesentlich bestimmten. Der antike Text, an dem die Typologese der Mythen vornehmlich wahrgenommen wurde, waren Ovids *Metamorphosen*, die im über siebzigtausend Verse zählenden altfranzösischen *Ovide moralisé* nach 1300 ihre typologische Deutung weit gediehen zeigen. Am Beispiel der Orpheus- und der Heraklesmythen habe ich in zwei Aufsätzen von 1979 die Geschichte der Einbringung und Durchsetzung ihrer Typologese als Präfigurationen Christi sowie ihres Fortwirkens auch noch im 17. Jahrhundert, etwa in den Fronleichnamsspielen Calderons, darzustellen mich bemüht.[21] Derartiges erleichterte eine Dreiecktypologie, wenn nämlich ein antik-paganer und ein alttestamentlicher Typus wie Orpheus und David als Harfenspieler so einander angenähert wurden, daß beide zusammen auf den christlichen Antitypus weisen konnten. Das Zusammenstellen von Orpheus und David als Typen Christi hat der einlinigen Orpheus-Christustypologie den Weg gebahnt. Das Zusammenstellen der Ehernen Schlange des Moses am Stab und des Aeskulap als Schlange an seinem Stabe förderte die Aeskulap-Christustypologie. Ein Bild muß für das weite Feld als Beispiel hier genügen (Abb. 1): Die aus dem 15. Jahrhundert stammende Pariser Handschrift des *Ovide moralisé* (BN 871 fol. 1) zeigt auf zwei Bildstreifen zur Schöpfung links die *fabularis* und rechts die *allegorica historia*. Einem felsigen *chaos* links oben wendet der Schöpfer mit dem Kreuznimbus sich in der Erschaffensgebärde zu, während rechts daneben eine mit Fluß und See mit Fischen, Pflanzen und Bäumen, Vögeln und Tieren sowie mit einem Haus erfüllte Landschaft steht. Der Streifen darunter zeigt links auf einer mit Blumen und Bäumen bestandenen Szene *Prometheus* bei der Vergabe des Feuers an den Menschen. Dieser liegt auf dem Rücken vor ihm am Boden, während aus der rechten Hand des Prometheus Flammen ausgehen und seine Linke des Menschen rechten Arm umfaßt. Auf dem in seiner Anlage genau entsprechenden Bild rechts daneben liegt Adam am Boden auf der Seite, während der Schöpfer mit dem Kreuznimbus mit beiden Armen Eva aus den Lenden Adams holt. Die linken Bilder sind durch die Inschriften *chaos* sowie *prometheus* erklärt, während die rechten Bilder für den mit dem Schöpfungsbericht Vertrauten für sich selber sprechen.[22] Die Zuordnung des Prometheus zu dem Schöpfer Christus (mit dem Kreuz im Nimbus) zeigt einen Schritt auf dem Weg der typologischen Zusammenrückung antiker und alttestamentlicher Mythen, wie sie für Prometheus Tertullian schon kennt.

Als Letztes haben wir in Betracht zu ziehen, daß es seit Ambrosius neben der üblichen Zweierentsprechung von Typ und Antityp auch zu einem typologischen Dreischritt gekommen ist, indem Ambrosius umbra und imago durch veritas als höchste Stufe der Steigerung, die erst das Jenseits bringt, ergänzte. Des Mönches Boto von Prüfening ekklesiologische Schrift *De domo Dei* (um 1150) behandelt im 2. Buch die Erscheinungen des Hauses Gottes in der Heilsgeschichte, die schattenhafte (*umbra*) im Alten, die bildgewordene (*imago*) im Neuen Bund, die wahre (*veritas*) dereinst vollendete im Himmel.[23] Die typologische Gliederung der Heilsgeschichte in Altzeit und in Neuzeit wurde so universal

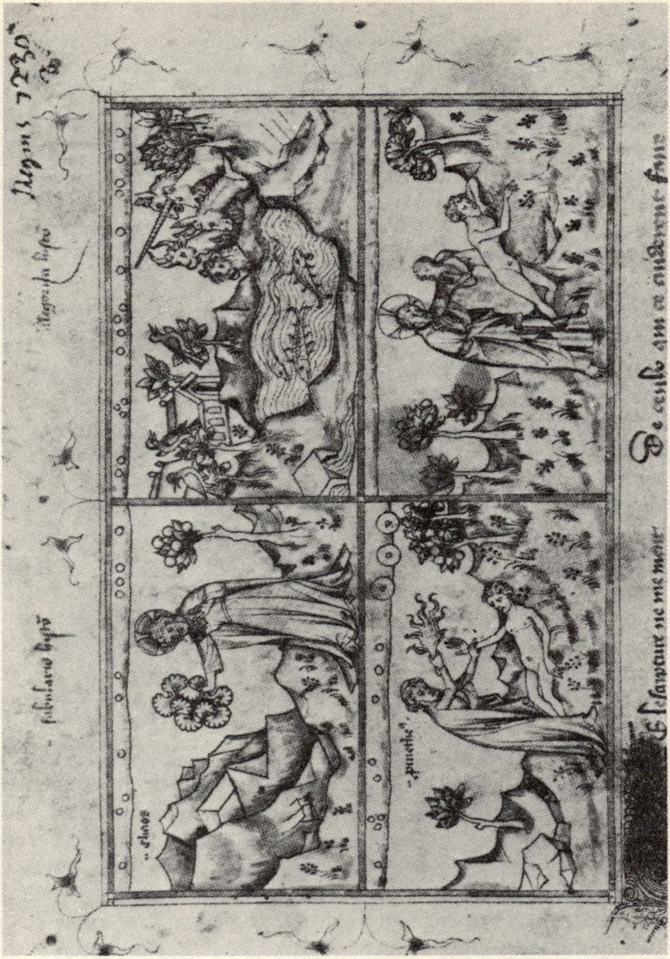

Abb. 1: Prometheus (*fabularis*) und der biblische Schöpfer (*allegorica historia*). Pariser Handschrift des Ovide moralisé aus dem 15. Jahrhundert (BN 871 fol. 1).

ergänzt durch eine Endzeit. An den großen Kernbestand der biblischen Typologie hat eine halbbiblische Typologie sich angelagert, indem einerseits antik-pagane Typen und andererseits auch nachbiblische Antitypen die einbezogene Welt der Altzeit wie der Neuzeit in die überhaupt bekannte Zeit erweiterten. Als Beispiel nenne ich Moses und den Ordensgründer Benedikt. Die typologische Beziehung zwischen Moses, dem alten, und Petrus, dem neuen Gesetzgeber[24], wurde in die Kirchengeschichte hinein erweitert, wenn der hl. Benedikt zum Antityp des Moses wurde. Denn Antitypen zu alttestamentlichen Typen kamen im Rahmen der Kirchengeschichte auch aus der monastischen Geschichte. Öfter stellte man den hl. Benedikt, den Stifter seiner Ordensregel, dem Bringer des Alten Gesetzes, Moses, gegenüber. Die von Abt Odo von Cluny am Grab Benedikts in Fleury gehaltene Predigt, die Benedikts Rang unter den Heiligen zu heben anstrebt, vergleicht beide als Gesetzgeber, den einen für die Israeliten, den anderen für die Mönche.[25] In einer Vision hört Hildegard von Bingen die Stimme Gottvaters, der den *primus Moses* zu Benedikt als *alter Moses* typologisch in Beziehung setzt. Hier wird die halbbiblische Typologie also durch Gottes Stimme autorisiert: »Benediktus, der in einer Steinhöhle wohnte und aus Liebe zum Leben seinen Leib mit großer Strenge kreuzigte und in Zucht nahm, ist gleichsam ein zweiter Moses. Jener erste Moses schrieb in meinem Auftrage das rauhe und harte Gesetz auf Steintafeln und übergab es den Juden. Wie aber mein Sohn das Gesetz mit der Süßigkeit des Evangeliums durchtränkte, so machte mein Knecht Benediktus die Anfänge dieses Standes, der vor ihm ein überaus harter Wandel gewesen war, unter dem sanften Wehen des Heiligen Geistes zu einem leicht gangbaren und wohlgeebneten Wege!«[26] Wäre der typologische Vergleich zwischen Moses, dem Heiligen der alten, und Benedikt, dem Heiligen der neuen Zeit, nicht vertraut gewesen, hätte sicher nicht Abt Aelred von Rievaulx eine ganze Festpredigt auf den Ordensgründer einer von verschiedenen Kennzeichen der Typologie durchzogenen Gegenüberstellung des *sanctus Moyses* und des *divus Benedictus* widmen können.[27] Solch punktuelle Ansätze regten auch eine zyklische Zusammenführung an. Des Johannes von Stablo aus dem Lütticher Laurentiuskloster *Acta beati Benedicti in veteri lege figurata et per doctores nove legis luculenter approbata in latino, gallico et teutonico et pictura ... scripta et depicta* vom Jahr 1432 liegen in seinem

Autograph uns vor. Fünfunddreißig Gestalten und Geschehnisse vornehmlich aus den Geschichtsbüchern des Alten Testamentes (*figurae*) sind solchen des Mönchslebens und zumal des hl. Benedikt (*veritates*) in siebzig von des Autors Hand gemalten Federzeichnungen sowie einem lateinischen, französischen und niederländischen Vierzeiler zu jeder Zeichnung zugeordnet. (Lüttichs Lage an der Sprachgrenze hat die Mehrsprachigkeit wohl angeregt, wie sie später in den Subskriptionen der Emblembücher deren Verbreitung diente.)[28] Als Beispiel aus diesem Zyklus zeige ich die Himmelfahrt des Propheten Elia in einem Feuerwagen als Präfiguration der Aufnahme des hl. Benedikt durch Engel auf der mit Fackeln besteckten Himmelsleiter (Abb. 2 und 3).[29]

Nur am Rand erwähnen kann ich hier die außerbiblische Typologie. Sie ist gegeben, wenn Exemplarisches aus der Antike durch ihm Entsprechendes aus der Welt der Christen als in Geist und Leistung überboten hingestellt wird. Vielleicht als eine rhetorische Synkrisis im Vergleich ex minore ad majus aufgekommen, hatte der Aufweis solcher Steigerungen doch die Aufgabe, den theologischen Umsprung in eine neue Qualität zu demonstrieren, so daß die alte Form ein neuer Sinn füllte. Wenn Ambrosius in *De officiis ministrorum* – einem außerbiblischen Antityp von Ciceros *De officiis* – die pythagoreische Jungfrau und die hl. Agnes, Orestes und Pylades und die Heiligen Xystus und Laurentius gegeneinanderstellte, lag der typologische Sinn schon auf der Hand. Das alte und das neue Heldentum unterscheiden sich nach Tertullian an Wert wie Glas und Perle. Solch außerbiblisches Typologisieren wird geübt bis an den Rand des 18. Jahrhunderts. Neben der üblichen Typologie mit Steigerung in bonam partem gibt es schließlich eine typologische Steigerung auch in malam partem wie bei den Präfigurationen (etwa Pharao, Goliath, Alexander, Antiochus), die sich im Antichrist erfüllen.

Die Zusammenschau des skizzenhaft Betrachteten ergibt, daß die Heilsgeschichte von der Schöpfung bis zum Eschaton, ihr Gang durch Altzeit und durch Neuzeit mit der Perspektive auf die Endzeit durch die Typologie zum Gegenstand einer ordnungsklaren sowohl Einzeldeutung wie Bewertung im Gesamten wurde, die jeder Zeit das Ihre gab, der Neuzeit aber das Ihre an seinem geschichtlichen Ort als Hohes zu erfüllen auftrug. Die Gattung der Weltchronik als Form einer Gesamtanschauung der Geschichte von der Schöpfung bis zur Endzeit setzte einer solchen

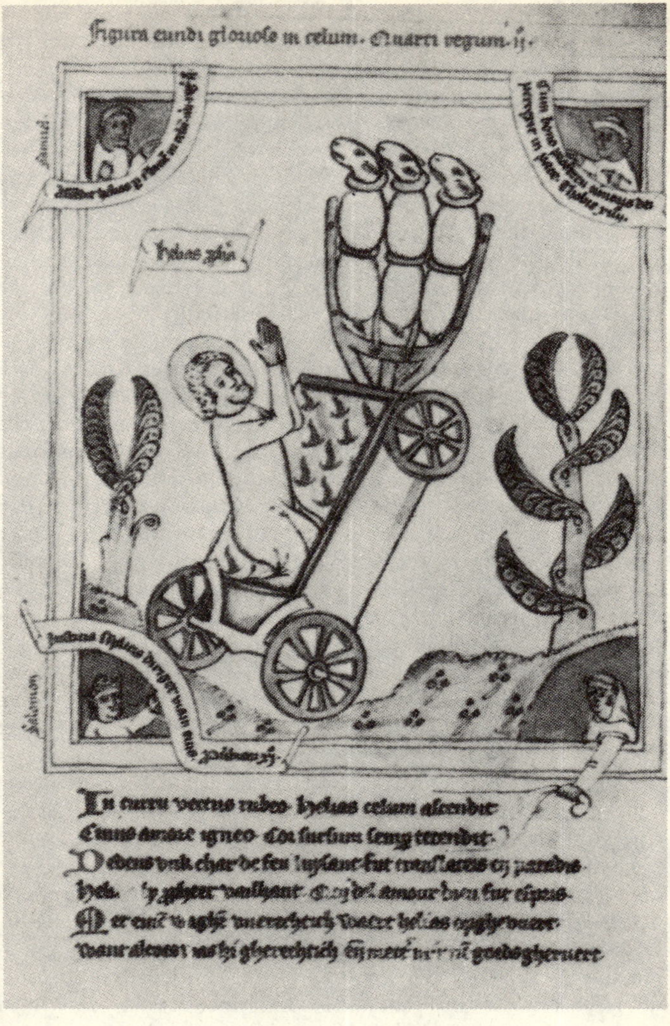
Figura eundi gloriose in celum. Quarti regum. ij.
In curru vectus rubeo. helias celum ascendit

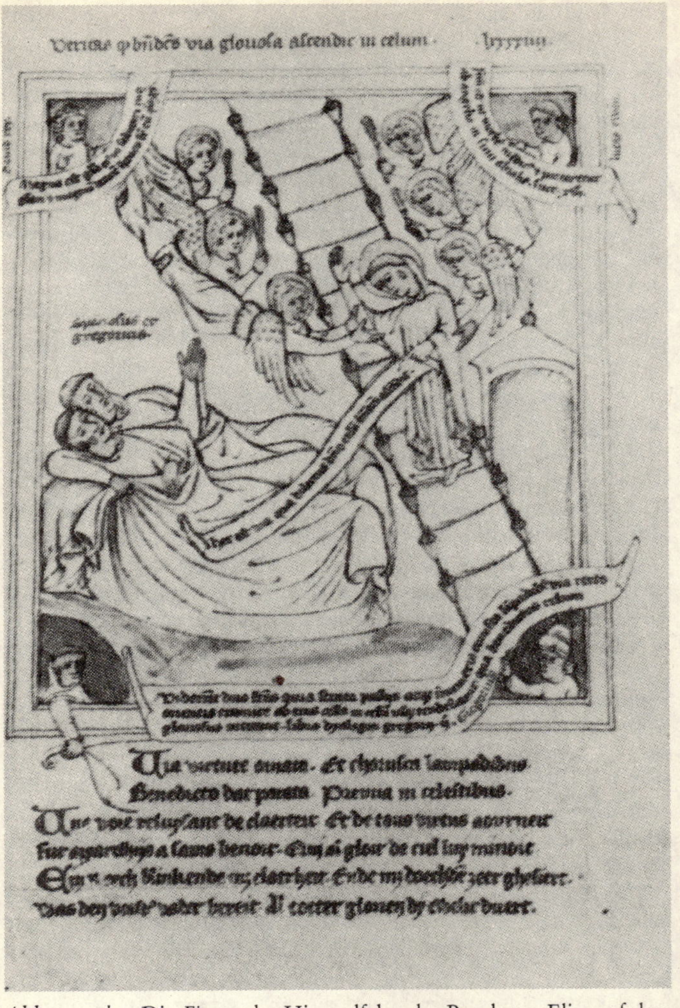

Abb. 2 und 3: Die *Figura* der Himmelfahrt des Propheten Elias auf dem Feuerwagen und die *Veritas* der Aufnahme des hl. Benedikt auf der aus brennenden Lampen gefügten Tugendleiter in den Himmel. Aus den typologischen Acta beati Benedicti des Johann von Stablo vom Jahr 1432.

Sicht den Rahmen. Wie kaum ein Theologe seiner Zeit die Einheit der Kirche von der Schöpfung über ihre Mitte in Christus bis zu dem Weltende sehend, maß Rupert von Deutz († 1130) in seiner christozentrischen Theologie der Heilsgeschichte der Typologie eine Schlüsselfunktion für die Erhellung seiner Vorstellungen von der Einheit der Geschichte zu.[30] Wenig später sollte das bei Joachim von Fiore auch bildkräftig sichtbar werden.

Das dem Historiker naheliegende Feld der typologischen Deutung von politischem Geschehen sollte nicht länger als Niemandsland zwischen der Geschichte und der Literaturgeschichte liegen. Diese hat auf dem Feld in den letzten drei Jahrzehnten durchaus nicht immer glücklich operiert, wo immer sie eine herrscherliche Imitatio Christi, sei es durch Karl den Großen, sei es durch Carolus Stuardus im 17. Jahrhundert, als antitypisch hinzustellen suchte, als sei eine typologische Steigerung Christi denkbar. Der abwegige, für eine historische oder legendäre Nachfolge Christi von den Philologen unglücklich erfundene, weil eine Steigerung Christi implizierende Begriff der Postfiguration, der inzwischen auch in Amerika geistert, sollte endgültig begraben werden. Aller historischen Nachfolge Christi den Charakter des Antitypischen notwendig aberkennend, haben wir um so größeres Gewicht den christlichen Überhöhungen von Alttestamentlichem oder Antikem in der Geschichte beizumessen, die als wirklich antitypische Erfüllungen von vorchristlichen Präfigurationen sich verstanden oder später so gedeutet wurden. Wie die Figurengruppe von Synagoga und Ecclesia das schon frühchristliche Verständnis der Kirche als des Antitypus des alten Typs der Synagoge darstellt, ist das Kirchengebäude in Gestalt der Kathedrale als eine antitypische Steigerung ihrer Präfiguration in der Arche, in der Stiftshütte und dem Tempel Salomos erst noch vollends zu erweisen. Typen erfüllen sich auch im Sakrament und in der Liturgie der Kirche. Daß Karl der Große als der novus David den alten König antitypisch überstieg, fand bei seiner Heiligsprechung 1165 seinen Ausdruck darin, daß der heilige David ihm den 29. Dezember als den Tag seiner liturgischen Verehrung abzutreten hatte. Der Erzbischof von Trier und Lehrer an der Hofschule von Aachen, Amalar von Metz, beschließt die an Ludwig den Frommen gerichtete Vorrede seines liturgischen Werkes *Liber officialis* mit Segenswünschen für den Kaiser, die ihn, den Ruhm der Kirche und Hüter des Glaubens, Christus anempfehlen und ihm als

»neuem«, das heißt nun christlichem David und Salomon, Heil wünschen: *Divo Hludovico vita. Novo David perennitas. Da principi, Domine, vitam. Ipso novo Salomoni felicitas. Pax mundi vos estis* (was auf die Bedeutung des Namens Salomo »pacificus« anspielt).[31] Im gleichen Werk gibt Amalar ein zweites Beispiel typologischer Inbezugsetzung von Alttestamentlichem und Gegenwärtigem, wo er Beda folgend die Liturgie des Stundengebetes aus einer Übung im Buch Esdras herleitet, dabei aber den gravierenden Unterschied heraushebt. Mit der Typologisches anzeigenden Gegenüberstellung von Jene und Wir sowie Einst und Heute stellt er heraus, daß einst die Mauern der Stadt Jerusalem, heute jedoch die Mauern der Kirche zu errichten seien.[32] Das Spezifische des christlichen Mauerbaus verdeutlicht Amalar mit dessen Auslegung, wonach auf Christi Fundament sowie dem Sockel der Apostel die Älteren, wie im Mauerwerk die Steine aufeinander lasten, die Jüngeren belehrend tragen und, zu Quadern behauen, die Wand bekleiden, womit die schwächeren Brüder als unbehauene Steine im Mauerinneren geschützt sind, während der Kalk der Liebe mit dem Wasser des heiligen Geistes und dem Sand des irdischen Tuns als Mörtel die Steinmauer für ein Eingehen ins himmlische Jerusalem zusammenbinden und die angreifenden Teufel abzuwehren sind.[33]

Die Geschichte des politischen Selbstverständnisses von Personen, Institutionen[34] und Motivationen zum Handeln in der christlichen Geschichte bis mindestens ins 17. Jahrhundert im Sinne eines stimulierenden Sichmessens mit Alttestamentlichem, um es aus neuem Geist zu überhöhen, will erst noch geschrieben werden. Beim Angehen dieser Aufgabe wäre möglichst klar zu unterscheiden, ob Handelnde sich selbst bewußt in solcher Rolle sahen oder die zeitgenössische und spätere Deutung ihrer Geschichte durch die Theologie, die Historiographie und Dichtung sie erst unter eine typologische Beleuchtung stellte. Der Historiker und der Literarhistoriker hätten dann sich zu verbinden. Erst das Mittelalter erkannte in Petrus und Paulus die Gründer eines neuen Rom, die den Gründertypus Romulus und Remus distanzierten; erst das Mittelalter erkannte im Stifter der Ordensregel Benedictus den neuen Moses als den Gesetzgeber der Kirche. Wir haben eine solche nachträglich typologische Mythisierung der Geschichte, die im Neuen Testament schon anhebt, von einer sicher schwerer greifbaren typologischen Pragmatik des geschichtlichen Handelns klar zu unterscheiden. Daß der typologische Mythus der Theologen, der Geschichtsschreiber und der Dichter selbst wieder eine eigene historische Wirkungsmacht erlangen kann, steht außer Frage. Luther als der neue Moses ist ein anderer als der Wittenberger Mönch. Beim Exodus der Puritaner übers Meer ins Neue England haben die Erinnerung an den Auszug aus Ägypten sie geleitet und der Glaube an die gottgewollte Gründung einer christlichen Neuen Welt. Inwieweit sie, auf dem neuen Kontinent am Zug des Volkes Israel sich gläubig orientierend, bei der Gründung von New Jerusalem und so vielen anderen neu-alten Orten auch ein typologisches Bewußtsein führte, scheint mir nicht so sicher wie der amerikanischen Forschung, die solche Orientierungen der puritanischen Frömmigkeit am Alten Testament als typologisch einzuschätzen leicht geneigt ist.

Im Folgenden soll über das Fortleben der Typologie auch in der Neuzeit noch ein Wort gesagt sein.[35] (Als Mediävist darauf eingehen, heißt die Frage auch nach der Reichweite des Mittelalters stellen.) Doch sei, ehe wir Sachfragen knapp skizzieren, die Forschungssituation noch kurz beleuchtet, um verständlich zu machen, warum England und die Neue Welt dann stärker in den Blick rücken. Während Deutschlands Literarhistoriker nach den ein halbes Jahrhundert fast zurückliegenden Anstößen durch den Germanisten Julius Schwietering, den Anglisten Hans H. Glunz sowie den Romanisten Erich Auerbach, dessen Emigrantenschicksal die verdiente Wirkung seines Werkes von Amerika aus verstärkte, Typologischem in der Literaturgeschichte nur noch ein maßvolles Interesse schenkten, liegt die Führung der Forschung zur Typologie vom späten Mittelalter bis zur Gegenwart zur Zeit entschieden bei der vor allem amerikanischen Anglistik. Marksteine in der jüngeren Forschung setzten der 1972 von Sacvan Bercovitch herausgegebene Band *Typology and Early American Literature* mit einer Bibliographie von hundert Seiten und dann ein 1974 in Princeton durchgeführtes Kolloquium, dessen Ergebnisse Earl Miner 1977 in dem Sammelband *Literary Uses of Typology from the Late Middle Ages to the Present* publizierte (Princeton 1977). Nach dem Erweis der Bedeutung der Typologie für die englische und amerikanische Literatur des 16. bis 18. Jahrhunderts durch die Amerikanistik war es, wieder in Amerika, das Verdienst von George P. Landow, im letzten Jahrzehnt den analogen Nachweis für das viktorianische England voll erbracht zu haben.[36]

Mögen beim amerikanischen Impetus des Neuentdeckens erhebliche Verwischungen des klaren Konturs der Abgrenzungen zwischen der Typologie und anderen Arten der Allegorie oder verwandt erscheinenden Arten einer historischen Imitatio alttestamentlicher Ereignisse gewiß auch zu beklagen sein, so bleibt für heute doch zu konstatieren, daß nach den großen Leistungen von Theologen wie Jean Daniélou und Henri de Lubac, welche die Typologie als Denkform heilsgeschichtlichen Verstehens wieder in das theologische Bewußtsein rückten, heute nicht die Theologie und nicht die einst einmal seit Emile Mâle an der Spitze gestandene Kunstgeschichte, sondern die Literaturgeschichte auf diesem Feld den Vorrang vor den anderen Wissenschaften einnimmt. Literarhistoriker sind heute auf dem Wege, für alle neueren Jahrhunderte das typologische Denken sowohl in der protestantischen Theologie, welche bis heute noch keine eingehendere Untersuchung der bei Luther handgreiflichen Typologie hervorgebracht hat, als auch in gewissen Kunstrichtungen, vor allem aber in der Literaturgeschichte der gesamten Neuzeit zu erforschen, während die Kunstgeschichte und die Theologie für Typologisches in diesem Zeitraum in den letzten drei Jahrzehnten, das heißt nach Erwin Panofsky und nach dem historisch perspektivenreichen, aber weithin wirkungslos gebliebenen Werk von Joseph Coppens *Les harmonies des deux testaments* (1949) sich überhaupt kaum engagierten. Ob solch philologisch rühriges Bestreben bei Neuzeit-Historikern eine Entsprechung fand, vermag ich nicht zu sagen. Karlfried Gründers wichtiges Werk über Hamanns typologisierende Geschichtsphilosophie war das eines Philosophen.[37]

Der von der Theologie durch andere Geisteswissenschaften übernommene Gemeinplatz, daß die Reformation der allegorischen und typologischen Bibelexegese für die protestantische Welt ein Ende gesetzt habe, ist wie für die Reformatoren selbst auch für die Zeit vom 16. bis über das 18. Jahrhundert hinaus in seiner Undifferenziertheit schlicht unhaltbar. Bei dem Reformator William Tyndale in England und ausgeprägter bei Martin Luther in Deutschland und bei Johannes Calvin in der Schweiz findet das typologische Denken neben einer theoretischen Anerkennung auch in der eigenen exegetischen Praxis Anwendung, so daß nicht nur einem Fortleben, sondern auch einem späteren Aufblühen der Typologie im Protestantismus lutherischer, calvinistischer, puritanischer und dann noch pietistischer Observanz die Tür von

Anbeginn offen gehalten war. Das Ende des Mittelalters setzte der Typologie kein Ende, und über die Stärke ihres Weiterlebens in der katholischen Kirche und in den protestantischen Kirchen ist heute vergleichend Endgültiges noch nicht zu sagen, zumal die jeweiligen Schwerpunkte sich regional und in der Zeit nicht decken mußten wie etwa in Spanien und Neuengland, wenngleich es den Anschein hat, daß das 17. Jahrhundert dem typologischen Denken in beiden Konfessionen allenthalben noch einmal eine Blüte brachte. Der Forschungsstand ist auf verschiedenen Sektoren noch so ungleich ausgebildet, daß allgemeingültige Aussagen sich vorerst verbieten.[38] Die protestantische Ablösung der traditionellen Exegese nach dem mehrfachen Schriftsinn durch eine »historische« Schriftauslegung ist bis in das 18. Jahrhundert hinein weithin ein Scheinvorgang, insofern das nunmehr propagierte Konzept der Anwendung oder Applikation oder Akkommodation des einen historischen Schriftsinns auf das Leben der Gläubigen die tropologische und die anagogische Dimension der Lebensweisung aus dem Schriftverstehen durchaus am Leben erhielt und andererseits das Postulat der festen Fundierung der spirituellen Schriftsinne auf dem Boden des sensus historicus von der Patristik bis ins späte Mittelalter und darüber hinaus nie aufgegeben worden war. In der Wittenberger Reformationsgeschichte wurde die Typologie in einem kardinalen Punkt bedeutsam. Daß Luther seine Theologie der Rechtfertigung allein aus dem Glauben anhand der Ehernen Schlange (dies vor allem 1526–1528) entwickelte und seine Auffassung vom Wert der Bilder gerade an ihr verdeutlichte (*dan erfullung der figuren mussen nit gesehen sondern geglaubt werden*), steht hinter der reichen bildlichen Bezeugung der Eherne-Schlange-Kreuzigungstypologie in Wittenberg, so auf Titelblättern von Luthers Schriften, auf dem sächsischen Pesttaler von 1528 und in der Malerei von Lukas Cranach als Thema seiner *Allegorie von Gesetz und Gnade* (1529), deren Prager Fassung die Inschrift *Figur unserer Rechtfertigung* trägt, und auf den Altarbildern seines Sohnes in den Stadtkirchen von Wittenberg (1547) und Weimar (1555), die beide auch Luther als beteiligte Gestalt ins Bild aufnehmen, wo der Reformator neben Johannes dem Täufer steht.[39] Wie im Mittelalter Joachim von Fiore die typologische Konkordanz der alten und der neuen Zeit in der Kirchen- und der Reichsgeschichte bis in die eigenen Tage ausgezogen oder Gerhoh von Reichersberg typologisch argumentierend das Gegenwartsgeschehen zu bewegen gesucht hatte, so geschah es nun noch in der Mitte des 17. Jahrhunderts, daß englische Kirchenparteien mit jeweils typologischen Argumenten den die Trennung der Puritaner von der Staatskirche herbeiführenden Kampf um religiöse Toleranz, Gewissensfreiheit und Freiheit der Kirche von dem Staat bestritten, indem sie nach vorgefaßtem Ziel auf dem Gebiet von Staat und Glauben Gegebenheiten des Alten Testamentes auslegten, wie sie es brauchten, zur Legitimierung ihrer Ansprüche zu brauchen glaubten. Mochte typologisches Denken, in der politischen Praxis angewandt, auch als manipulierbar sich erweisen, so teilt es dies mit der Verwirklichungsgeschichte von Ideen im irdischen Geschehen insgemein. Bei den Kirchenkämpfen, die in Neuengland in Amerika zu politisch weitreichenden Folgen führten, kam es darauf an, ob alttestamentliche Verhältnisse als Vorbild gälten oder aus christlich-typologischer Sicht zu überwinden wären, was dann den Raum für Neuerungen öffnete, wie ihn so vor allem Roger Williams in der Mitte des 17. Jahrhunderts für Neuengland zu gewinnen suchte, das als New Jerusalem das alte überhöhen sollte.[40] Unterschiedliche Bestimmungen des Ausmaßes von Diskontinuität in der typologischen Kontinuität von Alt und Neu hatten historisch weitreichende Folgen.

In der Kunstgeschichte Englands haben im Kreis der Präraphaeliten eine Reihe von Malern keineswegs nur Spuren eines Nachwirkens, vielmehr klare Zeugnisse einer auch theoretisch reflektierten Anwendung der Typologie in ihrer Ikonographie manifestiert. Die Verbindung von historischer Verbürgtheit der Typen und Antitypen auf der einen und von dem historischen Kontext enthobener Zeichenhaftigkeit des Faktischen im typologischen Denken auf der anderen Seite mußte dem präraphaelitischen Bemühen um eine schöpferische Verbindung von Realismus und Symbolismus, von Sinnlichem und Mystischem, von Stoff und Geist eine willkommene Entsprechung bieten. In einer Epoche vielfach schwindender Getrostheit vornehmlich des Glaubens markiert ein Maler wie William Holman Hunt durch bildliche Realisierung der Metapher vom Typus als Schatten der Wahrheit, den die Welt allein erst sieht (*The Shadow of Death*, 1869–1873), einen restaurativen Rückgriff auf das Mittelalter, in dessen »videmus nunc per speculum et in aenigmate« ein Zug von symbolistischer Modernität gleichwohl nicht fehlen muß, so daß George P. Landow von des Malers typologischem Symbolismus im Sinne eines anachronistischen

Modernismus sprechen konnte (Abb. 6).[41] John Ruskins Deutung des Joseph in Tintorettos *Verkündigung* als des Baumeisters der Kirche auf den Ruinen der Synagoge vom Jahr 1846 stimulierte Hunt zur Forderung an die Kunst, »to mirror the unknown spiritual truth«, wie Dichter es mit der Metapher täten.[42] Das Fortleben der Typologie im viktorianischen Gottesdienst mit Lied und Predigt, ihre Behandlung in Thomas Hartwell Hornes für die englischen Universitäten maßgeblicher Einführung in das Bibelstudium oder ihre große Darstellung in Patrick Fairbairns von 1852 bis 1976 imer wieder neu gedrucktem zweibändigem Werk *Typology of Scripture* garantierten der Denkform eben auch in der Geschichtsbetrachtung ein trotz aller Abgelebtheit weit verbreitetes Verstandenwerden noch bis zur Jahrhundertwende.[43] Die Typen und die künstlerischen Mittel ihrer Einbringung in Hunts Gemälde *The Finding of the Saviour in the Temple* (1854–1862)[44] – auch sein Melchisedek-Fenster von 1865[45] oder *The Triumph of the Innocents* (1883/4)[46] wären als Beispiele einer eigens englischen und in den künstlerischen Mitteln nicht einfallslosen typologischen Ineinssetzung von zwei Welten in der Simultaneität des Bilds zu nennen – unterscheiden diese viktorianische Kunst von der der deutschen Nazarener, denen dieses typologische Gedächtnis fehlt. Mit in Betracht gezogen, daß das typologische Bilddenken von Präraphaeliten wie Hunt oder John Ruskin[47], aber auch einem Kirchenfremden wie Dante Gabriel Rossetti – er erläuterte sein Aquarell *Passover in the Holy Family* mit einem Sonett des Anfangs »Here meet together the prefiguring day And day prefigured ...« –, in einem typologischen, ins Reale integrierten Symbolismus auch der Dichtung dieser Zeit eine Entsprechung findet[48], ergibt sich eine nicht unbeträchtliche Prägung des englischen Denkens noch im 19. Jahrhundert durch eine alte Tradition, die George P. Landows 1980 erschienenes Buch über die biblische Typologie in der Literatur und Kunst und im Denken Englands[49] zu einer zusammenschauenden Darstellung gebracht hat. Die *Verkündigung* von Edward Burne-Jones zeigt Anregungen aus der Malerei des 15. Jahrhunderts (Abb. 4 und 5). Die Zeit, wo angelsächsische Forschung an der kontinentalen und die deutsche oder französische an der englischen und amerikanischen intensiven Forschung auf diesem Feld vorbeisahen, sollte ebenso überwunden werden wie das beziehungslose Nebeneinander der Kunst- und Literaturgeschichte auf der einen und der Geschichtswissen-

Abb. 4: Der Typus des Engels der Vertreibung aus dem Paradies (im Hintergrund links oben) und der Antitypus des Verkündigungsengels einer »Verkündigung« aus der Werkstatt Fra Angelicos (Madrid, Museo del Prado, nach 1435).

Abb. 5: »Die Verkündigung« von Edward Burne-Jones (1879) mit dem Typus der Vertreibung aus dem Paradies (rechts oben im Relief). Das Modell für Maria war Leslie Stephen, die Mutter von Virginia Woolf und Vanessa Bell.

schaften auf der anderen Seite, wo die europäische Tradition der Typologie als Denkform der Geschichtsbetrachtung als gemeinsamer Gegenstand doch allen Kunst- und Geisteswissenschaften aufgegeben bleibt.

Als geschichtliches Phänomen bisher schon zwei Jahrtausende überdauernd, wurde die Typologie vom Wandel alles Geschichtlichen im Gang der Zeiten auch betroffen. Die Einbeziehung der Natur und der Antike auf der Zeitseite des Alten sowie der Kirchen- und der christlichen Säkulargeschichte auf der Zeitseite des Neuen zeugen davon ebenso wie später säkularisierte Applikationen in der englischen Literatur des 19. Jahrhunderts.[50] Verwundern mögen uns Anwendungen sogar auf naturgeschichtliche Prozesse. An Adaptationen der Denkform an außerheilsgeschichtliche Zielgerichtetheiten im Rahmen eines naturwissenschaftlichen Entwicklungsdenkens hat es im 19. Jahrhundert selbst bei Theologen nicht gefehlt, wenn sie im Menschen den Antitypus einer gottgewollten typischen Wirbeltiergeschichte sahen.[51]

Die Rede von einer erweiterten, säkularisierten, satirischen oder parodierenden Typologie bei politisierenden Autoren des 19. Jahrhunderts, wo selbst eine formale Struktur des typologischen Gedankengangs sich nicht mehr findet, sollte mit der Erweckung des Eindrucks, es handle sich um spätzeitliche Entartungen, über das Ableben der Typologie, wie alles Geschichtlichen, nicht hinwegtäuschen. Die viktorianische Bibelfestigkeit auch der Ungläubigen – wie die auch von Marx – gibt keine Legitimation, etwa Swinburnes blasphemisches Ausbeuten der Bibel zur Propagierung national-sozialer Freiheitsevangelien und einer Erlöserrolle Englands mit dem Slogan »Gott ist tot«[52] noch unter »ironischer« Typologie zu buchen.[53] Die Blässe der viktorianischen Typologie in unseren an die mittelalterliche und bis ans 18. Jahrhundert fortwährende Kraft gewohnten Augen deutet auf das Verspätete des Auflebens von einer mit dem Aufkommen des Historismus weithin abgelebten Denkform, deren Verlust freilich auch die Möglichkeit einer produktiven, Gegenwart stimulierenden Zusammenschau der Zeiten fortnahm. Der Verlust auch eines humanistischen Kraftziehens aus dem anders zur Vergegenwärtigung aus der Zeit gehobenen und wie klassisch immer Exemplarischen scheint heute dem zu folgen – er ist weit gediehen. So finden wir uns zunehmend auf Selbstschau angewiesen und auf eine Ahnung, wohin die Absage an eine produktive historische Erinnerung, die mehr wäre als ein immer fragwürdiges »Lernen aus der Geschichte«, uns noch führen möge.

Die Typologie als hermeneutisches Prinzip eines Vergangenheits- und Gegenwartsverstehens im einheitlichen Vollzug ihrer beide vergleichend deutenden Zusammenschau stellt die Neuzeit unter den hohen Anspruch ihrer Forderung, aller Altzeit samt auch der Antike nicht nur nachzukommen als in Renaissancen, sie vielmehr durch Steigerung in Neuzeit zu verwandeln, sie aufzuheben in der Höhe einer Wiederkehr, die für das Alte Unvergessenheit bei Übertroffenheit bedeutet. Die gesteigerte Wiederkehr nach dem Zeitensprung von der Altzeit in die Neuzeit ist weder als zyklisch noch als spiralig zu verstehen dank der unüberbietbaren Endgültigkeit des Antitypus für die Dauer der Geschichte bis zu ihrem endzeitlichen Umsprung in die neue Ewigkeit. Unüberbietbarkeit meint freilich kein Erledigt- und Entledigtsein von Aufgaben und Möglichkeiten, vielmehr den Rahmen eines Anspruches von höchstem Rang, den das Gerufen- und Gestelltsein in die Neuzeit aus der Sicht der typologischen Geschichtsbetrachtung setzt. Trotz der christlichen Zielgerichtetheit der Geschichte sieht die Typologie auch keine lineare Progression als anhaltenden Fortschritt, sondern durch Offenbarungsakte von Gott bewirkte Aufsprünge in eine je befristet anhaltende neue Heilszeit wie von der Natur in Adam zum Gesetz in Moses und zur Gnade im Sohn Gottes. So auch bei den Weltreichen und den Weltaltern derart, daß der Umsprung in das antitypisch letzte Reich und Alter die typischen Zeitstände nicht auslöscht, sondern hebt, bereichert und erweitert. Typologie würde ein Ende und nicht ein Beginnen setzen, dürfte die unüberbietbare Endgültigkeit des inkarnierten Antitypus die Geschichte lähmen. Das Neue, diesseits vom Erscheinen Christi, bleibt ein immer unerreichter Anspruch, ein Stimulus zur Anverwandlung des historisch Vorhandenen an seine Berufung in Möglichkeiten, es zu übersteigen. Es gibt das antitypische Sichmessen am Typischen, um die mit ihm gesetzten Marken hinter sich zu lassen. Das Alte behält seine Exemplarität als Ansporn, es aus neuem Geist zu überwinden, wie Augustin und Spätere am Heldentum der alten Heroen und dem Heldentum der neuen Heiligen es demonstrierten. Die Diskontinuität in der Kontinuität ergibt sich aus dem Zugewinn an Wertdimensionen, welche gewesen Mögliches bis an den Rand des Unmöglichen hinan fortzutreiben anhalten, um der Neuzeit als Hochzeit würdige

Abb. 6: Holman Hunt »The Shadow of Death« (1869–1873). Die kniende Frau sieht noch allein den Schatten (den Typus) des erschienenen Antitypus, des Erlösers.

Vollkommenheiten zu erringen, in der Theologie und Kirche, in der Dichtung und in allen Künsten, in den vielfältigen Formen einer neuen Weltgestaltung, die ohne die mit typologischem Denken erweckten Antriebe zu schöpferischer Phantasie nicht (oder geschichtlich anders) zu bewältigen gewesen wären.

Geschichtliche Darstellungen der typologischen Bibelexegese in Kommentar, Liturgie und Predigt, in der lateinischen, der griechischen und der volkssprachigen Dichtung ebenso wie in allen bildenden Künsten sind von der Theologie, den Philologien und der Kunstgeschichte sei es für das Mittelalter, sei es für die kaum erst angegangene Neuzeit bisher ungeschrieben. Die Probleme der halbbiblischen und der außerbiblischen Typologie wurden zwar in den Blick gerückt, sind von einer Aufarbeitung jedoch weit entfernt und bleiben als Aufgabe bestehen. Wo der Gegenstand über die biblische und die patristische Theologie hinausreicht, sind für weite Strecken und Quellenbereiche die Dokumentation, die Formenanalyse, die Beschreibung der frömmigkeitshistorisch bedingten Wandlungen und der Nachweis von Auswirkungen für die Geschichtsauffassung von der Theologie und der Geschichte, von der Literaturgeschichte und der Kunstgeschichte weitgehend erst noch zu leisten. Was hier gegeben werden konnte, war ein Versuch der Anskizzierung eines Geländes, das weithin erst noch erschlossen werden muß.

Der Mediävistik fehlt bisher ein klares Bewußtsein davon, daß solcher Art Geschichtsvorstellungen, welche die Gegenwart als die nach Gottes Heilsplan wahre Höhe der Zeiten zu begreifen gaben, nicht nur ein Zeitalter beschwingen mußten, das solch Hochgefühl in vielen Künsten ausdrückt, sondern auch dem Zeitgefühl eines Renaissancebewußtseins schroff entgegensteht. Der Mediävistik geläufige Konzepte wie die der Renovatio des Antiken und der sich reihenden Renaissancen, einer »karolingischen«, einer »ottonischen«, dann der »des 12. Jahrhunderts« und dann der frühen Ansetzung des Beginns der italienischen Renaissance bedürften der Überprüfung auf die wirkliche Gegebenheit eines mit diesen Begriffen suggerierten Verhältnisses zur Antike, zumal in einer Blütezeit des typologischen Denkens wie dem 12. Jahrhundert. Typologie und Renaissance stehen in Opposition zueinander, sind zwei sich ausschließende Begriffe. Durch eine Renaissance will eine sich nicht genügende Gegenwart durch das Hereinholen eines als größer erkannt Vergangenen an dessen

Wiederbelebung sich erfrischen und erneuern. Eine typologische Geschichtsbetrachtung geschieht im Hochgefühl des Wissens, alles vorchristlich Vergangene sei auf seine Erfüllung in der Jetztzeit hingelaufen, die es sich aneigne und überwinde, indem sie durch steigernde Metamorphosen es in seine letzten, von lange her angelegten Möglichkeiten überführe. Eine typologische Geschichtsbetrachtung und der klassische Renaissancebegriff schließen sich als unvereinbar aus.[54] Epochen leben freilich nicht aus einer geistigen Wurzel allein. Das typologische und das Renaissancedenken konnten um so eher ins Verhältnis einer vielfältigen Spannung treten, als beide seit der späteren Antike und bis zum Historismus als grundsätzlich gegebene und auch rivalisierende Möglichkeiten des Geschichtsbewußtseins fortbestanden. Die neuere Geschichte der Typologie ist noch viel weniger als die des Renaissancegedankens untersucht. Die Zukunft wird ihrer beider geschichtliche Macht erst noch vergleichend zu betrachten haben.

Anmerkungen

1 Der hier erweiterte Vortrag auf dem 34. Deutschen Historikertag in Münster am 7. Oktober 1982 hatte seinen Platz in der vom Münsterschen Sonderforschungsbereich 7 »Mittelalterforschung« ausgerichteten Sektion »Mittelalterforschung im Verbund«. Dort sprachen auch Karl Hauck über »Die historische Erforschung mündlicher Überlieferung mit Bildzeugnissen«, Ruth Schmidt-Wiegand über »Sprache und Geschichte im Spiegel historischer Bezeichnungen« und Joachim Wollasch über »Sterben und Tod in mittelalterlichen Vorstellungen«.

2 Auf einige bibliographische Hilfen sei verwiesen: Sacvan Bercovitch (Ed.), *Typology and Early American Literature*, 1972, S. 245–337 (Annotated Bibliography; eine Fundgrube auch für Quellen); 76 Titel von Arbeiten aus den Jahren 1954–1972 zur Typologie in verschiedenen Gattungen der englischen Literatur bis zum 15. Jahrhundert bringt Hugh T. Keenan, *A Check-List on Typology and English Medieval Literature through 1972*, in: *Studies in the Literary Imagination* 8 (1975) S. 159–166; Joseph A. Galdon, S. J., *Typology and Seventeenth Century Literature*, The Hague – Paris 1975 (Bibliographie S. 149–160). Walter Haug (Hg.), *Formen und Funktionen der Allegorie*. Symposion Wolfenbüttel 1978, Stuttgart 1979, S. 739–775 (Bibliographie); Paul J. Korshin, *Typologies in England 1650–1820*, Princeton

1982, S. 396–408 (Typology; A Bibliographical Essay) (s. in diesem Band S. 277ff.).

3 F. Ohly, *Sage und Legende in der Kaiserchronik. Untersuchungen über Quellen und Aufbau der Dichtung*, Münster 1940 (Darmstadt 1968²); F. Ohly, *Schriften zur mittelalterlichen Bedeutungsforschung*, Darmstadt 1977, enthält die Aufsätze: *Synagoge und Ecclesia. Typologisches in mittelalterlicher Dichtung* (1966; S. 312–337), *Außerbiblisch Typologisches zwischen Cicero, Ambrosius und Aelred von Rievaulx* (1976; S. 338–360); *Halbbiblische und außerbiblische Typologie* (1976; S. 361–400), vgl. das Register zur Typologie (S. 420f.). F. Ohly, *Skizzen zur Typologie im späteren Mittelalter*, in: *Medium Aevum deutsch. Beiträge zur deutschen Literatur des hohen und späten Mittelalters. Festschrift Kurt Ruh zum 65. Geburtstag*, Tübingen 1979, S. 251–310; F. Ohly, *Typologische Figuren aus Natur und Mythus* in: Walter Haug (Hg.), *Formen und Funktionen der Allegorie* (s. Anm. 2), S. 126–166.

4 Wolfgang Ruttkowski, *Typologien und Schichtenlehren. Bibliographie des internationalen Schrifttums bis 1970* (Beschreibende Bibliographien 5), Amsterdam 1974. Von Historikern nenne ich nur Theodor Schieder, *Der Typus in der Geschichtswissenschaft*, in: *Studium Generale* 5 (1952) S. 228–234, und das Kapitel »Vergleich, Analogie, Typus« bei Reinhard Wittram, *Das Interesse an der Geschichte. Zwölf Vorlesungen über Fragen des zeitgenössischen Geschichtsverständnisses*, Göttingen 1958, S. 54–58.

5 Zum Begriff »Typos« in diesem Zusammenhang Rudolf W. Meyer, *Gestalt und Geschichte*, in: *Typologia Litterarum. Festschrift für Max Wehrli*, Zürich 1969, S. 11–28.

6 David Lerch, *Isaaks Opferung christlich gedeutet*, Tübingen 1950, S. 156–202. Hans-Jürgen Geischer, *Das Problem der Typologie in der ältesten christlichen Kunst. Isaak-Opfer und Jonas-Wunder*, theol. Diss. (masch.) Heidelberg 1964. Zuletzt Ute Schwab, *Zum Verständnis des Isaak-Opfers in literarischer und bildlicher Darstellung des Mittelalters*, in: *Frühmittelalterliche Studien* 15 (1981) S. 435–494 mit 7 Tafeln. Vgl. die Abb. 21 aus der Wiener Armenbibel (um 1330) bei F. Ohly, *Schriften* (s. Anm. 3).

7 Jean Daniélou, *Sacramentum futuri. Études sur les origines de la typologie biblique*, Paris 1950.

8 Vgl. die Abbildungen 24 und 25 aus dem Klosterneuburger Altar des Nikolaus von Verdun (um 1180) bei F. Ohly, *Schriften* (s. Anm. 3). Hervorragende farbige Abbildungen des gesamten typologischen Zyklus bei Helmut Buschhausen, *Der Verduner Altar. Das Emailwerk des Nikolaus von Verdun im Stift Klosterneuburg*, Wien 1980.

9 Alexander Demandt, *Metaphern für Geschichte. Sprachbilder und Gleichnisse im historisch-politischen Denken*, München 1978. Jochen

Schlobach, *Zyklentheorie und Epochenmetaphorik. Studien zur bildlichen Sprache der Geschichtsreflexion in Frankreich von der Renaissance zur Frühaufklärung*, München 1980. Heinz Meyer, *Überlegungen zu Herders Metaphern für Geschichte*, in: *Archiv für Begriffsgeschichte* 25 (1982) S. 88–114.

10 Erich Meuthen, *Der Geschichtssymbolismus Gerhohs von Reichersberg* (1959), in: W. Lammers (Hg.), *Geschichtsdenken und Geschichtsbild im Mittelalter*, Darmstadt 1965, S. 200–246, bes. 234ff. S. auch Peter Classen, *Gerhoch von Reichersberg. Eine Biographie*, Wiesbaden 1960, Register s. v. Typologie. Wilhelm Kölmel, *Typik und Atypik. Zum Geschichtsbild der kirchenpolitischen Publizistik (11.–14. Jahrhundert)*, in: Clemens Bauer/Laetitia Böhm/Max Müller (Hg.), *Speculum Historiale. Geschichte im Spiegel von Geschichtsschreibung und Geschichtsdeutung*. Festschrift für Johannes Spörl, München 1965, S. 277–302. Elisabeth Dahlhaus-Berg, *Nova antiquitas et antiqua novitas. Typologische Exegese und isidorianisches Geschichtsbild bei Theodulf von Orleans*, Köln-Wien 1975. Sonst scheint mir Typologisches bei unseren Historikern nur punktuell und gelegentlich berührt worden zu sein.

11 Karl-Heinz Schwarte, *Die Vorgeschichte der augustinischen Weltalterlehre*, Bonn 1966 (zur Typologie S. 4–8).

12 C. A. Patrides, *The Phoenix and the Ladder. The Rise and Decline of the Christian View of History*, Berkeley – Los Angeles 1964, S. 9. Der sterbende und neu erstehende Phoenix steht bei Patrides für die zyklische Geschichtsauffassung der Griechen und Römer, die Himmelsleiter für die einlinig aufwärtsführende christliche Vorstellung von der Heilsgeschichte. Gert Melville, *Zur geschichtstheoretischen Begründung eines fehlenden Niedergangsbewußtseins im Mittelalter*, in: Reinhart Koselleck/Paul Widmer (Hg.), *Niedergang. Studien zu einem geschichtlichen Thema*, Stuttgart 1980, S. 103–136, zieht die Typologie heran (S. 123), doch argumentiert sonst anders.

13 C. A. Patrides (s. Anm. 12), S. 16–48, gibt eine Übersicht auch über die Weltchronistik. S. aber auch Anna-Dorothee von den Brincken, *Studien zur lateinischen Weltchronistik bis in das Zeitalter Ottos von Freising*, Düsseldorf 1957, und Karl Heinrich Krüger, *Die Universalchroniken*, Turnhout 1976, mit Bibliographie S. 10–12 und den Übersichtstafeln von A.-D. von den Brincken S. 37–45, u. a. über die Einteilung in Weltalter und Weltreiche; zur Typologie S. 28–30. Paolo Brezzi, *Cronache universali e storia della salvezza*, in: *Fonti medioevali e problematica storiografica. Atti del congresso internazionale tenuto in occasione del 90° anniversario della fondazione del Istituto Storico Italiano, Roma 22–27 ottobre 1973*, I Relazioni, Roma 1976, S. 317–336 (mit Bibliographie S. 335f.). Zur Verschränkung von Antikem und Alttestamentlichem in den Weltchroniken F. Ohly, *Typologische Figu-*

ren aus Natur und Mythus (s. Anm. 3) S. 141 mit Anm. 90. Beryl Smalley, *Historians in the Middle Ages,* London 1974, S. 95–105 »Universal History«.

14 F. Ohly, *Schriften* (s. Anm. 3), S. 372. Zur christlichen Geschichtstheologie verweise ich auf die Bibliographien von G. Thils, *La théologie de l'histoire. Note bibliographique*, in: *Ephemerides Theologicae Lovanienses* 26 (1950), S. 87–95. Charles P. Loughran, *Theology and History: A Bibliography*, in: *Thought* 29 (1954), S. 101–115. Noch der Artikel »Geschichtsphilosophie« von Alois Kehl/Henri Irénée Marrou, *Reallexikon für Antike und Christentum* 10 (1978), S. 703–779, nimmt von der Typologie keine Notiz. Die dort überaus reiche Bibliographie ergänze ich um einige Titel, auch für das Mittelalter: Ernst Benz, *Ecclesia Spiritualis. Kirchenidee und Geschichtstheologie der franziskanischen Reformation*, Stuttgart 1934. Zu Beziehungen zwischen Typologie und Zeitauffassungen in Robert C. Dentan (Ed.), *The Idea of History in the Ancient Near East*, New Haven 1955, bes. Erich Dinkler, *Earliest Christianity* (S. 169–214) und Roland H. Bainton, *Patristic Christianity* (S. 215–236). H. Butterfield, *Christianity and History*, New York 1950. Die Akten des Kolloquiums »La théologie de l'histoire« in Rom am 5.–11. Januar 1971 erschienen, hg. von Enrico Castelli, in zwei Bänden, Paris 1971: I. Herméneutique et Eschatologie; II. Révélation et histoire. Yves M.-J. Congar, *Le sens de l'économie salutaire dans la »Theologie« de S. Thomas d'Aquin*, in: *Festgabe Joseph Lortz*. Band 2: Glaube und Geschichte, Baden-Baden 1958, S. 72–122. Amos Funkenstein, *Heilsplan und natürliche Entwicklung. Formen der Gegenwartsbestimmung im Geschichtsdenken des hohen Mittelalters*, München 1965. Bei Galdon (s. Anm. 2) das Kapitel »Typology and History«, S. 54–69. Hans Werner Goetz, *Die Geschichtstheologie des Orosius,* Darmstadt 1980. Frank Powell Haggard, *An Interpretation of Thomas Aquinas as a Biblical Theologian with Special Reference to his Systematizing of the Economy of Salvation*, Drew University (New Jersey), Ph. D., 1972. Martin Henschel, *Figuraldeutung und Geschichtlichkeit*, in: *Kerygma und Dogma*, Band 5, 1959, S. 306–317. Wilhelm Kamlah, *Apokalypse und Geschichtstheologie. Die mittelalterliche Auslegung der Apokalypse vor Joachim von Fiore*, Berlin 1935. Ulrich Kühn, *Via Caritatis. Theologie des Gesetzes bei Thomas von Aquin*, Halle/Saale 1963. Walther von Loewenich, *Augustin und das christliche Geschichtsdenken*, München 1947. Roger Mehl, *Philosophy of History or Theology of History*, in: *Cross Currents* 3 (1953) S. 161–182. Robert L. Milburn, *Early Christian Interpretations of History*, New York 1954 (deutsch: *Auf daß erfüllt werde*, München 1956). C. A. Patrides, *The Grand Design of God. The Literary Form of the Christian View of History*, London 1972 (mit reicher Literatur S. 10). Theo Preiss, *The Christian Philosophy of History: The Vision of*

History in the New Testament, in: *The Journal of Religion* 30 (1950) S. 157–170. Joseph Ratzinger, *Die Geschichtstheologie des heiligen Bonaventura*, München – Zürich 1959. G. Scholtz, *Geschichte II. Der Geschichtsbegriff der Bibel, der Patristik und des lateinischen Mittelalters* in: *Historisches Wörterbuch der Philosophie III* (1974) S. 34 ff. John M. Steadman, *Nature into Myth. Medieval and Renaissance Moral Symbols*, Pittsburgh 1979, S. 185–212. Gert Wendelborn, *Gott und Geschichte. Joachim von Fiore und die Hoffnung der Christenheit*, Wien-Köln 1974.

15 Für solche s. Anm. 3 und andere Münstersche Arbeiten zur Typologie, die in den Tätigkeitsberichten des Sonderforschungsbereichs »Mittelalterforschung« in seinem Jahrbuch *Frühmittelalterliche Studien* laufend nachgewiesen werden.

16 Giovanni Helewa, *La »Legge vecchia« e la »Legge nuova« secondo S. Tommaso d'Aquino*, in: *Ephemerides Carmeliticae* 25 (1974) S. 128–139, bes. S. 125–128 zu typologischen Gegenüberstellungen wie *lex nova dicitur lex veritatis, lex autem vetus umbrae et figurae* (S. 126).

17 Enarrationes in psalmos 95, 1; CCL 39, 1343. Zu Psalm 95,1 *cantate domino canticum novum* preist unter dem Leitwort *destruatur vetustas, novitas surgat* Augustinus den Umsprung von der Altzeit in die Neuzeit unermüdlich als den Schritt vom *vetus homo* zu dem *novus homo*, von der Sünde in die Gnade. Henri Rondet, *Le thème du Cantique Nouveau chez saint Augustin*, in: *L'homme devant Dieu. Mélanges Henri de Lubac*, Band I, Paris 1963, S. 341–354. Das Attribut *vetus* für den Typus und *novus* für den Antitypus ist von der Frühzeit bis ins 17. Jahrhundert gang und gäbe und ließe sich vielhundertfach belegen. Zur Terminologie (mit Literatur) Rudolf Suntrup, *Zur sprachlichen Form der Typologie*, in: Klaus Grubmüller/Ruth Schmidt-Wiegand/Klaus Speckenbach (Hg.), *Geistliche Denkformen in der Literatur des Mittelalters*. Symposium Münster 1982, München 1984, S. 23–68.

18 Etienne Gilson, *Le moyen âge comme »saeculum modernum«*, in: Vittore Branca (Ed.), *Concetto, storia, miti e immagini del medio evo*, Florenz 1973, S. 1–10, hier S. 3. Gilsons Skizze sieht im Neuen des Aufkommens der Dialektik, der spekulativen Grammatik, der neuen Logik, der Künste (mit der Gotik als dem seit den Griechen ersten neuerfundenen Baustil), der scholastischen Methode mit der quaestio (»l'œuvre la plus originale, la plus neuve des XIIIe et XIVe siècles, celle à laquelle on ne connait pas de prédécesseurs et qui n'a jamais été continuée«, S. 7; zur quaestio vgl. F. Ohly, *Die Suche in Dichtungen des Mittelalters*, in: *Zeitschrift für deutsches Altertum* 94 (1965) S. 171–184) ein zunehmendes Sichentfernen von der lateinischen Antike und zitiert die Poetik des Matthäus von Vendôme mit ihrem *vetera cessavere nobis* (novis?) *supervenientibus* (S. 6; vgl. F. Ohly, *Schriften*,

s. Anm. 3, S. 334. 336). Gilson sieht im Humanismus eine Gegenbewegung des Alten gegen die ›Modernität‹ des Mittelalters (S. 8 f; »Dans le cas du moyen âge, sa modernité devait être dénoncée par les humanistes comme celle d'une décadence, mais pour ceux qui l'ont vécue, spécialement du XIIIe au XIVe siècles, elle fut sentie comme une ère d'innovations dans tous les ordres, une modernité de progrès«, S. 10).

19 Literatur zu David als Typus Karls des Großen bei Michael Borgolte, *Papst Leo III., Karl der Große und der Filioque-Streit von Jerusalem*, in: *Byzantina* 10 (Saloniki 1980) S. 401–427, hier Anm. 1.

20 F. Ohly, *Schriften* (s. Anm. 3), Abb. 22.

21 S. Anm. 3.

22 Die typologische Mythendeutung in der Bildkunst ist noch so gut wie unerforscht; vgl. F. Ohly, *Typologische Figuren aus Natur und Mythus* (s. Anm. 3), S. 143 mit Anm. 105 f. Zu unserem Schöpfungsbild Jürgen W. Einhorn, *Spiritalis unicornis, Das Einhorn als Bedeutungsträger in Literatur und Kunst des Mittelalters*, München 1976, S. 135, 390 (Nr. 465A), Abb. 135. Johannes Zahlten, *Creatio mundi. Darstellungen der sechs Schöpfungstage und naturwissenschaftliches Weltbild im Mittelalter*, Stuttgart 1979, Abb. 106. S. 66. »In der Szene der Erschaffung des Adam wird der Schöpfer durch die mythologische Person des Prometheus ersetzt.« S. 145: »Ein wildes felsiges Gebilde, mit Chaos bezeichnet, wird von einer kultivierten, belebten Landschaft im zweiten Bild abgesetzt.« S. 198. »Als Besonderheit zeigen zwei französische Ovide moralisé-Handschriften in London (Kat. 222) und Paris (Abb. 106) im 14. Jahrhundert innerhalb eines Schöpfungszyklus die Szene der Erschaffung des Menschen durch Prometheus, welcher der Sage nach Menschen aus Lehm schuf.« Der Katalog Nr. 222 nennt die Londoner Handschrift Add. 10324 fol. 1, mit einer Szenenfolge aus Ovids *Metamorphosen*. Frankreich, 14. Jh.

23 Franz Josef Worstbrock, *Boto von Prüfening*, in: *Die deutsche Literatur des Mittelalters. Verfasserlexikon*, 2. Aufl., Band 1, Berlin – New York 1978, Sp. 971–976.

24 C. A. Kneller, *Moses und Petrus*, in: *Stimmen aus Maria Laach* 60 (1901), S. 237–257. Zur Typologie Moses-Petrus auch Charles Pietri, *Roma Christiana. Recherches sur l'Église de Rome, son organisation, sa politique, son idéologie de Miltiade à Sixte III (311–440)*, Rom 1976, S. 317–320 u. ö.

25 Joachim Wollasch, *Bemerkungen zur Goldenen Altartafel von Basel*, in: *Text und Bild. Aspekte des Zusammenwirkens zweier Künste in Mittelalter und früher Neuzeit*, hg. von Christel Meier und Uwe Ruberg, Wiesbaden, 1980, S. 383–407, hier S. 399.

26 Hildegard von Bingen, *Scivias*, Vision II,5,20; in: *CCL cont. med.* 43 (1978) 193, Z. 732–741; nach der Übersetzung: *Wisse die Wege. Scivias*, ... übertragen und bearbeitet von Maura Böckeler, Salzburg[5]1963,

S. 189. – Gewiß, es ist Hildegard von Bingen, der Gott in der Vision dies zuspricht. Gleichwohl, wenn Personen vom Rang Odos von Cluny im 10. und Hildegards von Bingen im 12. sowie Johann von Stablo im 15. Jahrhundert diese halbbiblische Typologie über Jahrhunderte mit Hingabe vertreten, sollte es Germanisten vielleicht endlich doch zu denken geben, die solche halbbiblische Typologie bis heute als unzulässig hinzustellen noch belieben. Vgl. F. Ohly, *Schriften* (Anm. 3), S. 360, Anm. 1; *Typologische Figuren aus Natur und Mythus*, (s. Anm. 3), S. 144.

27 Aelred von Rievaulx, *sermo* 5: *In natali sancti Benedicti*; PL 185,238–245. Zum Beispiel: *Illos per ministerium Moysi eduxit Dominus de Aegypto; nos per ministerium S. Benedicti eduxit de saeculo. Illi erant sub Pharaone rege pessimo; nos sub diabolo. Illi in servitute Aegyptiorum; nos in domino vitiorum (239C). – Moyses constituit illis legem* (mit der Verheißung des gelobten Lands); *beatus Benedictus constituit nobis legem* (mit der Verheißung der Ewigkeit im Himmel; 240B). – *S. Moyses docuit filios Israel illas tres dietas ..., vos autem B. Pater Benedictus istas tres dietas spirituales docet* (242C). – *Merito ait sanctus Moyses ..., hoc docet beatus pater noster Benedictus* (244B-D). Schon Gregor der Große hatte in seinen *Dialogi* (II, 8) zu Situationen aus dem Leben Benedikts solche aus dem Leben des Moses, Davids, des Elias, des Elisäus und des Petrus zum Vergleich herangezogen, um Benedikt als ihnen ebenbürtig zu erweisen. Ein Reimoffizium des 12. Jahrhunderts zum Fest des hl. Benedikt am 21. März nimmt in der 2. Antiphon darauf Bezug:

Huic iubilate, quo pater iste
par fit Eliae, par quoque Moysi,
dum lapis illi flumina fundit,
corvus obaudit.

Benedikt gleicht hier Moses, weil er wie dieser Wasser aus einem Felsen strömen ließ (Peter Stotz, *Sonderformen der sapphischen Dichtung. Ein Beitrag zur Erforschung der sapphischen Dichtung des lateinischen Mittelalters*, München 1982, S. 434–438). Die Gleichstellung mit Moses (*par quoque Moysi*) ist schwächer als die typologische Gegenüberstellung. Wohl nach dem Beispiel Benedikts zeigte man später auch den hl. Franziskus als den »neuen Moses«, der »mit trockenen Füßen durch das Meer« seinem Volk in das Land der Verheißung vorangeht (Dietz-Rüdiger Moser, *Verkündigung durch Volksgesang. Studien zur Liedpropaganda und -katechese der Gegenreformation*, Berlin 1981, S. 383, Anm. 179).

28 Albert Henry, *Une œuvre trilingue de Jean de Stavelot*, in: *Latomus* 1 (1937) S. 187–210.

29 Die Abbildung entnehme ich dem von Dom P. Batselier O.S.B.

geleiteten Sammelwerk: *Benedictus. Eine Kulturgeschichte des Abendlandes*, Genf 1980, S. 80, Abb. 50 und 51; vgl. dort Abb. 3, 6, 52, 53. Auf Abb. 49 ist Benedikt ein neuer Jesse, dem die Wurzel des Stammbaums der großen Benediktinerheiligen aus der Brust wächst (vgl. Abb. 102). – Auch andere Heilige waren ein neuer Moses. Die Predigt des Herbert von Boseham über das Martyrium des Thomas Becket nennt den Heiligen einen gesteigerten Moses: *alterum se nobis Moysen exhibens nisi quia plus quam Moyses hic* (PL 190, 1410A).

30 Mariano Magrassi, *Theologia e Storia nel Pensiero di Ruperto di Deutz*, Rom 1959.

31 Johann Michael Hanssens (Hg.), *Amalarii episcopi opera liturgica omnia*, tomus II: *Liber officialis* (Studi e testi 139), Vatikanstadt 1948, S. 21, praef. 7.

32 *Liber officialis* IV, 3, 4 (S. 415): *Ex inspiratione qua inspiratus est dominus Beda, novimus nostrum cursum diei sive noctis habere exordium a libro Esdrae. Si enim iuxta eorum morem convenimus ad rogandum Deum, oportet nos scire quod habeamus opera murorum aedificandorum ecclesiae nostrae, sicut illi habuerunt urbis Hierusalem, et in circuitu inimicos, sicut illi habuerunt. Murus nostrae ecclesiae habet in fundamento Christum, super quod fundamentum stabiliti sunt apostoli et qui per eos crediderunt, sive credunt, seu credent. Nos sumus hodierna die in structura huius muri, qui semper aedificabitur usque ad finem mundi.*

33 *Liber officialis* IV, 3, 4–8 (S. 415–417). Zum Wortschatz der typologischen Inbezugsetzung Rudolf Suntrup, *Die Bedeutung der liturgischen Gebärden und Bewegungen in lateinischen und deutschen Auslegungen des 9. bis 13. Jahrhunderts*, München 1978, S. 89–121, bes. S. 120; dazu Rudolf Suntrup (s. Anm. 17). Spätere, offenbar durch Amalar angeregte Auslegungen des Mauerbaus bei Joseph Sauer, *Symbolik des Kirchengebäudes und seiner Ausstattung in der Auffassung des Mittelalters*, 2. vermehrte Auflage (1924), Neudruck Münster 1964, S. 112–114. *Lapis qui portat portatur* ist der Leitsatz schon der Auslegung des Mauerbaus durch Gregor den Großen in seiner Tempelexegese zum Propheten Ezechiel *(homilia in Ezechielem* II, 1, 5; PL 76, 938 f.). Amalar ist sichtlich von hier angeregt.

34 Johan Chydenius, *Medieval Institutions and the Old Testament*, Helsinki 1965.

35 Mein Aufsatz *Skizzen zur Typologie im späteren Mittelalter* (s. Anm. 3) zieht Linien bis ins 18. Jahrhundert aus.

36 Aus der zahlreichen angloamerikanischen Literatur hebe ich einiges nur heraus. Für allgemeinere Hintergründe ohne spezielles Interesse an der Typologie Don Cameron Allen, *Mysteriously Meant. The Rediscovery of Pagan Symbolism and Allegorical Interpretation in the Renaissance*, Baltimore – London 1970 (Bibliographie S. 312–338). Sonst: Joseph

A. Galdon, *Typology and Seventeenth-Century Literature*, The Hague-Paris 1975 (Bibliographie S. 149–160). Paul J. Korshin, *Typologies in England 1650–1820*, Princeton 1982. C. A. Patrides, *Premises and Motifs in Renaissance Thought and Literature*, Princeton 1982, S. 105–123. George P. Landow, *Victorian Types, Victorian Shadows. Biblical Typology in Victorian Literature, Art, and Thought*, Boston – London 1980. Ira Clark, *Christ Revealed: The History of the Neotypological Lyric in the English Renaissance*, Gainesville 1981.

Vertretern der anglistischen Typologieforschung kann der Vorwurf nicht erspart werden, daß sie mit zunehmender Ausbreitung an wachsender Verunklärung, ja bis zur Verwirrung der Begriffe leidet. Durch Unschärfen im Gebrauch tradierter Termini in neuzeitlichen Quellen vielleicht mitbedingt, hat sie gleichwohl ein Ausmaß angenommen, das Hoffnungen auf Wiedereindämmung kaum Chancen läßt, da in wichtigen Publikationen von der nicht englischsprachigen Forschung so gut wie keine Notiz genommen wird. Warnungen von David S. Berkeley (*Some Misapprehensions of Christian Typology in Recent Literary Scholarship*, in: *Studies in English Literature* 18, 1978, S. 3–12) sind im jüngsten, gewiß auch verdienstvollen Werk von Korshin ohne Wirkungen geblieben, wo Zeugnisse der Imitatio (»postfigurations«, »christomimetic characterisation« u. ä.), schlichtweg Exemplarisches oder in andere Typenlehren Gehöriges mit eingemischt sich finden. Korshins bibliographischer Überblick »Typology and the Visual Arts« (s. Anm. 2, S. 404f.) nimmt von der kunsthistorischen Literatur auf dem europäischen Kontinent seit der Mitte des 19. Jahrhunderts zu diesem Gegenstand keine Notiz.

All dem, was George P. Landow für die viktorianische Zeit aus ihrer Literatur in einem Kapitel »Political Types« für eine politische Typologie in Anspruch nimmt, ist diese Qualität entschieden abzusprechen. Das englische Argumentieren aus der Bibel in politicis, und aus dem Alten Testament vor allem, betreibt, wo immer Dichter und Literaten für nationale, für soziale, auch für kirchliche Befreiungen sich engagieren, mit aller biblischen Bildlichkeit gewiß eine Verfolgung von Idealen, die die Zeit bewegen. Wo den Exodus der Arbeiter in die soziale, der Italiener in die nationale und einer Glaubensbewegung in die kirchliche Freiheit Erinnerungen aus dem Alten Testament beflügeln sollen, scheint mir Typologisches um so weniger gegeben, als das Neue Testament – und Christus gar – gern aus der Sicht gehalten werden, mit Vorliebe Agnostiker die Propaganda mit dem Alten Testament betreiben und allenthalben das entscheidende Moment der Steigerung vollkommen fehlt. Carlyle und Garibaldi taugen schlecht als Antitypen.

37 Zu Hamann als neben Bengel und anderen bedeutendstem Vertreter des typologischen Denkens im Deutschland noch des 18. Jahrhunderts:

Karlfried Gründer, *Figur und Geschichte. Johann Georg Hamanns »Biblische Betrachtungen« als Ansatz einer Geschichtsphilosophie*, Freiburg – München 1958. Urs Strässle, *Geschichte, geschichtliches Verstehen und Geschichtsschreibung im Verständnis Johann Georg Hamanns. Eine entwicklungsgeschichtliche Untersuchung der Werke zwischen 1756 und 1772*, Bern 1970. Reiner Wild, *»Metacriticus bonae spei«. Johann Georg Hamanns »Fliegender Brief«. Einführung, Text und Kommentar*, Bern–Frankfurt 1975, S. 147–188. Volker Hoffmann, *Johann Georg Hamanns Philologie. Hamanns Philologie zwischen enzyklopädischer Mikrologie und Hermeneutik*, Stuttgart – Berlin – Köln – Mainz 1972, S. 188ff.

38 Zur Allegorie und Typologie im Protestantismus des 16.–18. Jahrhunderts Victor Harris, *Allegory to Analogy in the Interpretation of Scriptures*, in: *Philological Quarterly* 45 (1966) 1–23, hier S. 5–17 (16. u. 17. Jh.), 17–23 (18. Jh.). Zur Reformationszeit James Samuel Preus, *From Shadow to Promise. Old Testament Interpretation from Augustine to the Young Luther*, Cambridge Mass. 1969. Im Sammelband von S. Bercovitch: Thomas M. Davis, *The Tradition of Puritan Typology* (S. 11–45) und (zur mittelalterlichen Vorgeschichte) Stephen Manning, *Scriptural Exegesis and the Literary Critic* (S. 47–66). Im Sammelband von E. Miner: Karlfried Froehlich, *»Always to Keep the Literal Sense in Holy Scripture Means to Kill One's Soul«: The State of Biblical Hermeneutics at the Beginning of the Fifteenth Century* (S. 20–48). Von philologischer Seite wären noch zu nennen: Steven N. Zwicker, *Dryden's Political Poetry: The Typology of King and Nation*, Providence 1972. Richard Reinitz, *Symbolism and Freedom: The Use of Biblical Typology as an Argument for Religious Toleration in Seventeenth Century England and America*, The University of Rochester (N. Y.), Ph. D. 1967.

39 Donald L. Ehresman, *The Brazen Serpent, a Reformation Motif in the Works of Lucas Cranach the Elder and his Workshop*, in: *Marsyas. Studies in the History of Art* 13 (1966/67) S. 32–47. Werner Busch, *Lucas van Leydens »Große Hagar« und die augustinische Typologieauffassung der Vorreformation*, in: *Zeitschrift für Kunstgeschichte* 45 (1982) S. 97–129.

40 Zu Roger Williams Reinitz S. 176–284. Mit der Geschichte der Typologie und der Lehre vom vierfachen Schriftsinn nicht hinreichend vertraut, kann Reinitz sich wundern, daß Williams inkonsequent (wie dem Neuen) auch dem Alten Testament neben dem typologischen auch tropologischen Gewinn verdanke (S. 228–237). Ungedruckt blieb die Dissertation von Jesper Rosenmeyer, *The Image of Christ: The Typologie of John Cotton*, Harvard University 1966. – Eine Systematik der Typologie schrieb Samuel Mather, *The Figures or Types of the Old Testament*, London 1673, neu hg. von Mason I. Lowance, Jr., New

York 1969. Zum Wiederaufleben der Typologie im puritanischen Neuengland des 17. Jahrhunderts: Ursula Brumm, *Die religiöse Typologie im amerikanischen Denken*, Leiden 1963. Helga Spevack-Husmann, *The Mighty Pan. Miltons mythologische Vergleiche*, Münster 1963. Ursula Brumm, *Puritanismus und Literatur in Amerika*, Darmstadt 1973 (Register), Zu Edward Johnson: Sacvan Bercovitch, *The Historiography of Johnson's »Wonder-Working Providence«*, in: *Essex Institute Historical Collections* 104 (1968), S. 138–161. Das Frühjahrsheft 1970 von *Early American Literature* enthält als »Special Typology Issue« Arbeiten über Roger Williams, Edward Taylor, Jonathan Edwards und über die exegetische Tradition der Typologie. Sie erschienen um einige weitere vermehrt und mit großer Bibliographie in dem von Sacvan Bercovitch editierten Sammelband *Typology and Early American Literature* (s. Anm. 2). Eine nicht auf die Puritaner beschränkte Bibliographie »Selective Check-List on Typology« erschien in Beiheften zu *Early American Literature* 5 (1970) und 6 (1971). Zur Kontroverse zwischen Roger Williams und John Cotton über die Toleranz: Sacvan Bercovitch, *Typology in Puritan New England: The Williams-Cotton Controversy*, in: *American Quarterly* 19 (1967) S. 166–191. Samuel Sewall schrieb eine typologische Auslegung der Offenbarung *Phaenomena quaedam Apocalyptica ... or, some few Lines toward a Description of the New Heaven* (Boston 1697). Zu Cotton Mather: Brumm, *Die religiöse Typologie*, S. 33–48, und Mason I. Lowance, Jr., *Typology and the New England Way: Cotton Mather and the Exegesis of Biblical Types*, in: *Early American Literature* 4 (1969/70) S. 15-37. – Reich behandelt ist die Typologie bei Edward Taylor: Brumm, *Die religiöse Typologie* S. 49–72. Ursula Brumm, *»Der Baum des Lebens« in den Meditationen Edward Taylors*, in: *Jahrbuch für Amerikastudien* 12 (1967), S. 109–123, gegen: Cecilia L. Halbert, *Tree of Life Imagery in the Poetry of Edward Taylor*, in: *American Literature* 38 (1966), S. 23–34. Thomas Werge, *The Tree of Life in Edward Taylor's Poetry: The Sources of a Puritan Imagery*, in: *Early American Literature* 3 (1968/69), S. 199–104. Thomas M. Davis, *Edward Taylor and the Traditions of Puritan Typology*, in: *Early American Literature* 4 (1969/70), S. 27–47. Robert Reiter, *Poetry and Typology: Edward Taylor's Preparatory Meditations, Second Series, Numbers 1–30*, in: *Early American Literature* 5 (1970), S. 111–123. Karl Keller, *The World Slickt Up in Types: Edward Taylor as a Version of Emerson*, ebenda, S. 124–140. – Zu Jonathan Edwards: Friedrich Ohly, *Skizzen zur Typologie*, (s. Anm. 3), S. 302–310.

41 George P. Landow, *William Holman Hunt and Typological Symbolism*, London 1979, zu *The Shadow of Death* S. 2ff., 65, 102, 111, 114, 116–125; George P. Landow with Ruth M. Landow, *William Holman Hunt's »The Shadow of Death«*, in: *Bulletin of the John Rylands*

University Library of Manchester 55 (1973), S. 197–239. Der englische Bischof Joseph Hall hatte 1633 den Typus mit einer grob entworfenen Skizze, den Antitypus mit dem vom Maler in Farben fertig ausgeführten Bild verglichen; Reinitz, s. Anm. 40, S. 46f.

42 Landow, S. 4ff., 61, 165.

43 Landow, S. 8ff. Das Orthodoxe der typologischen Bibeldeutung unterstreichend, betont Landow auch deren allgemeine Kenntnis. »During the reign of Victoria any person who could read, whether or not a believer, was likely to recognize allusions to typological interpretations of scripture, and, in fact, the major Victorian poets had frequent response to them. Ignorant of typology, we misread many Victorian works – including those of Ruskin and Tennyson, Browning and Hopkins – and the danger is that the greater the work, the more our ignorance will distort and reduce it.« (S. 11f.)

44 Analyse bei Landow, S. 75–103. »Hunt has employed glosses, symbols on the frame, texts within the picture itself, the symbolic potential of Pre-Raphaelite composition, and a complex series of typological images and actions to create a painting that is truly ›replete with meaning‹.« (S. 103)

45 Landow, S. 113–116.

46 Landow, S. 125–138.

47 George P. Landow, *The Aesthetic and Critical Theories of John Ruskin*, Princeton 1971, cap. 5 »Ruskin and Allegory« (S. 319–457). Herbert L. Sussman, *Fact into Figure. Typology in Carlyle, Ruskin, and the Pre-Raphaelite Brotherhood*, Columbus 1979. Linda Haenlein Peterson, *Biblical Typology and the Poetry of Robert Browning*, Rhode Island, Ph. D. 1978.

48 Landow, S. 141–161; zu Rossettis typologischem Kunstschaffen und seinen Bildgedicht-Sonetten auf eigene und fremde Werke S. 148–161.

49 S. oben Anm. 36.

50 Landow, *Victorian Types*, (s. Anm. 38), S. 89ff., 95–118.

51 Landow, *Victorian Types*, S. 10ff.; F. Ohly, Typologische Figuren (s. Anm. 3), S. 145, Anm. 12.

52 Swinburnes Gedicht, *Before a Crucifix* (1871) hält Christus vor: *The Nineteenth wave of the ages rolls Now deathward since thy death and birth* (Landow, *Victorian Types*, S. 157).

53 Landow, *Victorian Types*, S. 159f. Landows Kapitel »Political Types« (S. 143–176) räumt Bedenkliches selbst ein: »What is new, however, is that this Victorian political poet who often makes effective use of typology does not believe in Christianity. Non the less, he can use types because he reinterprets his major terms and makes, for example, England, Italy, Garibaldi, or the people take the place of Christ« (S. 154). »Resurrection becomes equivalent to Risorgimento.« (S. 155) »Like Swinburne writing two decades later, Carlyle masterfully uses

typological images to attack the religion on which they are based« (S. 167). Wo Landow Typologisches wahrnimmt, handelt es sich in aller Regel um nicht mehr als biblische Anspielungen und Zitierungen für politische Zwecke. Er räumt ein, daß Gott ganz aus dem Spiel bleibt bei den »Exodus«-Bewegungen der Zeit (S. 168), betont »the crucial fact, that there is no Christ at the center of his typology« (S. 176). Bei der Polemik gegen die Errichtung eines Denkmals für den Eisenbahnkönig Hudson hat Carlyle in einem Artikel auf die Eherne Schlange angespielt. Landow bewertet dies: »His pamphlet, which both warns the public about the consequences of false worship and instructs them in true belief, exists as the antitype, the true fulfillment, of the original brazen serpent.« (S. 175) Solch Argumentieren diskreditiert die Sache und führt sie ad absurdum.

54 Renovatio und Renaissance sind mehr als das in der Regel darunter Verstandene, wenn das Alte zugleich überboten werden sollte. Gerd Tellenbach ermahnt zu einer nüchternen Beurteilung der Renovatio, nicht ohne jedoch zu schließen mit den Worten: »So spricht aus dem ständigen Verlangen nach *renovatio* weniger die Rückwendung und Wiederherstellung von Vergangenem als, trotz aller Illusionen, der Wille zur Neugestaltung.« (*Kaiser, Rom und Renovatio. Ein Beitrag zu einem großen Thema*, in: Norbert Kamp/Joachim Wollasch [Hg.], *Tradition als historische Kraft. Interdisziplinäre Forschungen zur Geschichte des frühen Mittelalters*. Festschrift für Karl Hauck, Berlin–New York 1982, S. 231–253, hier S. 248). Willy Hirdt bemerkt an der Renaissance, auch wo nicht ausgeprägte Typologie im Spiel ist, als Grundstreben: »Die auf Überflügelung erpichte Nachahmung ist der *élan vital* der Renaissance« (*Gian Giorgio Trissinos Portrait der Isabella d'Este. Ein Beitrag zur Lukian-Rezeption in Italien*, Heidelberg 1981, S. 55 im Abschnitt »Nachahmung und Überbietung«). Reinhart Staats, *Theologie der Reichskrone. Ottonische ›Renovatio imperii‹ im Spiegel einer Insignie,* Stuttgart 1976, S. 36–43, bringt zu den David- und Salomonplatten der Kaiserkrone zahlreiche Belege für die Bezeichnung von Herrschern als *novus David* oder *noster Salomo*, ohne jedoch (als Theologe) eine typologische Bedeutung in Betracht zu ziehen, da er im Schema *imitatio (renovatio)* denkt.

Northrop Frye
Typologie als Denkweise und rhetorische Figur

Für das Leben Jesu gibt es außerhalb des Neuen Testamentes kein wirkliches Zeugnis – und die Evangelisten haben sich nicht darum gekümmert, jene Art von Material zu sammeln, die wir einen historischen oder biographischen Beweis nennen würden.[1] Urchristen, die Beweise haben wollten, wurden auf die »Heilige Schrift« verwiesen, also das Alte Testament. Die »Heilige Schrift« besaß zu dieser Zeit noch keine feste Gestalt, und wenn auch die eine oder andere Anspielung im Neuen Testament, die sich auf das Alte Testament zu beziehen scheint, nicht mehr zurückverfolgt werden kann, so wird doch das allgemeine Verfahren davon nicht berührt. Das Neue Testament legt größtes Gewicht auf etwas, das es Glauben und Wahrheit nennt; seine Garantien dafür scheinen aber recht merkwürdig zu sein, selbst wenn wir etwas von dem zugrundeliegenden Prinzip verstanden haben. Wieso wissen wir, daß die Erzählung der Evangelien der Wahrheit entspricht? Weil sie die Prophezeiungen des Alten Testamentes bestätigt. Aber wieso wissen wir, daß die Prophezeiungen des Alten Testamentes wahr sind? Weil sie von den Evangelien bestätigt werden. Die Beweislast wird zwischen den beiden Testamenten gewissermaßen wie ein Ball hin und her gespielt; und wir verfügen über kein anderes Beweismaterial. Die beiden Testamente bilden einen doppelten Spiegel: jeder reflektiert den anderen, aber keiner die Außenwelt.

Die Verfasser des Neuen Testamentes betrachten also das Alte Testament als eine Quelle für die Antizipation der Ereignisse im Leben Christi. Sie spielen häufig auf seine Antizipationen an und übermitteln die Quellen. So sind in der Kreuzigungsszene das Durchbohren der Hände und Füße Jesu, der Hohn der Vorübergehenden und der Umstand, daß seine Beine nicht gebrochen werden, in Beziehung zu Passagen des Psalms 22 gesetzt. Jesu Schrei am Kreuz, »Mein Gott, mein Gott, warum hast du mich verlassen?«, zitiert den ersten Vers dieses Psalms. Manchmal ist die Beziehung nur implizit. Die dreißig Silberlinge und der Töpfersacker aus der Judasgeschichte finden sich in Sacharja 11, 12–13;

eine Auferstehung am dritten Tage wird in Hosea 6,2 erwähnt; hinter dem Bericht vom Leiden Christi verbirgt sich der leidende Knecht in Jesaja 53; und die »Immanuel«-Prophezeiung in Jesaja 7,14 steht in Verbindung mit der Inkarnation. Selbst in dogmatischeren Passagen werden christliche Vorstellungen nicht als neue Lehren vorgetragen, sondern als Verwirklichung von alttestamentarischen Entwürfen. So ist das zentrale Axiom des Paulus, »Der Gerechte wird seines Glaubens leben« (Römer 1,17), ein Zitat aus Habakuk 2,4.[2]

Die Zahl solcher Verweise des Neuen Testamentes auf das Alte ist sehr groß: sie finden sich in jedem Buch – vielleicht sogar in jedem Vers – des Neuen Testamentes; und einige der Bücher des Neuen Testamentes, vor allem die Offenbarung und der Brief an die Hebräer, bestehen geradezu aus solchen Anspielungen und häufigen direkten oder versteckten Zitaten. Das Neue Testament behauptet, kurz gesagt, unter anderem auch der Schlüssel zum Alten Testament zu sein, die Erläuterung dessen, was das Alte Testament eigentlich sagen will. Die Jünger Jesu konnten nicht einmal die Auferstehung verstehen, bevor ihnen Jesus nicht deren Beziehung zur Weissagung des Alten Testamentes erklärt hatte (Lukas 24,44).

Das allgemeine Interpretationsprinzip wird üblicherweise so dargestellt: »Im Alten Testament ist das Neue Testament verborgen; im Neuen Testament ist das Alte Testament offengelegt.«[3] Alles, was im Alten Testament geschieht, ist ein »Typus« oder eine Abschattung von etwas, das im Neuen Testament geschieht, und dementsprechend wird die ganze Thematik Typologie genannt, allerdings eine Typologie in einem speziellen Sinne. Paulus spricht im Römerbrief (5,14) von Adam als einem *typos* Christi; die Vulgata gibt »typos« hier als »forma« wieder, das »figure« der englischen »Authorized Version« von 1611 (der King James Bibel) hingegen ist eine Konsequenz der Tatsache, daß inzwischen »figura« die übliche lateinische Entsprechung von »typos« geworden war.[4] Was im Neuen Testament geschieht, stellt einen »Antitypus« dar, eine verwirklichte Form dessen, was sich im Alten Testament abzeichnete. Im 1. Petrusbrief (3,21) wird die christliche Taufe als *antitypos* der Rettung des Menschen vor der Sintflut durch Noah bezeichnet, und auch hier wieder überträgt die King James Bibel »figure«.[5]

Dieses typologische Verfahren, die Bibel zu lesen, wird im Neuen

Testament selbst so häufig und deutlich angezeigt, daß es keinen Zweifel darüber geben kann, daß es das »richtige« ist – »richtig« in dem einzigen Sinn, den die Prinzipien kritischer Untersuchung gelten lassen können: als ein Verfahren, das mit der Intentionalität des Buches selbst und mit den Konventionen, die es voraussetzt und verlangt, in Einklang steht. Für jede säkulare literarische Analyse birgt die typologische Organisiertheit der Bibel die Schwierigkeit, daß sie ein einzigartiger Fall ist: kein anderes Buch auf der Welt hat, soweit mir bekannt ist, auch nur im entferntesten eine der christlichen Bibel vergleichbare Struktur. Um analoge Fälle zu finden, müssen wir umfassendere Strukturen in Betracht ziehen als ein einzelnes Buch. Platons Werk zum Beispiel trägt Züge, die uns an einen gigantischen Versuch denken lassen, als Einzelner eine Bibel zu schaffen. Man nimmt an, daß die Thora des Alten Testamentes (der Pentateuch) aus überlieferten Schriften stammt, von Herausgebern zusammengestellt, die von den Lehren der ersten Propheten beeinflußt waren. In ähnlicher Weise konzipiert Sokrates in der *Politeia* aus seiner prophetischen Dialektik heraus einen idealen Staat, und einer seiner Zuhörer äußert sich über die Ähnlichkeit zwischen diesem Staat und den alten Sagen von Atlantis. Folglich kommen wir im *Timaios* und im *Kritias* zu den Schöpfungs- und Sintflutmythen, danach beschäftigt sich Platon mit den *Nomoi*, den Gesetzen, ganz so wie die Thora mit ihren gut sechshundert Vorschriften. In den meisten Dialogen wiederum ist Sokrates die zentrale Gestalt, und sein schließliches Märtyrertum ist, der Passion in den Evangelien entsprechend, letztlich der Punkt, auf den alles im wesentlichen hin orientiert ist. Gleichwohl ist Platons Werk in anderer Weise typologisch als die Bibel.

Was die heutige Zeit betrifft, so könnte man vom Marxismus sagen, er habe in seinen kanonischen Texten so etwas wie eine typologische Schrift, insofern die Prophezeiungen von Marx und Engels aus dem 19. Jahrhundert sich in Lenins taktischer Organisation der bolschewistischen Revolution erfüllt haben. Warum man von einer Bewegung wie dem Marxismus eine Affinität zur Typologie erwarten kann, wird sogleich deutlich werden. Da die Typologie die vom Text angezeigte und selbstverständliche Weise ist, die Bibel zu lesen, und da die Geisteswissenschaftler nun einmal so sind, wie sie sind, wird sie vernachlässigt, selbst von Theologen, und in anderen Fachbereichen läßt man sie außer acht, weil man annimmt, daß sie eng mit einer doktrinären Übernahme christlicher Glaubensvorstellungen verknüpft sei. Ich beschäftige mich hier mit Typologie als einer Denkweise und als einer rhetorischen Figur. Ich sage »und«, weil eine Denkweise erst dann vorliegt, wenn sie ihre eigene Art und Weise entwickelt hat, Wörter in eine bestimmte Ordnung zu bringen. Typologie ist eine Form der Rhetorik und kann wie jede andere rhetorische Form zum Gegenstand einer kritischen Untersuchung gemacht werden.

Die metaphorische, die metonymische und auch die deskriptive (vergleichende) Phase der Sprache[6]: sie alle basieren auf zwei Einheiten, deren gleichzeitiges Vorhandensein vorausgesetzt wird. Typologie ist eine rhetorische Figur, die sich in der Zeit bewegt: der Typus existiert in der Vergangenheit und der Antitypus in der Gegenwart, oder der Typus existiert in der Gegenwart und der Antitypus in der Zukunft. Was die Typologie als Denkweise auszeichnet, was sie zugleich voraussetzt und zur Folge hat, ist eine Theorie der Geschichte, genauer eine Theorie des historischen Prozesses: die Voraussetzung, daß Geschichte einen Sinn und Zweck hat und daß früher oder später irgendein Ereignis oder irgendwelche Ereignisse eintreten werden, die anzeigen, was ihr Sinn ist bzw. worauf sie abzielt, und die so zum Antitypus dessen werden, was bereits früher geschehen ist. Unser modernes Vertrauen in den historischen Prozeß, unser Glaube, daß trotz der augenscheinlichen Konfusion oder gar des Chaos in den Geschikken der Menschen die geschichtlichen Ereignisse dennoch irgendwohin führen und irgend etwas anzeigen, ist wahrscheinlich ein Vermächtnis der biblischen Typologie: zumindest wüßte ich von keiner anderen Quelle, aus der dieses Vertrauen sich herleitete.

Es gibt eine andere Form der Rhetorik, eine andere Weise, Wörter zu arrangieren, die sich ebenfalls in der Zeit bewegt: die Kausalität. Sie hat in der metonymischen und in der deskriptiven Phase des Schreibens eine bedeutende Rolle gespielt: Humes Diskussion der Kausalität markiert ihre Anpassung an die deskriptive Phase, in der eine induktive Sammlung von Beispielen zu ihrer Grundlage wurde. Über ein Jahrhundert später stellte Whitehead die Frage, warum die Philosophen noch immer an der Kausalität festhalten, als ob Hume die Grenzen dieses Begriffs nie aufgezeigt hätte.[7] Die Antwort, die der Literaturwissenschaftler wenigstens darauf zu geben hat, ist, daß die Philosophen eine zusammenhängende Prosa schreiben und daß zusammenhängende Prosa eine Art ist, Wörter zu arrangieren, die so eng mit der Kausalität verknüpft ist, daß wir schwerlich das eine ohne das andere haben können. Fast jede einfache Prosaaussage (»Der Mann öffnete die Tür«) läßt die Verbindung zwischen dem Subjekt-Prädikat-Objekt-Arrangement der Prosa und dem, was wir uns als eine Bewegung von der Ursache zur Wirkung vorstellen, sichtbar werden.

Im Prozeß des Denkens, der kausalem Schreiben vorausgeht, wird die zeitliche Ordnung der Typologie normalerweise umgekehrt. Der kausale Denker sieht sich mit einer ungeordneten Menge von Phänomenen konfrontiert, die er nur verstehen kann, indem er sie als Wirkungen auffaßt, und daraufhin erst sucht er nach den ihnen voraufgehenden Ursachen. Diese Ursachen sind die Antitypen ihrer Wirkungen, also die Aufdeckung der eigentlichen Bedeutung der Existenz der Wirkungen. Diese rückwärts gerichtete Bewegung erinnert uns an Platons Auffassung des Wissens als *anamnesis* oder Erinnerung, die das Neue als etwas (*wieder*)erkennt, das mit dem Alten identifizierbar ist, und es ist nicht ausgeschlossen, daß zwischen Platons Anamnesislehre und dem kausalen Denken eine innere Verbindung besteht. Eine Darlegung indes, die sich auf Kausalität gründet, hat wahrscheinlich um größerer Klarheit willen diese Bewegung erneut umzukehren und von der Ursache zur Wirkung fortzuschreiten. Daher besitzen Kausalität und Typologie eine ähnliche rhetorische Form, und die Typologie könnte man in der Tat als eine Analogie der Kausalität verstehen, als eine Entfaltung der *causa finalis* und der *causa formalis* des Aristoteles. Auch in der Typologie ergibt sich häufig ein rückwärts gerichtetes Verfahren. Selbst das traditionsverhaftetste christliche Denken ist nicht gezwungen anzunehmen, daß Jesaja oder dem Psalmisten in irgendeiner Weise bewußt war, daß sie das Kommen Jesu prophezeiten. Mit schöner Regelmäßigkeit werden die Typen erst eingeführt bzw. als solche interpretiert, nachdem die Antitypen aufgetreten sind.

Allerdings basiert die Kausalität auf Vernunft, Beobachtung und Wissen und bezieht sich daher aufgrund des Prinzips, daß die Vergangenheit das einzige ist, von dem wir unverfälschte oder systematische Kenntnis haben, grundsätzlich auf die Vergangenheit. Die Typologie bezieht sich auf die Zukunft und ist folglich in erster Linie mit Glaube, Hoffnung und visionärer Kraft verbunden. Wenn wir den im Trauergottesdienst beschworenen Trost einer vernünftigen Religion nicht entbehren wollen, dann können wir gewisse kausale Prozesse mit einem typologischen Glauben verknüpfen und sagen, daß sie diesen einsichtig machen. Auf Beispiele hierfür werden wir gleich zu sprechen kommen. Jedenfalls ist eine solche Assimilation nur dann gerechtfertigt, wenn die zukünftigen Phänomene wirklich vorhersagbar sind, wenn sie also mechanischer Natur sind oder sich mechanisch verhalten, wie im Falle der astronomischen Vorhersage einer Eklipse oder bei statistischen Voraussagen von allgemeinen Trends.

Kierkegaards sehr kurzes, aber außerordentlich suggestives Buch *Die Wiederholung* ist die einzige mir bekannte Studie über den psychischen Gegensatz zwischen einer der Vergangenheit zugewendeten Kausalität und einer auf die Zukunft gerichteten Typologie. Schon der Versuch, eine vergangene Erfahrung zu wiederholen, kann nur zur Desillusionierung führen; jedoch gibt es eine andere Art von Wiederholung, die die christliche Antithese (oder Ergänzung) der platonischen (Wieder-) Erinnerung ist und die in dem biblischen Versprechen: »Siehe, ich mache alles neu.« (Offenbarung 21,5) auf den Punkt gebracht ist. Kierkegaards »Wiederholung« leitet sich sicherlich von der sich vorwärts bewegenden typologischen Denkweise der Bibel her, sie ist, meiner Meinung nach, geradezu identisch mit ihr. Vielleicht ist dieses Buch darum so kurz, weil er zu früh lebte, um die volle Bedeutung seines eigenen Argumentes zu begreifen, da viele der neuen und bemerkenswerten modernen Entwicklungen der typologischen Rhetorik zu seiner Zeit erst ihren Anfang nahmen.

Ein anderer Unterschied zwischen der Kausalität und der Typologie ist von großer Wichtigkeit. Kausales Denken tendiert dazu, innerhalb einer Zeitdimension zu verbleiben: insbesondere in der Kausalvorstellung der dritten (deskriptiven) Phase haben die Ursachen auf derselben zeitlichen Ebene zu sein wie ihre Wirkungen, andernfalls sind sie keine echten Ursachen. Eine Krankheit dem Willen Gottes oder der Bosheit einer Hexe zuzuschreiben, ist kein kausales Denken. Typologie weist auf zukünftige Ereignisse, die häufig als die Zeit transzendierend vorgestellt werden, so daß sie sowohl eine vertikale Bewegung nach oben als auch eine horizontale nach vorn einschließen. Der metaphorische Kern dieser Vorstellung ist die Erfahrung des Erwachens aus einem Traum, etwa wenn Joyces Stephen Dedalus die Geschichte einen Alptraum nennt, aus dem er zu erwachen versucht. Wenn wir aus dem Schlaf erwachen, dann ist eine Welt einfach aufgehoben und durch eine andere ersetzt. Dies gibt einen Hinweis auf den Ursprung der Typologie: sie ist im Wesen eine revolutionäre Form des Denkens und der Rhetorik. Unsere Denkweise ist stets dann revolutionär, wenn das Gefühl, »das Leben ist ein Traum«, mit dem Impuls verwoben ist, aus ihm zu erwachen.

Die hinsichtlich des Alten Testamentes bedeutendste historische Tatsache ist die, daß die Menschen, die es schufen, in dem Spiel um imperiale Macht niemals Glück hatten. Die weltliche Macht lag in den Händen der Heiden; daraus folgte, daß die Geschichte in eine zukunftsgerichtete Geschichte umgestaltet wurde, in der die Niederwerfung der heidnischen Reiche und die schließliche Anerkennung der einzigartigen historischen Bedeutung Israels die wesentlichen Ereignisse sind, auch wenn es sich um Ereignisse handelt, die erst noch eintreten müssen. Die Typologie der Bibel ist keinesfalls auf deren christliche Version beschränkt: zumindest vom Standpunkt des Judaismus aus ist das Alte Testament, für sich allein, ohne das Neue Testament, eher genuin typologisch. Zunächst einmal gibt es im Alten Testament Ereignisse, die Typen späterer Ereignisse sind, von denen ebenfalls im Alten Testament berichtet wird. So ist Aarons »goldenes Kalb« zur Zeit des Exodus (2. Mose 32,4) ein Typus des späteren schismatischen Kultes, der im nördlichen Königreich Israel errichtet wurde (1. Könige 12,28) und für den ebenfalls goldene Kälber bezeichnend waren. Für den Judaismus wie für den christlichen Glauben sind die wesentlichen Antitypen der Prophetie des Alten Testamentes das Kommen des Messias und die Wiederaufrichtung Israels, obwohl die Kontexte natürlich differieren.

Der Judaismus hat, in typologischer Hinsicht, auch den großen Vorteil, seine entscheidenden Antitypen in der Zukunft zu belassen. Im christlichen Glauben führte die Transzendierung der Geschichte durch die Auferstehung nicht zu einem Ende der Zeit in der gewöhnlichen Erfahrung, und so entwickelte sich ein Glauben an einen künftigen »zweiten Advent« *pari passu* mit dem Glauben, daß der entscheidende Sieg über den Tod bereits errungen worden sei. Die Erwartung des unmittelbar bevorstehenden Endes der Welt zieht sich durch das ganze Neue Testament, und obwohl das Christentum als eine soziale Institution sie überdauerte, besitzt sie für das, was ich die populären Elemente des christlichen Glaubens nennen möchte, immer noch eine starke Anziehungskraft.

Um zwei gebräuchliche Begriffe in einem neuen Kontext zu verwenden: die typologische Struktur und Gestalt der Bibel macht ihre Mythologie diachronisch, im Gegensatz zu der synchronischen Mythologie, die für die meisten nichtbiblischen Religionen charakteristisch ist. Das ist der Grund dafür, daß die biblischen Religionen einen sie auszeichnenden Sinn für Geschichte und damit auch für Persönlichkeit haben, da Persönlichkeit allein innerhalb eines historischen Kontextes in Erscheinung treten kann. Jesus ist ein »sterbender Gott« wie Adonis, insofern nämlich beide die Objekte von Kulten mit ähnlicher Metaphorik und ähnlichem Ritual sind – doch ist Jesus eine Person und Adonis nicht, wieviele Opfer ihn auch repräsentiert haben mögen. Einige der Geschichten um Herkules, Theseus oder Perseus mögen ursprünglich menschliche Akteure besessen haben, so wie, viel früher, die Erzählungen von Gilgamesch. Aber sobald sie in eine synchronische Mythologie integriert werden, neigen sie dazu, den Sinn dessen, was historische Persönlichkeit eigentlich meint, einzubüßen.

Die Kausalität entwickelt sich mit der Schreibweise der zweiten oder metonymischen Phase: ihre metaphorische Entsprechung der ersten Phase ist die Tendenz vieler Gesellschaften, ihre Mythen als archetypische Ereignisse einer fernen Vergangenheit anzusehen (Mircea Eliades *in illo tempore*), deren Wiederholungen die Ereignisse des täglichen Lebens, insbesondere rituelle Ereignisse sind. Was wir Typologie nennen, ist eine besondere Form der Wiederholbarkeit des Mythos: sie behält die primitive Perspektive bei, kehrt allerdings ihre Deutungsrichtung um. In manchen primitiven Gesellschaften werden den Knaben, wenn sie die Initiationsriten durchleben, die sie in Männer verwandeln, als Teil ihrer Initiation die wesentlichen Mythen und Gesetze ihrer Gesellschaft gelehrt. Diese Art traditionellen Lehrens ist eine embryonale Form dessen, was der Judaismus unter Thora versteht – der heiligen Lehre der ersten fünf Bücher des Alten Testamentes, die das Gesetz enthält und die oft gar als »Gesetz« bezeichnet wird, obwohl die Thora vieles enthält, das nicht Gesetz ist. Der Judaismus findet immer noch den Schwerpunkt der Bibel in der Thora: der Talmud, der in mancher Hinsicht das jüdische Gegenstück zum Neuen Testament ist, nimmt vorwiegend die Form eines Kommentars der Thora an. Für das Christentum war das Alte Testament in erster Linie ein Buch der Prophezeiungen, welches das zukünftige Ereignis der Inkarnation vorhersagt und dadurch auf die Transzendierung des Gesetzes verweist.

Eine Warnung, daß das Gesetz, selbst wenn es transzendiert wird, nicht als durch das Evangelium zerstört oder aufgehoben angesehen werden darf, findet sich bei Matthäus 5,18; vielleicht wurde sie eingefügt, um sich gegen die gnostische Tendenz zu verwahren, den christlichen Glauben als vollständigen Bruch mit dem Judaismus aufzufassen und selbst den Gott des Alten Testamentes als Böses zu denken. Die zeremonialen und diätetischen Gesetze des Alten Testamentes jedenfalls galten nicht länger als für die Christen verbindlich, und das hieß, daß man sie als Allegorien der göttlichen Wahrheiten der Evangelien betrachten mußte. Paulus gebraucht selbst das Wort »Allegorie« (Galater 4,24), wenn er über die Geschichte von den zwei Frauen Abrahams spricht; und das Ausmaß, das die Allegorisierung des zeremonialen Gesetzes im christlichen Glauben annehmen kann, soll durch eine Passage aus *The Pilgrim's Progress* illustriert werden: »*Gläubig*: Das läßt mich daran denken, wie Moses das reine Tier beschrieben hat. Es ist eines, das die Klauen spaltet und wiederkäut, und nicht eines, das nur die Klauen spaltet oder nur wiederkäut. Der Hase wiederkäut auch, aber er spaltet die Klauen nicht, darum ist er unrein. Und ganz so verhält es sich mit Redselig: er käut wieder, er sucht die Erkenntnis, er kaut auf dem Wort, doch er trennt nicht die Klauen, er spaltet sich nicht ab vom Weg der Sünder, sondern wie der Hase behält er den Fuß eines Hundes oder eines Bären und ist daher unrein. *Christ*: Was mich angeht, so hast du damit den wahren evangelischen Sinn dieser Schriftstelle ausgesprochen.«

Typologie ist nicht Allegorie: Allegorie ist normalerweise ein erzählender Mythos, der seine »wahre« Bedeutung in einer begrifflichen oder argumentativen Auslegung findet, und sowohl das Alte als auch das Neue Testament, wie vermittelt ihre Einstellung zur Geschichte auch immer sein mag, handeln von wirklichen Menschen und wirklichen Ereignissen. Die angeführte Allegorisierung des Gesetzes jedoch zeigt etwas von der Schwierigkeit, die die Fortdauer der Geschichte für den christlichen Glauben mit sich brachte. Als Jahrhundert um Jahrhundert vorüberging und die Wiederkunft Christi ausblieb, entwickelte die Kirche eine progressive und vorwärtsgerichtete Struktur ihrer Doktrin, die die Typologie der Bibel in der Geschichte fortsetzte und sie dem anpaßte, was wir die zweite oder metonymische Phase der Sprache genannt haben. Diese Struktur ihrer Doktrin wurde in zunehmendem Maße zur obligatorischen Weise der Bibelauslegung; und so kam es dazu, wie Kardinal Newman im 19. Jahrhundert bemerkte, daß für die Kirche die Funktion der Bibel nur mehr in dem Beweis oder der Illustration der Doktrin liegt, statt darin, die Doktrin überhaupt erst zu vermitteln.[8] Das bedeutet in der Praxis, was auch immer für die Theorie gelten mag, daß die Doktrinen der christlichen Theologie die Antitypen bilden, für die die Erzählungen und Maximen der Bibel, einschließlich derer des Neuen Testamentes, die Typen darstellen.

Die Kraft der Typologie des Neuen Testamentes wirkt in zwei Richtungen: in die Zukunft und in die Welt der Ewigkeit, die in der Apokalypse oder dem Jüngsten Gericht zusammenfallen. Eine gesellschaftlich etablierte Kirche wird sich natürlich mit allen Mitteln, die in ihrer Macht stehen, der bloßen Andeutung widersetzen, daß ihre Autorität innerhalb der Geschichte transzendiert werden könnte. Lehren wie die des Joachim von Fiore über ein drittes historisches Zeitalter des Heiligen Geistes, das auf das jüdische Zeitalter des Vaters und das christlich-kirchliche Zeitalter des Sohnes folgen würde, wurden entsprechend als häretisch angesehen. Im 16. Jahrhundert geriet die Vorstellung einer Transzendierung der Kirche innerhalb der Geschichte in Gestalt der protestantischen Reformation in den Brennpunkt. Mit »Reformation« meinten die Protestanten nicht bloß die Abschaffung von Mißständen innerhalb der Kirche, wogegen im Prinzip niemand etwas einzuwenden hatte, sondern die Erklärung der Bibel zu einem Muster des Glaubens und Handelns, nach dem die Kirche sich zu richten habe. Und das hieß, daß die Rolle der Kirche nur sein konnte, in einen Dialog mit dem Wort Gottes zu treten, anstatt sich selbst als die Quelle der Offenbarung zu betrachten. Milton, der als Dichter wußte, daß Veränderungen in der Metaphorik weitaus wichtiger waren als Veränderungen in der Doktrin, bemerkte, daß dies bedeutete, sich die Kirche nicht mehr als eine »Mutter« zu denken, sondern als eine junge Braut, die in ihre Pflichten einzuweisen ist.[9] Die Analogie zwischen dieser Vorstellung von Reformation und der Ausbreitung der deskriptiven Sprachauffassung ist deutlich; die Weiterungen dieses Phänomens sollen hier nicht näher betrachtet werden. Jedenfalls war die protestantische Reformation eine Verstärkung des ursprünglichen revolutionären Impulses der biblischen Religion; sie hatte unter anderem zur Folge, daß die typologische Bedeutsamkeit des Alten Testamentes erneut nachdrücklich hervorgehoben wurde. Mit den großen kapitalistischen Umwälzungen des 18. Jahrhunderts trat das typologische Denken auch auf dem weltlichen Schauplatz in Erscheinung.

Für diejenigen, die an einen Fortschritt in Demokratien glauben, stellen die gegenwärtigen Ereignisse ein Fortschreiten in Richtung auf ihre eigenen Antitypen in der Zukunft dar, auf eine Verfassung des menschlichen Daseins hin, die das, was heute geschieht, als Wegweiser begreifen läßt. Für Marxisten und andere Revolutionäre ist eine weltweite Revolution das zentrale Zukunftsereignis, das den Antitypus von Geschichte überhaupt konstituieren wird. Beides ist in seinem Wesen eine Form religiösen Glaubens, wenn auch im 19. Jahrhundert häufig angenommen wurde, daß die biologische Evolutionsvorstellung eine wissenschaftliche und kausale Grundlage für beide geliefert habe. Typologie ist eine gerichtete, Irreversibilität voraussetzende Geschichtsvorstellung, und von der Evolution wurde angenommen, daß sie eine solche Vorstellung stütze, weil man die Evolution von unserem Standpunkt aus betrachtet hat, nämlich als eine auf einer Einbahnstraße verlaufende Entwicklung, die in uns kulminiert und nur durch uns zu weiterer Entwicklung fähig ist. Daher wurde die Evolutionsvorstellung per Analogie mit den progressiven christlichen, marxistischen und demokratischen Geschichtsvorstellungen verknüpft, die auf ein Ende von Geschichte, so wie wir sie kennen, orientiert sind. Die alte Spannung zwischen typologischen und zyklischen Zeitauffassungen kehrt bei Nietzsche wieder, der die Vorstellung eines »Übermenschen« entwickelte, der die »allzumenschliche« Daseinsstufe, der wir verhaftet sind, überwindet – auch dies eine der diachronischen Vorstellungen, die von der der Evolution angeregt wurden. Doch wegen seiner Vorliebe für die synchronische Gottheit Dionysos sah sich Nietzsche genötigt, seinen Übermenschen in eine zyklische, übergreifende Vorstellung von der Wiederkehr des Gleichen einzufügen, die, so scheint es mir, die Dynamik seiner Konzeption für die meisten seiner Leser wohl zunichte machen dürfte.

Es gibt noch einen weiteren Aspekt der Typologie, der in Betracht gezogen werden muß. Das Alte Testament handelt von der Gesellschaft Israel; das Neue Testament von dem Individuum Jesus. Die Gesellschaft Israel ist der Typus, dessen Antitypus das

Individuum Jesus darstellt. Diese Beziehung der Gesellschaft zum Individuum entspricht bestimmten Gegebenheiten des täglichen Lebens: wir gehören zu etwas, bevor wir irgend etwas sind, und wir sind bereits vor unserer Geburt einen bestimmten Gesellschaftsvertrag eingegangen. Ich, zum Beispiel, konnte, mit dem Moment meiner Empfängnis, nur ein männlicher, weißer, Englisch sprechender Kanadier der Mittelschicht in der Mitte des 20. Jahrhunderts werden. Aber zu der Entwicklung des Individuums innerhalb seiner Gesellschaft tragen alle wesentlichen Aspekte des Denkens, der Einbildungskraft und der Erfahrung bei. Gesellschaftliche Freiheit, wie wichtig sie auch sein mag, ist unbestimmtallgemein und approximativ; wirkliche Freiheit ist etwas, das nur das Individuum erleben kann. Das Individuum wächst aus der Gesellschaft heraus, wie eine Pflanze aus ihrer Erde; doch es löst sich nicht von ihr. Seine Bildung bringt ein zunehmendes Bewußtsein seiner gesellschaftlichen Bedingtheit und seines sozialen Zusammenhangs und damit eine Resorption seiner Gesellschaft in eine individuelle Form mit sich, obwohl sich dies auch vielen anderen Einflüssen verdanken kann, die ihren Ursprung anderwärts haben.

Die einfache Metapher vom Typ »Joseph ist ein junger Fruchtbaum«, die ein A *mit* einem B identifiziert, ist antilogisch. In der Logik kann A nur A sein, niemals B, und zu behaupten, A *sei* B, unterschlägt alle Unterschiede zwischen ihnen. Aber es gibt eine andere Form der Identifikation, die wir nicht als metaphorisch ansehen, sondern als die Basis jedes geregelten kategorialen Denkens. Wie es eine Identifizierung *mit* etwas gibt, so gibt es auch eine Identifizierung *als* etwas. Wir identifizieren A *als* A, wenn wir es als ein Individuum der Klasse betrachten, zu der es gehört: den braunen und grünen Gegenstand vor meinem Fenster identifiziere ich *als* einen Baum. Wenn wir diese beiden Formen der Identifikation kombinieren und ein Individuum *mit* seiner Klasse identifizieren, so erhalten wir eine extrem mächtige und subtile Form der Metapher, die ich auch die Königsmetapher nenne, da sie einer der an Symbolik reichsten Institutionen zugrunde liegt: dem Königtum.

Für die Untertanen besteht die Funktion des Königs in erster Linie darin, die Einheit ihrer Gesellschaft in individueller Form zu repräsentieren. Selbst noch um Elisabeth II. drängt sich, wo immer sie sich zeigt, eine Menschenmenge, nicht weil sie eine bemerkenswerte Erscheinung wäre, sondern weil sie die Metapher von dem einen »Körper« der Gesellschaft inszeniert. Andere Gesellschaften haben andere Sinnbilder; es scheint aber doch mit dem Monarch *de jure*, der seine Stellung dem puren Zufall der Geburt verdankt und der keine exekutive Gewalt besitzt, die Bewandtnis zu haben, daß sich mit ihm eine besondere symbolische Ausdruckskraft, wenn nicht sogar ein Pathos, verbindet. Gleichwohl haben die meisten Gesellschaften die monarchischen Sinnbilder abgeschafft; »charismatische« Führer, Diktatoren und ihresgleichen vermitteln durchweg den Eindruck von Regressivität und Finsterkeit; das Mystische am Königtum, das die Dramen Shakespeares als selbstverständlich voraussetzen, bedeutet für uns heute nurmehr wenig; und Theologen, die über die »Souveränität« Gottes sprechen, können ihre Leser befremden, wenn sie das religiöse Leben mit den Metaphern einer barbarischen und überlebten Gesellschaftsform in Verbindung bringen. Wie selbstverständlich verwenden unsere Medien ständig die Königsmetapher, wenn sie uns berichten, was Frankreich oder irgendein anderes Land »tut«, gerade so, als handele es sich um ein individuelles Wesen. Aber in meiner Jugend hat man zu meinem großen Verdruß genau die gleiche Redefigur verwandt, um dem Prestige von Diktatoren aufzuhelfen: »Hitler baut Autobahnen quer durch Deutschland«, »Mussolini legt Italiens Sümpfe trocken« und ähnliches. Häufig waren es demokratisch gesinnte Leute, die es einfach nicht schafften, die Königsmetapher zu vermeiden. Anscheinend ist der »Souverän« entweder das attraktivste Bild oder das gefährlichste Idol.

Herman Melville schrieb nach einer Besichtigung der Pyramiden in sein Tagebuch: »Mir schaudert, wenn ich an die alten Ägypter denke. In diesen Pyramiden ist die Vorstellung von Jehova geboren worden. Diese furchtbare Mischung aus Schlauheit und Schrecklichkeit.«[10] Der wahre Kern dieser Aussage liegt vielleicht darin, daß auch die Israeliten am Pyramidenbauen etwas fanden, das sie erschauern ließ, gerade weil die Pyramiden in der Bibel nicht direkt erwähnt werden. Es ist sehr wohl möglich, daß sich einige der Charakteristika der hebräischen Religion zum Teil einer Reaktion gegen die ägyptische Religion verdanken: eine Art von kulturellem Trauma scheint sich hinter der Erzählung vom Exodus zu verbergen.[11] Die Königsmetapher zu einer gesellschaftlichen Kraft zu machen: darin ging das alte Ägypten weiter als jede andere

Gesellschaft, von der wir schriftliche Aufzeichnungen haben. Der Pharao war nicht nur der Hirte seines Volkes, Hohepriester und König zugleich, sondern auch ein fleischgewordener Gott, er wurde zu seinen Lebzeiten mit Horus identifiziert und nach seinem Tode mit Osiris. Der mit der Mumifizierung der Leichen und dergleichen verbundene Symbolismus eines Lebens nach dem Tode war ursprünglich nur mit ihm verknüpft. Das Ausmaß an Arbeit und an Reichtümern, die für das Begräbnis eines Pharao und den Bau seines Grabes aufgewendet wurden, wäre für uns kaum zu glauben, hätten wir nicht greifbare Beweise; aber vielleicht fanden die Ägypter im mystischen Leib des Pharao eine Art von Identität, die wir nicht mehr nachempfinden können.

Die semitischen Völker Westasiens gingen in der Vergöttlichung ihrer Herrscher nicht so weit, und die mesopotamischen Könige hielt man eher – mit dem bildlichen Ausdruck des zweiten Psalms – für »gezeugte« (angenommene oder auserwählte) Söhne der nationalen Gottheit. Israel selbst ließ sich auf die Monarchie nur mit Zittern und Zagen ein, und seine Historiker berichten freimütig über die menschlichen Unzulänglichkeiten all ihrer Könige, einschließlich Davids und Salomons. Sowohl durch den Bericht in den Büchern der Könige als auch durch die Darstellung in vielen Psalmen wird deutlich, daß der König Israels ursprünglich viele priesterliche Funktionen hatte[12], aber im großen und ganzen sind im Alten Testament geistliche und weltliche Macht säuberlich geschieden; und die Episode um Urias Weib, in der Davids Verhalten von dem Propheten Nathan angeprangert wird, zeigt, daß auch dem Propheten eine unabhängige Autorität zugebilligt wurde. Andererseits wurde an dem *de jure*-Aspekt der Autorität Davids strikt festgehalten: für das nördliche Israel war der Bruch mit dem Hause Davids, trotz der Torheit des südlichen Königs Rehabeam, der dieses Haus repräsentierte, ein offenkundiges Unrecht; und die Annahme, daß der künftige König, der die Macht Israels wiederherstellen werde, in direkter Linie von David abstammen würde, besteht im restlichen Teil der Bibel unverändert fort.

Die zentrale Gestalt des Neuen Testamentes heißt »Messias«, ein Wort, das »der Gesalbte« bedeutet und dessen griechische Entsprechung »Christus« ist. Im Alten Testament bedeutet »Messias« lediglich einen legitimen Herrscher, dessen Recht zu herrschen durch eine Zeremonie der – tatsächlichen oder scheinbaren –

Salbung symbolisiert worden ist. Das Wort findet Anwendung auf den als König verworfenen Saul und, einmal, auf jemanden, der außerhalb der jüdischen Gemeinschaft überhaupt steht, nämlich auf Kyros von Persien (Jesaja 45,1). Aber zur Zeit Jesu, in der sich die Juden noch deutlich der erfolgreichen Rebellion der Makkabäer erinnerten, wurde ziemlich viel über eine Gestalt geredet, die man »den« Messias nannte, eine Gestalt von eschatologischem Typus, die nicht nur die Restauration der Macht Israels, sondern auch das Ende von dem, was wir als Geschichte kennen, herbeiführen sollte. Daß die Identifikation »des« Messias mit Jesus von Nazareth die entscheidende Streitfrage ist, deren Beantwortung die Christen von den Juden scheidet, dürfte allgemein bekannt sein.

Wir haben oben die Bedeutsamkeit der Tatsache hervorgehoben, daß Israel nie ein mächtiges oder blühendes Reich war. Die Bibel verzeichnet für Israel nur zwei Perioden von relativer Unabhängigkeit und Prosperität, und die Ursache war in beiden Fällen die gleiche: ein Weltreich war untergegangen und sein Nachfolger noch nicht emporgestiegen. Die Zeit Davids und Salomons fiel zwischen den Niedergang Ägyptens und den Aufstieg Assyriens; die Periode, die auf die Makkabäerkriege folgte, zwischen den Niedergang des Seleukidenreiches und den Aufstieg Roms. Dieser Umstand läßt in der Bibel einen anderen Aspekt der Königsmetapher in den Vordergrund treten. Wenn der König die Einheit seiner Gesellschaft repräsentiert, dann repräsentiert er sie auch in der Niederlage und der Erniedrigung. Daher heißt es im Klagelied über die Zerstörung Jerusalems durch Nebukadnezar von dem unglücklichen Zedekia, dem letzten König eines unabhängigen Juda: »Unser Lebenshauch, der Gesalbte des Herrn, ward in ihren Gruben gefangen, er, von dem wir sagten: ›In seinem Schatten werden wir leben unter den Völkern.‹« (Klagelieder 4,20, Zürcher Bibel; bei Luther heißt es: »Der Gesalbte des Herrn, der unser Trost war, ...«) Die Wendung »unser Lebenshauch« zeigt an, daß das Wort »repräsentiert«, das oben gebraucht wurde, eigentlich nichts als ein Zugeständnis an die gegenwärtig dominierende Sprachauffassung ist: der König *ist* sein Volk, er ist dessen »körperliche« Existenz. Ein ähnliches und sogar noch berühmteres Klagelied, von dem man glaubt, daß es aus der Zeit der babylonischen Gefangenschaft stammt, beschreibt ein Opfer, bekannt als der »leidende Gottesknecht«: »Er war der Allerverachtetste und Unwerteste, voller Schmerzen und Krankheit. Er war so verachtet, daß man das Angesicht vor ihm verbarg; darum haben wir ihn nichts geachtet.« (Jesaja 53,3) Es ist müßig, danach zu fragen, ob sich dies ursprünglich auf ein bestimmtes Individuum oder auf Israel als Gesellschaft bezog. Die große Weissagung bewegt sich nicht in einer solchen Sphäre des entweder-oder, sondern in der Sphäre der Königsmetapher, in der Individuum und Gesellschaft sich wechselseitig durchdringen. Sogar in der völligen Isolation ist das geopferte Individuum noch die Identität derer, die es von sich stoßen.

Der König galt natürlich nicht nur in Israel als Verkörperung des Unglücks wie auch des Triumphs seines Volkes. Wenn ein Land von einer schweren Dürreperiode heimgesucht wurde, dann mußte sein Herrscher, David in Jerusalem (2. Samuel 21) genauso wie Ödipus in Theben, ein Orakel des entsprechenden Gottes oder der Gottheiten zu Rate ziehen, um den Grund für die Hungersnot herauszufinden, und wenn er in einer Verfehlung seinerseits zu suchen war, dann mußte er die Schuld auf sich nehmen. Es wird berichtet, daß jeder König von Babylon, wie etwa Nebukadnezar, zu Beginn eines jeden neuen Jahres eine Zeremonie ritueller Erniedrigung über sich ergehen lassen mußte, bei der ihm der Hohepriester ins Gesicht schlug, um seinen Anspruch auf sein Reich zu verlängern.[13] Nun war eben Nebukadnezar ein erfolgreicher Monarch, und daher hätte die Unterlassung einer solchen Zeremonie den Neid seines Schutzgottes hervorrufen können. Die Parallele zu David ist aufschlußreich. Aus der Sicht der Bibel war es der größte Triumph, den die Herrschaft Davids zu verzeichnen hatte, daß er die Bundeslade in das kurz zuvor eroberte Jerusalem verbrachte; und David bewies sein Gefühl für die Wichtigkeit dieses Augenblicks, indem er »mit aller Macht« vor ihr her tanzte. Sein Weib Michal aber, die Tochter Sauls, beobachtete ihn und spottete über ihn, daß er sich öffentlich vor den Knechten und Mägden zum Narren gemacht habe. David antwortete: »Und will noch geringer werden denn also und will niedrig sein in meinen Augen und mit den Mägden, von denen du geredet hast, zu Ehren kommen.« (2. Samuel 6,22)

Es ist nicht schwer zu begreifen, wieso die meisten Psalmen von der alten Überlieferung David zugeschrieben wurden. In einer von einer Gruppe von Menschen gesungenen Hymne drückt eine Wendung wie »Ich will den Herrn loben« die Einheit dieser

Gruppe durch die Metapher des Individuums aus, das in diesem Falle mit dem Autor der Hymne identifiziert wird.[14] Bei der betreffenden Wortfigur handelt es sich um eine Erweiterung der Königsmetapher. Besonders die Bekenntnis- oder Bittpsalmen, in denen das »Ich« ein Sünder ist, der um Erhörung, oder ein Opfer von Verfolgungen, das um Hilfe fleht, erlangen eine eigentümliche Beredsamkeit und Macht, wenn das »Ich« außerdem noch als König vorgestellt wird, sei es nun ein wirklicher oder ein hypothetischer.

Vor diesem Hintergrund wird das Skandalon des Kreuzes, wie Paulus es nennt (Galater 5,11; Luther überträgt »Ärgernis«), in Verbindung mit Jesus verständlicher. Man war sich darin einig, daß der Messias in direkter Linie von David abstammen würde; daher leiten Matthäus und Lukas die Abstammung Jesu über David zu Joseph, obwohl Joseph gar nicht Jesu Vater war. Aber dieser Stammbaum fand zu seinen Lebzeiten keine Anerkennung: bei seiner Geburt gab es mit Herodes schon einen anderen »König der Juden«, und bei seinem Prozeß sagten seine Ankläger »Wir haben keinen König denn den Kaiser« (Johannes 19,15). Diese Anklänge an das Königtum stehen sämtlich – einschließlich der Dornenkrone und der Inschrift »König der Juden« – in einem Kontext von Verhöhnung und Marterung. In all dem ist er die individuelle Form der Gesellschaft Israels mit ihrer einzigartigen göttlichen Mission und ihrem unerreichten Maß an Isolation und Exil. Für unseren Zusammenhang fast noch wichtiger ist, daß der Anspruch Jesu, ein wirklicher König zu sein, wenn auch König eines Reiches »nicht von dieser Welt«, während er sich zugleich wie ein Knecht verhält und sich mit den »Geringsten« identifiziert (Matthäus 25,40), unter anderem beabsichtigt, die Dialektik von Herr und Knecht aufzuheben, um die sich die ganze menschliche Geschichte dreht. Geschichte endet symbolhaft an dem Punkt, an dem Herr und Knecht zur nämlichen Person werden und das gleiche repräsentieren.

Als wir über die Typen und Antitypen sprachen, bemerkten wir, daß die Struktur der christlichen Doktrin in der metonymischen Periode schließlich zum Antitypus der Bibel wurde. In der deskriptiven Periode überwand die Archäologie die Schranken zwischen der biblischen und der vorbiblischen Welt. Seit mehr als einem Jahrhundert ist man davon überzeugt, daß die Bibel viele Spuren vorbiblischen Denkens und vorbiblischer Riten enthält, und es ist eindeutig, daß an solchen Begebenheiten wie Jephthas Opferung seiner Tochter (Richter 11) oder Jakobs Aufrichtung eines Steines zu einem heiligen Mal (1. Mose 28) Kulte beteiligt sind oder ursprünglich beteiligt waren, die älter sind als die Bibel. Die Resultate der Archäologie bedeuteten einen enormen Zuwachs an Vergleichsdaten aus Religionen, Sagen, Sitten und Riten aus jeder Zeit und aus jedem Teil der Erde, die alle an etwas Ähnliches in der Bibel gemahnten. Daher gab es eine Zunahme an vergleichenden Untersuchungen, die dahin tendierten, die Bibel auf zentrifugale Weise zu betrachten, indem sie, nach dem Grundsatz, daß es nichts in der Bibel gibt, was nicht auch in einer parallelen Form außerhalb ihrer zu finden ist, Entsprechungen zu den biblischen Themen sammelten. Eine solche Vorgehensweise, wie sie sich bei Frazer und anderen findet, macht den Forscher mit dem ganzen Panorama der geistigen Bilder und der Erzählungen bekannt, das der Mensch in der Mythologie hervorgebracht hat, und geht somit implizit darauf aus, daß wir schließlich eine Art Universalsprache der Symbolik verstehen lernen.

Das Dumme dabei ist nur, daß von den Parallelen zwar eine verlockende, wenn nicht gar unwiderstehliche Wirkung ausgeht, daß aber die endlose Diffusion von Analogien nirgendwohin zu führen scheint, schon gar nicht zum besseren Verständnis einer allumfassenden Symbolik. Um es mit den Worten Wallace Stevens' auszudrücken: es gibt eine blendende, stetige Helle, die niemals Klarheit zuläßt.[15] Wir würden uns vielleicht besser orientieren können, wenn wir die ganze Angelegenheit von einer Position aus ins Auge faßten, die sich der der Bibel selbst annähert. Der Standpunkt der Bibel nämlich ist sicherlich der, daß sie die Antitypen liefert, für die der kanaanäische und andere vorbiblische Kulte die Typen darstellen. Sie erhebt stillschweigend den Anspruch zu zeigen, was die Symbolik solcher Kulte »eigentlich bedeutet«, indem sie sie auf die Verehrung des wahren Gottes bezieht. Wenn wir einen solchen Anspruch als heuristisches Prinzip akzeptieren, dann kehrt sich der obige Grundsatz der Untersuchung in sein Gegenteil um. Wenn es in der Bibel so wenig gibt, für das nicht irgendwo irgendeine Analogie gefunden werden kann, dann kann auch dementsprechend wenig irgendwo gefunden werden, das nicht in irgendeiner Form auch in der Bibel gefunden werden kann. Wenn wir die Bibel als Schlüssel zur Mythologie betrachten, anstatt die Mythologie als Schlüssel zur

Bibel, dann dürften wir wenigstens über einen klar bestimmten Ausgangspunkt verfügen, wo immer wir auch hingelangen mögen.

Die meisten der vor- und außerbiblischen Typen werden in der Bibel als Parodien oder dämonische Perversionen präsentiert. Das gilt aber keinesfalls für alle: der von der Tötung des Drachens berichtende Schöpfungsmythos zum Beispiel, der sich in so vielen nahöstlichen Mythologien findet, erscheint auch in der Bibel, allerdings nicht als eine Angelegenheit des Glaubens oder des Rituals, sondern als eine der poetischen Metaphorik. So wird aufgrund der christlichen Vorstellung von »Israel« als der Kirche der Heiden die antike Mythologie zu einem Typus der christlichen Mythologie. Parallelen zwischen antikem und christlichen Mythos waren der Gelehrsamkeit der Renaissance nur zu vertraut, und sie bereicherten nicht nur immens die christliche Kultur, sondern verschafften der Antike auch ein kulturelles Bürgerrecht in der christlichen Welt.

Um all dies richtig einschätzen zu können, brauchen wir noch ein weiteres Beurteilungsprinzip. Ein Buch, das ursprünglich als Geschichtswerk verfaßt wurde, wie etwa Gibbons *History of the Decline and Fall of the Roman Empire*, kann im Laufe der Zeit, wenn es nur gut genug geschrieben ist, sein Schwergewicht von der Geschichte auf den Mythos und die Literatur verlagern, nachdem es allmählich als Geschichtswerk überholt ist. Damit erlangt es auch eine neue Art von historischer Identität. Gibbons Buch ist schließlich zu einem *Buch des 18. Jahrhunderts* geworden, zum Denkmal einer der faszinierendsten Perioden englischer Kultur. Könnten wir ein solches Prinzip auf die Bibel anwenden? Vielleicht nicht auf die ganze Bibel, da sie einen so langen Zeitraum umfaßt, aber das im Zentrum der christlichen Bibel stehende erste Jahrhundert nach Christus, die Zeit von Jesus und Paulus, könnte eine besondere historische Bedeutung gewinnen. Es war das Zeitalter der Errichtung des römischen Kaiserreichs unter Augustus, und daß diese historische Situation zeitlich mit dem Neuen Testament zusammenfiel, könnte eine eigene symbolische Bedeutung besitzen. Die Frage ist, ob es einen Grund in der Geschichte selbst dafür gab, daß das Christentum gerade in jener besonderen Zeit seinen Anfang nahm. Die Dramatik der Konfrontation von Christus und Caesar wurde in der Zeit der Renaissance und der Reformation intensiver empfunden als heute, obwohl die beiden Interessenlagen, die sich hinter diesen Epochennamen verbergen, natürlich stark von einander abweichen. Hier gilt unser Augenmerk hauptsächlich der Auffassung, die die Renaissance vom Zeitalter des Augustus hatte, das für sie eine Art von heidnischem Typus für die Entfaltung des Christentums abgab.

Die Mythologie des Heidentums scheint eine zu der sozialen Organisation, die sie zum Kultus erhebt, parallele Entwicklung aufzuweisen. Sie beginnt mit lokalen, epiphanischen Gottheiten und geht in dem Maße, wie die Gesellschaften von Stammeseinheiten zu nationalen Einheiten wachsen, zu Gebietsgottheiten mit festgeschriebenen Funktionen über. Mit dem Aufstieg großer Reiche, deren Herrscher sich als Herrscher der »Welt« verstehen, bekommen wir eine Art von Monotheismus – einen imperialen Monotheismus freilich, der sich sehr von dem revolutionären Monotheismus der Bibel unterscheidet. Ein imperialer Monotheismus zeichnet sich gewöhnlich durch eine sich alles einverleibende Struktur aus und ist normalerweise gegenüber lokalen Kulten tolerant, die er in zunehmendem Maße als Manifestationen eines einzelnen Gottes anzusehen bestrebt ist. Dieser einzelne Gott, in der Regel ein Himmelsgott, ist in einem besonderen Sinne auch der Schutzherr des Weltherrschers; und die Herrscher der Welt, von Echnaton im alten Ägypten bis zu den Caesaren Roms und sogar noch länger, sind mit merkwürdiger Beharrlichkeit mit der Sonne symbolisch assoziiert worden.

Die Bibel betrachtet den Weltherrscher nicht als eine Person, die zwangsläufig böse oder unheilvoll ist. Er regiert vielmehr eine Welt, in der einer seiner Nachfolger früher oder später so werden wird. Auf den Pharao, der Joseph sein Vertrauen schenkte und Israel in Ägypten willkommen hieß, folgte am Ende einer, der versuchte, die Hebräer durch Völkermord von der Erde zu vertilgen. Von Kyros von Persien und in gewissem Maße auch von Dareios spricht die Bibel mit höchstem Respekt, aber ihr Nachfolger Xerxes, der Ahasueros des Buches Esther, läßt sich beinahe zu einem antijüdischen Pogrom überreden. Alexander dem Großen wird in der Bibel wenig Aufmerksamkeit zuteil, obwohl Josephus sagt, daß er in Jerusalem vom Hohenpriester unter vielen gegenseitigen Bezeugungen der Achtung willkommen geheißen wurde. Aber letztlich brachte sein Imperium Antiochus Epiphanes hervor, der die grausame Judenverfolgung begann, die die Erhebung der Makkabäer auslöste. Unter römischer Herrschaft behauptet Paulus: »Wo aber Obrigkeit ist, die ist von Gott verordnet«

(Römer 13,1), doch nicht lange danach treten Nero und andere die Juden verfolgende Kaiser auf den Plan.

Der Grund für diese Entartung des Weltherrschers hat etwas mit den unterschiedlichen Formen des Gesellschaftsvertrags zu tun, die aus den heidnischen und den biblischen Kulturen hervorgehen. Den antiken Gesellschaftsvertrag finden wir in der Gerichtsszene am Ende der *Oresteia* des Aischylos. Er ist eine Vision von Gerechtigkeit und Billigkeit, in die Mensch, Natur und Götter gleichermaßen einbeschlossen sind. Die Götter ratifizieren ihn, und wenn es sie nicht gäbe, dann bliebe uns nichts als die automatisch ablaufenden natürlichen Reaktionen, die durch die Furien verkörpert werden, Agenten der Naturkraft Nemesis, um in den Verhältnissen der Menschen ein gewisses Gleichgewicht zu wahren. Am biblischen Vertrag ist die Natur nicht unmittelbar beteiligt: der Vertrag ist zwischen Gott und seinem Volk geschlossen, und wenn das Volk den Vertrag so getreulich erfüllt wie Gott, dann wird die es umgebende Natur in eine gänzlich von ihr verschiedene Welt transformiert werden.

Wenn die sozialen Bedingungen sich zu denen eines Imperiums wandeln, auf welche Weise auch immer, dann wird mehr und mehr deutlich, daß der Herrscher die wesentliche Kraft ist, die den Vertrag bindend macht. Daher beginnt er göttliche Qualitäten anzunehmen, als Adoptivsohn oder, wie in Ägypten, als die Inkarnation seines Gottes. Das ist der Punkt, an dem das Prinzip Jesu, daß man dem Kaiser geben sollte, was des Kaisers ist, und Gott, was Gottes ist (Markus 12,17), zu Schwierigkeiten führt. Früher oder später wird es einen Kaiser geben, der fordert, was nur Gott zusteht, nämlich Gottesdienst.

Die Handlung des Antiochus Epiphanes, die die Juden noch mehr empörte als seine Grausamkeiten, war seine Schändung des Tempels, indem er ihn dem Zeus weihte, einen Altar und möglicherweise auch eine Statue dort aufrichten ließ (1. Makkabäer 1,54). Dieses Sakrileg wird der »Greuel der Verwüstung« genannt (ibd. und Daniel 11,31). Die Evangelien berufen sich im Zusammenhang mit den Katastrophen weiterer Verfolgungen darauf (Matthäus 24,15), möglicherweise unter Bezugnahme auf einen angeblichen Wunsch des Kaisers Caligula, seine eigene Statue an diesem Ort aufstellen zu lassen.

Jedenfalls wurde in Rom ein Kult des Gottkaisers eingerichtet, und seine Ausübung, wie oberflächlich sie auch sein mochte, wurde obligatorisch. Wenn es um eine Sache geht, der sie wirkliche Bedeutung zumißt, ist eine Gesellschaft niemals tolerant, und dieser Kult war von Bedeutung, denn er war das Symbol der römischen Lebensform. Aber selbstverständlich konnten Juden und Christen gerade diesen Kult nicht ausüben. Daher sah sich das Christentum, obwohl es im Grunde nicht revolutionär war, sondern im Gegenteil seine Loyalität gegenüber der weltlichen Macht betonte, gezwungen, sich wie eine revolutionäre Organisation zu verhalten. Es gibt viele Erklärungen für den Triumph des Christentums über all die anderen Religionen seiner Zeit, die am offensten zutage liegende Erklärung aber bietet seine brillante revolutionäre Taktik. Es schuf in der Kirche einen Widerpart der kaiserlichen Autorität, der während der Verfolgungen in den Untergrund gehen konnte, bis die Zeit reif dafür war, offen aufzutreten und die weltliche Macht zu übernehmen oder wenigstens sich mit ihr zu vereinigen. Marcus Aurelius sprach von der militärischen Disziplin der Christen, der Parataxis, als von ihrem stärksten Aktivposten.[16]

Bereits im Neuen Testament tritt die Vorstellung des »Antichrist« auf, Feind all dessen, wofür Christus steht, und mit den die Christen verfolgenden Kaisern in einer gewissen Beziehung stehend. Paulus gibt uns, trotz seines ausdrücklichen Rates, sich der römischen Herrschaft zu unterwerfen, eine Beschreibung von dem »Kind des Verderbens«, das »da ist der Widersacher und sich überhebt über alles, was Gott oder Gottesdienst heißt, also daß er sich setzt in den Tempel Gottes als ein Gott und gibt sich aus, er sei Gott« (2. Thessalonicher 2,3–4). Die Bilder sind hier eindeutig von Daniels »Greuel« übernommen. In der Offenbarung (13,18) ist ein »Tier«, eine Gestalt des Antichristtypus, durch eine Chiffre bezeichnet, die Zahl 666, von der allgemein angenommen wird, daß sie sich als der Name Neros entziffern läßt, wenn auch der Autor der Offenbarung wahrscheinlich unter einem späteren Kaiser gelebt hat.

Später hielt man die Offenbarung für eine Prophezeiung der zukünftigen Nöte der Kirche, wodurch die Kommentatoren freie Hand hatten, ihre düsteren Bilder vom Antichrist und der Großen Hure jeweils mit dem zu identifizieren, was sie zu ihrer Zeit am meisten fürchteten. Die Große Hure wird im Text mit Babylon identifiziert, das die Juden in die Gefangenschaft verschleppte, und zweifellos, da dessen Caesaren dergleichen zur Zeit des

Autors repräsentierten, auch mit dem Rom der Christenverfolgung. Dante identifizierte diese Bilder mit Philipp von Frankreich und dem Avignoner Papsttum. So manche protestantische Polemik des 16. Jahrhunderts betrachtete die Römische Kirche als eine Fortschreibung des römischen Imperiums und identifizierte die Kirche mit der Hure und den Papst mit dem Antichrist. Blake identifizierte Hure und Antichrist, schon eher der Tradition entsprechend, mit einem erneuten Ausufern der staatlichen Macht, das für ihn in seinen Tagen Gestalt annahm; er nannte dies »Deismus« und sah es zu dem Vernichtungskampf führen, den er als eine entartete Form von »Druidismus« identifizierte. Wir sollten es »Totalitarismus« nennen: das Bestreben, den Staat als einen einzelnen Körper zu denken, der in seinem Führer Fleisch geworden ist, das »Ein Reich, Ein Volk, Ein Führer«* von Hitlers Deutschland. In mancher Hinsicht könnte man sogar sagen, daß das einzige echte Merkmal, das diesen ansonsten ziemlich schäbigen Tyrannen auszeichnet, die Ernsthaftigkeit ist, mit der er seine Rolle als Antichrist auffaßte, als eine Gestalt, der jedermann in Deutschland Dank für sein täglich Brot zu sagen hatte.

Die Zeit Christi war auch die Zeit der großen Konsolidierung der antiken Literatur durch Vergil und Ovid. Hier ist, ganz wie wir es erwarten dürfen, die leitende Vorstellung die der zyklischen Bewegung, die sich erweitert hatte, um auch größere Rhythmen wie das Vorrücken der Tagundnachtgleichen in sich aufnehmen zu können. Infolgedessen gab es damals viele Theorien über einen neuen Zyklus der Geschichte, so wie es heute Theorien über ein »Zeitalter des Wassermanns« gibt. Berühmt ist der Ausdruck, den Vergils vierte Ekloge diesen Theorien verleiht, ein Glückwunschgedicht auf die Geburt eines Kindes, das man als durch die apokryphen oder vielmehr pseudoepigraphischen »Sibyllinischen Bücher« beeinflußt ansieht. Dieses Gedicht spricht von einem neuen Goldenen Zeitalter, in dem die Natur ihre paradiesische Gestalt wiedererlangen und »die Schlange sterben wird«. Prompt reklamierte das Christentum dieses Gedicht für sich, als eine unbewußte Prophezeiung des christlichen Messias, während es doch gleichzeitig alle zyklischen Geschichtstheorien ignorierte oder zurückwies. Der Angriff des Augustinus auf diese Art von zyklischer Spekulation in *De civitate Dei* liegt zwar viel später,

* Deutsch im Original

doch spiegelt er die Konsequenz des christlichen Standpunktes wider.[17]

In Dantes *Comedia* dient Vergil als Führer durch den ganzen Bereich, der dem Zyklus der Natur unterworfen ist – die Hölle im Mittelpunkt der Erde und der jenseitige Läuterungsberg. Dann muß Vergil Dante verlassen, den von nun an Beatrice geleitet, denn Vergil ist die *visio beatifica* verwehrt. Seine erdgebundene Schaukraft vermag die Erneuerung zu erkennen, nicht aber die Auferstehung. In unserer Zeit finden wir in D. H. Lawrences Kurzroman *Der Mann, der gestorben war*, in dem Jesus dem sich erneuernden Kreislauf der Natur gleichsetzt wird, die umgekehrte Bewegung. In dieser Erzählung wird Jesus, der im Grab wieder zu sich kommt, der Geliebte einer Priesterin der Isis, der aufgetragen worden war, zu »warten auf den Wiedergeborenen«, und am Ende verläßt er sie mit dem Versprechen, wiederzukommen. Andere Gleichsetzungen der evangelischen Geschichte mit dem Zyklus der Wiedergeburt finden sich in Robert Graves' *König Jesus* und in Yeats' *A Vision*. In diesem Gedicht umfassen die planetarischen Konjunktionen, symbolisiert durch den »Vollmond im März«, sowohl die Ermordung Caesars als auch die Kreuzigung Christi.

Auch in der *Aeneis* herrscht der Kreislauf sich erneuernder Jahre vor, und ihr Hauptthema ist die Gründung eines neuen Troja und eines neuen Geschichtszyklus. Die entscheidende Stelle dieses visionären Entwurfes findet sich im sechsten Buch, des Aeneas Reise in die Unterwelt, wo er das große Rad der Geschichte sieht, das sich dreht, um Rom zur Weltmacht werden zu lassen. Irgendeine Vorstellung von Reinkarnation, die mit einer solchen Vision sehr gut übereinstimmt, scheint darin inbegriffen zu sein. Es ist nicht daran zu zweifeln, daß für die stoische Weltanschauung, wie sie von Poseidonios und anderen entwickelt worden ist und Vergil stark beeinflußt hat, der heidnische Vertrag eingeschränkt zu werden beginnt.[18] Die Götter sind ihrer Herkunft nach Naturgeister, doch so, wie die Bedeutung des im Zyklus sich manifestierenden Naturgesetzes sich entwickelt, treten die arbiträren Charakteristika solcher Gottheiten, als von unvorhersagbaren Elementen der Natur abgeleitet, in den Hintergrund. In der Handlung der *Aeneis* ist Junos halsstarrige Aggressivität nicht nur kindisch, sondern auch fruchtlos, und sogar Venus ist kaum mehr als dekorativ. Die wirkliche Macht hingegen ist ein unergründlicher Wille, der sich nur in der göttlichen Lenkung der Kämpfe des

Aeneas manifestiert, eine Operationsbasis in Italien zu gewinnen und eine neue Phase der Geschichte einzuleiten. Gewiß ist Vergil noch weit davon entfernt zu sagen, daß es nur eines einzigen Gottes bedarf: des göttlichen Willens, der das Gesetz der Gesellschaft und das Gesetz der Natur zusammenhält, und daß Caesar die zentrale Manifestation dieses Willens ist. Aber tendenziell spielt in der Aeneis das Haus Caesars ungefähr die gleiche Rolle wie das Haus Davids in der Bibel.

Etwa zur gleichen Zeit entstand mit Ovids *Metamorphosen* ein Werk, beginnend mit Geschichten über die Schöpfung und die Sintflut, dann von Metamorphosen, Verwandlungen, erzählend, das für Jahrhunderte als eine Art von heidnischem Gegenstück zur Bibel verstanden wurde. In diesen Erzählungen werden ursprünglich denkende Wesen in die verschiedensten Naturdinge verwandelt und verstummen. Dies geschieht manchmal zur Belohnung, manchmal zur Strafe, stets aber werden sie zu etwas, das nicht mehr sprechen kann und keiner Antwort mehr fähig ist, die klagenden Lieder der in Vögel Verwandelten ausgenommen. Metamorphose ist also ein Bild dessen, was in der Bibel der Sündenfall genannt wird, der herkömmlicherweise die Entfremdung des Menschen von der Natur einschließt. Nun gibt es in der Bibel keine Metamorphosen außer der von Lots Weib (1. Mose 19,26), die zu einer Salzsäule wurde, weil sie, wie Orpheus, den fatalen Fehler beging zurückzuschauen, als sie einer dämonischen Welt entfloh (siehe Lukas 17,32). Die Bibel denkt, wie wir gesehen haben, vielmehr eher in Begriffen einer zukünftigen, nach oben gerichteten Metamorphose der Natur[19], in der sie die Fähigkeit sich zu artikulieren nicht verliert, sondern allererst gewinnt: »Denn ihr sollt in Freuden ausziehen und im Frieden geleitet werden. Berge und Hügel sollen vor euch her frohlocken mit Ruhm, und alle Bäume auf dem Felde mit den Händen klatschen.« (Jesaja 55,12) Ovids Vision der Natur ist als ein melancholischer Überblick über die Art von Unbeständigkeit gestaltet, die der Zyklus mit sich bringt, bis der ganze Naturprozeß sich schließlich in einer Art von Entropie erschöpft. Am Ende der Dichtung steht dennoch die Apotheose der beiden großen Caesaren; auch hier ist es die Gestalt des Caesaren, wie bei Vergil, deren Vorhandensein die Vision als Ganzes zusammenhält, ganz so wie die des Messias die biblische Vision.

Das Kommen Jesu in die Welt scheint also historisch in einer der dialektischen Bruchstellen situiert zu sein, in denen Geschichte sich plötzlich zum Mythos erweitert und eine Dimension jenseits des Historischen erkennen läßt. Der Dichter W. H. Auden hat, in *Hier und jetzt* und anderen seiner Werke, zu zeigen versucht, wie Vollständigkeit und offenkundige Grenzen des von der heidnischen Lebensform Erreichten einen für die Fleischwerdung Christi geeigneten Hintergrund bildeten. Alles war da: Resignation; Bejahung von Recht und Ordnung und die Anerkennung der beglaubigten Erscheinungsformen der Autorität; aber auch ein tiefes Verständnis für das Prinzip der Veränderung und der Unbeständigkeit; ein Gefühl, daß alles zum besten stünde, wenn man das große und alles beherrschende Gesetz der Kausalität wirklich in sich aufnehmen könnte: *Felix qui potuit rerum cognoscere causas.* (»Glücklich, welcher vermocht der Welt Ursachen zu kennen.«[20]) Alles war da: bis auf die revolutionäre Herausforderung, mit allem radikal zu brechen. Der Bruch brachte viel Grausamkeit und Fanatismus auf beiden Seiten mit sich, doch das blutige historische Zeugnis verwirrt wie gewöhnlich den eigentlichen Sachverhalt.

Und natürlich beruhte für viele der frühen Christen diese Herausforderung auf der Illusion, daß das Ende aller Zeiten jeden Augenblick bevorstünde. Doch als die Zeit verstrich, ohne daß es zu einem so dramatischen Ereignis gekommen wäre, entdeckte das Christentum, daß es ohne einen synchronischen rituellen Kalender von Feiern ebensowenig auskam wie irgendeine andere Religion. Genaugenommen können wir die Anfänge des Christentums nicht bis in eine Zeit zurückverfolgen, in der das jüdische zeremonielle Gesetz noch nicht durch eines christlicher Observanz ersetzt worden ist – das heißt, bis in eine Zeit, in der dieser synchronische rituelle Kalender noch nicht existierte. Selbst zu der Zeit, als Paulus sagte: »Die Beschneidung ist nichts« (1. Korinther 7,19), sagte die Kirche eigentlich schon mehr, nämlich so etwas wie: »Die Taufe ist alles«, und konnte sich dafür auf die Autorität des Paulus berufen. Der zyklische Kalender von Feiern bildete eine »Analogie«, wie Joseph Butler es später nannte, eine sakramentale Imitation des ewigen Lebens, in der die rituelle Feier den Typus und das ewige Leben den Antitypus darstellte. Die Auferstehung, die streng genommen einen Sprung aus aller Zeit heraus bedeutet, konnte nur durch ein jährlich wiederkehrendes Frühlingsfest feierlich begangen werden, das reich an Bildern der Erneuerung und Wiedergeburt war, wozu letztlich auch die Eier und die Hasen zählten. Was Paulus mit seiner sardonischen Äußerung gegenüber den Galatern auch gemeint haben mag (»Ihr haltet Tage und Monate und Feste und Jahre.« Galater 4,10), jedenfalls befürwortete er ein solches Einhalten von Feierlichkeiten und Festtagen in der christlichen Kirche.

Ich habe gesagt, daß dieser synchronische rituelle Kalender im Christentum von Anfang an vorhanden war: folglich unterstelle ich keinen Verrat an einem ursprünglichen christlichen Impuls. Alles, was ich sagen will, ist, daß die zentrale Königsmetapher – daß wir alle Glieder eines Körpers sind – in Begriffen der Einheit und Integration ausgedrückt wurde, als der Einheit eines sozialen Körpers, in die das Individuum aufgelöst ist. Die Kirche behauptet, der in der Geschichte fortbestehende Leib Christi zu sein, und zur Zeit der Briefe des Ignatios von Antiochia, also schon gegen Ende des ersten Jahrhunderts, befinden wir uns bereits gänzlich in der Atmosphäre der Ecclesia militans, der kämpfenden Kirche, mit ihrer Betonung militärischer Analogien und ihrer disziplinierten Organisation, in der keiner Autorität Folge zu leisten ist, die sich nicht von der des Bischofs herleitet. Für die katholische Kirche ist der Leib Christi in der Hostie der Eucharistiefeier sichtbar gegenwärtig; einige der protestantischen Kirchen haben den Sinn von Anwesenheit anders verstanden und andere Elemente, wie die Verkündigung von Gottes Wort in der Predigt, stärker in den Vordergrund gerückt, aber sie änderten nichts an der zentralen Metapher. Natürlich hatte diese Form der Metaphorik auch im weltlichen Bereich weiter Bestand: im protestantischen England wurde vieles vom Marienkult auf Elisabeth I. übertragen, und Ludwig XIV. von Frankreich galt, wie einst die vergöttlichten Caesaren, als Sonnenkönig. Dies lag daran, daß religiöse und weltliche Autorität nach demselben metaphorischen Prinzip konstruiert waren: beide, Staat und Kirche, waren umfassende soziale Körper, zu denen die Individuen in eben der Beziehung standen, in der unsere individuellen Zellen zu unserem Körper stehen. Diese Auffassung der Autorität war bis in unsere Zeit weitgehend unbestritten: wenn wir zum Beispiel religiöse Konversionen des 19. Jahrhunderts betrachten, dann sehen wir, wie mit schöner Regelmäßigkeit vorausgesetzt wird, daß die Suche nach der wahren Religion mit der Suche nach der wahren Kirche bzw. nach einem umfassenden sozialen Körper, mit dem man sich identifizieren kann, identisch ist.

Heutzutage verbindet sich, so sagten wir, der als »Antichrist« fungierende soziale Komplex mit dem Wort »totalitär«, das für etwas steht, in dem wieder einmal das Individuum ein Glied eines umfassenden Leibes ist und in erster Linie nur als eine Funktion dieses Leibes existiert. Es gibt zwar keinen Gottkaiser mehr, wohl aber eine diktatorische Gestalt, der inspirierte oder übernatürliche Kräfte zugeschrieben werden. Derartige Bewegungen verdanken ihre Stärke weitgehend der Tradition und der Gewohnheit: sie bedeuten die Intensivierung eines Gefühls, das immer schon dem Menschen eigen ist. Loyalität hat, obwohl sie ein sehr zentrales und wesentliches Element der Erfahrung ist, keine »rationale« Basis, und sie ist auch keine »Emotion«. Sie ist das Resultat davon, daß man sein Leben, oder was an ihm wesentlich ist, auf die Verwirklichung einer Metapher gründet, insbesondere auf die einer Form der Königsmetapher.

Von uns, die wir nicht unter totalitären Regimen leben, haben die meisten das Gefühl, diese wären alles andere als die höchste Form sozialer Organisation, und ziehen eine andere Wertordnung vor, die wir eher der weltlichen Vorstellung von »Demokratie« zuordnen als unseren religiösen Traditionen. Für uns bedeutet Demokratie, als Quelle der Loyalität, nicht nur den Mechanismus von Wahlen oder eine größere Toleranz in Fragen der Religion und der Kunst oder einen größeren Spielraum für Müßiggang, ungestörtes Privatleben und Bewegungsfreiheit, sondern das, worauf alle diese Dinge hinweisen: den Sinn für eine Individualität, die aus der Gesellschaft erwächst, aber unendlich viel mehr ist als nur eine soziale Funktion. Es ist leicht, diesen Sinn in egozentrische Begriffe zu fassen, etwa als Recht, zu tun, was einem gefällt, aber es ist sogar noch leichter, zu zeigen, daß die Vorstellung eines von der Gesellschaft abgelösten Individuums eine Illusion ist. In unserem Zusammenhang ist von Bedeutung, daß religiöse Körperschaften in Wirklichkeit keine Alternative zur Loyalität gegenüber dem totalitären Staat bieten, weil sie die gleichen Metaphern der Einverleibung und der Unterordnung des Individuellen verwenden.

Und doch gibt es gänzlich verschiedene Formen der Königsmetapher, die mit der Art und Weise, wie sie im Neuen Testament und anderenorts formuliert wird, in Einklang stehen und doch zugleich mit der Art, wie sie im totalitären Denken Ausdruck findet, völlig unvereinbar sind. Paulus zum Beispiel sagt (Galater 2,20; in ähnlicher Weise auch anderenorts), daß er als Ego, wie wir es nennen würden, tot sei und daß allein Christus in ihm lebe. Dies ist die gleiche Metapher, nur ist sie auf den Kopf gestellt. Ein Individuum findet seine Erfüllung nicht in einem sozialen Körper, wie sakrosankt dieser auch sein mag; die Metapher ist nicht mehr eine der Integration, sondern eine völlig dezentralisierte, für die in jedem Individuum die Totalität des Körpers vollständig anwesend ist. Das Individuum erlangt die innere Vollmacht der Einheit des Logos, und diese Einheit ist es, die es zu einem Individuum werden läßt. Wenn Paulus »nicht ich« sagt, so bedeutet das, daß er nicht über irgendeine Form von privatem Urteil spricht oder über irgendeine egozentrische Formulierung der Metapher. Privates Urteil eignet dem Traum, in dem, wie Heraklit sagt, jeder Mensch sein eigener Logos ist. Selbstverständlich ist das, was hier Ausdruck findet, ein Ideal und nichts für immer Errungenes, selbst nicht für Paulus; aber dies heißt dann auch, daß nichts für immer Errungenes jemals hinreichte.

In unserer Zeit war es Simone Weil, die in der traditionellen Doktrin von der Kirche als Leib Christi ein schwerwiegendes Hindernis sah – wenn nicht sogar das Haupthindernis –, das ihrer Mitgliedschaft in der Kirche entgegenstand. Sie weist darauf hin, daß diese Doktrin sich nicht genügend von anderen Integrationsmetaphern unterscheidet, wie etwa von der marxistischen der proletarischen Solidarität: »Denn unsere wahre Würde besteht nicht darin, Teile eines Leibes, und wäre er ein mystischer, wäre er der Leib Christi, zu sein. Sie besteht darin, daß im Stande der Vollkommenheit, zu welchem jeder von uns berufen ist, nicht mehr wir in uns selber leben, sondern Christus in uns lebt; derart, daß durch diesen Stand Christus in seiner Ganzheit, in seiner unteilbaren Einheit in einem gewissen Sinne jeder einzelne von uns wird, wie er der ganze Christus in jeder Hostie ist. Die Hostien sind keine Teile seines Leibes.«[21] Ich führe dieses Zitat hier an, weil die Frage, die Simone Weil aufwirft, ganz gleich, ob sie recht oder unrecht hat und welches die theologischen Implikationen auch sein mögen, zentral für die visionäre Kraft von Metaphern bzw. die Applikation von Metaphern auf menschliche Erfahrung ist. Wir kommen, so sagten wir, innerhalb eines bereits bestehenden Sozialvertrages zur Welt, aus dem heraus wir unsere jeweilige Individualität entwickeln, und die Interessen dieser Gesellschaft haben Vorrang vor den Interessen des Individuums. Andererseits versuchen viele Religionen in ihrem Ursprung wieder neugeschaffene Gesellschaften zu sein, die ihren Aufbau dem Einfluß eines einzelnen Individuums (Jesus, Buddha, Laudse, Muhammad) oder höchstens einer kleinen Gruppe verdanken. Durch ihr Auftreten geben solche Lehrer zu verstehen, daß sie Individuen sind, auf die eine Gesellschaft bezogen sein sollte, statt umgekehrt. Bereits nach ein oder zwei Generationen ist diese neue Gesellschaft dennoch ein weiterer Sozialvertrag geworden und die Individuen der neuen Generationen sind wieder einmal ihm untergeordnet.

Die Vorstellung des Paulus von Jesus als der genuinen Individualität des Individuums, der, wie ich glaube, Simone Weil hier folgt, läßt eine Umgestaltung der zentralen christlichen Metapher dahingehend erkennen, daß sie nunmehr Einheit ohne Unterordnung meint, daß sie Identität *mit* etwas und Identität *als* etwas zu gleichen Bedingungen erlangt. Das Bild der Eucharistie, auf das sie sich ebenfalls bezieht, will sagen, daß das entscheidende Ereignis des Karfreitags – der Tod Christi am Kreuz – eins ist mit dem Tod eines jeglichen in der Vergangenheit. Der einverleibte Christus, gegessen, geteilt und getrunken, wie es Eliots *»Gerontion«* ausdrückt, ist eins mit dem potentiellen Individuum, begraben in der Gruft des Ego während des Sabbats der Zeit und der Geschichte, wo es das einzige ist, das ruht. Wenn dieses Individuum erwacht und wir zu Auferstehung und Ostern hinausgehen, dann wird die Gemeinschaft, mit der es identisch ist, nicht länger mehr ein Ganzes sein, von dem es ein Teil ist, sondern ein anderer Aspekt seiner selbst, oder, in der überkommenen metonymischen Sprache, eine andere Person seiner Substanz.

Welche soziale Bedeutung die Ausbildung einer symbolischen Entsprechung innerhalb des Christentums zum politischen Ideal der Demokratie auch haben mag, hier ging es mir um die Verbindung dieser dezentralisierenden Auffassung der christlichen Metaphern mit der Bilderwelt und der Erzählung der Bibel.

(Aus dem Amerikanischen von Jürgen Blasius)

1 *Anmerkung des Übersetzers:* »Es wäre interessant zu sehen, wie es um den eigentlichen ›historischen‹ Jesus bestellt war, bevor seine Lehren durch die Mythen- und Legendenbildung seiner Nachfolger entstellt worden sind. Doch sobald wir ein solches Ziel auch nur einigermaßen gründlich verfolgen, bleibt von den Evangelien nichts mehr übrig. Die Verfasser oder Herausgeber der Evangelien waren zu schlau für uns: sobald wir glauben, etwas in historischer Hinsicht Eindeutiges und ›Wirkliches‹ gefunden zu haben, so finden wir auch schon, daß sie uns diesen Weg durch ein Echo des Alten Testaments oder zeitgenössischer jüdischer Riten bzw. einer Parallele zu ihnen versperrt haben, die für das Vorhandensein dessen, was wir für einen Moment als ›historischen‹ Beleg anzusehen geneigt waren, einen anderen Grund nahelegen.« Northrop Frye, *The Great Code*, New York/London 1982, S. 41 f.

2 *Anmerkung des Übersetzers:* N. Frye zitiert fast ausschließlich die sogenannte (da nie wirklich autorisierte) »Authorized Version« (die auch King James Bibel genannte englische Bibelübersetzung von 1611), deren literarische Wirkung mit der von Luthers deutscher Übersetzung annähernd vergleichbar ist. Er habe diese Vision gewählt, sagt Frye (*op. cit.*, S. XIII), weil sie ausdrücklich keine neue, sondern eine in der Vulgatatradition stehende Übersetzung zu sein beansprucht und daher der Bibel, wie sie den Schreibenden seit dem 5. Jahrhundert vertraut ist, sehr nahe kommt. Nun ist für Luther die ungebrochene Linie der Tradition so wenig das Kriterium der Bibelübersetzung wie die Grammatik, vielmehr steht die an die Gnade Gottes gebundene Kenntnis dessen, worum es geht, im Vordergrund. (Vgl. W. Schwarz, *The History of Principles of Bible Translation in the Western World*, in: *Babel*, Vol. IX, Nr. 1–2, 1963.) Für die deutsche Fassung von Fryes Text kommt aber trotzdem nur die Luthersche Übersetzung in Betracht, denn die literarische Wirkung der Bibel im deutschen Sprachraum ist die Wirkung der Lutherbibel. Maßgebend ist daher auch der Luthersche Originaltext (1545). Zitiert wird nach der Fassung von 1912, inhaltliche Abweichungen vom Original werden stillschweigend rückgängig gemacht.

3 Vgl. *Quaestionum S. Augustini in Heptateuchum*, in: J. P. Migne, *Patrologiae cursus completus, series Latina*, Bd. 34, Sp. 623: »quanquam et in Vetere Novum lateat, et in Novo Vetus pateat.« Zum historischen Hintergrund siehe Beryl Smalley, *The Study of the Bible in the Middle Ages*, Oxford 1952.

4 Vgl. Erich Auerbach, *Figura*, in: ders., *Gesammelte Aufsätze zur romanischen Philologie*, Bern/München 1967, S. 55 f.

5 *Anmerkung des Übersetzers:* Luther übersetzt die Stelle Römer 5,14 mit »Bild«, die Stelle 1. Petrus 3,21 mit »die durch jenes bedeutet ist«.

Die auf die Reform Zwinglis zurückgehende Zürcher Bibel (1931) übersetzt sowohl »typos« als auch »antitypos« mit »Gegenbild«.

6 *Anmerkung des Übersetzers:* Im ersten Kapitel seines Buches *The Great Code* (l. c.), dessen viertes Kapitel hier in deutscher Übersetzung vorliegt, unterscheidet Northrop Frye im Anschluß an Vico drei Sprachphasen:
Die erste Phase ist durch einen poetischen, metaphorischen Gebrauch der Sprache gekennzeichnet, in dem Subjekt und Objekt als durch ein mit der Sprache verknüpftes energetisches Band verbunden gedacht sind. Die Prosa dieser Phase ist diskontinuierlich.
Die zweite Phase ist durch einen allegorischen Gebrauch der Sprache gekennzeichnet, in dem Subjekt und Objekt dauerhafter geschieden werden. Dies ist ein Schritt vom Metaphorischen (dies *ist* das) zum metonymischen (dies *steht für* das, Worte stehen für Gedanken, Gedanken stehen für eine transzendente Realität). Die Prosa dieser Phase ist folgerichtig arrangiert und kontinuierlich.
Die dritte Phase ist durch einen deskriptiven Gebrauch der Sprache gekennzeichnet, die Sprache beschreibt die Ordnung der Dinge. Die Kontrollfigur der Wahrheit als Korrespondenz ist eine Art von Vergleich: eine sprachliche Struktur ist wahr, wenn sie so ist *wie* das, was sie beschreibt. Es gibt wieder eine direkte Relation zwischen der Ordnung der Dinge und der Ordnung der Wörter (wie in der ersten Phase), doch die beiden Ordnungen (Subjekt und Objekt) sind grundsätzlich getrennt und unterschieden. Die Prosa ist immer noch kontinuierlich, aber das deduktive Element nun im Unterschied zur zweiten Phase dem induktiven untergeordnet.

7 Vgl. Alfred North Whitehead, *Wissenschaft und moderne Welt*, Frankfurt 1984, 1. Kapitel.

8 Vgl. John Henry Kardinal Newman, *Apologia pro Vita Sua*, Mainz 1951, S. 28.

9 Vgl. John Milton, *Animadversions*, in: *Complete Prose Works of John Milton*, Vol. I, Yale 1953, S. 727f., und ders., *Reason of Church-Government*, ibd., S. 755.

10 Herman Melville, *Journal of a Visit to Europe and the Levant*, Princeton 1955, S. 118.

11 Vgl. Sigmund Freud, *Der Mann Moses und die monotheistische Religion*, III, 1, C.

12 Vgl. Aubrey R. Johnson, *The Rôle of the King in the Jerusalem Cultus*, in: S. H. Hooke (Hg.), *The Labyrinth. Further Studies in the Relation between Myth and Ritual in the Ancient World*, 1935, S. 71 ff.

13 Vgl. Henri Frankfort, *Kingship and the Gods*, Chicago 1948, S. 313 ff.

14 Als Problem wurde dies vielleicht zuerst von Emil Bala isoliert betrachtet (in: ders., *Das Ich der Psalmen*, 1912), doch jeder Standardkommentar zu den Psalmen geht darauf ein.

15 Vgl. Wallace Stevens, *Description without Place*, in: *The Collected Poems of Wallace Stevens*, New York 1971, S. 341.
16 Vgl. Marcus Aurelius Antoninus, *The Communings with Himself*, Ed. C. R. Haines, London 1961, Buch XI 3, S. 294. Meist allerdings wird das Wort ganz anders übersetzt, und der Bezug auf das Christentum wird übereinstimmend als Interpolation angesehen.
17 Vgl. Aurelius Augustinus, *Vom Gottesstaat*, München 1978, Buch 12, Kap. 14.
18 Vgl. Franz Cumont, *Astrology and Religion among the Greeks and Romans*, New York 1912.
19 Nicht nur einer Metamorphose der Natur: das Verb »metamorphoo« dient im Neuen Testament zur Beschreibung dessen, was gewöhnlich die Verklärung Jesu genannt wird, wie auch zur Beschreibung ihrer Entsprechung im Leben eines Christenmenschen (vgl. Markus 9,12; Römer 12,2; 2. Korinther 3,18). Eine Folge dieser Vorstellung von aufwärts gerichteter Metamorphose ist, daß »Geist« als Antitypus von »Seele« begriffen werden kann. So faßt Augustinus die Stelle des Neuen Testamentes (Johannes 20,22), da Jesus die Jünger mit dem Heiligen Geist »anbläst«, als Antitypus der Stelle des Alten Testamentes auf (1. Mose 2,7), in der erzählt wird, wie Gott dem Menschen die Seele »einbläst« (vgl. A. Augustinus, *Vom Gottesstaat*, l.c., Buch 13, Kap. 24).
20 *Vergils Georgika* (dt. v. R. A. Schröder), München 1924, II 490. Die Bedeutung des Wortes »causas« reicht natürlich weit über die bloße Kausalitätsvorstellung hinaus. Hinsichtlich einer modernen Entsprechung der Dichotomie von Christus und Caesar mag man in Betracht ziehen, was Victor Hugo von einem Bewunderer Napoleons sagt: »Napoleon wurde für ihn der Mensch, der ein Volk ist, wie Jesus der Mensch, der Gott ist.« (Victor Hugo, *Marius*, Zürich 1986, S. 66; »Napoléon devint pour lui l'homme-peuple comme Jésus est l'homme-Dieu.«, *Les Misérables*, III, iii, 6.)
21 Simone Weil, *Zeugnis für das Gute*, Olten 1976, S. 117.

Jean Pepin
Die frühe Hermeneutik
Worte und Vorstellungen

Im folgenden soll die Bedeutung untersucht werden, die das Verb *hermeneuein* und die Substantive und Adjektive des gleichen Stammes wie *hermeneia, hermeneus, hermeneutes, hermeneutikos* (woraus »Hermeneutik« abgeleitet wurde) usw.[1] im klassischen und späten Griechenland haben. Es ist hierbei sicherlich angebracht, soweit wie möglich die Weiterungen zu vernachlässigen, die die Hermeneutik erfahren hat, seitdem sie sich der phänomenologischen[2] oder der analytischen Methode[3] angenähert hat.

Die lateinische Übersetzung durch *interpretatio* hat dem Begriff *hermeneia* übel mitgespielt. Denn das Wort *interpretatio*, das fast unverändert in die modernen europäischen Sprachen eingegangen ist, hat eine eindeutige Vorsilbe, die ihm vor jeder Spezifizierung die Grundbedeutung von »Vermittlung« verleiht. Diese inhaltsreiche Bedeutung ist auf *hermeneia*, dessen unbekannte Etymologie keinen Schutz bot, übergegangen. Als Ergebnis dieser Übertragung hat sich für das griechische Wort die Bedeutung »Interpretation« durchgesetzt, so daß die Hermeneutik heute allgemein mit Exegese[4] gleichgesetzt wird. Die ursprüngliche, auf jeden Fall aber hauptsächliche Bedeutung von *hermeneuein* und der damit verwandten Wörter ist jedoch nicht diese. Sie ist vielmehr fast eine gegenteilige, wenn man davon ausgeht, daß die Exegese die Bewegung des Einstiegs in die Absicht eines Textes oder einer Botschaft darstellt.

Denn die *hermeneia* bezeichnet in den meisten Fällen die Handlung des Ausdrucks, deren nach außen gerichteter Charakter, wie man sehen wird, besonders betont ist. Unter den frühen Abhandlungen mit dem Titel *Peri hermeneías* ist zu vollem Recht die bekannteste die des Aristoteles, die man in der Sammlung von Texten zur Logik (*Organon*) findet. Im Altertum ist aber die Grenze zwischen Dialektik und Rhetorik keineswegs deutlich, und die Abhandlung des Aristoteles sollte Nachfolger auf dem Gebiet der Rhetorik[5] haben. Dieser Philosoph gibt keine ausdrückliche Definition seines Begriffes von *hermeneia*, doch deutet er sie mehrere Male an: Es handelt sich um die Formel, die man in einer Definition benutzt und die aus diesem Grunde so klar wie möglich sein sollte.[6] Man könnte »Rede« im Sinn der Rhetorik (wo man von den »Teilen der Rede« spricht) übersetzen. Einige Sophismen, so sagt Aristoteles, beruhen auf der Gestalt der Rede, wie zum Beispiel, wenn etwas Nicht-Identisches auf identische Weise ausgedrückt (*hermeneuetai*) wird. In dem darauffolgenden Beispiel taucht der Ausdruck »im Reden bedeuten« (*tei lexei semainein*)[7] als Synonym für das Verb *hermeneuein* auf. Ein anderes, in die gleiche Richtung zielendes Synonym, dieses Mal für *herméneia*, ist das »artikulierte Sprechen« (*dialektos*), das mit dem Geschmackssinn gemeinsam hat, daß die Natur sich der Zunge sowohl für das eine als auch für das andere bedient (der lebensnotwendige Geschmackssinn ist dabei aber im Tierreich sehr verbreitet, während die Ausdrucksweise [*hermeneia*], die dem Wohlbefinden zugeordnet ist, dort nur in sehr eingeschränktem Maße vorkommt[8]).

Rede, Sprechen und Ausdrucksweise sind Wörter, die suggerieren, daß es nur eine menschliche *hermeneia* gibt. Aber dies trifft keineswegs zu; bei einigen Tieren bedient sich die Natur der Zunge zugleich zur Geschmackswahrnehmung und zur *hermeneia*.[9] Dies ist der Fall bei den Vögeln, die dieses Organ in Hinblick auf eine wechselseitige *hermeneia*[10] benutzen. Die damit bezeichnete Tätigkeit geht also über die menschliche Ausdrucksweise hinaus, die unter dem Begriff *lexis* nur eine Art darstellt, und zwar die, die mit Wörtern operiert.[11] Der Terminus »Sprache« deckt diese verschiedenen Verwendungen ab. Wie es ein klassischer Herausgeber des *Organon* formuliert, ist die *hermeneia* des Aristoteles eine Semiologie, die dazu bestimmt ist, Seelenzustände der Außenwelt zu übermitteln.[12] An dieser Stelle ist hinzuzufügen, daß die bisherigen Beispiele dazu anregen, dieses Sprechen, unter Ausschluß der Gestik und der Schrift, auf den vokalen und auf den klanglichen Bereich zu beschränken.

Mit Philon von Alexandrien gibt es zu Beginn der christlichen Ära einen weiteren Autor, den man zu dem gleichen Thema befragen muß, denn es handelt sich bei ihm um einen, man könnte sagen, professionellen Exegeten, bei dem die Verwendung von *hermeneia* im Sinn von »Interpretation«, wenn sie denn üblich war, eine beträchtliche Tragweite haben mußte. Aber dies ist nicht der Fall. Philon verwendet das Wort auffallend häufig in einem anthropologischen Zusammenhang, genauer gesagt im Zusammenhang einer allegorischen Anthropologie. Gott habe, so sagt er, dem Menschen drei Fähigkeiten gegeben, nämlich die Seele (oder den Verstand), die Empfindung und das Sprachvermögen (*logos*), deren korrespondierende Handlungen die Gedanken, die Bilder und die *hermeneiai*[13] sind. Es gibt in Wahrheit zwei eng verwandte *logoi* oder besser zwei Arten des *logos*, eine gedankliche und eine »ausgesprochene«, wobei die letztere als *hermeneus* der ersteren bezeichnet wird.[14] Das Eigentümliche bei Philon ist, daß er diese anthropologischen Überlegungen mit zwei Brüderpaaren aus der Heiligen Schrift in Verbindung bringt: Abel, der untadelige Denker, unterliegt Kain, dem Spezialisten des Wortes; Moses, dessen Geist nur auf die Kontemplation gerichtet ist, zieht Aaron, der das Sprechen verkörpert, hinzu, so daß das Zusammenwirken beider dafür steht, daß »der Verstand, weil er seine inneren Reichtümer nicht mitteilen kann, das Sprechen, das ihm am nächsten ist, als Sprachrohr (*hermenei*) benutzt, um seinen Inhalten Ausdruck zu geben«.[15]

Für denjenigen, der noch daran zweifelt, daß die in diesen Texten beschriebene *hermeneia* eine nach außen gewandte Ausdrucksweise und eine vor allem mündliche Art der Kommunikation ist, seien hier noch einige, ebenfalls von Philon stammende, eindeutige Überlegungen angeführt. Die *hermeneia* konstituiert sich durch das natürliche Instrument der Stimme.[16] Wenn eine gelähmte Zunge sich der *hermeneia* verweigert, nützt es nichts, sprachbegabte Vorfahren[17] gehabt zu haben. Die Sprache drückt vermittels der Zunge und der anderen Stimmorgane die Gedanken aus, mit denen der Verstand schwanger geht (*hermeneuei*), und bringt sie, einer Hebamme vergleichbar, an das Licht.[18] Die betroffene Disziplin ist keine andere als die Rhetorik: Sie führt das Wort, wenn es um *hermeneia* geht[19]; sie lehrt, jedem Gegenstand die entsprechende *hermeneia* anzupassen.[20] Deshalb ist es nicht verwunderlich, daß die *hermeneia*, eine Angelegenheit des Wortes, gegenüber der Realität abgewertet, daß sie zum Schatten und zum Abbild wird, während die benannten Gegenstände Körper und Vorbild sind.[21]

Es ist bemerkenswert, daß derselbe Sinn auch weiterhin in den Fällen vorherrscht, in denen der Zusammenhang gleichwohl von der Exegese geprägt ist, wie zum Beispiel in der Abhandlung *Über das kontemplative Leben*, in der Philon die Gemeinschaft der

Therapeuten beschreibt, die sich an einer allegorischen Lektüre der Bibel versuchen: Sie glauben, sagt er, daß die Bestandteile der wörtlichen *hermeneia* Symbole einer verborgenen Realität sind, die sich nur in verhüllten Worten zeigt. Ein wenig später merkt er an, daß der Autor eines mündlichen Kommentars zur Heiligen Schrift nicht zu schnell vorgehen sollte, weil der Verstand der Zuhörer seiner *hermeneia*[22] sonst nicht folgen könne. Es wäre in beiden Fällen keineswegs unmöglich, den Begriff mit »Exegese« zu übersetzen; aber es ist wahrscheinlicher, daß Philon den wörtlichen »Ausdruck« und die »Ausdrucksweise« des Kommentators im Blick hat.

Zwar sind die mit *hermeneuein* verwandten Begriffe in den erwähnten Texten Philons und ebenso bei Aristoteles durchgängig mit »interpretieren«, »Interpret«, und »Interpretation« übersetzt worden, was insoweit zulässig ist, als diese Begriffe, zum Beispiel im musikalischen und theatralischen Bereich, den Vorgang bezeichnen können, durch den geistige Inhalte, die an sich stumm sind, mit Hilfe verbaler oder klanglicher Mittel nach außen gebracht werden. Aber es ist klar, daß in den zitierten Texten Begriffe wie *hermeneuein* u. a. stets in der Bedeutung von Ausdruck und Sprache, niemals aber in dem von »Interpretation«, gleichbedeutend mit Exegese, aufgefaßt werden. Dadurch ließen sich auch einige offensichtliche Unregelmäßigkeiten erklären, wie zum Beispiel, daß der Mythos, den man normalerweise als Gegenstand der Interpretation (im Sinne von Exegese) ansieht, als treibende Kraft der Interpretation (im Sinne von Ausdruck) betrachtet wird. Als Beleg kann der folgende Satz eines Platonikers aus dem zweiten Jahrhundert unserer Zeitrechnung dienen: »In Fragen, denen die menschliche Schwäche nicht gewachsen ist, ist der Mythos ein angemessener Interpret (*hermeneus*).«[23]

Daraus, daß *hermeneuein* nicht immer die Bedeutung »eine Exegese vornehmen« hat, folgt natürlich nicht, daß es sie niemals hat. Wenn es auch unmöglich ist, eine vergleichende Statistik zu erstellen, so kann man doch sagen, daß die Beispiele für diesen Gebrauch überwiegen, und es wird ausreichen, einige der offensichtlichsten von ihnen anzuführen. Gregor von Nyssa stellt fest, daß Jesus, nachdem er seinen Jüngern eine unklare Rede gehalten hat, »seine eigenen Worte erklärt (*hermeneuei*)«.[24] Als er auf die Schriften unbekannter Autoren zu sprechen kommt, merkt der

Geschichtsschreiber Eusebius von Caesarea an, daß diese zumindest »orthodox und kirchlich« seien, »wie es die Interpretation (*hermeneia*) beweist, die jeder von ihnen von der Heiligen Schrift gibt«.[25] Im Lateinischen ist dieselbe Bedeutung kaum weniger geläufig. So konfrontiert Seneca bei den Philosophen unter den Bezeichnungen »auctores« und »interpretes« die schöpferischen Temperamente mit denjenigen, die sich als »ewige Kommentatoren im Schatten eines anderen niederlassen«.[26]

Viele Texte bestätigen also die Verwendung des Begriffes *hermeneia* zur Bezeichnung der Bibel-Exegese; im allgemeinen wird das Wort unterschiedslos für jede Form der Exegese verwendet. Aber es kommt vor, daß es, unter Ausschluß aller anderen Formen der Interpretation, nur die allegorische Auslegung bezeichnet. Die Wörterbücher liefern hierzu ein weit zurückliegendes, aber unanfechtbares Beispiel, das aus den *Trophäen von Damaskus*, einer antijüdischen Streitschrift des 7. Jahrhunderts, stammt. In diesem Dialog fragt ein christlicher Mönch seinen jüdischen Widersacher, ob er die Heilige Schrift »dem Buchstaben nach« (*kata to gramma*) auffaßt oder ob er sie »dem geistlichen Sinn und der Interpretation nach« (*kata anagoghen kai hermeneian*) versteht. Und als der Jude geantwortet hat, daß er keine »Interpretation« akzeptiert, hält der Mönch ihm zahlreiche Passagen aus dem Alten Testament entgegen, die im wörtlichen Sinn unverständlich sind.[27]

Es ist nicht weit von *hermeneuein* im Sinne von »erklären« zu einer anderen, ebenfalls sehr verbreiteten Bedeutung des gleichen Verbs, nämlich: von einer Sprache in eine andere »übersetzen«. Ständig taucht das Wort in dieser Bedeutung auf, vor allem, um die Übersetzung der hebräischen Bibel ins Griechische zu bezeichnen. Eine Seite des Werkes von Clemens von Alexandrien ist der Erinnerung an dieses Ereignis gewidmet, und die Wörter aus der Familie *hermeneuein* tauchen dort nicht weniger als sechsmal auf.[28] Aber diese Wörter sind natürlich nicht ausschließlich auf die große Tat der Septuaginta bezogen. Justinus bezeichnet als *hermeneia* eine andere, von hellenisierten Juden gelesene Übersetzung, und dies gerade an einem Punkt, an dem diese sich von der der Septuaginta unterscheidet.[29] Basilius nennt einen Übersetzer (Aquila) »hermeneutes«, der nicht zu den siebzig Greisen gehört und in dem gegebenen Falle besser informiert ist als sie.[30]

Die gleichen Beobachtungen gelten für die lateinische Sprache. Im Laufe der Jahrhunderte erlangt die Bedeutung »Übersetzer«

für *interpres* ein solches Übergewicht, daß das Wort mitunter gar nicht mehr für »Exeget« steht. Man kann diesen Bedeutungswandel in der karolingischen Zeit bei einem irischen Theologen beobachten. Johannes Scotus hat sämtliche Abhandlungen des Pseudo-Dionysios Areopagites ins Lateinische übersetzt und eine davon, *Über die himmlische Hierarchie*, mit einem Kommentar versehen. Man hat dabei feststellen können[31], daß er sich meistens als *expositor* bezeichnet, wenn er von seiner Tätigkeit als Kommentator spricht, wohingegen er sich *interpres* nennt, wenn er seine eigentliche Tätigkeit des Übersetzens erwähnt.

Man könnte also *hermeneuein* = »übersetzen« als einen besonderen Fall von *hermeneuein* = »erklären« ansehen, wenn die Übersetzung einen notwendigen und mitunter auch ausreichenden Ansatz zur Erklärung darstellt, nämlich in dem Fall, daß der betreffende Text in einer dem Leser unbekannten Sprache abgefaßt ist. Im Gegensatz dazu ist die Zweiteilung zwischen *hermeneia* als Sprache und *hermeneia* als Exegese keineswegs zweifelhaft: Es ist, wie man gesehen hat, die Zweiteilung zwischen einer *ad extra* (in der Nachfolge der Stoiker sprach Philon auf bezeichnende Weise von einem »ausgesprochenen« *logos*) gerichteten Tätigkeit und einer Bewegung der Verinnerlichung (man tritt in den geistigen Gehalt eines Textes ein, man durchdringt seinen Sinn). Dennoch mangelt es bei den beiden Bedeutungen nicht an Berührungspunkten; so wendet sich die Exegese, nachdem der Exeget sie für sich im Innern des Textes durchgeführt hat, der Sprache zu, wenn es darum geht, sie der Öffentlichkeit zugänglich zu machen. Im umgekehrten Fall, zum Beispiel wenn der Redner nicht in seinem eigenen Namen handelt, sondern nur als Sprecher fungiert, ist seine Sprache mehr oder weniger auf die Exegese der Absichten, die er ausdrückt, abgestimmt.

Daher kommt es, daß man in vielen Fällen zwischen den beiden Bedeutungen schwankt, obwohl diese doch deutlich voneinander unterschieden sind. Die hauptamtlichen Zeichendeuter, die Verantwortlichen für die Orakel, werden als *hermeneutai* der Götter unter den Menschen[32] bezeichnet. Ebenso werden Auguren und Weissager in Rom als *deorum interpretes* [33] angesehen. Will man damit sagen, daß sie die Exgeten von Zeichen sind, die für göttlich gehalten werden (und somit einem unklaren Text vergleichbar sind), oder daß sie Sprecher der Götter sind (die sich normalerweise nicht selbst in der Sprache der Menschen ausdrücken)? Wahrscheinlich trifft sowohl das eine als auch das andere zu. Im Falle der eben genannten lateinischen Formulierung würde man zur ersten Hypothese neigen, denn Cicero fährt mit der Feststellung fort, daß die Zeichen der Zukunft immer zuverlässig seien, wenn sie nicht von der menschlichen Interpretation entstellt werden. Im Gegensatz dazu meint Platon oder einer der ihm Nahestehenden, daß Zeichendeutung und Hermeneutik (*hermeneutike*) »nur für das stehen können, was gesagt worden ist, aber nicht dafür, ob es wahr ist«.[34] Diese ausschließliche Kompetenz für den Buchstabensinn der Botschaft und die Gleichgültigkeit ihrem Wahrheitsgehalt gegenüber lassen eher an die mechanische Treue des Sprechers als an die Seelenqualen des Exegeten denken.

Es ist aber keineswegs ausgeschlossen, daß ein und derselbe Autor auf zwei aufeinanderfolgenden Seiten ohne Probleme von einer Bedeutung zur anderen überwechselt. Dies muß bei Platon der Fall sein, und zwar am Anfang seines mit *Ion* betitelten Dialoges über die poetische Inspiration. Gleich zu Beginn wird gesagt, daß der Rhapsode bei den Zuhörern der *hermeneus* für die Gedanken des Dichters sein muß.[35] Man zögert bei einer Entscheidung zwischen Sprecher und Exeget, aber man wird zum Letzteren tendieren, wenn man wenig später liest, daß es die Aufgabe des Rhapsoden ist, nicht nur Homer zu deklamieren, sondern auch »über Homer zu sprechen«. Dagegen entfernt man sich später völlig von dieser Position, wenn man erfährt, daß die wahren Dichtungen göttlicher und nicht menschlicher Herkunft sind, und dies, weil der Dichter von einem Gott besessen ist, der absichtlich den mittelmäßigsten Verseschmied als Instrument für die sublimsten Gesänge wählt. Dies bedeutet, daß die Gottheit sich eines Herolds und nicht eines Analytikers bedient. In diesem Sinne ist auch die zweimal fast gleichlautend wiederholte Formulierung zu verstehen, derzufolge die Dichter durch göttliche Gnade als *hermenes* der Götter unter uns sind.[36] Platon kommt danach auf die Rhapsoden zurück und führt sie in eine von ihm favorisierte Art der Beweisführung durch Verdoppelung ein: Da sie die Werke der Dichter zu *hermeneuein* haben, sind sie folglich *hermenes* der *hermenes*.[37] Die vorausgehenden Zeilen verpflichten dazu, dies als »Sprecher der Sprecher« zu übersetzen. Die Rolle des Rhapsoden ist nach zeitgenössischen Beschreibungen die eines Rezitators und Schauspielers, kurz gesagt, die des »Interpreten« in der ästhetischen Bedeutung des Wortes. An dieser Stelle jedoch wird auch die andere Hälfte der Tätigkeit, nämlich »über Homer zu sprechen«[38], noch einmal erwähnt, wodurch der Rhapsode dem Kommentator ähnlich wird. Die beiden Hauptbedeutungen des Verbes *hermeneuein* verbinden sich, wie man sieht, auf subtile Art und Weise mit den Aufgaben des Rhapsoden, ohne daß man immer wüßte, auf welcher Ebene man sich befindet.

Es ist interessant, die vorangehenden Analysen auf die Probe zu stellen, sie zu erläutern und zu komplettieren, indem man Personen und Wesen untersucht, die die Stellung des *hermeneus* zumeist übernehmen und diesen Namen tragen.

Die heutigen Philologen stehen der Möglichkeit skeptisch gegenüber, daß es eine etymologische Beziehung zwischen dem Verb *hermeneuein* und dem Namen des Gottes Hermes[39] geben könnte, wohingegen das gesamte Altertum an eine solche Verbindung geglaubt hat. Die Zeugnisse für diese Geisteshaltung sind zu zahlreich[40], als daß man an dieser Stelle den Inhalt eines jeden untersuchen könnte. Es muß ebenfalls darauf verzichtet werden, das *stemma* zu skizzieren, demzufolge einige unter ihnen von bestimmten anderen abstammen. Man wird sich darauf beschränken, festzustellen, daß alle auf die eine oder andere Art und Weise von Platons Zeugnis, das bei weitem das älteste ist, herrühren müssen. Da die verschiedenen Texte sich teilweise decken, ist es relativ leicht, die von ihnen gelieferten Angaben zu summieren.

Mehrere von ihnen bleiben, was den Sinn von *hermeneuein* und der sinnverwandten Wörter betrifft, im Ungefähren. So etwa der Geschichtsschreiber Diodoros von Sizilien, der meint, daß Hermes die Griechen über die *hermeneia* belehrt hat, oder der christliche Apologet Aristeides, der aus dem Gott einen einfachen *hermeneutes* der Rede macht (?). Trotz seiner Dunkelheit besitzt dieser letzte Text den Reiz, Hermes mit dem Begriff des *logos* in Beziehung zu setzen. Dieses trifft auch auf einige andere zu, bei denen dieses Wort obendrein ganz verschiedene Bedeutungen annimmt. Wenn Platon der Kraft des *logos* die Eigenschaft, die aus dem Hermes einen *hermeneus* macht, hinzufügt, und so die etymologische Rechtfertigung einführt, dann tut er dies sicherlich in Hinblick auf die Sprache im Allgemeinen. *Hermeneus* würde also »Redner« oder, besser gesagt, »Sprecher« bedeuten, wie es auch durch die Verbindung mit *anghelos* gleich »Bote« bestätigt wird. Andere bezeichnen es noch genauer und verstehen darunter das menschliche Sprechen. So geht Macrobius vor, zwar nicht in unmittelbarem Zusammenhang mit dem Gott Hermes, sondern im Zusammenhang mit dem Planeten, der den Namen des Gottes trägt, nämlich mit Merkur: Die Seele, die herabsteigt, um Gestalt anzunehmen, durchschreitet die planetarischen Sphären und erhält in jeder von ihnen eine Eigenschaft. Der Sphäre des Merkur verdankt sie die Fähigkeit, »ihre Gedanken zu entwickeln und auszudrücken« (*interpretandi*), eine Fähigkeit, die man *hermeneutikon* nennt. Augustinus beschränkt später die von dem Namen Hermes-Merkur ausgehenden etymologischen Anregungen auf die menschliche Sprache. Er tut dies in einem Satz, der es verdient, zitiert zu werden, weil er über die Jahrhunderte hinweg an den Sprachgebrauch des Aristoteles anknüpft: »Merkur heißt auf griechisch Hermes, weil die Sprache (*sermo*) – oder die Ausdrucksweise (*interpretatio*), die sicherlich von der Sprache herrührt – auf griechisch *hermeneia* heißt.«

In anderen Zeugnissen wird die Sprache der Menschen durch die der Götter ersetzt. Hermes verdankt seinen Namen der Tatsache, daß er die Sprache, welche *hermeneuei*, oder auch die sprachliche *hermeneia*, oder in anderen Worten die Ausdruckstätigkeit bezeichnet. Hierauf verbindet der Kommentator Herakleides (wie es einigen Handschriften zufolge schon im *Kratylos* zu finden war) Hermes und Iris und sieht in ihnen die Boten der Götter. Diese Bezeichnung für Hermes, weil er *hermeneus* und Verkünder der göttlichen Dinge ist, war auch bei Philon anzutreffen, der so der Konnotation des Wortes die Vorstellung von einer Offenbarung des Göttlichen hinzufügt. In einer verwandten Bedeutung scheint ein schwer zu durchschauender Satz des christlichen Apologeten Justin den Hermes als *logos* auszugeben, der seine Stimme (*hermeneutikos*) seinem Vater Zeus leiht und alle Dinge mitteilt. Eine Besonderheit des letztgenannten Textes könnte darin liegen, daß dem Gott, der kaum mehr war als eine personifizierte Abstraktion, nun der Charakter eines Prinzips oder sogar einer Hypostase zuerkannt wird. Diese Entwicklung wird noch offensichtlicher in der Doxographie des Hippolytos über die gnostische Sekte der Naassener und im Fragment des Porphyrios. Bis auf die Tatsache, daß der erste vom Gott Hermes und der zweite vom Planeten Merkur spricht, stimmen beide darin überein, aus dieser Person den *logos*, d. h. den universellen Demiurg und Verkünder (*herme-*

neus, *hermeneutikos*) aller Dinge zu machen. Diese Zeugnisse über Hermes sind, wie man sieht, alles andere als klar; aber keines von ihnen wendet anscheinend das Verb *hermeneuein* auf die Tätigkeit des Exegeten an. Indem sie das Wort auf das Niveau eines klassischen Pantheons heben, verändern sie seine gebräuchliche Bedeutung »kommunizieren« in Richtung auf eine Spezifizierung, die sich der Vorstellung von »enthüllen« annähert.

Einige Zeilen, bevor er auf Hermes, welcher Sohn des Zeus, *logos* und universeller Verkünder ist, zu sprechen kommt, hat Justin die christliche Heilige Schrift Gottes Erstgeborene und unsere Didaskalien[41] genannt. Man hüte sich davor, dieser Annäherung zu großes Gewicht beizumessen. Aber sie kann nicht zufällig sein; sie erinnert daran, daß »*hermeneus* des Vaters« in der frühen Theologie der Dreifaltigkeit ein gebräuchlicher Name für die Heilige Schrift ist.[42] Die Formel muß aus der Lehre des Origenes stammen, denn man findet sie bei seinem Schüler Dionysios von Alexandrien, demzufolge »der Vater, der der souveräne und universelle Geist ist, für die Schrift vor allem über den Sohn als Verkünder (*hermeneus*) und Boten verfügt«.[43] Ein anderer Anhänger des Origenes, Eusebius von Caesarea, verwendet das Wort auf die gleiche Weise und sagt zum Beispiel, daß der Vater vermittels seines einzigen Sohnes, der als *hermeneus*[44] fungiert, den Menschen ins Ohr flüstert, oder er sagt, daß er den Tod über den *hermeneus* einer Gottheit verhängt hat.[45] In einem ähnlichen Gebrauch, der bei demselben Autor nachzuweisen ist, ist nicht die Heilige Schrift der Verkünder des Vaters, sondern man berichtet von ihm, daß er sich mit seinem sterblichen Körper unter die Menschen gemischt hat, wie es der Große Herrscher mit seinem Herold (*hermeneus*) als Dolmetsch tut.[46]

Die Autoren der heiligen Texte werden selbst als Herolde der Gottheit bezeichnet. Weiter oben ist eine Seite aus dem Werk des Clemens von Alexandrien angeführt worden, die von Worten aus der Familie *hermeneuein* übersät ist, mit denen die Septuaginta und ihre Bibelübertragung bezeichnet werden. Nur wenig später wird daran erinnert, daß Moses der *hermeneus* der heiligen Gesetze ist.[47] Clemens kann wohl kaum sagen wollen, daß er sie übersetzt, sondern daß er sie als Sprecher Gottes und unter seinem Diktat abfaßt. Derselbe Clemens wendet an einer anderen Stelle[48] das gleiche Substantiv auf den heiligen Paulus an, der als heiliger Schriftsteller angesehen wird: Er ist der *hermeneus* der Stimme

Gottes. Athanasios[49], ein anderer Alexandriner, sagt von ihm, daß er der *hermeneus* der göttlichen Frömmigkeit sei. Es gibt ebenso viele Texte, in denen das Wort ganz klar bedeutet, daß die Autoren der Heiligen Schrift an Stelle Gottes reden und schreiben.

Dabei haben diese auch selbst mitunter ihre Sprecher. Zu Beginn des 2. Jahrhunderts versichert eine bedeutende, den Aposteln nahestehende Persönlichkeit mit Namen Papias, daß der Evangelist Markus Jesus nicht gekannt habe. Aber er schrieb lückenlos und fehlerfrei alle von Petrus mündlich gemachten Angaben nieder, an dessen Fersen er sich geheftet hatte, und der selbst nicht über die Muße verfügte, eine Sammlung der *logia* des Herren zu machen. Angesichts dessen bezeichnet Papias Markus als den *hermeneutes* des Petrus.[50] Wahrscheinlich in dem gleichen Sinn weist Clemens von Alexandrien auf einen anderen *hermeneus* des Petrus hin, den Gnostiker Basilides, der, wie er selbst sich rühmt, Petrus als Lehrer gehabt hat.[51] Als Sprecher eines kanonischen Autors, der es deswegen verdient, Sprecher Gottes genannt zu werden, findet Markus sich in der Situation wieder, *hermeneus* eines *hermeneus* zu sein. Dabei handelt es sich um eine Verdoppelung, die eine Analogie zu jener aufweist, die Platon, wie man sich erinnert, mit Hilfe des Dichters und des Rhapsoden einführte.

Die von Platon ausgehende Tradition der Philosophie kennt schließlich noch andere *hermeneus*, die in der allgemeinen Rangordnung eine Zwischenstellung einnehmen. So befindet sich die Seele, nach Plotin die dritte Hypostase, auf halbem Weg zwischen dem Verstand und dem Gefühl und damit an der richtigen Stelle, um eine Kommunikation zwischen den beiden zu gewährleisten. Der Philosoph bezeichnet diese Funktion als »hermeneutisch«: »Durch ihre Vermittlung schafft die Seele eine Verbindung zwischen Verstand und Gefühl, sie ist eine Art von Interpret (*hermeneutike*) der Botschaften des Verstandes an das Gefühl und der der Gefühle an den Verstand.«[52] Im Vergleich zu sämtlichen oben angeführten Belegen stellen diese Zeilen des Plotin eine beträchtliche Neuerung dar, die darin besteht, daß die Tätigkeit des *hermeneuein* sich nicht mehr nur in eine Richtung, sondern abwechselnd in zwei einander entgegengesetzte Richtungen entwickelt. Die vermittelnde Stellung des *hermeneuein* ist zur Hauptsache geworden und muß in der Übersetzung des Wortes erscheinen, die da ist: Vermittler, Mittler und, wenn man will, Übersetzer – aber unter dem Vorbehalt, das Moment der Vermittlung gegenüber dem der Interpretation zu betonen.

Der Platonismus hatte dabei nicht die dritte Hypostase des Plotin abgewartet, um diesen in zwei Richtungen weisenden Begriff der *hermeneia* einzuführen. Auf einer berühmten Seite des *Gastmahls*, wo er sich bemüht, der Liebe ein Statut zu geben, geht Platon so weit, eine neue Natur, die des Dämons, zu definieren. Als Mittler zwischen Gott und den Sterblichen füllt diese den Zwischenraum aus und wird zum Verbindungsglied, das das Ganze zusammenhält. Auf der anderen Seite gestattet die Natur der Dämonen den Göttern, durch alle Arten von hellseherischen und magischen Ritualen mit den Menschen zu kommunizieren: Bitten und Opfer steigen durch sie zu den einen empor, Befehle und Gunstbeweise steigen mit ihrer Hilfe zu den anderen hinab. Kurz gesagt, es handelt sich um eine doppelte Bewegung, aufwärts und abwärts, die von der Natur des Dämonischen beherrscht wird. Platon benutzt das Verb *hermeneuein*, um diesem Austausch und dieser Staffette einen Ausdruck zu geben. Der Dämon »bringt den Göttern zur Kenntnis (*hermeneuon*) und übermittelt ihnen, was von den Menschen kommt, und übermittelt den Menschen, was von den Göttern kommt«.[53]

Dies belegt die Bedeutung, die der Dämonologie bei Platon zukommt. Zu seiner Zeit und auch nach ihm nehmen die Dämonen weiterhin den Bühnenvordergrund in der ehrwürdigen Akademie ein. Ihre Heimstätte ist immer ein Zwischen-Raum, und ihre vorrangige Aufgabe ist die Vermittlung und die Übermittlung von Informationen in zwei Richtungen. In diesem Zusammenhang tauchen auch die Wörter aus der Familie *hermeneuein* wieder auf. Dies gilt für *Epinomis*, dessen Authentizität als Werk Platons allerdings nicht gesichert ist. Hier liest man, daß zwischen den Dämonen des Äthers und den Erdbewohnern Luftdämonen existieren, die die Kommunikation (*hermeneia*) gewährleisten und es verdienen, für ihre wohlmeinende Vermittlung geehrt zu werden.[54] Sie teilen ihren Artgenossen und den obersten Göttern mit (*hermeneusthai*), was diese von den Menschen und von allen Dingen wissen wollen. Sie sind dazu prädestiniert durch ihre Stellung als Mittler zwischen Himmel und Erde und durch die Leichtigkeit ihrer Bewegungen in die eine wie in die andere Richtung.[55]

Wenn *Epinomis* den Dämonen die Aufgabe der *hermeneia* zuordnet, dann liegt die Betonung fast ausschließlich auf dem aufwärts gerichteten Aspekt der Kommunikation. Aber das Gleichgewicht zwischen der aufwärts und der abwärts gerichteten Information, das im *Gastmahl* respektiert ist, wird in einem späteren Abschnitt der Platonischen Dämonologie wieder zur Regel. Diese zeigt sich noch sehr deutlich in der Synthese der Schulen, die der lateinische Schriftsteller Apuleius im 2. Jahrhundert unserer Zeitrechnung unternimmt. Die Dämonen befördern von hier unten Gebete und Bitten und von dort oben Gaben und Hilfe, so daß sie die heilbringenden Mittler (*interpretes*) für Götter und Menschen sind.[56] Die Dämonen[57] sind Sendboten der Götter, Beschützer der Menschen und ihre Interpreten (*interpretes*), wenn diese von den Göttern eine Gunst gleich welcher Art erwarten. Das Interessante an diesen Seiten des Apuleius ist darüber hinaus, daß sie verdeutlichen, wie die spätlateinische Sprache das griechische Wort *hermenes* wiedergegeben hat. Auf andere lateinische Übersetzungen für dieses Wort stößt man noch bei Augustinus, der auf die heidnische Dämonologie zielte, als deren herausragendsten Vertreter er Apuleius ansah. Denn Augustinus eifert gerade gegen die angebliche Mittlerfunktion der Dämonen. Er bestreitet, daß sie in der Mitte zwischen Göttern und Menschen stehen, »*tamquam internuntios et interpretes*«[58], und auch, daß sie »*interpretes et intercessores inter deos et homines*«[59] seien.

Es ist offensichtlich, daß diese lateinischen Texte mehrere Wörter, die alle die Vorsilbe *inter-* haben, wählen, um das griechische Wort *hermenes* in seiner Anwendung auf die Dämonen wiederzugeben. Diese Übersetzung muß in dem hier betrachteten besonderen Fall damit verbunden sein, daß die von den Dämonen geleistete *hermeneia* im Unterschied zu allen anderen vorher aufgezählten Fällen januskopfig in zwei Richtungen weist und untrennbar von der Vorstellung der Vermittlung ist. Da diese sich gegen alle anderen semantischen Komponenten durchsetzt, liegt es auf der Hand, daß das Wort *hermeneia* durch Wörter wiedergegeben wird, die vor allen anderen Bedeutungen die der Vermittlung evozieren. Heißt dies, daß der Begriff der *hermeneia* selbst, um seiner Übersetzung durch *interpretatio*, deren negative Konsequenzen oben erwähnt sind, gerecht zu werden, sich von dem unterscheidet, was er zum Beispiel bei Aristoteles war? Das ist kaum wahrscheinlich. Denn die Tätigkeit der »Interpreten«, die den Dämonen zugewiesen wurde, läßt sich im wesentlichen auf die

Sprache zurückführen, deren Orientierung in zwei entgegengesetzte Richtungen ihr Wesen nicht berührt. Dies war, grob gesehen, die Bedeutung bei Aristoteles. Dabei läßt nichts, auch nur entfernt, an »Interpretation« oder »Hermeneutik« in der gegenwärtigen Bedeutung von Exegese denken. Diese Bedeutung ist ganz sicher nur eine der semantischen Möglichkeiten von *hermeneia*, und zwar weder die wichtigste noch wahrscheinlich die ursprünglichste. Der Leser wird verstanden haben, daß die Erinnerung daran (denn all das ist weitbekannt) die These dieser Seiten darstellt.

(Aus dem Französischen von Christian Voigt)

Anmerkungen

1 Die lateinischen Entsprechungen hierzu werden an gegebener Stelle angeführt werden. Der größte Teil des in diesem Aufsatz benutzten Materials stammt aus den folgenden Wörterbüchern und Verzeichnissen: Lidell-Scott-Jones, Lampe, Ast (Platon), Bonitz (Aristoteles), Leisegang (Philon), usw.; des weiteren: J. Behm, Artikel *hermeneúo* usw., in: *Theologisches Wörterbuch zum Neuen Testament*, Bd. II, Stuttgart 1935, S. 659–662; für *interpretari* und Wörter aus der gleichen Familie wurde der *Thesaurus Linguae Latinae* verwendet.

2 Vgl. P. Ricœur, *Existence et herméneutique*, in: *Le conflit des interprétations*, Paris 1969, S. 7–9

3 Vgl. ebd. S. 124ff.

4 Vgl. ebd. S. 7: »... das hermeneutische Problem hat sich zuerst im Bereich der Exegese gestellt. ... Wenn die Exegese ein hermeneutisches Problem hervorgerufen hat ...«

5 Siehe F. Solmsen, *Demetrios »Peri hermeneías« und sein peripatetisches Quellenmaterial*, in: *Hermes* 66 (1931) S. 241–267, wiederveröffentlicht in: R. Stark (Hg.), *Rhetorika*, Hildesheim 1968, S. 285–311

6 Aristoteles, *Topik*, VI 1, 139b 12–14

7 *Sophistische Widerlegungen*, 4, 166b 10–16; man vergleiche diesen und den darauffolgenden Text mit den pseudo-platonischen *Definitionen*, 414d, wo das Adjektiv *hermeneutikos* zweimal (davon einmal als Epitheton zu »Zeichen«) in der Bedeutung von »anzeigend« – ganz gleich ob mit oder ohne Ergänzung – auftaucht.

8 *Über die Seele*, II 8, 420b 17–20

9 *Parva natur., Über den Atem*, 11, 476a 18–19

10 *Über die Teile der Lebewesen*, II, 17, 660a 35–36
11 *Poetik*, 6, 1450b 14–15
12 Th. Waitz, *Aristotelis »Organon«*, Bd. I, Lipsiae 1844, S. 323: »sensu proprio *hè hermeneia* complectitur signa externa per quaecunque exprimuntur et cum aliis communicantur quae animum afficiunt.«
13 Philon, *Quis rer. divin. heres sit*, 22, 108; vgl. *De cherub.*, 32, 113
14 *De migrat. Abrah.*, 13, 71–73; über die Sprache als *hermeneus* der eng verwandten Gedankenüberlegungen vgl. *Quod deterius* 12, 40
15 *De migrat. Abrah.*, 14,78, und ausführlicher 13, 74–15, 84; man beachte in 15, 84 die beiden Wörter aus der Wortfamilie *hermeneuein*, die die Tätigkeit des Aaron als »Mund« und »Prophet« des Moses bezeichnen); Philon hat dem Mord an Abel und der Bestrafung des Kain eine ganze Abhandlung mit dem Titel *Daß im allgemeinen der Schlechtere den Besseren angreift« (Quod deterius)* gewidmet.
16 *Quod deterius*, 19, 68
17 *De virtute*, 36, 193
18 *Quod deterius*, 34, 127
19 *De congressu erud. gratia*, 14,17
20 *De cherub.* 30, 105
21 *De migrat. Abrah.*, 2,12
22 *De vita contempl.* 3, 28, (mit der sehr einleuchtenden Anmerkung von Colson) und 10, 76
23 Maximus von Tyros, *Philosophoumena*, IV 5, Hobein (Hg.) S. 45, 12–14; Man konfrontiere dies mit der Tatsache, daß die Mythen, die allgemein als Gegenstand der Exegese angesehen werden, mitunter als »Exegeten« (*exegethai*) des Wesens der Götter bezeichnet werden; so in Proklos' *Kommentar zu Platons Staat*, Kroll (Hg.) I, S. 85, 26–86, 5
24 *Kommentar zum Hohen Lied Salomons*, Proömium, Langerbeck (Hg.) S. 9, 5 (es handelt sich dabei um Johannes 4,32)
25 *Kirchengeschichte*, V 27
26 *Brief an Lucilius* 33, 8
27 *Die Trophäen von Damaskus*, Bardy *(Hg.)* in: *Patrologia Orientalis*, Bd. XV, 2, S. 223
28 *Stromateis*, I, 22, 148–149
29 *Dialog mit Tryphon*, 124, 4
30 *Homilien über das Hexaemeron*, I 6, PG 29, 17A
31 R. Rogues, *Traduction ou interprétation? Brèves remarques sur Jean Scot traducteur de Denys*, in: *The Mind of Eriugena,* hg. von J. J. O'Meara und J. Bieler, Dublin 1973, S. 59–61
32 Platon, *Politikos*, 290c
33 Cicero, *De natura deorum* II, 4, 12
34 *Epinomis*, 975c
35 *Ion* 530c
36 Ebd., 534e – 535a

37 Ebd., 535a
38 Ebd., 536cd
39 P. Chantraine, *Dictionnaire étymologique de la langue grecque. Histoire des mots*, Bd. I, S. 374a, zitiert, ohne sich ihr anzuschließen, die These von Bosshardt, nach der Hermes der »Mittler und Interpret zwischen den Menschen und den Göttern« sei.
40 Nachfolgend die (in etwa chronologische) Liste der wichtigsten von ihnen: Platon, *Kratylos*, 407e – 408b; Diodoros Siculus, *Bibliotheke*, I 16, 2, Philon, *Legatio ad Gaium* 13, 99; Aristides, *Apologie*, Hennecke (Hg.) S. 23, 11; Justinus, *Erste Apologie*, 21, 2; Herakleides, *Homerische Erklärungen*, 28, 2–3; Hippolytos, *Elenchos* V 7, 29 Wendland (Hg.) S. 85, 19–20 (Beschreibung der Thesen der Naassener, einer gnostischen Sekte); Porphyrios, *De imaginibus*, Fgt. 8, Bidez, S. 17, 15–16; Macrobius, *Kommentar zum Traum des Scipio*, I 12, 14 (dieser hängt sicherlich von Porphyrios und vielleicht auch von Numenios ab); Augustinus, *Über den Gottesstaat*, VII 14 (wahrscheinlich nach M. Terentius Varro)
41 Erste Apologie, 21,1,; Justinus wiederholt diesen Vergleich in 22, 2, wo er Hermes den verkündenden, von Gott kommenden *logos* nennt; vgl. hierzu J. Barbel, *Christos Angelos, Die Anschauung von Christus als Bote und Engel in der gelehrten und volkstümlichen Literatur des christlichen Altertums,* Sammlung »Theophaneia«, 3, Bonn 1941, S. 8, 61
42 Vgl. M. Harl, *Origène et la fonction révélatrice du Verbe incarné*, Sammlung »Patristica Sorbonensia«, 2, Paris 1958, S. 77, n. 22
43 Zitiert bei Athanasios, *De sententia Dionysii* 23, 4, Opitz (*Hg.*), S. 64 1–2; derselbe Athanasios übernimmt in *Oratio contra gentes* 45, 4–5, Thomson (Hg.) S. 122, die Verantwortung für die wesentlichen Teile der Formulierung (nämlich für die Worte »Verkünder und Bote«).
44 *De eccles. theologia* II 22 Klostermann (Hg.) S. 132, 12–13
45 *Théophanie*, Fgt. 3 Gressmann (Hg.), S. 7, 9-10
46 Ebd., S. 6, 3–4
47 *Stromateis* I 22, 150, 4
48 *Protreptikos*, IX 87, 4
49 *Oratio contra gentes*, 19, 11, S. 52
50 Zitiert bei Eusebius, *Kirchengeschichte*, III, 39, 15; wenig später (§ 16) benutzt Papias das Verb *hermeneuein*, aber in einem ganz anderen Sinn, nämlich in dem von »übersetzen«. Dieser Text liegt kommentiert von H. Marti, *Übersetzer der augustinischen Zeit. Interpretation von Selbstzeugnissen*, München 1974, S. 127–129 vor.
51 *Stromateis* VII, 17, 106, 4
52 *Enneaden* IV, 3 (27) 11, 18–20; Plotin spricht in Wahrheit von der Sonne dort oben, von der Sonne hier unten und von der Seele der letzteren.

53 *Gastmahl*, 202e, und ausführlicher 202d–203a
54 *Epinomis*, 984e
55 *Epinomis*, 985 ab
56 *De deo Socratis*, 6, 133
57 *De Platon et eius dogmate* I 12, 206
58 *Gottesstaat*, VIII 22
59 Ebd., VIII 24

Jean Daniélou
Gipfelpunkt des Bösen und Apokatastasis bei Gregor von Nyssa

1. Die Erfüllung des Bösen

Die *Katechetische Rede* (λόγος κατηχητικὸς) des Gregor von Nyssa ist eine für heidnische Intellektuelle bestimmte Gesamtdarstellung des christlichen Glaubens. In diesem Sinne unterscheidet sie sich grundlegend von dem Traktat *De catechizandis rudibus* des heiligen Augustinus, der ein wenig später geschrieben wurde. Gregor behandelt in diesem Werk die wichtigsten Einwände, die die Neoplatoniker seiner Zeit gegen das Christentum vorbrachten. Es greift also tatsächliche Kontroversen auf. Die *Rede* stammt aus dem Jahre 385. Zu dieser Zeit setzte Theodosius die Ächtung des Heidentums fort, schonte jedoch zugleich die Heiden. Im Jahre 385 ist Themistios Präfekt in Konstantinopel.[1] Gregor von Nyssa ist in jener Zeit Prediger am kaiserlichen Hof. Er selbst berichtet von den Diskussionen über das Schicksal, die er in der Hauptstadt mit einem heidnischen Philosophen führte (XLV, 146 A).[2] Sein Buch versteht sich also als Antwort auf ganz konkrete Einwände.

Wir lesen dort folgendes: »Indem sie von einem Einwand zum anderen übergingen, versuchten sie (die Heiden) abermals, unsere Lehre anzugreifen. Wenn alles Geschehene gut und gotteswürdig war, warum ist dann die Wohltat aufgeschoben worden? Warum wurde, als das Böse noch am Anfang stand, seine weitere Entwicklung nicht unmöglich gemacht?« (29; 73 D) Dieser Einwand war keineswegs neu; man findet ihn bereits bei Celsus: »Wie! Hat Gott nach solch langer Zeit daran gedacht, den Menschen zu rechtfertigen? Hat er sich vorher nicht um ihn gesorgt?« (*Contr. Cels.*, IV,7). Origenes antwortet darauf, daß Gott sich niemals von der Menschheit abgewendet hat, denn er hat ihr schließlich die Propheten gesandt (*Contr. Cels.*, IV,3). Er fügt hinzu, daß es geheimnisvolle Zusammenhänge (ἀκολουθίαι) in der die Menschen betreffenden Ordnung gebe und daß sie verschiedene Gesichtspunkte aufweise (IV,8).

Dies bleibt eine faktische Antwort, die keine Rechtfertigung für den Aufschub der Menschwerdung darstellt. Irenäus hatte eine weit befriedigendere Antwort gegeben. Ausgehend von dem Prinzip, daß jedes Ding an seinem Anfang unvollständig sei, hatte er gezeigt, daß der Mensch nur allmählich die Fähigkeit zur Freiheit der Söhne Gottes und zur Kenntnis der Mysterien erlangen konnte (*Adv. haer.*, IV, 38,4). Das Alte Testament erschien somit als eine Erziehung und als eine allmähliche Gewöhnung, wogegen das Neue Testament der geistigen Reife entspricht. Sein vorzeitiges Erscheinen wäre verfrüht gewesen, womit sein Aufschub also gerechtfertigt ist.

Diese Sichtweise ist Gregor von Nyssa keineswegs unbekannt. So zeigt er bei den wundersamen Mutterschaften des Alten Testaments die Art und Weise auf, in der Gott »die Zustimmung zu Dingen, die schwer zu glauben sind, einübt (γυμνάζει), um auf das Einverständnis mit den weit unglaublicheren Wundern des Neuen Testaments vorzubereiten« (*Nat.*, 1136 D). Und indem er eine Vorstellung, die man bei Gregor von Nazianz finden kann, breiter ausführt, zeigt er an anderer Stelle, daß »die Propheten, weil die Menschen wegen der Schwäche ihres Charakters nicht fähig waren, sofort das gesamte Mysterium auf sich zu nehmen, diese zuerst vom Polytheismus zum alleinigen Gott und zur Kenntnis des Gottvaters als einziger Gottheit geführt haben. Danach wurde durch das Evangelium der einzige Sohn denen verkündet, die das Gesetz vervollkommnet hatte. Schließlich ist der Heilige Geist verkündet worden.« (XLVI, 697 A)[3]

Aber diese Antwort entspricht nicht der, die er in der *Rede* gibt, und man versteht, warum er es nicht tut. In der Lehre des Irenäus stellt sich die menschliche Geschichte als ein stetiges Voranschreiten dar. Wenn die ersten Menschen gesündigt haben, dann geschah dies, weil ihre Schwäche es ihnen noch nicht gestattete, dauernd Gutes zu tun. Das Alte Testament entspräche also der Zeit ihres Voranschreitens in Richtung dieses Guten. Im Gegensatz dazu ist die Vision Gregors viel pessimistischer. Der Sündenfall des ersten Menschen zieht sofort unheilvolle Konsequenzen (ἀκολουθίαι) nach sich. Aber, und hier liegt die Antwort auf unser Problem, diese Konsequenzen müssen sich erschöpft haben, und das Böse muß alle seine Möglichkeiten entfaltet haben, damit das Heilmittel zur Anwendung kommen kann.

Daß diese Sichtweise für Gregor von Bedeutung ist, erkennen wir daran, daß er mehrere Male in seinem Werk darauf zurückkommt. In chronologischer Anordnung findet sich der erste Text in der

Predigt *Über das österliche Triduum* aus dem Jahre 382.[4] Es geht dabei um die drei Tage, die zwischen dem Tod Christi und seiner Wiederauferstehung liegen. »Warum, so wird man sagen, ließ die Gnade auf sich warten?« (283,10) Gregor erwidert, daß diese Zeit ziemlich kurz sei, wenn man bedenke, daß sie ausreichte, um das seit den Anfängen aufgehäufte Böse zu vernichten. »Unmöglich ist es, die Menge jener zu erfassen, durch deren Aufeinanderfolge hindurch das Böse sich verbreitet hat, so daß das unheilvolle Erbe der Bosheit, die auf jeden verteilt war, auch von jedem vermehrt wurde. Das sich auf diese Weise vermehrende Böse überträgt sich auf die aufeinanderfolgenden Generationen, breitet sich durch seinen Umfang endlos aus, bis es auf seinem Gipfelpunkt angelangt ist und das ganze menschliche Wesen beherrscht. Der Prophet bestätigt dies: Alle, ohne Ausnahme, sind vom rechten Weg abgekommen (Ps., 13,3); unter den Menschen gab es nichts, das nicht zum Instrument der Sünde geworden wäre.« (283, 16–284,1)

Zum ersten Mal begegnet uns hier bei Gregor der Begriff »Gipfelpunkt des Bösen«, der aber inhaltlich noch nicht sehr ausgearbeitet zu sein scheint. Es handelt sich dabei um eine quantitative Anhäufung, bei der die Sünden jeder Generation, die zur Ursünde hinzukommen, das Gewicht der Sünde immer schwerer werden lassen. Als er fortfährt, beschwört Gregor genau dieses Bild: »So häufte sich von der Erschaffung der Welt bis hin zur Leidensgeschichte des Herren eine solche Menge (σώρεια) des Bösen an.« (284, 4–5) Es geht also vor allem um die Menge der Sünden, die letztendlich mit ihrem Gewicht die Menschheit erdrückt und deren enormes Gewicht Christus in den drei Tagen des österlichen Triduums emporhebt.

Im Jahre 382 kommt Gregor in seiner Schrift *Gegen Apollinarios* auf dieses Thema zurück. Bei der Darstellung der Menschwerdung schreibt er: »Wir behaupten, daß Gott, der seinem Wesen nach ohne Materie, ohne Form und ohne Körper ist, als der Untergang der Welt sich seinem Ende zuneigte und das Böse nunmehr seinen Gipfelpunkt (ἀκρότατον) erreicht hatte, in das menschliche Wesen eingriff, um die Sünde zu vernichten, ähnlich wie eine Sonne in eine dunkle Höhle eindringt und durch das Licht ihrer Gegenwart die Dunkelheit vertreibt.« (171, 12–17) An dieser Stelle fällt die Verbindung zwischen der Vorstellung vom Ende der Welt und der vom Gipfelpunkt des Bösen auf. Das Zusammenfallen der

Menschwerdung mit dem Gipfelpunkt des Bösen wird ohne weiteren Kommentar konstatiert.

Aber eine andere Passage derselben Schrift präzisiert diesen Gedanken: »Christus ist das Leben. Aus diesem Grund läßt er es am Ende des menschlichen Lebens, als unsere Bosheit nunmehr ihren Gipfelpunkt (ἀκρότατον) erreicht hatte, und damit nichts ohne Heilmittel gegen die Bosheit bliebe, zu, mit der Schwäche unseres Wesens vermischt zu werden. Und als er den Menschen in sich und sich selbst als Menschen angenommen hatte, machte er aus dem mit ihm selbst vermischten Menschen das, was er selbst war.« (221, 20–27) Hier erscheint eine neue, nur schwach angedeutete Vorstellung: wenn Christus abgewartet hat, bis das Böse seinen Gipfelpunkt erreicht hatte, dann deswegen, weil das gesamte Böse sich zeigen mußte, um geheilt werden zu können. Hierbei handelt es sich nicht mehr um eine Koinzidenz, sondern um eine zwischen dem Gipfelpunkt des Bösen und der Menschwerdung bestehende Abhängigkeit.

Genau diesen Gedanken wird die *Katechetische Rede*, der Text aus dem Jahre 385, von dem wir ausgegangen sind, wiederaufnehmen und präzisieren. Auf die Frage nach dem Aufschub der Menschwerdung antwortet Gregor, daß er von der Weisheit Gottes herrührt. Um dies zu zeigen, benutzt er das Beispiel eines infektiösen Körpersaftes: der Arzt wartet, bis dieser einen äußerlichen Abzeß bildet, um ihn zu behandeln: »Als also die Krankheit der Sünde das menschliche Wesen befallen hatte, wartete der Arzt des Universums, bis kein Auswuchs der Lasterhaftigkeit mehr in unserem Wesen verborgen blieb.« (29; 76A) So war die Bedingung dafür, daß das Wort Gottes als Heilmittel dienen konnte, die, daß alle Formen des Bösen sich gezeigt haben.

Genau dies ist der Gedankengang Gregors, für den er auch Beispiele gibt: bei Kain hatten sich nur der Neid und der Mord gezeigt; es war nötig, daß die Zeitgenossen Noahs ihre Laster zum Durchbruch kommen ließen und daß die Verbrechen Sodoms, die Gottlosigkeit der Ägypter, der Stolz der Assyrer, die Verfolgung der Propheten und das Massaker an den Unschuldigen auftauchten. So »brachte die Wurzel des Bösen den Neigungen der Menschen entsprechend ihre einzelnen Ableger hervor« (29; 75B). Hier geht es nicht mehr um die quantitative Anhäufung der Sünden, sondern um die allmähliche Offenbarung der verschiedenen Arten des Lasters. Festzuhalten ist, daß die Anspielung auf

Noah und auf Sodom sich bereits in der Predigt *Über das österliche Triduum* findet (284, 17–285,3).

Wenn das Böse seine Möglichkeiten vollständig zum Ausdruck gebracht, offenbart und nach außen gekehrt hat, dann erst kann das Heil kommen. Gregor nimmt hierauf die uns bereits bekannten Ausdrücke wieder auf: »Wenn die Sünde ihren vollen Umfang und ihren Gipfelpunkt erreicht hat, und es keine Form der Lasterhaftigkeit gibt, die von den Menschen noch nicht gewagt worden wäre, und damit die Behandlung die ganze Krankheit erfassen kann, wird das Heilmittel nicht schon an ihrem Beginn, sondern erst an ihrem Ende verabreicht.« (29; 76B) Festzuhalten ist wiederum, daß das Bild des Heilmittels schon in der Schrift *Gegen Apollinarios* auftaucht.

Bereits in der Predigt *Über Weihnachten* aus dem Jahre 382[5] brachte Gregor das Thema zu voller Entfaltung und legte all das dar, was er zu Ostern in *De triduo* gesagt hatte. Der Ausgangspunkt ist für ihn die Symbolhaftigkeit der Sonnenwende selbst: »Du siehst, wie die Nacht, die ihre größte Ausdehnung (ἀκρότατον) erreicht hat, in ihrem Voranschreiten innehält, ihre Bewegung umkehrt und kürzer wird. Dies ist das Symbol dafür, daß die lasterhafte Nacht der Sünde, die sich so weit, wie es ihr möglich war, ausgedehnt hat, und durch die alle Möglichkeiten erschöpfende Entwicklung der Laster den Gipfelpunkt ihres Umfangs und ihrer Verwerflichkeit erreicht hat, heute in ihrem alles verzehrenden Voranschreiten unterbrochen wurde und sich von nun an auf ihr Verschwinden und auf ihre Vernichtung zubewegt.« (Nat.; 1129 C-D) Diese Symbolik des Weihnachtsfestes fügt ein neues Element hinzu: vor allem erscheint hier als eine neue Vorstellung jene der Grenze des Bösen, das, sobald es an seinem Brennpunkt angelangt ist, gezwungen ist kehrtzumachen.

Gregor nimmt dann das Thema des Aufschubs und seiner Bedeutung wieder auf: »Was die Tatsache angeht, daß der Herr nicht am Anfang der Zeiten erschienen ist, sondern daß er nur an ihrem Ende den Menschen die Gnade erwiesen hat, seine Göttlichkeit zu offenbaren, so kann man den Grund dafür vielleicht in der Tatsache sehen, daß jener, der sich unter die Menschen mischen sollte, um das Laster zu vernichten, warten mußte, bis alle Sünden, die der Feind ausgesät hatte, aufgegangen waren.« (1129 D-1132 A) Darauf folgt das Bild vom Arzt, der die Krankheiten ihren Verlauf nehmen läßt und den Kranken erst dann beisteht, wenn die

Krankheit ihren Höhepunkt erreicht hat und er sie herausschneiden kann. »So hat der Arzt der Seelen gewartet, bis die Krankheit, die das menschliche Wesen beherrscht, sich ganz kundgetan hat, damit nichts von ihr unheilbar bliebe, weil es im Verborgenen ist, und der Arzt nur das behandelt, was sichtbar ist.« (1132 A)

Der Text knüpft schließlich bei der Genealogie der Sünden an, wie sie in der *Rede* wiederauftauchen wird. Christus hat zur Zeit Noahs nicht eingegriffen, weil die Laster Sodoms noch nicht offenbar geworden waren, und auch nicht zur Zeit Sodoms, denn da waren die Verbrechen des Pharao noch nicht geschehen. Und die Liste setzt sich fort bis hin zum bethlehemitischen Kindermord des Herodes. »Und als das Laster sich, ausgehend von seiner verkommenen Wurzel, in seiner ganzen Kraft gezeigt und sich zu vielfältiger Form entwickelt hatte und in der Willenskraft der großen Schuldigen jeder Epoche üppig gediehen war, griff aus diesem Grund Gott, der, wie der Apostel den Athenern verkündet, kein Aufheben macht um die Zeit der Unwissenheit (*Apg.* 17,30), ein. Dies geschah am Ende der Zeiten, als es keinen klugen Menschen und auch keinen Gottessucher mehr gab, als alle vom Wege abgekommen und unnütz geworden waren (*Ps.* 13,2), als alles von der Sünde umschlossen war (*Gal.* 3,22) und die Finsternis des Lasters ihren Gipfelpunkt erreicht hatte« (1132 B-C).

2. Die Auferstehung als Apokatastasis

Die Wiederauferstehung ist das Hauptmerkmal für die Vollendung dessen, was Gott hinsichtlich des Menschen plant. Aber sie stellt nicht den einzigen Gesichtspunkt dar. Der ganze Mensch wird damit in seinen endgültigen Zustand eingesetzt. Um dies auszudrücken, bedient sich Gregor des Wortes ἀποκατάστασις. Es entstammt der weltlichen Sprache, und Gregor kennt es, wie wir sehen werden, in diesem Sinne. Man findet es ebenfalls im Neuen Testament. Dort bezeichnet es die Erneuerung des Universums am Ende der Zeiten. Bei Origenes hatte es darüber hinaus eine besondere theologische Bedeutung angenommen; bei ihm stand es für die Rückführung aller Geister in ihren Urzustand als reine Geister. Wir werden dazu, unserer Methode entsprechend, die verschiedenen Verwendungen des Begriffs bei Gregor untersuchen.

Interessant sind zuerst die gewöhnlichen Verwendungsformen des Wortes. Denn dabei müssen wir zum wiederholten Male feststellen, daß Gregor bei der Verwendung eines Wortes in theologischer Bedeutung sich mehr auf die Verwendung dieses Wortes in der Wissenschaft seiner Zeit als den Gebrauch, den die biblische oder patristische Tradition von dem Wort macht, stützt. Das Wort gehört in das Gebiet der Astronomie und bezeichnet die Rückkehr (ἀποκατάστασις) des Lichtes nach einer Finsternis (*Fat.* 232 C). In der Medizin bezeichnet es die Gesundung, die »Wiederherstellung« (ἀποκατάστασις) (*Or.*, 3, 1161 A). Insbesondere in der Physik bezeichnet es die Rückkehr zum Ausgangspunkt (τὴν πρὸς τὸ ἐξ ἀρχῆς ἀποκατὰστασιν) von Elementen, die am Ende der Umwandlung des einen in das andere stehen (*Hex.*, 113A). Noch einmal werden wir zur Physik der Stoiker zurückgeführt. Kleanthes verwendet das Wort in diesem Sinn und schließt gleichzeitig eine zyklische Zeitauffassung mit ein.

In zweiter Linie stößt man bei Gregor auf den Ausdruck ἀποκατὰστασις τῶν πάντων, der sich in der *Apostelgeschichte* 3,21 findet und die Erneuerung der gesamten Schöpfung bezeichnet. In dieser Bedeutung steht das Wort in *Or.*, 3: »Bei der Erneuerung aller Dinge (ἐν τῇ ἀποκαταστάσει τῶν πάντων) wird dies irdische Fleisch mit der Seele zusammen in den Himmel auswandern.« (1165 C–D) Auf diese kosmische Erneuerung trifft man ebenfalls in *De anima*: »Der Apostel sagt, als er im *Brief an die Philipper* die *inferni* (τῶν καταχθονίων) erwähnt, daß sich bei der Erneuerung des Universums (ἐν τῇ ἀποκαταστάσει τοῦ πάντος) alle geistige Schöpfung dem zuwendet, der das Universum beherrscht.« (69C) Ein drittes Beispiel findet sich in *Psalm.*, II, 14: »Was außerhalb des Seins ist, selbst wenn es sich in der gegenwärtigen Zeit üppig vermehrt wie ein Parasit ohne Substanz, wird in der Zukunft bei der Erneuerung des Universums (ἐν τῇ ἀποκαταστάσει τοῦ πάντος) zum Guten hin vorübergehen und verschwinden.« (155, 6–12)

In diesen Textstellen liegt mit Sicherheit ein Verweis auf die Apokatastase vor in dem Sinne, den die Bibel diesem Wort gibt. Aber diese biblische Vorstellung wird mit Ausdrücken entfaltet, die in eine bestimmte Bedeutungsrichtung weisen. In dem Zitat aus *De oratione* steht die Erneuerung aller Dinge in Verbindung mit der Auswanderung »in den Himmel«. Genau dies findet sich explizit an anderer Stelle, aber ohne Bezugnahme auf die *Apostelgeschichte*. So geht es in *Beat.*, 8 um die »Wiederherstellung im Himmel (την εἰς τοὺς οὐρανοὺς αποκατάστασιν) für diejenigen, die in Knechtschaft geraten waren« (1292 B). In *Anim.*, 108 A findet sich der Ausdruck αποκαθίστασθαι πρὸς οὐράνιον χῶρον, um die origenische Rückkehr in den Zustand des reinen Geistes zu bezeichnen. Aber in *Beat.* und *Or.* bezeichnet er nur die Rückkehr des Menschen in seinen Urzustand vor dem Sündenfall, wie es das Zitat aus *Beat.* angibt. Der wesentliche Punkt jedoch, der im Gegensatz zum zyklischen Charakter der stoizistischen Apokatastase steht, ist der abschließende Charakter, der der erneuerten Schöpfung zuerkannt wird.

Bemerkenswert ist hierbei der Zusatz aus *Anim.* 69 C. Bei der Apokatastase »wendet sich die gesamte geistige Schöpfung dem Beherrscher des Universums zu«. Dies wird in Beziehung gesetzt zu dem Verschwinden des Bösen und zur erneuerten συμφωνία aller zu Gott gewendeten geistigen Wesen. Ein anderer, in die gleiche Richtung weisender Text, in dem es ebenfalls um das völlige Verschwinden des Bösen geht, *Psalm.*, II,14, spricht von »der Erneuerung aller Dinge zum Guten hin (πρὸς τὸ ἀγαθόν)« (155,11). Hier begegnen wir der These Gregors vom zufälligen Charakter des Bösen und dessen völligem Verschwinden bei der allumfassenden Erneuerung. Das Thema taucht in *Cat.*, 26 wieder auf. »Nach einer langen Zeit (μακραῖς περιόδοις) wird das Laster, das jetzt mit den Menschen vermischt und ihnen angeboren ist, aus der Natur verschwunden sein, wenn die Wiederherstellung des ursprünglichen Zustandes (ἀποκατάστασις εἰς τὸ ἀρχαῖον) bei denen, die sich inmitten des Bösen befanden, geschehen wird. Dann wird der Dank mit einer Stimme (ὁμοφώνως) zum Ausdruck gebracht werden, und zwar von denen, die durch diese Reinigung gezüchtigt worden sind, und von denen, die dieser Reinigung nicht einmal bedürfen, von den Engeln nämlich.« (69 B)

Der Vergleich des letzten Textes mit dem aus *Anim.* 69 C bringt ein bezeichnendes Ergebnis. In beiden Fällen taucht das Thema vom Verschwinden des Bösen »nach einer langen Zeit« (71 A)[6] neben dem von der darauffolgenden συμφωνία zwischen den Menschen und den Engeln auf; und dies in Verbindung mit der ἀποκατάστασις. Sowohl der Text aus *Anim.* wie auch der aus *Cat.* enthalten nicht nur eine Anspielung auf die Menschen, sondern erwähnen auch die δαίμονες unter Bezugnahme auf die καταχθόνιοι aus *Phil.* 2,10. Darüber hinaus ist festzuhalten, daß die Anerkennung der höchsten Gewalt Gottes und also die Abschaffung des Bösen keine Verminderung der Strafe, weder für die Dämonen noch für die Verdammten, impliziert. (*Pasch.*, 246, 15–25; *Psalm.*, II, 16, 175, 9–22).

An diesem Punkt stellt sich die Frage nach einer von uns noch nicht zitierten Textstelle aus dem *Leben des Moses*. Diese Textstelle wirft ein besonderes Problem auf, denn wir verfügen aus der handschriftlichen Überlieferung über zwei Versionen dieses Textes. Die Gesamtheit der Handschriften spricht von der Wiederherstellung (ἀποκατάστασις), die nach diesen Dingen im Himmelreich von denen erwartet wird, die mit der Hölle (γεέννη) bestraft worden sind (II, 82). Der Kodex Taurinensis E I (14. Jahrhundert) und die damit in Verbindung stehenden Handschriften sprechen vom »Übergang (μετάστασις) vom Laster zur Tugend durch das Bekenntnis des Gekreuzigten und durch die Bekehrung jener, die vorher auf ägyptische Weise lebten«. Germanos von Konstantinopel bezeichnet im 8. Jahrhundert die erste Version als eine Fälschung. (*P. G.* CIII, 1105 A B). Trotzdem ist festzuhalten, daß die handschriftliche Überlieferung für sie spricht und sie als authentisch angesehen werden kann. Die Einleitung des Satzes durch ταχά τις scheint deutlich zu machen, daß Gregor die Angelegenheit als Meinung präsentiert. Der Text verliert deshalb nicht an Bedeutung, denn das *Leben des Moses* datiert vom Ende von Gregors Leben.

Man kann genausogut Gregors Position in bezug auf Origenes verdeutlichen. Gregor lehnt die Auffassung des Origenes von der Apokatastase, die darin bestand, die Rückkehr der Geister in den Urzustand als reine Geister zu bekräftigen, ganz und gar ab. Man kann nicht einmal sagen, daß er zu der These vom universellen Heil steht. Der persönliche Beitrag Gregors zur Lehre des Paulus von der Apokatastase besteht darin, die eschatologische συμφωία aller Kreaturen im Bekenntnis zum Ruhme Gottes – und damit das Verschwinden des Bösen – zu bestätigen.

Aber dies betrifft nur den ersten Aspekt von Gregors Gedanken zur Apokatastase, die mit der endgültigen Einsetzung der Schöpfung in ihren Stand durch das Verschwinden des Bösen gleichgesetzt wird. In Wahrheit ist das Wort in den meisten Fällen, in denen er es verwendet, ein Synonym der Wiederauferstehung, in dem Sinn, in dem die Wiederauferstehung der Wiedereinführung des Menschen in seinen ursprünglichen Zustand entspricht. Dies wird deutlich in *De virginitate*, wo die Jungfräulichkeit als »Wiederherstellung (ἀποκατάστασις) des Bildes von Gott in seinem ursprünglichen Zustand (εἰς τὸ ἀρχαῖον)« (XII,2), das heißt als Vorwegnahme der Wiederaufstehung präsentiert wird. Mit Christus wird diese »Wiederherstellung im ursprünglichen Zustand (ἀποκατάστασις εἰς τὸ ἀρχαῖον)« (*Eun.* III, 1;18,23) bereits verwirklicht. Aber erst die eschatologische Wiederauferstehung verwirklicht diese Wiederherstellung voll und ganz. »Die Wiederauferstehung (ἀνάστασις) ist die Wiederherstellung (ἀποκατάστασις) der Natur in ihrem ursprünglichen Zustand (ἀρχαῖον).« (*Anim.* 148 A) Ebenso in *Eccl.*, I: »Die Wiederauferstehung (ἀνάστασις) ist nichts anderes als die Wiederherstellung (ἀποκατάστασις) im ursprünglichen Zustand (ἀρχαῖον).« (296, 17–18)[7]

Der in dieser Hinsicht wichtigste Text ist der aus *Op.* 17, in dem Gregor darlegen will, wie die Situation des Menschen vor dem Sündenfall aussah. Dabei geht er von dem aus, was der Mensch nach der Wiederauferstehung sein wird. Denn »die Wiederauferstehung ist die Wiederherstellung (ἀποκατάστασις) der Natur in ihrem ursprünglichen Zustand (ἀρχαῖον)« (188 C). Man kann also sagen, daß »die Tatsache, daß der Mensch vor dem Sündenfall den Engeln ähnlich war, durch die Wiedereinsetzung (ἀποκατάστασις) in diesen Zustand bewiesen wird« (189 B). Gregor betont die Bedeutung der Wiederauferstehung des Leibes, so daß es klar ist, daß es sich dabei nicht um die Verehrung von Engeln als reinen Geistern handelt, sondern um einen Zustand des Körpers, der unabhängig von seinem Äußeren ist.

Das wichtigste Merkmal dieses Aspekts der Apokatastase ist die Rückkehr (εἰς τὸ ἀρχαῖον) derer, die gefallen sind, zum Ursprung. Wir wollen festhalten, daß dieses Moment sich bereits in einigen der von uns angeführten Texte findet. In *Beat.* 1292 B ging es um »die, die gefallen sind (τῶν ἐκπεσόντων)«. Noch auffallender ist dies in *Cat.* 26, wo wir den typischen Ausdruck (ἡ εἰς τὸ ἀρχαῖον ἀποκατάστασις τῶν νῦν ἐν κακίᾳ κειμένων) (69 B) haben. Hinzuzufügen ist, daß die von uns angeführten Texte über die Rückkehr (ἀποκατάστασις) in den Himmel auf eine andere Art und Weise dieselbe Vorstellung ausdrücken, denn der Himmel steht hier vor allem für einen Zustand, der dem der Engel gleichkommt. Maximus Confessor, der ein bemerkenswerter Exeget der frühen patristischen Texte ist, erblickt in dieser Meinung die eigentliche Lehre Gregors. Nachdem er zwei andere Bedeutungen, »die Bekehrung der Sünde zur Tugend« und »die Wiederherstellung des ganzen Wesens bei der Wiederauferstehung«, angeführt hat, fügt er hinzu: »Es gibt noch eine dritte Bedeutung, die Gregor von Nyssa in seinen Schriften häufig verwendet, nämlich die der Wiederherstellung der der Sünde verfallenen seelischen Kräfte in dem Zustand, in dem sie erschaffen worden sind.« (*P G*, XC, 976 A-B)

Die Apokatastase bezieht sich bei Gregor vor allem auf die Wiederherstellung des menschlichen Wesens in seinem ursprünglichen Zustand, der sein tatsächlicher und »natürlicher« Zustand ist, der, den Gott für es bestimmt hat und der ihm als Konsequenz der Sünde genommen worden ist, als es in die Schichten der Haut gekleidet worden ist. Sie bezeichnet den Zustand des Wiederauferstandenen. Der Gebrauch des Wortes ἀποκατάστασις mit dem Bezug auf das Ursprüngliche (ἀρχαῖον) erscheint hier als ein zu seiner Zeit üblicher Gebrauch. Aber wir stoßen hier nicht mehr auf den kosmischen Gesichtspunkt, den er von den Stoikern übernommen hat. Es handelt sich vielmehr um das platonische Thema von der Rückkehr der gescheiterten Seele in ihren ursprünglichen Zustand. Das Wort findet sich weder bei Platon noch bei Plotin, sondern bei Hierokles, was uns noch einmal auf die Tradition des Ammonios zurückverweist, bevor es bei Origenes auftaucht.[8] Aber gleichzeitig können wir feststellen, daß er den Sinn des von ihm aufgegriffenen Vokabulars verändert. Denn das Wort bezog sich auf eine zyklische Bewegung. Indem er es aufgreift, stellt Gregor es in eine historische Perspektive, wie er es schon mit dem Wort τροπή getan hat. Die Apokatastase ist ein endgültiger Zustand und keine simple Wiederaufnahme des ursprünglichen Zustandes. Aber sie stellt zugleich die Wiederaufnahme dieses Zustandes dar, insofern dieser innerhalb des göttlichen Planes die Wirklichkeit des Menschen ausmacht.

Es bleibt festzuhalten, daß das Thema ἀποκατάστασις in einer abschließenden Synthese die bedeutendsten Themen von Gregors Anthropologie vereinigt. Als zentralen Punkt löst er den Widerspruch, den die konkrete menschliche Natur, als Bild Gottes und aus Schichten von Haut bestehend, darstellt, indem er im wiederauferstandenen Menschen die Möglichkeit aufzeigt, die Beziehung des Menschen zu Gott und seinen Platz im Universum in Zusammenhang zu bringen. In diesem Sinn fällt die ἀποκατάστασις mit der ἀνάστασις zusammen. Im Umkreis dieses zentralen Themas entwickeln sich zwei Obertöne. Der eine ist die Auffassung vom Bösen als einem Nicht-Sein und von seiner allmählichen Entfernung aus dem Sein. Der andere ist der der Versöhnung des Hyperkosmischen und des Kosmischen in einer gemeinsamen Zugehörigkeit zum Sein.[9]

(Aus dem Französischen von Christian Voigt)

Anmerkungen

1 Siehe Paul Petit, *Le Pro Templis de Libanios*, in: *Byzantion*, 1951, S. 294
2 Siehe auch Jean Daniélou, *Eunome l'arien et l'exégèse néoplatonicienne du Cratyle*, in: *REG* 69 (1956), S. 412–432
3 Siehe auch die Gegenwart des Wortes in der Wolke, die die Gegenwart im Fleisch vorbereitet. (*Psalm*, II, 12; 126, 23–24)
4 Siehe Jean Daniélou, *La chronologie des Sermons de St. Grégoire de Nysse*, in: *Rev. S. R.*, 29 (1955), S. 350–351. Dieser Artikel wird unter dem Sigel »Chronologie« zitiert.
5 *Chronologie*, S. 365–366
6 Der Ausdruck μακραῖς περιόδοις stammt von Platon, *Phaidon*, 107 e. Origenes nimmt ihn in *Orat.* 389, 19 wieder auf.
7 Siehe auch *Pulch.*; 472, 9-11
8 Siehe W. Theiler, *Forschungen zum Neuplatonismus*, S. 27–29
9 Siehe die sehr richtigen Bemerkungen von Paul Zemp, *Die Grundlagen heilsgeschichtlichen Denkens bei Gregor von Nyssa*, S. 196–207.

Jean Pépin
Allegorie und Auto-Hermeneutik

I. Die Regeln der Allegorie

In den Abhandlungen mehrer älterer Bibelexegeten ist von den »Regeln«, den »Gesetzen« oder den »Vorschriften der Allegorie« die Rede, mögen sich die einzelnen Autoren für die allegorische Deutung aussprechen oder nicht. R. Hahn hat in einer bedeutenden Dissertation eine Sammlung der Stellen, um die es dabei geht, vorgelegt.[1] Wenn auch diese Zusammenstellung zwangsläufig unvollständig bleibt, so mag sie doch zu Beobachtungen Anlaß geben, die die Rede von den Regeln oder Gesetzen der Allegorie zum Gegenstand haben. Man stößt auf sie bereits bei Philon von Alexandrien. In den meisten Fällen scheint er damit einfach die allegorische Interpretation im Unterschied zur buchstabentreuen, wörtlichen Lesart zu meinen[2], vielleicht auch das Prinzip, dem die Allegorie ihr Dasein verdankt.[3] An zwei Stellen der Abhandlung *De somniis* wird jedoch der in Frage stehende Ausdruck in einem didaktischen und methodologischen Sinn gebraucht. Die eine Stelle findet sich in der Exegese des zweiten Buchs Moses, 22, 25–26. Philon argumentiert zunächst gegen ein Verständnis, das sich am wörtlichen Sinn ausrichtet. Er zeigt in verschiedener Hinsicht auf, wie wenig ein solches Verständnis überzeugt (I 16, 92–101). »Was uns betrifft«, schreibt er, »so wollen wir das der Sache Angemessene sagen, indem wir uns an die Gesetze der Allegorie halten (τοῖς ἀλληγορίας νόμοις)« (17, 102). Auf diesen Satz folgt eine symbolische Interpretation des Passus aus dem zweiten Buch Moses. Man kann daran zweifeln, ob die Gesetze der Allegorie bei der Wahl des betreffenden Passus eine Rolle gespielt oder ob nicht vielmehr die von Philon aufgewiesenen Schwierigkeiten einer buchstabentreuen Lesart den Grund für die Wahl abgegeben haben. Für die erste Hypothese spricht die Art und Weise, wie der Satz formuliert ist. Keinen Zweifel weckt eine andere, frühere Stelle der Abhandlung (I 13, 73): dort heißt es, man solle nicht überrascht sein, wenn »die Sonne, nach den Regeln der Allegorie (κατὰ τοὺς τῆς ἀλληγορίας κανόνας), dem Vater und Lenker des Universums« zugeordnet werde. Die Regeln der

Allegorie bestimmen hier, welches Symbol welche Bedeutung hat (oder besser: welches Symbol welche Bedeutung*en* hat, da Philon im folgenden deutlich macht, daß die Sonne mehrere symbolische Bedeutungen haben kann). Vielleicht beziehen sich die Regeln der Allegorie auch konkret auf so etwas wie Tafeln allegorischer Entsprechungen, doch sind sich die Spezialisten darin nicht völlig einig.[4]

Die Wendung »Gesetz(e) der Allegorie« gehört zu dem reichen Erbe, das Philon den christlichen Exegeten hinterlassen hat. So behauptet Basilius von Caesarea in einem dunklen Satz[5], er kenne die Gesetze der Allegorie (νόμους ἀλληγορίας), da er sie in den Texten ausfindig gemacht habe, an denen andere Exegeten scheitern. Hahn und de Lubac weisen darauf hin, daß der Ausdruck mehrmals in den *exegetica* des heiligen Hieronymus gebraucht wird. Freilich wird er häufiger gebraucht, als sie angeben. Hieronymus benützt mehrere Formeln, die sich leicht unterscheiden, die man jedoch alle als Übersetzungen jener Wendungen betrachten kann, auf die man bei Philon und Basilius trifft, auch wenn es offenbar wichtig ist, sie voneinander abzuheben. In einer dieser Formeln kommt das Wort *regula* vor. Es betrifft die Allegorie nicht in einer spezifischen Weise (allerdings bleibt sie letztlich, wie wir sehen werden, von dem Gebrauch des Wortes nicht unberührt); es zielt auf die allgemeinen Prinzipien der Exegese. So in einem Abschnitt der *Apologia contra Rufinum*: Hieronymus macht aus der Gewohnheit der Exegeten, nach anderen Erklärungen als den eigenen zu suchen und sie gemeinsam mit den eigenen anzuführen, eine Regel: *Hic est enim commentatorium mos et explanatium regula, ut opiniones in expositione varias persequantur et quid vel sibi vel aliis videatur edisserant*; dem fügt der Autor hinzu, daß diese Vorgehensweise nicht allein die der Bibelexegeten sei, sondern ebenso die der Kommentatoren profaner lateinischer und griechischer Texte.[6] Der Jeremias gewidmete Kommentar enthält eine andere *regula*, die für einen solchen biblischen Kommentar charakteristisch ist und die dazu dient, den Exegeten von sämtlichen Schwierigkeiten zu befreien, die auftauchen und ihn in Verlegenheit bringen können; sie besagt, daß sich das Verhalten aller Propheten, auch das Verhalten des Jeremias, daran ausgerichtet habe, den »Typus« des Heilands darzustellen.[7] In einem Brief gibt Hieronymus eine Auskunft, deren Bedeutung nicht sofort ins Auge fällt, nämlich daß die geistige und die wörtliche Exegese nicht von denselben Regeln bestimmt werden: *non easdem regulas esse in tropologiae et quae in historiae veritate.*[8] Ein letztes Beispiel für eine exegetische Regel sei angeführt; die Tragweite dieser Regel darf nicht verkannt werden. Im Falle einer deutlich erkennbaren Weissagung, die die Zukunft betrifft, darf die der Allegorie wesentliche Ungewißheit den Text nicht entkräften: *Regula scripturarum est: Ubi manifestissima prophetia de futuris texitur, per incerta allegoriae non extenuant quae scripta sunt.*[9] Der Unterschied zwischen dem Prophetismus, der auf der geschichtlichen Entwicklung beruht, und der ungeschichtlichen Allegorie läßt sich kaum bestimmter fassen.

Eine andere Wendung, die Hieronymus benutzt, ist die vom »Gesetz« oder den »Gesetzen der Allegorie«, die große Ähnlichkeit mit den griechischen Formulierungen aufweist. Ihr Gebrauch geht zuweilen mit einer Warnung vor dem Machterweiterungsdrang und dem Allmachtsanspruch der Allegorie einher. So soll man jene Geistesgestörten zum Schweigen bringen, die die geschichtliche Wahrheit verkehren wollen, indem sie darin nur Schatten und Bilder sehen; sie nehmen damit dem Paradies seine Wirklichkeit: *ut flumina et arbores et paradisum putent allegoriae legibus se debere subruere.*[10] Eine weitere Vorstellung des Hieronymus – sie läßt sich mit dem, was er in seinem *Jeremias*-Kommentar ausführt, nur schlecht vereinbaren – besagt, daß sich eine Geschichte des Alten Testaments zwar in einzelnen Teilen, aber nicht in ihrer Ganzheit tropologisch deuten läßt; nein, das Gesetz der Allegorie darf sich die Geschichte nicht mit Gewalt unterwerfen: *num universam loci huius historiam per hanc occasionem cogemus sub lege allegoriae*? Keinesfalls; jeder Abschnitt muß einen anderen geistigen Sinn erhalten, und diese Verschiedenheit hat daran ihr Maß, wie vielfältig der Sinn der Geschichte ist. Jedes einzelne Moment des Textes verlangt nach einer Deutung, keinem kommt aber derselbe allegorische Sinn zu. So läßt sich die Geschichte des Jonas als ganze nicht einfach auf den Herrn beziehen.[11] Aber Hieronymus schreibt auch, wie es scheint, *iuxta allegoriae legem* und bezieht sich damit auf den allegorischen Wert, den man einer konkreten biblischen Gegebenheit herkömmlich zuweist, wie wir bei Philon gesehen haben. So symbolisieren die Quellwasser-Brunnen nach dem »Gesetz der Allegorie« die Tugenden (ein Umstand, der es als unwahrscheinlich erscheinen läßt, daß Isaak kein Wasser gefunden haben soll, wie es die

Übersetzung der Septuaginta zu verstehen gibt).[12] An anderer Stelle wird dieselbe Wendung im Zusammenhang mit einer etymologischen Allegorese des Namens des ägyptischen Gottes Ammon gebraucht. Ammon ist der Schutzherr Thebens, das von Flüssen umgeben ist – hier heißt die Stadt Alexandrien: sein Name wird mit »Völker« übersetzt; die Völker aber sollen die der Kirche sein, die ebenfalls von geistigen Flüssen umgeben wird.[13] »Gesetze der Tropologie« ist die eine Wendung des Hieronymus, von der hier zuletzt gesprochen werden soll. Vielleicht benutzt er sie am häufigsten. Sie ist der Gegenstand einer vor kurzem entstandenen knappen Studie, die auf den *Jesaja-Kommentar* Bezug nimmt.[14] In dem interessantesten Passus dieses Kommentars geht es darum, daß Naboth eher sterben möchte, als dem unfrommen Acheb seinen Weinberg zu verkaufen. Denn dieser beabsichtigt, den Weinberg in einen Garten zu verwandeln. Hieronymus sagt über Naboth: *quod ille iuxta leges tropologiae intellegens*, was sich so verstehen läßt, daß die Kenntnis des allegorischen Sinns, den der Garten hat – der Garten bedeutet Genuß –, zu den Gründen zählt, die Naboth veranlaßt haben, den Garten nicht zu verkaufen. Daraus folgt: wenn man sich an die Gesetze der Tropologie hält, so wendet man mit Bedacht den Code der allgemein anerkannten Symbole an.[15] P. Jay[16] geht von diesem Beispiel und von drei weiteren Stellen des *Jesaja-Kommentars* aus und zieht den Schluß, daß »*iuxta leges tropologiae*« eine Exegese als traditionelle Exegese auszeichnet. Aber trifft das auch dann zu, wenn man sich anderen Kommentaren zuwendet? Im 140. Brief wird die Wendung in einem etwas dunklen Sinne gebraucht. Es geht um den 89. Psalm, so wie ihn die Septuaginta begreift: *Antequam montes firmarentur et fingeretur terra et orbis terrarum.* Hieronymus deutet diese Stelle im übertragenen Sinne, doch seine Exegese ist nicht sehr interessant; sie wird von den Worten *Potest iuxta leges tropologiae hoc (...) significare*... eingeleitet. Zweifellos lassen sich die genannten Gesetze wie im *Jesaja*-Kommentar auf die überlieferten Inhalte der Interpretation beziehen, das Wort *potest* weist indes auf eine mögliche Alternative hin; das macht es schwer, die Dinge ausschließlich aus einer Perspektive zu betrachten. Vor allem deshalb, weil Hieronymus an einer anderen Stelle des Textes den aus dem Hebräischen übersetzten Bibelvers ein zweites Mal zitiert und dabei anmerkt, daß das Sonderbare eines Verständnisses im wörtlichen Sinne *manifeste ad tropologiam nos trahit.* Es ist reizvoll, in dieser Aufforderung zur tropologischen Deutung eines der *leges tropologiae* zu erblicken.[17] Ein wichtiger Abschnitt des *Habakuk*-Kommentars (Weissagung des Einfalls der Chaldäer) ist jedenfalls eindeutig: »Man sieht«, schreibt Hieronymus, »wie schwer es ist, einen Zugang zu diesen Stellen zu finden, und wie sehr sie sich gegen die Wahrheit der Geschichte sperren. Jene Stellen, die wir im wörtlichen Sinne, als Stellen, die die Chaldäer betreffen, interpretiert haben, scheinen nun, folgt man der Tropologie, die Gnade und die Freiheit jener, die den Chaldäern entkommen sind, zu bedeuten. Der geschichtliche Sinn ist immer sehr eng und erlaubt keine Abweichungen; der tropologische Sinn ist frei, allein folgende Gesetze zeichnen ihm eine Grenze vor: der Sinn muß im Geist der Frömmigkeit und aufgrund des Textzusammenhangs gewählt werden; man muß sich dessen enthalten, mit Gewalt entgegengesetzte Textelemente verbinden zu wollen.«[18] Die »Gesetze der Allegorie« scheinen damit überhaupt keinen Bezug mehr zu Tafeln symbolischer Entsprechungen zu haben; sie sind zu Vorschriften, zu Normen geworden, die die Freiheit der Tropologie einschränken.

Liest man den Titel eines Buches des Afrikaners Tykonius, *Liber regularum* (etwa um 380), so könnte man denken, daß es mit dem Gegenstand unserer Untersuchung zu tun hat; das ist jedoch leider nicht der Fall. Dagegen kann man die Bedeutung der *regula intelligendi allegoricas rationes* nicht hoch genug einschätzen; sie sind von einem Zeitgenossen und einem Gegner des heiligen Hieronymus und des heiligen Augustinus aufgestellt worden: von Pelagius. Die Wendung steht in seinem Kommentar der Paulinischen Episteln; der Anlaß für ihren Gebrauch ist der *locus classicus* des *Galaterbriefs* (4,24), jene Stelle, in der von der »allegorischen« Bedeutung der zwei Söhne Abrahams die Rede ist. Pelagius beginnt mit einer recht trivialen Bemerkung über die Verbindung von Geschichte und allegorischer Figur; aber er entwickelt dann auf originelle Weise den Gedanken, daß das, was allegorisch verstanden wird, nichts Sündhaftes sein darf, da es sonst zu einem Widerspruch mit Gottes Natur kommt. Der Abschnitt verdient es, vollständig übersetzt und zitiert zu werden: »*Das Gesagte ist allegorisch zu verstehen*. Das heißt, daß dieses etwas anderes bedeutet. Der Apostel hat hier die Regel vorgegeben, die es erlaubt, die Lehre von der Allegorie zu verstehen: so sollen wir die allegorischen Figuren des Alten Testaments deuten, ohne daß die Wahrheit der Geschichte dabei verschwindet. Nachdem er behauptet hat, es entspreche der Wahrheit, daß Abraham zwei Frauen gehabt habe, zeigt der Apostel auf, wofür diese beiden Frauen stehen. Das kann er deshalb tun, weil er bereits einen Text gewählt hat, in dem von der Rechtschaffenheit heiliger Menschen, die nicht durch die Sünde gebrandmarkt und verdammt sind, berichtet wird. Wenn man die Behauptung aufstellt, daß die Sünden Geheimnisse sind, klagt man Gott entweder der Ohnmacht oder der Unwissenheit an: entweder hat er sich nicht anders verhalten können, um seine Vorsehung zu offenbaren, oder er hat alle Sünden im voraus verdammt, ohne zu wissen, daß er mancher Sünde noch bedürfen würde. Indem Gott aber die Sünden auch späterhin getadelt und sie zum Anlaß seiner Rache genommen hat, hat er deutlich gemacht, daß sie nicht den Sinn göttlicher Geheimnisse haben. Es läßt sich kaum denken, daß eine solche Vorstellung der Sünde den Apostel beim Aufstellen von Vorschriften geleitet hat, da er sie sonst aller Kraft beraubt hätte.«[19] Es zeigt sich also, daß die »Regel, die es erlaubt, die Lehre von der Allegorie zu verstehen« – Pelagius hat sie als solche gekennzeichnet –, ein Unterscheiden von zwei Momenten erfordert. Nachdem er ein geschichtliches Element von Abrahams Leben hervorgehoben hat, verrät Paulus dessen übertragenen Sinn, anders ausgedrückt – und um bereits eine Formulierung zu benützen, auf die wir noch stoßen werden –: die Schrift wird zur Exegese ihrer selbst. Es muß aber außerdem berücksichtigt werden, daß Paulus in der Absicht, eine allegorische Lehre von großer Bedeutung vorzutragen, eine geschichtliche Begebenheit gewählt hat, deren Gehalt der rechte, richtige Gehalt ist, *aliqua sanctorum honeste gesta*; er hat es zu vermeiden gewußt, ein sträfliches Verhalten zu wählen, um daraus dann das Anzeichen eines *mysterium* oder eines *sacramentum* zu machen, was dazu geführt hätte, daß man der göttlichen Natur Ohnmacht oder mangelnde Voraussicht hätte zuschreiben müssen. So trifft man bei Pelagius auf Gedanken und Argumente, die an Origenes erinnern, etwa: einzig ein wörtlicher Sinn, der keinen Makel kennt, vermag die Allegorie zu stützen, oder: nichts, was Gottes unwürdig ist, darf in die Exegese aufgenommen werden. Diese Motive haben wir schon vorgefunden;[20] es ist bemerkenswert, daß Pelagius sie zum Gegenstand einer Allegorie-Regel gemacht hat.

Am Beispiel des Pelagius und am Beispiel des Hieronymus, der den *Habakuk*-Kommentar verfaßt hat, erkennt man, daß die »Gesetze der Allegorie« nicht bloß dem Rekurs auf kanonische Listen dienen, die für jedes biblische Symbol eine oder mehrere allegorische Bedeutungen vorsehen. Auch eine »Regel der Allegorie«, die der heilige Augustinus erwähnt, ist nicht diesem Schema untergeordnet: sie betrifft vielmehr die Methode der Exegese. Augustinus versteht den allegorischen Sinn einiger Worte des *8. Psalms* (8–9) als einen moralischen Sinn; er schreibt: »Nicht, daß man diese Worte nur auf diese Art und Weise begreifen und erklären kann; sie können, je nachdem, an welcher Stelle sie stehen, auch anders begriffen und erklärt werden. Denn hier haben sie eine bestimmte Bedeutung und an anderer Stelle eine andere. Diese Regel muß bei jeder Allegorie beachtet werden: was im übertragenen Sinn gesagt wird, muß im Hinblick auf den Ort, den das Gesagte einnimmt, und den Sinn, den es dadurch erhält, untersucht werden. Darin besteht in der Tat die Lehre des Herrn und der Apostel.«[21] Nicht nur fällt diese Augustinische Vorstellung von der *regula in omni allegoria retinenda* mit jenen, denen wir bereits begegnet sind, nicht zusammen – so mit den Vorstellungen des Hieronymus im *Jesaja*-Kommentar; sie widerspricht ihnen auch in gewisser Weise: weit davon entfernt, die Aufmerksamkeit auf Tafeln symbolischer Entsprechungen, die in allen Fällen gültig sind, zu lenken, legt die Augustinische Vorstellung dem Exegeten nahe, bei der symbolischen Interpretation die biblische Stelle, in der das Symbol vorkommt, jedes Mal erneut zu berücksichtigen.

Etwa zum selben Zeitpunkt, da Augustinus im Abendland diese »Regel der Allegorie« aufgestellt hat, hat Johannes Chrysostomos eine andere formuliert, die mit ihr verwandt ist. In seinem *Jesaja*-Kommentar stellt Johannes Chrysostomos wichtige Überlegungen zur Theorie des allegorischen Ausdrucks an. Er sagt, daß eine solche Theorie dann nötig wird, wenn der heilige Verfasser »auf der metaphorischen Redeweise beharrt«.[22] Bei Jesaja – aber auch in den Texten anderer Propheten – findet Johannes Chrysostomos Stellen, die ohne Zweifel allegorisch gemeint sind und wo der Verfasser selbst den Sinn erklärt. Nachdem er, in dunklen Worten, von einem Weinberg, seiner Mauer, seinem Turm und seiner Kelter gesprochen hat (5, 1–6), deutet Jesaja die eigene Allegorie (τὸ παν ἡρμήνευσεν): »Des Herrn Zebaot Weinberg ist das Haus Israels.« (5,7)[23]

Johannes Chrysostomos erblickt in einem solchen Vorgehen – die Heilige Schrift gibt selber dem Exegeten den Schlüssel für die Deutung – das Gesetz der Allegorie und eine Absicherung, die vor dem »Subjektivismus« der Interpreten schützt: »Wann muß man und was muß man in der Schrift allegorisch deuten? Wir haben keine Gewalt über die Gesetze (νόμων), der Allegorie: allein indem wir uns an die Absicht der Schrift halten – und auf keine andere Art und Weise –, können wir uns mit der Allegorie als Figur beschäftigen.«[24] Chrysostomos führt zum Beleg ein Beispiel an, das er *Ezechiel* entnimmt; der Prophet redet von einem Adler, der den Wipfel einer libanesischen Zeder abtrennt und mit sich nimmt (17, 2–10), und erklärt dann selbst diese Allegorie (17,11f), so verhindert er, »daß die Bedeutung der Allegorie der Beurteilung der Hörer überlassen bleibt«.[25] Worauf man in manchen Texten stößt, das soll, behauptet Chrysostomos, für die Heilige Schrift im allgemeinen charakteristisch sein: »In der Schrift herrscht überall dieses Gesetz (νόμος): wenn allegorisch gesprochen wird, wird die Deutung der Allegorie mitgegeben (ἐπειδὰν ἀλληγορῇ, λέγειν καὶ ἀλληγορίας τὴν ἑρμηνείαν). So wird vermieden, daß der unbändige Wunsch derer, die gerne Allegorien deuten, sich verirrt und kein Halten mehr kennt, und daß man dem Zufall und der Einfalt sich ausliefert.«[26]

II. ῞ΟΜΗΡΟΝ ᾿ΕΞ ῾ΟΜΗΡΟΥ

Die alten Leser der Autoren des archaischen und klassischen Griechenland hatten die Vorstellung, man könne dadurch Licht in die dunklen Textstellen bringen, daß man sich auf andere Passagen derselben Texte bezieht, ohne also außerhalb der Texte suchen zu müssen. Um die Bedeutung manch rätselhafter platonischer Lehren auszumachen, möchte Proklos »auf andere Textelemente rekurrieren, die (er) nicht solchen Zusammenhängen entlehnen will, die dem Platonischen Denken fremd sind, sondern Platons eigensten und authentischsten Schriften«.[27] – Ein derartiges Interpretationsprinzip schlägt sich in den Formulierungen »dieser Autor ist sein eigener Exeget« oder »sein eigener Hermeneut« nieder. Von einem besonderen Fall ausgehend, stellt Galien in seinem Hippokrates-Kommentar eine allgemeine Regel auf: »Man muß Hippokrates selbst die Exegese seiner Sätze entnehmen, damit wir nicht nur sagen können, daß diese Sätze überzeugend sind, sondern auch, daß sie mit seinem Denken übereinstimmen.«[28] – Diese reflexiven, selbstbezüglichen Wendungen werden vor allem aber im Hinblick auf Homer gebraucht. Häufig kommen sie zum Beispiel in den Kommentaren des Eusthates von Thessaloniki (12. Jahrhundert) vor. Der Dichter ist in den Augen dieses Kommentators »der Interpret seiner eigenen Verse« (ἐφερμηνευτικὸς τῶν ἑαυτοῦ), »jener, der über sich selbst aufklärt« (διασαφητικὸς ἑαυτοῦ)[29], »jener, der sich selbst deutet« (ἐφερμηνεύων [...] ἑαυτοῦ) usw.; die Idee, die diesen Wendungen zugrunde liegt, ist selbstverständlich die, daß die dunklen Stellen Homers von anderen Stellen, die er geschrieben hat, erhellt werden. Bereits Porphyrus stellt lange vor Eusthates fest: »Ich möchte Homer mit Homer erklären (Ὅμηρον ἐξ Ὁμήρου σαφηνίζειν) und dabei zeigen, daß er sein eigener Exeget ist (αὐτὸν ἐξηγούμενόν ἑαυτόν).«[30] Einem nicht sehr deutlichen Hinweis des Grammatikers Aristonikos von Alexandrien folgend[31] – es handelt sich um einen Zeitgenossen des Kaisers Augustus – führt man all die reflexiven Wendungen, die Homer betreffen, auf Aristarch (2. Jahrhundert vor Chr.) zurück.[32] R. Pfeiffer[33] meldet jedoch Zweifel an: zwar sollen die Wendungen den Vorstellungen des Aristarch entsprechen, doch soll Porphyrus die Ausdrucksweise geprägt haben. Pfeiffer widerspricht damit G. Lee[34], für den die Wendungen ursprünglich den Sophisten entstammen.

III. Die Auto-Hermeneutik der Schrift

Manche Kirchenväter nehmen der Bibel gegenüber eine Haltung ein, die an die der Homer-Kommentatoren erinnert; auch die Formulierungen der Kirchenväter sind denen der Homer-Kommentatoren zuweilen nicht unähnlich. Die Wendung des Porphyrus »Homer mit Homer erklären« fällt einem sofort ein, liest man bei Clemens von Alexandrien, daß die wahren Gnostiker, im Unterschied zu den Häretikern, »für jede Äußerung, die in der Heiligen Schrift enthalten ist, in verwandten Passagen der Schrift eine Stütze finden und umgekehrt« (ἐξ αὐτῶν πάλιν τῶν ὁμοίων γράμων).[35] Formulierungen des Eusthates und wiederum solche des Porphyrus ruft Clemens in Erinnerung, wenn er schreibt, daß der Retter »in bezug auf die Reiche erneut dieselben Reden hält, die ihre eigenen Interpreten sind, ihre eigenen autorisierten Exegeten« (ἑαυτῶν ἑρμηνέας γινομένους καὶ ἐξηγητὰς ἀσφαλεῖς).[36] Origenes sagt, der Weg, auf dem man zur Heiligen Schrift gelangt und deren Sinn erfaßt, werde von der Heiligen Schrift selber vorgezeichnet (ἀπ' αὐτῶν τῶν λογίων).[37] Deutlicher noch drückt sich Origenes in der Vorrede zu seinem ersten Kommentar des Psalmbuchs aus[38]; darin berichtet er von einer jüdischen Überlieferung, der zufolge die Heilige Schrift einem Haus gleicht, dessen zahlreiche Zimmer verschlossen und mit Schlüsseln versehen sind, die nicht zu ihnen passen. Mit welcher Mühe ist die richtige Schlüsselverteilung verbunden! »Im Grunde«, führt Origenes aus, »kann man sogar die dunklen Stellen der Heiligen Schrift verstehen, wenn man nur sie selbst zum Ausgangspunkt (der Deutung) nimmt; denn sie trägt in sich, wenn auch verborgen, den Schlüssel ihrer Exegese« (παρ' ἀλλήλων ἐχουσῶν ἐν αὐταῖς διεσπαρμένον τὸ ἐξηγητικόν). Wird somit behauptet, daß das Interpretationsprinzip der Heiligen Schrift in ihr liegt, so behauptet man, daß die Verfasser gegenseitig ihre eigenen Exegeten waren.

Doch auf dieser Argumentationsebene sind ebenfalls die Gedanken zur Allegorie, die uns aus den Schriften des Johannes Chrysostomos vertraut sind, anzusiedeln. Wenn man mit Johannes Chrysostomos die These vertritt, daß die biblischen Texte in sich das Prinzip der Entschlüsselung ihrer allegorischen Figuren bergen, wenn man daraus ein allgemeines »Gesetz der Allegorie« macht, so schreibt man der Heiligen Schrift die Aufgabe einer Selbstexegese zu und betrachtet sie als das Agens ihrer eigenen Hermeneutik: ἑαυτὴν ἡρμήνευσεν; diese reflexive Wendung wird von Chrysostomos in dem Augenblick benützt, in dem er – wie wir gesehen haben – konstatiert, daß die Allegorie des Weinbergs bei Jesaja vom Propheten selbst gedeutet wird.[39]

Einige Jahre darauf wird die Wendung von Bischof Eutherius von Tyant wiederaufgenommen[40]: ἡ ἁγία γραφὴ [...] αὐτὴ δὲ ἑαυτὴν ἑρμηνεύουσα.

Solche Formulierungen sind wörtlich die der Homer-Kommentatoren; schwerlich wird man eine derartige Kongruenz für zufällig halten können. Vielmehr läßt sich darin ein Zeugnis des

Austausches zwischen zwei parallelen und gleichzeitigen Kulturtraditionen erblicken.

(Aus dem Französischen von Alexander G. Düttmann)

Anmerkungen

1 *Die Allegorie in der antiken Rhetorik*, Diss. Tübingen 1965 (1967), S. 174; vgl. auch: H. de Lubac, *Exégèse médiévale. Les quatre sens de l'Ecriture*, I 1, in: *Théologie*, 41, Paris 1959, S. 43–44

2 So in: *De somn.* II 2, 8: ἀλληγορίας ἑπόμενοι παραγγέλμασιν; *De Abrah.* 15, 68: κατὰ δὲ τοὺς ἐν ἀλληγορία νόμους; *De spec. leg.* I 52, 287: τοῖσ τῆς ἀλληγορίας κανόσι

3 *De prouid.* II 41 (lat. Übersetzung von Aucher): »Quod si regulas allegoriae aut sententiarum non admittas« (was man so übersetzen muß: »Wenn du das Gesetz der Allegorie oder der – verborgenen – Bedeutungen leugnest«), bist du wie ein Kind, das die Meisterwerke des Appelles weniger schätzt als die auf Münzen geprägten Bildnisse.

4 Zu diesen Meinungsverschiedenheiten vgl. meine Studie *Remarques sur la théorie de l'exégèse allégorique chez Philon*, in: *Philon d'Alexandrie*, Paris 1967, S. 133, Anm. 5, sowie: I. Christiansen, *Die Technik der allegorischen Auslegungswissenschaft bei Philon von Alexandrien*, in: *Beiträge zur Geschichte der biblischen Hermeneutik*, 7, Tübingen 1969, S. 4–5. Christiansen folgt Goppelt; vgl. auch: V. Nikiprowetzky, *L'exégèse de Philon d'Alexandrie*, in: *Revue d'Histoire et de Philosophie religieuses*, 53, 1973, S. 327–328

5 Basilius, *Homil. in Hexaem*, IX 1, PG 29, 188 B

6 Hieronymus, *Contra Rufinum* III 11, 9–14, Hg. Lardet, S. 242

7 Ders., *In Hieremiam* 11, 21–23, Vallarsi 150, 1–5, Hg. Reiter, S. 118: »Ut autem nos omni interpretationis molestia liberemus, illam sequamur regulam, quod omnes prophetae in typum domini saluatoris pleraque gesserint et, quicquid iuxta praesens tempus conpletum sit in Hieremia, hoc in futurum de domino prophetari«; diese Darstellung der Exegese wird später »typologisch« genannt: ihr zufolge sind die Handlungen der Propheten Bedeutungsträger (*in typum ... gesserint*); Hieronymus meint, daß man, um des Wohles der Seele des Exegeten willen, nicht entscheiden darf, was im Leben eines Propheten Typus ist und was nicht; alles ist *in typum*.

8 Ders., *Epist.* 74 (ad Rufinum presbyterum), 6, Hg. Hilberg: *in tropologiae umbris* folgt auf *sub nubilo allegoriae*; Gegenstand der Exegese ist das Salomonische Urteil, I *Könige* 3, 16–28

9 Ders., *In Malachiam* (1, 11–13) 335–337, Hg. Adriaen, S. 911; ich entnehme diesen wichtigen Text H. Freytag, *Die Theorie der allegorischen Schriftdeutung und die Allegorie in deutschen Texten besonders des 11. und 12. Jahrhunderts*, Bern-München 1982, S. 19 und 165, Anm. 25; siehe auch die Einleitung von Y.-M. Duval zu seiner Ausgabe von: Hieronymus, *Jonas-Kommentar*, S. 25–10. »Einleitung in die Kommentare des Hieronymus«.

10 Ders., *In Danielem* III 10, 4 b, Hg. Glorie, S. 891 *in apparatu*, denn diese Zeilen hat man aus dem Text des Hieronymus als antiorigenische Betrachtung entfernt.

11 Ders., *In Ionam* I 146–153 (Paragraph 3), Hg. Adriaen, S. 384; Hieronymus fährt mit den Sätzen fort: »Et non potius unusquisque locus secundum historiae diversitatem, diversam recipiet intellegentiam spiritualem? Igitur sicut haec testimonia suas interpretationes habent, et nec praecedentia, nec consequentia eadem allegoriam desiderant, sic et Ionas propheta non absque pericule interpretantis, totus referri ad Dominum poterit.« Hg. und Übersetzer Duval, S. 184–185, mit Kommentar *ad loc.*, S. 349, der auf Didymus den Blinden verweist, *In Zachar.* II 15, Hg. Doutreleau S. 434: ἀλληγορίας νόμῳ; diese Wendung zeigt vielleicht an, daß die Entsprechungen Gold=Intellekt und Silber=Logos den Allegorikern geläufig sind. Möglicherweise ist sie aber auch einfach mit der Wendung »durch die Allegorie« synonym. Kommen wir auf Hieronymus zurück: der Leser hat sicherlich gemerkt, wie wenig differenziert das exegetische Vokabular des Hieronymus ist, der geistige Sinn wird mit der Allegorie und diese mit der Tropologie gleichgesetzt (der Terminus »Tropologie« kommt in einem Satz vor, der den oben zitierten Sätzen vorausgeht), obwohl es sich, wie alle Beispiele deutlich machen, um eine typologische Exegese handelt.

12 Ders., *Hebr. quaest. in Gen.* 26, 32–33, Hg. de Lagarde, S. 43, 5–7 »Alioquin et iuxta allegoriae legem post tantos puteos in fine virtutum nequaquam congruit ut Issac aquam minime repererit.«

13 Ders., *In Naum* III 369–374 (ad vers. 8), Hg. Adriaen, S. 565: »Ac primum iuxta historiam Alexandriae dicendum, quod *Ammon* interpretentur *populi*, et sit sensus iuxta leges allegoriae: Considera populos Ecclesiae quae habitat super amnes prophetarum, et habet doctores in circuitu suo, quorum *de ventre manan flumina*, cuius initium est mare« (in fine, Reminiszenz an *Johannes* 7, 38).

14 P. Jay, *L'exégèse de saint Jérôme d'après son »Commentaire su Isaïe«*, Paris 1985, S. 235–236

15 Hieronymus, *Comment. in Isaiam*, PL 24, 259 C. Andere Beispiele in diesem Kommentar: 51 D: »Ergo iuxta leges tropologiae singula quaeque percurram« (über *turris* in *Jes.* 2, 15); 267 A: »Sion iuxta leges tropologiae referatur ad Ecclesiam« (über *Js.* 22, 1); 398 D: »iuxta leges quoque tropologiae discimus« (über *Js.* 39, 3 f, in Verbindung gebracht

mit *Matth.* 7,6: »margaritas ante porcos« = man muß seine Reichtümer verbergen).

16 *Op. cit., S. 236*

17 Hieronymus, *Epist.* 140 (ad Cyprianum) 6, Hg. Hilberg.

18 Ders., *Komment. in Abacuc* I (in 1, 6–11) 306–314, Hg. Adriaen, S. 589: (in bezug auf 1, 10: *in omnem munitionem inludet*) »Cernitis quam confragosa loca sint, et adversa historiae veriti. Et quomodo ea quae secundum litteram super Chaldaeis interpretati sumus, nunc iuxta tropologiam videantur sonare clementiam et libertatem eorum qui de Chaldaeorum manibus evaserint. Historia stricta est, et evagandi non habet facultatem. Tropologia libera, et his tantum legibus circumscripta, ut pietatem sequatur intellegentiae, sermonisque contextum nec in rebus multum inter se contrariis violenta sit copulandis«; unter den *loca* des ersten Satzes verstehe ich Stellen der Heiligen Schrift, was das Ende des Textes betrifft, so lehnt sich meine Deutung an P. Lardet an (Einführung in *Contra Rufinum*, S. 113).

19 Pelagius: *Expos. in Galatas* 4, 24, Hg. Souter (*Texts and Studies* IX 2, Cambridge 1926), S. 328, 12–329, 9: »Quae per allegoriam sunt dicta. Hoc est, alia ex aliis figurata. Dedit autem regulam hoc loco apostolus intellegendi allegoricas rationes, scilicet ut manente historiae veritate figuras testamenti ueteris exponamus. Nam cum dixisset Abraham duas uxores verissime habuisse, postea quae figuraverint demonstravit, et hoc ipsum ibi fecit ubi aliqua sanctorum honeste gesta referentur, non ubi peccata notantur. Ceterum delicta dicere mysteria aut impossibilitatis aut ignorantiae deum est criminari, qui aut aliter sua monstrare non potuit sacramenta, aut certe nesciens sibi quorundam peccata necessaria, prius illa generaliter condemnarit; sed et postea reprehendendo atque vindicando ostendit illa non se propter sua mysteria fieri voluisse. Praecepta vero difficile inveniens apostolum taliter exponentem, ne eorum videretur eneruare virtutem.« Dieser Abschnitt hat in der patristischen Epoche und im Mittelalter ein bedeutendes – wenn auch nicht einheitliches – *Fortleben* gehabt (im Original deutsch). Fortgelebt hat ebenso der gesamte Kommentar, den Pelagius den dreizehn Paulinischen Episteln gewidmet hat: ein Schüler des Pelagius hat eine Textfälschung unter den Namen des Hieronymus und des Johannes Diacrus in Umlauf gebracht, PL 30, 645–902 (Vgl. *Clavis Patrum Latinorum*, 1961², nr. 759 und 952); eine von Cassiodorus vorgenommene *retractatio* des Pelagius ist Primasius von Hadrumet zugeordnet worden, PL 68, 415–686 (*Clavis*, nr. 902). Was den Abschnitt über *Gal.* 4, 24 betrifft, so läßt sich feststellen, daß er über verschiedene Vermittler (unter ihnen Primasius) von mehreren Autoren der karolingischen Renaissance rezipiert worden ist (so Smaragdus, *Collectiones*..., *PL 102*, 148 D; Sedulius Scotus, *Collectanea*, PL 103, 190 AB; Claudius von Turin, *Enarr. in Epist. ad Gal.*, PL 104, 888 A. H. Freytag hat im

Hinblick auf die Exegese von *Gal.* 4, 24 die Aufmerksamkeit auf den zitierten Text des Pelagius gelenkt (*Quae sunt per allegoriam dicta. Das theologische Verständnis der Allegorie in der frühchristlichen und mittelalterlichen Exegese von Gal. 4, 21–31*, in: *Verbum et Signum*, Festschrift Fr. Ohly, München 1975, Band I, S. 34–35.

20 Vgl. oben, S. 128f. Der Einfluß, den Origines auf die Exegese des Pelagius gehabt hat, wird von G. de Plinval für sehr gering gehalten (*Pélage. Ses écrits, sa vie et sa réforme*, Lausanne usw. 1943, S. 121–166, vor allem S. 133).

21 Augustinus, *Enarr. in Psalm. VIII* 13, 63–68, Hg. Dekkers-Fraipont S. 57: »Non quia ista nomina isto solo modo intellegi et explicari possunt, sed pro locis. Namque alibi aliud significant. Et haec regula in omni allegoria retinenda est, ut pro sententia praesentis loci consideretur quod per similitudinem dicitur; haec est enim dominica et apostolica disciplina.«

22 *In Isaiam* V 2, *PG* 56, 58: Ἐπιμένει τῇ μεταφορᾷ (über Jes. 5,2); sowie V 8, *PG* 67 (über Jes. 5, 29–30). Diese Vorstellung kommt aus der klassischen Rhetorik, vgl. Quintilian, *Instit. orat.* IX 2, 46: »ἀλληγορίαν facit continua μεταφορά«.

23 V 3, *PG* 59 unten.

24 V 3, *PG* 60

25 *ibid.* Chrysostomos führt noch *Jesaja* 8, 7 und *Sprüche* 5, 19 an.

26 *ibid.* Dieser Abschnitt bestätigt, daß das Verb ἀλληγορεῖν, – wie ja bekannt ist – sowohl den allegorischen Ausdruck als auch die allegorische Exegese bezeichnet. Man braucht nicht eigens darauf hinzuweisen, daß Chrysostomos dem allegorischen Ausdruck in der Bibel dadurch seine Bestimmtheit nimmt, daß er ihn diesem Schema unterordnet – dem Schema, nach dem der allegorische Ausdruck unmittelbar mit der Erklärung der Allegorie einhergeht –. Chrysostomos hätte seinen Argumenten eine größere Tragweite verleihen können, wenn er seine Untersuchungen nicht auf den Prophetismus beschränkt, sondern auf die Evangelien erweitert hätte: in den Evangelien ist die Auto-Hermeneutik nicht ungewöhnlich, tritt sie doch in Gestalt von Parabeln auf, deren Rätselhaftes von Jesus sofort entschlüsselt wird.

27 *Theol. plat.* I 2, Hg. und Übersetzer Saffrey-Westerink, S. 10, 1–4; vgl. die Anmerkung *ad loc.*, S. 132. Es läßt sich leicht einsehen, daß Proklus seinen Entschluß in die Tat umsetzt, vgl. z. B. A. D. R. Shepard, *Studies on the 5th and 6th Essays of Proclus' Commentary on the Republic*, Göttingen 1980, S. 24–25, 105–108, 123.

28 *De comate secundum Hippocratem* 1, Hg. Kühn, VII, S. 646, 3–4; vgl. H. Schreckenberg, Artikel *Exegese* I, in: *Reallexikon für Antike und Christentum*, Band VI, 1966, 1182.

29 *Comment. ad Hom, Illiadem*, Hg. Van der Valk, Band I, *praefatio*, S. CXV, Anm. 3; *ad* B 655, S. 489, 19–20; ad Δ 426, S. 779, 18.

30 *Quaest. homeric. ad Iliad.*, Hg. Schrader, S. 297, 16–17 = Hg. Sodano, S. 56, 3–5; sowie S. 283, 2–3 = S. 1, 12–14: αὐτὸς μὲν ἑαυτὸν τὰ πολλὰ Ὅμηρος ἐξηγεῖται.

31 περὶ σημείων Ἰλιάδος *reliquiae, ad* Z 194 und 201, Hg. Friedländer, S. 120 und 121

32 Vgl. A. Roemer und E. Belzner: *Die Homerexegese Aristarchs in ihren Grundzügen,* Paderborn 1924, S. 16, 131–136, 179–181

33 *History of Classical Scholarship*, Oxford 1968, S. 225–227

34 *An Aristarchean Maxim?*, in: *Proceed. of the Cambridge Philol. Society*, 201, 1975, S. 63–64

35 *Strom.* VII 16, 96, 4, Hg. Stählin, S. 68, 20–21; vgl. bereits 96, 1, Zeilen 6–7: άπ αὐτῶν περὶ αὐτῶν τῶν γραφῶν τελείως ἀποδεικνύντες.

36 *Quis diues saluetur* 4, 2, Hg. Stählin, S. 162, 14–16

37 *De princ.* IV 2, 4 (11), Hg. Koetschau, S. 312, 1–3

38 *Philocalius* (?) II 3, Hg. Armitage Robinson, S. 38, 21–23; Hg. M. Harl (»Sources chrét.«, 302), S. 244: hier findet man einen wichtigen Kommentar *ad loc.*, S. 251–257; es folgt ein Zitat aus I *Kor.* 2, 13 (πνευματικοῖς πνευματικὰ συγκρινόντες), das Origines oft in Verbindung mit diesem Thema anführt, wobei er den Sinn der Stelle verfälscht, um die Annäherung von verschiedenen Teilen der Heiligen Schrift möglich zu machen; vgl. H. de Lubac: *Histoire et Esprit. L'intelligence de l'Ecriture d'après Origène, Théologie*, 15, Paris 1950, S. 308–309. Über den Passus aus *Philoc.*, (?) siehe M. Harl: *Origène et les interprétations patristiques grecques de l'obscurité biblique*, in: *Vigil. christ.*, 36, 1982, S. 350–351 (S. 369, Anm. 67, was Clemens betrifft, *Strom.* VII 16, 96 soeben zitiert [?]).

39 *In Isaiam* V 3, PG 56, 60

40 *Antilogie* 4, Hg. Tetz, S. 8, 15–17; Vgl. M. Tetz: »Η ΑΓΙΑ ΓΡΑΦΗ ΕΑΥΤΗΝ ΕΡΜΗΝΕΥΟΥΣΑ«, in: *Theologie in Geschichte und Kunst*, Festschrift W. Elliger (Witten 1968), S. 206–213. Im Hinblick auf die Bedeutung dieses Prinzips in der Exegese des Antiochos, vgl. Chr. Schäublin: *Untersuchungen zu Methode und Herkunft der antiochenischen Exegese* »Theophaneia«, 23, Köln-Bonn 1974, S. 149 und 158–160; Schäublin weist nach, welchen Einfluß die profane κρίσις ποιηυάτων gehabt hat und welcher Bezug zur Vorstellung einer literarischen Einheit des Alten Testaments besteht.

Hans Blumenberg
Kritik und Rezeption antiker Philosophie in der Patristik

Strukturanalysen zu einer Morphologie der Tradition

Obwohl dem Mittelalter in unserer Geschichtsvorstellung seit langem sein von der Aufklärung bestrittenes Recht, als »Epoche« eigenen geschichtlichen Sinnes und Traditionsanteils zu gelten, restituiert worden ist (ja, der romantische Impuls hat bei dieser Restitution zu einem noch heute spürbaren »Überschuß« geführt), haben wir uns doch noch nicht ganz gelöst von der Unterstellung, es sei zwischen Antike und Renaissance nicht alles so mit rechten – will sagen: geschichtlichen – Dingen zugegangen wie sonst in der Geschichte. Es sind da Restbestände theologischer, aber nicht einmal theologisch legitimer Vorstellungen im Spiele, die das Christentum nicht nur mit absolutem Anspruch, sondern auch mit der ebenso unwiderstehlichen wie unbegreiflichen Gewalt des Göttlichen in die fest strukturierte antike Welt »einbrechen« ließen. Die Aufklärung hat recht naiv an diesem *Einbruchsschema* festgehalten, nur das Ereignis und seine Folge – den finsteren Graben durch das lichte Band der zur Vernunft kommenden Geschichte – radikal umgewertet. Auch die romantisch ausgelöste neuere Mittelalter-Bewunderung hält, obwohl ihr der theologisch gedeutete Ursprung der ästhetisch empfundenen Epochenarchitektur unwesentlich geworden ist, gern an der vagen Idee einer Art »Urzeugung« des christlichen Zeitalters fest. Naturgemäß gab es darauf eine methodische Reaktion, die das eigentlich »Historische« des Übergangs von der Antike zum Mittelalter dadurch wahren zu können glaubt, daß sie einerseits überhaupt möglichst wenig geschehen sein läßt und andererseits das, was doch geschehen ist, nicht dem primären Influx des Christentums zuschreibt, sondern als einen sekundären und späten, von Randfaktoren der hellenistischen Welt ausgehenden katalytischen Prozeß ansieht. Der mechanischen Metapher des »Einbruchs« einer neuen geistigen Macht ist die nicht weniger mechanische Vorstellung der »Beharrung« der antiken Welt (als deren letzte Selbstformulierung das Christentum dann konsequent gesehen werden muß) bis zu ihrer immanenten Zersetzung entgegengestellt. Es ist leicht zu sehen, daß wir uns hier, in der extremen methodischen Reaktion, noch immer im Ausstrahlungsfeld der aus der theoretischen Diskussion längst verschwundenen theologischen Prämisse befinden. Das Besondere der theoretischen Situation ist dabei, daß für die *beiden* antithetischen Positionen die historische Dokumentation breit verfügbar ist: die radikale, das ursprüngliche eschatologische Pathos gegen den Welt*bestand* transformierende *Kritik* am Welt*zustand* ist genauso eindrucksvoll belegbar wie die Selbstdeutung der Konservation, der Berufung auf die Fortgeltung der traditionellen Substanz, und die diesem Programm gemäße Flut der *Rezeption* der antiken Gehalte. Nur ist es der Grundfehler der historischen Objektivation, hier eine Alternative zu sehen, zu einer Entscheidung sich gedrängt zu glauben, die jeweils den einen Dokumentationsbefund aufgreift und den anderen als unglaubwürdig entwertet. Befreit man sich von der Gängelung durch die Alternative mechanischer Metaphern und der durch sie geleiteten Selektion der Dokumente, so erweist sich die Christianisierung der hellenistischen Welt als ein höchst komplexer Prozeß, in dem Kritik und Rezeption des vorgegebenen Bestandes nicht nur nebeneinander herlaufen und sich nicht ausschließen, sondern darüber hinaus funktional ineinanderspielen.

Als das Christentum sich zu dokumentieren beginnt, ist seine Initialphase unbedingter Kritik, des eschatologischen Vorwegseins in der Aufhebung des Weltbestandes, schon vorüber; wer Dokumente schafft, richtet sich auf die Spielregeln einer vorgegebenen und fortbestehenden Welt ein. Das *Neue* stellt immer weniger und immer unbestimmter die Welt als ganze in Frage, beansprucht immer weniger, das ganz und gar Andere und pur Befremdliche zu sein, das nur im blinden Ja ergriffen werden könnte; aus der Negation wird Kritik, aus dem Aufgeben der dem Gericht verfallenen Welt ihr Sich-aufgegeben-sein-lassen. Aber gerade diesen Übergang glaubwürdig zu realisieren, wurde für eine Buchreligion, die die Spuren ihrer eschatologischen Ursprünge nicht verleugnen konnte, zu einem Problem, das die heidnische Polemik sehr wohl zu nützen wußte, indem sie das hellenistische Weltalterungs- und Zerfallsgefühl mit der christlichen Eschatologie derart in Verbindung brachte, daß das vage Gefühlte und Erlittene nun seine Kausalität bekam. *Arnobius* zieht die Summe der gegen die Christen gerichteten Anklagen, indem er sie beschuldigt sieht als *causae, per quas suis mundus aberravit ab legibus* (adv. gentes I 1). Eschatologische Negation konnte ein bloßer Warn- und Bußruf vor dem nahen Ende sein, aber Kritik setzt ein Maß gemeinsamer Position voraus, sie kann nie so radikal sein, daß sie unter ihrem Tiefgang nicht noch eine fundierende Substruktur unangetastet ließe, den gemeinsamen Boden, auf den man sich auch noch mit einem Gegner stellen muß, den man für immer überwinden will. Das ganz und gar »Neue«, die reine Bekundung der Transzendenz, ist eine theologische Grenzfiktion, mit der sich keine Vorstellung eines geschichtlichen Ereignisses verbinden ließe; eine Verkündigung, die davon sprechen wollte, müßte zu bloßer Bestürzung oder bloßer Indifferenz führen. Aber es ist viel zu wenig, wenn man zugibt, die christliche Rezeption der antiken Philosophie habe der Gewinnung einer dogmatischen »Sprache« gedient, so wie im 13. Jahrhundert die Vollrezeption des *Aristoteles* zur scholastischen Systematisierung der christlichen Theologie verhalf. Das ist deshalb kein Modell, das man rückübertragen kann, weil der späte Rezeptionsvorgang schon auf einer »Autorität« des rezipierten Denkers beruhte, die ihre überwältigende Potenz daraus zog, daß nun in der aristotelischen Metaphysik vieles »wiedererkannt« wurde, was schon in dem Strom der frühen Rezeption aufgenommen und assimiliert worden war, so daß es im 13. Jahrhundert als genuin christlich galt und seinem Urheber das Ansehen eines potentiell christlichen Autors gab, der zu verifizieren half, was ihm gehörte. In diesem Sachverhalt wiederholte sich verborgen und unausdrücklich jener in der Frühzeit immer wieder angewendete Kunstgriff der Inversion, durch den ein christlich akzeptabler Gehalt der antiken Philosophie einem biblischen Einfluß auf seinen Urheber zugeschrieben worden war.[1] Mehr als eine »Sprache« für das zu sagende Neue wird in der Rezeption gesucht; es geht darum, eine appellable »Wirklichkeit« zu gewinnen. Wirklich ist immer das, worauf man sich unmittelbar berufen kann, ohne einer Beweisforderung gewärtig sein zu müssen; nur in bezug auf gültige, fortgeltende Wirklichkeit kann sich eine neue Lebensform *realisieren*, selbst als diskutables Element mit anderen Einstellungen in Vergleich treten. Für jedes Zeitalter kann man sich Thesen und Haltungen ausdenken, die als ganz und gar unbezogen auf die geltende Generalthesis von »Wirklichkeit« nur als sinnlos und irreal angesehen werden würden. Das Christentum mußte *Anschluß* an die (nun doch weiter bestehende) Welt gewinnen, wenn es nicht seine bloße Diskutabilität in ihr verlieren wollte, von Wirkungsmöglichkeiten gar nicht zu reden. Es mußte Anschluß gewinnen – und doch zugleich unkenntlich werden lassen, daß dies seine Not und Notwendigkeit war. Es ist der Sinn der Rezeption, ihren eigenen Grund zu verschleiern. Das Christentum stellte sich in eine (von ihm allererst konstruierte) Teleologie der Geschichte hinein: es machte alles das in der Tradition zur *Frage*, worauf es die *Antwort* darstellen zu können glaubte. Alles Neue muß als »Antwort« auftreten können; deshalb muß es zu seinen Gehalten die voraussetzbaren »Fragen« im Bestand des Alten nachweisen, aktual und akut machen können. Die Paulusrede auf dem Areopag (Apg. 17) ist dafür das Modell: was den Zuhörern zunächst als Befremdliches (ξενίζοντα) erscheint, paßt doch wie vorgesehen in eine Lücke des Bestehenden, einen ausgesparten Raum, den es nun »erfüllt«. Im Vergleich mit den Geschichten von Zeussöhnen sei, so versichert *Justin* (Apol. I 21), die Kunde vom Gottessohn doch gar nicht »etwas Neues« (οὐ καινόν τι). Hier ist das Christentum nicht einmal auf seiten der Philosophie und ihrer einer neuen Religion schon so lange vorarbeitenden Kritik des Polytheismus und der Göttermetamorphose, sondern es betreibt pure Mimikry im Milieu der alten Religionen. Es ist also keineswegs so, daß das Interesse des Christentums in der Kritik der alten Mythologie mit dem der Philosophie so weit übereinging, daß die Rezeption nur als eine Konsequenz dieses gemeinsamen Interesses erklärt werden könnte.[2] Der Sache nach war, wie sich viel später erweisen sollte, das Christentum gegen die von dieser Philosophie entwickelten kritischen Prinzipien seinerseits nicht immun. Wenn *Tertullian* von der Jungfrauengeburt Jesu spricht (Apol. 21,14), beruft er sich nicht auf Philosophie, sondern schlägt vor: *recipite interim hanc fabulam, similis est vestris, dum ostendimus, quomodo Christus probetur*... Nein, das Bündnis mit der Philosophie war gar nicht so selbstverständlich und gar nicht so unbedenklich, sofern sie sich als Religionskritik ausgebildet hatte und damit jederzeit auch Kritik des Christentums werden konnte; aber die Philosophie war doch auch mehr, sie war in der hellenistischen Welt weithin zu der Art und Weise geworden, in der man »Wirklichkeit« verstand, sich auf sie beziehen und berufen konnte, und in der festgelegt war, *wie* man dies zu tun hatte. Bei dieser Feststellung darf vor allem nicht übersehen werden, wie weitgehend Philosophie und Rhetorik amalgamiert waren und wie sehr »Wirklichkeit« sich im gültigen Zu-Wort-kommen manifestierte. Den legitimierenden Logos zu finden, das war also weit mehr, als überhaupt nur seine Sache zur »Sprache« zu bringen. »Rezeption« bedeutet das Einströmen einer ganzen Welt in die ursprüngliche Weltlosigkeit einer eschatologisch begründeten Lehre: »Kritik« bedeutet den Inbegriff der Regulationen, die diesen Strom im Dienst seiner Funktionalität halten sollten. Überall in unseren Quellen haben wir mit einem »Interesse« der Aussagen zu rechnen, das uns nicht gestattet, uns mit *morphologischen* Zuordnungen zufrieden zu geben. Zwar soll uns überall dort, wo auf der Heterogeneität des Neuen ausdrücklich bestanden wird, dies auch als das Wesentliche *ausgegeben* werden, weil sich sonst die noch den Zeugnistod fordernde Strenge der Aussonderung aus dem legeren hellenistischen Religionsbetrieb nicht rechtfertigen ließ; aber zugleich darf dies Besondere doch nicht das Wesentliche *sein*, wenn nicht die beanspruchte teleologische Kontinuität in Frage gestellt sein sollte, die *vera religio quae iam erat* nun erst recht zu sein.

Wie komplex der ganze Prozeß gewesen ist, zeigt sich gerade an der Umbildung der *Eschatologie*. Ganz abgesehen von der schon früh zu entscheidenden Schwierigkeiten führenden Rückbildung der Naherwartung, nimmt die Eschatologie auch qualitativ andere Züge an, die dem Bewußtsein der hellenistischen Welt näherstehen: aus der Vorstellung von einem, wenn nun auch in unbestimmter Ferne, *hereinbrechenden*, in Gewaltsamkeit die *transzendente* Kausalität bekundenden Ende wird die Idee eines im Weltzustand sich ankündigenden, *immanent* heranreifenden und *ausbrechenden*, im Verfall aller Dinge schon sich einleitenden Untergangs. Was anfangs pure Glaubenszumutung war, beruft sich jetzt auf das unsichere Lebensgefühl der Epoche, auf eine Erfahrung also, wie es etwa auch *Lukrez* bei seiner Leugnung der Ewigkeit der Welt getan hatte mit dem Hinweis auf die *mundi confusa ruina* (VI 601–607). Aus dem Vorzeichenkatalog der Apokalyptik werden nun dem hellenistischen Denken gemäßere *organische* Symptome. Der Clemens-Brief fordert die Korinther auf, sich mit einem Baum zu vergleichen, der in kurzer Zeit seine Frucht zur Reife bringt (23,4); aber dazu will nicht passen, daß der eschatologische Gotteswille sich »schnell und plötzlich« erfüllen soll (23,5). *Cyprian* kann feststellen: *senuisse iam saeculum, non illis viribus stare, quibus prius steterat nec vigore et robore ipso valere, quo antea praevalebat* (ad Demetr. 3), und er fügt ausdrücklich hinzu, daß dies auch ohne die christliche Lehre und biblische Verheißung offenkundig sei: *mundus ipse iam loquitur et occasum sui rerum labentium probatione testatur.*[3] Weltalterung und Weltzerfall sind schon hellenistische Grundvorstellungen, die mit dem »Kommen des Herrn« in apokalyptischer Manier nichts zu tun haben; die Rezeption identifiziert bedenkenlos. Zugleich aber, indem sie die hellenistische Vorstellung aufnimmt, fügt sie ihr ein Element hinzu, das den Naturalismus dieser Vorstellung durchbricht: der christliche Gott kann das zwangsläufig Heranrückende aufhalten. Mit der Möglichkeit, *pro mora finis* zu beten[4], empfiehlt sich das Christentum der am Bestand der Welt zweifelnden hellenistischen Geistigkeit, bietet sich an, dem Kosmos und dem römischen Imperium eine Frist zu verschaffen; zugleich aber vergißt es die Inbrunst, mit der es an seinem Anfang um das Kommen des Endes gefleht hatte.[5] Eine Gemeinde aber, die *pro statu saeculi* betet, kann sich nicht mehr auf das kommende Gericht verlassen und sich und die Welt ihm überlassen; das Gericht rückt in den Weltbestand herein, wird vorweggenommen und institutionalisiert zu einem Als-ob der göttlichen Parusie: *nam et iudicatur magno cum pondere, ut apud certos de dei conspectu, summumque futuri iudicii praeiudicium est ...*[6] Die positive Welthaltung ist gezwungen, das biblische »Richtet nicht!« zu vergessen und dem ins Unbestimmte verschobenen, hinausgebeteten Endgericht die Funktion abzunehmen: aus der Krisis ist Kritik, aus der Weltvernichtung die Weltverwandlung geworden. Das bestimmt auch die Rezeption.

Um den umrissenen strukturellen Komplex auf dem knappen Raum möglichst konkret exemplifizieren zu können, beschränke ich mich hier auf einen patristischen Autor, der gerade wegen seiner nicht allzu ausgeprägten Originalität die thematischen Zusammenhänge gut sichtbar werden läßt. *L. Caelius Firmianus Lactantius*, dessen Hauptwerk *Divinae Institutiones* etwa 311 abgeschlossen gewesen sein dürfte, hat es vermieden, Verdienste für die Dogmengeschichte anzuhäufen. Von *Cicero*, nicht nur stilistisch, stark beeinflußt, kritisiert er von einer schmalen Basis praktischer Philosophie her, die er durch die Gleichsetzung der paulinischen »Gerechtigkeit« mit der stoischen *iustitia* gewinnt, nicht nur die mythische Götterwelt, sondern auch die *theoretische* Philosophie der Antike. *Hieronymus* wirft ihm in dem Brief (ep. 58) an *Paulinus* seine theologische Zurückhaltung vor: »Hätte doch *Laktanz*, dessen Beredsamkeit an den Fluß der ciceronianischen Rede erinnert, es mit der gleichen Leichtigkeit verstanden, für unsere Lehre einzutreten, wie er es verstanden hat, gegnerische Auffassungen zu zerstören!« Aber gerade diese Ökonomie verrät, wie gut *Laktanz* seinem *Cicero* nicht nur nachgeschrieben, sondern ihn auch verstanden hatte: seine theologisch-dogmatische ἐποχή ist die christliche Nachfolge jener ciceronischen Skepsis, die die *res obscurae* jenseits der Sphäre sittlichen Engagements auf sich beruhen läßt. Das war schon für *Cicero* nur unter der Prämisse einer anthropozentrischen Teleologie möglich: die für den Menschen *mögliche* Evidenz ist zugleich die für ihn *ausreichende* Gewißheit. Diese ökonomische Skepsis läßt sich für *Laktanz* unmittelbar in den christlichen Gedanken einer *heilsnotwendigen* Wahrheit übersetzen, die von Gott, sozusagen in Konsequenz der teleologischen Anlage der Schöpfung, mitgeteilt wird. Hier ist wirklich ein *Anschluß* an eine antike Gedankenlinie gefunden. Was sich damit anfangen läßt, zeigt sich nächstliegend in der Kritik an einer *dogmatischen* Skepsis, der *nova non philosophandi philosophia* des *Arkesilaos*.[7] Die Natur muß dem Menschen ein lebensnotwendiges Wissen gewähren, ja, sofern sie auch den Mangel setzt, dem es abhilft, zwingt sie es dem Menschen auf: *sunt enim multa, quae natura ipsa nos scire et usus frequens et vitae necessitas cogit* (III 5,1). Dies scheint das Schema zu sein, in das sich für *Laktanz* auch die christliche Auffassung einpassen läßt: der personale Schöpfungsbegriff verlangt freilich die Ausgestaltung des teleologischen Elements zu einem allumfassenden göttlichen Willensausdruck, der Licht und Finsternis gleichermaßen einschließt (II 12,7), so daß die *res obscurae* jetzt geradezu zu dem werden, *quae abstrusa prorsus atque abdita deus esse voluit*.[8] Der Mensch ist so genau im Seienden justiert, daß die Reichweite seiner Erkenntnisorgane kongruiert mit dem ihm zugemessenen Gegenstandsbereich und das ihm »natürlicherweise« Unerreichbare (*quae a nobis longe remotae*) auch das von Gott ihm Vorenthaltene ist. Hierauf beruht die Idee des *Laktanz*, daß der eigene Leib der legitimste, weil »nächstliegende« Gegenstand der menschlichen Erkenntnis sein müsse – eine unverkennbar gegen den antiken Vorrang der Kosmologie gerichtete Pointe. Dieses eine theoretische Vorhaben, *rationem corporis nostri inspicere et contemplari*, gehört nicht zum Vorenthaltenen, ist ein Bereich *quae plane obscura non est* (opif. 1,16). Aber weit – diesmal ins Innere – ist auch hier dem Menschen nicht vergönnt zu kommen, es bleibt bei einer teleologischen Eidetik der äußeren Leibeserscheinung, die Grenze des Blicks ist die Grenze der Forschung.[9]

Hier zeichnet sich, in der Funktion eines Vehikels der Rezeption, ein ganz spezifischer Begriff von *Wahrheit* ab, eine sehr bestimmte Auffassung davon, was Wahrheit für den Menschen bedeutet. *Laktanz* verwendet gern die Metapher von der *vis veritatis*. Weil die Mächtigkeit der Wahrheit so groß ist, daß niemand sich ihr entziehen kann, ist es überhaupt möglich, antike Dichter und Philosophen zu Zeugen für eine Sache anzurufen, von der sie explizite Erkenntnis noch nicht hatten, wie etwa für den Monotheismus: *non quod illi habuerint cognitam veritatem, sed quod veritatis ipsius tanta vis est, ut nemo possit esse tam caecus, qui non videat ingerentem se oculis divinam claritatem* (I 5,2). Freilich, diese Mächtigkeit hat die Wahrheit nicht mehr, weil sie Wahrheit schlechthin und als solche Licht und Eindringlichkeit an sich wäre, sondern weil sie und soweit sie – wie in diesem Fall des Monotheismus – eine für den Menschen *unentbehrliche* Wahrheit ist. Indem *Laktanz* seinen dogmatischen Kanon so klein wie möglich hält, gewinnt er die ihm so wichtige Bestätigung, daß es sich hier um die durch ihre *vis* bezeugte notwendige Wahrheit für den Menschen handelt, aus den Spuren der Tradition. Im Notwendigen darf es keinen Bruch, keine radikale Neuheit geben; die skeptische Ökonomie als kritisches Prinzip vermittelt die Rezeption. Wenn man dieser Konzeption bis auf den Grund sieht, wird man gewahr, daß sie die in der klassischen Philosophie der Griechen grundgelegte Identität von Sein und Wahrheit (im Sinne der *veritas ontologica*) auflöst. Die Wahrheit »gehört« Gott, der alles geschaffen hat, und zwar, *weil* er alles geschaffen hat; mit dem Sein, das er begründet, gibt er nicht zugleich die Erkennbarkeit aus der Hand. Zwar spielt der später so wichtige Gedanke mit hinein, daß nur der Urheber einer Sache sein Werk »innerlich« kennt[10], aber vorherrschend ist die Analogie des Eigentums aus der Urheberschaft, die souveränes Verfügungsrecht gibt. Gott »darf« die Wahrheit vorenthalten, in ihrer Durchsetzungskraft dosieren, ohne dabei einer Theodizee zu bedürfen. Dieser Gedanke ist für die Kontinuation wichtig, weil er alle Fragen abschneidet, warum *erst jetzt* die zum Heil notwendige Wahrheit voll entfaltet wird, obwohl die nun zu Ende gehende Epoche doch so große Anstrengungen auf die Erlangung der Wahrheit gewendet hatte (I 1,1), ja, obwohl jene Weisen doch auch des Lohnes für ihre Mühen würdig waren – sie erreichten nicht, was sie erstrebten, und vergeudeten all ihre Mühen, *quia veritas, id est arcanum summi dei, qui fecit omnia, ingenio ac propriis sensibus non potest comprehendi* (I 1,5). Hier spart Laktanz allen Bezug auf die Ursünde und ihren den Geist der Nachfahren Adams verdunkelnden und entmachtenden Effekt; er braucht die antiken Weisen nicht zu Sündern zu machen, um ihren Mangel an Wahrheit erklären zu können – sie waren der Wahrheit würdig, aber als eines Gutes, auf das es keinen *Anspruch* gibt. Das ist, verglichen mit apologetischer Polemik, eine Aufwertung der philosophischen Tradition. Und darin tut *Laktanz* noch einen weiteren Schritt: wenn es *jetzt* an den Punkt gekommen ist, da Gott den Menschen nicht länger im Ungewissen lassen wollte, *ac sine ullo laboris effectu vagari per tenebras inextricabiles*, so scheint es doch die Summe der Anstrengung der alten Philosophie gewesen zu sein, die zwar nicht die »Rechtslage« des göttlichen Wahrheitsvorbehalts zu ändern vermochte, aber doch den Gnadenakt der göttlichen Schenkung erwirken konnte.

Es ist eine recht ausgewogene Konstruktion, die hier bei *Laktanz* den Rezeptionsprozeß unterbaut, wenn man das prinzipielle Dilemma der Patristik im Auge behält, das darin bestand, einerseits den absoluten Anspruch und Aufwand einer *neuen* Lehre vertreten zu müssen und doch andererseits die *alten* Lehren nicht so weit ins Unrecht setzen zu dürfen, daß sie nicht mehr in den (oben schon umschriebenen) Dienst genommen werden konnten. Volle Konsequenz ist in dieser Sache nirgendwo erreicht worden. Auch *Laktanz* muß aus dem *arcanum dei* mehr und mehr »Vorgaben« an die alten Weisen herausgegeben sein lassen, um sein umfangreiches Werk überhaupt inganghalten zu können, denn ein starres *arcanum dei* ist eine für menschliches Denken höchst sterile Angelegenheit. Wenn er also auch nicht auf der radikalen »Neuheit« seiner Konfession insistieren darf, so muß er doch für sie ein »Mehr« an Wahrheit nachweisen können. Aber schon das widersprach einer Traditionsstruktur, in der die *auctoritas maiorum* eine Quelle der Legitimation und Verbindlichkeit gewesen war. Hier muß *Laktanz* nivellieren: alle Menschen erhalten den gleichen Anteil (*pro virili portione*) an *sapientia*, deshalb bedeutet der »Vorsprung« der Alten in der Zeit nichts: *nec quia nos illi temporibus antecesserunt, sapientia quoque antecesserunt* ... (II, 7,2) – ein typisches Problem des Epochenwandels, das auch die Anfänge der

Neuzeit wieder durchtönen sollte und das auch dort mit der Gleichheit der Vernunft gelöst werden wird. Unter der wie das Sonnenlicht gleichmäßig verteilten Helle der *sapientia* gibt es keinen Grund, weshalb man die *inventa maiorum* unkritisch hinnehmen und sich *pecudum more* davon leiten lassen sollte (II 7,4). Das Zugeständnis der durch Wahrheitsbemühung der Alten vielleicht erwirkten Eröffnung des *arcanum dei* hindert doch nicht zu sagen, der Name *maiores* sei trügerisch, weil er die *minores* glauben mache, sie könnten nicht ein »Mehr« an Wahrheit im Vergleich zu jenen besitzen (II 7,5). Im Gegenteil: die Gegenwärtigen sollten dem Beispiel jener (ihrem *falsa invenire*) nicht folgen, sondern sich für die ihnen Nachkommenden verantwortlicher erweisen (*posteris meliora tradere*) (II 7,6). Daß alle Traditionskritik sich auf den Boden der rationalen Gleichheit der Voraussetzungen stellen muß, ist hier entdeckt und mit einer Geschichtsauffassung verbunden, in der die Verbindlichkeit von der Zukunft, nicht von der Vergangenheit ausgeht. Kritisieren kann man nur, wenn man *Gleichheit* der Voraussetzungen zugesteht; was so die Möglichkeit der Kritik schafft, läßt aber zugleich das christliche Offenbarungsereignis, dessen Implikation eben *Ungleichheit* der Voraussetzungen vorher und nachher ist, zur Unerheblichkeit verschwinden. Diese Antinomie ist unüberwindlich; sie führt *Laktanz* konsequent zu der Inkonsequenz, sein Erstaunen darüber auszudrücken, daß die alte Philosophie nicht *mehr* Wahrheit erlangt habe.[11] Ja, unter dieser Prämisse kann er die Vorsehung geradezu hindernd eingreifen lassen, damit das potentiell Erkennbare nicht zu früh (nämlich vor der Offenbarung) erkannt würde: *aversos esse arbitror divina providentia, ne scire possent veritatem* (IV 2,5). Wir haben es, wie man sieht, mit keinem Systematiker zu tun; gerade deshalb bietet *Laktanz* so prägnante Indizien für die strukturelle Problematik der Kritik und Rezeption der Antike durch die Patristik.

Unsere These, daß der Fortgang seiner Auseinandersetzung mit der antiken Philosophie *Laktanz* nötigt, ihr immer mehr an Vorbesitz der Wahrheit zuzugestehen, um die kritische Position überhaupt durchführen zu können, bestätigt sich im letzten Buch der *Divinae Institutiones*, wo der Autor, nun weit entfernt von seiner »harten« Ausgangsthese, des Umfangs jener »Vorgaben« innezuwerden scheint; jetzt gibt er zu, daß die Wahrheit, in Partikeln verstreut über alle philosophischen Schulen, doch schon *da* war: *totam igitur veritatem et omne divinae religionis arcanum philosophi attigerunt* (VII 7,14). Was der antiken Philosophie fehlte, war die Fähigkeit, das Berührte einsichtig ergreifen und verteidigen zu können (*defendere id, quod invenerant, nequiverunt*) und das zerstreut Auftretende zu einem Ganzen zusammenzufügen (*in summam redigere*). Auf den Anspruch *materialer* Neuheit der christlichen Offenbarung ist nun verzichtet; was sie hinzugebracht hat, ist die *formale* Möglichkeit der Unterscheidung, der Integration und dialektischen Sicherung, die *certiora signa.*[12] Der Gott des siebenten Buches ist weniger despotisch als der des ersten: er hat freigebig aus seinem *arcanum* ausgespendet, er hat die Wahrheit in ihrer (hier mit der Antike vorausgesetzten) immanenten Wirksamkeit freigegeben und dadurch geschichtlich spürbar werden lassen, daß der Mensch einer zusätzlichen Hilfe bedarf, um die Wahrheit wahrhaft zu *besitzen*. Die dogmatischen Differenzen der hellenistischen Philosophenschule, die den Skeptikern zu ihren eindrucksvollen Antinomientafeln verhalfen, werden hier in einer Weise gerechtfertigt, die nun doch – wieder im Gegensatz zum ersten Buch – das Bedürfnis nach so etwas wie einer Theodizee verrät: *particulatim veritas ab his tota comprehensa est* (VII 7,7). Nun aber hat Gott die »Methode« nachgeliefert, die der sporadischen Zufälligkeit ihr Recht entzieht: das *casu, non ratione* als Quintessenz der traditionellen Philosophie in ihrem Wahrheitsbesitz, als Aussage eines epochal neuen Selbstbewußtseins, erinnert wieder durch eine erstaunliche Strukturanalogie an die Begründung der Neuzeit, an fast gleichlautende Formeln bei *Descartes* und die Funktion, die er seiner *méthode* zuschreibt, nicht primär ein Instrument der Findung material neuer Wahrheiten, sondern der Unterscheidung und Verifikation schon gegebener Aussagen zu sein (Apfelkorbgleichnis!).

Es geht hier, wenn man der in solchen Konstruktionen vorausgesetzten »Aufgabe« auf den Grund geht, um die *Gewinnung der Geschichte* durch eine Lehre, die mit dem Willen und der Gewißheit des *Endes* der Geschichte aufgetreten war; die elastische »Systematik« des *Laktanz* zielt darauf ab, seiner Offenbarung die Funktion einer *Mitte* der Geschichte anzuweisen. Zwar ist die Eschatologie das einzige dogmatische Kapitel, dem *Laktanz* spekulative Anstrengungen widmet; aber dabei wird die Endphase der Geschichte so kompliziert, der Vorzeichenkanon so ausgedehnt, daß dem die »Zeichen der Zeit« etwa ängstlich befragenden Gemüt eher Beruhigung zuteil geworden sein muß. Zweihundert Jahre Toleranz für eine eschatologische Erwartung (VII 25,5–7) – das nimmt dem »Nahsein« des Gerichts jede ins Leben einschneidende Relevanz und überläßt die Trübsal des Endes den Immer-anderen.[13] Aber mochte so auch das Problem für die Christen selbst entschärft sein, ihre Umwelt sah offenbar immer noch in ihnen Leute, die am Ende der Dinge und der Herbeiführung der kosmischen Vorzeichen »interessiert« waren. Wenn *Augustin* es als ein *vulgare proverbium* gegen die Christen bezeichnet zu sagen: *Pluvia defit, causa Christiani*[14], so ist da nicht nur ungegründete Bosheit und Hexensuche im Spiele, sondern die von der neuen Lehre ursprünglich selbst hergestellte Verbindung zwischen ihrem Auftreten und den kosmischen Vorzeichen des Endes, die vom alten Kosmosvertrauen her suspekte »Unordnung« der mit biblischen Ereignissen verbundenen extraordinären Himmelserscheinungen. *Arnobius*, dessen Formulierung dieses Verdachtes ich schon zitiert habe, die Christen hätten die Welt zum Abweichen von ihren ursprünglichen Gesetzen gebracht, verteidigt in der ihm eigenen massiven Art, die oft dem Eigenen mehr schadet als dem Gegnerischen wehrt: Ist nicht tatsächlich alles beim Alten geblieben?[15] Geht die Geschichte nicht so weiter, wie sie immer lief? Besteht nicht der Zusammenhang der Dinge ungebrochen fort? Hier wird die Metapher vom »Einbruch« des Christentums erstmals formuliert *und* abgewiesen: *neque ulla irruperit novitas, quae tenorem perpetuum rerum dissociata continuatione diduxerit* (I 3). Der Anspruch auf die Geschichte ist schon Verzicht auf eine akute Eschatologie, ja auf ein prägnantes Neuheitsbewußtsein; die christliche Eschatologie brauchte nicht mehr irgendwo in der unfrommen Neuzeit »säkularisiert« und in so etwas wie das »Kommunistische Manifest« transformiert zu werden[16], ihre Verleugnung war schon der Preis für das weltgültige Eingehen in die hellenistische Geisteswelt, für das Gewinnen der Geschichte, in der es um »Lokalisierung«, nicht mehr um Infragestellung ging. *Arnobius* geht bedenkenlos so weit, den stoischen Weltenzyklus mit der Wiederkehr des Weltbrandes vorauszusetzen und zu fragen: *quando mundus incensus in favillas et cineres dissolutus est? non ante nos?* (I 4).

Laktanz ist da viel subtiler, aber der grobschlächtige *Arnobius* konnte uns die »Aufgabe« nackt vorführen, die auch jener zu lösen hatte: in die Geschichte zurückzufinden, sich in ihr zu legitimieren, zu realisieren. Da darf nicht die absolute Wahrheit vom Himmel fallen und alles Gewesene und Tradierte zu nichts verblassen lassen. Und wie er die Funktionen auszuwiegen versucht! Die Unwahrheit wird zu einer Gegenwelt der Wahrheit hypostasiert[17] und so das *falsum intelligere* zu einer eigenständigen Erkenntnisleistung aufgewertet, der das *verum scire* als die von Gott herkommende Erfüllung hinzutritt (II 3,23). Die skeptische Dialektik und die christliche Offenbarung werden in diesem Geschichtsbild zu Korrelaten. Die Philosophen haben erreicht, was menschliche Weisheit überhaupt erreichen konnte: zu erkennen, was *nicht* ist; zu sagen, was ist, vermochten sie nicht.[18] Hier beruft sich *Laktanz* auf eine Äußerung *Ciceros*[19], er möchte das Wahre so leicht finden können, wie ihm das Falsche bloßzustellen gelinge; dabei habe er sich nicht in skeptischer Manier verstellt, sondern aufrichtig seine Überzeugung ausgesprochen, denn *quod adsequi valuit humana providentia, id adsecutus est, ut falsa detegeret.* Hier werden nun die Attribute des Wahren und des Falschen in aufschlußreicher Weise vertauscht, indem es nicht mehr das Wahre ist, das durch seine Identität mit dem lichthaften Sein sich selbst zur Manifestation bringt[20], sondern dieser Modus der Andringlichkeit bleibt dem Offenbarungsereignis vorbehalten, während eben nach dem Selbstzeugnis *Ciceros* die »Leistung« des antiken Denkens auf dem *falsum quidem apparere, veritatem tamen latere* beruht und in dieser Formel seiner ontologischen Situation nach definiert ist. Mit Hilfe dieser epochalen Distinktion kann *Laktanz* sogar dem vielgeschmähten *Epikur* einen Platz und eine Funktion zuweisen: gegen *Plato* und *Aristoteles* hebt ihn positiv ab, daß er die Faktizität des Kosmos betont hatte, obwohl er dies nicht begründen konnte[21]; und er verdirbt sich denn auch sein *falsum intelligere* in bezug auf die platonisch-aristotelische Weltewigkeit dadurch wieder, daß er sein Nicht-begründen-können ins Objekt projiziert und die *ratio mundi* überhaupt leugnet – damit aber die Welt zum Traum macht (*redegitque mundum ... ad similitudinem cuiusdam vanissimi somnii*).[22] Denkt man durch die Geschichte weiter an die Folgen, die das Zutagetreten der metaphysischen Implikationen der rezipierten platonischen und aristotelischen Philosophie für die christlichen Grundpositionen der Seinsdeutung gehabt hat, so erscheint es als sehr sensibel, wie *Laktanz Epikur* gegen die Essentialphysik der platonischen und aristotelischen Kosmologie einsetzt. Die dogmatischen Irrtümer des antiken Philosophen entwerten seine kritischen Errungenschaften nicht, weil er die (von dem providentiell bevorzugten *Cicero* allerdings eingesehene) im Hinblick auf eine noch ausstehende Epoche sinnvolle »Aufgabenteilung« und seine damit gegebene Beschränkung auf das *falsum intelligere* nicht kannte. Das erlaubt *Laktanz*, auch einen *Epikur* vergleichsweise milde zu beurteilen, wo er thetisch geirrt hatte: wenn er seinen sorglosen Göttern Amt und Anspruch gegenüber den Menschen aberkannte – *quod a sapienti et gravi viro debet esse alienum* –, so tat er das nicht aus Bosheit oder Lust an der Irreführung, sondern weil ihm das Wahre verborgen war: *ignorantia veritatis erravit*, ja noch mehr, weil er um das seinem Weltalter allein zugewiesene *falsum apparere* nicht wußte und deshalb einem trügerischen Schein von Wahrheit folgte: *inductus enim a principio veri similitudine unius sententiae, necessario in ea quae sequebantur incurrit*.[23] Überall ist das antike Denken, eben weil es an das essentielle Sich-Zeigen der Wahrheit glaubte, für *Laktanz* der Verführung durch das Wahrscheinliche ausgesetzt gewesen. Ist es verwunderlich, daß sie Gott mit dem Himmel verwechselten, da sie doch nicht einmal am Menschen das sahen, was das Menschliche an ihm ausmacht, sondern das Gehäuse für das Wesen nahmen?[24] Der *Stoa* rechnet *Laktanz* es hoch an, daß sie den Blick des Menschen auf den Himmel gerichtet hat, aber was jene für den *Gegenstand* der *contemplatio* hielten, ist für ihn nur die *Richtung*, das Durchstrichenwerden der Aufdringlichkeit des Erdhaften, also auch eine Form des *falsum apparere*. Die Richtung des Blickes ist teleologisch in der aufrechten Haltung des Menschen vorgezeichnet, und damit die Gegenrichtung der Götterverehrung.[25] Aber die Richtung genügt noch nicht, es muß gleichsam eine neue »Intensität« der *contemplatio* gewonnen werden, die sie über das vordergründig Sichtbare hinausträgt (von »Transzendenz« darf man wohl bei *Laktanz* kaum sprechen). Das Sehen gibt sich dabei nicht auf, wird nicht zur bloßen Metapher: der Anblick des Himmels geht unmittelbar in die Begegnung der Gottheit über, ohne Kausalschluß und ohne ekstatischen Sprung: *homo... ad contemplationem mundi excitatus confert cum deo vultum et rationem ratio cognoscit (de ira dei* 7,5). Daß der Himmel nicht selbst das Göttliche ist, sondern gleichsam nur dessen »Physiognomie«, argumentiert *Laktanz* heraus, indem er zwei dogmatische Positionen der Stoa gegeneinander ausspielt: er benutzt das Prinzip der universalen anthropozentrischen Teleologie gegen die Vergottung des Kosmos. Wenn die Gestirne nach göttlichen Gesetzen dem Wohl und Nutzen des Menschen dienstbar sind, können sie nicht selbst göttlich sein.[26]

Das *Teleologie*prinzip, das am Beginn der Neuzeit zum Fluchtpunkt fast aller Stoßrichtungen der Kritik gegen die tradierte Metaphysik werden sollte, erfüllt hier selbst die Funktion eines kritischen Prinzips. Man könnte diese Funktion auf die Formel bringen: Depotenzierung der antiken metaphysischen Dignität des *Kosmos* zugunsten der Auszeichnung des *Menschen* gegenüber allem anderen Seienden, aber dies wiederum nur in einer theologischen Absicht, insofern der Mensch der einzige »Partner« eines nun persönlich gefaßten *Gottes* sein kann. Daß die kosmische Theoria der Antike nun zu einer personalen Gegenseitigkeit umgeformt werden soll, ergab sich schon aus dem eben zitierten, nicht mehr gegenständlich kontemplativen *conferre vultum*. Ein signifikantes Detail ist auch die Korrektur an der stoischen Formel *hominum causa mundum esse fabricatum:* hier sollte der Singular gebraucht werden, um die Begründung dieses Sachverhalts im Verhältnis des einen Gottes zu seinem einen Geschöpf zur Geltung kommen zu lassen.[27] Während eine der altstoischen Kosmosformeln die Welt um der Menschen *und* Götter willen entstanden sein läßt (SVF II, 527), ist jetzt der Mensch zum alleinigen Weltbezug geworden, aber seinerseits so etwas wie der »Repräsentant« der Welt gegenüber der Gottheit. Man könnte diesen Sachverhalt vielleicht auf ein Modell vom Typus des »Statthalters« zurückführen: *ei cuncta subiecta sunt, ut fictori atque artifici deo esset ipse subiectus* (*de ira* 14,2). Hier ist der stoische Teleologie-Sachverhalt ausgedrückt durch den biblischen Unterwerfungsbefehl, das heißt: ein Sein durch ein Sollen, das zum Sein transformiert ist.[28] Kontemplations- und Aktionsformeln gehen daher ineinander und durcheinander.[29] Es beginnt sich so etwas wie eine Weltaufgabe des Menschen herauszuschälen, seine Potenz als kosmische begriffen zu werden, und es fehlt der kleinen Laudatio des Menschen (VII 4, 14–16) gar nicht so sehr viel, um schon an die *Oratio de hominis dignitate* des *Pico della Mirandola* zu erinnern: *magna igitur et recta et admirabilis est vis et ratio et potestas hominis, propter quem mundum ipsum et universa, quaecunque sunt, deus fecit, tantumque illi honoris habuit, ut eum praeficeret universis, quoniam solus poterat dei opera mirari* (VII 4,16). Demgegenüber *kann*, ja *muß* der Kosmos defizient sein; noch die

»Übel« in der Welt sind der anthropozentrischen Teleologie eingeordnet, sind gleichsam die »Leerstellen«, in die hinein die menschliche *sapientia* wirksam wird, in denen sie ihren Spielraum findet (VII 4,14). Die antike Metaphysik hatte das Übel in der Welt als einen Mangel des gesollten Seins, als Nicht-seiendes also, gedeutet und es damit ontologisch einer Sinngebung entzogen. *Augustin* wird im Anfang seiner Frühschrift *De libero arbitrio* die Verantwortung für die *mala* in der Welt auf die *mala* des menschlichen Tuns zurückführen, also das »Schlechte« auf das »Böse« reduzieren, wobei Gott in seiner Strafjustiz nur der *vermittelnde* Faktor sein wird; aber gerade diese der antiken Ontologie verhaftet bleibende Lösung erzwingt sich zur Voraussetzung, daß die »Sünde« nun eine geradezu metaphysische Unausweichlichkeit bekommt und dadurch im weiteren Gang des augustinischen Denkens eben den Grund ihrer Imputabilität, die menschliche Freiheit, in Frage stellt und im Ausgang zerstört.[30] Für *Laktanz* ist das *malum* ein Indiz für die Stellung des Menschen zum Kosmos: so wie der dem Kosmos angehörende Leib des Menschen mangelhaft ist, *damit* sich die geistige Potenz des Menschen erweisen kann[31], muß der Kosmos im ganzen Nichtseiendes aussparen, wenn er um des Menschen willen gemacht sein soll. So polemisiert *Laktanz* gegen die epikureische Atomistik, daß sie in unendlichem Raum und unendlicher Zeit eine erschöpfende Kombinatorik der *concursus atomorum* vor sich gehen lasse, wobei doch alle überhaupt möglichen Seinsgestalten zutage treten müßten, also auch das, was der menschlichen *ars* eigentümlich sei, dabei von der Natur zustande gebracht werden müßte – eben das aber sei nicht der Fall: den Himmel hätte die Natur hervorgebracht, nicht aber Stadt und Haus, Marmorgebirge, nicht aber marmorne Säulen und Standbilder.[32] Also muß, so läuft hier die Argumentation, die Prämisse der unendlichen Atomkombinatorik falsch sein; es ist nicht alles in der Natur »schon da«, also ist planvoll ausgespart worden, was der Mensch für sich selbst hervorbringen sollte und wozu er so ausgestattet wurde, *ut ipse sibi efficeret quae ad usus essent necessaria* (*de ira* 10,41). Der vollständige Kosmos als Ausschöpfung aller in den Ideen vorgebildeten Seinsmöglichkeiten war der Inbegriff der »Leistung« des platonischen Demiurgen gewesen: Vollständigkeit des Seinsmöglichen galt für den aristotelischen wie für den stoischen Kosmos, und auch die demokriteisch-epikureische Atomistik hatte dieser Norm genügen müssen, weshalb es trotz der Pluralität der Welten in ihr nur die unendliche Wiederholung des uns umgebenden Exemplares von »Welt« gab. In diesem metaphysischen »Rahmen« blieb dem Menschen nur übrig, nachzuahmen, was er vorfand.[33] Eine neue Konzeption des Menschen, die ihn zum »Partner« Gottes machen konnte, erforderte das Zerbrechen des Rahmens.

Laktanz zeigt sich von dieser Konsequenz erfaßt und sucht ihr gerecht zu werden. In der Frage nach der *ratio operis* der Schöpfung wendet er gegen die aus dem platonischen *Timaeus* kommende Begründung, der Schöpfer schaffe, weil er gut sei, ein, dies würde eine durch und durch gute Welt erfordern, das heißt: eine Welt ohne Nichtseiendes. Da aber diese Konsequenz nicht gegeben sei, müsse die Prämisse falsch sein. Die *ratio operis* kann nicht in der göttlichen Immanenz eingeschlossen bleiben: *quoniam complexus est (sc. mundus) bona et mala, nec fecit (sc. deus) propter se quicquam, sed propter aliud* (*epit*, 63,5). Dadurch, daß der Mensch zur *ratio operis* wird, rechtfertigt sich eine unvollständige, Nichtsein einschließende Schöpfung, eine Welt, die des Menschen bedarf wie er ihrer und dadurch Notdurft und Freiheit vereinbar macht. Dieses Menschenbild wirkt auch in die Götterkritik hinein. *Laktanz* will ja diese Kritik mit der These durchführen, die antiken Götter seien ursprünglich Menschen von besonderen Verdiensten (z. B. Erfindung des Getreide- oder Weinanbaus) gewesen, die daraufhin vergottet wurden. Um so argumentieren zu können – also diese Götterwelt nicht nur auf Lüge und Erdichtung, sondern auf ein *fundamentum in re*, wenn auch ein *fundamentum imperfectum*, zurückzuführen –, muß *Laktanz* sagen dürfen, daß jene »Urerfindungen« gar keine göttlichen Qualitäten erforderten, sondern im Bereich der wesentlich menschlichen Kapazität lagen. Durch die Götterkritik wird die »Erfindung« zu einer menschlichen Fähigkeit, aber doch so, daß der göttliche Ursprung nur um einen Schritt zurückverlegt wird: die menschlichen Erfindungen bleiben im göttlichen Autorenrecht, weil Gott sowohl diese Fähigkeit als auch die Voraussetzungen ihrer Realisierung in der Natur begründet, beides aufeinander »abgestimmt« und nur die Aktualisierung dem Menschen »überlassen« hat.[34] Ein Gott, der seinem Geschöpfe *sapienta* gewährt, kann nicht zugleich alles »selbst machen« und bleibt doch Urgrund von allem. Wie kühn, trotz dieser Rückbindung, diese Stelle Späteren erschien, verrät die Tatsache, daß eine Reihe früher Ausgaben durch einen Textzusatz

Gott selbst zum Ersterfinder macht: ... *et ipsa illa, quae possent inveniri, primus invenit.*[35]

Wir waren davon ausgegangen, daß *Laktanz* die stoische *contemplatio caeli* in ein personales *vultum conferre* zu transponieren sucht. Dazu war nicht nur eine neue Formulierung der antiken Anthropologie notwendig, sondern auch der metaphysischen Theologie. Es würde eine eigene Abhandlung erfordern, das aufzuzeigen. In der Schrift *De ira dei* ringt *Laktanz* der stoischen Affektnegation und der hinter ihr stehenden Metaphysik des »unbewegten« Gottes den Zorn als Attribut eines moralisch Stellung nehmenden, ja richtenden absoluten Wesens ab. Die Unterscheidung zwischen *immobilitas* und *immutabilitas* (I 11, 8; II 8,44) bereitet Augustinisches vor. Das Machtmoment wird stark betont: *posse enim dei est; nam si non potest, deus non est* (II 8, 27), ja zum Kern des Gottesbegriffs gemacht: *deus est nomen summae potestatis* (I 3, 23). An die *iuris civilis ratio* knüpft ausdrücklich an die Einheit von *pater* und *dominus* (IV 3,15). Charakteristisch ist auch eine Zurückführung der Mitmenschlichkeit auf den Gottesbegriff: *deus enim, quoniam pius est, animal nos voluit esse sociale. itaque in aliis hominibus nos ipsos cogitare debemus* (VI 10,10) – dieses *pius* »übersetze« erst mal einer so, daß der kausale Sinn auch wirklich vollziehbar wird. Der Kern dessen, was wir im Nachhall unserer theologischen Tradition *Personalität* nennen, wird in all diesen Bestimmungen eher umspielt als getroffen. Aber was trifft den Kern dieses Begriffes eigentlich, dessen Bedeutung wir doch mehr zu kennen *glauben* als wirklich kennen?[36] Etwas – wie heute doch recht beliebt – über den »Personbegriff« bei irgend jemand zu schreiben, ist zumeist ein Tasten nach Kontur im Vagen. Ich beteilige mich für *Laktanz* nur mit einem Zitat an diesem Spiel, von dem ich das Gefühl habe, daß es etwas an der Sache »trifft«: *solus igitur deus est, qui factus non est ... ex seipso est ... et ideo talis est, qualem se esse voluit* (II 8,44). Ein Wesen, das so ist, wie es sich will und weil es sich als dieses will – das ist freilich ein Entwurf jenseits antiker Ontologie. Und vielleicht läßt sich dies auch als Prinzip der Einheit der neuen theologischen Attribute durchführen, etwa für das *ens infinitum:* weil der Wille unendlich ist, ist ein Wesen, das so ist, wie es sich will, ein unendliches Wesen. Das aber nur als Vermutung, wie dieses Theologumenon mit einem Personalitätsbegriff zusammenhängen könnte. Dem sich-selbst-wollenden (statt: sich-selbst-denkenden) Gott entspricht eine »Religion«

der inneren Freiheit: *religio sola est, in qua libertas domicilium collocavit. res est enim praeter ceteras voluntaria, nec imponi cuiquam necessitas potest, ut colat, quod non vult* (*epit.* 49,1). Die Entdeckung einer neuen Positivität der Freiheit steht hier als Fazit am Ausgang der Verfolgungszeit. Die Antike hatte den Freiheitsbegriff vorwiegend unter dem Aspekt der Antithese: universale Ordnung (Kosmos) – individuelle Willkür gesehen; Freiheit war nicht das, worauf sich der Mensch berufen konnte, sondern vielmehr, woraufhin er zu seiner Ordnungsverantwortung berufen werden konnte, etwa: sich Lob oder Tadel der Polis zuzurechnen hatte. Das durch die Märtyrerzeit geprägte Selbstbewußtsein sieht den Freiheitsbegriff unter dem Aspekt der Antithese: öffentliche Ordnungsgewalt – individuelles Recht auf Überzeugung. Bei *Laktanz* (noch nicht bei *Tertullian*) kommt der Gedanke zur Formulierung, daß der Märtyrer nicht nur für »seine Sache«, sondern für das Prinzip der Möglichkeit einer »eigenen Sache« überhaupt stirbt. Mit Recht beansprucht die neue Religion hier, gegenüber der antiken Objektivierung des Freiheitsproblems als *domicilium* der neuen Freiheit des Subjekts zu gelten. Der Mensch kann diesem Gott, der sich in seinem Sein will, nur noch dadurch als »Partner« begegnen, daß er wenigstens in diesem Akt der *religio* sich seinerseits frei zu dem bestimmt, was er ist. Bedeutet das, dieses Verhältnis sei fortan »personal«?

Ein letzter Punkt darf nicht übergangen werden, wenn die strukturelle Komplexion von Kritik und Rezeption an unserem Paradigma einigermaßen zureichend veranschaulicht werden soll; er betrifft das Verhältnis des Rhetors *Laktanz* zur *Rhetorik*. Das ist eine Frage, die auch andere patristische Autoren rhetorischer Provenienz in Verlegenheiten gebracht hat. *Laktanz* ist sich des Zurückbleibens seiner Glaubensurkunden gegenüber dem rhetorischen Stilanspruch wohl bewußt; er weiß, wie sehr das Christentum benachteiligt ist durch die Uneingängigkeit seiner Urkunden für das Ohr der grammatisch-rhetorisch Geschulten: *nec quaerunt vera sed dulcia; imo illis haec videntur esse verissima, quae auribis blandiuntur* (*epit.* 57,7). Der eigentliche Konflikt des *Laktanz* besteht nun darin, daß er einerseits von der Vorstellung der *vis veritatis* beherrscht ist und ihr das Feld allein einräumen möchte, daß aber andererseits seine eigene Erfahrenheit mit Technik und Wirkung rhetorischer Mittel ihm doch geraten erscheinen läßt, die Wahrheit nicht ganz sich selbst zu überlassen.

So kann er kurz hintereinander von der *incredibilis vis eloquentiae* verderblicher Philosophen und der *vis veritatis* sprechen, die uns keinen Zweifel erlaubt, *veritatem ipsam contra fallacem captiosamque facundiam sua propria vi et claritate valituram* (*de opif.* 20,5). Vermutlich zeigt sich auch hier etwas von dem charakteristischen Dualismus des *Laktanz* und vielleicht auch von dem in der Geschichte immer dann auftretenden Dramatisierungsbedürfnis, wenn für eine Sache *nur noch* durch Reden eingetreten werden kann. Darauf weisen so künstliche Antithesen wie die zwischen der *scientia bene dicendi* und dem *pie atque innocenter vivere* (I 1,9) hin, wobei sich *Laktanz* auf die Griechen beruft, denen der Ruhm des Philosophen mehr gegolten habe als der des Rhetors. Die Begründung, daß das Reden doch nur wenige, das Leben aber alle anginge, wirkt wenig überzeugend. Schließlich will er doch nur der »Wahrheit« seine Reverenz erwiesen haben, indem er sagt, daß sie den Rhetor und Stilisten, »eigentlich gar nicht nötig habe«, um dann aber für sich und seine Dienste und Künste freie Hand zu bekommen, denn mit Glanz und Schmuck zieht die Wahrheit um so sieghafter in die Gemüter ein.[37] Diese »Verstärker«formel baut eines der Tore, durch die eine ganze Welt formaler und materialer »Bildung« in die neue Epoche eingelassen worden ist. Auch der Topos des Rhetors *Laktanz*, er sei unerfahren und armselig in der Redekunst, hat immer wieder dazu gedient, allen Glanz und alle Macht des Vortrags der Sache selbst zuzuschreiben, die er vertritt: *sed necesse est, ipsa me faciat causae bonitas eloquentem* (III 13,12). Die Rhetorik will sich nicht als Instrument, sondern als Ausdruck der Wahrheit verstanden wissen. Der Glanz der Diktion soll als der Glanz der Wahrheit selbst, als die unvermittelte und ungekünstelte Selbsttransposition der Sache in die Sprache verstanden werden.

Anmerkungen

1 Ein Beispiel (*Cicero* bei *Ambrosius*) habe ich in ganz anderem Zusammenhang in *Studium Generale* 10, S. 65f (1957) gegeben.

2 H. Langerbeck [in seiner Rezension von Carl Schneider, *Geistesgeschichte des antiken Christentums*, in: *Gnomon 28*, S. 481–501 (1956)] hält »die geschichtliche Verbindung von Philosophie und Christentum

nicht zum wenigsten für eine zwingende Konsequenz der radikalen Ablehnung und Überwindung der antiken ›Religion‹ durch beide«, wobei man über die »naive Deutung antiker philosophischer Theologie als gedankliche Explikation ›antiker Religiosität‹ analog dem Verhältnis von christlicher Theologie und christlichem Glauben« natürlich hinausgekommen sein müsse.

3 Vgl. Cyprian, *de mortalitate* 25: *mundus ecce nutat et labitur et ruinam sui non iam senectute rerum sed fine testatur.*

4 Tertullian *Apologeticum* 39,2.

5 Vgl. die reich belegte Darstellung bei M. Werner, *Die Entstehung des christlichen Dogmas*, 2. Aufl., S. 105–115. Bern o. J.

6 Tertullian, *Apol.* 39,4.

7 *Divinae Institutiones* III 4,11. Bloße Stellenangaben im weiteren Text beziehen sich auf dieses Werk.

8 *De opificio dei* 1,15.

9 *De opif.* 14,8: *omnia quae ad motus animi animaeque pertineant, tam obscurae altaeque rationis esse arbitror, ut supra hominem sit, ea liquido pervidere.*

10 *De opif.* 14,9: *quis scire nisi artifex potest, cui soli opus suum notum est?* (hier bezogen auf die innere Organausstattung des Menschen).

11 III 11,5: *Miror itaque, nullum omnino philosophorum exstitisse, qui sedem ac domicilium summi boni reperiret.*

12 VII, 8, 3 macht *Laktanz* dies am Vergleich der platonischen und der christlichen Unsterblichkeitslehre deutlich und formuliert die formale Differenz so: *Nos igitur certioribus signis eligere possumus veritatem, qui eam non ancipiti suspicione collegimus, sed divina traditione cognovimus.* Charakteristisch abgewandelt ist dieser Gedanke in der *Epitome Institutionum Divinarum* (64,6), wo *Plato* hinsichtlich seiner Unsterblichkeitslehre vorgehalten wird, daß er *amputatis mediis* zu ihr gelangt sei, wir würden sagen: auf unmethodische Weise, daß er *non per gradus ad eam sententiam descendit.* Sein Wahrheitsanteil wurde im blinden Vorstürzen, nicht im bedachten Vorgehen erlangt, als Raub, nicht als Erwerb gewonnen: *amputatis enim mediis, incidit potius in veritatem quasi per abruptum aliquod praecipitium, nec ulterius progressus est: quoniam casu, non ratione verum invenerat.* Weil *Plato* nur eine solche Wahrheitspartikel an sich gebracht hatte, mußte ihm der »systematische« Zusammenhang, in den diese gehörte, entgehen: *hic Plato aberravit: hic perdidit, quam primum arripuerat, veritatem, cum de cultu eius dei, quem conditorem rerum ac parentem fatebatur, obticuit, nec intellexit, hominem deo potestatis vinculis esse religatum (64,5).* Die partielle Wahrheit konnte *Plato* als eine selbstgenügsam philosophische erscheinen und ihm so ihre Implikation der *religio* verbergen. Kritik und Rezeption gehen hier Hand in Hand: die Kritik geht auf den Mangel an Konsequenz im philosophischen Vorfeld des

Christentums und rechtfertigt so die Rezeption, durch die die *testimonia divina* als Anstoß zur konsequenten Explikation des philosophischen Erbes in Szene gesetzt werden können.

13 Zu der Wiedergewinnung der Geschichte durch eine elastische Chronologie der eschatologischen Verheißungen vgl. das Material bei M. Werner, a. a. O., S. 83–88.

14 *De civitate dei* II,3. Vgl. Tertullian, *Apolog.* c. 40.

15 *Adversus gentes* I 2: ... *postquam esse nomen in terris Christianae religionis occoepit, quidnam invisitatum, quid incognitum, quid contra leges principaliter institutas, aut sensit aut passa est rerum ipsa quae dicitur appellaturque natura?* Die Assoziierung der göttlichen Selbstbezeugung mit dem *Wunder* war also ganz und gar nicht der Schlüssel, der dem Christentum den Zugang in eine Geisteswelt hätte öffnen können, die sich ihres *Kosmos* im umfassendsten Sinne nicht mehr sicher fühlte. Die Berufung auf den Wunder»beweis« hätte das Christentum in Widerspruch zur Sehnsucht nach dem verlorenen Kosmos gebracht. Arnobius trägt diesem elementaren Konflikt hier Rechnung.

16 Vgl. meine Besprechung von Rudolf Bultmanns *Geschichte und Eschatologie*, in: *Gnomon* 31, S. 163–166 (1959).

17 Von solchen Dualismen ist das Werk des *Laktanz* so durchwachsen, daß man schwerlich an den *additamenta dualistica* als gnostisch-häretischen Einschüben festhalten kann: *ex rebus diversis ac repugnantibus homo factus est, sicut ipse mundus ex luce ac tenebris* (II 12,7); *fons autem bonorum deus est; malorum vero ille scilicet divini nominis semper inimicus ... ab his duobus principiis bona malaque oriuntur ... summum malum ... adversarium dei* (VI 6, 3–5); *itaque fecit omnia deus ad instruendum certamen rerum duarum* (VI 22,2). Das von *Thomasius* zuerst athetierte Stück nach VII, 5,27 wird schon ab 5,23 dualistisch eingeleitet. Das vermeintliche *additamentum* in *De opif.* 19,8 paßt vorzüglich zwischen 19,8 und 19,9, weil die hier thematische *magna vis hominis* die dualistische Prämisse voll auffängt. Der Kern dieses ganzen Dualismus liegt aber in der Voraussetzung der logischen Korrelativität der Begriffe *bonum-malum: hanc enim deus bonorum ac malorum voluit esse distantiam, ut qualitatem boni ex malo sciamus, item mali ex bono; nec alterius ratio intelligi sub lato altero potest (V 7,5).* Ähnlich VI 15,7 und *Epitome* 24,3: *ita fit, ut bonum sine malo esse non possit.* Dieses fundierende Raisonnement ist aber ganz und gar nicht gnostisch, sondern stoisch! *Chrysipp* hat in seiner Schrift über die Vorsehung (*Stoic. Vet. Fragm.* ed Arnim II, 1169 = Gellius, *Noct. Att.* VII,1) den gegen die Vorsehung und anthropozentrische Teleologie gerichteten Einwand: *in eo mundo, quem propter homines fecisse dicatur, tantam vim esse aerumnarum et malorum,* zurückgewiesen mit der Argumentation: *cum bona malis contraria sint, utraque necessum est opposita inter esse et quasi mutuo adversoque fulta nisu consistere;*

nullum adeo contrarium est sine contrario altero. Chrysipp selbst beruft sich auf *Plato: alterum enim ex altero, sicuti Plato ait* (wohl Berufung auf *Phaidon* 60 C). Weitere stoische Belege vgl. SVF II 1181, 1182. Da *Laktanz* seine Stoizismen aus *Ciceros De natura deorum* schöpft, ist es kaum eine Kühnheit, zu vermuten, daß dieses *Chrysipp*-Argument in einer der uns verlorenen Partien gestanden hat.

18 II 3,24: *Ita philosophi, quod summum fuit humanae sapientiae, assecuti sunt, ut intelligerent, quid non sit: illud assequi nequiverunt, ut dicerent quid sit.*

19 *De natura deorum* I 32, 91. Diese Bezugnahme auch *De ira dei* 11,10.

20 Vgl. Licht als Metapher der Wahrheit, in: *Studium Generale* 10, S. 432–447 (1957).

21 VII 1,10: *Unus igitur Epicurus, auctore Democrito, veridicus in hac re fuit, qui ait et ortum aliquando fuisse et aliquando esse periturum (sc. mundum). Nec tamen rationem ullam reddere potuit...*

22 VII 3,24: *corrupit ergo, quod recte viderat, et totam rationem penitus ignorantia rationis evertit...*

23 *De ira dei* 4,8–9. Schärfer im Ton ist *Laktanz* in De opif. 6,1, wo von der *Epicuri stultitia* die Rede ist und alle Verantwortung für die Lehren des *Lukrez* dem Meister zugewiesen wird: *illius enim sunt omnia, quae delirat Lucretius.* Das braucht *Laktanz*, nach seinem Generalrezept für die Rezeption, wiederum nicht zu hindern, einen *Lukrez*-Vers (aus dem dritten Prooemium: *Dicendum est, deus ille fuit*... V, 8), der die Apotheose des *Epikur* zelebriert, auf seinen eigenen Gott anzuwenden, so daß aus dem antiken *Begriff* (... war ein Gott) der Eigen*name* des neuen Gottes geworden ist. Eines der hübschesten Zeugnisse für die Technik der Rezeption und das in ihr wirksame, alles Tradierte *funktionalisierende* Geschichtsbewußtsein der Patristik!

24 II 3,8: *nec mirandum est, si deum non videant, cum ipsi ne hominem quidem videant, quem videre se credunt. hoc enim, quod oculis subiectum est, non homo, sed hominis receptaculum est.*

25 II 1,14: *nobis autem status rectus, sublimis vultus ab artifice deo datus sit; apparet, istas religiones deorum non esse rationis humanae: quia curvant coeleste animal ad veneranda terrena*... Fast wörtliche Wiederholung *II 2, 18–20.*

26 Dienstbarkeit der Gestirne: *istam caeli speciem tam providenter ad utilitates viventium temperatam* (*de ira dei* 10,35); *caelestium rerum officia (13,3); a deo lumina illa, ut horrorem tenebrarum depellerent, instituta* (II 5,24). Ungöttlichkeit der Gestirne: *quae cum videant divinis legibus obsequentia commodis atque usibus hominum perpetua necessitate famulari, tamen illa deos existimant esse, ingrati*... (II 5,6). Vgl. ferner VI 2, 3–4. Die Argumentation ähnelt sehr der Abwehr der Gestirnvergötzung in *Deuteron.* 4,19.

27 VII, 4, 2–3: *quanquam in hoc ipso non mediocriter. peccent (sc. Stoici),*

quod non hominis causa dicunt, sed hominum. unius enim singularis appellatio totum comprehendit humanum genus, sed hoc ideo, quia ignorant, unum hominem a deo esse formatum, putantque, homines in omnibus terris et agris tanquam fungos esse generatos.

28 *Laktanz* sieht die Differenz nicht, denn als Beleg für das schon erwähnte *particulatim veritas ab his tota comprehensa est* führt er u. a. auch den stoischen Teleologiesatz an: *hominum causa mundum et omnia, quae in eo sunt, esse facta, Stoici loquuntur, idem nos divinae literae docent* (vgl. hierzu die Verweisung in Anm. 1).

29 *De ira dei* 14, 1–3: *spectatorem operum rerumque caelestium ... ut rerum omnium dominaretur ...* Vgl. III 10,9.

30 Es ist eine völlige Verkennung der inneren Struktur eines solchen Vorganges zu sagen, es sei der »Einfluß« des paulinischen Römerbriefes gewesen, der *Augustin* zum Umbau seiner frühen Freiheitskonzeption geführt habe. Das ist eine mechanische Metapher, die sich den Einfluß-Faktor mit einer bestimmten, dem vorgegebenen und als solchen massenträgen Bestand an Vorstellungen überlegenen Energiemenge ausgestattet denkt; jedenfalls bedarf es äußerster kritischer Vorsicht, ehe man sich diesem Modell eines geistesgeschichtlichen Prozesses überläßt, das gemeinhin als das fraglos-unbefragte gilt. Im Falle Augustins ist deutlich erkennbar, daß die in seiner frühen Freiheitskonzeption implizierte antike Ontologie *immanent* zu einer Hypertrophie des Sündenbegriffes führen mußte, zu deren Rechtfertigung das aktuale Schuldbewußtsein selbst eines Augustin nicht ausgereicht haben dürfte: alles, was noch im Neuplatonismus die Hyle in ihrer Seinslosigkeit und Dunkelheit »erklärt« oder, besser, der Erklärungsforderung entzogen hatte, mußte ja nun (nach dem angegebenen Schema von *De libero arbitrio*) als Strafübel für eine gegebene Schuld gerechtfertigt werden, um Gott von dem manichäischen Verdacht zu befreien. Diese Gesamtlast einer antimanichäischen Metaphysik hat die Sündenvorstellung zu übernehmen, eine kosmische Verantwortung, die nur durch eine ebenso universale, ihrer »Schwere« nach gar nicht bestimmbare Wurzelschuld der Menschheit »aufgebracht« werden konnte. Hier ging es gar nicht mehr ohne paulinischen theologischen Sukkurs, ohne das über dem Menschen zusammenschlagende Meer einer seinstiefen Ursündigkeit. Die verschwiegene Ironie dieses die menschliche »Kapazität« überfordernden Sündenbegriffs ist es, daß über die Prädestinationsvorstellung doch eben der Manichäismus wieder hereingeholt wird, dessen Elimination der ganze Aufwand gegolten hatte; für *diese* Sünde in ihrer seinsaffizierenden Absolutheit konnte eben letztlich doch nur das absolute Prinzip selbst verantwortlich gemacht werden – die *massa damnata* hatte dafür nur noch die Folgen zu tragen. *Paulus* ist in dieser ganzen Sache (wenn es schon einer metaphorischen Hilfe bedarf) nur der »Katalysator«, dessen Bestärkung die Konsequenzen fließen läßt.

31 VII 4,14: *itaque nudum formavit et inermem (sc. hominem), ut eum sapienta et muniret et tegeret.* Vgl. *de opif.* 2,6; 2, 10; 7,9.

32 *De ira dei* 10, 39 *sq.: quaero cur facere caelum potuerit (sc. natura), urbem aut domum non potuerit, cur montes marmoris fecerit, columnas et simulacra non fecerit. atquin non debuerant atomi etiam ad haec efficienda concurrere, siquidem nullam positionem relinquunt quam non experiantur? nam de natura quae mentem non habeat non est mirandum quod haec facere oblita sit.*

33 *Nachahmung der Natur,* in: *Studium Generale* 10, S. 270–278 (1957).

34 I 18,20: *reliquerit haec sane deus humanis ingeniis eruenda: tamen fieri non potest, quin ipsius sint omnia, qui et sapientiam tribuit homini, ut inveniret, et ipsa illa, quae possent inveniri.*

35 *M. Thomasius,* der diesen Zusatz streicht, begründet charakteristischerweise: *nam de Deo ante et hic loquitur, declarans, quamvis homines aliquem usum humano generi utilem multarum rerum invenerint, tamen omnia in Deum esse referenda, qui et prudentiam hominibus ad inveniendum ea tribuerit, et res ipsas effecerit, in quibus prudentia haec posset apparere.* In dieser Abschwächung erscheint die *inventio* nur als »Entdeckung« eines *usus utilis rerum,* während Laktanz das *ipsa illa quae possent inveniri* im Sinne der Begründung der »formalen« Kausalität einer *res utilis* gemeint haben dürfte.

36 *Laktanz* selbst dürfen wir da höchstens nach der *Sache* befragen; den Namen verwendet er noch ganz unbefangen so: *homo voluptarius (sc. Epicurus) personam sibi viri fortis imposuit...* (III 27,5). Etwas näher der augustinischen Ausstattung des Begriffs kommt er bei der Formulierung der Goldenen Regel: *transfer in alterius personam...* (*epit.* 55,3), aber man lese auch da nichts hinein.

37 I 1,10: *quae licet possit sine eloquentia defendi, ut est a multis saepe defensa; tamen claritate ac nitore sermonis illustranda et quodam modo disserenda est, ut potentius in animos influat, et vi sua instructa, et luce orationis ornata.*

Hans Holländer

». . . inwendig voller Figur«

Figurale und typologische Denkformen in der Malerei

Von »Typus« und »Figur« ist in der Kunstgeschichte sehr oft und mit unterschiedlicher Bedeutung die Rede. Der Sprachgebrauch mag nicht immer besonders genau sein, aber er läßt zunächst kein Problem erkennen. Er verdeckt es vielmehr, hat aber darin nicht ganz unrecht, denn Figur ist jede Form der anschaulichen Vergegenwärtigung eines in Worten vielleicht weniger genau darstellbaren Gedankens, und Typus ist eine auf diese Weise geprägte, überlieferbare und wiedererkennbare Formulierung mit konstantem Muster.

Was aber meinte Albrecht Dürer mit seinem bekannten Satz, ». . . ein guter Maler ist inwendig voller Figur, und obs möglich wäre, daß er ewiglich lebte, so hätt er aus den inneren Ideen, davon Plato schreibt, allweg etwas Neues durch das Werk auszugiessen«?[1] Der erste Teil des Satzes ist eindeutig: Der Künstler muß imstande sein, die ganze »unendliche« Mannigfaltigkeit möglicher Figuren und Gestalten anschaulich zu realisieren. Auf die unendliche Menge möglicher Bildungen bezieht sich deutlich die gedachte Ewigkeit der Lebensdauer. Selbst unter dieser Voraussetzung gäbe es keine Wiederholung, weil »allweg Neues« zustandekäme. Das Plato-Zitat durchkreuzt allerdings diese Überlegung, denn die Ideen Platos sind elementar und nicht unendlich mannigfaltig. Vielmehr sind sie als geistige Prinzipien aller Realität vorgeordnet und Ursache ihrer scheinbaren Mannigfaltigkeit. Sie sind nicht unendlich, aber ewig und außerhalb von Raum und Zeit. Indessen verstand Dürer, wie die meisten seiner Zeitgenossen, unter Idee etwas anderes als Plato. Panofsky hat das Problem ausführlich diskutiert.[2] Bei Dürer ist Idee eine geistige Vorgestalt des Werkes, die wenige Zeilen zuvor etwas anders, nämlich als Inspiration, beschrieben wird: »Denn es will kommen von den öberen Eingiessungen.« Das wiederum ist Dürers Übersetzung des scholastischen Begriffs der *scientia infusa*. Das Paradigma ist die Pfingstinspiration, die »Ausgießung des heiligen Geistes«. Die »öberen Eingiessungen« und die inwendige Mannigfaltigkeit von Figuren gehören wohl zusammen, doch legt Dürer Wert darauf, daß der Maler zu seinem Werk geschickt sein müsse und langjährige Übung in der Beobachtung und im »Reissen« unerläßlich sei. Diese Sätze Dürers können viele Fragen auslösen und fordern zur Rekonstruktion ihrer Bedeutung heraus. In der Dürer-Literatur, die umfangreich ist, finden sich die vermutlich nur noch variierbaren Interpretationsmodelle.

In diesem Falle ist das anscheinend selbstverständlichste Wort das interessanteste. Was meinte Dürer mit »Figur«? Wir können den Begriff auf sein Werk und seine ausgedehnte figurale Neugier beziehen sowie darauf, daß Malerei für ihn unzweifelhaft Wissenschaft war, eine den Artes liberales gleichrangige, auf Mathematik und Erfahrung gegründete Erkundung der Welt. Figur ist alles Sichtbare, aber auch alles formulierbare Wissen. Bild und Figur waren überdies oft identische Begriffe. Wenn Illustrationen zu Texten in einigen Sprachen bis heute mit »fig.« bezeichnet sind, dann zeigt das die Überlebensfähigkeit dieser Vorstellung von Figura als einer Form der anschaulichen Vergegenwärtigung. Es ist dabei gleichgültig, ob es sich um eine mathematische Figur, eine naturwissenschaftliche Illustration, ein statistisches Diagramm, um eine menschliche Figur oder ein Historienbild handelt. So ähnlich muß man sich Dürers Begriff der »Figur« auch vorstellen, ähnlich universal auf jede Form der Veranschaulichung unterschiedlicher Gedanken und Phänomene bezogen. Ganz allgemein meinte er wohl damit alle Formen und Gestalten sowie die Muster ihrer Zuordnung in Ähnlichkeiten und Unähnlichkeiten. Das wiederum erforderte Kenntnis ihrer Gesetzmäßigkeiten und ihrer Bedeutungen sowie ihrer elementaren Bauart, die sich dann von der Geometrie in den Festungsbau oder die menschliche Proportion übertragen ließen. Dürer meinte indessen auch solche Kenntnisse, die nicht »geometrisierbar« sind, literarische und theologische, mit ihrem philosophischen Grund. Figura ist daher auch in der Nähe der Idea angesiedelt, in der Nähe der »öberen Eingiessungen«, die den Künstler zum Werk befähigen und inspirieren. So entstehen die Konstellationen, Korrespondenzen und Strukturen, die ein Werk auszeichnen. Sie sind sämtlich »figura«. Es kann vorausgesetzt werden, daß Dürers Begriff der Figur auch die Denkfiguren der Typologie meinte, und das nicht nur, weil ihm theologische Überlegungen vertraut waren, sondern weil Identifikationen, Präzedenzfälle und Allusionen dabei eine bedeutende

Rolle spielen. Von ihnen hat Dürer oft Gebrauch gemacht. Die typologische Parallelisierung ist nur der einfachste Fall. Er ist in den Texten und Programmen vorgegeben. Die Eigengesetzlichkeit der Bilder und der »inwendigen Figuren« kann jedoch ganz andere Verweissysteme und Konnotationen zustandebringen, die immer noch am Typus und an der Gestalt, manchmal auch nur am Namen orientiert sind, aber deutlich eine »Figura« bilden.

Erich Auerbach hat diesem Begriff einen grundsätzlichen Aufsatz gewidmet[3], der zwar die Probleme in den Bildkünsten nicht berührt, ihnen aber näherkommt als andere Arbeiten zu dem überwiegend theologisch-literarischen Feld von Begriffen und ihren Definitionen. Dort sieht der Sachverhalt zunächst einmal ganz anders aus, nämlich enger und begrenzter sowohl nach der Seite der Methode wie ihrer Zweckbestimmung.[4]

Der Fall ist allerdings schwierig und so materialreich, daß er gar nicht in extenso dargelegt werden kann. Ich beschränke mich auf eine Folge von Anmerkungen mit Beispielen und versuche, die Denkform »Typologie« und »Figura« an der Realität von Bildern zu erkunden. Dabei müssen natürlich die Spielregeln genannt werden. Sie sind meistens auf bestimmte Zwecke bezogen, und sie haben oft etwas mit der historischen Legitimation von Personen, Ereignissen und Texten zu tun. Das zeigt schon der einfachste Fall: Typologie im engeren Sinne ist mit ihren exegetischen und apologetischen Funktionen eine hinreichend scharf umrissene Methode, die sich auf die Zuordnung der Ereignisse des Neuen Testaments zum Alten Testament gründet, so daß zu jedem heilsgeschichtlich bedeutsamen Geschehen des Neuen Testaments eine oder mehrere Präfigurationen im Alten Testament gefunden werden können. Die Arche Noah ist zum Beispiel eine Präfiguration der Kirche, ihr Antetypus.[5] Eine Systematisierung dieser Zuordnungen stößt allerdings auf Schwierigkeiten. Zwar gilt die Regel, daß mindestens ein Merkmal übereinstimmen müsse, aber dieses Merkmal kann eines der Gestalt sein (Hiob und »Christus auf dem Kalten Stein«, auch Schmerzensmann)[6] oder eines der Bedeutung (Rettende Arche – Kirche), ein bestimmtes Schlüsselwort in zwei sonst nicht miteinander vergleichbaren Texten oder einer Gestalt und einem Text. So ist die Zuordnung der Evangelistensymbole zu den Evangelien zwar in der Vierzahl hieb- und stichfest begründet, weil es an dieser Zahl kosmologisch nichts zu bezweifeln gab, aber die Zuordnung im Einzelnen war ein schwieriges Problem. Sie

Abb. 1: Klosterneuburger Altar, Kupfer, vergoldet (über Holzkern), Email. Nikolaus von Verdun. Um 1181. Linker Flügel. Klosterneuburg, Chorherrenstift.

Die Szenenfolge ist typologisch gegliedert: Die mittlere Arkadenreihe enthält Szenen des Neuen Testaments von der Verkündigung an Maria bis zum Jüngsten Gericht. Diese Zeit steht »sub gratia«, also im Zeichen der Gnade, des Neuen Bundes und sie reicht vom Erscheinen des Messias bis zum Ende der Geschichte. Dieser Folge sind entsprechende Ereignisse des Alten Testaments zugeordnet: In der oberen Arkadenreihe die Ereignisse »ante legem«, also die vormosaischen Ereignisse von der Verkündigung Isaaks bis zur Entrückung des Henoch. Die untere Arkadenreihe steht »sub lege«, sie versammelt eine Szenenfolge von der Verkündigung Samsons bis zur Himmelfahrt des Elias. In der Senkrechten ergeben sich dann jeweils die einzelnen Zuordnungen von oben nach unten zur Mitte. Tituli liefern die Erklärung und den Zusammenhang. Dieser Altar ist das »exemplum classicum« typologischer Zuordnung von Altem und Neuem Testament, weil Vollständigkeit der Entsprechungen von Zeitfolgen angestrebt wurde, weil unter den geläufigen Möglichkeiten eine Auswahl getroffen wurde, die anschauliche Zuordnungen ermöglicht, und schließlich, weil es sich um ein Werk von außergewöhnlichem Rang handelt.

Abb. 2: Klosterneuburger Altar, rechter Flügel

wechselte denn auch lange und stabilisierte sich erst unter dem Einfluß des Hieronymus, nicht weil er die besseren Argumente hatte, sondern wegen seiner Autorität als Kirchenlehrer. Die Forderung nach widerspruchsfreier Einheit der heiligen Texte erzwang oft kühne Assoziationen und Begründungen und prägte eine Denkform, die keineswegs mit der »Typologie im engeren Sinne« zu Ende ist; sie ist daher auch keine auf eine bestimmte Epoche begrenzbare Form der Argumentation, nicht einmal spezifisch christlich, sondern universal. Im übrigen waren die mittelalterlichen Konventionen nicht so gefestigt, als daß sie nicht auch als Spiel mit Bedeutungen und Formen hätten aufgefaßt werden können, die als Zeichen hinreichend kodifiziert, aber zugleich ganz anschaulich waren. Das mittelalterliche Zeichensystem bot gerade deswegen eine außerordentliche Fülle von Kombinationsmöglichkeiten und Verweisen, die manchmal »typologisch« aussehen, ohne es aber zu sein. Zum Teil liegt das daran, daß auch die oft bildhaft-anschaulichen Begründungen typologischer Zuordnung nicht nur auf einer Hypothese beruhten, sondern auf der Forderung nach einem Bild, wo es keinen Text gab. In keinem Text ist von der Inspiration des Evangelisten durch das ihm zugeordnete »Evangelistensymbol« die Rede. Aber in der Regel sind die Evangelisten eben in dieser Weise – seit San Vitale in Ravenna – als Inspirierte dargestellt worden. Die Zuordnung der vier Wesen der Gottesvision des Ezechiel und der Johannesapokalypse zu den vier Evangelien, die als rechtgültige zu erweisen waren und in den Kanon der vom Heiligen Geist inspirierten Schriften aufgenommen wurden, war nach Zweckbestimmung und Methode ein typologisches Verfahren, das der Allegorese bedurfte. Die Evangelisten, die Werkzeuge des Heiligen Geistes, als Inspirierte darzustellen, lag unter diesen Voraussetzungen einigermaßen nahe. Von den Evangelistensymbolen als inspirierenden Mächten ist jedoch nicht die Rede. Wohl aber wurden sie zu einem Problem für die Künstler. Die Voraussetzungen führten jedenfalls zu einem überaus wandlungsfähigen neuen Thema der Malerei, das keine Präzedenzfälle hatte. Antike Inspirationsbilder sahen anders aus. Die Texte lieferten nur das Problem, nicht aber die anschauliche Lösung.

Typologie erscheint so als Denken in anschaulichen Figuren und als kombinatorisch assoziative Methode, die zu einem ausgedehnten Geflecht von Beziehungen und damit zu neuen Erfindungen führt. Interessant ist dabei immer, wie ein an sich schwieriger Text zu einem neuen und durchaus nicht eindeutigen Bild führen kann, wie die Texte und Bilder einander – im Mittelalter zumeist mit berechtigtem Mißtrauen – begegnen und wie sich die Bilder zueinander verhalten; denn wie die Texte haben auch sie ihre Präzedenzfälle, die verwendbar und interpretierbar sind. Man könnte diesen Vorgang auch »iconological recycling« nennen. Das Modell ist nicht auf die typologische Normalvariante »Altes Testament – Neues Testament« und ihren Legitimationszweck begrenzbar. Erich Auerbachs »Figura«[7] trägt weiter, ist allgemeingültiger, und in den Künsten kommen andere, ebenfalls figurale Motive hinzu, die von Gestalten und Figuren oder von deren Bedeutung weitere Bezugssysteme ableiten. Immer dient das Verfahren einem bestimmten Zweck, einem Beweisziel oder einer

Legitimation oder der Veranschaulichung eines bereits in Anspielungen zuvor gegenwärtigen Sachverhalts. Die Legitimation des Späteren durch Früheres, durch »Präzedenzfälle« oder durch »Antetypen«, ist wahrscheinlich der häufigste Fall gewesen, jedenfalls war er für den Begriff Typologie bestimmend. Immer aber ist die Vergleichbarkeit von Zeiten und »Zeitzeichen« im Spiel, sei es, daß Zeitfiguren unterschiedlicher Herkunft übereinandergeblendet und ineins gesetzt werden, sei es, daß sie durch unterschiedliche Realitätsgrade voneinander geschieden werden.

Mit dieser allgemeinen Formulierung ist natürlich sehr vieles aus der Geschichte der Künste zitierbar. Ich wähle einige geeignete Exempla aus. Sie gehören der Malerei an. In Skulptur, Plastik und Architektur ist das Modell aber ebenso präsent.

1. Die Zeichen für zeitliche Ordnungen und Distanzen sind in den Bildern mannigfaltig.[8] Sie umgreifen Kosmos, Natur und Geschichte. Alles Frühere kann einem Späteren zugeordnet werden. Das betrifft zunächst die Heilsgeschichte, dann die profane Geschichte, z. B. mit der Lehre von den Weltreichen und Weltaltern. Die Idee der *Translatio Imperii* ist eine typologische Geschichtsdeutung. Zu den »Zeitzeichen« gehören alle kosmologischen Zeichen, besonders auch diejenigen, die Endzeiterwartungen auslösen, alle Formen der Vergangenheit als Vorgestalten der Gegenwart und der Zukunft. Auch Typologie im engsten Sinne gründet sich auf das prognostische Potential des Alten Testaments.

Athanasius Kircher[9] z. B. dachte typologisch, war aber zugleich erfinderisch in der Auslegung von Naturphänomenen und Glaubensgewißheiten. So kommt es zu einer kuriosen Art der Durchdringung und einer Interpretation der »Reiche der Natur«, die allein auf gestaltendes Hineinsehen gegründet ist. Der erfindungsreiche Jesuitenpater, dessen Werk umfangreicher ist als das meiste, was in seinem Jahrhundert hervorgebracht wurde, auch kurioser und schwer nach heutigen Gesichtspunkten sortierbar, ist in seiner Zeit ein erfolgreicher Autor gewesen und ein angesehener Gelehrter. Typologisch ist sein Denken, insofern er in der ganzen Natur die Vorgestalten der Heilsgeschichte und des christlichen Universums erblickte, also in der *vis formativa* der Gesteine eine präfigurierende göttliche Macht tätig sah, die nicht nur Bilder aller höheren Lebewesen der Schöpfung, der Fische und Pflanzen hervorbrachte, sondern auch des Menschen und der Passionsgeschichte Jesu. Er hatte für alles eine Theorie und eine Theologie

TAB. I.

FIGURÆ VOLUCRUM,

Quas Natura in lapidibus depinxit ex variis Museis decerptæ, & aliunde transmissæ.

Prima Figura notat Ciconiæ caput, *& annexum ei nescio quid* animalis quadrupedis. *In summitate* humanæ faciei *quid simile : ex* Aldobrandino *extractum.*

2. *Monstrat varias rerum formas partesque* animalium *tam* volucrium , *quam* quadrupedum, *quamvis valde imperfectas, quarum rationem dedimus in* Disquisitione Physica.
3. *Duarum* avium imagines *monstrat, quas in Ecclesia S. Georgii Venetiis* in marmore *à natura expressas refert* Ambrosinus.
4. Noctuæ caput *demonstrat, circumdatum aliis avium rudimentis.*
5. Motacillæ sive *ut alii volunt* Pavonis figuram *exprimit.*
6. *Monstrificæ* volucris *figuram docet.*
7. Merulæ *figuram exprimit.*

Abb. 3+4: Aus: Athanasius Kircher, Mundus Subterraneus, Amsterdam, 1678. Die Abbildungen zeigen Gestalten »quae Natura in lapidibus depinxit«, Zufallsbildungen, auch »Hineingesehenes«, aber Kircher betrachtete diese Erscheinungen als Ausdruck einer universalen Gesetzmäßigkeit der Schöpfung. In Abb. 3 sind Figurae volucrum, also die Figuren von Vögeln auf Gesteinsoberflächen zu sehen, in Abb. 4 menschliche Figuren, unter anderem ein Christus crucifixus (Fig. 5).

Abb. 5: Versuchung Christi, Psalter, Bamberg, Staatl. Bibl. 48. 1. H. 13. Jh.

bereit, aber er befand sich durchaus auf dem Kenntnisstand seiner Zeit. Wir müssen voraussetzen, daß er eine Weltansicht vermittelte, die von seinen Zeitgenossen geteilt wurde; das betraf wohl auch seine Methode, diese eigenartige Mischung aus typologischer Weltkonstruktion, Tradition und Nachricht über neue Funde. Die Mischung aus Neugier und Systemzwang bei vollständiger Anschaulichkeit des Denkens ist staunenswert. Vielleicht sollte man einmal alle neuzeitlichen Künste unter dieser Perspektive untersu-

Abb. 6: Markus, Amiens, Bibl. Comm. Ms. 24. Um 1050.

chen. Dann würden jedenfalls die Kuriositäten-Kabinette, die Sammlungen, unter ihnen seine eigene, das Museo Kircheriano, sich als eine »Ordnung der Dinge«[10] erweisen, die streng und rational war, sehr allegorisch und jedenfalls nach einer »typologischen« Ordnung gegliedert, in der die Naturreiche, die Elemente und ein anthromorphes Universum ineinandergreifen. Nun kann man nicht alle gegenseitigen Verweise, Analogien und ikonologischen Überblendungen dem typologischen Muster zuordnen, obgleich es einige Verallgemeinerungen gemäß der »Spielregel« verträgt. Die zahlenmäßigen und geometrischen Modelle, zum Beispiel diejenigen, die auf dem Quadrat und der Vierzahl gegründet sind, können in typologischen Zusammenhängen (den Evangelisten etwa) nur als zusätzliches, dann aber unwiderlegliches Argument verwendet werden. Für sie jedoch ist der weitere und der anschaulichen Gestalt nähere Begriff der Figura geeignet. Er gilt für alle mittelalterlichen Zeichen und Ordnungssysteme und für viele der neueren. Der Vorteil der Anschaulichkeit sichert seine Übertragbarkeit auf die bildenden Künste und deren Arbeitsweise. Denn auch wenn die ikonographischen Programme sich auf Texte beziehen und selbst ein Text sein können, gibt es artistische Eigengesetzlichkeiten des »Mediums«, die aus dem Zusammenspiel von Tradition, Wissen, Phantasie und Auftrag folgen. Dann ist Figura zum Beispiel nicht mehr Textfigur, sondern ein Bild, ein Muster, und die Übertragung folgt anderen Gesetzen als denen der Textüberlieferung. Ein und dasselbe Modell kann dann sehr verschiedene und zuweilen gegensätzliche inhaltliche Aufladungen bekommen. Nur die Grundbestimmung muß bleiben, nämlich die Übereinstimmung eines oder mehrerer Merkmale. Dann kann eine Inspiration des Evangelisten ohne Umwege zur Versuchung Christi werden. Auffällig ist jedenfalls die Ähnlichkeit des Markusbildes einer Handschrift des 11. Jahrhunderts (Amiens, MS. 24) mit der Szene der Versuchung Christi, die zu Beginn des 13. Jahrhunderts entstanden ist (Bamberg, Staatl. Bibl., 48, Psalter). Wie der Markuslöwe fährt in halsbrecherischer Körperwendung der Versucher von oben herab und ins Bild. In ähnlicher Weise begegnen einander die Gesichter, und die Grundfigur der Haltung und Gebärde ist erkennbar. Sie wurde aber in entgegengesetzter Weise verwendet: Der Evangelist erscheint wie von einer Vision überwältigt, er ergreift das Schriftband, also die Worte des Evangeliums; bei der sonst in vielem übereinstimmenden Gestalt Christi sieht man, daß er den Versucher ebenso dicht herankommen läßt und daß er genau hinhört, jedoch um die Argumente seines Widersachers zu entkräften. Der rhetorische Gestus der Rechten ist unzweideutig, und das Buch in der Linken bekräftigt die Unangreifbarkeit seiner Widerlegung. Das eine Bild stellt eine überwältigende Inspiration dar, das andere eine versuchte Inspiration, die in einen Disput verwandelt und abgewiesen wird. Der Maler des Bamberger Psalters hat die Versuchung

Christi zunächst einmal als Inspirationsszene verstanden, er kannte seine Präzedenzfälle (es muß in diesem Falle nicht die Miniatur aus Amiens gewesen sein, es gibt eine Reihe ähnlicher Evangelistenbilder), und er hat sie benutzt. Eine leise Verschiebung der Akzente genügte, um aus dem Inspirationsthema eine Versuchung als Inspiration zu machen, also ein Gegenbild, eine vollständige Umkehrung der Bedeutungen. Hier wäre der Begriff »Antitypus« an der richtigen Stelle: Versuchung als Antitypus zur Inspiration. Dieser Fall ist nicht vereinzelt. In der Geschichte der Versuchungsdarstellungen (in der Ikonographie des heiligen Antonius zumal) finden derartige Umkehrungen aus den Bildtraditionen des Visionären und der Inspiration nicht selten statt. Die »Figura« ist erkennbar, aber sie garantiert auch die Möglichkeit vollständiger Verwandlung ihrer Bedeutung. Von der Hauptstrecke der thematischen Entwicklungen zweigen in dieser Weise ständig Nebenwege ab, die durch die Verwendbarkeit der geprägten Formulierungen für andere Zwecke nahegelegt werden. Auch kann ein und dieselbe Gestalt oder Gruppe sich für viele Zwecke als brauchbar erweisen.

2. Das einfachste und auch deutlichste Beispiel der Vielgestalt eines immer wiedererkennbaren Musters ist die Muttergottes, die Madonnendarstellung, der christliche Sonderfall eines elementaren Themas und einer universalen Erfahrung. Darstellungen von Mutter und Kind gibt es wahrscheinlich in allen Kulturen, und ihre Verehrung ist religionsgeschichtlich nichts Außergewöhnliches. »Mutter mit Kind« wäre der allgemeingültige »Typus«, fast schon die »Idea«, und die besonderen Bedeutungen wären dann als religionsgeschichtliche Varianten in bezug auf das Leitmotiv akzidentiell. Im engeren Sinne spricht man aber auch von »Madonnentypen« als quasi kanonischen Prägungen. Die Kenntnis dieser Typen, deren Bedeutung und Kontext in der byzantinischen Kunst zuverlässig geregelt war, wäre dann auch »Typologie«, nämlich Typenkunde, über die der Künstler verfügen mußte. Im westlichen Abendland kannte und realisierte man diese »Typen«, die unterschiedlichen Zuordnungen der beiden Figuren, natürlich auch, aber mit etwas größerem Spielraum in der Aktualisierung durch Vorstellungen von vollkommener menschlicher Gestalt, Schönheit und Mannigfaltigkeit in der Bewegung und Proportion. Gotische Madonnen können überaus zierliche Kunstfiguren sein oder mächtige Matronen. Die Typen werden abgewandelt und

Abb. 7: Jan van Eyck, Kirchenmadonna, um 1425, Berlin-Dahlem.

Abb. 8: Pietà, Feldkirch, Salzburgisch (?) um 1400

angepaßt. Sie folgen einem sozusagen »außertypischen« historischen Prozeß, in dem Mode und Minne vielleicht die stärksten Komponenten waren. Allen Erscheinungsformen aber liegt eine stets wiedererkennbare »Figura« zugrunde. Typus ist schon zu speziell. Die Dominanz der Figura zeigt sich auch in den »eigentlich« typologischen Zuordnungen. Eva ist eine der alttestamentlichen Präfigurationen der Maria und theologisch auch ihr Gegenbild. Sie, die den Sündenfall ermöglicht hat, kann daher ihre Entsprechung im »Typus« Maria haben, die den alten Fluch als Muttergottes aufhebt und das Erlösungswerk mit der Erfüllung der Prophezeiung der Geburt des Messias beginnt. Eva ist nicht die einzige Maria typologisch zugeordnete Person, aber die einzige, die als »Urmutter« der Menschheit und wegen der Bedeutung des Sündenfalls vergleichlich ist, und beide zusammen garantieren die zeitliche Ordnung. Nichtsdestoweniger ist gerade die Zeit in dieser typologischen Zuordnung aufgehoben, weil die Figura, abgesehen von sekundären Merkmalen, identisch ist. Zu den sekundären Merkmalen gehört die genrehafte »Urmenschenexistenz« der Eva, die sich mühsam durchs außerparadiesische Leben bringt, sekundär sind aber auch die prächtig-höfischen, die herrscherlichen Inszenierungen der Maria, die freilich im Stall von Bethlehem ihrer Vorgestalt am ähnlichsten ist.

Die typologische Spirale dreht sich jedoch an der Mariensymbolik wie eine Wendeltreppe empor, und die Zahl ihrer Vorgestalten verläßt das solide Grundmuster der Mutter-Kind-Gruppe. Als »Ecclesia« ist sie bereits eine bedeutende Abstraktion. Das Hohelied Salomonis erfordert einige Künste des mehrfachen Schriftsinnes, damit ein Zusammenhang mit Maria als Ecclesia entsteht. Denn die Metaphorik des Hohen Liedes wird wahrscheinlich niemals gänzlich undeutlich gewesen sein. Offenkundig war weibliche Schönheit, Sinnlichkeit, Verlangen, Liebe gemeint. Bewundernswert sind die kunstvollen Argumente, die daraus eine Kirchenallegorie machten. Kunstvoll sind diese Methoden schon deswegen, weil sie keineswegs so abstrakt und jenseits aller Anschaulichkeit waren, wie es zunächst den Anschein hat. Als Bauwerk ist Ecclesia eine Realität. Als Gestalt ist Maria mit dem Bauwerk vergleichbar. Jan von Eyck[11] hat mit seiner Kirchen-Madonna die Lösung dieses Problems gefunden, dies aber nur, weil seine Gedanken bruchlos und ohne Reste sich in Bildgedanken verwandeln konnten.

Eine der merkwürdigen Neuschöpfungen des späten Mittelalters ist die Pietà, die trauernde Maria mit dem toten Sohn auf dem Schoß. Die Entstehung dieses Andachts-Typus im Norden wurde mehrfach untersucht, interpretiert und mit zeitgenössischen Quellen in Verbindung gebracht.[12] Eine Ableitung aus der szenischen Darstellung der Beweinung Christi ist wohl wegen der Vereinzelung der Gruppe und der Anordnung der beiden Figuren unwahrscheinlich, aber nicht gänzlich abzulehnen, weil die Vereinzelung eben auch die veränderte Anordnung erzwingen kann. In den Bedeutungskontext »Tod Christi und Trauer der Gottesmutter« gehört das Bild ohnehin. Andererseits ist bei der gleichzeitigen Neuschöpfung der Christus-Johannesgruppen diese Schwierigkeit nie aufgetreten, weil es sich um einen sozusagen ikonographisch beglaubigten und in den Abendmahlsdarstellungen auch oft ähnlich begegnenden Fall handelt, nämlich um die Zuordnung des

Lieblingsjüngers zu Christus, die dann in der Johannesvita auch in extenso bis zur »Auferstehung« des Johannes ausgeführt wird. Die Pietà ist ein anderer Fall. Sie wurde auf spätgotische Tendenzen in Richtung auf gesteigerte Vergegenwärtigung der Passion und des Kreuzestodes zurückgeführt. Tatsächlich ist die Passion nun das wichtigste Thema der christlichen Kunst, und der Kosmokrator ist nur in den Weltgerichtsdarstellungen noch bedeutend gegenwärtig. Neue Formen der Interpretation heilsgeschichtlicher Ereignisse, die Mystik, die *devotio moderna*, sind sicherlich im Spiel gewesen. Indessen scheint es, daß ein Aspekt zu sehr vernachlässigt wurde. Die Madonna ist als Trauernde immer noch eine Madonna. Sie wendet sich immer noch »ihrem Kind« zu, das nun groß, tot und sperrig, oft wie ein starres Brett auf ihrem Schoß liegt. Sie hat ihre Gestalt aber kaum verändert, nur ist durch die Art ihrer Zuwendung die Haltung etwas anders. Sie »thront« weiterhin als Madonna. Die Reihe dieser Darstellungen ist daher ein Sonderfall der »regulären« Folge von Bildwerken der Maria mit dem Kinde. Wie es zu dieser Sonderform überhaupt kam, ist erklärbar, wenn man den mitgedachten Bedeutungsgehalt von Marienbildern bedenkt. In ihnen steckt der Pietà-Gedanke von vornherein und vollständig. Das lebendige Kind im Arm der Gottesmutter ist immer zugleich auch der tote Christus der Pietà. Das bestätigt die Anwesenheit des Isajah in der Nähe von Verkündigungsdarstellungen und Madonnenbildern, denn er hat nicht nur die Geburt des Messias, sondern auch dessen Opfertod prophezeit. Das wird oft durch die Hinweise in der Darstellung des Kindes bestätigt. Schlafend erscheint es dann wie tot, und das bedeutet auch der Schlaf als »Bruder des Todes«.

Hier also wurde ein mitgedachter und mitgemeinter, oft durch Zeichen, Anspielungen, in Haltung und Gebärde dargestellter Aspekt eines alten und bedeutenden Bildthemas vollständig verwirklicht. Marias Vorschein künftiger Trauer wird zur »aktuellen« Trauer über den toten Sohn am Ende seiner Passion. Diese Bilder sind in der Regel weniger subtil als die kunstvoll anspielungsreichen Madonnenbilder, aber ihre drastische Simplizität, die nicht mit »Realismus« zu verwechseln ist, macht sie eindeutig und allgemeinverständlich. Das Geheimnis der Trauer der Muttergottes wird unzweideutig ausgesprochen. Es gab wohl verschiedene Gründe zu dieser merkwürdigen Neuerung der Skulptur der Spätgotik. In Italien wurde das Thema erst von Michelangelo

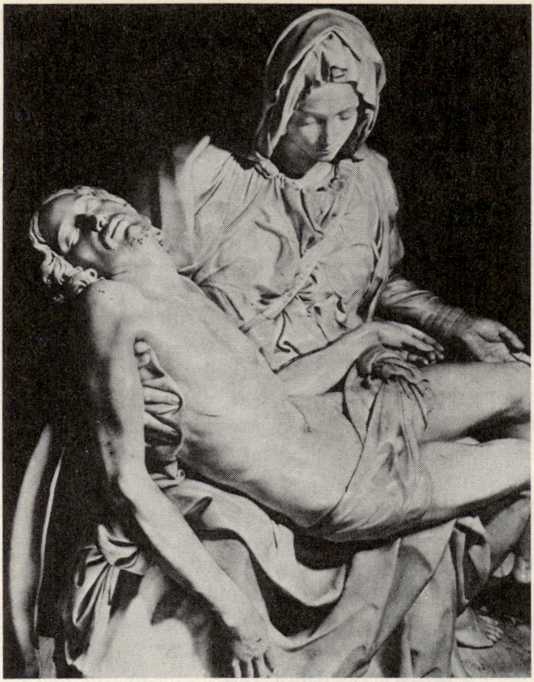

Abb. 9: Michelangelo, Pietà, 1498/99, Rom, St. Peter

aufgegriffen.[13] Die Gründe, die zu seiner Seltenheit im Süden geführt haben, die offenkundige Absurdität dieser Kombination und die formalen Schwierigkeiten der Überwindung ihrer Probleme können genau diejenigen gewesen sein, die Michelangelo dazu bewogen haben, das Problem zu lösen, das zuvor in einer anscheinend nicht auflösbaren proportionalen Dissonanz verharrte. Michelangelo allerdings ließ auch keinen Zweifel daran, daß es sich bei diesem Thema wirklich um ein Madonnenthema handelt. Seiner Tradition und seinen eigenen Madonnenbildern folgend, hat er sie jugendlich und schön dargestellt, und der Vorschein künftiger Trauer unterscheidet sich nicht von der wirklichen Trauer der Maria. Es ist fast, als ob sie immer noch das

Kind betrachte, das sich wie eine Vision künftiger Ereignisse in den toten Christus verwandelt hat.

Was sich an diesem Thema, dessen weitere Entwicklung und Verwandlung nicht zu diskutieren ist, ablesen läßt, ist dies: Es handelt sich um eine ikonographische Neuerung, die in einem alten Motiv angelegt war. Unter bestimmten Bedingungen der Veranschaulichung von Allusionen wurde es als Andachtsbild neu geschaffen, doch steckten alle Voraussetzungen bereits in der Geschichte der Marienikonographie. Ob und in welchem Maße diese Neuerung durch neue Formen der Frömmigkeit erzwungen wurde oder vielleicht auch durch ein Bedürfnis nach totaler, anspielungsloser Vergegenwärtigung der Bedeutung von Kultbildern, sei dahingestellt. Jedenfalls hatten die Künste damit ein schwieriges neues Problem, das in keinem Text vorgegeben war, sondern allein im zeitgenössischen Verständnis des Kultbildes »Maria mit Kind« seine Voraussetzungen hat. Diese Form der Vergegenwärtigung wurde allerdings nicht sehr häufig gewählt. In der Regel kam man mit einer Vermehrung der Allusionen aus und konnte auf die extreme Dissonanz verzichten. Bei den Allusionen sind Differenzierungen der Realitätsgrade sehr wichtig. In Grünewalds Isenheimer Altar ist der Hinweis auf künftige Passion und Kreuzestod in beiden Mariendarstellungen sichtbar, doch auf sehr unterschiedliche Weise. In der Verkündigungsszene sieht man im Rankenwerk des Portals den Propheten Isajah mit aufgeschlagenem Buch als gemalte Steinskulptur, und sein Buch ist dasselbe, das Maria gerade vor sich hat. Sie weiß also, was geschehen wird. Im Marienbild des Isenheimer Altares hat dann das Jesuskind die zerrissenen Windeln, die auf das zerfetzte Lendentuch des Gekreuzigten hinweisen, und ein Kreuz teilt auch die Pforte in der Mauer des Hortus conclusus.

Es ist nicht abwegig, diese Form der Allusion im Bereich des figuralen Denkens anzusiedeln, dessen Prämisse die Kongruenz vergangener, gegenwärtiger und zukünftiger Ereignisse ist.

3. Wenn man die typologischen Spielregeln verallgemeinert, dann kommt man in die Nähe der »Figura«. Es genügt völlig, die enge Bindung an die Allegorese von Altem und Neuem Testament als Sonderfall einer viel allgemeineren Denkform zu betrachten. In den Bildkünsten ist es zweckmäßig, sich an Dürer zu halten, also an sein Verständnis von Figura als einem universalen Prinzip der Vergegenwärtigung und der Erfindung sowie des Beweises durch

Abb. 10: Mathias Grünewald, Verkündigung an Maria vom Isenheimer Altar, 1505–16, Colmar, Unterlindenmuseum.

anschauliche Figuren im angedeuteten Sinne. Die Methode kann geübt werden, aber andererseits ist die Denkform der Methode vorgeordnet, weil sie als Konvention ohne weitere Prämissen wie eine selbstverständliche und nicht bezweifelte Glaubensgewißheit die Gedanken und ihre Ziele steuert. Das Ziel ist die Ermittlung beweiskräftiger Ähnlichkeiten. Daraus folgt dann wieder die Methode, die voraussetzt, daß Ähnlichkeiten beweiskräftig sind,

Abb. 11: Mathias Grünewald, »Weihnachtsbild« des Isenheimer Altars.

und der Kreis schließt sich. Wir sind es gewohnt, Ähnlichkeiten nicht als beweiskräftig anzusehen, und achten auf Unterschiede und historische Differenzierung, nehmen aber ohne besonderes Erstaunen zur Kenntnis, daß die längste Phase der europäischen Kultur von der Spätantike bis ins 18. Jahrhundert von einem exemplarisch-figuralen Denken in Ähnlichkeiten und Korrespondenzen – wenngleich nicht ausschließlich, so doch wesentlich – mitbestimmt war. Man kann indessen nicht einmal behaupten, es sei heute nicht immer noch in vielleicht versteckteren Formen gegenwärtig. Wenn kürzlich, im Jahre 1986, vor der Kathedrale von Utrecht in »natürlicher« Größe eine Weltraumrakete aufgebaut wurde, eine Attrappe von der Höhe des Turmes, dann sollte damit doch wohl die Rakete als Typus und Figura des Kathedralturmes vorgeführt werden. Zwar haben die beiden sowenig miteinander zu tun wie die Arche Noah oder der babylonische Turm mit der Ecclesia, aber es gibt gemeinsame Merkmale: Die Rakete und der Turm sind sehr hoch, in diesem Falle sogar fast gleich hoch, sie stehen natürlich senkrecht, und daher streben beide »zum Himmel«; allerdings sind es zwei ganz verschiedene Himmel. Schon Hieronymus bestand auf der strikten Unterscheidung von *caelum* und *firmamentum*, denn das eine ist der sichtbare Sternenhimmel, das andere eine nicht sichtbare, außerweltliche, jenseitige spirituelle Realität. Das Beispiel aber, so sonderbar es erscheint, zeigt doch, daß man immer noch bereit ist, erhebliche Mühe in den beweiskräftigen Nachweis von Ähnlichkeiten zu investieren und den bedeutenden Unterschied eines potentiell kinetischen Objektes zu einem Bauwerk zu ignorieren. In der metaphorischen Beschreibung von gotischen Kirchtürmen ist allerdings diese Übertragungsmöglichkeit längst angelegt, denn schon in der Vokabel »himmelstürmend« ist die Kinetik stärker als die kalkulierte Statik gotischer Architektur.

4. Typologie und Figuration sind Denkformen mit Beweiszielen und Spielregeln. Für Legitimationszwecke wurde die figurale Methode oft verwendet: zumal bei Herrschern und Päpsten, in Wendungen wie »der neue Alexander, der neue Caesar« und dergleichen. Für diesen Fall mag das Reiterbildnis Napoleons von Jacques Louis David[14] stehen. Es ist ein gemaltes Reiterdenkmal, es steht so in einer sowohl malerischen wie plastischen Tradition, die zitiert wird als Typus des Herrscherbildnisses. Der Heerführer überschreitet den St. Bernhard. Der Italienfeldzug hat begonnen. Aber andere »seinesgleichen« waren schon vor ihm dort: Hannibal und Karl der Große. Ihre Namen liest man auf verwitterten Steinplatten. Der legitimierende Anspruch der Inschriften, die Napoleon als Nachfolger großer Vorgestalten erweisen, ist deutlich, und den Typus des Reiterbildes auf springendem Pferd wird man kaum mißverstehen können, denn die Struktur figuralen Denkens ist nicht zu übersehen. Da Napoleon überdies im Bunde mit den Elementen handelt, sein Sockel alpines Format hat und dem Modus des Erhabenen entspricht, und der Wind fast ein Sturm ist, der den Reiter vorantreibt, ist dieser »Weltgeist zu

Abb. 12: Jacques Louis David, Napoleon Bonaparte überschreitet den St. Bernhard, 1800, Musée de Versailles.

Pferde« zugleich als der Vollender dessen gemeint, was seine präfiguralen Vorgänger, Hannibal und Karl der Große, begonnen hatten. Ein Merkmal der napoleonischen Ikonographie sind überhaupt der Legitimationszwang und die typologische Zuordnung. Daß es in den unteren Rängen der Napoleondarstellung auch den Napoleon als Christus gibt, sei als Kuriosum angemerkt. Nicht selten aber ist er als eine Art von Heiland dargestellt worden, so in dem bekannten Bild von Gros, *Napoleon bei den Pestkranken von Jaffa*. Da ist er wie in einer Wunderszene als Heilender zu sehen, über den die Krankheit keine Macht hat und der mit der Berührung seiner Hand den Kranken von seinem Leiden erlöst. Zugleich erweist er sich damit als rechtmäßiger »König«.

Säkularisierte Formen und Zwecke der Typologie sind nicht ganz selten, und sie bleiben nicht auf Herrscher beschränkt, die sich mit ihrem »neuen Kapitel der Geschichte« legitimieren mußten. Diese Art der Argumentation in anschaulichen Modellen hat im politischen Bereich bis heute ihre mehr oder weniger überzeugenden, aber immer noch typologischen Formen hervorgebracht. Wenn die Bauernkriege als sozialrevolutionäre Präfiguration der eigentlichen und endgültigen Erfüllung der Prognosen von Karl Marx verstanden werden, der seinerseits als messianischer Prophet erscheint, dann ist das alte Modell immer noch im Spiel. Auch die Negation funktioniert agitatorisch zuverlässig, wenngleich ihre Überzeugungskraft geringer war und mehr in der unterschiedlich bewerteten Genealogie historischer Gestalten ihre Fiktionen begründete.[15]

5. Unter Legitimationsdruck standen vor allem die Künstler selbst, und zwar dann, wenn sie einen höheren Rang in der Gesellschaft anstrebten als den, der ihnen zugebilligt wurde oder den ihnen die Tradition vorschrieb. Das ist seit der Renaissance Gegenstand einer erfindungsreichen christlich-humanistischen Künstlerikonographie gewesen. Sie arbeitet mit breitem Spektrum figural und typologisch, mit genau gesetzter, Zeit und Geschichte verwendender Absicht. Die Anzahl brauchbarer Antetypen ist allerdings ungewöhnlich groß. Dazu gehören Künstlergötter wie Hephaistos und der Weltschöpfer selbst, Prometheus sodann und Daidalos, die Werkmeister schließlich, die im Dienst Salomos standen, die Namen der antiken Bildhauer und Maler, die Topoi der Beschreibung ihrer Werke, die Künstlerlegenden, die Ursprungslegenden der Künste. Von Apelles ist kein einziges Bild überliefert, aber vielleicht gerade deswegen war er als legendäre Existenz der »Maler schlechthin«, an dem Malerei gemessen wurde und den zu übertreffen ein erstrebenswertes Ziel war. Das ist nun zwar kunstkritische Rhetorik, aber immerhin wurden viele Maler als »neuer Apelles« gefeiert, also als Erfüllung eines historischen Versprechens. Seine Legende war Gegenstand zahlreicher Gemälde der Renaissance. Das ist nicht merkwürdig, es ist typologisch. Denn Apelles verhält sich zu Raffael wie die Arche Noah zur Kirche oder David zu Christus oder Daidalos zum Kathedralbaumeister. Es genügt ein einziges Merkmal, um die figurale Phantasie in Bewegung zu bringen. Bei Apelles genügt ein einziges Merkmal nicht, aber dominant ist die einstige Vollkommenheit der Malkunst, die sich auf die Zeichnung, den disegno,

Abb. 13: Jan van Eyck, Madonna des Kanzlers Rolin, um 1435, Paris, Louvre.

gründet und die Anerkennung des Herrschers – Alexanders des Großen – fand. Kathedralbaumeister konnten sich als Nachfolger des Daidalos betrachten wie als Nachfolger des Weltschöpfers, die das Handwerk des artifex omnium ausübten. Das ist eine sowohl typologische als auch zweckbestimmte Denkform, die der Bestätigung des eigenen Ranges durch Berufung auf Urtypen diente und überdies durch Sentenzen des Alten Testaments hinreichend beglaubigt war.

Für die Maler gab es den Malerheiligen Lukas, der, die Madonna malend, oft dargestellt wurde. Natürlich legitimiert er alle seine Nachfolger in den Lukasgilden und bestätigt ihren Rang. Zugleich aber war er der Schöpfer eines authentischen Bildes der Gottesmutter, der »Lukasmadonna«.[16] Wenn Künstler sich mit Lukas identifizierten, dann geschah das oft in der Form des Selbstbildnisses. Der malende Lukas ist dann zugleich der Maler des malenden

Abb. 14: Rogier van der Weyden, Lukas malt die Madonna, um 1435/36, Boston, Museum of Fine Arts.

Lukas und die Madonna daher ein authentisches Bild. Da überschneiden sich gleich doppelt die Vorstellungen von Typus und Antetypus, denn jede Lukasmadonna ist ein authentisches Werk des malenden Evangelisten, er schafft den kanonischen Typus oder die vorbildliche Gestalt. Andererseits ist Lukas selbst Typus, Vorbild, Inkarnation der Malerei und ihres Ranges. Die Vergegenwärtigung des »Vor-Bildes« Lukas und seine Identifikation mit der eigenen Person bringen freilich Probleme mit sich. Die Madonna kann in diesen Fällen nur als Vision über die Zeiten hinweg erblickt werden, und so ist das auch dargestellt worden. Ihr Realitätsgrad ist ein anderer als der des Malers. Rogier van der Weyden folgt in wesentlichen Details seines Lukasbildes dem Vorbild der Rolin-Madonna von Jan van Eyck[17], doch ist die Madonna weniger entrückt als im Stifterbild des Kanzlers. Denn der Kanzler Rolin ist mit seiner mächtigen, fast sich vordrängenden Präsenz sehr deutlich von der zarten und distanzierten, durch seine Gegenwart nicht berührten, überhaupt unberührbaren Erscheinung der Maria unterschieden. Sie ist zwar im selben Raum anwesend wie er, aber ihr Realitätsgrad ist anders. Man sieht das zunächst an ihrer Künstlichkeit, denn sie könnte ein Kultbild sein, eine der subtilen farbig gefaßten Holzskulpturen jener Zeit. Eine gemalte Skulptur, die selbst bereits bemalt ist, kann dann im Bilde von einer anderen dort anwesenden »lebenden« Figur kaum nach ihrem Realitätsgrad unterschieden werden, zumal die Madonnentypen der Malerei und der Plastik in allen Varianten des Andachtsbildes miteinander korrespondieren. In diesem Falle ist die Differenz zur »realen« Gestalt aber so deutlich, daß man annehmen kann, Jan van Eyck habe hier eine Kunstfigur, eine plastische Kultbildform zitiert. Da sie ihre Fremdheit nicht aufgibt und in einem Raum erscheint, der nicht der ihre ist, vor einem in frommer Pose knieenden Mann, der einem Ritual genügt und seine unwirsch-mißtrauische Gemütsbeschaffenheit auch bei diesem Anlaß bewahrt, ist diese Distanz nicht verwunderlich. Dennoch oder gerade deswegen erscheint sie dem Betrachter wie eine Vision, wie eine Erscheinung aus einer anderen Welt. Verschiedene Meister müssen das auch so gesehen haben. Denn Rogier hat mit seinem Bild des Lukas eben diese Distanz deutlich verringert und auch den Kultbildcharakter nicht mehr in der Madonna selbst, sondern nur noch durch den baldachinartigen Vorhang bestätigt. Was Lukas malt, ist natürlich ein Kultbild höchsten Ranges, aber sein Gegenüber ist keine gemalte – bemalte Plastik. Dem Evangelisten ist sie leibhaftig präsent. Daß Lukas der Maler zugleich der Evangelist ist, das zeigt ein Blick in den rechten Hintergrund, wo auf dem Schreibpult aufgeschlagen ein Buch liegt: das Neue Testament mit dem Lukas-Evangelium. Das Spiel mit den Realitätsgraden und ihren minutiösen Unterschieden ist gerade in diesem Bereich sehr wichtig.

Eine Bestätigung liefern drei weitere Bilder, von denen das eine seine Abhängigkeit von der Rolin-Madonna nicht verleugnen kann. Es handelt sich um einen Kupferstich des sogenannten Boccaccio-Meisters, ein Autorenbild zu Boccaccios *De homininibus illustris*. Das Bild, zu dem es mehrere Varianten gibt, ist um 1450 entstanden, und der Meister war ein Niederländer.[18] Dargestellt ist der Autor. Er schreibt, wie man sieht, die Geschichte der

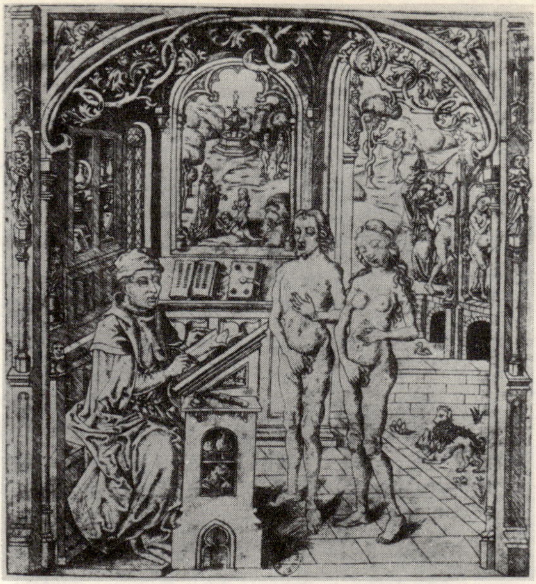

Abb. 15: Meister der Boccaccio-Bilder, Boccaccio schreibt die Geschichte der ersten Menschen, um 1476, Paris, Bibl. Nat.

ersten Menschen. Vor ihm stehen Adam und Eva. Im Hintergrund, sichtbar durch eine Variante der »Rolin-Arkade«, spielen sich die Ereignisse im Paradiese bis zur Vertreibung ab. Aus diesem Rahmen, der ein Bild im Bilde begrenzt, sind die beiden Akteure herausgetreten und erscheinen im Studiolo Boccaccios, quasi wie ein inneres Bild dessen, der sich vergegenwärtigt, was durch wen geschah. Sie sind keine Vision, aber das Zimmer wird zum geistigen Raum des Schreibenden, in dem alle Gestalten und Erinnerungen gegenwärtig sind als »Figura«, Modell und Typus.

Die beiden anderen Variationen über dieses Thema sind Lukasbilder. Beide stammen von Jan Gossaert.[19] Das Prager Bild kommt aus der Tradition Rogier van der Weydens, doch ist es ungewöhnlich wegen seiner Perspektive und Weiträumigkeit sowie wegen der gemalten Plastiken, deren Zusammenhang rätselhaft ist. Weit

Abb. 16: Jan Gossaert, Lukas malt die Madonna, Prag, Rudolfinum

hinten in einem anderen Raum, einer kleinen Klause, sieht man einen anderen Lukas, den Evangelisten, schreibend an seinem Pult. Hier ist er im selben Bilde doppelt anwesend, sonst genügte das Buch und das Schreibpult. Das Wiener Bild ist völlig anders. Wiederum handelt es sich um ein Selbstporträt. Aber jetzt erscheint die Madonna dem Maler als Vision, von Wolken und Engeln umgeben, und ein inspirierender Engel führt dem Maler die zeichnende Hand. Die vielen Anspielungen in jedem dieser Bilder führen in ganz unterschiedliche Bereiche weiter, auch ist die Kette von Bildern sehr viel dichter. Was mit dieser abgekürzten Folge von Werken, die miteinander offensichtlich zusammenhängen, gezeigt werden kann, ist dies: Lukas ist zweifelsfrei eine

»Legitimationsinstanz« für den Rang der Malkunst. Daher sind Lukasbilder für die Lukasbrüderschaften anschauliche Beweise ihres Anspruchs auf gesellschaftlichen Rang. Das Lukasbild ist aber zugleich ein artistisches Problem, das verschiedene ungleichzeitige Aspekte hatte, die simultan dargestellt werden mußten. Einige der wichtigeren Varianten stammen von einem Bild ab, das einem ganz anderen Thema zugehört, denn die Rolin-Madonna ist ein Stifterbildnis. Aber es stellt zugleich das Gegenüber zweier Gestalten dar, von denen die eine beobachtet und die andere wie eine Vision ist. Das genügte für Rogier van der Weyden, denn das war übertragbar und für sein Lukasbild ein geeigneter Präzedenzfall. Ähnlich sah das wohl der Boccaccio-Meister. Jan Gossaert folgte seinerseits mehreren Möglichkeiten des Themas, und jeder hat die ihm bekannten Variationen nicht nur aufgegriffen, sondern mit seiner eigenen Variation auch interpretiert. Mit dem »Figura«-Begriff haben diese Bilder sehr viel zu tun. (Dürer hat sich mit anderen Bildern und Themen in diesem Geflecht von Verweisen bewegt und dabei sich selbst bisweilen derart als Typus betrachtet, daß Christus zum Antetypus wird, nämlich dann, wenn er sich als Schmerzensmann oder als *vera icon* darstellte.[20]) Typologisch ist das Lukasbild aber auch in seiner zeitlichen Struktur. Denn die Malkunst der Neuzeit verdankt ihre Legitimation zwar den großen Meistern früherer Zeiten, unter denen ein Evangelist als Maler authentischer Bilder, also ein Augenzeuge, sich befand, aber die neuen Meister malen im Bilde des Lukas zugleich sich selbst und, als Erscheinung, die Madonna, die in einem anderen Raum und einer anderen Zeit anwesend ist, um porträtiert zu werden. Ihr visionärer Charakter ist immer erkennbar. Umgekehrt kann ihre bereits vorgegebene Kunstförmigkeit sehr deutlich werden, und die Bildtraditionen von Malerei und Plastik sind zitierbar. Die Vision und das Zitat sind dann nicht mehr unterscheidbar.

Die Künstlerikonographie steckt wirklich »voller Figur«. Mit sich selbst und ihren Kenntnissen haben sich die Künstler seit der Renaissance sehr oft und in komplizierter Weise befaßt. Das ist ein Merkmal der neuzeitlichen Perspektivität, die auf alle Dinge abfärbt. Sie beeinflußt auch mit ihrer Subjektbezogenheit alle älteren Modelle des figuralen Denkens und der Typologie. Mit dieser Komponente ist die Veränderung der Ansichten aller Dinge sehr gut verstehbar. Natürlich wird weiterhin typologisch und figural gedacht und entworfen.

Abb. 17: Jan Gossaert, Lukas malt die Madonna, Wien, Kunsthistorisches Museum

Michelangelos Selbstbildnis auf der Haut des Bartholomäus war Signatur, Identifikation und auch ein anamorphotisches Spiel mit einer physiognomisch interpretierbaren Struktur (Dürers Kissen und Felsen vergleichlich).[21] Indessen ist dieses Selbstbildnis mehr als das. Die Deformation des Antlitzes auf der Haut des geschundenen Märtyrers bedeutet Qual und Martyrium. Michelangelo stellte sich als Geschundenen dar, er befand sich selbst in einem Martyrium und riskierte die äußerste Möglichkeit der Abweichung von dem Schönheitskanon, zu dem er soviel beigetragen hatte, um seine eigene Künstlerexistenz zu vergegenwärtigen inmitten seines gestaltreichsten Werkes. Die Identifikation mit dem Märtyrer und Apostel überschreitet die Grenzen der Gestalt zur Anamorphose. Doch ist hier wohl immer noch ein nun neuplatonisch angereichertes figurales Denken bestimmend gewesen.

Zur Legitimationstypologie des Künstlers gibt es eine umfangreiche Literatur, auf die verwiesen sei. Indessen ist von Typologie und von Figura darin nicht die Rede, denn das war eine zu sehr und zu lange in das Mittelalter und in die Theologie abgedrängte und dort dann auch abgestellte, weil sicher aufgehobene Methode. Das Mittelalter hat ja überhaupt lange als eine Art von Tresor gedient, der die krausen Einfälle, die chimärischen Konstruktionen und die rational nicht begründbaren Denkungsarten bewahrte. Der Tresor war aber undicht, und er wurde auch oft beraubt. Die Legitimationsansprüche der Neuzeit wurden zum Teil mit dem dort gespeicherten Vorrat an Legitimationsanweisungen begründet. Dazu gehört, wie Napoleon beweist, die Typologie, der Nachweis eines überzeugenden Präzedenzfalles.

Im 19. Jahrhundert gibt es Privatikonographien, also auch Privattypologien. Dabei ist der Rechtfertigungszwang stärker, die Auswahl der Präfigurationen mannigfaltiger geworden. Hinzu kommen Christus und Satan, der als Lucifer mit Prometheus identifiziert wird. Orpheus war zuvor als »heidnischer David« ein Antetypus Christi. Jetzt werden auch die neueren Künstler zu »Antetypen«, also Raffael, Michelangelo und Leonardo da Vinci. Allmählich kommen auch andere, spätere in Sicht. Correggio zum Beispiel scheint im 19. Jahrhundert sehr beliebt gewesen zu sein. Interessanter als die zahlreich vorhandenen und als Vorbilder gefeierten Meister, deren Präsenz dazu beitrug, daß sich die normativen Präzedenzfälle allmählich zur stilgeschichtlichen Mustersammlung entwickelten, sind die typologischen Selbstinterpretationen der Künstler. Orpheus-Christus-Daidalos-Prometheus als Einheit der Summe künstlerischer Existenz zu betrachten, fiel damals offenbar nicht sonderlich schwer, weil den Personen als Präfigurationen Begriffe zugeordnet waren, die wichtiger wurden als die Personen, in deren Geschichte sie verkörpert waren. Leiden und Schaffen, Erfindung und Scheitern sind seitdem zusammengehörige Begriffe, und anderes mischt sich ein: die Einsamkeit, die Melancholie und der Tod, die anomale gesellschaftliche Position, der gesteigerte Anspruch auf exemplarische Existenz und die inspirierte Unmittelbarkeit zur Transzendenz.

Worte wie »Vorbild«, »Vorläufer«, »Präzedenzfall« und ihre niemals ganz synonyme Nachbarschaft sind in den Versuchen der Kunstgeschichtsschreibung, die Relationen in Raum und Zeit und den Rang von Kunstwerken zu bestimmen, unübersehbar häufig. Die bloße Feststellung des »wann, wo, wie und warum«, also der Zeit, des Ortes, der Form der Realisierung und ihrer Zweckbestimmung einschließlich des Programms, des Auftraggebers und des Künstlers und ihrer näheren historischen Umstände, reicht, obwohl es der Kunstgeschichte genügend Arbeit bereitet, alles dies herauszufinden, nicht aus. Man will auch wissen, wie sich das Werk zu vorangegangenen Werken verhält, wann etwas ähnliches zum erstenmal vorgekommen ist und welche Folgen es hatte, so daß sein Rang in der Geschichte deutlicher erkennbar wird. Der aber ist eine außerhistorische Kategorie, für die der Vergleich und die historische Stellung gegenüber anderen Werken keine hinreichende Grundlage liefern. Wenn jemand als Vorläufer von jemandem betrachtet wird, dann vermindert das in der Regel seine Bedeutung im Vergleich zu dem anderen, der vollendet hat, was jener begann. Einige sind niemals Vorläufer von etwas Späterem gewesen. Michelangelo war Vorbild für viele, aber er war nicht ihr Vorläufer. Ebensowenig war Leonardo ein Vorläufer Rembrandts. Auch Giotto war kein Vorläufer. Aber er konnte ohne Verminderung seiner Bedeutung seit seiner eigenen Lebenszeit als großer Neuerer verstanden werden, mit dem ein neues Zeitalter der Künste begann, dessen Höhepunkte andere, spätere, zum Beispiel Massaccio, Leonardo da Vinci und Michelangelo herbeiführten. Vasari hat das so gesehen, und grundsätzliche Korrekturen dieser Rangbestimmung hat es seither nicht gegeben. Sie ist, jedenfalls in der Formulierung Vasaris, ganz typologisch, denn Giotto ist bei ihm eine Art von Johannes Baptista an der Wende der Zeiten. Die Antike aber ist der Antetypus des Vollkommenen, und die Nachfolger und Vollender Giottos, die Meister der Hochrenaissance, bedeuten Wiederkehr des Vollkommenen auf einer höheren Stufe und nicht mehr übertreffbare Vollendung der Künste.

Das typologische Denken ist eine Form des historischen Denkens, dessen Besonderheit die Aufhebung der historischen Zeit durch überzeitliche Ähnlichkeitsverhältnisse ist. Ihre Voraussetzung wiederum ist eine Bewertungsskala, die wie eine Pyramide vorstellbar ist: Alle oben angekommenen Meister stehen einander näher als die an der Basis versammelten, und die zeitlichen Distanzen verkürzen sich.

Die Exempla erweisen, daß der Begriff »Figura« eine universale Denkform benennt und die Zwecke der Typologie nicht auf ihr theologisches Terrain einzuschränken sind. Es lag nahe, von Dürers »Figura« auszugehen und nachzusehen, wie der Fall in der Malerei aussieht. Das kann fortgesetzt werden, denn in den textsüchtigen Ikonographien findet sich wenig darüber, daß die Bilder nach eigenen Gesetzen Interpretationen von Texten und Kommentare zu Texten und Bildern sind, die vieles enthalten, was in den Texten nicht vorkommt, und manches, was in ihnen auch gar nicht formulierbar wäre. Figura hat eine deutliche Richtung zur Anschaulichkeit und zur Vergegenwärtigung. Dürer meinte das wohl so. Dabei allerdings verändern sich die Bedingungen und die Begriffe. »Figura« und »Typologie« befinden sich in einem anderen »Aggregatzustand« mit anderen Bewegungsgesetzen und anderen Nachbarschaften. Texte und Bilder sind immer mit unterschiedlichen Bedeutungen aufgeladen und niemals gänzlich kongruent. Daher kann die Eigengesetzlichkeit von Bildtraditionen mit ihren Präzedenzfällen und Zielen bei verwandter Struktur der Assoziationen und Erinnerungen zu Resultaten führen, die »allweg Neues« ans Licht bringen, um mit Dürer diesen Exkurs zu beschließen.

Nachbemerkung

Auf einen Literaturbericht kann ich in diesem Falle verzichten, weil es mir auf den oft vernachlässigten »artistischen Aspekt« ankam, also auf die Eigendynamik von Bildtraditionen und figuralen Kombinationen der Malerei, die gerade dann wichtig werden, wenn die Texte kein klares Bild oder gar kein Bild liefern. Der andere Fall, der ein bereits vorhandenes und bekanntes Bild voraussetzt für eine Folge von analog (und typologisch) konstruierten Texten, müßte untersucht werden. Abgesehen von dem sogleich zu nennenden Aufsatz von Bialostocki ist die Literatur zu diesem Thema an der Priorität von Texten vor den Bildern orientiert. Sie bewegt sich denn auch überwiegend in theologisch-philologischen Revieren. Dort fanden auch die Begriffsbestimmungen statt. Ich nenne die wichtigsten der mir bekannten Arbeiten:

Erich Auerbach, *Figura*, in: *Gesammelte Aufsätze zur Romanischen Philologie*, Bern und München 1967; der Figura-Aufsatz erschien zuerst in *Aro* 22, 1939.

Floridus Röhrig, *Rota in media rotae. Ein typologischer Zyklus aus Österreich*, in: *Jahrbuch des Stiftes Klosterneuburg*, N. F. Bd. 5., 1965. (Mit einem ausführlichen Überblick über die Geschichte der Typologie und zahlreichen Quellen.)

F. P. Pickering, *Literatur und darstellende Kunst im Mittelalter*, Berlin 1966.

Friedrich Ohly, *Schriften zur mittelalterlichen Bedeutungsforschung*, Darmstadt 1977; mit mehreren Aufsätzen zur mittelalterlichen Typologie.

Jan Bialostocki, *Stil und Ikonographie*, Dresden 1966; darin: *Die »Rahmenthemen« und die archetypischen Bilder.*

Pickering und Bialostocki haben einen Kurs eingeschlagen, der in Richtung »Denkform« geht und daher über die engeren Grenzen des Typologischen hinausreicht in die Bildkombinationen und Muster, die auch der Theologie und der Poesie zur Verfügung waren. Ohlys Ansatz bewegt sich im mediaevistisch-literarischen Kontext auf verwandtem Kurs. Erich Auerbachs Bestimmungen des Figura-Begriffs sind für die Kunstgeschichte ergiebiger als die typologischen Entsprechungen von Bild und Text. Für die engste und ausschließlich auf einen einzigen Fall bezogene Begriffsvariante kann die materialreiche Arbeit von Röhrig stehen. Er berücksichtigt nur die theologische Komponente.

Auf einer scharf begrenzten theologischen Begriffsbestimmung besteht Werner Schröder in seinem Aufsatz: *Zum Typologie-Begriff und Typologie-Verständnis in der mediävistischen Literaturwissenschaft* (in: Harald Scholler (Hg.), *The Epic in Medieval Society, Aesthetic and Moral Values*, Tübingen 1977). Er wendet sich mit Entschiedenheit gegen die Verallgemeinerung des Typologie-Begriffs, gegen die Ansätze von Auerbach und das Konzept Ohlys (»Formprinzip«, »Denkform«). Da er seine Gegner ausführlich und mit entscheidenden Passagen zu Wort kommen läßt, bevor er sie zu widerlegen sucht, ist dieser polemische Aufsatz zugleich eine vorzügliche Einführung in den gegenwärtigen Zustand eines mediaevistischen Streitfalles, bei dem es offensichtlich nicht nur um die richtige historische Definition von Begriffen geht, sondern auch um die »Denkformen« der beteiligten Gelehrten.

Eine kunsthistorische Diskussion von vergleichbarer Schärfe hat es in dieser Angelegenheit nicht gegeben. Es ist eine selbstverständliche Aufgabe der Ikonographie, die typologische Struktur von Bildprogrammen zu ermitteln und die dazugehörigen Texte und Ideen herauszufinden. Im Mittelalter handelt es sich in der Regel um Typologien im engeren Sinne, also heilsgeschichtliche Zusammenhänge von Altem und Neuem Testament. Ich verweise auf die Zusammenfassung von Peter Bloch im *Lexikon der Christlichen Ikonographie, Artikel Typologie*, Freiburg 1972. Er verwendet mit gleicher Bedeutung den Begriff »Präfiguration« und läßt keinen Zweifel an der Übertragbarkeit des Modells auf weltliche Themenkreise. Jan Bialostockis Ansatz dürfte mit den Begriffen »Rahmenthema« und »Archetypische Bilder« der allgemeinste sein, doch umgreift er alle Sonderfälle typologischer Konstruktionen in den wechselnden historischen Erscheinungsformen der Bilder und ihrer gegenseitigen Beziehungen. (In einigen Fällen habe ich mich in diesem Rahmen bewegt, in anderen habe ich mich an »Dürers Modell« gehalten, also an eine »Denkform«.)

Ohlys Prämisse, daß es sich um eine Denkform handle, ein Formprinzip und eine Form der Anschauung und des Begreifens, ist allerdings unangreifbar, denn das ist offensichtlich. Die Struktur: A verweist auf B, B ist die vollständige Gestalt von A (die bessere, größere, eigentliche, das Ziel und die Wendemarke der Zeiten), die Wirklichkeit, auf die A verweist, wodurch B legitimiert ist. Das Schema ist zwar theologisch brauchbar, aber wenn die theologische Variante dominant war, dann ist umso weniger einzusehen, warum sie nicht auf alle anderen Bereiche des Denkens und Erfindens abgefärbt haben sollte. Ein theologisches Monopol auf diese Form der legitimierenden Beweisführung ist gerade im Mittelalter sehr unwahrscheinlich. Die Frage ist nur, wie die Methode historisch und unter den Bedingungen der Künste modifiziert wurde.

Anmerkungen

1 Albrecht Dürer, *Entwürfe zum Malereitraktat »Speis der Malerknaben«*, Abschnitt »Salus 1512«. Zitiert nach: Max Steck (Hg.), *Albrecht Dürer, Schriften, Tagebücher und Briefe*, Stuttgart 1961.

2 Erwin Panofsky, *Idea* (2. Aufl.), Berlin 1960.

3 Erich Auerbach, *Figura*, in: E. A., *Gesammelte Aufsätze zur Romanischen Philologie*, Bern 1967.

4 Vgl. die Nachbemerkung zur Literatur und zur Kontroverse über die engeren und die weiter gefaßten Begriffsbestimmungen. Ich habe den Abschnitt hier herausgenommen, um den Text zu entlasten.

5 Der Sprachgebrauch ist etwas unklar: Eine Vorgestalt, eine Präfiguration, kann nur ein Antetypus sein, weil auf etwas Nachfolgendes verwiesen wird, das zugleich die endgültige sichtbare Gestalt ist, die ihren Schatten (umbra) nach rückwärts wirft.
Gleichwohl ist es üblich geblieben, die neutestamentlichen Gestalten und Ereignisse, sofern sie der typologischen Beglaubigung durch das Alte Testament zugänglich und bedürftig waren, als »Antitypen« zu bezeichnen, die zugeordneten Vorgestalten aber als »Typen«, obgleich das eigentlich der Spielregel wie der Metaphorik typologischer Zuordnung widerspricht, deren Voraussetzung die zeitliche Folge von Altem Bund und Neuem Bund (*sub lege – sub gratia*) ist. Der Schnitt in der Zeitachse ist unzweideutig. Er bewirkt eine Spiegelung des Neuen im Alten. Sie ist wohl mit dem »Typus-Antitypus«-Schema gemeint, aber die zeitliche Komponente, die Strukturierung heilsgeschichtlicher Zeit hat Vorrang. Was »sub gratia« ans Licht kommt und sichtbar wird, ist daher der Typus als vollendete Gestalt. Diese Rangordnung in der Zeitordnung ist eine Voraussetzung der Beweisziele dieser Methode. Dem entspricht die Folge Antetypus-Typus besser als Typus-Antitypus. Indessen sind Terminologien nicht immer eindeutig, und von eingebürgerten Vokabelwelten ist Logik nicht zu verlangen, solange sie wenigstens in den Definitionen nachgeliefert wird. Ich ziehe allerdings die Begriffe Figura, Präfiguration und ihre Varianten vor.

6 F. P. Pickering, *Literatur und darstellende Kunst im Mittelalter*, Berlin 1966, u.a. S. 168 ff.

7 Vgl. Anm. 3, dort S. 77: »Insofern nun die Figuraldeutung ein Ding für das andere setzte, indem eines das andere darstellt und bedeutet, gehört sie zu den allegorischen Darstellungsformen im weitesten Sinne. Sie ist jedoch von den meisten anderen uns sonst bekannten allegorischen Formen durch die beiderseitige Innergeschichtlichkeit sowohl des bedeutenden wie des bedeuteten Dinges klar geschieden.« Entsprechend zuvor die Definition: »Die Figuraldeutung stellt einen Zusammenhang zwischen zwei Geschehnissen oder Personen her, in dem eines von ihnen nicht nur sich selbst, sondern auch das andere bedeutet, das andere hingegen das eine einschließt oder erfüllt. Beide Pole der Figur sind zeitlich getrennt, liegen aber beide, als wirkliche Vorgänge oder Gestalten, innerhalb der Zeit...« Das ist die allgemeinste Fassung des figuralen Modells, das die engere typologische Variante umgreift. Auf S. 88 stellt Auerbach zu recht die Frage, welche Konsequenzen sich daraus für mittelalterliche Bildgedanken und ihre ästhetischen Prämissen ergeben. Er erwähnt die Entsprechung von Künstlergott und Künstler, die kunsthistorisch sicherlich die wichtigste unter den figuralen Varianten der Kunsttheorie gewesen ist. Die Denkform in figuris ist mit dieser Bemerkung wahrscheinlich am weitesten von der »AT-NT«-Typologie entfernt, weil der »artifex omnium«, der Schöpfergott, nicht vom Künstler eingeholt werden kann. Dennoch ist er die legitimierende Instanz für alle Künste, die daran arbeiten, die Schöpfung zu vervollkommnen, also sein Werk, die Natur zu vollenden und zu übertreffen. Indessen geraten die Figuren hier in eine Oszillation, die kunsttheoretisch ergiebig und kompliziert ist; eigentlich ist es angemessener, statt von Kunsttheorie von Kunsttheologie zu reden. Sie aber hat, darauf zielen einige der Exempla, ihre Folgen bis in unser Jahrhundert gehabt.

8 »Zeitzeichen«: Sie sind wegen der »Gleichzeitigkeit« aller Gegenstände im Bilde ein besonderes Problem der Malerei. Zeit kann nicht als Aufeinanderfolge, sondern nur durch Zustände, Zeichen und durch die Bildordnung dargestellt werden. Perspektivische Tiefenerstreckungen können für zeitliche Distanz stehen, also Ferne für Vergangenheit. Unterschiedliche Realitätsgrade der Figuren, also die Anwesenheit gemalter Skulpturen, können auf zeitliche Strukturen verweisen, etwa wenn mit den steinernen Gestalten das Alte und mit den farbigen Figuren das Neue Testament gemeint ist. Auch unterschiedliche architektonische Stile (Antike – Gotik) können auf eine Zeitfolge von Ereignissen, auf »Zeiträume« hinweisen.

9 Die Beispiele stammen aus seinem *Mundus subterraneus* (Amsterdam 1664). Eine Bibliographie bietet der Austellungskatalog *Universale Bildung im Barock. Der Gelehrte Athanasius Kircher*«, Rastatt 1981. Eine gute Einführung in das Werk: Joscelyn Godwin, *Athanasius*

Kircher, London 1979. Die Illustrationen zu den umfänglichen Werken Kirchers sind bekannter als seine Hypothesen und Beobachtungen. Da er das herausragende »missing link« des Mittelalters zur Moderne ist, und vielleicht einer der wichtigsten »Enzyklopädisten« vor Beginn der allgemeinen Klassifikationssucht, also vor dem Linnéschen System und vor der *Encyclopédie* und in der Tradition der Weltentwürfe seit Isidor von Sevilla vielleicht der letzte eines alten Geschlechts, verdient er etwas mehr und etwas andere Aufmerksamkeit, als ihm bisher (in Spezialfragen) zuteil geworden ist. Interessant in diesem Falle ist die Kongruenz des Typologischen mit naturhistorischen Interessen und der lange nachwirkenden Einteilung in die vier »Naturreiche«, nach denen noch die populären naturkundlichen Bücher des 19. Jahrhunderts gegliedert sind.

10 Das ist eine Anspielung auf den deutschen Titel des Werkes von Michel Foucault, *Les Mots et les Choses*, Paris 1966. Der Titel ist universal. Immer geht es um die Ordnung der Dinge. Davon handelt das Buch. Foucault zitiert in seiner Einleitung eine Fiktion von Jorge Luis Borges über eine chinesische Enzyklopädie. Auf Borges und auf Foucault sei daher verwiesen. Jede Ordnung der Dinge ist nur eine Möglichkeit, kein sicheres System der verläßlichen Zuordnungen. Geschichte ist daher die Metamorphose von Strukturen der Zuordnung. Das Modell ist geeignet für die Interpretation historischer und gegenwärtiger Denkformen.

11 Jan van Eyck, *Maria in der Kirche*, um 1525, Gemäldegalerie Berlin, Staatliche Museen Preußischer Kulturbesitz

12 Auf die verschiedenen Erklärungsmodelle kann hier nicht eingegangen werden, obgleich das sicherlich notwendig wäre. Ich verweise auf die Zusammenfassung des Sachverhalts von J. H. Emminghaus in seinem Artikel *Vesperbild*, in: *Lexikon der Christlichen Ikonographie*, Freiburg 1972, und seine Literaturangaben.

13 Zu Michelangelos Pietà-Darstellungen und ihrem Verhältnis zur Bildtradition vor allem: Herbert von Einem, *Michelangelo*, Berlin 1973.

14 Jacques Louis David, *Napoleon überschreitet den St. Bernhard*, 1800 f. Das Bild existiert in mehreren Variationen, u. a. in Versailles und in Berlin-Charlottenburg.

15 Beispiel: Eine »beliebte« Hypothese zur Erklärung der Schrecken des Nationalsozialismus bestand in der Rückwärtskonstruktion der Genealogie Hitlers über Nietzsche, Hegel, Fichte bis Luther. Das ahistorische Verfahren ist in diesem Falle blanker Unsinn gewesen. Es war aber auch zweischneidig, weil es weniger eine Erklärung lieferte als vielmehr eine Legitimation. Hitler stand schließlich als Vollender der deutschen Geschichte da und war mit mächtigen Präfigurationen ausgestattet, deren Gedanken er zum Ziel brachte oder deren Ziel er verkörperte. Das typologische Modell scheint auch in dieser Verzer-

rung noch durch. Da inzwischen deutlich wurde, daß kein Glied dieser Kette für die genealogische Hypothese brauchbar ist, kann man darin immerhin eine historische Kuriosität sehen, einen Fall von äußerster Verlegenheit, der dann ein typologisches Denkmuster aktivierte. Einer historischen Singularität konnte man (z. B. Georg Lukács) nur mit einer ahistorischen Konstruktion begegnen. Einige Partikel hielten sich noch lange, so ist immer wieder das Thema »Hitler und Friedrich der Große« diskutiert worden.

16 Lit.: Gisela Kraut, *Lukas malt die Madonna. Zeugnisse zum künstlerischen Selbstverständnis in der Malerei*, Worms 1986.

17 Jan van Eyck, *Madonna des Kanzlers Rolin*, um 1435, Paris Louvre.

18 Lit.: Max Lehrs, *Der Meister der Boccaccio-Bilder*, in: *Jahrbuch der Königlich-Preußischen Kunstsammlungen*, 23 (Berlin 1902) und: Hans Holländer, *Bild, Vision und Rahmen*, in: *Zusammenhänge, Einflüsse, Wirkungen. Kongreßakten zum ersten Symposium des Mediaevistenverbandes*, Tübingen 1984, Berlin 1986.

19 Vgl. Anm. 16.

20 Der Fall wurde in der Dürer-Literatur ausführlich erörtert, zumal von Erwin Panofsky in seiner Monographie *Das Leben und die Kunst Albrecht Dürers*, München 1977 (nach der 4. Aufl. Princeton University Press 1955 übersetzt von Lise Lotte Müller). Dazu: Fedja Anzelewsky, *Dürer-Studien*, Berlin, 1983.

21 Zu Michelangelo vgl. Anm. 13. Zu Dürers Kissen-Anamorphosen: Heinz Ladendorf, *Zur Frage der künstlerischen Phantasie*, in: *Mousaion. Studien zur Kunst und Geschichte. Für O. H. Förster*, Köln 1960.

Thomas Borgstedt
Scharfsinnige Figuration
Zur Semantik des Herrscherlobs bei Lohenstein

I

Die Untersuchung figurativer Verweisungen im Barock hat es mit einem zweideutigen Gegenstand zu tun. Das Zeitalter ist gekennzeichnet durch das spannungsreiche Zusammentreffen der neuzeitlichen Ausgangssituation, die durch die Errungenschaften des Humanismus und der Renaissance konstituiert ist, mit einer entschiedenen Rückbesinnung auf traditionale Ordnungsstrukturen. Diese folgte auf die Erfahrung der Unfähigkeit des humanistischen Zeitalters, die von ihm aufgerufenen gesellschaftlichen Probleme zu bewältigen. Der freigesetzten Individualität der Renaissance korrespondiert das Bedürfnis des Zeitalters der Gegenreformation nach verbindlichen Ordnungsentwürfen und nach gesellschaftlicher Neuorganisation. Das mittelalterliche Weltbild ist allerdings nicht mehr einfach in der Lage, gesellschaftliche Ordnung zu stiften. Die Grenzen der alten Welt sind kosmologisch wie geographisch überwunden, das scholastische System hat seine verbindliche Geltung eingebüßt, und der Mensch ist aus dem Zentrum der Welt gerückt. Mit dem Zeitalter der Reformation und der Erfahrung der religiösen Bürgerkriege setzt sich in Europa eine pessimistische Anthropologie durch. Die Konjunktur der Rhetorik reflektiert den Verlust der Einen Wahrheit. Der Bezug der Sprache auf die Welt erscheint nicht mehr eindeutig, er wird zum rhetorischen Problem der Angemessenheit des Ausdrucks. Die Auseinandersetzungen des Zeitalters sieht man als verheerende Wirkung der *opinio*, der von den Leidenschaften verzerrten Meinung. Einen Gegenentwurf findet man in der heroischen Haltung des Weisen, wie sie die stoische Affektenlehre vorgebildet hat. Die weltliche Ordnung trägt die Zeichen der Verwirrung, und die göttliche Ordnung erscheint mehr und mehr entrückt.

Für die Literatur hat vor allem die Forschung zur barocken Sinnbildkunst sichtbar gemacht, wie in der Vielfalt der allegorischen Formen die aus dem Mittelalter tradierte Vorstellung einer von Sinnbezügen durchwalteten Welt, des *mundus symbolicus*, fortwirkt: eine entscheidende Ergänzung herkömmlicher Auffassungen, die, von goethezeitlichen Bestimmungen ausgehend, das antiklassische, manieristische Barock entdeckten und geschichtsphilosophisch besetzten. Eine Korrektur dieses melancholischen Barockbildes erfolgte durch die Einsicht in die immense Bedeutung von Traditionen für die Dichtung des Zeitalters, in deren Folge der Einfluß der Rhetorik und der Bildkonventionen antiker und christlicher Herkunft herausgearbeitet werden konnte. Diese Perspektive eröffnet ein Barock des Ordnungsdenkens und der Legitimation, das in engster Verbindung mit der Staatsform des Absolutismus gesehen werden kann, der wesentlichen gesellschaftlichen Errungenschaft des 17. Jahrhunderts, die die Antwort auf die Situation der religiösen Bürgerkriege darstellt. Die Konzeption der Souveränität entrückt den Staat und seinen Monarchen den ordnungsbedrohenden Auseinandersetzungen und schafft so die Möglichkeit einer Stabilität, die gegen die unzuverlässige menschliche Konstitution und deren Abhängigkeit von den unberechenbaren Kräften der inneren wie äußeren Natur aufrechtzuerhalten ist. An der Durchsetzung und Legitimierung dieses Modells ist nicht zuletzt die Dichtung beteiligt.

Die barocke Literatur ist in ihrer Gesamtheit durch dieses Problem der Ordnung gekennzeichnet, ihrer Gestalt, ihrer Legitimation und ihrer Aufrechterhaltung. Der Bezug zur gesellschaftlichen Wirklichkeit muß nicht erst von der Literaturwissenschaft hergestellt werden: er wird von der Literatur selbst gesucht. Es sind die Künstler und Gelehrten, die am Entwurf von Ordnungsmodellen der unterschiedlichsten Art arbeiten und die den Monarchen das heroische Ideal entgegenhalten, nicht zur Selbstbespiegelung, sondern zur Ausbildung ihrer absolutistischen Identität. Was heute leicht als bloß legitimistisch oder opportunistisch, als unterwürfig oder gar heuchlerisch erscheint, diente dem Ziel, den Herrscher der Kritik zu entrücken und ihn zu erhöhen, ihn aber gleichzeitig auf eine moralische Verantwortlichkeit zu verpflichten, die im heroischen Modell und in dessen Übereinstimmung mit der göttlichen Ordnung zum Ausdruck kommen sollte.[1] Dennoch konnte die nur schmeichlerisch erscheinende Panegyrik sehr dezidierte Aussagen machen, die spezifische Forderungen an den Monarchen enthielten.

Das Anliegen der Herrschaftslegitimation, der Erhöhung und Entrückung des Monarchen, seiner Einreihung in den Geltungsbereich der göttlichen Vorsehungsordnung legte die Verwendung der historischen Analogie nahe. Man setzt den Herrscher in einen Bezug zu geschichtlichen Vorbildern, die jene entrückte Dignität zu spenden vermögen, deren der souveräne Monarch bedarf. Neben dem autoritativen Moment eines solchen Angebots, Alexander, Augustus oder Herkules zu sein, eignet diesem Verfahren ein pädagogisches Element, je nachdem, welche Eigenschaften eines so gewählten Vorbilds man besonders herausstellte und welches Modell man wählte. Dem Herrscher wird ein Angebot gemacht, das ihn ehrt *und* bindet. Die historische Herrscheranalogie enthält ein rhetorisch-pädagogisches und ein heilsgeschichtliches Moment. Beide sind nicht einfach zu trennen. Auch in der Frage der Typologie ist diese doppelte Perspektive beizubehalten. Wird der Terminus »Typologie« für den außerbiblischen historischen Bereich akzeptiert, so bleiben gleichwohl gegenüber seiner Anwendung Vorbehalte zu bedenken. Gewiß: formal legt die Abbildung eines historischen Ereignisses auf ein anderes den Gedanken an typologische Relationen nahe, doch läßt sich die Frage nicht rein strukturell aufgrund der Ereignisähnlichkeiten entscheiden, da Typologie wesentlich ein Interpretationsmodell solcher Ähnlichkeitsrelationen darstellt: ein Steigerungsverhältnis wird zum Ausdruck gebracht, das Verhältnis einer Ankündigung und einer Erfüllung, deren Initiator Gott ist. Typologie rückt geschichtliche Gegenwart als göttlich gewollte in den heilsgeschichtlichen Zusammenhang ein, sie stiftet die Einheit von irdischer und himmlischer Ordnung. Eben in dieser Hinsicht aber ergibt sich für das Barock eine spezifische Schwierigkeit. Die himmlische Ordnung erscheint ihm unendlich entfernt, ihre Präsenz in der irdischen ungewiß und ihre Repräsentanten kritisierbar. Der Traditionsbezug des Barock ist ein bewußt gesuchter, seine Willkür steht vor Augen, wiewohl er freilich als möglich und gerechtfertigt erscheint. Typologie wird zunächst äußerlich kenntlich an der Form einer realhistorischen Verweisung, an der Zuordnung historischer Ereignisse oder Personen innerhalb der poetischen oder einer anderen, z.B. einer malerischen Darstellung, die mit einer Geschichte zugleich auf eine andere verweist. Entscheidend für die Bedeutung solcher Verfahren ist das historische, moralische oder heilsgeschichtliche Modell, auf dem diese aufbauen. Das Kalkül einer solchen Zuordnung muß dabei keinesfalls auf der Hand liegen. Sie erscheint häufig ganz unpointiert, was ihre suggestive Kraft nicht schmälert.

Daniel Casper von Lohenstein (1635–1683) hat sich in seiner Dichtung gegenüber seinen Fürsten immer wieder panegyrisch betätigt, sowohl gegenüber den letzten piastischen Landesherren als auch gegenüber dem katholischen Haus Habsburg, dem Schlesien nach deren Aussterben zufiel. Er rückt dabei den Fürsten in heilsgeschichtliche Ordnungen ein und rühmt ihn im Lichte solchen Herkommens. Zwei Ausformungen des Lohensteinschen poetischen Herrscherlobes der Habsburger sollen im folgenden vorgestellt werden. Im Reyen seines Trauerspiels *Sophonisbe* (169/80) zeigt er den Kaiser als rechtmäßigen Erben des Weltreichs im Sinne der Viermonarchienlehre. Sein Roman *Arminius und Thußnelda* (1689/90) bedient sich in mannigfacher Weise der historischen Verweisung: die Geschichte der alten Germanen verhüllt die neuere Geschichte der Religionskriege und der Auseinandersetzungen mit Frankreich. Die Gestalt des Cheruskerherzogs Arminius weist auf Kaiser Leopold I. hin. Man hat in bezug auf diesen Roman gerne pauschal von »historischer Figuration« gesprochen. Die Beziehung des Arminius auf Leopold ist jedoch nicht von geradliniger heilsgeschichtlich gewährter Struktur. Sie hat einen deutlichen pädagogischen Aufforderungscharakter. Was sie an geschichtlicher Ordnung enthüllt, die als mit der Vorsehungsordnung übereinstimmend gedacht ist, will von ihrem Adressaten aktiv ergriffen sein. Im Modell, das dieser verwirklichen soll, sind konkrete gesellschaftliche Interessen wirksam, die Form und Gehalt des Entwurfs leiten.

Der Autor weicht als Vertreter der spätbarocken »zweiten Schlesischen Schule« von der eingangs beschriebenen Situation ab. In altmodischer Weise werden spätscholastische Modelle kultiviert. Die Anthropologie ist eher optimistisch und entsprechend kritisch die Haltung gegenüber dem Absolutismus, der in der zweiten Hälfte des Jahrhunderts vielerorts zur politischen Realität geworden ist. Lohenstein ist weniger fatalistisch und traut der menschlichen Vernunft mehr zu. Damit werden Positionen der frühen Aufklärung vorbereitet. Für die Herrscherpanegyrik bedeutet das, nicht mehr die reibungsfreie Einordnung fürstlicher Allmacht in die Unergründlichkeit und Unverrückbarkeit göttlicher Vorsehung anzustreben, sondern den Anteil der fürstlichen Verantwortung vor den Menschen zu betonen. Der wiederum soll übernatürlich gefordert sein, denn es gilt, auch dieses Anliegen innerhalb der vorausgesetzen Ordnung zu legitimieren.

Die eben skizzierten Zusammenhänge sollen im folgenden auf die Techniken der Panegyrik bezogen werden, um sowohl die Distanz zu wie die Kongruenz mit dem typologischen Geschichtsentwurf benennen zu können. Eine besondere Rolle sollen dabei die Lehre der politischen Klugheit und die Poetik des Scharfsinns spielen, die Lohensteins Vorgehen zu erläutern vermögen. Dabei geht es weniger um die manieristische Ästhetik als um die geistigen und gesellschaftlichen Auseinandersetzungen, mit denen Scharfsinn und Klugheit im 17. Jahrhundert verknüpft sind.

Für Lohensteins Habsburgerpanegyrik liegt diese Spannung auf der Hand, denn dort preist der Syndikus der lutheranischen Stadt Breslau seinen Landesherren Kaiser Leopold I., dessen Politik in Schlesien zu Lohensteins Lebzeiten scharf gegenreformatorisch geprägt war. Lohensteins politisches Ziel ist die Stärkung des Reichs unter Wahrung der Reichsverfassung, d. h. insbesondere der damit verknüpften reichsständischen Privilegien. Die Stärke soll nicht zentralistisch nach innen wirken, sondern defensiv nach außen. Der Gegner ist vor allem Frankreich, dessen expansive Bestrebungen als Verkörperung des absolutistischen Machtstaates schlechthin erscheinen. Demgegenüber hat das Reich vor allem einen moralischen Vorrang, sofern es sich auf seine hergebrachten Tugenden zu besinnen vermag. Lohensteins Adresse an den Kaiser ist insofern protestantisch-reichsständischer Natur, sein Lob von List geprägt.

II

Im Abschlußreyen seines Trauerspiels *Sophonisbe* läßt Daniel Casper von Lohenstein das »Verhängnüs« auftreten, das unter den vier Weltmonarchien »Dem Grösten unter allen« einen Siegespreis aussetzt.[2] In diesem kurzen Spiel wird auf die Tradition der Viermonarchienlehre zurückgegriffen, doch ist sie für den Autor von neuzeitlicher Zeiterfahrung überlagert. Im Sinne der Auslegung der biblischen Offenbarung war mit dem Römischen Reich das letzte der Weltreiche angebrochen und das Ende aller Zeiten stand bevor.[3] In Lohensteins Reyen treten die vier Weltreiche Assyrien, Persien, Griechenland und Rom personifiziert nebeneinander und beginnen nach dem Muster barocker Gesellschaftsspiele ihre Qualitäten voreinander herauszustreichen. Assyrien rühmt sich, mit der Herrschaft über Asien Haupt der Welt zu sein, das Persische Reich rechnet sich Asien und Afrika zu, Griechenland schließlich läßt »Gantz Asien/ und halb Europa« für sich einstehen. Neben die drei alten Reiche treten also die Kontinente, durch deren Unterwerfung die Machtsphären gekennzeichnet sind. Dadurch findet eine signifikante Modifikation des heilsgeschichtlich-final organisierten Modells der Viermonarchienlehre statt: die eschatologisch zentrale eindeutige Abfolge der Reiche verändert sich in ein räumliches Nebeneinander und wird qualitativ vergleichbar. Nicht mehr die Entfernung zum heilsgeschichtlichen Ende scheint ausschlaggebend zu sein, sondern Größe, Stärke, Macht des jeweiligen Reiches im Vergleich zu den anderen. Neben das endzeitlich bestimmte Moment des historischen Geschehens tritt ein innerweltlich bestimmtes Moment des Herrschaftszuwachses, eine Geschichte der Ausweitung. Die Abfolge der Monarchien bleibt in der Reihenfolge ihres Bühnenauftritts erhalten, erscheint aber jetzt parallel zum Zuwachs an Macht, den das jeweilige Weltreich repräsentiert. Assyrien, Persien und Griechenland bilden ein heilsgeschichtliches Zitat und stehen zugleich für geographische Einheiten, für Asien, Afrika und Europa, wobei die Kongruenz offensichtlich künstlich erzeugt ist. In diesem Schema ist nun allerdings für das vierte der Reiche, für Rom, keine Möglichkeit an Zuwachs mehr offen, und daraus speist sich die Pointe und der Witz der Lohensteinschen Konstruktion. Rom wird zwar »alle Drey« unterwerfen, kommt aber über die drei Erdteile scheinbar nicht mehr hinaus. Das schiedssprechende Verhängnis erwähnt nun den bekannten Ausgang des eschatologischen Wettbewerbs nur noch kurz: »Das Römische Reich wird ja zur Zeit Gekrönt mit diesen Lorbern werden«, um dann den entscheidenden Punkt zu benennen:

> Doch wird mein Schluß erst treffen ein/
> Wenn Teutschland wird der Reichs-Sitz sein.
> Mein fernes Auge siehet schon
> Den Oesterreichischen Stamm besteigen
> Mit grösserm Glantz der Römer Thron.
> Schau eine neue Welt sich zeigen!
> Weil ihm ein allzu enges Ziel
> Alcidens Seule werden wil.[4]

Neben die Reichsabfolge tritt eine Geschichte der Erdteile: wer diese beherrscht, dem gebührt der »Siegs-Preiß«. Diese Verschiebung der Reichelehre dient in der Konsequenz mit Notwendigkeit der Habsburgerpanegyrik: erst mit der Entdeckung Amerikas, der »neuen Welt«, gelangt die Weltgeschichte an ihren Höhepunkt; sie fällt unter Habsburgische Ägide. Die Entdeckung Amerikas ist nicht mehr relevant für das Eintreffen des Geschichtsendes, sie markiert vielmehr die weltumspannende Dimension menschlicher Geschichtsmächtigkeit. Vergeblich sucht man nach Resten der Endzeitmetaphorik; statt dessen heißt es, die alte Welt sei »ein allzu enges Ziel« geworden. Während der Reyen von den alten Reichen der Monarchienlehre eröffnet wird, beenden ihn nach dem Schiedsspruch des Verhängnisses die Personifikationen der Kontinente, die zunächst zu dritt auftreten, um das Stück zu viert zu beschließen. Sie sprechen:

> Der ist ein Herr der Welt zu heissen/
> Für dem wir alle viere knien.
> Nimm/ Oesterreich/ den Siegs-Krantz hin.
> Dein Stamm wird ewig uns stehn für.[5]

Das Trauerspiel, dessen Abschluß dieser Reyen bildet, stellt den Untergang der karthagischen Sophonisbe und damit den römischen Sieg über den afrikanischen Kontinent dar.[6] Die Handlung bündelt diesen eschatologischen Umschlagpunkt zur Studie über das Unmaß der Affekte, das dem Fürsten als abstoßendes Beispiel dienen soll.[7] Der Sieg des Römischen Reiches ist im Binnenraum des Trauerspieles dabei nicht als triumphal dargestellt, sondern bildet zunächst die Kehrseite des Unterganges der Heldin. Erst der Reyen verlängert diesen Sieg mit dem Auftritt der vier Monarchien, der vier Kontinente und des Verhängnisses in figuraler Wendung in die geschichtliche Gegenwart hinein. Er bindet das Stück über die Umdeutung der Monarchienlehre an einen zeitgeschichtlichen Anlaß zurück, die Heirat Kaiser Leopolds I. mit der spanischen Infantin Margareta Theresia im Jahre 1666. Die Identifikation von Habsburg und Amerika wird dabei durch diese neuerliche Bindung der Österreicher an die spanische Linie des Hauses zusätzlich einsichtig. Indem Lohenstein diese Engführung von Viermonarchienlehre und neuzeitlicher Geographie unternimmt, greift er in die Debatte um die Geltung der Monarchienlehre und des *translatio-imperii*-Modells ein.

Jean Bodin, der frühe Theoretiker des Absolutismus, hatte von Frankreich aus in seiner Schrift *Methodus ad facilem historiarum cognitionem* (1566) jenen Angriff auf die Dignität des Heiligen Römischen Reiches geführt und schlichtweg bestritten, daß das Reich seinen Anspruch auf die Fortsetzung des Römischen Imperiums zu Recht erhebe.[8] Andere Herrscher wie der spanische König oder der türkische Sultan seien mächtiger als der Kaiser und besäßen größere Teile des ehemaligen Römischen Reiches. Bodins Vorstoß hatte erhebliche Konsequenzen für das Bild von der Geschichte und für die Praxis der Geschichtsschreibung. Im 16. und 17. Jahrhundert verlor die heilsgeschichtliche Orientierung der Geschichtsschreibung ihre Bedeutung und wurde durch eine Weltgeschichtsschreibung ersetzt. Für diese wurden andere Einteilungen gefunden, epochale oder auch geographische. Lohensteins Habsburgerpanegyrik antwortet nun geradezu auf Bodins Argumente. Durch die Betonung der spanischen Bande wendet er den Einwand von der Macht Spaniens im Sinne des Kaisers um, was durch den Aufzug der vier Kontinente bühneneffektiv präsentiert wird. Somit stützt sowohl die Lehre von den vier Monarchien als auch die Erörterung der Machtfrage die Vorrangstellung des Reiches. Das Festhalten am Reichsgedanken war in Deutschland, zumal in den protestantischen Gebieten, naturgemäß stärker ausgeprägt als etwa in Frankreich. Die Reichsverfassung sicherte mit der ständischen Libertät auch die Existenz der protestantischen Konfessionen. Die *translatio*-Vorstellung war aber mit dem Reichsgedanken jahrhundertelang fest verknüpft, und sie formulierte auch den Anspruch auf Vorrang nach außen.[9] Solche gewichtigen politischen Gründe für die Beibehaltung des Reichsgedankens lagen im Ausland nicht vor, und im Angriff Bodins kommen deutlich die nationalen Ambitionen Frankreichs zum Ausdruck. Zur Zeit Lohensteins war allerdings die Unterhöhlung der *translatio*-Vorstellung bereits weit fortgeschritten, und auch die protestantische Staatstheorie ergriff andere Wege zur Rechtfertigung der Reichsverfassung.[10] Diese Situation wird in Lohensteins Reyenkonstruktion präzise artikuliert, die äußerst spitzfindig ist und auch so verstanden worden sein dürfte. Obwohl der Autor die Viermonarchienlehre weiterhin panegyrisch einsetzt, erscheint doch ihre argumentative Kraft geschwächt. Er ist so bewußt an ihrer Beseitigung beteiligt, auch wenn er sie noch zu perpetuieren scheint.[11]

Lohensteins dramatische Argumentation hat offenbar ein strategisches und ein spielerisches Moment. Deutlich zeigt sein Umgang mit den traditionellen Mustern der Geschichtserklärung deren Verlust an fragloser Geltung. Daß er die Viermonarchienlehre affirmativ in sein Spiel einbindet, macht aber auch deutlich, daß er nicht einfach die alte Deutung durch die neue ersetzt. Die Erklärungsmuster erscheinen vielmehr als alternative Deutungsmöglichkeiten, die sich kunstvoll überlagern lassen. In Lohensteins Reyen sind die Deutungsmodelle nicht antithetisch gesetzt, sondern aufeinandergetürmt, gehäuft. Polemisch gesprochen ließe sich sagen, es beherrsche nicht das typologische Ineins von Weltzeit und Heilszeit die Szene, sondern das bloße manieristische Vergnügen an der Vielfalt und Übereinstimmung der Bedeutungen. Dieses Urteil entspräche der ästhetisierenden Auffassung der barocken Allegorik und griffe deshalb zu kurz. Jedenfalls zeichnet sich der Aussagegehalt des *Sophonisbe*-Reyens durch Interpretationsbedürftigkeit aus.

III

1. *Klugheit*

Das Interesse an List und Verstellung teilt Lohenstein mit den Klugheitslehren und Scharfsinnspoetiken. Seit Machiavelli beherrscht das Thema das politische Denken in der Diskussion um die Begriffe von *simulatio* und *dissimulatio*, Vortäuschung und Verbergung von Tatsachen durch den Fürsten. In der Frage der moralischen Verpflichtung des Herrschers spricht sich das Ringen um die absolutistische Staatsform aus. Die moralisch akzentuierte Ablehnung des Machiavellismus beinhaltete verschiedene Kompromißversuche, eine für nötig erachtete autonome Position des souveränen Monarchen zu gewährleisten, ohne gleichzeitig die schrankenlose Willkürherrschaft zuzulassen. Im Tacitismus und in den Klugheitslehren des Barock läßt sich eine Art Paramachiavellismus sehen, der in Ablehnung der moralischen Indifferenz zentrale Gedanken des Italieners aufnimmt und weiterträgt.[12] Eine bedeutende Stellung nimmt in diesem Zusammenhang das Staatsdenken der Jesuiten ein, die in Auseinandersetzung mit Machiavelli um eine zeitgemäße Bestimmung politischen Handelns bemüht waren, ohne dabei den Bezug zur Tugendforderung aufzugeben. Es gelang ihnen der Entwurf eines modernen Herrscherbildes, das dennoch an moralische Instanzen, und das hieß natürlich an die katholische Kirche, gebunden blieb. Politisch führte das zu einer Stärkung des kirchlichen Einflusses an den Höfen. In der Tendenz waren diese Ideen durch ihre antiabsolutistische Stoßrichtung gekennzeichnet.

Was nun die schlesischen Lutheraner betrifft, so hatte ihre Rezeption des jesuitischen Denkens verschiedene Gründe. Aus der schlesischen Sondersituation des Gegensatzes der katholisch-habsburgischen Landesherrschaft zum lutheranischen Bekenntnis der Bevölkerung ergab sich eine prinzipiell reichsständische Orientierung, die sich der antiabsolutistischen Haltung der Jesuiten zu bedienen vermochte. Aber auch die strategische Vorgehensweise des Ordens konnte dazu führen, daß die Protestanten die jesuitische Rechtfertigung der politischen Verstellung, der *dissimulatio*, adaptierten, da sie ihrerseits ein Interesse daran hatten, auf die ungünstigen Machtverhältnisse mit Verstellung und strategischem Handeln zu antworten. Die Frage der Verstellung war für Gegenreformatoren und für Gegen-Gegenreformatoren gleichermaßen von großem Interesse.

Die Aufrechterhaltung der Tugendforderung wurde von protestantischer und katholischer Seite auf durchaus ähnliche Weise verfochten. So unterschied man zwischen *simulatio* als der Lüge durch eine bewußte falsche Aussage und *dissimulatio* als geschicktem Verschweigen von Sachverhalten. Machiavelli hatte vom Fürsten gefordert, zum Wohl des Staates sowohl seine Versprechen zu brechen als auch zu lügen und zu heucheln: »essere gran simulatore e dissimulatore«.[13] Die Antimachiavellisten befürworteten demgegenüber einen Kompromiß, indem sie dem Fürsten die Lüge als sündhaftes Verhalten untersagten, während sie das Verschweigen und Verbergen tolerierten. Diese Argumentation findet sich sowohl bei Justus Lipsius (1547–1606), dem bedeutenden niederländischen Neustoizisten und Tacitusherausgeber, als auch bei den spätscholastischen jesuitischen Staatsdenkern Spaniens.[14] Baltasar Gracián (1601–1658), dessen Klugheitslehre zumindest auf Lohenstein nachweislich stark gewirkt hat, fordert im 181. Abschnitt seines berühmten *Hand-Orakels* (1647), man solle, ohne zu lügen, nicht alle Wahrheiten sagen.[15] Dementsprechend rechtfertigt Lohenstein das listige Verhalten des vorbildlichen Fürsten Arminius in seinem Roman *Grossmüthiger Feldherr Arminius*:

»Denn ob wol der köstliche Purper=Rock eines Fürsten ohne einigen Fleck des Betruges seyn soll; und kein Sonnen=Staub einiger Untugend so klein seyn kan/ welchen man nicht so reinen Gestirnen ansehe; als Fürsten seyn sollen; so ist doch ihnen unverwehret: daß sie denenselben/ welche sie in ein Unglücks=Garn arglistig zu verwickeln trachten/ ein ander Gesichte weisen/ als ihr Hertze ist; oder vernünfftig verbergen/ was sie im Schilde führen. Sintemahl ein kluger Herrscher zwar sich mit keiner Lügen behelffen soll; aber für einem ieden sein Hertz auszuschütten nicht schuldig; und einen Betrüger mit seinem eigenen Netze zu fangen wol berechtiget ist.«[16]

Die Vermittlungsfunktion der Klugheitslehre zwischen der Notwendigkeit politisch-strategischen Handelns und der Unverzichtbarkeit der moralischen Forderung ist offensichtlich.[17] Dieser Sachverhalt ist nach wie vor nicht selbstverständlich, denn sowohl Gracián als auch Lohenstein sind immer wieder unter dem Gesichtspunkt ihrer angeblichen Amoralität interpretiert worden. Eine entsprechende Korrektur ihrer Ansichten ist auch in Hinsicht auf die Poetik des Scharfsinns vorzunehmen, als deren hervorragende Vertreter für Spanien und Deutschland die beiden Autoren gelten. Während die Klugheit dem politischen Handeln zu Erfolg verhelfen will, ohne deshalb mit der Tugend zu brechen, sucht der Scharfsinn die Aufmerksamkeit des Publikums herbeizuziehen und sein Staunen zu erregen, ohne es zu täuschen oder zu betrügen.

2. *Scharfsinn*

Im 17. Jahrhundert breitet sich in Europa die literarische Mode des »concettismo« aus, in der man ein wesentliches Kennzeichen für den Manierismus des Zeitalters gesehen hat. Um die Verbreitung und theoretische Fundierung der Scharfsinnspoetik haben sich ebenfalls Jesuiten bemüht, eine Tatsache, der bislang wenig Beachtung geschenkt worden ist. Die bekanntesten Traktate über den Scharfsinn sind Baltasar Graciáns *Agudeza y arte de ingenio* (1648) und Emanuele Tesauros *Il Cannocchiale Aristotelico* (1654). Sie galten der Barockforschung lange Zeit als die zentralen Texte des Manierismus, des barocken Antiklassizismus und Ästhetizismus.[18] Diese Sicht ist vereinzelt korrigiert worden, ohne daß sich ein gültige Perspektive auf das vielschichtige Phänomen ergeben hätte.[19]

Hinweise in der Frage des Scharfsinns gibt die Rhetorik des Aristoteles. Vor allem Tesauro sieht in ihr den Schlüssel zum Verständnis des Scharfsinnigen, weshalb er seinen Traktat ein »aristotelisches Fernrohr« nennt. Im Anschluß an Aristoteles heben die jesuitischen Theoretiker am Scharfsinn vor allem den Wirkungsaspekt hervor. Aristoteles erörtert den Witz (»tà ásteia, urbanitas«) im Zusammenhang mit der Frage, wie man etwas am angenehmsten lerne, und er befindet, daß dies eher mittels ungewohnter und neuartiger Worte geschehe als durch die altbekannten. Tesauro unterscheidet die Klugheit (»prudenza«) vom Ingenium (»ingegno«) und weist jener die Beharrlichkeit, die Wahrheit und den Nutzen zu, während dieses sich durch Schnelligkeit auszeichne, die Erscheinungen in Betracht ziehe und sich um Bewunderung und den Applaus der Masse bemühe.[20] Vermieden werden soll durch den Scharfsinn vor allem die Langeweile bei der Vermittlung des Altbekannten. Die bloße Nützlichkeit reiche nicht aus, einen Gegenstand interessant zu machen: »Den Menschen allein, weder den Tieren noch den Engeln, gab die Natur einen gewissen Ekel vor den täglichen, obwohl nützlichen Dingen, wenn die Nützlichkeit nicht mit der Vielfalt und die Vielfalt nicht mit dem Vergnügen gepaart sind.«[21] Tesauro konstruiert einen Gegensatz von »Wissen«, nach dem die Menschen verlangten, und »Lernen«, das sie verabscheuten.[22] Sie ließen sich sogar von tiefen und heilsamen Lehren (»alte & saluteuoli dottrine«) einschläfern, wenn diese nicht scharfsinnig vorgebracht würden. Aristoteles hatte, ausgehend vom natürlichen Wissenstrieb der Menschen, den Witz empfohlen. Die »urbanitas« ist bei ihm das Mittel, das Lernen angenehm zu gestalten und die natürliche Neugierde zu befriedigen.

Aus dem Interesse der jesuitischen Theoretiker des Scharfsinns an der *elocutio* und an der Wirkung des Ausdrucks spricht die Erfahrung des Zeitalters der Reformation. Den Erfolg der Gegner des Glaubens führte man auf die ungenügende Selbstdarstellung der katholischen Sache zurück. Diese Diagnose bildet eine wesentliche Voraussetzung des Vorgehens der Jesuiten innerhalb der Gegenreformation. Nicht die Dogmen selbst galt es zu bezweifeln, sondern ihre Darstellung. Diese jedoch waren trotz ihres unverrückbaren Wahrheitscharakters in der Gefahr, dem bei Aristoteles beschriebenen Unwillen der Neugierigen zu verfallen und die Langeweile der Lernenden zu erregen. Davon spricht

Tesauro, wenn er bemerkt, selbst hohe und heilsame Lehren schläferten die Menschen ein, würden sie nicht scharfsinnig vorgebracht.[23] Parallele Gedanken findet man bei Gracián, wo es im 14. Abschnitt des *Oracula-manual* heißt, eine schlechte Art verderbe sogar Recht und Vernunft.[24] Im Wirkungsbezug der Scharfsinnspoetik läßt sich das strategische Kalkül jesuitischer Glaubenspropaganda erkennen. Im Hintergrund des scharfsinnigen Feuerwerks bleibt die Heilsgewißheit unangetastet. Das Barock ist das Zeitalter der Illusionen, doch es postuliert nicht die Herrschaft des Scheins. Das zeigt sich sowohl im Verhältnis von scharfsinniger Ausdrucksweise und vorausgesetzter Wahrheit als auch in dem von menschlicher Klugheit und vorausgehender Tugend.

3. concetti

In der formalen Bestimmung des scharfsinnigen »concetto« steht bei Tesauro das Moment der Täuschung im Mittelpunkt. Er folgt weiter Aristoteles, der die Metapher und das Enthymem als Zentren des Scharfsinns bezeichnet. Beide vermittelten ein Wissen. Die Metapher ordne zwei Gegenstände unter einen Gattungsbegriff.[25] Beim Enthymem handelt es sich um eine verkürzte Form des Syllogismus, die sich auf das Wahrscheinliche bezieht, das es glaubhaft zu machen versucht. Aristoteles sagt von der »urbanitas«, daß meistens eine Metapher mit einer Täuschung verbunden sei. Tesauro entwickelt aus diesem Gedanken das bekannte Theorem von den witzig täuschenden Enthymemen.[26] Im Unterschied zu der älteren Auffassung, es handele sich dabei um »irrationale Trugschlüsse« oder »alogische Sophismen« (Hocke), kann es inzwischen als ausgemacht gelten, daß der »Witz« jener Trugschlüsse darin besteht, sowohl ihre Stimmigkeit wie ihre Unstimmigkeit, ihren Wahrheitsgehalt wie ihren Täuschungsanteil durchschaubar zu machen, den Geist zum Nachdenken zu bewegen und schließlich zur Einsicht.

»Denn obwohl jeder Trugschluß eine »Täuschung« ist, ist nicht gleich jede Täuschung ein »urbaner Trugschluß«, sondern nur jene, die ohne böse Absicht auf scherzhafte Weise Bilder wahrer Vorstellungen auslöst und sie nicht unterdrückt und in einer Weise Bilder falscher Vorstellungen auslöst, daß die wahren durch sie wie durch einen Schleier hindurchscheinen, so daß man dem, was gesagt wird, das, was verschwiegen wird, schnell assoziiert.«[27]

Wichtig ist hierbei die Betonung des guten Willens, der offenbar eine wesentliche Voraussetzung des scharfsinnigen Ausdrucks bildet. Die Entscheidung für Gott ist je schon getroffen. Entsprechend erscheint Gracián in seiner Klugheitslehre die Verbindung eines überragenden Verstandes mit einem bösen Willen nur noch als monströs, als ein »widernatürliches Ungeheuer«.[28]

Die hier vorgenommene Parallelisierung von Tesauros und Graciáns Scharfsinnskonzeption will nicht deren völlige Homogenität behaupten, sondern lediglich auf gemeinsame Ausgangspunkte und auf den gemeinsamen Hintergrund der beiden Autoren aufmerksam machen. Gracián geht theoretisch ganz anders vor als Tesauro. Er argumentiert überhaupt nicht im Rahmen der Rhetorik. Vielmehr weist er darauf hin, die antike Rhetorik habe sich um das Ingenium und die Frage des Scharfsinns nicht gekümmert[29]. Während Tesauro den Scharfsinn als Metapher und als Enthymem analysiert, womit er im Detail Aristoteles folgt, versteht ihn Gracián epistemologisch. Das scharfsinnige Konzept sei ein Akt des Verstandes, der die Korrespondenz zwischen den Gegenständen ausdrücke, sagt Gracián.[30] Zwischen den Gegenständen bestünden sowohl Übereinstimmungen als auch Unterschiede, und die Konzepte bewegten den Geist dazu, sowohl diese als auch jene wahrzunehmen. In der Vielfalt der Konzepte werde der Gegenstand gleichsam eingekreist. Die These, daß der Scharfsinn den Geist in Bewegung setze, ihn zwischen den wahrscheinlichen und den täuschenden Enthymemen hin und her bewege, zwischen der Übereinstimmung und der Abweichung der metaphorischen Gleichsetzung, zwischen den Übereinstimmungen und den Abweichungen der Beziehungen der Gegenstände, ist Gracián und Tesauro gemeinsam. Übereinstimmung und Unterschied, Proportion und Disproportion, auf die sich Gracián bezieht, meinen dabei scholastische Bestimmungen. Es handelt sich um wirkliche Verhältnisse zwischen den Dingen. Im Hintergrund der Scharfsinnspoetik steht ein klares Ordnungsdenken, das von der aristotelisch-thomistischen Tradition zehrt.[31]

Wie nun sieht ein Konzept aus? Lohenstein führt zu Beginn seines Arminiusromans eine Wendung an, die auch Gracián zu Beginn seines Werks als Beispiel zitiert. Sie betrifft das tragische Ende des Pompeius, dem »über Hoffen die Erde zum Begräbnüße gebrach/ dem sie kurtz vorher zu Ausbreitung seiner Siege gefehlet hatte«.[32] Dies bezieht sich darauf, daß Pompeius in der Schlacht bei Pharsalus unterlag, also keine Erde für seine Siege hatte, und später seine Leiche ins Meer geworfen wurde, also keine Erde für sein Grab vorhanden war. Die scharfsinnige Wendung ist um die Vorstellung der »fehlenden Erde« angeordnet, in der sich das ganze Unglück des Pompeius zentriert. Der doppelte Kontext des Begriffes erschließt diesen ganz unterschiedlich: einmal gab es keine Erde zum Sieg, weil Pompeius verlor, dann fehlte sie zum Grab, weil er zwar starb, aber nicht in die Erde fand. Es besteht also eine Wechselbeziehung zwischen Hoffnung und Enttäuschung, zwischen Sieg und Tod des Pompeius, die im Konzept der fehlenden Erde nicht nur ausgesprochen und erkannt wird, sondern kunstvoll zum Ausdruck kommt. Mit Tesauro läßt sich das Konzept auch als witzig täuschender Fehlschluß deuten, denn es wird suggeriert, Niederlage und Todesart des Pompeius bezögen sich auf einen gemeinsamen Begriff. Während der Zuhörer dazu angeleitet wird, die Extreme im Schicksal des Pompeius zu erwägen, soll er neben der Künstlichkeit die Wahrheit des Konzepts bemerken, die nicht im beständigen Fehlen der Erde liegt, sondern in der Kontinuität des Unglücks des Pompeius. Das Konzept hat also eine Bedeutung im semantischen Sinn.[33] Es bezieht sich auf die Schnittstelle von gerechtem Streben des Tugendhaften und widerwilligem Verhängnis. Pompeius ist derjenige, dessen persönliche Tugend und Tapferkeit den Niedergang der Römischen Republik nicht mehr aufzuhalten vermag, die sich längst als ganze vom Pfad der Tugend abgewendet hat und zum Untergang bestimmt ist. Ein anderes Beispiel ist folgende Spitzfindigkeit von Florus über den Tod Julius Caesars: Jener, der die ganze Welt mit dem Blut der römischen Bürger gefüllt hätte, habe schließlich den Senat mit seinem eigenen Blut gefüllt. Dazu merkt Gracián an, man sehe die Korrespondenz zwischen der mit fremdem Blut angefüllten Welt und dem mit seinem eigenen Blut angefüllten Senat.[34] Hier bildet das »Angefülltsein mit fremdem/eigenen Blut« das Konzept, in dem sich die Beziehung von Caesars Kriegszügen und seinem Tod enthüllt. Es bringt kunstfertig die darin beschlossene Gerechtigkeit in Form einer Äquivalenzstrafe zum Vorschein.

Kehren wir nun zu Lohensteins Reyen zurück, so läßt sich dessen Aussagecharakter jetzt genauer bestimmen. Auch seine Konstruktion zeigt den scharfsinnigen Zug. Er stellt zwei Quartette von Objekten nebeneinander, deren Beziehung kontingent erscheint: »Assyrien – Persien – Griechenland – Rom« und »Asien – Afrika –

Europa – Amerika«. Die Weltreiche und die Kontinente stehen oberflächlich in keinem kausalen Zusammenhang. Folgt man aber dem »Konzept«, so ergibt sich die Spitzfindigkeit, daß Rom als das vierte Weltreich mit Notwendigkeit der Ergänzung des vierten Kontinents bedarf, um das Modell zu erfüllen, mit anderen Worten, Rom bedarf Habsburgs. Die »Bedeutung« des Reyens liegt also in der Übereinstimmung der hervorgehobenen Rolle des Reiches und der Habsburgischen Herrschaft mit der göttlichen Vorsehungsordnung. Diese Bedeutung wird aber weder apodiktisch gesetzt noch manieristisch aufgehoben. Der Zuschauer wird in ein Spiel hineingezogen, das zwei einander wesensfremde Geschichtsmodelle überraschend konfrontiert und zur Deckung bringt. Zentrale Argumente der französischen Polemik gegen die Stellung des Reichs sind einbezogen und vermögen, scharfsinnig gewendet, dessen höhere Dignität noch zu bestätigen. Gleichzeitig bleibt die Artifizialität dieser Konstruktion aber präsent, ohne daß daraus ihre Unwahrheit folgen würde, im Gegenteil. Voraussetzung der Wahrheit der spitzfindigen Erwägung ist nicht die Natürlichkeit oder Künstlichkeit der poetischen Präsentation, sondern ihre moralische Rechtfertigung innerhalb der Geschichte.

IV

1. Gnadenlehre

Der Interpretationsbedarf der Lohensteinschen Texte ist Bestandteil seiner Poetologie und hat systematischen Stellenwert. Ebenso wie in der sinnreichen Anlage seines Trauerspiel-Reyens zeigt sich das in der Frage des figurativen Charakters der realhistorischen Verweisungen seines Romans. Grundlage seiner poetischen Technik ist sein skeptischer Antidogmatismus und das damit verknüpfte Vertrauen in eine bedingte Urteilsfähigkeit der Vernunft. Dies wird am deutlichsten in dem Romangespräch über die Skepsis ausgesprochen, in dem der Zweifel als »Probierstein der Warheit« bezeichnet wird: »Der Zweifel untersuchet alle Meinungen/ und machet endlich aus allen zusammen einen der Warheit gemäßen Schluß«.[35] Die Skeptiker des Romans hassen nichts mehr als die »Hartneckigkeit«:

»Sie legten ihrer Vermessenheit einen Zaum an/ wenn sie etwas nicht für die unfehlbare Wahrheit zu erklären anstünden; sie weigerten sich aber niemals dem/ was der Vernunfft und Warheit ähnlich/ beyzupflichten.«[36]

Dies ist direkt gegen den dogmatischen katholischen Anspruch auf den unfehlbaren Besitz der Wahrheit gesprochen. Die Rechtfertigung der methodischen Funktion der Skepsis läßt sich zudem durchaus als Erläuterung der Disputationstechnik des Romans lesen. Sie stimmt überein mit dem Befund über die Funktion des scharfsinnigen Verfahrens.[37] Es handelt sich um skeptische Methoden im Umgang mit der Wahrheit und mit dem rechten Handeln. Die Disputationen dienen der Wahrheitsfindung unter Ausschaltung der Vorurteile und damit des *opinio*-Charakters der Überzeugungen. Die Klugheit dient der Durchsetzung der Tugend und der Scharfsinn der Präsentation und der Erhöhung der Wahrheit. Die Wahrheit bedarf durchaus der Mittel des Scheins und der guten Art, wie Gracián sagt, um zum Ziel zu gelangen, um der Langeweile zu entgehen und um sich nicht der Lüge geschlagen geben zu müssen. Entscheidend ist, daß die von Gott gegebenen Ordnungsfaktoren nicht selbständig wirksam werden. Die Wahrheit bedarf behutsamer Behandlung, bis sie erkenntlich wird, und muß aufwendig rhetorisch ausstaffiert werden, um in der Welt bestehen zu können. Auch die Tugend kann sich nur mit ausgefeiltesten Mitteln der Hinterlist gegen die Bosheit durchsetzen.

Die Allianz von Scharfsinn und Wahrheit, Klugheit und Tugend, Natur und Übernatur steht in Verbindung mit der jesuitischen Gnadenlehre und ihrer Betonung des Einklangs des uneingeschränkten freien Willens des Menschen mit der göttlichen Vorherbestimmung, wie sie zunächst im Molinismus und später in der Schulauffassung des Francisco Suárez, dem sogenannten Kongruismus, zum Ausdruck kam. Diese negierte jeden kausalen Einfluß der göttlichen Mitwirkung auf die menschliche Willensentscheidung und verstand die Mitwirkung so, daß Gott in einem *concursus simultaneus* die freien Akte und deren Wirkungen gleichzeitig mitsetze. Die jedem Menschen gewährte hinreichende Gnade, die ihn zu Heilstaten befähigte, wird vom Menschen in freier Willensentscheidung ergriffen und damit wirksam gemacht: Gott stimmt dem gleichzeitig zu. Dieses Insistieren auf der menschlichen Entscheidung und Verantwortung implizierte die Anerkennung der Notwendigkeit der natürlichen Mittel: der überwältigenden Wirkung des Scheins, der erfolgreichen Anwendung der Klugheit und der erhellenden Funktion der Vernunft. Menschlicher Wille und die Wirksamkeit der Gnade kommen dabei überein und sind nicht wie in der augustinischen und auch weniger als in der thomistischen Theologie einem uneinsehbaren göttlichen Gnadenverfahren unterworfen. Die Jesuiten waren die schärfsten Gegner jeder rigorosen Prädestinationslehre. Indem sie die freie Willensentscheidung des Menschen so stark betonten, drohte die göttliche Vorsehung in Abhängigkeit von menschlicher Entscheidung zu geraten, was heftige theologische Kontroversen auslöste. Die jesuitische Position spricht deutlich aus dem bekannten letzten Abschnitt des Graciánschen *Hand-Orakels:*

»Mit einem Wort, ein Heiliger seyn, und damit ist Alles auf einmal gesagt. Die Tugend ist das gemeinsame Band aller Vollkommenheiten, und der Mittelpunkt aller Glückseligkeit. Sie macht einen Mann vernünftig, umsichtig, klug, verständig, weise, tapfer, überlegt, redlich, glücklich, beifällig, wahrhaft und zu einem Helden in jedem Betracht. [...] Die Tugend ist die Sonne des Mikrokosmos oder der kleinen Welt und ihre Hemisphäre ist das gute Gewissen. Sie ist so schön, daß sie Gunst findet vor Gott und Menschen.«[38]

Die Tugend ist sowohl für die Menschen als auch für Gott unwiderstehlich. Ihr zu folgen wird somit sowohl zur Voraussetzung als auch zur Garantie der göttlichen Gnade.

Das jesuitische Gnadensystem läßt sich nicht umstandslos auf Lohenstein übertragen. In der Forschung stehen sich sogar eine jesuitisch-molinistische und eine protestantisch-stoizistische Interpretation des Lohensteinschen Verhängnisbegriffes und seiner Einschätzung der menschlichen Willensfreiheit gegenüber, die zu völlig entgegengesetzten Auslegungen seiner Texte geführt haben.[39] Die Kontroverse kann hier nicht rekonstruiert werden, doch soll die entscheidende Stelle einer entsprechenden Romandisputation genannt sein. Thußnelda beschließt die Diskussion, die zwischen der Vertreterin einer epikureischen und der einer stoischen Auffassung von Verhängnis und Willensfreiheit ausgebrochen ist, und formuliert eine Art Minimalposition:

»Denn das göttliche Verhängnüß wäre zwar der erste Bewegungs-Grund aller Dinge; Gott sehe all unser Thun unveränderlich vorher/ und hätte es gesehen/ als die Natur sein Kind/ und nichts zu etwas worden wäre. Alleine dieses alles hätte keinen Zwang in sich/ und bürdete dem Menschen keine Nothwendigkeit diß gute/ oder jenes böse zu thun auf; sondern es behielte unser Wille seine vollkommene Freyheit.«[40]

Der Gnadenstreit hat seine Problematik darin, daß alle Systematisierungsversuche mit unterschiedlicher Gewichtung das gleiche Paradox aufzulösen versuchen: die Gleichzeitigkeit von göttlicher Allmacht und Vorsehung einerseits und von menschlicher Willensfreiheit andererseits. Indem Lohenstein die Betonung auf die Freiheit des Willens und auf die Rolle der Tugend legt, übernimmt er jesuitisches Gedankengut. Indem er aber Systematisierungen zurückweist, hält er sich bewußt aus den dogmatischen Streitereien heraus. So schließt Thußnelda:

»Dieses ist meine einfältige Meinung/ iedoch eine vielleicht desto unschuldigere. Sintemahl allzu verschmitzte Außlegungen in so tiefsinnigen Dingen selbte mehr verfinstern/ als erklären; und wo Fragen von Gott mit einlauffen/ eine fromme Einfalt mehr Ruhmes verdienet/ als ein scharfsinniger Vorwitz.«[41]

Diese Zurückhaltung entspricht dem protestantischen Vorbehalt gegen die Scholastik, sie bringt aber auch den ausgleichenden Zug der Lohensteinschen Eklektik zum Ausdruck. Er trägt in seiner Auffassung sowohl der göttlichen *prima causa* allen Geschehens als auch der entscheidenden Rolle der menschlichen Wahl Rechnung. Dabei zeigt er sich in seinem poetischen Werk von der letztendlichen Gerechtigkeit des Verhängniswaltens als einer Belohnung der Tugend und Bestrafung der Sünde überzeugt. Das gilt vor allem für den Aufstieg und Fall der großen geschichtlichen Gebilde als ganzer, aber auch für den einzelnen Menschen, der sich durch Klugheit davor hüten sollte, dem historischen Verhängniswalten im Weg zu stehen. Es ginge über ihn hinweg, wie der Fall des tugendhaft untergegangenen Pompeius zeigt.[42]

2. Der Arminiusroman

Die hier unternommene Konfrontation jesuitischen, Graciánschen und Lohensteinschen Denkens läßt Konsequenzen für die Verfahren der realhistorischen »figurativen« Verweisung in Lohensteins Roman erwarten. Wenn der Vollzug der göttlichen Vorsehung eng an die menschliche Tugendwahl geknüpft ist, wird auch eine typologische Relation undenkbar, die von Gott quasi selbstherrlich gesetzt wäre. Wie also sind die realhistorischen Bezüge im *Grossmüthigen Feldherr Arminius* konstruiert?

Die Konzeption des Romans läßt sich in ihrer politischen Tendenz aus dem anläßlich des Sophonisbe-Reyens Gesagten verstehen. Der Autor kultiviert in protestantisch-reichsständischer Tradition den Reichsgedanken, der staatstheoretisch gesehen antiabsolutistisch und zeitgeschichtlich gesehen antifranzösisch aufgefaßt wird. Die Zuspitzung der Auseinandersetzungen mit der aggressiv expansionistischen Politik Frankreichs bildete das aktuelle Moment jener Vision, die ihren gewaltigsten Ausdruck in Lohensteins Roman *Großmüthiger Feldherr Arminius und seine Durchlauchtige Thußnelda* fand. Im Mittelpunkt dieses Romans steht der germanische Arminius, Herzog der Cherusker, der in der Schlacht im Teutoburger Wald drei römische Legionen bezwang und damit als *liberator Germaniae* in die Geschichte einging. Er ist im Roman heroisches Vorbild und wird in der Regel von den Interpreten als *figura* des deutschen Kaisers aufgefaßt. Damit ist die Tradition der *translatio* paralysiert, denn Arminius eröffnet eine national bestimmte Geschichte, die unabhängig vom Caesarentitel ist, ja diesem entgegensteht. Seine Herrschaft gründet sich auf Freiheit, Tugend und Einfalt der alten Deutschen, die dem römischen Laster in zugespitzter Weise gegenübergestellt sind. Mit den Römern wird im Roman dagegen auf den nationalen Geltungsdrang der Franzosen unter Ludwig XIV. verwiesen. Diese Konstruktion deutet den *translatio*-Gedanken in spezifischer Weise um. Während die Vorläuferschaft der römischen Kaiserzeit negiert wird, indem diese in ihrem historischen Aufstieg bereits als moralischer Niedergang verstanden wird, kündet der kriegerische Erfolg des Arminius den Aufstieg Deutschlands an, der auf Tugend gegründet und dem das »Verhängnis« wohlgesonnen ist.

Mit der Wahl der Arminiusgestalt als Zentralfigur des Romans wird die Tradition der *Germania* fortgesetzt, die stets protestantisch-reichsständisch verwurzelt war. Seit der Wiederentdeckung der Schriften des Tacitus und vor allem der *Germania* durch die italienischen Humanisten des 15. Jahrhunderts stand ihre Rezeption im Zeichen der Auseinandersetzung der europäischen Mächte. Zunächst von italienischer Seite argumentativ eingesetzt, um den Deutschen ihre kulturelle Entwicklung unter dem Einfluß der römischen Kirche vor dem Hintergrund germanischer Barbarei vor Augen zu halten, wurde der Germaniastoff schnell zur Waffe der deutschen Humanisten gegen den übermächtigen kulturellen Einfluß Italiens.[43] Für beides hatte Tacitus die Schlagworte bereitgestellt. Die positive Bewertung der Germanen hatte er bereits selbst in kulturkritischer Absicht unternommen. Dem Sittenverfall in Rom stellte er Einfalt und strenges Sittenbewußtsein der Germanen entgegen. Die »Germania«-Thematik wurde auf kulturelle und politische Auseinandersetzungen zunächst mit Italien, dann mit Spanien, mit der römisch-katholischen Kirche und schließlich mit Frankreich übertragen. Entsprechend wurde im Zuge der Reformation die Arminiusüberlieferung zu einem beliebten Stoff, der sich mit seinem Freiheitspathos vorzüglich zur Legitimation der protestantisch-reichsständischen Sache eignete.

Vor diesem Hintergrund erst hebt sich hinreichend deutlich ab, daß und in welchem Maß Lohenstein mit seinem Bezug der Arminiusfigur auf den römisch-katholischen Kaiser die feststehenden Erwartungshaltungen durchbrach. Die Titulierung Leopolds I. als »österreichischer Herrmann«, die sich im »Vorbericht an den Leser« des Romans findet, kann deshalb nicht im Sinne eines einfachen Herrscherlobs verstanden werden. Sie schafft die spannungsreiche Ineinssetzung zweier historischer Gestalten und komprimiert damit äußerst divergente und politisch sehr konkrete Interessenhaltungen. Der Dichter setzt sich über festgefügte heilsgeschichtliche Ordnungsstrukturen hinweg und präsentiert im Roman ein Gegenmodell, das sich ästhetisch empfiehlt: durch die Vollständigkeit seines polyhistorischen Zugriffs auf die geschichtliche Welt und durch die Stimmigkeit seiner scharfsinnigen Konstruktion, die das Gute und das Böse, das Wahre und das Falsche zu einer neuen Ordnung zu fügen vermag, in der die rechte Sache zum Ausdruck kommt.

3. *»Leopoldfiguration«*

Ein Bezug des Arminius auf Leopold wird von Lohenstein nur indirekt hergestellt, indem die Vorfahren des Arminius im Roman auf die Vorfahren Leopolds verweisen und deren Geschichte repräsentieren. Im zweiten Buch des Romans wird die Geschichte der Habsburgischen Kaiser in knapper Weise verschlüsselt als Geschichte des vermeintlichen Cheruskischen Herrscherhauses erzählt. Die dabei angesprochenen Cheruskischen »Feldherren« – das ist der Schlüsselbegriff für das Kaisertum – sind rein fiktiv, ihre Namen in der Regel anagrammatisch aus denen der Kaiser gebildet. Die einzelnen Regentschaften werden dabei exemplarisch ausgedeutet und bewertet. Diese verschlüsselte Habsburgergenealogie wird bis zum Vater Leopolds I. geführt, der als Vater des Arminius dargestellt ist. Leopold scheint also zumindest der Bestimmung nach Arminius zu sein. Sein Arminiustum befindet sich allerdings bloß im Stadium der Potentialität. Arminius ist im Roman nicht als *figura* des in Leopold auf einen historischen Höhepunkt gelangten heilsgeschichtlich verankerten Geschehens interpretiert. Die realhistorische Zuordnung des Arminius ist vielmehr offen strukturiert: der Roman präsentiert ein bestimmtes und im einzelnen präzises Herrschaftsmodell, das vom Reichsgedanken getragen ist und somit einzig vom Kaiser erfüllt werden kann. Der Sachverhalt läßt sich in der Terminologie des Rollenangebots beschreiben: Leopold hat die Möglichkeit, die Arminiustradition zu ergreifen und sich damit in eine von der Vorsehung gewährte Ordnung einzureihen. Damit geht dann aber das Rollenangebot auch über den einfachen Vorbildcharakter hinaus, den der Titel anspricht: »Dem Vaterlande zu Liebe Dem deutschen Adel aber zu Ehren und rühmlichen Nachfolge«.

Arminius hat als solche Vorbildfigur, als Anreiz zur *aemulatio*, zum Eifer der Nachahmung, ein vollständig idealisiertes Format erhalten. Kein Held des Romans ist ohne Makel wie er. Er ist die vollkommene Verkörperung eines barocken Herrscherideals. Großmut zeichnet ihn schon im Romantitel aus, er ist frei von Herrschsucht und will nur dem gemeinen Wohl dienen, wie er bei seiner Wahl zum »Feldherren« verkündet, er ist entschlossen gegen den Gegner, leidenschaftlich gegen den Feind, voller Vorsicht gegen den Intriganten und voller Milde gegen den reuigen Sünder usw. Entscheidend aber sind die staatsrechtlichen Implikationen: Arminius ist Feldherr kraft der Wahl der germanischen Herzöge, und er sieht sich entsprechend als gleicher unter gleichen: »Er gebrauchte gegen die Fürsten eben die Ehrerbietung als vorher / und als gegen seines gleichen«.[44] In Religionsfragen lehrt der Roman Toleranz und verkündet sogar irenische Hoffnungen. Die Autorität des Arminius besteht nicht wesentlich kraft seines Amtes, sondern darin, daß er das Richtige tut. Er will sich nicht auf den Taten seiner Vorfahren ausruhen:

»Denn die Aufthürmung der Ehren-Säulen wäre ein abergläubischer Zeit-Vertreib und eine Verschwendung der Unkosten; wenn sie allein ein Gedächtnüß dessen/ was die Toten gethan haben/ nicht aber eine Ermahnung seyn sollen/ was denen lebenden zu thun obliegt.«[45]

Er eint die Kräfte des »Reiches« – um vom zeitgenössischen Verweisungsgeschehen zu sprechen – gegen den äußeren Feind. Dieser Kampf ist nicht nur ein Kampf Deutschlands gegen Rom bzw. Frankreich, sondern auch ein Kampf der Tugend gegen die Wollust und der Freiheit gegen die Tyrannei – der »Libertät« gegen den machiavellistischen Absolutismus, ließe sich ergänzen. Kaiser und Fürsten werden mit dem Roman aufgefordert, den Reichsgedanken zu stärken, also die Einheit unter dem Kaiser und die Libertät der Fürsten, die sich freiwillig zusammen finden, zu befördern.

In Arminius werden nicht faktische Taten Leopolds verherrlicht, sondern es wird ein Herrscherideal gezeichnet, das allein von Leopold durch seine Funktion als Kaiser zu verwirklichen ist. Von dieser appellativen Struktur sind die anderen Verweisungen des Romans deutlich unterschieden, die den Charakter bloßer Verschlüsselungen tragen: überlieferte antike Geschehnisse oder in die Antike projizierte fiktive Geschehnisse verweisen in der Erzählung gleichzeitig auf Ereignisse der neuen Geschichte, wobei jeweils isolierte Teilereignisse durch charakteristische Verschiebungen und Transformationen kombinatorisch zu dem neuen Erzählzusammenhang des Romans zusammengesetzt werden. Wo sich historisch Gut und Böse durchdringen, greift der Dichter ein und ordnet durch seine Verfahren das geschichtlich Einzelne neu im Sinne eines kritisch sichtenden, polyhistorischen Entwurfes an. Auch in diesen Anordnungen und Umordnungen läßt sich das Prinzip der scharfsinnigen Konzepte wiedererkennen. Jedenfalls aber zeigen die realhistorischen Bezüge keine finale Struktur. Sie bringen bleibende Sachverhalte und Wahrheiten der moralischen Welt zum Vorschein, gehen aber darin auf, daß »nichts neues unter der Sonnen geschieht«.[46] Es handelt sich also um den Fall einer analogischen Zuordnung historischer Ereignisse verschiedener Epochen, ohne daß diese Zuordnung eine heilsgeschichtliche finale Interpretation erfährt, die sie als »historische Figuration« ausweisen würde.

Die Verschlüsselungen und die realhistorischen Verweisungen haben innerhalb des Romans die Funktion, die universale Geschichte der antiken und der neuzeitlichen Welt einzubringen und exemplarisch aufeinander zu beziehen. Sie sind beteiligt an der Konstitution der Romanordnung, die die Ordnung der Welt als eine von Tugend und Laster einerseits, von Verhängnis und

Vorsehung andererseits wiedergibt. Als Ganze zielt sie darauf, die Gottgewolltheit der deutschen Reichsordnung zu erweisen. Das Reich ist in diesem Entwurf die auf Eintracht und Liebe gegründete Bastion gegen den reinen Machtstaat des barocken Absolutismus, der vor allem von Frankreich repräsentiert wird. Der Tugendbezug hebt es innerhalb der Vorsehungsordnung heraus, und er ist in der Arminiusfigur exemplarisch gestaltet. Die ideale Politik des Arminius widerspricht freilich in wesentlichen Punkten der faktischen Politik Leopolds, der die konfessionelle Konfrontation einer nach innen toleranten und nach außen entschlossenen Haltung vorzieht. Indem er diesen Gegensatz von poetischem Vorläufer und adressiertem Fürsten sichtbar macht, zeigt der Roman seinen appellativen Charakter. Seine Panegyrik ist an Bedingungen geknüpft, für die die göttliche Vorsehung selbst einsteht.

Im Sieg des Arminius über die Römer spricht das Verhängnis ein Urteil über das von der Tugend abgekehrte, der Tyrannei und Wollust verfallene Römische Weltreich. Was geschichtlich von den alten Germanen überliefert ist, legt der Roman als Übereinkunft von Tugend und Glück und als verbindlichen Ausdruck der göttlichen Vorsehung aus. Demnach ist die geschichtliche Aufgabe des Reiches Deutscher Nation in der Gestalt des Arminius und nicht in der der römischen Caesaren angelegt. Die von Gott vorgesehene hervorragende Rolle des Reiches und der habsburgischen Kaiser ist abhängig von dieser Herkunft, auf die sich Leopold zu beziehen hat. Unter der theologischen Voraussetzung der engen Verknüpfung von menschlicher Tugend und göttlicher Gnade erscheint der Romanappell somit als heilsgeschichtliches Versprechen. Darin liegt der *figura*-Charakter des Arminius. Er bestätigt nicht den heilsgeschichtlich gewährten Gang der Geschichte, sondern er fordert zu ihrer aktiven Gestaltung auf und ist von der Überzeugung getragen, die göttliche Gnade werde den tugendhaft Handelnden nicht verweigert.

Die Frage nach der Rolle der Typologie innerhalb der spätbarokken panegyrischen Herrscheranalogie bei Daniel Casper von Lohenstein ist in einer differenzierten Weise beantwortet worden, die keine einfachen terminologischen Bereinigungen verträgt. Es wird dabei deutlich, daß analogische Beziehungen zwischen historischen Ereignissen und Personen innerhalb poetischer Texte oder anderer Darstellungen nur die Voraussetzung bilden, nicht aber den Nachweis einer typologischen Denkhaltung liefern. Bei der Deutung der Arminius/Leopold-Figuration wurde sowohl auf die historischen Motivationen als auch auf die poetologischen und schließlich die möglichen theologischen Voraussetzungen des Romans zurückgegriffen. Nicht zuletzt die Abweichungen des politischen Verhaltens der historisch-poetischen *figura* Arminius von dem des zeitgenössischen Adressaten Leopold zeigen, daß es sich nicht um die panegyrische Verherrlichung eines *status quo* handelt, sondern um einen inhaltlich profilierten Appell protestantisch-reichsständischer Herkunft an den katholischen deutschen Kaiser. Der Zusammenhang der handlungsorientierten Appellstruktur des realhistorischen Verweises mit der im Roman entworfenen göttlichen Vorsehungsordnung erhellte aus der Rekonstruktion der Lohensteinschen vermittelnd-antidogmatischen Auffassung von Willensfreiheit, Tugendforderung und Vorsehungsordnung. Erst die Verknüpfung dieser unterschiedlichen Bestandteile seines poetisch-politischen Entwurfes erlaubt eine Aussage über die heilsgeschichtliche Signifikanz der Beziehung Kaiser Leopolds I. zu dem germanischen Feldherren Arminius.

Anmerkungen

1 Grundlinien dieser barocken Ordnungsprojektion hat Conrad Wiedemann in einigen Aufsätzen umrissen: *Barocksprache, Systemdenken, Staatsmentalität. Perspektiven der Forschung nach Barners »Barockrhetorik«*, in: *Internationaler Arbeitskreis für deutsche Barockliteratur. Erstes Jahrestreffen in der Herzog August Bibliothek Wolfenbüttel. 27.–31. August 1973. Vorträge und Berichte*, Hamburg 1976, S. 21–51. Für die Bedeutung der in der Literatur vorliegenden »Rollenentwürfe« innerhalb dieser Entwicklung vgl. ders., *Heroisch – Schäferlich – Geistlich. Zu einem möglichen Systemzusammenhang barocker Rollenhaltung*, – in: *Wilhelm Voßkamp (Hg.), Schäferdichtung, Referate der 5. Arbeitsgruppe beim zweiten Jahrestreffen des Internationalen Arbeitskreises für deutsche Barockliteratur vom 28. bis 31. August 1976 in Wolfenbüttel*, Hamburg 1977, S. 96–122.

2 Daniel Casper von Lohenstein, *Afrikanische Trauerspiele*, hg. von Klaus Günther Just, Stuttgart 1957, S. 350ff.

3 Vgl. Reinhart Koselleck, *Vergangene Zukunft der frühen Neuzeit,* in: Ders., *Vergangene Zukunft. Zur Semantik geschichtlicher Zeiten,* Frankfurt/M. 1979, S. 17–37.

4 Lohenstein, *Afrikanische Trauerspiele,* S. 352.

5 Lohenstein, *Afrikanische Trauerspiele,* S. 353.

6 Für eine Interpretation des Stückes vor allem im Hinblick auf die Reyen vgl. die entsprechenden Passagen in Albrecht Schöne, *Emblematik und Drama im Zeitalter des Barock,* München 1964, S. 98–114. Die Geschichtsauffassung speziell auch in dem hier diskutierten Abschlußreyen der *Sophonisbe* wird ausgiebig erörtert von Wilhelm Voßkamp, *Untersuchungen zur Zeit- und Geschichtsauffassung im 17. Jahrhundert bei Gryphius und Lohenstein,* Bonn 1967, S. 181–190.

7 Über den Unterschied platonischer und aristotelischer Begründungen des Trauerspiels, die sich in ihrer Stellung zu den Affekten zeigt, Hans-Jürgen Schings, *Consolatio Tragoediae. Zur Theorie des barocken Trauerspiels,* in: *Deutsche Dramentheorien I. Beiträge zu einer historischen Poetik des Dramas in Deutschland,* Wiesbaden, 3. Aufl. 1980, S. 19–55. Lohensteins Position in der Auseinandersetzung um die Affektenlehre beschreibt Dieter Kafitz, *Lohensteins »Arminius«. Disputatorisches Verfahren und Lehrgehalt in einem Roman zwischen Barock und Aufklärung,* Stuttgart 1970, S. 140–147. Die Umsetzung im Trauerspiel zeigt am Beispiel der *Cleopatra* Erwin Rotermund, *Der Affekt als literarischer Gegenstand: Zur Theorie und Darstellung der passiones im 17. Jahrhundert,* in: Hans Robert Jauß (Hg.), *Die nicht mehr schönen Künste. Poetik und Hermeneutik* III., München, 2. Aufl. 1983, S. 239–270. Für das Verhältnis von Tugendforderung qua Affektbeherrschung und Verhängnisbestimmtheit in der *Sophonisbe* vgl. vor allem Rolf Tarot, *Zu Lohensteins Sophonisbe,* in: *Euphorion* 59 (1965), S. 72–96.

8 Vgl. die Darstellung bei Werner Goez, *Translatio Imperii. Ein Beitrag zur Geschichte des Geschichtsdenkens und der politischen Theorien im Mittelalter und in der frühen Neuzeit,* Tübingen 1958, S. 351 ff. Den Bezug zu Lohensteins Geschichtsdarstellung im Arminiusroman stellt Elida Maria Szarota her: *Lohensteins Arminius als Zeitroman. Sichtweisen des Spätbarock,* Bern, München 1970, S. 161 ff.

9 Vgl. Werner Goez, *Translatio Imperii,* 18. Kap.: »Das Ende der Translationsvorstellung im protestantischen Bereich«, hier S. 351.

10 Dies geschieht u.a. bei Hermann Conring (1606–1681), der den Reichsgedanken von dem des Fortbestands des Römischen Reiches klar trennt. Der Kommentar von Werner Goez illustriert auf so schlagende Weise auch Lohensteins Trauerspielreyen, daß er hier zitiert werden soll: »Die Erweiterung des Weltbildes durch die Entdeckungen neuer Länder sprengt die alte Anschauung, löst das alte ›Nacheinander‹ der Reiche ab durch ein ›Nebeneinander‹ der Reiche. Geographie und

Ethnologie gewinnen bei Bodin, Suarez und Conring eine neue Bedeutung für das Geschichtsbild.« (Goez, *Translatio Imperii,* S. 360f.).

11 Seine Distanz zum heilsgeschichtlichen Modell zeigt sich alleine schon daran, daß Lohenstein in der Anordnung der Universalhistorie im Arminiusroman keinen Gebrauch von heilsgeschichtlichen, dafür aber von geographischen Ordnungsprinzipien macht. Deutlicher als seine eklektische Disputierkunst, die stets auch den Gegenpositionen die Reverenz erweist, enthüllt diese Geschichtsschreibungspraxis seines Romans Lohensteins Position. Vgl. zum universalhistorischen Element des Romans Elida Maria Szarota, *Lohensteins Arminius,* Teil II, Kap. I, S. 159–174.

12 Vgl. dazu Wilfried Barner, *Barockrhetorik. Untersuchungen zu ihren geschichtlichen Grundlagen,* Tübingen 1970, »Die ›politische‹ Bewegung«, S. 135ff.

13 Niccolò Machiavelli, *Il Principe. Der Fürst. Italienisch/Deutsch,* übersetzt und herausgegeben von Philipp Rippel, Stuttgart 1986, Kap. XVIII, S. 136.

14 Diesen antimachiavellistisch-pseudomachiavellistischen Zug der Tacitisten und Prudentisten beschreibt ausführlich Karl-Heinz Mulagk, *Phänomene des politischen Menschen im 17. Jahrhundert. Propädeutische Studien zum Werk Lohensteins unter besonderer Berücksichtigung Diego Saavedra Fajardos und Baltasar Graciáns,* Berlin 1973.

15 Baltasar Gracián *Hand-Orakel und Kunst der Weltklugheit.* Deutsch von Arthur Schopenhauer, hg. von Arthur Hübscher, München 1985, S. 81. Das spanische Original in: Baltasar Gracián, *Obras Completas.* Edición y estudio preliminar de Miguel Batllori y Ceferino Peralta. Bd. 1. – Madrid 1969, S. 414a: »Sin mentir, no decir todas las verdades.«

16 Daniel Casper von Lohenstein, *Grossmüthiger Feldherr Arminius.* Mit einer Einführung von Elida Maria Szarota (Faks.-Neudruck der Erstausgabe Leipzig 1689/90), Hildesheim, New York 1973. Teil 1, S. 1265 b. Diese Äußerung stellt keine einseitige Meinung einer Romanfigur dar, sondern ist als Kommentar der Erzählerfigur zum faktischen Verhalten des vorbildlichen Helden für Lohenstein verbindlich.

17 Dies zeigt in einem kurzen begriffsgeschichtlichen Abriß Wolf Wucherpfennig, *Klugheit und Weltordnung. Das Problem politischen Handelns in Lohensteins »Arminius«,* Freiburg 1973, »Die Vermittlungsfunktion der Klugheit«, S. 35–42.

18 Am bekanntesten wurde diese Sicht durch Gustav René Hocke, *Manierismus in der Literatur. Sprach-Alchimie und esoterische Kombinationskunst,* Reinbek 1959.

19 Für Tesauro kann auf Klaus-Peter Lange hingewiesen werden, der allerdings innerhalb des Manierismus-Paradigmas argumentiert: *Theoretiker des literarischen Manierismus. Tesauros und Pellegrinis Lehre von der »Acutezza« oder von der Macht der Sprache,* München 1968.

Für Gracián hat Emilio Hidalgo-Serna eine philosophische Interpretation vorgeschlagen, die über eine rein poetologische Deutung hinausgeht: Hidalgo-Serna, *Das ingeniöse Denken bei Baltasar Gracián. Der ›concepto‹ und seine logische Funktion,* München 1985.

20 Die Übersetzung einzelner Stellen gibt Klaus-Peter Lange, *Theoretiker,* S. 33. Bei Tesauro heißt es: »Non piccola differenza dunque passa fra la ›Prudenza‹, & l'ingegno. Peroche l'Ingegno è più perspicace; la Prudenza è più sensata: quello è più veloce; questa è più salda: quello considera le apparenze; questa la verità: & doue questa hà per fine la propria vtilità; quello ambisce l'ammiratione, & l'applauso de' populari.« (Emanuele Tesauro, *Il Cannocchiale Aristotelico,* hg. und eing. von August Buck. Faks.-Neudruck der Ausgabe von Turin 1670, Bad Homburg v.d.H., Berlin, Zürich 1968, S. 82).

21 »Agli Huomini soli; non agli Animali, ne agli Angeli; diede Natura vna certa nausea delle cose cotidiane, benche gioueuoli; se l'vtilità con la varietà; la varietà col piacere non và congiunta.« (Lange, *Theoretiker,* S. 37; Tesauro, *Cannoncchiale,* S. 122).

22 »Quinci niuna cosa più ingordamente appetiscon gli Huomini, che il ›sapere‹; ma niuna più aborrono che l' ›imparare‹: Talche ancor'alte, & saluteuoli dottrine ascoltano sbadiglianti, e trasognanti: se l'acutezza, & nouità dello stile pungendo loro l'ingegno, non li tien desti.« (Lange, *Theoretiker,* S. 37; Tesauro, *Cannocchiale,* S. 122).

23 Das ästhetizistische Mißverständnis des Scharfsinns zeigt sich noch einmal deutlich in der Interpretation, die Klaus-Peter Lange dieser Stelle gibt. Er bemüht sich, jede inhaltliche Füllung dieser »dottrina« zu leugnen: »Wenn Tesauro also von ›tiefen und heilsamen Lehren‹ spricht, [...] dann kann es sich dabei nur um etwas handeln, das auch mit den sprachlichen ›argutezze‹ verbunden werden kann. Das Wesentliche, auf das es hier ankommt, ist ›das Vergnügen und der Applaus der Zuhörer vor den Wörtern, die etwas Neues und Ungewohntes an sich haben‹ [...], wobei noch gar nicht im einzelnen gesagt ist, worin die ›ungewohnte Erneuerung‹, die ›Gestaltung‹ (figura), besteht.« (Lange, *Theoretiker,* S. 39).

24 Baltasar Gracián, *Hand-Orakel,* S. 10. Das Original lautet: »Todo lo gasta un mal modo, hasta la justicia y razón; [...]«. (Gracián, *Obras Completas* 1969, S. 377b).

25 Aristoteles, *Rhetorik* 1410b, Kap. 10,2.

26 Es wird ausführlich dargestellt bei Lange, *Theoretiker* (S. 103–111), Reinhold Grimm, *Bild und Bildlichkeit im Barock. Zu einigen neueren Arbeiten,* in: *Germanisch-Romanische Monatsschrift* 50 (1969), S. 379–412 (S. 400–405) und bei Reinhart Meyer-Kalkus, *Wollust und Grausamkeit. Affektenlehre und Affektdarstellung in Lohensteins Dramatik am Beispiel von ›Agrippina‹,* – Göttingen 1986 (S. 143–146).

27 »Peroche, sebene ogni Cauillatione sia vna ›fallacia‹; non perciò

qualunque fallacia sarà ›Cauillatione Vrbana‹: ma quella solamente, che senza dolo malo, scherzeuolmente imita la veritâ, ma non l'opprime: & imita la falsità in guisa, che il vero vi traspaia come per vn velo: accioche da quel che si dice, velocemente tu intendi quel che si tace [...].« (Lange, *Theoretiker,* S. 109; Tesauro, *Cannocchiale,* S. 494).

28 »Monstrosa violencia fue siempre un buen entendimiento casado con una mala voluntad.« (Gracián, *Hand-Orakel,* Kap. 16, S. 10; *Obras Completas* 1969, Band 1, S. 378a).

29 So sagt er gleich zu Beginn: »Hallaron los antiguos métodos al silogismo, arte al tropo; sellaron la agudeza, o por no ofenderla, o por desahuciarla, remitiéndola a sola la valentía del ingenio.« (Gracián, *Obras Completas.* Estudio preliminar, edición, bibliografia y notas de Arturo del Hoyo. Madrid 1960, S. 234a/b).

30 De suerte, que se puede definir el concepto. Es un acto del entendimiento, que exprime la correspondencia que se halla entre los objetos.« (Gracián, *Obras Completas* 1960, S. 240a).

31 Das wurde deutlich ausgesprochen von T. E. May: »It is simply that Gracián still assumes a given ordered universe, in which the mind has full freedom to act.« Gracián sehe die Komplexität des Scharfsinns nicht »as a connecting of the disparate, but as a connecting of the already connected« (*Gracián's idea of the concepto,* in: Hispanic Review 18 (1950), S. 15–41, hier S. 19).

32 Lohenstein, *Grossmüthiger Feldherr Arminius,* Teil 1, S. 5b.

33 Das bemerkt May bei Gracián: »At bottom it amounts in his theory simply to an assertion, made as a matter of experience, that the conceit has meaning. If meaning belongs to the understanding, then the conceit is an act of the understanding; if the understanding has to do with a reality other than the mind itself, then it must refer to objects of some kind; add the classical Aristotelian-scholastic view, that the human intelligence is limited to correspondences, and there, already imposed, is the definition of the concepto as an act of the understanding which expresses the correspondence found between objects.« (May, *Gracián's Idea,* S. 16)

34 »›Sic ille, qui terrarum Orbem civili sanguine implerat: tandem ipse sanguine suo curiam implevit.‹ Vese la correspondencia entre el mundo, lleno de sangre ajena, y el Senado de la suya propia, sangre con sangre.« (Gracián, *Obras Completas* 1960, S. 242bf.).

35 Lohenstein, *Grossmüthiger Feldherr Arminius,* Teil II, S. 268a.

36 Lohenstein, *Grossmüthiger Feldherr Arminius,* Teil II, S. 269b.

37 Die methodische Funktion der Disputationstechnik hat Kafitz beschrieben und auf die Philosophie des Christian Thomasius bezogen: Dieter Kafitz, *Lohensteins »Arminius«,* S. 54–90.

38 Gracián: *Hand-Orakel,* Kap. 300, S. 129. In dieser Schopenhauerschen Übersetzung erscheint die Gnade Gottes, die das spanische Wort

»gracia« nennt, im Ausdruck »Gunst« enttheologisiert, wie der Originaltext zeigt: »En una palabra, santo: que es decirlo todo de una vez. Es la virtud cadena de todas las perfecciones, centro de las felicidades; ella hace un sujeto prudente, atento, sagaz, cuerdo, sabio, valeroso, reportado, entero, feliz, plausible, verdadero y universal héroe. [...] La virtud es el sol del mundo menor y tiene por hemisferio la buena conciencia; es tan hermosa, que se lleva la gracia de Dios y de las gentes« (Gracián, *Obras Completas* 1969, Band I, S. 439b).

39 Gerhard Spellerberg hat Luther und Lipsius zu seiner Lohenstein-Auslegung herangezogen und Rolf Tarot für seinen Hinweis auf die molinistische Gnadenlehre scharf kritisiert. Während für Tarot folgt, daß Sophonisbe als Lasterexempel zu werten sei, gelangt Spellerberg zu einer tragischen Auffassung der Trauerspiele und zu einer positiven Wertung der Hauptfigur. (Rolf Tarot, *Zu Lohensteins Sophonisbe;* Gerhard Spellerberg, *Verhängnis und Geschichte.)*

40 Lohenstein, *Grossmüthiger Feldherr Arminius*, Teil I, S. 298b.

41 Ebenda.

42 Diese Interpretation wäre nur innerhalb einer Gesamtdeutung des Werks angemessen zu begründen. Ihr steht vor allem die Auslegung Spellerbergs entgegen, der den Konflikt der Dramen zwischen dem unbedingten Herrscherauftrag zur Machterhaltung und dem uneinsehbaren göttlichen Verhängniswalten ansiedelt. Entscheidend für die Interpretation ist der Lohensteinsche Naturbegriff, der mit Spellerberg protestantisch im Sinne einer prinzipiell gefallenen und sündhaften Natur formuliert sein müßte. Es läßt sich dagegen m. E. zeigen, daß Lohenstein von der tridentinischen Auffassung einer substantiell unversehrten Natur ausgeht. Vgl. im Gegensatz zu Spellerberg etwa die neuere Deutung der Trauerspiele bei Meyer-Kalkus, *Wollust und Grausamkeit.*

43 Vgl. Ludwig Krapf, *Germanenmythus und Reichsideologie. Frühhumanistische Rezeptionsweisen der taciteischen »Germania«*, Tübingen 1979.

44 Lohenstein, *Grossmüthiger Feldherr Arminius,* Teil I, S. 27b.

45 Lohenstein, *Grossmüthiger Feldherr Arminius,* Teil I, S. 28a.

46 Lohenstein, *Grossmüthiger Feldherr Arminius,* Teil II, Allgemeine Anmerckungen, S. 8b.

Thomas M. Davis
Die Traditionen puritanischer Typologie

Erst seit kurzer Zeit konzentriert sich das Interesse der mit dem Puritanismus Neuenglands befaßten Wissenschaftler auf die große Bedeutung der Typologie für die Puritaner. Wenn man die Typologie vorher überhaupt zur Kenntnis nahm, dann sah man in ihr im allgemeinen bloß einen Aspekt der betrüblichen puritanischen Neigung, sich mit der Allegorie einzulassen; sie galt daher für ein naives und lähmendes Moment einer ohnehin schon mit peinlicher Strenge eingeschränkten Ästhetik. Neueren Untersuchungen ist es nun aber gelungen, auf die Verwandtschaft von Typologie und puritanischer Geschichtsauffassung, von Typologie und an der Struktur des Alten und Neuen Bundes orientierter neuenglischer Theokratie aufmerksam zu machen. Sie haben auf den grundsätzlich analogischen Charakter der puritanischen Poetik hingewiesen, indem sie vorführten, daß für das Verständnis puritanischer Texte und für die Bestimmung der Bezüge puritanischer Metaphorik ein typologischer Ansatz von entscheidender Bedeutung ist.[1] Neuere Untersuchungen zeigen auch, daß die Typus-Antitypus Konstruktion viel komplexer ist, als es zunächst den Anschein hat, und daß Unkenntnis der typologischen Traditionen eine Entstellung der puritanischen Grundüberzeugungen nach sich zieht. Es wurde verschiedentlich behauptet, die *Meditationen* Edward Taylors seien in gewisser Weise mit dem Makel der Unorthodoxie behaftet, da diese Gedichte »geradezu nach Weihrauch duften« und die Metaphern des »Weihrauchfasses, des Räucherwerks und der Opfergaben« einen »merkwürdig katholischen Eindruck« hervorrufen würden. Eine solche Metaphorik ist natürlich alles andere als »befremdlich ... in einem puritanischen Kontext«, denn sie bezieht sich auf die typologische Bedeutung der hebräischen Zeremonien. Eine solche Bildersprache findet sich in den Diskussionen über die Typologie vom *Hebräerbrief* bis zu Jean Calvin, und sie ist typologisches Allgemeingut in Untersuchungen wie *Moses and Aaron, or the Types and Shadows* von Thomas Taylor oder *The Figures or Types* von Samuel Mather.[2]

Die Beschäftigung der Puritaner mit der Typologie ist nicht auf das 17. Jahrhundert beschränkt. Die Wurzeln der puritanischen Praxis einer typologischen Exegese reichen bis tief in die Tradition der Kirchenväter zurück. Auch trifft es nicht zu, daß die »großen protestantischen Reformer ... die typologische Methode ausdrücklich verdammt« haben.[3] In Wirklichkeit zählten die Reformer zu denen, die die Typologie am ernsthaftesten praktiziert haben, und die Praxis der Puritaner basiert eindeutig auf Vorläufern der Reformationszeit. Selbst wenn die »Etablierung historischer Verbindungen zwischen bestimmten Ereignissen, Personen oder Dingen im Alten Testament (dem Typus) und ähnlichen Ereignissen, Personen oder Dingen im Neuen Testament (dem Antitypus)«[4] bei den katholischen Exegeten zu bedauerlichen Exzessen geführt haben mag (wenigstens aus puritanischer Sicht), so waren doch das puritanische Experiment in Neuengland wie auch die entscheidenden Punkte ihrer Theologie so sehr auf das Alte Testament gegründet, daß auf eine traditionelle Methode der Textauslegung nicht verzichtet werden konnte, die für den Weg, den Neuengland gehen wollte, eine unwiderlegbare biblische Autorität bereitstellte. Von John Cottons ein wenig ungerechtfertigter Übertragung eines typologischen Symbolismus auf Ereignisse in Neuengland bis zu Jonathan Edwards' Verwendung des analogischen Charakters der Typologie für seine figurative Naturauffassung durchdringt die Typus-Antitypus Konstruktion nahezu alle Aspekte des puritanischen Denkens. Diese Abhandlung hat sich daher zum Ziel gesetzt, der Entwicklung der Prinzipien der typologischen Textauslegung nachzuspüren, angefangen beim Neuen Testament, über die frühen griechischen und lateinischen Kirchenväter, bis zu den Werken von Tyndale, Luther und Calvin, und dabei die Komplexität der exegetischen Traditionen deutlich werden zu lassen, die die puritanische Typologie beseelen.

Die eigentliche Typologie nimmt ihren Anfang mit der Arbeit der Verfasser des Neuen Testamentes. Doch fanden außer dem christlichen Denken auch bestimmte jüdische und griechische Traditionen in das typologische Verfahren Eingang. Vor dem 4. Jahrhundert gab es noch keinen feststehenden Kanon des Neuen Testaments; die »Heilige Schrift« war das Alte Testament, vor allem in seiner griechischen Fassung, der Septuaginta. So etwas wie Typologie ließ sich damals nur insofern entwickeln, als die Identifikation des Typus auf heiliges hebräisches Schrifttum und die messianischen Traditionen der Prophezeiung angewiesen war. Eines der

Hauptmerkmale der zahlreichen rabbinischen Kommentare bestand im futuristischen Charakter der messianischen Prophezeiung. Ein neuer Messias wird kommen, dann wird es ein neues und ewiges Haus Gottes geben, erhabener als der Tempel Salomos; es wird einen neuen Exodus geben, ein neues Jerusalem, einen neuen und ewigen Bund, und das Volk Gottes wird endgültig vor seinen Feinden errettet werden. Den frühchristlichen Priestern und den Verfassern des Neuen Testamentes stand eine jüdische Interpretationsmethode zur Verfügung, die besagte, daß ein historisches Ereignis seine Erfüllung in der Zukunft finden würde: es werde einer kommen, »größer denn David«. Solche visionären Träume vom glorreichen Zeitalter eines neuen Israel waren auch, neben den überlieferten Prophezeiungen, Bestandteil des jüdischen liturgischen Materials, sie verstärkten so eine Geisteshaltung, die Geschichte als eine Abfolge unter einem einheitlichen Prinzip stehender Schritte auffaßte, die in einen großen triumphierenden Endzweck münden.

Außer den prophetischen und den liturgischen Traditionen haben auch jüdische und hellenistische allegorische Praktiken zu einer Entwicklung der typologischen Textauslegung beigetragen. Die stoische Homererklärung hatte eine allegorische Methode eingeführt, um gewisse Passagen in den Epen deuten zu können, die entweder nach der Auffassung der Gelehrten eines Homer unwürdig waren, oder die eine allegorische Deutung verlangten, um ihre wahre Bedeutung preiszugeben. Die Hermeneutiker sind sich im allgemeinen darüber einig, daß die alexandrinischen Juden für ihre Auslegung unklarer oder moralisch anstößiger Passagen in den heiligen Schriften der Juden viele der heidnischen Techniken übernommen haben. Der den Höhepunkt dieser Tradition des jüdischen Denkens repräsentierende führende jüdische Gelehrte, dessen allegorische Interpretationen die spätere Tradition der christlichen Bibelauslegung am stärksten beeinflußt haben, war Philon von Alexandria (ca. 20 v. u. Z. – 40 n. u. Z.).[5] Bei den kanonischen Autoren des Neuen Testamentes ist der Anwendungsbereich der Typologie relativ begrenzt, und keiner von ihnen – der Verfasser des *Hebräerbriefes* vielleicht ausgenommen – wurde von Philon beeinflußt.[6] Doch, durch den Einfluß, den er auf Origenes ausübte, und durch Origenes Bedeutung als Autorität für die mittelalterliche Bibelauslegung blieb die Philonische Allegorie das ganze Mittelalter hindurch lebendig.

Was ursprünglich eine Methode zur Erläuterung unklarer Textpassagen gewesen war, die zur Rechtfertigung anthropomorpher Beschreibungen Gottes und zur Reinigung des Schrifttums von dem Makel gelegentlicher Unmoral diente, wurde von Philon unterschiedslos auf den Text überhaupt angewendet. Er bestreitet der Heiligen Schrift nicht ihre wörtliche und historische Bedeutung; sein Kommentar zu bestimmten Passagen beginnt manchmal mit einer Darlegung der wörtlichen Textbedeutung, wobei er dann den Übergang zu einem allegorischen Verständnis mit einer Standardformel anzeigt: »Dies ist die wörtliche Bedeutung. Was nun aber die tiefere Bedeutung angeht ...« Die wörtliche Bedeutung ist nicht ohne Beziehung zur allegorischen, doch ist diese Beziehung, wie Philon es für gewöhnlich ausdrückt, nicht enger als die des Leibes zur Seele oder die des Schattens der Wahrheit zur Wirklichkeit. Doch »Philon wartet nicht ..., bis der Text der wörtlichen Interpretation Hindernisse in den Weg legt oder Hinweise auf eine verborgene Bedeutung liefert, um ihn zu allegorisieren«.[7] Personen des Alten Testaments faßt er als Personifikationen abstrakter Begriffe auf – Moses ist die Intelligenz, Aaron das Sprachvermögen, Henoch die Bußfertigkeit, Noah die Rechtschaffenheit, Abraham die durch Lernen erworbene Tugend, und so weiter. Philons Erörterung der tieferen Bedeutung der Ausstattung des Heiligtums (*2. Mose* 25.–27.) läßt seine allegorische Methode erkennen: »fünf ist die Zahl der Sinneswahrnehmungen, die sinnliche Wahrnehmung im Menschen weist aber einerseits nach aussen und lenkt andrerseits dem Geiste zu, dessen Dienerin sie nach den Gesetzen der Natur ist. Deshalb wies er das Grenzgebiet den fünf Säulen zu; denn ihre Innenseite ist dem Allerheiligsten des Zeltes zugewendet, das sinnbildlich die Geisteswelt darstellt, ihre Außenseite aber dem unbedachten Raum und dem Hof, die das Sinnbild der sinnlichen Welt sind. ... Als Stoffe der Gewebe (des vierfach gewirkten Vorhangs) wählte er die edelsten aus unzählig vielen in gleicher Zahl mit den Elementen, ... auf die sie hindeuteten ... An der Südseite stellte er den Leuchter auf, durch den er auf die Bewegungen der lichtspendenden Sterne hindeuten will. ... Denn wie der Leuchterstock, so hat die Sonne ihren Platz in der Mitte von sechs Himmelskörpern ...«[8] Es ist im wesentlichen der historische Kontext der Heiligen Schrift, den die Methoden Philons durch ihre Konzentration auf den »Hintersinn« des Textes ausklammern. So sagt Philon zum Beispiel: »Samuel ist wohl nur ein Mensch gewesen, hier wird er aber nicht als das zusammengesetzte Lebewesen aufgefaßt, sondern als Geist, der sich nur über Gottes Dienst und Gottes Verehrung freut; ...«[9] Wie Beryl Smalley kommentiert: »Die Abstraktion, für die Samuel steht, ist realer... als der historische Samuel«, in Philons Betrachtungsweise der Heiligen Schrift »ist die Unterscheidung zwischen Realität und Metaphorik hinfällig geworden«.[10]

Obwohl viele der allegorischen Interpretationen Philons in das allegorische Schriftverständnis der Kirchenväter Eingang gefunden haben, ist er kein Typologe. Selbst die begrenzte »Typologie« der jüdischen Tradition messianischer Prophezeiung ist nur von untergeordneter Bedeutung für Philons Betrachtungsweise des jüdischen Kanons der Heiligen Schrift. Außerdem sind seine allegorischen Deutungen »von der christlichen Typologie wesentlich verschieden, die stets davon ausgeht, daß die beiden Ereignisse, die Verheißung und die Erfüllung, innerhalb der Zeit als reale, historische Tatsachen stattgefunden haben«.[11] Dennoch wurde Philons zwei Textebenen unterscheidende Betrachtungsweise der Heiligen Schrift nicht nur von den ersten christlichen Apologeten übernommen, die Philonische Allegorese hat auch, in Verbindung mit den exegetischen Prinzipien der Alexandriner, für mehr als tausend Jahre die patristische Textauslegung bestimmt. Obwohl es gegen Ende des 5. Jahrhunderts etliche Kirchenväter gab (Diodor, Theodor, Chrysostomos und andere), die die allegorischen Methoden Philons – und Origenis – öffentlich verurteilten und auf einem wörtlichen Verständnis der Schrift beharrten, war die allegorische Schriftexegese in der patristischen Hermeneutik dominierend.

Am besten läßt sich jedoch die Bedeutung Philons für die frühe Entwicklung der Typologie beurteilen, wenn man sie mit der Typologie der Verfasser des Neuen Testamentes vergleicht. Die Typologie spielt im Neuen Testament deshalb eine verhältnismäßig bescheidene Rolle, weil das Anliegen der kanonischen Autoren in erster Linie ein christologisches ist: das Handeln und die Person Christi sind der wesentliche Inhalt ihrer Botschaft, und die Typologie ist nur von sekundärer Bedeutung. Christus selbst bezieht sich nur selten auf seine typologische Bedeutung, und wenn, dann in der Hauptsache im Matthäusevangelium, das deutlicher als alle anderen darauf angelegt ist, bei jüdischen Lesern Anklang zu finden. In *Matthäus* 12,40 zum Beispiel sagt Christus:

»Denn gleichwie Jona war drei Tage und drei Nächte in des Walfisches Bauch, also wird des Menschen Sohn drei Tage und drei Nächte mitten in der Erde sein.« Im selben Kontext spielt er auf Salomo an und sagt: »und siehe, hier ist mehr denn Salomo«. Außer durch die von Christus gezogenen speziellen Parallelen charakterisiert Matthäus Christus noch als den, der bestimmte Verheißungen des Alten Testamentes erfüllt, so wird zum Beispiel das Jesuskind nach Ägypten gebracht, »auf daß erfüllet würde, was der Herr durch den Propheten ›Hosea‹ gesagt hat, der da spricht: ›Aus Ägypten habe ich meinen Sohn gerufen‹.« (*Matthäus* 2,15). Weder Markus noch Lukas beziehen sich explizit auf eine Erfüllung der Prophezeiungen des Alten Testamentes durch Christus, und im *Johannesevangelium* wird Christi typologische Bedeutung nur einmal erwähnt: »Und wie Mose in der Wüste eine Schlange erhöht hat, also muß des Menschen Sohn erhöht werden, ...« (3,14). Obwohl sie den Begriff *typos* nicht gebrauchen, um die Person und das Werk Jesu mit Ereignissen und Personen im Alten Testament in Verbindung zu bringen, repräsentieren Matthäus und Johannes ein Zwischenstadium zwischen den Prophezeiungen des Alten Testamentes und der weit eher eigentlich typologischen Auffassung des Paulus und des Verfassers des *Hebräerbriefes*.

Paulus gebraucht unterschiedliche Begriffe, um das typologische Ereignis zu beschreiben: im *Galaterbrief* (4,22–24) zum Beispiel interpretiert er den Umstand, daß Abraham zwei Frauen hatte, als ein *allegoroumena* der beiden Bünde oder Testamente; im *Kolosserbrief* (2,17) spricht er vom alttestamentarischen Gesetz als der *skia* oder dem »Schatten« der in Christo gekommenen Wirklichkeit. Als es darum geht, aus der Geschichte Israels die Lehren zu ziehen, verwendet Paulus zum ersten Mal den Begriff, der ein Ereignis bezeichnet, in dem sich ein anderes Ereignis abschattet – *typos*: »Ich will euch aber, liebe Brüder, nicht verhalten, daß unsre Väter sind alle unter der Wolke gewesen und sind alle durchs Meer gegangen. Und sind alle auf Mose getauft mit der Wolke und mit dem Meer. Und haben alle einerlei geistliche Speise gegessen. Und haben alle einerlei geistlichen Trank getrunken; sie tranken aber von dem geistlichen Fels, der mitfolgte, welcher war Christus. ... Das ist aber uns zum Vorbilde geschehen (*typoi*), daß wir nicht uns gelüsten lassen des Bösen ...« (*1. Korinther* 10, 1–4 u. 6) *Römer* 5,14 gebraucht er diesen Begriff in derselben Bedeutung:

»Doch herrschte der Tod von Adam an bis auf Mose ... Adam, welcher ist ein Bild (*typos*) des, der zukünftig war.« Von allen Autoren des Neuen Testamentes aber ist es der Verfasser des *Hebräerbriefes*, der der typologischen Interpretation die größte Bedeutung beimißt. Dieser Brief basiert geradezu auf der Typologie, denn es ist die Absicht seines Verfassers, einem jüdischen Publikum zu demonstrieren, daß die Menschen und Institutionen des Alten Bundes von denen des Neuen übertroffen und aufgehoben worden sind. Die verwendete Terminologie ist nicht einheitlich, das historische Ereignis im Alten Testament wird ebenso mit *skia*, *hypodeigma* (Vorbild, Muster) und *parabole* (Gleichnis, Sinnbild) wie mit *typos* beschrieben, doch sind, wie der Kontext deutlich macht, die verschiedenen Begriffe synonym.

Obwohl die Art, wie auf die Typologie in den Evangelien und in den Briefen Bezug genommen wird, anzeigt, daß sich die Terminologie zur Beschreibung des typischen Ereignisses noch nicht fest etabliert hatte, werden die Grundzüge der Typologie klar verdeutlicht. Da sie schrieben, bevor es irgendeinen neutestamentarischen Kanon gab, sahen seine Verfasser das Alte Testament im Licht göttlicher Geschichte. Die heiligen Schriften der Juden waren für sie nicht einfach die des jüdischen Volkes allein, die demzufolge nur im Zusammenhang mit dessen Glaubensbekenntnis zu verstehen waren. Sie galten vielmehr als Berichte über die Beziehungen Gottes zu seinem Volk; in diesen Beziehungen kündigte sich die Ankunft seines göttlichen Sohnes an. Für die Autoren des Neuen Testaments stellt die typologische Exegese eine Methode dar, um die Geschichte zu lesen, und sie hat ihre Wurzeln wesentlich in der Geschichte selbst. Indessen enthält selbst die begrenzte typologische Exegese der Verfasser des Neuen Testaments den Keim einer eher individualistischen Betrachtungsweise der Schrift, entstehen doch aus der Typologie der alttestamentarischen Geschichte, ist sie erst einmal vom wörtlichen Schriftsinn befreit und durch die allegorischen Methoden Philons und die hermeneutischen Prinzipien Origenis modifiziert, die relativ subjektiven allegorischen Interpretationen Origenis und der alexandrinischen Schule der Schriftauslegung.[12]

Die Tatsache, daß »Origenes die Auslegung der Heiligen Schrift durch seine Lehre vom dreifachen Schriftsinn dreifach aufgesplittert hat, ist fast so bekannt wie die, daß Caesar Gallien in drei Teile aufgeteilt hat«.[13] Origenes leugnet nicht, daß es einen wörtlichen

Schriftsinn gibt, allerdings läßt er sich, wie schon Philon, über die Ebene der wörtlichen Bedeutung kaum aus. Er behauptet, es gebe drei »gestaffelte« (*teleois*) Ebenen, von denen die der wörtlichen Bedeutung die unwichtigste sei. In Verbindung mit seiner extensiven Produktion von Homilien entwickelt Origenes eine zweite, höhere Ebene der Interpretation, die er die »moralische« Exegese nennt. Und schließlich gibt es für die, die von Gott mit einer besonderen Gnade begabt worden sind, noch eine »geistige« oder »mystische« Ebene. Origenes stützt sein dreiteiliges Schema mit Zitaten aus dem Neuen Testament. So schreibt Paulus zum Beispiel (*2. Korinther* 3,6), daß »der Buchstabe tötet, aber der Geist... lebendig (macht)«; in seinem Brief an die Epheser vergleicht er das Verhältnis Christi zur Kirche mit dem von Mann und Frau in der Ehe und erklärt dies für ein »großes Geheimnis« (5,32). Außerdem zitiert Origenes häufig *Sprüche* 22,20, deren in der Septuaginta falsch als »Habe ich dir nicht auf dreifache Weise geschrieben?« übersetzter Vers eine dreifache Schriftbedeutung zu implizieren scheint.[14] Nicht nur daß er die Heilige Schrift zur Bestätigung seiner Methode der Textbetrachtung heranzieht, unter dem direkten Einfluß von Philons Dreiteilung des Menschen in Leib, Seele und Geist (die Philon selbst wieder platonischem Einfluß verdankt) läßt Origenes auch den griechischen Begriff der Vermögen als aus der hellenistischen Tradition überkommenes Zeugnis für die Legitimität einer auf mehreren Ebenen angesiedelten Schriftauslegung gelten. In *De principiis* (IV 2,4) schreibt Origenes beispielsweise: »Dreifach also muß man sich die ›Sinne‹ der heiligen Schriften in die Seele schreiben: Der Einfältige soll von dem ›Fleische‹ der Schrift erbaut werden – so nennen wir die auf der Hand liegende Auffassung –, der ein Stück weit Fortgeschrittene von ihrer ›Seele‹, und der Vollkommene... erbaut sich aus ›dem geistlichen Gesetz‹, ›das den Schatten der zukünftigen Güter enthält‹... Wie nämlich der Mensch aus Leib, Seele und Geist besteht, ebenso auch die Schrift, die Gott nach seinem Plan zur Rettung der Menschen gegeben hat.«[15]

Es wäre nicht richtig, wollte man behaupten, daß Origenes, indem er die moralische und die geistige Interpretationsebene entwickelt, die traditionelle christliche Typologie ganz und gar aufgebe. Spuren der von den kanonischen Autoren praktizierten Art von Typologie finden sich noch in vielen seiner exegetischen Passagen. Doch in seinem *Johannes-Kommentar*, wie auch an anderer Stelle, behauptet Origenes, daß mit der Ankunft Christi die Typen beseitigt worden wären. Und obwohl sie noch immer den Glauben eines sich erst zum Christentum Bekehrenden befördern könnten, so hätten sie in Wirklichkeit doch ihre Bedeutung für einen gereiften Gläubigen verloren. Läßt man diese Behauptung gelten, so ist es, wie Hanson bemerkt, für Origenes recht einfach, den »ziemlich breiten und leicht kenntlichen Pfad der christlichen Typologie« zu ignorieren und »einer im Grunde philonischen, hellenistischen Art von Allegorie zu frönen« (S. 253).

Durch eine der ersten die Taufe betreffenden Typus-Antitypus-Identifikationen lassen sich die drei Interpretationsebenen Origenis am besten illustrieren; dabei wird auch deutlich, wie er die Typologie des Neuen Testaments seiner Neigung zur Allegorie unterordnet. Im ersten *Petrusbrief* (3,20–21) wird Noahs Aufenthalt in der Arche als Typus der christlichen Taufe identifiziert: »... da Gott harrte und Geduld hatte zu den Zeiten Noahs, da man die Arche zurüstete, in welcher wenige ... gerettet wurden durchs Wasser; Welches nun auch uns selig macht in der Taufe, die durch jenes bedeutet ist (*antitypon*), ... « Weil die Gnostiker, insbesondere die Anhänger Marcions, die Glaubwürdigkeit des Berichtes über Noah in Frage gestellt hatten, war Origenes gezwungen, die Geschichtlichkeit des Textes energischer als gewöhnlich zu verteidigen. Die Erzählung von der Arche ist, so meint Origenes, buchstäblich wahr; es hat einmal eine wirkliche Arche gegeben, die vor langer Zeit auf dem Wasser geschwommen ist. Er fügt aber sogleich hinzu, daß die »wahrere« Bedeutung des Berichts in seiner geistigen Tragweite liege: »Nun beten wir zu Ihm, der allein den Schleier über dem Buchstaben des Alten Testaments hinwegnehmen kann, und versuchen herauszufinden, welche Art der geistigen Erbauung diese wunderbare Konstruktion der Arche enthält.«[16] Allegorisch gesprochen, bemerkt Origenes, »figuriert die Sintflut ... das wahre Ende der Welt« (*Gen. Hom.* II, 3; S. 96). Wie Noah aufgetragen wurde, die verschiedenen Tiere in die Arche zu bringen, so »ist vom Vater unserem Herrn Jesu Christo, unserem Noah, ... aufgetragen worden, sich eine Arche aus Kantholz zu machen und ihm Maße voll himmlischer Geheimnisse zu geben« (*ibd.*, S. 96 f.) und diese Arche des Kreuzes mit »den durch die Kirche geretteten« (*ibd.*, S. 97) zu bevölkern. Die Tiere wurden, den unterschiedlichen Graden der von ihnen dargestellten Vollkommenheit gemäß, auf verschiedene Kammern verteilt. »Dies zeigt, daß in der Kirche, obgleich alle im selben Glauben wohnen und in derselben Taufe gebadet sind, nicht alle in der gleichen Weise aufsteigen, sondern ›ein jeglicher in seiner Ordnung‹« (*ibd.*). Wenn Origenes dann die ausführliche Beschreibung der Ausmaße der Arche interpretiert, geht er über die relativ einfachen moralischen Lehren hinaus, die den ersten Teil seiner Analyse bestimmen. Ein Beispiel wird ausreichen, den Tenor dieser recht langen Passage deutlich werden zu lassen. Die Länge der Arche betrug dreihundert Ellen und vereint damit, so Origenes, die mystischen Zahlen 100 und 3. »Die Zahl Hundert bedeutet die Fülle und die Vollkommenheit; sie umfaßt geheimnisvoll das Ganze der vernünftigen Schöpfung, wie in den Evangelien zu lesen ist, wo geschrieben steht, daß der Mensch, welcher hundert Schafe hat und eines verliert, die neunundneunzig auf den Bergen läßt und hingeht und das verirrte sucht; ... Doch hat diese Zahl Hundert oder vielmehr das Ganze der vernünftigen Schöpfung keine Substanz in sich selbst, sondern sie kommt aus der Dreieinigkeit, empfängt vom Vater durch den Sohn und den Heiligen Geist die Länge des Lebens, das heißt die Gnade der Unsterblichkeit. Aber die Heilige Schrift gibt uns die Zahl Hundert multipliziert mit der Drei: natürlich, glaubt man doch in der Vollkommenheit durch die Gnade der Dreieinigkeit und erhöht doch die Erkenntnis der Dreieinigkeit die Zahl Hundert, die durch Unwissenheit um diese Dreieinigkeit gefallen ist.« (*Gen. Hom.* II, 5; S. 102.) Origenes interpretiert auch noch die restlichen Dimensionen der Arche und nennt seine Analyse eine Durchdringung des »mystischen« Sinnes. Wer auf das Wort Gottes hört, sagt Origenes, baut in seinem Herzen für es eine Arche als Bibliothek. Diese Arche, seine »gläubige Seele« als Bibliothek der Heiligen Schriften, soll man inwendig und auswendig verpichen, man soll »›in seinem Herzen glauben und mit seinem Munde bekennen‹, wenn man im Innern die Erkenntnis besitzt und außen die Werke vollbringt und aufsteigt in der inneren Reinheit des Herzens und der äußeren Keuschheit des Leibes« (*Gen. Hom.* II, 6; S. 108).[17] Die »reinen« Tiere sind »das Gedächtnis, die Kenntnis, das Verständnis, die Prüfung und die Beurteilung ... unserer Lektüre«, die »unreinen« Tiere sind »die Begierde und der Zorn« (*ibd.*, S. 109). Außerdem bedeuten die reinen Tiere auch die sieben Kräfte der Seele (die fünf Sinne, die Sprache und die Zeugungsfähigkeit); die unreinen Tiere sind dann der schlechte Gebrauch, den der Mensch von den Kräften der Seele machen kann.

Obwohl eine typologische Identifikation sogar den Ausgangspunkt für Origenis Interpretation liefert, handelt es sich hier nicht um Typologie. »Der Typus existiert in der Geschichte und ist eine Tatsache«, sagt Perry Miller in einem anderen Zusammenhang. »Im Unterschied dazu sind die Allegorie, der Vergleich und die Metapher von der Phantasie der Menschen bestimmt, und ihre Bedeutung fällt stets so aus, wie es dem Hirn ihrer Urheber beliebt.«[18] Oder wie es Samuel Mather ausdrückt: »Es ist für den Menschen nicht ungefährlich, aus den Produkten seiner Einbildungskraft *Allegorien* zu formen...«[19] Dennoch ist im Gebrauch, den Origenes vom typischen Ereignis macht, bereits der Rahmen für zukünftige Ausleger abgesteckt; die »Typologie« Origenis ist, mit relativ wenigen Abänderungen, die Typologie der lateinischen Kirchenväter, von Augustinus bis Thomas: »Eine Geschichte des Einflusses zu schreiben, den Origenes auf das westliche Abendland ausgeübt hat«, sagt Beryl Smalley (*op. cit.*, S. 14), »liefe auf eine Geschichte der lateinischen Bibelauslegung hinaus«. Typen tauchen natürlich auch in den Werken der nachfolgenden Kommentatoren noch auf, besonders in Verbindung mit dem wörtlichen Schriftsinn. Im allgemeinen wird in diesen Exegesen dem typologischen Verstehen jedoch nur eine untergeordnete Rolle zugebilligt; außerdem wird es für gewöhnlich, wenn es zu den »höheren« Schriftbedeutungen in Beziehung gesetzt wird, der »geistigen« Interpretation untergeordnet oder von ihr so vollständig absorbiert, daß die Typologie praktisch aufhört zu existieren – jedenfalls was die historische Struktur des Neuen Testaments angeht.

In seiner Interpretation der Sintflut rührt Origenes an einen Aspekt (sie »figuriert... das wahre Ende der Welt«), der, wenn auch nicht weiter ausgearbeitet, die vierte Ebene der Interpretation, den »anagogischen« Schriftsinn, vorwegnimmt, der erst einhundertfünfzig Jahre später von Hieronymus und Augustinus teilweise systematisiert und dann im 5. Jahrhundert von Johannes Cassianus kodifiziert werden sollte. Hieronymus übernimmt, allerdings nicht besonders systematisch, die Dreiteilung Origenis und zitiert auch dieselben Texte, die Origenes als Beleg für seine dreifache Auslegung heranzieht. Er verändert jedoch das System Origenis in zweierlei Hinsicht. Zum einen führt Hieronymus den

Begriff *tropologia* ein, den Origenes für allegorische und typologische Auslegung noch ganz allgemein gebraucht hatte. Bei Hieronymus meint dieser Begriff nur noch den moralischen Schriftsinn. Zum anderen führt er im *Zweiten Amos-Kommentar* eine zusätzliche Bedeutungsebene ein, die später auf die scharf umrissene anagogische Bedeutung begrenzt werden sollte: »Wir müssen die Heilige Schrift auslegen, erstens, dem Buchstaben zufolge (*secundum litteram*) ...; zweitens, als eine Allegorie (*juxta allegoriam*) ...; drittens, gemäß der Glückseligkeit der Dinge, die da kommen werden (*secundum futurum beatitudinem*).«[20] Die eschatologischen Implikationen der »Glückseligkeit der Dinge, die da kommen werden«, antizipieren, wie Origenis Interpretation der Sintflut als Bild des Endes der Welt, die anagogische Interpretationsebene. Hieronymus hatte auf die typologische Exegese nur geringen Einfluß, da er in einer durch Origenes begründeten und bereits recht fest etablierten Tradition stand, die der Typologie schon eine nur untergeordnete Rolle für die Schriftauslegung zugewiesen hatte. Zudem glaubte Hieronymus, wie Wolfson deutlich macht, »daß mit der Ankunft Christi nurmehr die moralischen Gebote des Alten Testaments... buchstäblich zu befolgen seien«.[21] Daher konnte die Typus-Antitypus Konstruktion in vielen Fällen nur von dem prophetischen Charakter des Alten Testaments zeugen; sie konnte zwar auch auf den moralischen und auf den allegorischen Schriftsinn bezogen werden, doch nur gelegentlich und dann bloß peripher.

Augustinus verfuhr in seiner Bibelauslegung noch unsystematischer als Hieronymus, obwohl er häufig zu Unrecht als der alleinige Urheber der Lehre vom vierfachen Schriftsinn bezeichnet wird. Augustinus »bevorzugt vierteilige Klassifikationen der verschiedensten Art«.[22] Mehrfach spricht er von einer vierfachen Methode, die mit der von Hieronymus in seinem *Zweiten Amos-Kommentar* vorgelegten identisch ist; in *De utilitate credendi* (3,5) sagt er jedoch: »Der ganze Teil der Heiligen Schrift, der Altes Testament genannt wird, muß von dem, der ihn genau kennen lernen will, auf vierfache Art behandelt werden: historisch, ätiologisch, analogisch und allegorisch.«[23] Und in *De vera religione* (50, 99) zählt Augustinus, wie Wolfson vermerkt (*op. cit.*, S. 69), außer dem wörtlichen Schriftsinn noch vier Arten der Allegorie auf: die Allegorie der Geschichte (*historiae*), die Allegorie der Tat (*facti*), die Allegorie der Rede (*sermonis*) und die Allegorie des Sakramentes (*sacramenti*). Erich Auerbach stellt eine irreführende Behauptung auf, wenn er sagt: »Auf das eindringlichste wehrt sich Augustin gegen die rein allegorische Auffassung der heiligen Schriften und gegen die Meinung, es sei das Alte Testament gleichsam eine hermetische Schrift, die nur durch eine den wörtlich-historischen Sinn und das gemeine Verständnis ausschließende Deutung zu begreifen sei ...«[24] Augustinus hat zwar nachdrücklich auf der Geschichtlichkeit des Buchstabentextes bestanden: »Vor allem aber, Brüder, ermahnen wir euch im Namen des Herrn: hört ihr eine Auslegung der Geheimnisse der Heiligen Schrift, so diese Heilige Schrift von Dingen erzählt, die sich zugetragen haben, dann glaubt stets von dem, was geschrieben steht, daß es sich so zugetragen hat, wie es geschrieben steht; entzieht dem Geschehenen nicht sein Fundament, sonst sind eure Untersuchungen nichts als das Bauen von Luftschlössern.«[25] Doch insistiert er, begreift man seine Position sowohl in dem Kontext dessen, was er Origenes und Hieronymus verdankt, als auch in dem seiner eigenen Beschreibung der unterschiedlichen allegorischen Bedeutungen, nicht so eindringlich, wie Auerbach zu verstehen gibt.[26] An der Art, wie Augustinus vorgegangen ist, läßt sich außerdem ersehen, daß jede Passage, die von seinem Standpunkt aus den Anforderungen des christlichen Glaubens nicht genügt, gemäß einer »tieferen« Bedeutung interpretiert werden kann. So gibt er beispielsweise bei dem Versuch, die verschiedenen unmoralischen Episoden in Samsons Leben zu erklären, nach dem Vorbild Origenis und Hieronymus' die wörtliche Textbedeutung preis. Samson belog seine Freunde und wohnte einer Hure bei. Derartige Handlungen sind mit seiner Rolle als Präfiguration Christi schwer zu vereinbaren. Augustinus sagt dennoch, dieses Mannes Gerechtigkeit liege in den Tiefen verborgen. Da geschrieben stehe, daß er dem Reiz der Frauen unterlegen und zu einer Hure gegangen sei, müsse seine Rechtschaffenheit in der Tat jenen als zweifelhaft erscheinen, die der Geheimnisse der Wahrheit nur zum Teil gewahr werden. Augustinus gibt den wörtlichen Sinn der Textstelle in einer formelhaften Redewendung auf, die er in solchen Fällen für gewöhnlich benutzt. »Wir können sagen, daß derartiges im Alten Testament weder verbrecherisch war noch Tadel verdiente, da alles, was getan oder gesagt wurde, Prophezeiung war.«[27]

Die exegetischen Prinzipien des Augustinus lassen sich direkt von

Hieronymus herleiten, und dessen Prinzipien wiederum von Origenes. Im Lichte vorhergehender typologischer Identifizierungen gesehen, ist Augustinus' Schrift *Contra Faustum Manichaeum* und ihre mannigfachen beiläufigen typologischen Interpretationen weitgehend eine Zusammenfassung dessen, was andere Exegeten vor ihm bereits dargelegt hatten. Obwohl das vierstufige System im allgemeinen die Textauslegung Augustinus' bestimmt, ist das System, das für die nächsten tausend Jahre die Bibelexegese dominieren sollte, weder von Hieronymus noch von Augustinus formalisiert worden. Johannes Cassianus ist offenbar der erste patristische Kommentator, der dem Werk des Hieronymus und Augustinus eine vollständige Terminologie hinzufügte. »Den ersten Schriftsinn benannte er (Cassianus) *historia* und griff damit auf einen Ausdruck zurück, der für den wörtlichen Schriftsinn seit der Zeit des Origenes gebräuchlich war. Den zweiten, den moralischen Schriftsinn, den schon Origenes unterschieden hatte, nennt Cassianus dann *tropologia*, ein Begriff, dem diese Bedeutung von Hieronymus verliehen worden war. Der dritte Schriftsinn... wird von Cassianus *allegoria* genannt, auch hier folgt er dem Beispiel des Hieronymus. Und der vierte Schriftsinn schließlich ist der, der auf ewige Dinge verweist. Origenes war der erste gewesen, der ihn unterschieden hat, und Hieronymus tat es ihm nach. Cassianus nun gibt ihm einen eigenen Namen: *anagoge*.«[28] In einem solchen Klima konnte aus dem relativ begrenzten Gebrauch, den das Neue Testament von der Typologie gemacht hatte, kein eigenständiges Mittel der Exegese erwachsen: die Typen wurden den geistigeren Interpretationsebenen so vollkommen untergeordnet, daß die grundsätzlichen Unterschiede zwischen Typologie und Allegorie nicht mehr beachtet wurden. Ihrer allgemeinen Struktur nach sind daher die Prinzipien der typologischen Exegese, wie sie sich bei Augustinus finden, die des Mittelalters.

Man sollte jedoch das Unbehagen nicht übersehen, das eine ganze Reihe der frühen Kirchenväter – wie später dann die Puritaner – gegenüber den allegorischen Interpretationen empfanden, deren Verbindung mit Origenes und der alexandrinischen Exegetenschule offensichtlich war. Im ersten Jahrzehnt des 4. Jahrhunderts war die »Schule« von Antiochia »in direkter Opposition zu den Exzessen und Phantastereien der allegorischen Methode des Origenes... gegründet worden«.[29] Basilius der Große, man nannte ihn den »Vater der Orthodoxie«, war Mitglied des Konzils, das Origenes als Ketzer verdammte. In seinen Kommentaren zur Genesis, dem *Hexaemeron*, macht er klar, daß bei der Bibelauslegung die Allegorie nicht am Platze ist: »Ich kenne die Gesetze der Allegorese, obschon ich sie nicht aus mir selbst geschöpft habe, auf die ich vielmehr in den Arbeiten anderer gestoßen bin. Sie nehmen die Schriftworte nicht in ihrem gewöhnlichen Sinne und nennen Wasser nicht Wasser, sondern verstehen darunter irgendeine andere Natur; auch Pflanze und Fisch deuten sie willkürlich, verdrehen und deuten auch die Entstehung der kriechenden und anderen Tiere ganz nach ihrem Geschmacke, wie die Traumdeuter die Traumerscheinungen ganz nach ihrem Kopfe auslegen. Wenn ich aber von Gras höre, dann denke ich an Gras, und Pflanze, Fisch, Wild, Haustier, überhaupt alles verstehe ich so, wie das Wort besagt.«[30] Kirchenväter wie Basilius, Cyrill von Jerusalem, Eusebius, Chrysostomos und andere bestanden auf der Geschichtlichkeit des Alten Testamentes und der Notwendigkeit, allegorische »Phantastereien« zu vermeiden. Sie stellten dagegen die wörtliche und typologische Bedeutung des Textes in den Vordergrund. Chrysostomos, der letzte bedeutende Vertreter der antiochenischen Schule, versuchte, allgemeine Prinzipien der typologischen Exegese aufzustellen, die den Extravaganzen der alexandrinischen Allegorie Paroli bieten könnten. Chrysostomos weist, gerade weil alle Kommentatoren nach Christus im Besitz der »Wahrheit« seien, nachdrücklich auf die Verlockung hin, in den Typus all die Einzelheiten hineinzulesen, die doch nur durch ein Wissen um den Antitypus erst ermittelt werden könnten. Der Typus aber, so behauptet er, verlangt nicht nach der »Genauigkeit (Vollkommenheit) der Wahrheit« (*aletheias ten akribeian*).[31] Die Mißachtung dieses Prinzips führe zum exegetischen Subjektivismus der alexandrinischen Allegorie.

Der Konflikt zwischen den exegetischen Schulen von Antiochia und Alexandria wurde im 5. Jahrhundert entschieden, denn die beiden Schulen konnten nicht auf lange Zeit nebeneinander bestehen. Stimmte man auch hinsichtlich gewisser Aspekte der traditionellen Exegese im wesentlichen überein, so waren die Vertreter der unterschiedlichen Schulen selbst doch von einem unversöhnlichen Gegensatz ihrer Ansätze überzeugt: »In Antiochia ging es darum, die klarste und einleuchtendste Bedeutung der Heiligen Schrift zu ermitteln; in ... Alexandria war man auf der Suche nach Figuren

Christi. Die eine Seite beschuldigte die Allegorie, sie zerstöre den Wert der Bibel…, sie travestiere die Bibel zu einer mythologischen Fabel; die andere titulierte alle, die am Buchstaben klebten, als ›fleischlich‹. …Origenes entdeckt Typen nicht bloß in bestimmten Episoden, sondern in jeder Einzelheit der göttlich inspirierten Worte. Jede Zeile ist voller Geheimnis. Für Antiochia hingegen ist es ein Grundprinzip, im Alten Testament nur hier und da Figuren Christi wahrzunehmen, und nicht überall… Typen sind die Ausnahme, nicht die Regel; die Inkarnation bereitet sich überall vor, sie wird aber nicht überall präfiguriert.«[32] Die Entwicklung des vierfachen Schriftsinnes setzte eine derartig breit angelegte Betrachtungsweise voraus, wie sie von der antiochenischen Schule niemals akzeptiert werden konnte. Zudem förderte die Allegorie die Tendenz, die Exegese zur Unterstützung des Dogmas heranzuziehen. Die kirchlichen Kultformen bildeten sich im 3. und 4. Jahrhundert allmählich heraus, und zwar im wesentlichen auf der Grundlage *sacramentorum* der Bibel. Zu dieser Entwicklung standen die rationalistischen Tendenzen der antiochenischen Schule in krassem Gegensatz. Es waren zwei Männer, die mit dazu beitrugen, die Schule von Antiochia letztendlich in Verruf zu bringen. Einer der ersten Schüler ihres Mitbegründers Lukian war Arius. Die rationalistischen Tendenzen der Schule, die in seiner Lehre verstärkt hervortreten, erregten das Mißfallen der Kirchenkonzilien und führten auf dem Konzil von Nicäa zu dem Entschluß, den Arianismus als Häresie zu verurteilen. Der zweite, dem die antiochenische Schule ihren Niedergang zu verdanken hatte, war Augustinus.

Augustinus hielt sich selbst für einen Vermittler zwischen den beiden Traditionen. In Wahrheit jedoch bevorzugte er aufgrund seiner exegetischen Prinzipien die origenistische Auffassung, und seine Verbindung zu dieser Schule wird an seiner Praxis deutlich. In *De civitate Dei* scheint Augustinus eine Position zu vertreten, die die Prinzipien beider Schulen einbezieht: »Doch darf niemand glauben, dies sei überflüssigerweise aufgeschrieben, oder hier liege lediglich ein geschichtlicher Tatsachenbericht ohne sinnbildliche Bedeutung vor, oder im Gegenteil, dies habe sich überhaupt nicht zugetragen und es handle sich um bloße Redefiguren oder, wie sich's im übrigen auch damit verhalten möge, um keine auf die Kirche bezügliche Weissagung.« Sein nächster Satz jedoch zeigt, daß die eigentliche, wahre Bedeutung der Schrift jenseits der

»nackten Tatsachen« zu finden ist: »Denn nur ein Narr könnte behaupten, diese Bücher seien unnützerweise geschrieben und viel tausend Jahre so ehrfürchtig und mit solch sorgfältiger Pflege ununterbrochener Überlieferung aufbewahrt worden, oder man habe in ihnen nur die nackten Tatsachen zu beachten.«[33]

Der Zweck der Heiligen Schrift, ihr eigentliches Thema, besteht darin, die »Weissagung bezüglich der Kirche« festzuhalten. Auch in *De doctrina christiana* kam Augustinus auf diese Frage bereits zu sprechen: »Zunächst hat man sich davor zu hüten, eine bildliche Redeweise buchstäblich zu nehmen. Hieraus beziehen sich die Worte des Apostels: ›Der Buchstabe tötet, der Geist belebt‹; denn es verrät fleischliche Weisheit, wenn ein figürlicher Ausdruck so genommen wird, als sei er wörtlich zu fassen. Und nichts kann man mit mehr Fug und Recht einen Seelentod heißen, als wenn man auch den Hauptvorzug, den der Mensch vor dem Tiere voraus hat, die Vernunft, durch einen Buchstabendienst dem Fleische unterwirft.«[34] Ein solches Prinzip wirkt sich, das macht Chrysostomos klar, auf die Typologie nachteilig aus, denn die relative Geringschätzung des wörtlichen Schriftsinns liefert weniger gewissenhaften Exegeten einen Freibrief für subjektive Interpretationen. Zwar hat Augustinus daran festgehalten, daß allegorische Deutungen auf dem wörtlichen Schriftsinn beruhen müssen, aber in der »praktischen Anwendung geriet er in den Bann des Denkens seiner Zeit. ... Er ging häufig zu weit, fast bis zum Panallegorismus.«[35] Im Gang der Interpretation wird bei ihm, wie schon in der Auslegungspraxis des Hieronymus und Origenes, die Typologie mit einem »Buchstabendienst« identifiziert und den mehr »geistigen Deutungen« so sehr untergeordnet, daß sie zu einer ganz nebensächlichen Form der Exegese wird. Auerbach hat nicht recht, wenn er behauptet, daß »*typus* nur als Fremdwort hinter *figura* zurück(steht)« (*op. cit.*, S. 74). In den Interpretationen der antiochenischen Schule wird der Terminus *typos* stets unverändert verwandt, denn seine Konnotationen sind die der Koiné des Neuen Testaments. Der Terminus *figura* (den Augustinus normalerweise verwendet) erweckt hingegen, wie Auerbach richtig bemerkt, »mehr oder weniger bewußt all die Vorstellungen, die in seiner Bedeutungsgeschichte enthalten waren« (*ibd.*). Eine der Vorstellungen, die dieser Terminus evoziert, ist das griechische Allegorisieren – und damit evoziert er dann auch den »Begriff« der Allegorie bei Philon und Origenes, Hieronymus und Augustinus.[36]

Auf alexandrinischen Regeln basierende allegorische Deutungen beherrschten die mittelalterliche Exegese. Dabei lieferte der Typus normalerweise nur die ursprüngliche Identifikation und hatte mit den extensiven allegorischen Interpretationen wenig zu tun. Damit sich eine protestantische Typologie entwickeln konnte, mußte daher dem wörtlichen Schriftsinn erst wieder der Vorrang eingeräumt werden. Auch galt es, die aus der patristischen Allegorie erwachsenen und zu einem wesentlichen Bestandteil der kirchlichen Tradition gewordenen Interpretationen auszuschließen. Die Rehabilitierung der Typologie des Neuen Testaments war vielleicht nur ein Nebenprodukt der zentraleren Anliegen der Reformation. Wenn aber die Reformatoren die Verbindlichkeit der Kirche und ihrer Konzilien leugneten, wenn sie auf einem Glauben bestanden, der sich allein auf die *Scriptura sacra* gründet, und wenn die für die protestantische Sache als unerläßlich erachtete Übersetzung der Bibel in die Volkssprachen die Exegeten zu den griechischen und hebräischen Originaltexten zurückführte, dann mußte die typologische Exegese in die Schriften der Reformatoren zwangsläufig Eingang finden. Mehr noch: als die Unterscheidung zwischen Typologie und alexandrinischer Allegorie wieder etabliert worden war, wurde die Typologie für kurze Zeit sogar zu einer fast ebenso wichtigen Methode der Bibelauslegung, wie es die mittelalterliche Allegorie für die Scholastiker gewesen war.

Perry Miller behauptet bei seiner Beurteilung der Rolle, die die Typologie in den Werken der Reformatoren spielt, daß »die großen protestantischen Reformatoren ganz ausdrücklich die typologische Methode zusammen mit jeder anderen Variante der allegorischen Methode verdammt haben«. Zudem waren, so fährt er fort, »die englischen Reformatoren ... allen typologischen Spekulationen gegenüber äußerst feindselig eingestellt«. Als ein Beispiel für diese Feindseligkeit zitiert Miller Tyndales Aussage in *The Obedience of a Christian Man*: »So eine Allegorie beweist nichts, sie ist nichts als ein Vergleich. Gott ist Geist, und all seine Worte sind geistlich, und sein buchstäblicher Sinn ist geistlich.«[37] Was Miller sagt, ist nicht richtig, und was er als Tyndales exegetische Prinzipien zitiert, ist irreführend. Im Gegensatz zu Millers Behauptung unterscheidet Tyndale ganz klar zwischen patristischer Allegorie und Typologie, er akzeptiert die Typologie des Neuen Testaments, und die Anwendung der Allegorie, in der Heiligen Schrift selbst wie auch bei der Interpretation bestimmter biblischer Textstellen, findet seine Anerkennung. Diese Differenzierungen nimmt Tyndale in zahlreichen Vorbemerkungen zu seinen Übersetzungen und in anderen seiner Arbeiten vor, aber auch in der von Miller zitierten Abhandlung. Für Tyndale hatte das Allegorisieren der Kirchenväter, wie es sich in den Glossen darstellte, im 15. Jahrhundert ein Ausmaß erreicht, das den Bibeltext verdunkelte und entstellte. »Der tiefste Grund für … die Knechtschaft und die Zerrüttung des Glaubens und für die Blindheit, in der wir nunmehr befangen sind, ist letztlich in den Allegorien zu suchen. Origenes und die gelehrten Doktoren seiner Zeit haben die gesamte Heilige Schrift der Allegorisierung unterzogen, und ihre Nachfolger sind ihrem Beispiel so lange gefolgt, bis sie zuletzt die Ordnung und den Ablauf des Textes vergessen haben und annahmen, die Heilige Schrift sei nur dazu da, um Allegorien auf sie zu erdichten; das ging so weit, daß zwanzig Doktoren einen Text auf zwanzig verschiedene Weisen auslegten. … Dann kamen unsere Sophisten mit ihrem anagogischen und ›chopologischen‹ Schriftsinn[38] und mit einem halbzölligen Antithema, aus dem manche von ihnen einen neun Tagwerk langen Faden sponnen.« (S. 343) Im Gegensatz zum unterschiedslosen Allegorisieren besteht Tyndale darauf, daß man von Allegorien, da sie nichts beweisen, »selten und mit Besonnenheit Gebrauch macht, und nur da, wo der Text einem eine Allegorie anbietet« (*ibd.*). Vom wörtlichen Schriftsinn abgelöste Allegorien, so stellt er klar, beweisen gar nichts. Sind sie jedoch durch den wörtlichen Sinn gerechtfertigt, werden isolierte Allegorien nicht als alleiniger Grund für den Beweis einer Lehrmeinung angeführt, dann »beweist der wörtliche Schriftsinn die Allegorie und trägt sie, wie das Fundament ein Haus trägt« (*ibd.*). Folglich müssen alle Interpretationen – einschließlich der typologischen und der allegorischen – aus dem wörtlichen Schriftsinn hervorgehen und durch ihn belegt werden.

Es ist nicht die Allegorie an sich, die Tyndale angreift. Er wendet sich gegen das Allegorisieren der Kirchenväter, das den wörtlichen Schriftsinn zugunsten einer geistlichen Deutung preisgibt. Tyndale verdammt, weder in dem von Miller zitierten *The Obedience of a Christian Man* noch in irgendeinem anderen seiner Werke, die Allegorie an sich, sondern die Verwendung, die sie in den Interpretationen der Kirchenväter gefunden hatte. Außerdem äußert er seine Verdammungsurteile stets mit Bezug auf die Glossen im allgemeinen oder auf ganz bestimmte Interpreten.[39] Und gerade in *The Obedience* macht Tyndale klar, daß Allegorien und »Vergleiche« dann zu verwenden sind, wenn »wir predigen (oder) wenn wir die Bibel auslegen«. Zwar darf nur der Buchstabentext als Beweis für eine Lehrmeinung herangezogen werden, doch führt der bildliche Ausdruck zu einem klareren Verständnis des wörtlichen Sinnes: »Vergleiche beweisen nichts, sie werden vielmehr aufgestellt, um verständlicher auszudrücken, was in der Heiligen Schrift enthalten ist, und um dich in das geistliche Verständnis des Textes einzuführen: so wie das Gleichnis der Ehe genommen wird, die Hochzeit zwischen Christus und unseren Seelen auszudrücken und welch Übermaß an Gnade uns dabei widerfährt, wovon die ganze Heilige Schrift kündet. ...Der Prediger also, der einen bloßen Vergleich anbringt, um zu beweisen, was in keinem Bibeltext enthalten ist noch aus einem folgt, zählt zu den Betrügern...« (S. 348). Dennoch unterscheidet Tyndale eindeutig zwischen den von Menschen gemachten Allegorien und denen, die in der Bibel selbst enthalten sind. Die biblischen Allegorien zu verstehen heißt, den wörtlichen Sinn selbst dann zu verstehen, wenn er in uneigentlicher, bildlicher Sprache ausgedrückt ist: »Du sollst begreifen..., daß die Heilige Schrift nur einen Sinn hat, nämlich den wörtlichen. Und daß der wörtliche Sinn die Wurzel und der Grund von allem ist, der niemals brechende Anker, so du dich an ihn hältst, wirst du nicht fehlgehen können oder vom Wege abkommen. Und wenn du den wörtlichen Sinn verläßt, so kannst du nur vom Wege abkommen. *Nichtsdestoweniger* macht die Heilige Schrift Gebrauch von Sprichworten, Gleichnissen, Rätseln oder Allegorien, wie alle anderen, die sich der Sprache bedienen; doch ist das, was durch das Sprichwort, das Gleichnis, das Rätsel oder die Allegorie bedeutet wird, stets der wörtliche Sinn, den du gewissenhaft ausfindig machen mußt...« (S. 340, Hervorheb. Th. D.) Im großen und ganzen ist Tyndales Position die von Luther und Calvin – und die der Puritaner: die alexandrinischen allegorischen Interpretationen sind die »Phantastereien« von Menschen; dennoch erfordern manche Texte eine allegorische Deutung; obwohl sie ein uneigentlicher, bildlicher Ausdruck ist, erhellt die Allegorie den wörtlichen Schriftsinn; außerdem gebraucht ja die Bibel selbst Vergleiche und Allegorien, um den wörtlichen Sinn klar werden zu lassen. Und im Werk Tyndales gelten »Typen« als Vergleiche oder Gleichnisse.

Weder in seinen Übersetzungen noch in seinen später hinzugefügten Vorreden verwendet Tyndale den Terminus *typos* oder ein verwandtes Wort. Es scheint klar, daß Tyndale wegen der Exegese der mittelalterlichen Allegorie jede der mit einer Theorie der Typen verbundenen mittelalterlichen Konnotationen zu vermeiden wünschte. Wenn er die Verheißungen des Alten Bundes mit ihrer Erfüllung in Christo kontrastiert, so verwendet er den unbeholfenen Begriff »fore-rehearsed«, um die im speziellen Sinne »typische« Beziehung zwischen den beiden Testamenten auszudrücken.[40] In *A Pathway into the Holy Scripture* gebraucht er außerdem den Ausdruck »promises rehearsed« (»verkündete Verheißungen«) in einem typologischen Sinn: »Wenn Christus also gepredigt wird, wie auch die verkündeten Verheißungen, die in den Büchern der Propheten, dem Psalter und vielerorts in den fünf Büchern Mosis enthalten sind: dann beginnen die Herzen der Auserwählten weich zu werden und unter der überreichen Gnade Gottes dahinzuschmelzen...« (S. 15, einige Seiten vorher heißt es, im Alten Testament gebe es viele Verheißungen, die nichts anderes seien als das Evangelium). Im *Prologue to the Book of Leviticus* hingegen wird Tyndale deutlicher: er erklärt, die Riten und Zeremonien des hebräischen Glaubens seien »Schatten« der in Christo erfüllten Verheißungen, er sagt sogar ausdrücklich, daß diese Verheißungen in »Allegorien, Gleichnissen oder Beispielen« ihren Ausdruck gefunden hätten: »... wenn auch Opfer und Zeremonien nicht der Grund oder das Fundament sein können, um darauf zu bauen; das heißt, wenn wir auch mit ihnen nichts beweisen können, so können wir doch, wenn wir einmal Christus und seine Mysterien erkannt haben, Bilder entlehnen, also in Allegorien, Gleichnissen oder Beispielen reden, um Christus und die in ihm verborgenen Geheimnisse Gottes zu erschließen. ... Bergen doch Gleichnisse bessere Tugenden und größere Kräfte als bloße Worte, und führen sie doch eines Menschen Verstand tiefer in den Kern und das Mark und das geistige Verständnis einer Sache als alle Worte, die man sich vorstellen kann.« (S. 60) Hinsichtlich der Präfigurationen Christi im Alten Testament macht Tyndale klar, daß »Gleichnisse« (Vergleiche) oder »Beispiele« (die beiden von ihm in seiner Übersetzung für *typos* gesetzten Begriffe) einen tiefer in das »Mark der heiligen Gottheit« hineinführen als »bloße Worte« allein. Zwar sind manche Typen in ihrer Bedeutung unklar und »schatten« Christus »vorwegnehmend« nur »ab«, andere sind dafür aber klar wie das »Licht des hellen Tages«: »... an all den Zeremonien und Opfern ist etwas, als sei es ein Sternenlicht Christi, zugleich aber gibt es auch welche, an denen ist es wie das Licht des hellen Tages ..., und sie drücken ihn und das Wirken seines Todes so sonnenklar aus, als ob wir seine Leidensgeschichte auf einer Schaubühne in einem Theaterstück spielen würden, frei vor aller Augen; wie der Sündenbock, die eherne Schlange, der Farren, der da verbrannt wurde außerhalb des Lagers, das Osterlamm usw.: so sehr, daß ich völlig davon überzeugt bin und nicht anders kann, als zu glauben, daß Gott Moses die Geheimnisse Christi und die genauen Umstände seines Todes im voraus geoffenbart hat. ... Und ich glaube auch, daß die Propheten, die Moses nachfolgten, seine Prophezeiungen zu bekräftigen und seine Lehre bis zur Ankunft Christi zu bewahren, dadurch bewogen wurden, weitere Geheimnisse Christi zu suchen ...« (S. 60). Der Sündenbock, die eherne Schlange, der Opferstier und das Opferlamm sind natürlich traditionelle typologische Identifikationen der Passion. Als solche bezeugen sie die typologische Einheit der beiden Testamente und die Notwendigkeit, die »verkündeten Verheißungen« vor den Augen des Volkes zu inszenieren. Solche Typus-Antitypus Identifikationen sind im Werk Tyndales nichts Ungewöhnliches, besonders wenn man berücksichtigt, daß er häufig das Wort »Beispiel« an Stelle von »Typus« gebraucht.[41]

Luther macht von der Typologie – und von der Allegorie – einen wesentlich umfassenderen Gebrauch als Tyndale[42], und seine Diskussion seiner vormaligen Vorliebe für allegorische Deutungen zeigt, wie tief die typologische Exegese in seinem Denken verwurzelt ist. In der *Genesisvorlesung* (1535–45) äußert sich Luther über die Faszination, die die allegorischen Lesarten der Schrift einmal auf ihn ausgeübt hatten, und stellt seine »protestantischen« hermeneutischen Prinzipien auf. Nachdem er seine Interpretation der ersten drei Kapitel der *Genesis* vorgelegt hat, versichert Luther, er habe alles seinem »historischen Sinn« gemäß behandelt, der der »natürliche und wahre« sei. »Bei der Interpretation der Heiligen Schrift geht es vor allem darum, sie aus der sicheren und einfachen Bedeutung zu gewinnen, zumal es eine solche Vielzahl von Interpreten gibt – lateinischen, griechischen und auch jüdischen –, die sich fast alle nicht nur mit der Geschichte selbst befassen, sondern sie unter lächerlich unpassenden Allegorien (*ineptis Alle-*

goriis) begraben und durch sie Verwirrung stiften.« (WA 42, S. 172f.)[43] Dann identifiziert Luther die Urheber der »lächerlich unpassenden Allegorien«: Origenes und Hieronymus. »Überall«, sagt er, »entfernen sie sich von der Historie, die sie als tötenden Buchstaben und als Fleisch bezeichnen, und legen uns aufs großartigste die geistliche Bedeutung ans Herz, von der sie keine Kenntnis haben. Origenes ist hierin der Lehrer Hieronymi.« (WA 42, S. 173) Wie der Kontext deutlich macht, verdammt Luther die »lächerlich unpassenden Allegorien«, die er ausdrücklich mit der alexandrinischen Schule der Interpretation in Verbindung bringt. Im selben Kontext charakterisiert er aktuelle scholastische Interpretationen als Verlängerung der alexandrinischen Allegorie in die Gegenwart. Dann spricht er über den Gebrauch, den er selbst einmal von dieser Methode gemacht hatte: »Als junger Mann hatte ich in diesen Bemühungen schöne Erfolge zu verzeichnen. Selbst Absurdes sich auszudenken, war erlaubt, hatten doch viele Kirchenlehrer, wie etwa Hieronymus und Origenes, ihrer Phantasie freien Lauf gelassen. ... Auch Augustinus wurde häufig von diesem Wahn irregeleitet, besonders hinsichtlich der Psalmen vernachlässigte er den historischen Sinn und wandte sich den Allegorien zu. Alle waren sie davon überzeugt, die geistliche Bedeutung sei, besonders bei den Historien des Alten Testaments, in Allegorien zu finden, während die Historie oder der Literalsinn die fleischliche Bedeutung darstellen würde.« (*Ibd.*)

Luther behauptet, wieder mit Bezug auf die alexandrinische Allegorie, solche Verfahren seien eine »Profanation des Heiligen«, und er empfiehlt allen, die die Heilige Schrift studieren wollen, die Kirchenväter mit Vorsicht zu genießen. Als junger Mensch, so fährt Luther fort, habe er diese Vorsicht vermissen lassen, daher sei auch er »irregeleitet« worden. Dann beginnt er seine »erwachsenen« exegetischen Prinzipien zu definieren: »Seit ich mich dem historischen Schriftsinn zugewendet habe, habe ich von den Allegorien nichts mehr wissen wollen und sie verabscheut. Ich mache von ihnen nur dann noch Gebrauch, *wenn der Text selbst sie offenbart (ipse textus eas ostenderet) oder die Interpretationen aus dem Neuen Testament empfangen werden können (interpretationes ex novo Testamento possent sumi*).« (*Ibd.*, Hervorheb. Th. D.) Dann kommt er wieder auf die Faszination zu sprechen, die die allegorischen Interpretationen nach der Manier des Origenes in seiner Jugend auf ihn ausgeübt hatten: »Aber es war schwer für mich, meine gewohnte Neigung zur Allegorie aufzugeben, doch endlich sah ich, daß Allegorien leere Spekulationen sind und gleichsam der Abschaum der Heiligen Schrift (*inanes speculationes et tanquam spumam sacrae scripturae*). Es ist allein der historische Sinn, der echt und wahrhaft lehrt. Hat man dies bedacht und recht verstanden, dann ist es verstattet, die Allegorien als Ornamente und Blumen zu verwenden, die Historie zu illustrieren oder auszuschmücken (*quibus illustretur Historia seu pingatur*). Die nackten Allegorien, die in keiner Beziehung zur Historie stehen und sie auch nicht ausschmücken, sind einfach als leere Träume zu verwerfen. Die Allegorien, die Origenes und seine Nachfolger verwendeten, sind von dieser Art.« (*Ibd.*) Und schließlich sagt er: »Es ist nicht nötig, bei den Allegorien länger zu verweilen. Es soll die Mahnung genügen, daß alle, die von Allegorien Gebrauch machen wollen, diejenigen gebrauchen, die die Apostel aufzeigen (*quas indicarunt Apostoli*) und die ein sicheres Fundament in der Historie oder dem Buchstaben selbst haben (*quae habent fundamentum certum in ipsa litera seu historia*).« (*Ibd.*, S. 174.) Luther verdammt nicht die Allegorie schlechthin, genausowenig wie Tyndale. Luther verdammt die alexandrinische Allegorie, doch läßt er keinen Zweifel daran, daß die allegorische Interpretation zu den apostolischen Methoden gehört, daß Allegorien im Bibeltext selbst vorkommen und daß Allegorien zum wörtlichen Schriftsinn und zum historischen Bericht gehören. Diese von Luther in seiner *Genesisvorlesung* getroffenen Unterscheidungen finden sich in fast jedem seiner Hauptwerke.

Im Unterschied zu Tyndale jedoch besteht Luther nicht darauf, daß der wörtliche Schriftsinn auch der geistliche Sinn ist, im Gegenteil: Luther interpretiert die Bibel durchweg einem zweifachen Schriftsinn entsprechend, nämlich buchstabengetreu und geistlich. Wegen seiner einzigartigen Botschaft befaßt sich das Alte Testament nicht nur mit den Erlebnissen des jüdischen Volkes, sondern blickt auch auf das Kommen Christi. »So muß das alttestamentliche Gesetz und Wesen doppelt gesehen werden: Es ist einerseits Modell, das über sich selbst hinausweist auf Christus – aber es ist andererseits in ihm aufgehoben und bindet die Christenheit nicht.«[44] Luther bezeichnet diese zwei Ebenen der Schrift durchweg als ihre wörtliche und ihre geistliche Bedeutung. In seiner *Vorrede auff das Alte Testament* zum Beispiel[45] erklärt Luther, das Alte Testament sei als Geschichte des jüdischen Volkes und als Ausdruck ihres Glaubens »nicht zu verachten sondern mit allem vleis zu lesen«, denn durch das Alte Testament würde man das Neue »mechtiglich gründen vnd beweren« und es sei daher als »grund vnd beweisung ... thewr ... zu achten« (S. 11). Es gebe aber über die wörtliche Bedeutung der Ereignisse und Riten des Alten Testaments hinaus auch eine »geistliche Deutung«, da Moses und die Propheten »nichts anders sind, denn handhaber ..., das sie durchs Gesetze jederman zu Christo bringen« (S. 29). Will man das Alte Testament »wol vnd sicher deuten«, so gibt es für Luther nur eines, um sich daran zu orientieren: »So nim Christum fur dich, Denn das ist der Man, dem es alles vnd gantz und gar gilt.« (Ibd.) Luther unterscheidet ausdrücklich seine »geistliche Deutung« von den allegorischen Interpretationen eines Origenes und eines Hieronymus und »viel hoher Leute mehr« (S. 11), denn derartige Interpretationen würden sich nicht auf die wörtliche Bedeutung des Textes gründen und ihrem ganzen Wesen nach die Geschichtlichkeit des Alten Testaments ignorieren. Im Gegensatz zu dieser Auffassung tritt Luther dafür ein, die geschichtlichen Erfahrungen des jüdischen Volkes zu respektieren, da die Geschichte des Alten Testaments in Christo ihr eigentliches, von Gott geplantes Ziel erreiche. »Luthers geistliche Deutung würdigt gerade den Wortsinn, denn die Geschichte, von der dieser handelt, ist Weissagung. Daher kann Luther den ursprünglichen Wortsinn und die geistliche Deutung nebeneinanderstellen und in lebendige Beziehung setzen durch den Begriff des ›Zeichens‹ oder ›Vorbildes‹.«[46]

Luthers typologische Identifikationen sind weitreichend: in zahlreichen Fällen ist die Typus-Antitypus-Konstruktion für seine Auffassung der Sakramente grundlegend, und die typologische Analyse nimmt eine zentrale Stelle in seiner Theologie ein.[47] Zudem wird in seinem gesamten Werk auf Typen in einer Weise Bezug genommen, als sei es die natürlichste Sache der Welt: ein Indiz für die Rolle, die die Typologie in seinem Denken spielt. In seiner *Genesisvorlesung* gebraucht Luther *typos*, *schema* und *figura* im allgemeinen synonym; in anderen Schriften verwendet er für gewöhnlich die Begriffe *Figur* und *Typus*, recht häufig sogar beide, als wollte er die Bedeutung des lateinischen Wortes auf seine ursprüngliche griechische Bedeutung einschränken. Jedoch verfährt Luther nicht konsequent, denn er übersetzt *hypodeigma* oder *antitypa* resp. *figurae* mit *Bilder*, *Furbilder* und *Gegenbild*, aber da er zwischen dem alexandrinischen Allegorisieren und der Typologie scharf unterscheidet, sieht er offenbar keine Notwendigkeit für eine präzise Terminologie. Zudem ist die Typologie so sehr Bestandteil seiner Exegese, daß der Kontext allemal deutlich macht, daß er die verschiedenen Begriffe im typologischen Sinne gebraucht. Und seine Behauptung, das Alte Testament gelte »gantz vnd gar« Christus, führt zwangsläufig zu zahlreichen typologischen Identifikationen. David gilt ihm nicht weniger als Typus Christi denn Salomo, Aaron oder andere, und nicht weniger als siebenundzwanzig Psalmen werden als Typen interpretiert;[48] Melchisedek, das Rote Meer, die Durchquerung des Jordan, das Manna, das Wasser aus einem Fels am Horeb, die eherne Schlange und vieles andere mehr, alles hat typologische Bedeutung.

Doch obwohl Luther so reichlich von der Typologie Gebrauch macht, ist er nicht einfach ein mittelalterlicher Allegoriker im Gewand eines Reformators. Es trifft zwar zu, daß er es nicht vermeiden kann, Identifikationen von Typen in enger Verbindung mit alexandrinischer Allegorie vorzunehmen, da Luther die Bibelkommentare zu gut kannte, um von ihnen nicht beeinflußt zu sein. Allerdings trifft auch zu, daß er die Interpretationen der Alexandriner klar als das erkennt, was sie sind, und sie verdammt, insbesondere ihren Niederschlag in den Arbeiten der Scholastiker. Zudem insistiert er wiederholt darauf, daß Bibelausleger bestrebt sein sollten, »soweit als möglich den Schriftworten einen einfachen, echten und wortgetreuen Sinn zu entlocken (*unam simplicem, germanam et grammaticam sententiam eliciamus ex verbis Textus*), und wenn wir ihn haben, dann steht einer Suche nach Figuren und Allegorien im Text nichts im Wege (*nihil obstat, quin figuras et allegorias in Textu quaeramus*)« (WA 44, S. 686).

Wie die Theologie der Verfasser des Neuen Testaments, so ist auch Luthers Theologie christologisch. Das Evangelium stellt Christus als den Höhepunkt der alttestamentarischen Präfigurationen vor, und in diesem Sinne ist die Typologie die wörtliche Bedeutung der Heiligen Schrift.

Tyndale verwendet die Typologie vorsichtig und zurückhaltend. In Luthers Werk ist die Typologie nur eine von zahlreichen exegetischen Methoden und hängt normalerweise mit dem behandelten Problem zusammen. Calvin hingegen wäre ohne Typologie nicht der uns bekannte Calvin, spielt sie doch in seiner Theologie eine zentrale und entscheidende Rolle. Mit größerem Nachdruck als Tyndale oder Luther besteht Calvin darauf, daß viele Textstellen typologisch interpretiert werden müssen: »Kurzum, der ganze gesetzliche Gottesdienst wäre doch – wenn man ihn *an sich* betrachtete und er nicht Schatten und Bilder enthielte, mit welchen die Wahrheit tatsächlich übereinstimmte – geradezu eine Lächerlichkeit!«[49] So vertritt Calvin beispielsweise die Auffassung (vgl. auch *Institutio* I, 1, 2), da die unermeßliche Herrlichkeit und Majestät Gottes die direkte Kommunikation mit ihm unmöglich mache, dürfe man die Stellen im Alten Testament, wo von Menschen die Rede ist, die Gott »von Angesicht zu Angesicht« geschaut hätten, nicht so verstehen, als hieße es, sie hätten Gott geschaut, »wie er wirklich ist«, vielmehr nur »insoweit er von einem sterblichen Menschen geschaut werden kann«.[50] Um sich zu offenbaren, sei es daher für Gott notwendig gewesen, seine Herrlichkeit in solche Zeichen und Symbole zu »verhüllen«, die der Mensch begreifen konnte. Daher sei die Offenbarung mit einer ursprünglichen »Verhüllung« verbunden und mache eine nachfolgende »Enthüllung« nötig. Wäre Gott nur eine einzelne und ungeteilte Wesenheit, dann würde er für alle Zeit den Augen der Menschen verborgen bleiben, er habe jedoch von allem Anfang an einen Mittler zwischen sich und den Menschen des Alten Testaments eingeplant: nämlich das Wort Gottes, die zweite Person der Dreieinigkeit. Wenn im Alten Testament häufig vom Erscheinen des Engels des Herrn berichtet wird, so sind das für Calvin in Wirklichkeit Berichte über die verschleierte Erscheinung dessen, der »der eingeborene Sohn Gottes war, welcher später Mensch wurde. ... Daß Christus als ›Engel‹ bezeichnet wird, braucht uns nicht zu stoßen. Er war noch nicht der Mittler, welcher das Fleisch angenommen, aber so oft er dem Volke des alten Bundes erschien, ließ er seine künftige Sendung vorausschauen.«[51] Selbst wenn sie durch die Funktion Christi vermittelt war, geschah die Offenbarung Gottes im Alten Testament, wie Calvin in seinem Kommentar zum *Hebräerbrief* vermerkt, nur durch »Schatten und Abbild«, durch »Bild und Gleichnis«. Daher sei das Alte Testament ganz und gar nicht bloß eine Geschichte des jüdischen Volkes und ein »Buch des Gesetzes«, sondern ein »Buch der Verheißungen«, die in Christus ihre Verwirklichung fänden.[52] Trotzdem sieht Calvin einen wesentlichen Unterschied zwischen den Verheißungen des Alten Testaments und denen des Neuen Testaments,

»... denn das Evangelium weist mit dem Finger auf das, was das Gesetz nur schattenhaft unter Vorbildern uns abbildet!« (*Institutio* II, 9, 3, S. 258.) Calvin ermahnt daher seine Leser, »sich den Zugang (zum Verhältnis der Ähnlichkeit des Alten und Neuen Testaments) mit dem (typologischen) Schlüssel zu suchen«, den er ihm in die Hand gegeben habe.[53]

Calvins extensive typologische Identifikationen beruhen auf seiner Überzeugung, daß Christus überall im Alten Testament offenbart ist, natürlich nicht in seiner ganzen Herrlichkeit, sondern in »Schatten« und »vorausschauenden Bildern« bzw. Typen, in denen sich die zukünftige Erfüllung ankündigt. Für Calvin *repräsentiert* das Alte Testament den »Buchstaben« des Gesetzes, hingegen *präsentiert* das Neue Testament den »Geist« des Neuen Bundes. Die Aussage des Paulus, »der Buchstabe tötet, aber der Geist macht lebendig« (*2. Korinther* 3,6), bezieht sich nach Calvins Ansicht auf die wesentlichen Unterschiede zwischen den schattenhaften Offenbarungen des Alten Testaments und der typologischen Wirklichkeit des Neuen. Aber um sicher zu stellen, daß die unter den Bedingungen des Alten Bundes stehenden Offenbarungen fortwährend der zukünftigen Verheißungen bewußt sind, hat Gott »sein Wohlwollen gegen die Gläubigen mit irdischen Gütern bezeugt und also die (künftige) geistliche Seligkeit mit solchen Vorbildern und Zeichen schattenhaft ausgedrückt« (*Institutio* II, 11, 3, S. 276) und somit die »geistlichen Verheißungen ... unter irdischen Verheißungen verdeckt« (*Institutio* II, 11, 2, S. 275). »Das Alte Testament bringt, da die Wahrheit, die Erfüllung noch fehlt, bloß ein Bild, es zeigt uns also an Stelle des Körpers einen Schatten; das Neue dagegen enthüllt uns die *gegenwärtige* Wahrheit und den Körper selbst wesenhaft. Diese Verschiedenheit wird fast bei jeder Darlegung des Unterschieds zwischen den beiden Testamenten hervorgehoben«, sie trifft aber nicht »die Verheißungen *selber* in ihrer *Sache*« (*Institutio* II, 11, 4, S. 276). Daher ist allein die Typologie die wichtigste Interpretationsmethode für das Alte Testament, liefern doch die Typen den Verfassern des Neuen Testaments – und damit auch allen Christen – einen »Schlüssel« zum Verständnis der Verheißungen des Alten Testaments. Zudem zeigen die Typen, daß die Kinder Israels nicht unter dem unumstößlichen und endgültigen Spruch des Gesetzes leben, sondern im ungebrochenen Bewußtsein eines größeren Lebens, das da kommen wird. Denn Abraham, Jakob, Joseph, Moses und

Josua, wie auch alle Propheten, verkünden wiederholt die Verheißungen, die später Fleisch annehmen sollten, und zwar »je nach den verschiedenen Zeitumständen verschieden, gemäß der Ordnung, in der es dem Herrn gefallen hat, sich bald auf die eine, bald auf die andere Weise den Menschen kundzugeben« (*Institutio* IV, 14, 20, S. 892). »Gott hat sich den Menschen niemals anders offenbart als durch den Sohn, das heißt durch seine einige Weisheit, ... Jedoch hat sich diese Weisheit nicht allezeit auf eine und dieselbe Weise offenbart.« (*Institutio* IV, 8, 5, S. 784) Typologie ist also die Handschrift Gottes; in ihren »schattenhaft umrissenen Bildern« (*Institutio* IV, 20, 15, S. 1045) offenbart sie die Gegenwart Gottes in dem Maße, wie seine Gegenwart enthüllt werden konnte, bevor die Summe aller Typen »im Fleische geoffenbart wurde« (*Institutio* II, 8, 7, S. 785).

Calvins Verdammung der Allegorie fällt nicht so streng aus wie bei Tyndale und Luther. Die Exzesse der origenistischen Allegorie verdammt er zwar stets, doch akzeptiert er häufig die allegorischen Deutungen der »Docteurs anciens«, wenn der Text eine solche Lesart rechtfertigt. Als er beispielsweise die Behauptung des Paulus diskutiert, die beiden Frauen Abrahams seien als eine Allegorie der beiden Bünde zu deuten, unterscheidet Calvin eindeutig zwischen legitimer Allegorie und »spitzfindigen Spekulationen«: »Zunächst sagt er (Paulus): die Worte bedeuten etwas, sie seien allegorisch zu verstehen. Er meint nicht, daß bei allen Geschichten noch ein tieferer Geheimsinn zugrunde liege, wie z. B. Origenes und viele andere nach ihm glauben, die auf der Jagd nach solchen Geheimnissen die ganze Schrift aus einem helleuchtenden Licht in einen dicken Qualm verwandelten ... Paulus wollte nichts anderes, als den frommen Sinn auf das geheime Walten Gottes in dieser Geschichte lenken. Was in Abrahams Hause geschehen ist, gehört dem geistlichen Reiche Christi an. Es war ja sicherlich hier das wirkliche Bild der Gemeinde Gottes.«[54] Calvin akzeptiert hier wie auch an anderen Stellen, obwohl er die alexandrinische Allegorie verdammt, ohne zu zögern die beschränkte Anwendung der allegorischen Interpretation. Er behauptet sogar, das vom Hause Abrahams (der jüdischen Nation) gesagte sei ein Typus (»wirkliches Bild«) der Kirche. Und er findet auch nichts dabei, die von den »Docteurs anciens« vorgelegten allegorischen Interpretationen des Unterschieds von reinen und unreinen Tieren (*3. Mose* 11) zu akzeptieren, wie sie etwa in der

Glossa ordinaria zu finden sind: »Wenn ich auch Bedenken trage, mich in weitere Allegorien einzulassen, so wird man doch eine leise Ausdeutung der hier gegebenen Kennzeichen reiner Tiere allenfalls wagen dürfen (und ich habe nichts daran auszusetzen, was uns von 'les Docteurs anciens' überliefert worden ist): die gespaltenen Klauen mögen auf Scharfsinn in der Erforschung biblischer Geheimnisse deuten, das Wiederkäuen aber auf ein ernstes Nachsinnen über die himmlische Lehre. (Allerdings vermag ich der von ihnen hinzugefügten Spitzfindigkeit nicht zuzustimmen, nämlich daß jene ›das Wort recht zu aufzuspalten vermochten‹, die wußten, wie man seinem Buchstaben einen symbolisch-geheimnisvollen Sinn entlockt. Denn daraus ergab sich, daß sie sich phantastische Einfälle aller Art gestatteten. Daher wende ich mich der einfacheren Vorstellung zu, daß jene, die nur ein Organ für den fleischlichen Sinn haben, die Klauen nicht spalten.) Die rechte ›Spaltung‹ ist nicht bei jedermann, der nur mit fleischlichem Verstande an Gottes Wort herankommt... Dazu muß dann das Wiederkäuen kommen, damit man die geistliche Speise recht verdaue und aneigne. Denn viele schlingen die Schrift ohne viel Nutzen herab, ...«[55] Daraus darf man nun nicht schließen, diese Art der Interpretation sei bei Calvin die Regel. Es wäre aber nicht minder abwegig, wollte man behaupten, er verdamme allegorische oder typologische Deutungen schlechthin.[56]

In seiner Arbeit über die Idee der Reform in der frühchristlichen Kirche meint Gerhart B. Ladner: »Das Alte Testament hat zur christlichen Reformideologie vielleicht am meisten durch seine Prophezeiungen und durch die ›Typologie‹ beigetragen. Die Propheten verkündigten nicht nur das Kommen Christi, sie sind auch die großen Vorbilder für alle wirklichen Reformer innerhalb der Kirche.... Außerdem bildete während der ganzen Geschichte des Christentums die Typologie, das *sacramentum futuri*, das Mysterium der Erwartung und Antizipation Christi und der Kirche im Alten Testament, einen Antrieb zur weiteren Reformierung im Geist des Evangeliums: die Abfolge von Schöpfung, Fleischwerdung und Reform ist eine Grundstruktur des historischen Bewußtseins und der Theologie der Geschichte im Frühchristentum und im Mittelalter.«[57] Es läßt sich nicht mit Sicherheit sagen, ob die Typologie eine Triebkraft der Reform oder bloß ein Nebenprodukt der weitgespannteren Interessen der Reformation war. Sicher ist jedoch, daß die Reformatoren bei ihrer Betrachtungsweise der

Bibel einer von der alexandrinischen Allegorie isolierten und von den Extravaganzen der mittelalterlichen Scholastik befreiten Typologie eine zentrale Bedeutung beimaßen. Das heißt nicht, daß protestantische Typologen durchweg darauf verzichtet hätten, Typus-Antitypus-Identifikationen mit allegorischen Deutungen zu überlagern, jedoch ist festzuhalten, daß die protestantische Allegorie nicht einfach eine überarbeitete Version der origenistischen Methoden darstellt. Es bestehen nämlich zwei entscheidende Unterschiede.

Erstens: Die Allegorie der protestantischen Typologen beruht auf einer biblischen Hermeneutik des zweifachen Schriftsinns; sie versucht nicht, tropologische und anagogische Deutungen über die Ebenen des Wörtlichen und des Geistlichen hinaus zu bestimmen. Wenn solche Deutungen vorkommen, dann betrachtet man sie als Bestandteil der geistlichen oder evangelischen Interpretation und nicht als etwas neu Hinzukommendes. Dieser Unterschied ist, besonders für die Puritaner, keine bloße Spitzfindigkeit, denn für sie ist jede zusätzliche Deutung eine Verdrehung des wörtlichen Sinns, da sie sich in zweifacher Weise von ihm entfernt. Alle Textpassagen haben eine wörtliche und eine geistliche Bedeutung, wobei die letztere moralische und eschatologische Implikationen besitzen kann und häufig auch besitzt, die aber in allen Fällen aus der wörtlichen Ebene hervorgehen. Zweitens: Die protestantische Allegorie basiert im Unterschied zur alexandrinischen auf einer ausführlichen Analyse des typischen Ereignisses. Für die alexandrinische Allegorie haben die Typen nur eine zweitrangige Bedeutung, sie werden auf den Bereich des Wörtlichen eingegrenzt oder gänzlich verworfen. In der protestantischen Allegorie jedoch erlangt die Typologie entscheidende Bedeutung, denn die Identifikation der Typen ist eines der beiden hauptsächlichen Verfahren, durch die das Alte und das Neue Testament zueinander in Beziehung gesetzt werden. Das andere ist die jüdische Prophetie: bereits im Werk der ersten christlichen Bibelausleger gilt die Prophetie nach ihrer Erfüllung in Christus als Bestandteil der typologischen Botschaft. Die Prophezeiung impliziert ihre zukünftige Erfüllung, und die Typologie behauptet, diese sei eingetreten. Daher begrenzt die auf typologischen Identifikationen basierende protestantische Allegorie das Vehikel der Allegorie auf das Alte Testament und ihren Tenor auf das Neue.

Die allegorische Interpretation Origenis, die die reinen Tiere in der Arche mit »dem Gedächtnis, der Kenntnis, dem Verständnis, der Prüfung und der Beurteilung unserer Lektüre« und die unreinen mit »der Begierde und dem Zorn« identifiziert und behauptet, die reinen Tiere würden zudem noch die sieben Kräfte der Seele bedeuten und die unreinen den schlechten Gebrauch, den der Mensch allzu oft von diesen Kräften macht, geht eindeutig über die von der Heiligen Schrift gesetzten Grenzen hinaus. Für Samuel Mather indessen bedeuten die reinen und die unreinen Tiere, daß es »in der Kirche Heilige gibt und Heuchler: die Heuchler sind die unreinen Tiere. Ein Ham in der Arche, ein Judas, ein Teufel in der Familie Christi selbst. In der sichtbaren Kirche sind manchmal die Wölfe drinnen und die Schafe draußen: doch sind es Wölfe im Schafspelz; die Gottlosen sollten keinen Zutritt haben und man kann sie auch draußen halten, allerdings nicht die verschlossenen Heuchler. Wie es in der Arche raubgierige Bestien gab, deren Natur jedoch gebändigt wurde, so auch in der Kirche: es gibt solche, die von Natur aus Bestien sind, doch ist der Verderbnis ihrer Natur ein Zügel angelegt, wie in den Heiligen eine erneuernde Gnade waltet, so waltet über den Heuchlern in der Kirche eine Einhalt gebietende Gnade.« (*The Figures or Types*, l.c., S. 75.) Origenes und Mather interpretieren die Arche als Typus der Kirche und die Sintflut als Typus der Taufe. Doch über diese typologische Identifikation hinaus nimmt Origenes ein »tieferes Geheimnis« wahr, das nur verstanden werden kann, indem man die Grenzen der Bibel auf einen subjektiven Allegorismus hin überschreitet. Mather allegorisiert die betreffenden Textstellen ebenfalls, doch beschränkt die Typus-Antitypus-Konstruktion seine Allegorie ausschließlich auf die Beziehung zwischen den beiden Testamenten. Man kann jedoch nicht davon ausgehen, daß die Unterschiede zwischen der protestantischen und der origenistischen Praxis des Allegorisierens immer so deutlich zutage treten. Auch Augustinus interpretiert die reinen und die unreinen Tiere als Zeichen dafür, daß Gute und Böse an den Sakramenten der Kirche teilhaben[58], und vermeidet somit in diesem Fall die allegorischen Abstraktionen des Origenes, während sich auf der anderen Seite Mathers Allegorisieren zuweilen nur schwer von den Praktiken des Origenes unterscheiden läßt. In den meisten Fällen allerdings werden die Unterschiede deutlich, und die Bedeutung, die der Typologie jeweils beigemessen wird, markiert die Differenz von patristischer und protestantischer Allegorie.

Die grundlegende Bedeutung der Typologie liegt außerhalb des theologischen Idioms, in dem sie Ausdruck findet. Ungeachtet dessen, daß viele Theoretiker der Typologie wie Samuel Mather darauf bestehen, daß »all diese typische Einrichtung der Welt durch die Bekundung Jesu Christi, der Wahrheit und dem Wesen und dem Ziel von allem, ihr Ende gefunden hat und aufgehoben ist« (*ibd.*, S. 539f.), haben sich die besonderen Umstände des Neuengland-Experiments – der Neue Exodus, die Wanderung durch die Wüste, die Gründung eines Neuen Israel usw. – dem Puritaner als eine ungebrochene Analogie zu den großen biblischen Dramen dargestellt. An jedem Punkt seines Lebens und des Lebens in der Theokratie Neuenglands mußten ihm seine Erfahrungen als eine durch Gottes Hand eingerichtete Abfolge von Parallelen zu dem erscheinen, was nach dem Bericht der Heiligen Schrift Gottes Vorsehung mit den Juden tat. Daher war das puritanische Denken von einem auf der Typologie basierenden figurativen Bewußtsein durchdrungen. Die Wolke bei Tag und die Feuersäule bei Nacht, die die Kinder Israels auf ihrer Wanderung durch die Wüste führten, präfigurierten die Führung der Kirche durch Christus. Und diese Kirche war Teil des göttlichen Plans, den Neuengland in der Geschichte der Christenheit erfüllte. Für jemand wie Edward Taylor waren daher die Parallelen zwischen seinen »Wüstenwanderungen« und den Erfahrungen von Gottes erstem auserwählten Volk ein unwiderlegliches Zeugnis dafür, daß die Geschichte – besonders die Geschichte Neuenglands – in Wahrheit die Magd des Herrn war. Eine solche »figurale Geschehensdeutung« (Auerbach) verlieh dem »Schatten« des lebenden Messias in der Dichtung des Geistlichen von Westfield noch mehr Wirklichkeit:

> Then lead me, Lord, through all this Wilderness
> By this Choice shining Pillar Cloud and Fire.
> By Day, and Night I shall not then digress.
> If thou wilt lead, I shall not lag nor tire
> But as to Cana'n I am journeying
> I shall thy praise under this Shadow sing.[59]

(*Aus dem Amerikanischen von Jürgen Blasius*)

1 Siehe zum Beispiel: Perry Miller, *Introduction*, in: Jonathan Edwards, *Images or Shadows of Divine Things*, New Haven 1948; Sacvan Bercovitch, *Typology in New England: The Williams-Cotton Controversy Reassessed*, in: *AQ*, XIX (Sommer 1967), S. 165–191; Mason I. Lowance Jr., *Typology and the New England Way: Cotton Mather and the Exegesis of Biblical Types*, in: *EAL*, IV (Frühjahr 1969), S. 15–37; ders., *Introduction*, in: Samuel Mather, *The Figures or Types of the Old Testament*, New York 1969; Thomas M. Davis, *Edward Taylor and the Traditions of Typology*, in: *EAL*, V (Winter 1970), S. 27–47.

2 Der erste zitierte Einwand steht bei Perry Miller und Thomas H. Johnson (Hg.), *The Puritans*, II, 652, New York 1963, der zweite bei Mindele Black, *Edward Taylor: Heaven's Sugar Cake*, in: *New England Quarterly*, XXIX (Juni 1956), S. 175f. Im Grunde macht ja schon Taylor selbst die Identifikation klar; in *Meditation* 23 (2), *The Poems of Edward Taylor* (Ed. Donald E. Stanford, New Haven 1960, S. 123), schreibt er beispielsweise:

Laß, Herr, meine Seele Dein Gefäß sein ...
Süßer Weihrauch, brenne mit des Altares göttlichem Feuer,
Den Weihrauch Deines Gebets zu versinnbildlichen (to typify),
Der duftet nach dem von Dir erduldeten Dienst.

3 Perry Miller, *Roger Williams: His Contribution to the American Tradition*, New York 1953, S. 34f.

4 G. W. H. Lampe, *The Biblical Origins and Patristic Development of Typology*, in: *Essays on Typology, Studies in Biblical Theology*, Nr. 22, Naperville (Ill.) 1957, S. 39.

5 Eine Diskussion der Philonischen Exegese findet sich bei Sidney G. Sowers, *The Hermeneutics of Philo and Hebrews: A Comparison of the Interpretation of the Old Testament in Philo Judaeus and the Epistle to the Hebrews*, Basel Studies of Theology, Nr. 1, Zürich 1965.

6 Ibd., S. 62.

7 Ibd., S. 26.

8 Philo von Alexandria, *Ueber das Leben Mosis*, in: *Die Werke Philos von Alexandria in deutscher Übersetzung*, Band I, Übers. B. Badt, Breslau 1909, S. 317, 318 u. 321 (*De vita Mosis* II, 81f., 88 u. 102f.).

9 Philo von Alexandria, *Über die Trunkenheit*, in: ders., *Die Werke in deutscher Übersetzung*, Band V, Übers. M. Adler, Berlin 1962², S. 54f. (*De ebrietate* 144).

10 Beryl Smalley, *The Study of The Bible in the Middle Ages*, Oxford 1941, S. 3. *Anmerkung des Übersetzers*: In der zweiten Auflage von 1952 findet sich diese Äußerung nicht mehr. Dort heißt es vielmehr: »Das Gesetz des Alten Bundes ist eine historische Institution, die für die Juden einerseits in ihrem genauen Wortlaut bindend ist, aber andererseits auch

eine innere Bedeutung hat. ... Die Allegorie verleiht dem jüdischen Gesetz und der jüdischen Geschichte eine universelle Qualität.«

11 Johan Chydenius, *The Typological Problem in Dante: A Study in the History of Medieval Ideas*, in: *Commentationes Humanarum Litterarum*, Societas Scientiarum Fennica, Nr. 1, Helsingfors 1958, XXV, S. 23.

12 Die Entwicklung allegorischer Interpretationen zwischen Philon und Origenes läßt sich ablesen an dem anonymen *Barnabas-Brief* (siehe *HbNT*, Suppl.: *Die apostolischen Väter*, Tübingen 1920, übersetzt v. H. Windisch) und an dem Dialog des Flavius Iustinus (*Des heiligen Philosophen und Martyrers Justinus Dialog mit dem Juden Tryphon*, Übers. Ph. Haeuser, Kempten/München 1917). Was meine obige Erörterung der Paulinischen Typologie betrifft, so ist zu erwähnen, daß es noch etliche andere typologische Bezüge in den Evangelien und den Briefen gibt, die weniger explizit sind. Dort wird allerdings für gewöhnlich nicht die Terminologie der Typologie verwendet, sondern die der jüdischen Prophetie. Doch haben schon früh in der Geschichte der christlichen Textinterpretation solche Passagen wie die folgende (*Johannes* 6, 47–50) in typologische Interpretationen Aufnahme gefunden: »Wahrlich, wahrlich ich sage euch: Wer an mich glaubt, der hat das ewige Leben. Ich bin das Brot des Lebens. Eure Väter haben Manna gegessen in der Wüste und sind gestorben. Dies ist das Brot, das vom Himmel kommt, auf daß, wer davon isset, nicht sterbe.«

13 R. P. C. Hanson, *Allegory and Event: A Study of the Sources and Significance of Origen's Interpretation of Scripture* Richmond (Virg.) 1959, S. 235.

14 Ibd. Ironischerweise hat die Septuagintaübersetzung den hebräischen Originaltext unkorrekt wiedergegeben, wo es eigentlich heißt: »Habe ich dir nicht vortreffliche Dinge geschrieben?«

15 Origenes, *Vier Bücher von den Prinzipien*, Hg. u. Übers. v. H. Görgemanns u. H. Karpp, Darmstadt 1976, S. 709 ff.

16 Origenes, *Genesishomilien* II, 3. Vgl. Origène, *Homélies sur la Genèse*, Übers. L. Doutreleau, Paris/Lyon 1944, S. 96. Seitenzahlen im Text beziehen sich auf diese Ausgabe.

17 *Anmerkung des Übersetzers*: Dies gehört nicht mehr zur »mystischen« Deutung der Arche durch Origenes, sondern zu ihrer »moralischen« Deutung, der II, 6 der Genesishomilien ganz gewidmet ist.

18 *Introduction*, l.c., S. 4.

19 *The Figures or Types* ..., l.c., S. 129.

20 Hieronymus, *Commentariorum in Amos*, II, 4, 4 ff. (*Patrologia Latina* 25, 1027 D-1028 A).

21 Harry Austryn Wolfson, *The Philosophy of the Church Fathers*, Cambridge (Mass.) 1956, Bd. I, S. 67.

22 Ibd., S. 68.

23 Aurelius Augustinus, *Nutzen des Glaubens*, Übers. C. J. Perl, Paderborn 1966, S. 13.
24 Erich Auerbach, *Figura*, in: ders., *Gesammelte Aufsätze zur romanischen Philologie*, Bern/München 1967, S. 70.
25 Augustinus, *Sermo*, II, 7 (*Patrologia Latina* 38, 30).
26 *Anmerkung des Übersetzers*: Diese Darstellung der Augustinusinterpretation Erich Auerbachs ist nicht unproblematisch. Es ist das Verdienst Auerbachs, deutlich gemacht zu haben, daß Augustinus ständig bemüht war, »die figural-vertikale Deutung durch die Darstellung innergeschichtlich aufeinander folgender Abläufe zu ergänzen«. Stets zeige sich die »Bemühung, die Lücken der biblischen Darstellung auszufüllen, sie durch andere Bibelstellen und eigene Erwägungen zu ergänzen, einen fließenden Zusammenhang der Ereignisse herzustellen und überhaupt die an sich irrationale Interpretation bis an die äußerste Grenze vernunfteinleuchtend zu gestalten; fast alles ... dient dazu, ... die Figuraldeutung mit der ununterbrochenen geschichtlichen Ablaufsfolge in Einklang zu bringen.« Für Auerbach repräsentiert Augustinus gerade die Bruchstelle zwischen »antikisch-klassischer« (»rationaler, fließender, irdischer Zusammenhang der Dinge«, »Hypotaxe«) und »jüdisch-christlicher« Welt (»figurale Geschehensdeutung«, »Parataxe«), bei ihm erkenne man »sehr deutlich das Ringen, das, sprachlich und sachlich, zwischen den beiden Welten stattfand«. (Erich Auerbach, *Mimesis. Dargestellte Wirklichkeit in der abendländischen Literatur*, Bern/München 1982[7], S. 76 f.)
27 Siehe *On Samson: Judges 13–16*, in: *Selected Sermons of St. Augustine*, New York 1966, S. 118 ff.
28 Johan Chydenius, *op. cit.*, S. 34. Im gleichen Sinne äußert sich auch Harry Caplan, *The Four Senses of Scriptural Interpretation and the Mediaeval Theory of Preaching*, in: *Speculum* IV (Juli 1929), S. 285 f.
29 Johannes Quasten, *Patrology*: *The Golden Age of Greek Patristic Literature, From the Council of Nicaea to the Council of Chalcedon*, Westminster (Md.) 1963, Bd. III, S. 121.
30 *Des heiligen Kirchenlehrers Basilius des Großen ausgewählte Schriften*, Bd. II: *Ausgewählte Homilien und Predigten*, Übers. Anton Stegmann, München 1925, S. 139 f. (*Hexaemeron*, 9. Homilie 1).
31 Chrysostomus, *Homilie in dictum Pauli 1. Cor. 10,1*, 4 (*Patrologia Graeca* 51, 247).
32 Johannes Quasten, *op. cit.*, Bd. II, S. 122.
33 Aurelius Augustinus, *Vom Gottesstaat*, Übers. Wilhelm Thimme, München 1978, Buch 15, Kap. 27, S. 273.
34 *De doctrina christiana* III, 5, in: *Des heiligen Kirchenvaters Aurelius Augustinus ausgewählte Schriften*, Bd. VIII, *Ausgewählte praktische Schriften homiletischen und katechetischen Inhalts*, Übers. Sigisbert Mitterer, München 1925, S. 116.

35 A.D.R. Polman, *The Word of God According to St. Augustine*, London 1961, S. 96.

36 *Anmerkung des Übersetzers*: Auerbach sagt an der von Davis zitierten Stelle, daß *typus* als Wort für Realprophetie im Unterschied zu *allegoria* nur als Fremdwort hinter *figura* zurückstehe, daß damals also im Prinzip immer dann (und nur dann), wenn *figura* Realprophetie meinte, auch *typus* hätte stehen können, aber »man konnte nicht schreiben *Adam est allegoria Christi*«. Daß *figura* und *typus* aber *nur* im realprophetischen Kontext austauschbar sind, beruht nach Auerbach eben darauf, daß *typus* (wenn auch nur) als Fremdwort gegenüber *figura zurücksteht*. Dieses Zurückstehen bezeichnet Auerbach daher als »recht wichtig«, da zu den Vorstellungen, die die Bedeutungsgeschichte des Wortes *figura* erwecke, vor allem auch die Bedeutung »allegorisch deuten« gehöre, womit der »Bezirk des Realprophetischen« (und damit der typologische Kontext) verlassen würde.

37 Perry Miller, *Roger Williams: His Contribution to the American Tradition*, l.c., S. 35. f. Millers Zitat aus *The Obedience* ist nicht korrekt; der erste Satz (»So eine Allegorie beweist nichts, sie ist nichts als ein Vergleich.«) steht nicht im selben Kontext wie der zweite, sondern er findet sich zwei Seiten vorher und bezieht sich da auf eine fiktive Allegorie, die Tyndale als Beispiel für die Methoden patristischen Allegorisierens vorführt. Siehe *The Work of William Tyndale*, Bd. I, Hg. G. E. Duffield, Appleford 1964, S. 345. Auch die folgenden Zitate sind aus dem ersten Band dieser Tyndale-Ausgabe.

38 *Anmerkung des Übersetzers:* »chopological« ist ein Wortspiel Tyndales, das er in seinen Schriften mehrfach gebraucht, um sich über die Anhänger eines tropologischen Schriftsinnes zu mokieren. Es ist gebildet aus »tropological« und »choplogical«, d. i. »haarspalterisch«.

39 Vgl. zum Beispiel die Einleitung zu seiner Übersetzung des Neuen Testaments, *A Pathway into the Holy Scripture*: »... unsere großen Pfeiler der heiligen Kirche ... haben einen Vorhang falscher Glossen vor das Antlitz Mosis genagelt« (S. 24); sein Vorwort zur *Genesis*: »... jene, die früher nicht mehr von der Heiligen Schrift zur Kenntnis zu nehmen pflegten, als sie in ihrem Duns oder dergleichen teuflischer Doktrin fanden, ... « (S. 31); sein Vorwort zu *Jona*, wo er Glossen als »gaukelnde Heuchelei«, als »Gaukelspiel der Allegorien« bezeichnet (S. 86 u. S. 89); seine Einleitung zum *1. Johannesbrief*: die Heilige Schrift sei verdorben von einem »Sauerteig falscher Glossen ...« (S. 173); die Einleitung zu seiner Auslegung von *Matthäus* 5–7: »... durch derartige Glossen ... haben wir Christen Christum verloren ...« (S. 183); und so weiter.

40 Siehe *A Pathway into the Holy Scripture*, S. 15. *Anmerkung des Übersetzers*: »fore-rehearsed« ist bei Tyndale keinesfalls als Theatermetapher zu verstehen, es bedeutet nicht so etwas wie »vorweg-

geprobt«. Im Sprachgebrauch jener Zeit, was sich vor allem für Tyndale an vielen Beispielen belegen läßt, meint »to rehearse« einfach »nennen«, »erwähnen«, »sagen«, auch »vortragen« und »verkünden«. In Tyndales *Prologue* zu seiner Übersetzung des Neuen Testaments heißt es im von Davis zitierten Zusammenhang nur: »Here shall ye se compendiously and plainly sett ovte the order and practise of every thynge afore rehearsed.« (*The First Printed English New Testament Translated by William Tyndale*, Faksimiledruck London 1871, S. 9), womit Tyndale eine zusammenfassende Darstellung des bis dahin gesagten (des »vorgenannten«) ankündigt. Den Begriff verwendet er in vorgenannter Schrift noch auf S. 2 (»this forerehearced newe testament«) im Sinne von »jenes besagte Neue Testament«, und auf S. 4 (»Paul calleth hit in the forerehearced place of the secod chap. to the cor. ... « und »Of christ it is written in the fore rehearced first chapter of Jho ...«), um den Bezug auf kurz zuvor zitierte (»vorgenannte«) Textstellen zu verdeutlichen.

41 Für die Diskussion von Tyndales Einstellung zur Typologie habe ich meine Analyse auf die Arbeiten Tyndales beschränkt, die sich speziell mit Prinzipien der Textauslegung und Übersetzung befassen, Arbeiten, die hauptsächlich vor der Entwicklung seiner Theologie des »Vertrags« erschienen sind. Doch auch in *A briefe declaration of the sacraments* (London 1548) ist die Exegese in der Hauptsache typologisch orientiert, und Tyndale präsentiert eine kunstvoll ausgearbeitete Reihe von typologischen Identifikationen.

42 Es fragt sich, ob man sich über Millers Ungenauigkeiten hinsichtlich des Gebrauchs, den die Reformatoren von der Typologie machten, weiter auslassen soll. Doch haben seine Bemerkungen weithin Zustimmung gefunden, und daher sind auch die von ihm ausgehenden Mißverständnisse über das Wesen der puritanischen Typologie weit verbreitet. Laut Miller hat, nachdem die Schüler Bonaventuras einen achtfachen Schriftsinn formuliert hatten, »Luther es an der Zeit gefunden, Einhalt zu gebieten, und behauptet, der wörtliche Schriftsinn allein sei die ganze Essenz des Glaubens und der christlichen Theologie«. Miller fährt fort: »Jede Passage, so erklärte Luther, hat von sich aus einen klaren, eindeutigen und wahren Sinn; Allegorien seien leere Spekulationen, der Abschaum der Heiligen Schrift.« (*Roger Williams* ..., l.c., S. 35.) Verschiedentlich besteht Luther zwar darauf, daß der wörtliche Schriftsinn die Summe des Glaubens beinhalte, seine exegetischen Prinzipien sind jedoch nicht so einfach. Er äußert sich über die Typologie des Neuen Testaments stets gleichbleibend positiv. Mehr noch, Luther verteidigt den richtigen Gebrauch der Allegorie in den maßgeblichen Passagen seiner Schriften und praktiziert selbst eine typologische Bibelauslegung (zum Beispiel in seiner *Vorrede auff das Alte Testament*). Es gibt in Luthers Werk zahlreiche und recht auffällige

Stellen, wo Luther allegorisch und typologisch interpretiert. Es ist schwierig, sich mit Millers Behauptungen bei so beträchtlicher Evidenz des Gegenteils abzufinden.

43 Martin Luther, *Genesisvorlesung*, in: *D. Martin Luthers Werke. Kritische Gesamtausgabe* (Weimarer Ausgabe), Bd. 42–44. Im folgenden zitiert als WA (Bandzahl).

44 Paul Althaus, *Die Theologie Martin Luthers*, Gütersloh 1962, S. 91. Das folgende verdankt sich seiner und Heinrich Bornkamms Erörterung der hermeneutischen Prinzipien Luthers.

45 Siehe Luthers Werke, WA DB Bd. 8. Die Seitenangaben im Text beziehen sich auf diese Ausgabe.

46 Paul Althaus, *op. cit.*, S. 92.

47 In den Kontroversen um die Sakramente von 1524–1527 zum Beispiel hält Luther sorgfältig die verschiedenen Begriffe auseinander, die zur Erklärung der Aussage Christi »Das ist mein Leib« verwandt werden. Wegen seiner sich entwickelnden Theorie der Konsubstantiation beharrt Luther darauf, daß es eine wörtlich zu verstehende Entsprechung von Brot und Fleisch Christi gibt. Mehrere seiner Gegner hatten den Text so verstanden, als hieße er »Das ist die *figura* meines Leibes«. Für Luther galt dies als »lesterunge des heiligen hochwirdigen sacraments unsers Herrn Jhesu Christi, daraus sie wöllen eitel brod und wein zum malzeichen odder denckzeichen der Christen machen« (WA Bd. 23, S. 71). In Luthers Antwort auf diese Frage zeigt sich auf spezifische und konkrete Weise seine Kenntnis der neutestamentarischen Typologie und seine Ablehnung der alexandrinischen Konnotationen des Wortes *figura*: »Aber figura ist ein dunckel und wanckel wort. Er (Oecolampadius) wolts wol gerne also deuten, das es hiesse ein gleichnis, furbilde odder deutzeichen, gleich wie man die geschicht ym alten testament figuren nennet des newen, wie Adam ein figur odder furbilde Christi, wie eine braut der Christenheit furbilde odder figur heisst. Aber figura noch latinischer sprachen art solche furbilde nicht heisst, sondern des wortlin figura wird dahin missebraucht,... Denn wir sagen, das Tertullianus des worts figura nach rechter art der latinischen sprache braucht, da es heist eine form odder gestalt Mathematice, das lang, dick, breit, rund, weis, schwartz ist... Eben das wir ›gestalt‹ heissen, das heisst Tertullianus latinisch ›figura‹.« (*Das diese wort Christi (Das ist mein leib etce) noch fest stehen widder die Schwermgeister*, in: Martin Luthers Werke, WA Bd. 23, S. 219.)

48 Siehe Heinrich Bornkamm, *Luther und das Alte Testament*, Tübingen 1948, S. 90. Zum ganzen Komplex S. 86ff. u. S. 126ff.

49 Johannes Calvin, *Unterricht in der christlichen Religion*, Übers. Otto Weber, Neukirchen-Vluyn 1963[2], S. 205 (*Institutio christianae religionis*, II, 7, 1). Alle die *Institutio* betreffenden Seitenangaben beziehen sich auf diese Ausgabe. Wie meine Zitate zeigen, verwendet Calvin

»Bild«, »Figur«, »schattenhafte Abbildung«, »Schatten« und »Verheißung« (in bezug auf das Alte Testament) als Synonyme für »Typus«. Bei seiner Erörterung der »Eigentümlichkeiten in Calvins Bibelauslegung« richtet H. Jackson Forstman sein Augenmerk auf die typologische Bedeutung dieser Begriffe und meint, Calvin habe eine »Schwäche für die Typologie« gehabt. (*Word and Spirit: Calvin's Doctrine of Biblical Authority*, Stanford 1962, S. 106.)

50 Aus Calvins *Hesekielkommentar*, zitiert nach Ronald S. Wallace, *Calvin's Doctrine of the Word and Sacrament*, Grand Rapids (Mich.) 1957, S. 2. Wallaces glänzender Analyse von Calvins Offenbarungslehre verdanke ich vieles.

51 *Johannes Calvins Auslegung der Heiligen Schrift*, Bd. 2, *2. – 5. Buch Mose*, 1. Hälfte, Neukirchen o. J., S. 163 u. 271 f.

52 Siehe *Johannes Calvins Auslegung der Heiligen Schrift*, Bd. 14, *Ebräerbrief und katholische Briefe*, Neukirchen o. J., bes. S. 90 f.

53 Calvin bezeichnet die Typologie als den »Schlüssel«, mit dem das Alte Testament zu erschließen sei, in *Institutio*, II, 10, 20, S. 272. Meine Erörterung ist eine kurze Zusammenfassung der von Calvin im zweiten Buch seiner *Institutio* ausführlich entwickelten Prinzipien. *Anmerkung des Übersetzers*: Calvin behandelt das Verhältnis der Gnadenverheißungen des Alten Bundes im Unterschied zu seinen Gesetzesverheißungen in Buch III, 6, die Frage, wie sich die Gesetzesverheißungen mit denen des Evangeliums vereinigen lassen, in III, 17. Dort heißt es (S. 533): »Unter Gesetzesverheißungen verstehe ich nicht einfach alle, die sich in den Büchern Moses verstreut finden; denn unter ihnen sind in Wirklichkeit auch viele Verheißungen des Evangeliums anzutreffen.« Der Unterschied von Gesetzesverheißungen und Gnadenverheißungen (oder Verheißungen des Evangeliums) besteht also bei Calvin bereits innerhalb der Verheißungen des Alten Bundes (»›Alt‹ war dieser Bund des Herrn deshalb, weil er in die schattenhafte und an sich unwirksame Ausübung von Zeremonien gehüllt war.« II, 11, 4, S. 277).

54 *Johannes Calvins Auslegung der Heiligen Schrift*, Bd. 1, *Das erste Buch Mose*, Neukirchen o. J., S. 253. Vgl. auch Calvins Auslegung der entsprechenden Stelle des Galaterbriefs in: *Johannes Calvins Auslegung der Heiligen Schrift*, Neue Reihe Bd. 17, *Johannes Calvins Auslegung der kleinen Paulinischen Briefe*, Neukirchen/Vluyn 1963, S. 73 ff., wo von der »Willkür« »spitzfindiger Spekulationen« die Rede ist.

55 *Johannes Calvins Auslegung der Heiligen Schrift*, Bd. 2, *2. – 5. Buch Mose*, 1. Hälfte, l.c., S. 363. *Anmerkung des Übersetzers*: Die hier in Klammern stehenden Teile fehlen in dieser deutschen Ausgabe, die (und das ist bei der Neukirchener Ausgabe von Calvins Schriften die Regel) Übersetzung und Bearbeitung zugleich ist.

56 Calvins Annahme, im Alten Testament würde alles von Christus künden, hat gelegentlich recht extravagante Identifikationen zur Folge.

Es ist jedoch festzuhalten, daß es zu Calvins »Exzessen« nur deshalb kommt, weil er (im Unterschied zum größten Teil der mittelalterlichen Allegorie) versucht, der wörtlichen Bedeutung der jüdischen Riten und Zeremonien einen Sinn abzugewinnen. Calvins Dilemma hat letztlich seinen Grund in der Überzeugung – die auch die Puritaner teilen – von der absoluten Autorität der Heiligen Schrift in ihrer Gesamtheit: wenn man zugeben würde, daß in gewissen Aspekten der zeremoniellen Vorschriften lediglich bestimmte Eigenheiten des jüdischen Kultus in einer bestimmten historischen Periode zur Darstellung kämen, so hätte man damit auch die Gültigkeit aller anderen Passagen der Heiligen Schrift, sei es des Alten oder des Neuen Testaments, in das Belieben menschlicher Entscheidung gestellt und damit im Endeffekt die alleinige Autorität der Bibel aufgehoben.

Wenn auch in jenen »alten bildlichen Darstellungen« Christus dargestellt worden sei, so sagt Calvin in diesem Zusammenhang, dann folge daraus aber keineswegs, »daß hinter jedem einzelnen Stück ein Geheimnis steckte, das man allegorisch deuten müßte« (*Calvins Auslegung der Heiligen Schrift*, Bd. 2, l.c., S. 419.). »Stiftshütte, Altar, Tisch und Bundeslade gewinnen erst dadurch ihre Bedeutung, daß man sie als Schatten und Abbilder des himmlischen Urbildes betrachtet; nur wenn man diese Wesenheit im Auge behält, haben diese Dinge einen Zweck... Gott... wollte durch den Elementarunterricht, durch welchen er sein Volk erzog, fromme Seelen gleichsam stufenweise zur Höhe emporführen.« (Ibd., S. 418 f.) Anschließend gibt er eine typologische Interpretation der Stiftshütte, ihrer Einrichtung und der Gewänder des Hohenpriesters.

57 Gerhart B. Ladner, *The Idea of Reform: Its Impact on Christian Thought and Action in the Age of the Fathers*, Cambridge (Mass.) 1959, S. 52 f.

58 Siehe Aurelius Augustinus, *Contra Faustum Manichaeum*, XIII 16 (*Patrologia Latina* 42, 291 f.).

59 *The Poems of Edward Taylor*, l.c., S. 187. Die identifizierbaren typologisch orientierten patristischen Abhandlungen, aus denen Edward Taylor zitiert, bezeugen übrigens seine sehr profunde Kenntnis der typologischen Traditionen: Iustinus Martyr, *Dialogus cum Tryphone Judaeo*; Basilius, *De baptismo*; Theodoret, *Historia Ecclesiastica*; des Chrysostomos Kommentar zum Römerbrief und zum Philipperbrief wie auch dessen Römerbriefhomilien; Clemens, *Stromata* und *Paedagogus*; Tertullian, *De anima;* Origenes, *De Principiis* und *Contra Celsum*; Augustinus, *Contra Faustum Manichaeum*; und viele unidentifizierbare Zitate aus Hieronymus und Gregor von Nyssa.

Paul J. Korshin
Typologie als System

I

Die Typologie ist ein System der Exegese. Von den hermeneutischen Verfahren, derer sich die Urchristen bedienten, um die Beziehungen zwischen den Rätseln des Alten Testaments, der Offenbarung des entstehenden Neuen Testaments und der Undurchschaubarkeit der zeitgenössischen Geschichte besser erklären zu können, ist sie wohl das ausdauerndste. Die Typologie war von ihrem Beginn an unauflöslich mit Zeichen, Bildern, Symbolen und einer vollständigen figuralen Tradition verbunden; das Wort selbst (τύπος) stand für die Deutung von Zeichen, für die Erhellung des Obskuren.[1] Darüber hinaus ist die Typologie eng verknüpft mit Weissagung und Erfüllung, denn sie dient als *Präfiguration* der geweissagten Ereignisse oder Erwartungen wie als *Postfiguration* oder Darstellung einer Prophezeiung, die sich bereits erfüllt hat. Als solche ist die Typologie auch ein Bestandteil der rabbinischen Exegese und wurde in vorchristlicher Zeit von jüdischen Exegeten regelmäßig angewandt. Die frühen Kirchenväter hatten sich mit der Typologie auseinanderzusetzen, denn typologische Deutungsweisen fanden sich nicht nur in Texten wie den Paulus-Briefen, sondern auch in den Evangelien selbst: die Typologie galt infolgedessen als erwähltes, ja geradezu geheiligtes Interpretationsverfahren, das kein Christ außer acht lassen konnte. Die Entwicklung typologischer Methoden in der Bibelhermeneutik ist überaus vielschichtig, aber Kirchengeschichtlern, Theologen und (verstärkt) auch Nichttheologen wie Historikern und Literaturwissenschaftlern wohlvertraut.[2]

Es muß eingangs erwähnt werden, daß die Typologie im exegetischen Sinne schon früh mit Figuralismus und figuralen Traditionen vermischt oder verschmolzen wurde und mit Begriffen wie Schatten, Allegorie und Parabel zu einem der wichtigsten Instrumente der nichtliteralen Bibelinterpretation wurde. Sowohl der Exeget als auch der kundige Leser gehen davon aus, daß ein Ereignis, eine Person, ein Zeichen, zuweilen auch ein Text oder ein literarisches Verfahren in der biblischen Typologie eine weissagende oder präfigurative Eigenschaft im Hinblick auf ein künftiges Geschehen besitzt. Ein Typus wird nicht einfach nur als Figur oder Symbol von etwas Kommendem oder als Teil von sich später vollendenden Ereignissen betrachtet, sondern als eine Art metaphorischer Promesse, eine noch nicht in ihrer Gesamtheit sichtbare literarische Figur, deren ganze Fülle sich erst später enthüllen wird. Ein Typus reagiert auf das fundamentale menschliche Bedürfnis, nämlich die Hoffnung, daß die Zukunft mehr bringen werde, als es Vergangenheit und Gegenwart bisher taten, und hat unmittelbare Auswirkungen auf die Vorliebe historischer Schriftsteller und auch Literaturhistoriker, Analogien zwischen Ereignissen aus verschiedenen Zeitaltern und Kulturen zu bilden. Wird die Typologie großzügig und ohne Rücksichtnahme auf die besonderen Bedingungen der Bibelexegese verstanden, so kann sie geradezu phantastische Verästelungen annehmen, die zu einer Herausforderung für den Historiker wie für den Literaturwissenschaftler werden. Gerade weil die Typologie dem grundlegenden menschlichen Bedürfnis nach Vorhersage so stark entspricht, ist sie lange Zeit sehr locker, zeitweilig sogar fast hemmungslos gehandhabt worden. So gesehen gleicht die Typologie anderen exegetischen Systemen, in denen die Validität einer Interpretation von der Bedeutung solcher Schlüsselbegriffe wie »Metapher«, »Symbol«, »Struktur«, »Allegorie« usw. abhängt. Da sich mein Interesse hier insbesondere auf die Anwendung der Typologie auf literarische Kontexte primär *außerhalb* des Bereichs der Bibelexegese richtet, erscheint es mir hilfreich, dieses System in mehreren Teilen zu untersuchen. Ich unterscheide an dieser Stelle daher zwischen *traditioneller [conventional]* Typologie, *angewandter [applied]* Typologie und *abstrahierter [abstracted]* Typologie.

2

Die traditionelle Typologie befaßt sich hauptsächlich mit biblischen Sachverhalten. In der Bibelexegese diente sie traditionell dazu, die Existenz typologischer Beziehungen zwischen Altem und Neuem Testament aufzuzeigen. Da diese Form der Typologie ein verbreitetes hermeneutisches Verfahren darstellt, mag leicht der Eindruck entstehen, wir hätten es hier mit der einfachsten der drei Kategorien zu tun. Zwar trifft es zu, daß die Typologie dazu neigt, über religiösen Auseinandersetzungen zu stehen; dennoch ist sie nicht vor Kontroversen gefeit. Ein Beispiel: die einflußreiche mystische Exegese des Origenes, die vierfache Schriftinterpretation der mittelalterlichen Kirche und das extensive Typologisieren spätmittelalterlicher Bibelkommentare waren für Theologen der Reformation und Nachreformation keineswegs völlig annehmbar. Für die Exegeten der Renaissance und des 17. Jahrhunderts standen mittelalterliche Kommentare in umfangreichen bibelwissenschaftlichen Kompilationen auch weiterhin zur Verfügung, und wie wir später sehen werden, bildeten sich Interpretationsschulen heraus, die sich der traditionellen oder biblischen Typologie in extrem übersteigerter Weise bedienten. Mystiker wie Jakob Böhme und Thomas Vaughan, Wissenschaftler oder Pseudowissenschaftler wie Paracelsus und Lord Herbert of Cherbury sowie Mitglieder unorthodoxer christlicher Sekten setzten die Typologie ein, um dem vorhandenen Wissensschatz seltsame Bedeutungen und ungewöhnliche Beziehungskonstellationen abzuringen.

Im 17. Jahrhundert stoßen wir zunehmend auf theologische Auseinandersetzungen über die Zulässigkeit der Typologie als hermeneutischer Methode: in gewissen Fällen war sie so gebräuchlich geworden und wurde so erfindungsreich eingesetzt, daß man sie als eine Form von übertriebener mystischer Exegese brandmarkte. Die Ansichten eines John Gaule etwa, die einst praktisch als orthodox gegolten hatten, sollten später als extrem erscheinen.[3] Gaules Gedanke, wonach Christus in nahezu allem, was im Alten Testament von Bedeutung ist, vorgebildet sei, war in späteren Zeiten völlig unannehmbar. Daher zögerten die Anglikaner des ausgehenden 17. und des 18. Jahrhunderts, eine derart weitreichende Definition zu übernehmen, oder machten gewichtige Einschränkungen. Was die Bibel selbst betraf, sollten Gaules Äußerungen auch weiterhin für viele ihre Gültigkeit behalten, doch die Vermischung von Religion und Politik im England des 17. Jahrhunderts verwandelte die Typologie allmählich in ein polemisches Verfahren mit weitreichenden nichttheologischen Implikationen.[4] In der Theologie der Zeit blieb die Typologie zwar auch weiterhin eine anerkannte Form der Exegese (und in der Tat bedienen sich ihrer auch Theologen des 20. Jahrhunderts), in erster Linie zu homiletischen oder historischen Zwecken, ausschlaggebend ist indes der Zeitpunkt, an dem Theologen und andere literarisch Gebildete über die Angemessenheit ihrer Anwendung zu streiten beginnen. Wie so oft in der Geschichte der literarischen Interpretation wird das Aufkommen eines Disputs über eine exegetische Methode zum Indiz für bedeutende Entwicklungen. Im Falle der reinen oder biblischen Typologie läßt sich diese Entwicklung wie folgt beschreiben: ein einfaches und relativ direktes hermeneutisches Verfahren beginnt, sich zu einem Bündel locker aufeinander bezogener Prinzipien oder zu einem *System* zu entwickeln, das zwar immer noch Ähnlichkeit mit seiner ursprünglichen Form und Absicht aufweist, das jedoch nun zu anderen Anwendungszwecken benutzt wird.

Der Verfall der biblischen und die Entfaltung der angewandten Typologie vollzogen sich in der Reformation und der unmittelbar darauf folgenden Zeit nicht abrupt. Die angewandte Typologie war schon im Altertum entstanden: die Kirchenväter hatten typologische Methoden ohne Zögern auch bei der Deutung heidnischer Literatur und heidnischer Mysterien verwendet. Die frühchristliche Sicht der *Odyssee* zeigt das Wirken angewandter Typologie. Der an den Mast gebundene Odysseus, der sich dadurch vor den Sirenen rettet (*Odyssee*, XII), galt als heidnisches Mysterium, das die christliche Erlösung präfigurierte. Der Mast des Odysseus war ein heidnischer Typus des Kreuzes, Odysseus selbst ein Typus des Christen, der, ans Holz des Kreuzes (in sich ein starkes Symbol des Todes und der Auferstehung) geheftet, durch das Meer der Vernichtung zum Heil segelt.[5] Die angewandte Typologie war nicht auf die Klassiker der heidnischen Literatur beschränkt, obwohl deren Anteil beträchtlich ist. Die *Ilias*, die *Äneis* und die *Metamorphosen* waren die beliebtesten klassischen Tummelplätze für das Spiel mit den Analogien. Die Analogiesucher, die Don Cameron Allen so treffend beschrieb, vertraten die These, daß die heidnische Literatur der Antike von gutinformierten vorchristlichen Autoren in einem Kode geschrieben worden war, dessen geheimnisvolle Zeichen von demjenigen dechiffriert und gelesen werden konnten, der über gründliche Kenntnisse der antiken Symbolik und nichtliteralen Interpretation, insbesondere der Typologie verfügte. Obwohl sie von späteren Skeptikern, vor allem denen der Aufklärung, lächerlich gemacht wurden, sollten die formalen Grundlagen dieser Art der Exegese bis ins 19. Jahrhundert überdauern, und in gewissen Aspekten der von Lévi-Strauss und der modernen strukturalen Anthropologie verwendeten Verfahren sind sie auch heute noch präsent. Es gibt vereinzelte Hinweise darauf, daß die vorchristlichen Heiden Typologie kannten, obgleich sie für die Art, wie sie von ihnen angewandt wurde, keinen Namen hatten. Plutarch z. B. identifiziert eine homerische Anspielung auf Agamemnons Kühnheit (*Ilias*, III, 179) als Präfiguration der genialen Kriegskunst Alexanders des Großen.[6] Leider sind solche Hinweise recht selten. Die menschliche Neigung, die Zukunft vorauszusagen oder aufgrund späterer Einsicht vergangene Texte so zu lesen, als seien ihre Autoren mit prophetischem Wissen gesegnet, ist wohl hier am Werke; die echte Typologie sollte erst später in Erscheinung treten.

Die Typologie im traditionellen Sinne hat mit der historischen Interpretation der beiden Testamente zu tun: die Ereignisse des Neuen Testaments wurden durch die Ereignisse des Alten Testaments nicht nur angekündigt, sondern auch gerechtfertigt. Der Sieg Christi und seiner Kirche bestätigten somit die präfigurativen Eigenschaften der Typen des Alten Testaments. Mit anderen Worten, historische Ereignisse können umstandslos als die erfolgreiche Wiedergeburt geheimnisvoller Weissagungen interpretiert werden, die vorher möglicherweise von allen außer den Erleuchteten verkannt oder falsch verstanden worden waren. Ein Historiker, der dazu neigt, in den Schlußfolgerungen seiner Darstellung die Erfüllung ihrer anspielungsreichen Anfänge zu erblicken, kann die Geschichte daher in einem typologischen Rahmen oder als eine typologische Struktur sehen. Dies ist angewandte Typologie im besten Sinne. Sie tritt uns in dieser Form in Eusebius' *Kirchengeschichte* entgegen, einem Werk, dessen zentraler apologetischer Gedanke darauf beruht, daß der Triumph des Christentums den Gipfelpunkt eines historischen Prozesses darstellt, der mit den geheimnisvollen Weissagungen und Zeichen des Alten Testaments seinen Anfang nahm. Überdies verstanden die Historiker des Altertums Geschichte im allgemeinen als eine fortschreitende Entwicklung aus dunklen Anfängen hin zu einer gloriosen Erfüllung, denn damals wie heute waren Historiker häufig Apologeten einer etablierten Regierung oder bestimmter allgemein anerkannter Vorstellungen und hielten es daher für zweckmäßig, die Gegenwart als einen Antityp zu begreifen, den die Vergangenheit bereits angekündigt hatte.

In ihrem angewandten Sinne ließ sich die biblische Typologie demnach für verschiedenartige literarische Zwecke verwenden, die nicht zwangsläufig alle religiöser Natur zu sein brauchten. Angewandte Typologie taucht beispielsweise besonders häufig in politischer Literatur auf. Die Analogiebildung zwischen Königen oder anderen Herrschern und Christus, wie man sie im Mittelalter und in der Renaissance kannte, erreichte im England des 17. Jahrhunderts einen Höhepunkt, als die angewandte Typologie häufig dazu benutzt wurde, in allen Arten von Literatur Figuren wie Charles I. (den Märtyrerkönig) und Cromwell (den davidischen König) darzustellen.[7] Die religiöse Bedeutung der typologischen Beziehung geriet dabei nie ganz aus dem Blick: die Autoren waren sich bewußt, daß ihre Leser sehr wohl wußten, daß Adam, Josuah, David usw. traditionell als Präfigurationen Christi galten.[8] Tatsächlich begegnen wir in der Fiktion nur sehr selten einem direkten auktorialen Hinweis auf den Gebrauch eines Typs oder einer typologischen Beziehung außer in zutiefst religiösen oder (als extremes Gegenteil) in eindeutig parodistischen Zusammenhängen. So nimmt Milton in *Paradise Lost* in Textpassagen mit besonders erhabener Thematik auf Typen Bezug, und Dryden tut gleiches in *Mac Flecknoe* dort, wo die Situation komisch ist.[9] Doch sind dies Ausnahmen; angewandte Typologie in anderen Werken dieser Autoren sowie auch bei Donne, Herbert, Vaughan, Marvell und vielen anderen Schriftstellern, von Spenser bis Pope, wird selten als solche benannt. Im 17. Jahrhundert finden wir angewandte Typologie häufig in der öffentlichen Dichtung, wo das Element der historischen Rechtfertigung wahrscheinlich die größtmögliche politische Wirkung erlangt. Diese Kategorie von Typologie enthält eine Menge Verzerrungen, denn die präfigurativen Zwecke der biblischen Typologie fehlen hier häufig. Während ein Leser der Bibel ohne weiteres verstehen konnte, auf welche Weise Moses Christus vorausdeutete oder wie die Erlösung von den Sünden durch Christus im Zug der Israeliten durchs Rote Meer vorgebildet war, war Drydens David (Charles II.) in einem Gedicht wie *Absalom und Achitophel* viel weniger deutlich als eine Typisierung Christi erkennbar. Bei Dryden haben wir es statt dessen mit einer Art Postfiguration zu tun, bei der der Dichter einen Typus einführt, um den Bogen *zurück*zuschlagen zu einer anerkannten typologischen Beziehung, während uns die Figur des David gleichzeitig daran erinnert, daß dieser in biblischen Zeiten auch die größere Vollkommenheit seines christlichen Antityps präfiguriert hatte. Solch figurales Jonglieren mag für eine Generation wie die unsrige, die in der rationalen Bildanalyse geschult ist, verblüffend, wenn nicht gar unverständlich wirken; für die figuralen und ikonographischen Traditionen der Nachrenaissance aber war dies ein völlig annehmbares und angemessenes Verfahren.[10] Die Exzesse der angewandten Typologie reizten im Verlauf des 17. Jahrhunderts natürlich zum Widerspruch; nicht jeder zeitgenössische Leser war bereit, figurale Verzerrungen zu akzeptieren. Milton und John Hall wandten sich gegen die Typologie des Martyriums, die in Berichten über den Tod Charles' I. auftaucht; ein halbes Jahrhundert später sprach sich auch Defoe dagegen aus, und zumindest eine der Reaktionen auf Drydens *Absalom und Achitophel* legt sich ernstlich mit Drydens David-Charles II.-Typologie an. Wie bei orthodoxen Christen finden sich damit auch bei Literaten der Zeit Hinweise dafür, daß einige – relativ wenige – Schriftsteller das Überleben des aus der Renaissance übernommenen typologischen Figuralismus als anstößig, blasphemisch oder beides zusammen empfanden.

Eine ähnliche Lust an der Analogie machte die interessanteste Form von angewandter Typologie möglich, nämlich die mythologische. Wahrscheinlich am gebräuchlichsten und sicherlich am bekanntesten ist diese Art von Typologie in der bildenden Kunst. Kunsthistoriker wie Jean Seznec, André Grabar und auch Rudolf Wittkower haben gezeigt, daß sich die Stoffe der heidnischen Mythologie mühelos an die christliche Ikonographie anpassen ließen, ob nun im Bereich der Skulptur, ob in der Malerei und Glasmalerei, den dekorativen Künsten, Handschriftenilluminationen oder in der Buchillustration. Die christliche Erklärung heidnischer Mythologien stammt aus patristischer Zeit, so daß es nur natürlich ist, wenn die zentralen Figuren des Mythos schon sehr früh als Typen Christi inmitten einer heidnischen Wüste betrachtet wurden.[11] Orpheus wurde so zum heilenden Christus, zum Guten Hirten, göttlich inspirierten Musiker-Magus und zum Typus der Auferstehung. Herkules war der leidende, gemarterte Christus, der Sieger über das symbolisch Böse, der Wirker von sieben Wundertaten.[12] Der Einfallsreichtum eifriger Exegeten verschonte nur wenige Mythen von christlicher Einfärbung. Die Erklärung heidnischer Mythen unter Zuhilfenahme der Typologie, wie sie uns in der Zeit vor der Renaissance begegnet, ist gewöhnlich inspirativ: die Betonung wurde auf Ähnlichkeiten zwischen dem heidnischen »Typ« und der biblischen Geschichte gelegt, wobei für gewöhnlich kaum oder gar nicht versucht wurde, Beweise dafür zu finden. Dennoch waren Bibelexegeten im allgemeinen sehr gewissenhaft bei der Verteidigung einer typologischen

Lesart oder Identifikation. Selbst ein so umfassender Kommentator wie Nikolaus von Lyra, der die typologische Exegese aus patristischen Quellen für Generationen von späteren Scholiasten kodifizierte, hatte erklärt, *warum* er glaubte, die meisten seiner Typen verdienten diese Bezeichnung. Im Gegensatz dazu gaben sich die führenden Renaissancegelehrten der klassischen Mythologie – Giraldi, Natales Comes und Vincenzo Cartari – normalerweise damit zufrieden, in ihren Mythenuntersuchungen Typen ohne weitere Erklärung oder Bestätigung aufzuzeigen. Die Methode der Inspiration wurde von der englischen Renaissance aufgegriffen; ein gutes Beispiel dafür ist Alexander Ross' *Mystagogus Poeticus; or The Muses Interpreter* (1647). Ross hebt selbst noch die unbedeutendsten Analogien zwischen dem klassischen Mythos und Christus hervor; eigentlich ist er eher Symbolist als Typologe. Sein populäres Werk trug indes dazu bei, ein christliches Fundament für viele mythische Anspielungen des 17. und 18. Jahrhunderts herzustellen. Nicht jede mythische Anspielung ist *ipso facto* typologisch: die Entscheidung darüber fällt aufgrund thematischer und kontextueller Faktoren. Drydens Orpheus-Figur in seiner *Ode on the Death of... Purcell* (1696) ist, wie sich anhand des Kontextes erweist, ein Typ. Die Textstellen über Charles II. in *Annus Mirabilis* sind durch Thema, Stil und Handlung als typologisch identifizierbar. Mythische Anspielungen nach 1700 sind selten so eindeutig: Kontexte sind manchmal typologisch, manchmal um parodistischer Zwecke willen verzerrt, wie in *A Tale of a Tub, The Rape of the Lock* und *Jonathan Wild*. Das Element der kontextuellen Verzerrung soll jedoch erst später erörtert werden.

Die Mythographie der Renaissance war nicht auf die inspirative Verbindung von Heidnischem und Christlichem beschränkt. Sie leistete einen bedeutenden Beitag bei der Bildung einer Grundlage für das typologische System, das wir so häufig in der späteren Literatur finden. Das Wesen jeder Typologie besteht in einer logischen Progression von der Ursache zur Wirkung, vom Typ zum Antityp; wie alle thematischen Formen der Bezugnahme oder Exegese ist ihre Struktur konkret und hochgradig vergegenständlicht. In einer gegebenen Situation kann der Typologe selbstverständlich eine Beziehung suggerieren, die eher auf einer mystischen als auf einer echten Korrespondenz beruht. Genau in diesem Punkt sind die Arbeiten von Schriftstellern der Renaissance und des 17. Jahrhunderts zum Mythos bedeutsam. Ihre Suche nach irgendeinem geheimnisvollen Sinn und nach schattenhaften Vorahnungen des Christentums im heidnischen Mythos steht in Beziehung zur Suche der früheren Christen, sie ist jedoch nicht immer inspirativ. Tatsächlich ist sie oft durchaus wissenschaftlich, geordnet und logisch. Für Analysen über die Ursprünge des Christentums empfiehlt sich die Typologie als natürliche Methode, denn sie ist in vielerlei Hinsicht ein logisches und rationales System. In den Bemühungen von Gelehrten wie Bochart, Vossius, Kircher und vielen anderen, die heidnische Mythologie als eine verklausulierte Version alttestamentarischer Geschichte zu deuten, finden wir einen wichtigen Antrieb für das typologische System der Literatur der Nachrenaissance. Der holländische Gelehrte Vossius zum Beispiel, der die erste detaillierte Studie über die Ursprünge der heidnischen Götterverehrung schrieb, schuf damit eine solide, wissenschaftlich fundierte Grundlage für Literaten, die durch Anspielungen auf die antiken Mythen ihre alttestamentarischen (und daher typologischen) Analogien unterstreichen wollten. Die Arbeiten des französischen Sprachforschers Bochart, dessen Spezialgebiet etymologische Verwandtschaften (einige davon real existierend, die meisten allerdings nur imaginär) zwischen den orientalischen Sprachen war, erklärten den größten Teil des heidnischen Pantheons zu bloß sprachlichen Verzerrungen der alttestamentarischen Patriarchen, von denen viele als Typen Christi anerkannt waren. Eine Anspielung auf Saturn, Neptun oder Jupiter konnte daher als andere Bezeichnung für Adam, Noah oder Moses, die allesamt feste präfigurative Rollen im christlichen Denken besetzten, betrachtet werden. Kircher, ein in Rom lebender deutscher Jesuit, widmete sich viele Jahre der Entschlüsselung ägyptischer Hieroglyphen (mit falschen Ergebnissen, wie sich herausstellte) und suchte nach Geheimschriften (Steganographie) auch in Musik und Magnetismus. Durch ihn wurde die Suche nach christlicher Symbolik in *allen* geheimnisvollen Dokumenten für mehr als ein Jahrhundert über seinen Tod hinaus populär. Selbst nachdem aufgeklärtere Forschungen Kirchers ägyptologische Anstrengungen als falsch erwiesen hatten, nahmen Gelehrte des späten 18. Jahrhunderts immer noch respektvoll auf seine Arbeiten Bezug. Und diese Universalgelehrten sind lediglich drei unter vielen, die sich systematisch daran machten, die Geheimnisse vergangener vorchristlicher Zivilisationen auf eine Weise zu erklären, die häufig angewandte Typologie verlangte, um die Vergangenheit für das christliche Bewußtsein verstehbar zu machen.

Die spielerisch-phantasievollere, inspiratorisch angewandte Typologie mit ihren mystischen und enthusiastischen Elementen büßte im England des späten 17. Jahrhunderts etwas von ihrer Popularität ein. Da sie zum einen eng mit kontinentaleuropäischer Mystik und englischem Nonkonformismus verbunden war, enthielt sie kontroverse Implikationen. Zum anderen veranlaßte ein systematisches Studium heidnischer Mythen protestantische Apologeten dazu, sie mit dem angeblichen Götzendienst des römischen Katholizismus zu assoziieren. Der anglikanische Apologet Edward Stillingfleet widmete ein langes Kapitel seines Frühwerks *Origines Sacrae* (1662) dem Nachweis, daß die heidnische Mythologie eine Verzerrung der hebräischen Geschichte (und daher typologisch) sei. In späteren Jahren verwandte Stillingfleet, wie andere Apologeten auch, jedoch viel Zeit darauf, anglikanische Doktrinen zu verteidigen, und machte die Vergötterung heidnischer Mythologien zu seiner bevorzugten Zielscheibe. In den Jahren von 1700 bis etwa 1740 wurden die Mythenforscher zunehmend rationaler, und zwar nicht allein in England, sondern auch auf dem europäischen Festland. Allen nennt diesen Prozeß »die Rationalisierung des Mythos«, und es steht außer Zweifel, daß es sich dabei um eine allgemeine Bewegung handelte.[13] Autoren, die über die Antike schreiben, von Huet und Graevius bis zu Gronovius und Blackwell, tendieren dazu, die antike Mythologie als einen Komplex aus Aberglauben resultierender Phänomene zu behandeln und nicht als die mystische Matrix des Christentums. Nach dem ersten Viertel des 18. Jahrhunderts haben Anspielungen auf mythische Figuren in der englischen Dichtung meines Erachtens nur selten die kontextuellen Eigenschaften der angewandten Typologie. Die Verbindung von Typologie und Mythos setzt sich im 18. Jahrhundert auf andere Weise fort. Selbstredend stoßen wir nach wie vor auf angewandte Typologie, wie beispielsweise bei Popes Man of Ross (*Epistle to Bathurst*) oder bei Wharton, einem negativen Typus (*Epistle to Cobham*). Eine Aufstellung der typologischen Eigenschaften von Tieren (eine alte exegetische Praxis, die Dryden sinnfällig in *The Hind and the Panther* verwendet hatte) ist in Gays *Fables* erkennbar, doch sind die Kontexte hier nicht theologisch. Während sich jedoch die Lust an der angewandten Typologie verringert, tritt allmählich eine neue an ihre Stelle. Es ist die Hinwendung zur abstrahierten Typologie, einer Nachzüglerin auf der figuralen Szene, die aus ihren Vorläuferinnen hervorging.

3

Das vielleicht zentrale Merkmal der abstrahierten Typologie ist ihre völlige Konzentration auf die symbolischen Eigenschaften aller Dinge. Von höchster Wichtigkeit ist dabei die Vorstellung von der Welt als einem offenen Buch, das sich zur Deutung anbietet – ein Konzept, dessen Ursprünge mindestens so alt sind wie das Alte Testament.[14] Origenes ist nicht der erste, jedoch einer der bekanntesten unter den frühen Christen, der natürlichen Umständen oder Vorkommnissen symbolische oder theologische Bedeutung beimißt.[15] Die Enthüllung von Korrespondenzen zwischen weltlichen und göttlichen Dingen ist oft nur das Ergebnis einer frommen Suche nach Ähnlichkeiten zwischen Vergangenem und Gegenwärtigem, um damit eine Lehrmeinung zu rechtfertigen. Doch kann diese Suche auch zum kompliziert-verwickelten Versuch geraten, aus dem Gewebe der Welt geheimnisvolle Fäden herauszulösen. Auf diese Weise konnte der Exeget mühelos eine typologische Hermeneutik für die Erklärung eines Textes, einer Geschichte oder eines natürlichen Geschehens entwickeln. Die ersten Typologen etwa entdeckten mystische Schatten Christi und seiner Kirche nicht einfach nur in den Personen des Alten Testaments, sondern auch in Kerzenleuchtern, Priestergewändern, Tieren, astronomischen Erscheinungen, um hier nur einige der auffälligsten Beispiele zu nennen. Zahlreiche figurale Texte aus beiden Testamenten wurden typologisch interpretiert, d. h., sie dienten als Beweis dafür, daß es zulässig war, Typen im weitestmöglichen Sinne zu deuten. Eine der wichtigsten typologischen Bezugnahmen aus den Paulus-Briefen – »das Gesetz hat nur einen Schatten von den zukünftigen Gütern, nicht das Wesen der Güter selbst« (*Hebr.* 10.1) – erlaubte den Exegeten, das gesamte mosaische Gesetz oder einen beliebigen Teil davon in einem präfigurativen Sinne zu deuten. Die Entwicklung eines typologischen Systems begann bereits im 2. Jahrhundert, zumindest im theologischen Bereich, als die Urkirche dazu überging, die bei den Ägyptern, Gnostikern und den griechischen und römischen Geheimreligionen übliche symbolische Art und Weise, religiöse Doktrinen zu lehren, zu übernehmen.[16] Die vorgeschobene politische Begründung dafür beruhte auf der Überlegung, das Christentum für heidnische Völker, die die Kirche zu bekehren suchte, annehmbarer zu machen. Interessanter war indes das figurale Resultat, weil es der Korrespondenzenlehre breitere Popularität auch außerhalb des rein theologischen Bereichs sicherte.

Die ägyptische Religion mit ihrem reichen, auf Taten, Zeichen, Bildern und anderen sinnlich wahrnehmbaren Darstellungen beruhenden Wissensschatz steuerte mehr zu späteren Figuraltraditionen bei als andere frühe Geheimquellen. In der Zeit der europäischen Spätrenaissance schließlich treffen wir häufig auf *Hieroglyphen*, und zwar im eigentlichen ägyptischen Sinne, die fast in derselben Bedeutung wie anerkannte literarische Begriffe wie *Typus, Figur, Bild, Emblem* und *Symbol* gebraucht werden. Darin unterscheidet sich die ägyptische Mythologie von der hellenischen (und somit auch der römischen) Tradition, die das Hauptgewicht auf mythische Figuren legte. Die Mythographen und Figuralisten ignorierten die ägyptischen Götter nicht: in der Renaissance sind sie ein häufig anzutreffender Diskussionsgegenstand wie auch noch später bei den Euhemeristen und Orientalisten. Nichts aber kam der Anziehungskraft gleich, die die hieroglyphische Tradition auf das westliche Denken ausübte. Hieroglyphen waren nicht einfach nur eine Geheimschrift oder ein Kode; sie waren erfüllt mit mystischem Sinn. In England wird der Begriff im späten 16. Jahrhundert gebräuchlich (1586, nach dem NED) und nimmt sehr schnell übertragene Bedeutungen an. 1635 schrieb Francis Quarles im Vorwort zu seinen *Emblemes*:

»Ein Emblem ist nichts anderes als eine stumme Parabel. Das geneigte Auge soll deshalb nicht anstehen, die Anspielung auf unseren gelobten ERLÖSER in diesen Typen zu erkennen. In der Heiligen Schrift wird er manchmal ein Sämann genannt, manchmal ein Fischer; manchmal ein Arzt: Und wenn er so dargestellt wird, warum nicht sowohl für das Auge wie für das Ohr? Vor der Kenntnis von Buchstaben wurde Gott durch *Hieroglyphen* erfaßt; Und was sind der Himmel, die Erde, ja, alle Geschöpfe eigentlich anderes als *Hieroglyphen* und Embleme seiner Herrlichkeit?«

Das Hieroglyphische, das hier analog zu anderen Arten von Figuren, einschließlich Emblemen, Parabeln und Typen verwendet ist, wird zum Schlüssel für geheimnisvolle Erkenntnis. Quarles folgt einer bedeutenden früheren Tradition, wenn er Hieroglyphen typologisch interpretiert.[17] Sein signifikanter Beitrag zu diesem Hintergrund besteht in dem Vorschlag, die gesamte Schöpfung als Zeichen oder als eine unendliche Kette von Zeichen der göttlichen Herrlichkeit zu begreifen.

Mit dieser Auffassung steht er nicht allein: sie durchdringt die meisten Schriften der englischen und kontinentaleuropäischen Emblematik.[18] Wir stoßen auch anderswo und in nahezu gleicher Form auf diesen Gedanken. In einer Abhandlung zum Mythischen und zur Antike gelangt beispielsweise ein Autor des ausgehenden 17. Jahrhunderts in seiner Erörterung der ägyptischen Geheimnisse zu der inzwischen vertrauten figuralistischen Analogie:

»Jede Benennung ist die Kurzfassung eines Dings, sie vermag jedoch nicht, eine ebenso vollkommene *Vorstellung* von den Merkmalen und verborgenen Eigenschaften der vermittelten Dinge zu geben wie deren Bild in einer geistreichen *Hieroglyphe*. Dem großen Schöpfer aller Dinge hat es gefallen, uns auf diese Weise das göttliche Wohlgefallen und die umfassende Güte seines Wesens zu enthüllen. Im Alten Testament wurden die Geheimnisse des Evangeliums den Kindern *Israels* in Gestalt von Typen und Figuren vermittelt. Und im großen Buch der Natur belehrt uns Gott durch geheimnisvolle Spuren seiner selbst in Gestalt natürlicher *Hieroglyphen*, durch bestimmte bedeutungsvolle Bilder, über sein ruhmreiches Wesen.«[19]

Im Textzusammenhang ist dies eine theologische Feststellung. Ihre Implikationen sind indes immens, denn der Autor, der französische Jesuit Pierre Gaultruche, stellt Korrespondenzen her erstens zwischen traditionellen (d. h. ägyptischen) Hieroglyphen und »natürlichen Hieroglyphen« und zweitens zwischen dem typologischen Figuralismus des Alten Testaments und den Phänomenen des »großen Buches der Natur«. Die Assoziation von theologischer Typologie und natürlichen Hieroglyphen erwächst aus Beschreibungen wie der oben zitierten. In dieser Beziehung ist sogar noch mehr impliziert, denn die obige Textstelle ist die Vorankündigung der Entstehung eines Figuralsystems, das auf einer typologischen Analogie zwischen Dingen und Ereignissen, Vergangenheit, Gegenwart und Zukunft basiert und das völlig unabhängig vom theologischen Bereich zu funktionieren vermag. Die abstrahierte Typologie, wie sie sich dann in der englischen Literatur entwickelt, taucht zuerst in theologischen oder quasitheologischen Kontexten auf: aus diesem Grunde wird das aufwallende Interesse an Religionsvergleichen im 17. und 18. Jahrhundert für ihre Ausbreitung relevant. Wie wir jedoch sehen werden, funktioniert das typologische System auch in Kontexten, bei denen Naturreligion oder die Religion der Natur im Mittelpunkt steht (wie etwa bei Blake, Wordsworth, Shelley, Browning und Ruskin) und schließlich in solchen Situationen, wo es überhaupt keinen spezifisch religiösen Kontext gibt.[20]

Wie ich eingangs sagte, ist die Typologie ein System der Exegese, eine komplexe und oft facettenreiche Methode für die Deutung bestimmter Texte oder Erzählungen, die sich aus der Vergangenheit in eine gegebene Epoche überliefert haben. Das Alte Testament in der Hand der frühkirchlichen Exegeten war ein ideales Objekt für sinnbildliches Lesen; das Neue Testament ermächtigte ein solches System nicht nur durch viele spezifische Details, sondern die Fakten der frühchristlichen Geschichte konnten häufig als Antitypen oder Erfüllungen bestimmter früherer Andeutungen gewertet werden. Vieles deutet auch darauf hin, daß die alte (d. h. vorchristliche) jüdische Auslegung der hebräischen Bibel mit Typen gearbeitet hatte.[21] Die patristische und die Midrasch-Exegese, die sich zwar extensiv auf nichtliterale Methoden stützen (Wolfson vertritt sogar die Auffassung, daß sich die nichtliterale Exegese bis in die Zeit von Clemens und Origenes zu solcher Höhe aufgeschwungen hatte, daß sich im Hinblick auf die Bibeldeutung danach bei den Kirchenvätern nichts Neues mehr ergab), finden ihr Weissagungsmaterial, sowohl Vorausdeutungen als auch Antitypen, jedoch in theologischen Texten. Die abstrahierte Typologie ist generell ungeeignet für die Deutung theologischer Texte (für diesen Zweck gab es die traditionelle Typologie). Sie widersetzt sich der Vermittlung eines theologischen Sinns in einem nichttheologischen Text – dies ist der Zweck der angewandten Typologie. Der größte Teil der politischen Typologie des 17. Jahrhunderts ist der von mir so genannten angewandten Typologie zuzurechnen. Ein Beispiel: Drydens Präsentation von Charles II. als David wertet die Rolle des Königs mit jener christologischen Bedeutung auf, die der Name Davids impliziert. Der größte Teil der angewandten Typologie scheint für genau diesen ausdrücklich christologischen Zweck geschaffen worden zu sein. Anders als der traditionelle und (in geringerem Maße) der angewandte Typologe ist der Schriftsteller, der abstrahierte Typologie in ein literarisches Werk einbringt, kein Interpret vergangener Geheimnisse mehr (jedes exegetische Verfahren hat als vorrangigen Zweck die Auflösung dunkler oder problematischer Textteile). Ihm geht es nicht um die Dekodierung oder Entschlüsselung eines schwierigen Textes wie etwa der Bibel oder eines antiken Philosophen (Platon und Plotinus waren ein fruchtbarer Boden für Renaissance-Typologen). Theologische Sachverhalte sind nicht sein zentrales Interesse; dennoch kann ein solcher Autor gleichzeitig einen ethischen und moralischen Zweck für seinen Rückgriff auf Typen haben. Die Romanautoren des 18. Jahrhunderts wie Richardson, Fielding, Goldsmith, Mackenzie, Smollett und Godwin, die abstrahierte Typologie in ihre Werke integrierten, waren sich sehr wohl bewußt, daß ihre Methoden eine didaktische Tendenz besaßen und religiöse und ethische Werte verstärkt zur Geltung brachten; ihre Kontexte sind jedoch nicht primär theologischer Natur. Ein solcher Schriftsteller ist somit Schöpfer und Exeget in einem: er wird zum Gestalter seiner eigenen Geheimnisse und, indem er ein typologisches Schema einführt, liefert er selbst den Schlüssel zu ihrer Interpretation. Um solche Texte richtig zu interpretieren, müssen wir die Präsenz des typologischen Systems erkennen und zu verstehen versuchen, wie es funktioniert.

In den Bemühungen der Renaissance-Euhemeristen um die Christianisierung heidnischer Mythen beginnen wir, ein typologisches System zu erahnen. Diese Exegese ist eine Form der angewandten Typologie, weil hier die Figuren der vorchristlichen Fabel als Typen Christi demaskiert wurden. Mit der zweiten Hälfte des 17. Jahrhunderts war die Christianisierung der Mythen weitgehend an ihr Ende gelangt. Stillingfleets *Origines Sacrae*, das letzte bedeutende englische Werk in der Nachfolge der Universalgelehrten der Renaissance, ist hochgradig derivativ und brachte keine Nachahmer hervor. Gegen Ende des Jahrhunderts entwickelt sich eine neue Art von mythologischer Literatur: die gelehrte Erforschung heidnischer Gesellschaften, eine frühe Form dessen, was wir heute vergleichende Religionswissenschaften nennen. Hierzu gibt es eine Reihe englischer und kontinentaleuropäischer Abhandlungen, alle aus der Zeit nach 1680.[22] Es handelt sich hauptsächlich um fromm-christliche, gewöhnlich von Priestern oder Geistlichen verfaßte Studien, die sich damit abplagten zu zeigen, wie heidnische Religionen den einzig wahren Glauben vorausgedeutet hatten. Es ist nicht notwendig, diese Werke hier zu kategorisieren, denn ihre Typologie, die immer wieder in Erscheinung tritt, ist eindeutig von der angewandten Art oder wird für theologische Zwecke benutzt. Die Erforschung des heidnischen Mythos *qua* Mythos als einem einzigartigen und vom Christentum gesonderten Glaubens- und Erzählungssystem ist eine Folgeerscheinung des Deismus und Empirismus des 17. Jahrhunderts.[23] Auf den ersten Blick könnte es den Anschein haben, daß Werke wie Cudworths *True Intellectual System of the Universe* (1678) oder die Schriften von Fontenelle und Bayle, indem sie die antike Religion als etwas vom Christentum Getrenntes untersuchten, den Eifer der Typologen entmutigt hätten. Dies war nicht der Fall – tatsächlich trat fast das Gegenteil ein. Cudworth z. B. entdeckte in seiner Untersuchung der orphischen Geheimnisse, daß diese dazu tendierten, eine einzige Gottheit zu preisen, und daß sie sogar Hinweise auf eine Art von trinitarischem Denken erkennen ließen.[24] Diese Phänomene waren nicht speziell Typen oder Personen oder Sachverhalte in der christlichen Religion selbst, aber sie *waren* trotzdem Typen; obwohl der Antityp nicht immer benannt war, war er für gewöhnlich deutlich zu erkennen. Rationale Mythenforschungen, die in der ersten Hälfte des 18. Jahrhunderts zahlreicher wurden, wiesen nicht mehr die Geheimniskrämerei der Renaissance auf.

Trotzdem entsteht eine neue Form der nichtliteralen Interpretation, die sich der Typologie bedient. Die Gelehrten betrachteten symbolträchtige Textpassagen in antiken Texten und Religionen nicht mehr als geheimnisvolle Vorankündigungen des Christentums; sie untersuchten sie statt dessen so, als ob sie Teil eines Kodes wären, der, da er ja von einem rationalen Bewußtsein kodiert worden war, mit Hilfe des richtigen Schlüssels auf rationale Weise auch wieder dekodiert werden konnte. Für das Lesepublikum im Europa des 18. Jahrhunderts besaß der »Schlüssel« große Anziehungskraft; er bildete sogar eine nicht unbedeutende Untergattung. Im späten 17. und im 18. Jahrhundert entsteht eine Fülle solcher »Schlüssel« und »vollständiger Schlüssel«. Diese Werke sind noch nicht systematisch untersucht worden; obwohl sie beträchtlich voneinander abweichen, teilen sie ein gemeinsames Interesse an der Identifizierung von richtigen Namen und Orten. Nach Meinung zeitgenössischer Gelehrter lagen die »Schlüssel« zum Kode der antiken Welt in einer gründlichen Kenntnis der alten Sprachen, Gebräuche und Religionen. Thomas Blackwell z. B., der Autor der rationalsten und skeptischsten Homer-Darstellung des 18. Jahrhunderts (Homer war ein Autor, den die

Renaissance als zutiefst geheimnisvoll empfunden hatte), war der Ansicht, daß das Mythische eine von jeder Beziehung zum Christentum unabhängige Figuraltradition war. Blackwell schreibt:

»Es ist sicher, daß die Mythologie, nach dem heutigen Stand der Dinge, ohne ein umfassendes und genaues Wissen um die *religiösen Bräuche* der verschiedenen Völker, aus denen die *Griechen* ihre Götter bezogen, nicht verstanden werden kann, weil nämlich der Schlüssel zur Legende und manchmal sogar schon der bloße *Name* des Gottes von einer wichtigen Zeremonie im Zusammenhang mit der Natur der Gottheit oder von einer überlieferten Erzählung, die sich mit den Taten dieser Gottheit befaßt, abhängt. Da die frühen *ägyptischen Riten* im Gesetz verankert, allesamt aufgeschrieben, alle typisch und symbolisch waren, kam der Typ oder das Symbol durch einen einfachen Übergang zustande; er sollte das typisierte Ding nicht nur auf dunkle Weise bezeichnen, sondern es unmittelbar verdeutlichen: eine grandiose Quelle des Irrtums und der Unsicherheit in den Grundlagen der Allegorie!«[25]

Wir wissen nicht, ob die alten Ägypter eine Vorstellung von Typologie hatten; auch Blackwell wußte es nicht. Dies hindert ihn indes nicht daran, in jeglichem Aspekt ihrer Religion eine extensive Typologie zu entdecken. Für Blackwell wird die Typologie zu einem universalen abstrakten System, das keine Beziehung zu einem künftigen Antityp hat; sie ist einfach ein Zweig des Figuralismus. »Wenn *Himmel* und *Erde, Ozean* und *Schlamm*, *Äther* und *Luft*, *Feuer* und *Wasser* vergöttlichte menschliche Figuren sein sollen, können wir dann nicht von jedem Typ oder Symbol oder überhaupt von jeglichem Ding im Universum dasselbe sagen?«[26] Dies ist weder reine noch angewandte Typologie, denn es gibt kein konkretes Bezugsfeld; die Natur liefert einen unerschöpflichen Vorrat an symbolischem Material, von dem manches, wie Blackwell glaubt, typologisch ist. Man könnte es auch anders formulieren: ein typologisches Schema oder System taucht in bestimmten Elementen der Vergangenheit und in bestimmten Texten auf. Es hat weissagenden und vorausdeutenden Charakter, aber nicht in einem christlichen Kontext. Diese nichtreferentielle Typologie, die einem größeren figuralen System untergeordnet ist, sollte nicht mit herkömmlichem Symbolismus verwechselt werden (obwohl sie eine Variante des Symbolismus ist). Sie ist eigentlich eher eine von ihren traditionellen Kontexten abstrahierte Typologie, die jedoch etwas von jener vorausweisenden Qualität behalten hat, die so attraktiv ist für das menschliche Verlangen, die Zukunft auf der Basis der aus Vergangenheit und Gegenwart zur Verfügung stehenden Beweise vorauszusagen.

Noch geeigneter für das Thema abstrahierte Typologie sind die Schriften von Jacob Bryant, einem Mythographen des 17. Jahrhunderts, dessen Werke große Popularität bei den englischen Romantikern genießen sollten. Bryant lehnte den Euhemerismus und die Christianisierung heidnischer Mythen nachdrücklich ab und weigerte sich anzuerkennen, daß alte Legenden aus sprachlichen Verdrehungen der hebräischen Bibel entstanden sein könnten. Dennoch gibt er immer wieder zu verstehen, daß mythologische Figuren und, was wichtiger ist, Personen oder Vorkommnisse aus der historischen Vergangenheit nichtreferentielle oder abstrahierte Typen seien. Sein Buch *A New System; or, An Analysis of Ancient Mythology* (1774–76) ist ein wichtiges Quellenwerk für spätere Typologen. Noch besser ist sein *Observations and Inquiries relating to various parts of Ancient History* (1767), eine Studie in Form kurzer Essays über ausgewählte Probleme der Antike. Sie enthält ein Kapitel über die »Mystische Opferung« in Gestalt des Menschenopfers bei den alten Phöniziern, das Bryant leidenschaftslos, aus der historischen Distanz und bis zur Schlußfolgerung ohne jeden Figuralismus untersucht. Dann aber verschiebt er seine Perspektive auf verblüffende Weise:

»Ich sah mich zu solcher Umständlichkeit genötigt, um zu bestimmen, um welche Gottheit es sich handelte, die die *Phönizier* in dieser speziellen Art von Menschenopfer nachgeahmt haben sollen: gleichzeitig sollte gezeigt werden, daß es keine Vorbilder gegeben haben konnte, die sie hätten imitieren können, sondern daß das, was sie taten, *ein Typus und eine Darstellung von etwas Kommendem waren.* Es ist dies das einzige Beispiel eines Opfers in der heidnischen Welt, von dem es heißt, es sei mystisch; und es ist mit Umständen verbunden, die sehr ungewöhnlich sind ... Diese Opferungen hatten daher *keinerlei Bezug zu irgendetwas Vergangenem* ... sondern waren Anspielungen auf ein großes Ereignis, das sich später vollziehen sollte ... Es gehörte zum Zeremoniell der mystischen Opferung der Phönizier, daß diese durch *einen Prinzen dargebracht werden mußte; und das Opfer mußte sein einziger Sohn sein*: und da ich nachgewiesen habe, daß sich dies auf nichts *Davorliegendes* beziehen konnte, wollen wir das, was zu diesem Thema gesagt wurde, als zukünftig betrachten und uns den Folgen daraus zuwenden. Wenn nämlich das *phönizische* Opfer Typ eines zukünftigen Typus war, dann wird man die Natur dieses letzteren aufgrund der Darstellung erkennen können, durch die er vorgebildet wurde.«[27]

Bryant hütet sich davor, einen Antityp für das mystische Opfer zu benennen (moderne Anthropologen würden zögern, überhaupt eine Beziehung anzunehmen), aber er gibt einen klaren Hinweis. Der christliche Zusammenhang scheint hier zwar vorhanden, doch es fehlt der genaue Referent, so daß Bryants Typologie eine abstrahierte Typologie bleibt, die einem bestimmten Sachverhalt aus dem Altertum übergestülpt wird. Bryant ist nur einer von vielen Mythographen des 18. Jahrhunderts, die den mystischen Elementen des klassischen Altertums zwar skeptisch gegenüberstanden und geneigt waren, nach natürlichen Ursachen für einst als Wunder geltende Vorkommnisse zu suchen, die aber dennoch behaupteten, Ereignisse aus der historischen Vergangenheit seien Präfigurationen eines späteren Geschehens. Die Erforscher religiöser Kulte, wie Richard Payne Knight, Antoine Pernety, Sir William Jones, Charles Dupuis und George Stanley Faber, suchten häufig nach Analoga zum Christentum in den Gebräuchen vorchristlicher Religionen. Fanden sie sie, was ihnen kaum mißlingen konnte, so beschrieben sie sie oft mit dem Vokabular der Typologie. Weltliche Historiker waren ähnlich fasziniert von den vorausdeutenden Möglichkeiten der Vergangenheit, und gelegentlich zogen auch sie präfigurative Strukturen heran, wie etwa Joseph Priestley, C. F. de Volney und Burke (wenn auch nur, um sie dann zu widerlegen). Die Wirkung der Typologie auf die Mythologie und die Geschichte der Prophetie habe ich an anderer Stelle im Detail erörtert. Hier geht es mir darum, das Vorhandensein eines Systems abstrahierter Typologie in nichttheologischen Zusammenhängen zu betonen. Sie ist ein wesentlicher Aspekt des Figuralismus im 18. Jahrhundert, dessen Nachfahren wir in allen Bereichen der englischen Literatur wiederfinden.

4

Wenn ein literarisches Werk als Kunst gelten soll, muß es über den Bereich des Wörtlichen hinausgehen. In irgendeinem Sinne ist jede Kunst symbolisch: die klassische Trennung von Dichtung und Historie ist klar anwendbar. Wenn schon die Historie von ihren Interpreten symbolisch behandelt werden kann (es sind nur wenige, die dies nicht tun), dann ist es um so naheliegender, daß sich die Verfasser fiktionaler Texte ähnliche Muster schaffen. Das typologische System, das ich als geeignet für Interpretation und Kommentar vorgeschlagen habe, ist eine spezielle Form einer rhetorischen Sicht der Vergangenheit und wird gewöhnlich als der Versuch präsentiert, bestimmte klarumrissene historische Beziehungen auszumachen. In den schöpferischen Künsten, insbesondere in der Literatur, hat das System eine ähnliche Funktion.[28] Die traditionelle und die angewandte Typologie sind seit dem Mittelalter in der Literatur präsent. Die meisten der frühen literarischen Typologien fallen unter eine dieser Kategorien. Das Zeitalter der typologischen Abstraktion setzt in England und auf dem europäischen Kontinent etwa um die Mitte des 17. Jahrhunderts ein, denn etwa um diese Zeit beginnen Gelehrte, Historiker und Autoren fiktionaler Literatur, nichttheologische typologische Muster oder Strukturen in Ereignissen und in der Welt generell wahrzunehmen.

Es ist wichtig, daß wir die abstrahierte Typologie nicht behandeln, als ob sie universelle Anwendbarkeit besäße. Nicht jeder Fall von Weissagung, Vorausdeutung oder Vorhersage darf dafür in Frage kommen; der interpretatorische Wert des Konzepts würde sich damit verflüchtigen. Die abstrahierte Typologie ist nur dann wertvoll, wenn sie Licht auf die Autorintention wirft und unsere Erkenntnis des Sinns eines Werkes vertieft. Wann können wir davon ausgehen, daß in einem literarischen Werk eine abstrahierte Typologie enthalten ist? Nach meiner Meinung gibt es dafür mindestens fünf mögliche Kategorien. Erstens: Wenn die allgemeinen Umstände eines Ereignisses (Lage, Lokalkolorit, einzelne Details der Geschichte usw.) Parallelen zu typischen Ereignissen des Alten oder Neuen Testaments aufweisen, jedoch ohne spezifisch theologische Behandlung. Popes Man of Ross (*Epistle to Bathurst*), der auf den Felsen schlägt, damit Wasser aus ihm fließe, ist ein abstrahierter Typ; er kann auch, nach R. P. C. Hansons Bezeichnung, ein situationsabhängiger Typ sein.[29] Henry Makkenzies Harley, der *Man of Feeling*, der mit größtem Vergnügen das Los eines armen Soldaten auf sich nimmt, ist ein abstrahierter Typ, desgleichen Goldsmiths Vikar, Godwins Caleb Williams und eine Reihe anderer Romanfiguren.[30] Zweitens: Wenn eine generalisierte mythologische Geschichte, ob allegorisiert oder nicht, einen Mythos oder eine biblische Geschichte, die allgemein als typologisch anerkannt ist, analogisiert. Die allegorischen Mythen, die Johnson in *The Rambler* bei zahlreichen Gelegenheiten präsentiert, sind oft analog zu typischen Geschichten; der Mythos von Shelleys *Prometheus Unbound* sowie diejenigen von Byrons *Sardanapalus* und *Cain* parallelisieren deutlich typologische Geschichten. Drittens: Wenn ein Autor in einer nichttheologischen Situation ein Ikon, Emblem oder eine andere eng mit einem der Typ-Mythen verbundene bildliche Darstellung gebraucht. Da diese Kategorie zu viele Möglichkeiten beinhaltet, sind kontextuelle Faktoren wichtig. Nicht *jede* Harfe ist die Harfe Davids, soviel ist klar; wenn aber das Lied und die angestimmte Harmonie mit denen Davids Parallelen aufweisen, wie in Grays *The Bard* oder in Coleridges *The Aeolian Harp*, dann kann eine Kategorie der abstrahierten Typologie vorliegen. Viertens: Wenn die Handlungen oder die Lebensweise einer fiktionalen Figur Parallelen aufweisen – entweder ganz oder teilweise – zu denen einer typischen Figur oder eines typischen Mythos. Steeles Hauptfigur in *The Christian Hero*, der Apostel Paulus, ist ein gutes Beispiel, ferner Robinson Crusoe, Clarissa Harlowe, Sir Charles Grandison und Smolletts Ferdinand Count Fathom. Diese Kategorie kann auch umgekehrt funktionieren: eine Figur, die einem negativen Typ entspricht (als Äquivalent zum Antichrist oder zu Satan), wie Fieldings Jonathan Wild oder Byrons Manfred, wäre ein abstrahierter Typ. Fünftens: Wenn eine Naturgegebenheit, etwa eine Landschaft oder ein anderer natürlicher Gegenstand, als Präfiguration, wenngleich im nichtchristlichen Sinne, eines bedeutenderen Geschehens oder einer größeren Erfüllung präsentiert wird. Die gewöhnliche Vorausdeutung oder Weissagung genügt hier nicht: der Schritt von der genannten Gegebenheit zu dem, was sie aufzeigt, muß die gewohnte *aufsteigende* Bewegung der traditionellen biblischen Typologie verkörpern. Diese Kategorie bezieht große Wirkung aus der Emblemtradition des 17. Jahrhunderts, die die Vorstellung von der Welt als einem symbolischen Buch heranzieht, und aus den populären mystischen Schriften Jakob Böhmes, der besonderes Gewicht auf die typologischen Korrespondenzen zwischen Naturerscheinungen und religiösen Überzeugungen legte. Ebenso wichtig sind Untersuchungen der Naturreligion wie William Turners *Compleat History of the Most Remarkable Providences* (1697). Turner ist Theologe, und sein Werk kann nicht als abstrahierte Typologie bezeichnet werden; seine Überzeugung aber, daß alltägliche Naturerscheinungen nur partielle irdische Zeichen weitaus größerer, himmlischer und göttlicher Wunder seien, trägt dazu bei, daß natürlichen Bildern präfigurative Eigenschaften zugeschrieben werden. Im späten 17. Jahrhundert endlich wird die aus theologischen Quellen gespeiste abstrahierte Typologie zu einer signifikanten Bereicherung europäischer Figuraltraditionen.

Es geht mir hier hauptsächlich darum zu zeigen, wie das Erkennen eines typologischen Systems die Interpretation von Literatur wesentlich fördern kann; zum besseren Verständnis führe ich einige Beispiele an (die ich an anderer Stelle ausgiebiger analysiert habe). Oft können ein bislang unterschätztes oder mißverstandenes Gedicht bzw. ein Roman aufgrund dieses Wissens erheblich klarer und verständlicher werden. Drydens erstes Gedicht z. B., *Upon the Death of the Lord Hastings* (1649), das nur selten mit Wohlwollen gelesen wurde, wird gewöhnlich als überschwenglich-barockes Preislied mit enkomiastischem Schluß verstanden. Dryden richtet seine Worte an die Verlobte des verstorbenen Hastings, die er als »Virgin-Widow«, als jungfräuliche Witwe, bezeichnet:

> With greater than Platonick love, O wed
> His Soul, though not his Body, to thy Bed:
> Let that make thee a Mother; bring thou forth
> Th' *Idea*'s of his Vertue, Knowledge, Worth;
> Transcribe th' Original in new Copies; give
> Hastings o'th' better part: so shall he live
> In's Nobler Half; and the greate Grandsire be
> Of an Heroick Divine Progenie.... (97–104)

> Mit größerer als platonischer Liebe vermähle dich
> Wenn schon nicht seinem Körper, so doch seiner Seele:
> Werde du auf diese Weise Mutter; bringe du
> Die *Idee* seiner Tugend, seines Wissens, seines Wertes hervor;
> Übertrage das Original in neue Bilder; gib
> Hastings den besseren Teil, auf daß er lebe
> In seiner edleren Hälfte und zum großen Ahnherrn
> Einer heroisch-göttlichen Nachkommenschaft werde...

Es ist interessant, in der »Virgin-Widow« die Analogie zu einer allgemein anerkannten typologischen Figur, nämlich Maria, zu beobachten. Die mystisch-geistige Vermählung erinnert an die mittelalterliche exegetische Tradition der mariologischen Typologie (die Dryden aufgrund seiner Kenntnis der Werke des Nikolaus von Lyra vertraut sein mußte).[31] Die Jungfrau wird als Präfiguration der Kirche, als ein Typus des Triumphs über die Sünde (Lust) und als Bild der Sakramente aufgefaßt. Dadurch daß sie die »*Idea's*« seiner hervorragenden Eigenschaften empfängt, ist Hastings' Witwe explizit typologisch, weil ein Typ normalerweise spätere Bilder vorausdeutet (vgl. *NED, s. v.* »Idea« *sb., 7a,* wo das Wort bedeutet: »Figur, Form, Ähnlichkeit, Bild« [»figure, form, likeness, image«]). Die aufsteigende Bewegung des Drydenschen Textes – die Vermählung der Jungfrau mit dem Geist des Verstorbenen führt zu einer heroisch-göttlichen Nachkommenschaft (»an Heroick Divine Progenie«) – ist offenkundig typologisch, dennoch ist die Situation nicht spezifisch religiös. Vielmehr hat Dryden ganz bewußt eine weltliche Geschichte mit den Begriffen einer typologischen Situation dargestellt.

Dryden ist ein so vollendeter Typologe, daß ich seine angewandte (hauptsächlich politische) Typologie vorläufig beiseite lasse; sie stellt einen wichtigen Teil seiner figuralen Leistung dar, ist jedoch leichter zu identifizieren als die abstrahierte Typologie am Schluß des *Annus Mirabilis* (Stanze 293–304). Man achte auf den vorgeblich prophetischen Blick auf die Zukunft Londons:

> Me-thinks already, from this Chymick flame,
> I see a City of more precious mold:
> Rich as the Town which gives the *Indies* name,
> With Silber pav'd, and all divine with Gold. (St.293)

> Schon scheint es mir, als sähe ich aus dieser chymischen Flamme
> eine Stadt von kostbarerer Form erstehen:
> Reich wie die Stadt, von der Indien seinen Namen erhielt,
> Silbergepflastert und von Golde herrlich glänzend.

Dies ist jedoch keine gewöhnliche Weissagung, denn sie steht im Zusammenhang einer visionären Präfiguration, bei der sowohl das Feuer (»this Chymick flame«) als auch die goldene Stadt der Zukunft in Analogie zur Zerstörung des Tempels und der Präfiguration des Himmlischen Jerusalem stehen. Die Situation ist eine weltliche. Doch die begleitende Bilderfracht macht die Vision typologisch im abstrahierten Sinne.

Drydens Oden aus den achtziger und neunziger Jahren des 17. Jahrhunderts weisen noch weit mehr an abstrahierter Typologie auf: die Freiheit der Odenform lädt geradezu ein, präfigurative Muster zu verwenden. Seine vielschichtigste und dunkelste Präsentation abstrahierter Typen taucht, wie ich glaube, nicht in einer Ode auf, sondern in seiner Epistel *To Sir Godfrey Kneller* (1694). Die fortschrittlichen Ansichten zur Malerei in diesem Gedicht werden in einer üppigen präfigurativen Bildersprache artikuliert. Dryden fügt einen Abschnitt ein, der sich speziell mit den Schatten in der Malerei auseinandersetzt (14–21); diese Textpassage stimmt mit einem typologischen Exegesesystem überein, und auch seine Bemerkungen über den Fortschritt in der Geschichte der Malerei passen zu diesem Muster. Die Textstelle beginnt mit einer Anspielung auf den Mythos von Prometheus, der dem ersten Menschen Leben eingehaucht hatte: »Wäre *Prometheus* hier, er würde seinen *Adam* wegwerfen und dem Lehm eine Seele verweigern« (»*Prometheus*, were he here, wou'd cast away / His *Adam*, and refuse a Soul to Clay« [22–23]). Genau wie Adam ein Typ des zweiten Adam, nämlich Christus, ist, so ist auch Prometheus, der das Feuer stahl, der Förderer der Kunst und seinerseits ein starker heidnischer Typus Christi, nur ein schattenhafter Typ von Knellers Größe. Zu dieser Schlußfolgerung gelangt auch das Gedicht: »Ganz allmählich schritt die gottähnliche Kunst voran; in dem Maße wie sich der Mensch verfeinerte, verbesserte sich auch das Bild« (»By slow degrees, the Godlike Art advanc'd; / As man grew polish'd, Picture was inhanc'd [35–36]). Indem er Knellers Geschenk an den Autor, ein Porträt Shakespeares, in den Text integriert, erweitert Dryden seinen typologischen Rahmen, der nun auch die Literatur miteinbezieht. Zum Schluß erfahren wir, daß Knellers Vollkommenheit noch nicht ganz erreicht ist (145–153) und daß der wahre Prüfstein für die Qualität seiner Malerei die Zeit sein wird:

More cannot be by Mortal Art exprest;
But venerable Age shall add the rest.
For Time shall with his ready Pencil stand;
Retouch your Figures, with his ripening hand.
Mellow your Colours, and imbrown the Teint;
Add every Grace, which Time alone can grant:
To future Ages shall your Fame convey;
And give more Beauties, than he takes away. (174–181)

Mehr kann durch sterbliche Kunst nicht ausgedrückt werden;
Das ehrwürdige Zeitalter aber wird das Übrige hinzufügen.
Denn die Zeit wird mit ihrem Pinsel bereitstehen;
Und deine Gestalten mit ihrer Reife bringenden Hand bearbeiten,

> Deine Farben sanfter machen und die Gesichter bräunen;
> Und jede Anmut hinzufügen, die nur die Zeit zu geben vermag:
> Künftigen Zeitaltern wird sie deinen Ruhm verkünden;
> Und mehr Schönheit geben als sie fortnimmt.

Dryden schrieb nur wenige Gedichte, die so eindeutig weltlicher Natur sind wie die Epistel an Kneller. Es gibt hier keinen kontextuellen Hinweis auf seine sonst übliche angewandte Typologie (wie etwa in den Briefen an die Herzogin von Ormonde oder an seinen Vetter John Driden). Das Vorhandensein eines typologischen Systems im Gedicht ist indes nicht zu übersehen: es ist der Mörtel, der das ganze zusammenhält. Erkennen wir die Existenz dieses Systems nicht, so zerfällt das Gedicht (das eine extensive Analyse verdient) in eine Reihe unzusammenhängender Episoden. Mit dem typologischen Schema als dem sich durch den gesamten Text hindurchziehenden roten Faden gerät *To Kneller* zu einem kohärenten präfigurativen Kommentar über die Geschichte der Malerei in Vergangenheit, Gegenwart und Zukunft.

Pope verwendet abstrahierte Typologie mehrfach und in verschiedener Weise. Sowohl in *Messiah* als auch in *Windsor Forest* finden sich hierfür Beispiele. Das vielleicht bekannteste ist der Man of Ross aus *Epistle to Bathurst* (249–90). Da die Analogie zwischen den Handlungen des Man of Ross und denen typologischer Figuren schon vielfach festgestellt worden ist (»From the dry rock who bade the waters flow« [254] ist eine deutliche Postfiguration des Moses), dürfte Popes typologische Intention eigentlich klar sein. *To Bathurst* enthält indes auch einen negativen abstrahierten Typus, Sir Balaam, dessen moralische Verworfenheit und universale Schlechtigkeit einem Verhalten entspricht, das man mit Satan verbinden würde. Auch *The Dunciad* enthält eine Fülle von abstrahierter Typologie, obwohl sie hier verzerrt, invers und parodistisch ist. Der Schluß von Buch IV beispielsweise ist eine parodistische figurale Analogie zum Jüngsten Gericht; sie ist einer von Popes verzerrten Typen, die in den Rahmen der abstrahierten Typologie eingefügt werden. Weitere Beispiele liefern die Satiren der späten dreißiger Jahre des 18. Jahrhunderts, insbesondere *Epilogue to the Satires*, Dialoge I. und II., in denen England analog zu einem Äpypten, einem Babylon, einem korrupten heidnischen Land gesehen wird. Die Bedeutung dieser typologischen Orte träte in jedem theologischen Diskurs sofort hervor; auch in der Satirendichtung ist dieser Punkt deutlich genug; doch erst unser

Wissen um das typologische Schema macht die Autorintention lebendiger. Anders als Dryden schreibt Pope keine ausgedehnte typologische Erzählung; er bevorzugt den isolierten abstrahierten Typ. Wie auch bei anderen Satirikern, die sich der abstrahierten Typologie bedienen (Cleveland, Butler, Swift), ist jedoch das parodistische Element wichtig für seine Verfahrensweise.

Das Konzept eines typologischen Systems, selbst wenn wenige Schriftsteller es als solches definieren, bleibt auch im späteren 18. und im 19. Jahrhundert Bestandteil englischer Figuraltraditionen. In seiner traditionellen und angewandten Form tritt es bei Dichtern mit ausgeprägt theologischen oder numinosen Interessen, wie Smart und Blake, häufig in Erscheinung. Die verschiedenen Kategorien der abstrahierten Typologie tauchen, wie schon gesagt, auch in der romantischen Dichtung auf, gewöhnlich als bewußter Versuch, präfigurative Bilder oder Themen einzuführen. Gegenstand und mythische Assoziationen des *Prometheus Unbound*, um ein einschlägiges Beispiel zu nennen, führen zu typologischen Verfahren und zu typologischer Deutung, und auch die Dramen Byrons können manchmal in diesem Sinne verstanden werden.[32] Der Begriff des typologischen Ortes, eine Form von situationsgebundener Typologie, entsteht in der Romantik; er geht zurück auf die im 17. Jahrhundert übliche Behandlung von Begriffen wie Ägypten, Babylon, die Wanderung und die Gefangenschaft als Typen zeitgenössischer Schicksale. Dieser Aspekt der abstrahierten Typologie war auch bei den amerikanischen Puritanern des 18. Jahrhunderts verbreitet, die ihre Mission und deren physische Lokalisierung im Sinne der Bibel deuteten. Jonathan Edwards beschrieb Amerika als den »*Staat des Millenniums*«, der in der Geheimen Offenbarung vorangekündigt war. Später sollte Emerson in der neuentstandenen Nation eine »moralische Wildnis« erblicken, die als Präfiguration des Neuen Jerusalems gelten durfte; Thoreau schließlich gebrauchte Walden Pond in sowohl prä- wie postfigurativer Absicht.[33] In Wordsworths Beschreibung des Simplonpasses im *Prelude* (VI. 621–640) tritt uns eine ausgesprochen typologische Landschaft entgegen. Später dann sollte Ruskin ähnlich positive Geschichtsdeutungen liefern; die Geschicke der Städte Venedig und Tyrus geraten bei ihm zu Typen für das England des 19. Jahrhunderts.[34] Der Simplonpaß-Abschnitt aus dem *Prelude* ist wichtig, weil dort die Grenzen der traditionellen Naturmetaphorik von der herkömmlichen Symbolik, wo natürliche Objekte oder Orte Abstraktionen *repräsentieren*, auf die Typologie verschoben werden, wo sie bedeutendere Ereignisse, Begriffe oder Abstraktionen *präfigurieren*. Für Wordsworth stellt sich die von den Alpen ausgehende Wirkung so dar:

> all like workings of one mind, the features
> Of the same face, blossoms upon one tree;
> Characters of the great Apocalypse,
> The types and symbols of Eternity...

> alles wie das Wirken *eines* Geistes, die Züge
> eines einzigen Gesichts, Blüten auf *einem* Baum;
> Wie Zeichen der großen Apokalypse,
> Wie die Typen und Symbole der Ewigkeit...

Er sakramentalisiert die Natur und durchforscht das große Buch der Schöpfung wie ein Literaturwissenschaftler, der einen Text liest und bei seiner Exegese »Zeichen«, »Typen« und »Symbole« – literarische Begriffe – findet. Wordsworth war nicht der einzige Dichter im 19. Jahrhundert, der in die Naturlyrik Typen einbezog. In seiner Nachfolge standen Clare, Tennyson, Browning und die Dichter weltlicher Hymnen. Die meisten dieser Autoren fallen aus dem Rahmen dieser Untersuchung, doch auch ohne andere *topoi* zu zitieren, kann man wohl sagen, daß die Typologie mit Beginn des 19. Jahrhunderts nicht mehr nur ein System darstellt, sondern zu einem *kreativen* System geworden ist.

5

Die Typologie war ursprünglich ein Interpretationsverfahren von gewaltiger Anwendungsbreite und zahlreicher phantastischer Verzerrungen fähig. Einige dieser Verzerrungen waren, wie wir gesehen haben, absichtlich (wenn auch nicht notwendigerweise böswillig) herbeigeführt: zu behaupten, die ägyptische Gefangenschaft der Juden präfiguriere die Verfolgung der Puritaner im 17. Jahrhundert, heißt eine typologische Axt am Wetzstein der Kontroverse zu schärfen. Ein Großteil typologischer Deutungsformen reagiert auf das fundamentale menschliche Bedürfnis, Voraussagemuster zwischen Vergangenheit und Gegenwart, Gegenwart und Zukunft herzustellen. Aus einer voraussagenden oder weissagenden Rhetorik wird eine Form des Figuralismus, wenn sie sich mittels abstrahierter Verdichtungen von Ereignissen oder Zeichen artikuliert. Lange bevor die Verfasser des Neuen Testaments den Ereignissen und Figuren des Alten Testaments präfigurativen Wert zuschrieben, hatte die Typologie schon eine wichtige Rolle in der jüdischen Deutung gespielt. Ihre Existenz könnte daher in letzter Instanz als ein psychisches und vielleicht anthropologisches Phänomen verstanden werden.

Wenn wir den Bereich der reinen oder traditionellen Typologie, in dem sie als System der Exegese funktioniert, verlassen, haben wir es mit einem kreativen und sich verändernden exegetischen System zu tun. Die Typologie ist dann nicht mehr nur Exegese, aber sie wäre dennoch für den Leser ohne Kenntnis ihrer exegetischen Tradition nahezu ohne jeden Sinn. Sie wird umgewandelt in ein literarisches System, in die bewußte Applikation einer figuralen Deutungsmethode auf die Nachahmung der Wirklichkeit. In welcher Hinsicht unterscheidet sich die Typologie dann aber von anderen Arten des Figuralismus wie etwa Symbolik, bildliche Darstellung, Metapher oder einer anderen der typologisch gebrauchten rhetorischen Figuren? Warum sollte ihr besondere Aufmerksamkeit zuteil werden? Die Antwort darauf lautet: weil die Typologie nicht bloß eine Art von Figuralismus oder Metaphorik ist. Sie ist zugleich auch ein weithin anerkanntes hermeneutisches Verfahren, das von Interpreten ganz bewußt in religiösen wie in weltlichen Zusammenhängen angewandt wird. Daher sind sich die meisten Autoren, die in einer Textpassage, einem Gedicht, einem Kapitel oder einem Roman ein typologisches Schema einführen, der Tatsache bewußt, daß sie sich einer figuralen Technik bedienen, die das Rätsel der Metapher und das Geheimnis der Deutung miteinander verbindet. In einem einleuchtenden Sinne ist das Vorkommen von Typologie als System in der Literatur zugleich Bild *und* Deutung. Gewöhnlich verlangt ein figurales Verfahren eine andere Erklärungsmethode zu seiner Interpretation. Wir können eine Metapher nicht durch eine andere Metapher erklären; dies *könnte* zwar als Erklärung gelten, würde aber wahrscheinlich eher zu einer weiteren Komplizierung als zu einer Aufklärung beitragen. Die hermeneutische Typologie aber *können* wir dazu benutzen, um die in der Literatur vorhandenen Typen zu erklären. Tatsächlich können wir den Sinn dessen, was ich die abstrahierte Typologie genannt habe, nur dann verstehen, wenn wir sie unter ihren eigenen Bedingungen, d. h. als Präfiguration und Vorhersage lesen. Größere Sensibilität für die komplizierte Art und Weise, wie Autoren – bewußt oder unbewußt – zum Einsatz bringen, was Ruskin einmal »die Sprache der Typen« nannte, eröffnet eine wichtige neue Dimension in Literaturkritik und Literaturgeschichte.

(Aus dem Amerikanischen von Margit Smuda)

Anmerkungen

1 Es gibt keine Geschichte der Typologie *per se*. Unter den zahlreichen Arbeiten, die sich ihr ausgiebig widmen, erscheinen mir die folgenden als besonders hilfreich: F. W. Farrar, *History of Interpretation*, New York 1885, *passim*; G. W. H. Lampe, K. J. Woollcombe (Hg.), *Essays on Typology*, hier insbesondere der Beitrag Woollcombes, *The Biblical Origins and Patristic Development of Typology*, sowie Lampes ausgezeichneter Beitrag, *The Reasonableness of Typology*; wichtig sind ferner Daniélous *Sacramentum Futuri*; Sacvan Bercovitchs kommentierte Bibliographie zur Typologie in *Typology and Early American Literature*, ed. Sacvan Bercovitch, S. 245–337; es handelt sich hier um die bislang umfassendste Bibliographie überhaupt.

2 Die Geschichte der typologischen Terminologie ist kompliziert; »Typologie« wird oft als Synonym anderer Begriffe gebraucht oder mit anderen Termini verwechselt; die häufigsten Analoga sind »figural« und »Figuralismus«.

3 Vgl. C. A. Patrides, *Milton and the Christian Tradition*, Oxford 1966, S. 128–130.

4 Steven N. Zwicker, *Dryden's Political Poetry: The Typology of King and Nation*, Providence, R. I., 1972, S. 16–23, für eine Analyse der politischen Typologie im Kontext des 17. Jahrhunderts.

5 Vgl. Hugo Rahner, *Greek Myths and Christian Mystery*, London 1963, S. XVII, XXI.

6 Der Aufsatz von A. J. Maas, *Types in Scripture*, in: *Catholic Encyclopedia, XI*, S. 107, identifiziert diese Anspielung, aber es gibt selbstverständlich keinen Grund anzunehmen, daß Plutarch präfigurative Exegesemethoden kannte.

7 Vgl. Zwicker, *Dryden's Political Poetry*, S. 48–55, sowie Joseph A. Mazzeo, *Cromwell as Davidic King*, in: ders., *Reason and the Imagination*, New York 1962, S. 29–55.

8 Die umfangreichen Sammlungen biblischer Metaphern des 17. Jahrhunderts und andere Quellen für typologische Bildlichkeit lassen

keinen Zweifel daran, daß diese Identifikationen weite, wenn nicht sogar universelle Verbreitung hatten. Vgl. z.B. Griffith Williams, *Seven Goulden Candlesticks*, London 1624, S. 258. Samuel Mather versammelt in einem langen Abschnitt mit dem Titel »The Gospel of the Personal Types« (vgl. 2. Aufl., London 1705, S. 51–136) in seinem Werk *The Figures or Types of the Old Testament*, Dublin 1683, alle personenbezogenen figuralen Assoziationen für das ganze Jahrhundert.

9 Miltons wichtigste Anspielung auf die Typologie in *Paradise Lost* findet sich in XII. 300–306; dazu Madsen, *From Shadowy Types to Truth*, S. 48–53. Die entsprechende Textstelle in *Mac Flecknoe* ist Zeile 29–34, die diesbezüglichen Randbemerkungen von H. T. Swedenberg, Jr. in: *The Works of John Dryden*, II, S. 315, sind jedoch enttäuschend.

10 Zu den figuralen Assoziationen der Ikonographie des 17. Jahrhunderts vgl. D. J. Gordon, *Ripa's Fate*, in: Stephen Orgel (Hg.), *The Renaissance Imagination: Essays and Lectures*, Berkeley u. Los Angeles 1975, S. 51–74.

11 Jean Seznec, *The Survival of the Pagan Gods: The Mythological Tradition and Its Place in Renaissance Humanism and Art*, Princeton 1953; André Grabar untersucht die Typologie des Alten Testaments, ist jedoch terminologisch nicht besonders klar; A. Grabar, *Christian Iconography: A Study of Its Origins*, London 1969.

12 Zu Herkules s. Seznec, *The Survival of the Pagan Gods*, S. 11, 154–155; in der Mitte des 17. Jahrhunderts waren diese Identifikationen allgemein üblich geworden, wie aus Alexander Ross' Aufsatz in *Mystagogus Poeticus; or The Muses Interpreter*, 6. Aufl., London 1675, S. 167–172, deutlich hervorgeht. Vgl. auch Rahner, *Greek Myths and Christian Mystery*, S. 3–45. Im späten 17. Jahrhundert finden sich Beispiele dieser Typologie in der Dichtung Drydens: er verwendet den Orpheus-Typ in *An Ode, on the Death of Mr. Henry Purcell* (1696) (»We beg not Hell, our *Orpheus* to restore« [16]) und den Herkules-Typ in *Threnodia Augustalis* (1685) (»Our *Atlas* fell indeed; But *Hercules* was near« [35]).

13 Vgl. Allen, *Mysteriously Meant*, S. 279–311; wie ich an anderer Stelle gezeigt habe (Vf., *Typologies in England*, Kap. 6), wird die Mythenforschung nur an der Oberfläche rational betrieben; der Geist der Allegorie sollte noch lange nach 1700 nachwirken.

14 Diese Vorstellung ist eingebürgert; vgl. Leo Spitzer, *Classical and Christian Ideas of World Harmony*, in: *Traditio*, 2 (1944), S. 409–464.

15 Vgl. Daniélou, *Origen*, S. 182–184. Andere vornizäische Exegeten, die, in der Nachfolge von Paulus und Philo, in ihren Bibelauslegungen Typen heranzogen, sind Justin der Märtyrer, Irenäus, Clemens von Alexandria, hauptsächlich in den *Stromata*, und Tertullian. Wolfson, *The Philosophy of the Church Fathers*, S. 63, bemerkt lakonisch: »Mit Clemens und Origenes erreichte die nichtliterale christliche Deutungs-

methode ihren höchsten Entwicklungsstand.« Zu Philos Figuralismus existieren zahlreiche Studien; für eine brauchbare Zusammenfassung vgl. Samuel Sandmel, *Philo of Alexandria: An Introduction*, New York 1979, S. 17–18, 160, 168–170.

16 Vgl. J. L. Mosheim, *An Ecclesiastical History, Ancient and Modern*, 2 Bde. London 1765, I, S. 101–102.

17 London 1635, Sig. A_3^r. Zur früheren Tradition vgl. Dieckmann, *Hieroglyphics*, S. 48–61.

18 Vgl. A. Henkel, A. Schöne, *Emblemata*, Stuttgart 1967.

19 Pierre Galtruchius, *The Poetical Histories: being a compleat Collection of all the Stories necessary for an understanding of the Greek and Latine Poets...*, übers. v. Marius D'Assigny, 2 Bde., London 1671, II, S. 156.

20 Vgl. G. P. Landow, *Moses Striking the Rock: Typological Symbolism in Victorian Poetry*, in: *Literary Uses of Typology*, S. 315–344. Dieser Aufsatz untersucht viktorianische Einsatzformen der literarischen Typologie.

21 Vgl. Wolfson, *The Philosophy of the Church Fathers*, S. 27–28, zur nichtliteralen Midraschdeutung (und vgl. S. 24–43, *passim*).

22 Vgl. dazu Vf., *Typologies in England*, Kap. 6.

23 Zur Haltung der Deisten und Freidenker zum Mythos vgl. Frank Manuel, *The Eighteenth Century Confronts the Gods*, Cambridge, Mass., 1959, S. 57–81, 129–148.

24 Vgl. Cudworth, *The True Intellectual System of the Universe*, London 1678, S. 299–306.

25 Thomas Blackwell, *Letters concerning Mythology* (1748), 2. Aufl., London 1757, S. 190–191.

26 Ebd., S. 212.

27 Jacob Bryant, *Observations and Inquiries relating to various parts of Ancient History*, Cambridge 1767, S. 291–92.

28 Die Typologie spielt auch in der bildenden Kunst eine wichtige Rolle; vgl. dazu Vf., *Typologies in England*, Kap. 2. Ihre Rolle bei der Handschriftenillumination und in der Glasmalerei ist weithin anerkannt. Zu typologischen Korrespondenzen in der Musik vgl. Manfred Bukofzer, *Speculative Thinking in Medieval Music*, in: *Speculum*, 17 (1942), S. 165–80.

29 Vgl. R. P. C. Hanson, *Allegory and Event: A Study of the Sources and Significances of Origen's Interpretation of Scripture*, London 1959, S. 15.

30 Vgl. dazu Vf., *Probability and Character in the Eighteenth-Century Novel*, in: Paula R. Backscheider (Hg.), *Probability, Time and Space in Eighteenth-Century Literature*, New York 1979, S. 63–77.

31 Zur Typologie Marias, die bekanntlich im Mittelalter überaus beliebt war, vgl. Robert B. Burlin, *The Old English Advent: A Typological Commentary*, New Haven 1968, S. 20–21.

32 Byrons Drama *Sardanapalus* fordert eine typologische Lesart geradezu heraus; vgl. Jerome J. McGann, *Fiery Dust: Byron's Poetic Development,* Chicago 1968, S. 228–243. Bedauerlicherweise geht McGann in seiner Analyse des Stücks, die im Grunde ein *close reading* ist, nicht auf die typologischen Eigenschaften des Byronschen Helden ein.

33 Vgl. Sacvan Bercovitch, *The Puritan Origins of the American Self*, New Haven 1975, S. 154–157 (zu Edwards), 159–161 (zu Emerson) und 161–162 (zu Thoreau).

34 Vgl. George P. Landow, *The Aesthetic and Critical Theories of John Ruskin*, Princeton 1971, S. 349.

Sacvan Bercovitch
Die Typologie der Bestimmung Amerikas

Die Puritaner erfanden die Heilsgeschichte Neuenglands; der Klerus des 18. Jahrhunderts begründete den Begriff von der Bestimmung Amerikas. Ich will im folgenden versuchen, einen Eindruck vom Wesen dieser Entwicklung zu geben, wobei die Rolle der religiösen Erweckungsbewegung, wie sie durch Jonathan Edwards repräsentiert wurde, besondere Beachtung finden soll. Ich spreche bewußt von der Vermittlung eines *Eindrucks*, um die meinem Thema gesteckten Grenzen hervorzuheben. Mein Blickwinkel ist ein sehr partieller: partiell in bezug auf die Perspektive, unter der Edwards, der Puritanismus, das Große Erwachen (»Great Awakening«) und vor allem die sozialen und ideologischen Faktoren, die die Kolonien von der Erweckung zur Revolution geführt haben, wahrgenommen werden. Ich werde im Verlauf meiner Analyse auch etwas vom »Gesamtbild« zu vermitteln versuchen, mein Interesse gilt jedoch primär Fragen der Rhetorik. Ich gehe von der Annahme aus (nach gebührender Beachtung aller damit zusammenhängenden Probleme), daß die amerikanische Kultur sich auf mehr oder weniger kohärente Weise zu einem modernen »free enterprise« entwickelt hat, daß diese Entwicklung sich in jener quasi-figuralen Vorstellung ausdrückt, die wir heute mit »Bestimmung« und »Traum« assoziieren, und daß man, wenn man diese Vorstellung beschreiben will, einige der kontroversen Beziehungen zwischen dem puritanischen, dem Yankee-Amerika und dem revolutionären Amerika (zumindest implizit) näher erläutern muß.

Kontrovers waren diese Beziehungen aus vielerlei Gründen. Im Interesse größerer Klarheit konzentriere ich meine Untersuchung auf die Rhetorik des Millenarismus und speziell auf den »Post-Millenarismus« Edwardsscher Prägung: erstens in seinem Verhältnis zum Puritanismus Neuenglands; und zweitens in seinem Verhältnis zu dem, was jüngst als »bürgerlicher Millenarismus« bezeichnet wurde. In beiden Fällen haben Historiker nachdrücklich auf einen radikalen Einstellungswandel hingewiesen. Ohne diese Veränderungen zu bestreiten, hoffe ich darlegen zu können, auf welche Weise das Beharrungsvermögen von Sprache und Vorstellung ein einmütig angestrebtes Ziel konstituiert. Ich brauche wohl nicht hinzuzufügen, daß »darlegen« nicht dasselbe ist wie »behaupten«.

Ich beginne mit den Unterschieden in der Anschauung, die sich zwischen dem puritanischen Klerus und seinen Yankee-Nachfolgern ergaben. Die Neuengland-Kolonisten betrachteten ihre Entsendung in die Wüste als zum Endstadium der Geschichte gehörig. Damit verzerrten sie traditionelle Formen der Exegese, doch waren sie darauf bedacht, sich durch den Rückgriff auf die Bibel zu rechtfertigen. Ihre Interpretationen (wie konstruiert sie auch immer sein mochten) waren stets in biblischen Texten verankert, und sie beriefen sich (sogar als sie davon abrückten) auf eine allgemeine Tradition »reformierter« Hermeneutik. Ihre Yankee-Erben fühlten sich von solchen Zwängen relativ frei. In der Zeit der Aufklärung wurde der Sinn protestantischer Identität immer unklarer; die Typologie nahm die verschwommene Bedeutung von Bild oder Symbol an; was als der göttliche Plan gegolten hatte, verlor seine strikte Fundamentierung in der Heiligen Schrift; sogar die Vorsehung wurde aus ihren religiösen Verankerungen gerissen und zu einem Teil des Glaubens an den menschlichen Fortschritt. Die Geistlichen des 18. Jahrhunderts machten sich diese Entwicklung zunutze, um den Brennpunkt der figuralen Autorität von der biblischen Geschichte auf das Amerika-Erlebnis zu verlagern. Sie ersetzten damit praktisch eine biblische Vergangenheit durch eine regionale, feierten die amerikanische Gegenwart als Ausgangspunkt einer Entwicklung von der Verheißung zur Erfüllung und übersetzten den Begriff der Erfüllung von seiner einstigen Bedeutung im geschlossenen System der Religionsgeschichte in eine Metapher des unbegrenzten weltlichen Fortschritts.

Diese Diskontinuitäten, wie sie oft genannt wurden, waren das Ergebnis eines Prozesses der Extension und Adaptation, nicht der Transformation. Der puritanische Klerus hatte sich daran gemacht, die traditionellen Unterschiede zwischen der Welt und dem Königreich zu verwischen. Seine Rhetorik mündete in eine einzigartige Form von Ambiguität, die den Konflikt zwischen der Zeit des Himmels und der des Menschen ausschloß. »Kanaan« war für sie, wie für andere Christen auch, ein geistiger Zustand; aber es war auch (in einem anderen, dem jedoch nicht entgegenstehenden

Sinne) ihr Land. Es galt das Wort von der Wechselseitigkeit (und weniger von der Koexistenz) von Faktum und Ideal. »Kirchenstaat« bedeutete Gewaltenteilung im Glauben daran, daß sich kirchliche und staatliche Ordnung im amerikanischen Kanaan, und nur dort, völlig entsprachen. Und aus dieser Übereinstimmung entstanden allmählich die säkulare Basis einer multikonfessionellen Religion und die sakrale Anschauung des »free enterprise«. Beide Entwicklungen wurzelten in den heterodoxen Dogmen, die ein Jahrhundert früher aufgestellt worden waren: die moralischen Unterschiede zwischen der Alten Welt und der Neuen (wie zwischen Ägypten und Kanaan), die Wechselbeziehung von materiellen und spirituellen Segnungen, die Vorstellung vom neuen auserwählten Volk, dessen besondere Berufung besondere Heimsuchungen zur Folge hatte, und vor allem eine mythische Geschichtsauffassung, die die Vergangenheit Neuenglands in eine Apokalypse ausweitete, die »nahe war«, »ja auf der Schwelle« stand und nur noch einer letzten Großtat, einer einzigen, einer letzten Ergießung des Geistes bedurfte, um Wirklichkeit zu werden.

Jüngere Wissenschaftler haben die Bedeutung des Millenarismus für unsere Religions- und Sozialgeschichte erkannt. Im großen und ganzen aber wurde dieser Begriff auf den Beginn der Edwardsschen Erweckungen datiert, weil zu diesem Zeitpunkt ein fundamentaler theologischer Umschwung vermutet wurde. Genaugenommen waren die Kolonisten des 17. Jahrhunderts (wie die meisten Protestanten ihrer Zeit) Prä-Millenaristen, das heißt, sie glaubten, daß der Ankunft des Neuen Jerusalem eine Reihe verheerender göttlicher Strafgerichte vorausgehen würde, auf die dann eine alles erfassende universale Veränderung folgen würde. Jonathan Edwards aber war, ganz im Gegenteil, ein Post-Millenarist; er postulierte ein Goldenes Zeitalter noch innerhalb der Menschheitsgeschichte und setzte damit den Menschen sozusagen frei für eine aktive Teilnahme an den Revolutionen der Apokalypse. Wissenschaftler, die das Große Erwachen analysiert haben, beriefen sich auf diesen Unterschied, um Edwards als radikal innovativen Historiker, als den ersten Befürworter einer optimistischen Sicht des menschlichen Fortschritts in der Neuen Welt zu charakterisieren.

Diese Unterscheidung ist fragwürdig. Religionsgeschichtler haben seit langem darauf hingewiesen, das Prä- und Post-Millenarismus häufig in ein und derselben Bewegung und gelegentlich sogar bei ein und demselben Philosophen präsent sein können. Selbst wenn wir einen signifikanten Unterschied zwischen beiden Ansätzen akzeptieren, steht damit noch keineswegs fest, daß Edwards unser erster Post-Millenarist war. David Smith hat argumentiert, daß diese Ehre den letzten Theokraten (wie Samuel Sewall, Cotton Mather und Joseph Morgan) gebührt, und wenn wir dem zustimmen, dann, so behaupte ich, gebührt sie auch den Geistlichen der ersten und zweiten Generation, die die Doktrin des Chiliasmus in ihrem Kirchenstaat nahezu kanonisierten. Denn der Chiliasmus, der Glaube an ein irdisches Paradies, macht aus der apokalyptischen Hoffnung eine Art Edwardsscher Fortschrittsidee insbesondere dann, wenn sie, wie im alten Neuengland, mit einem typologischen Erfüllungsbewußtsein verbunden ist. »Die blühende Schönheit der ... himmlischen Gnade«, so William Hubbard in einer Predigt zum Wahltag des Jahres 1676, »die in der Welt zuerst so wunderbare Metamorphosen im Aussehen der Dinge bewirkte ... war das frisch grünende Leuchten ... das unsere rauhe und dürre Wüste ... in einen fruchtbaren Karmel oder einen duftenden Scharon verwandelte«; und das Neue Jerusalem werde diesem Leuchten nun »zu noch strahlenderem Glanze« verhelfen.[1] Der von Hubbard skizzierte spiralförmige Verlauf (von der Schöpfung zum Garten Eden, zu Kanaan, zu Neu-Kanaan in Amerika, zu Neu-Eden) war ein Gemeinplatz der neuenglischen puritanischen Kanzelsprache. Er lenkte die Aufmerksamkeit auf die Implikationen der Eschatologie des Auftrags bei den Puritanern – was man ihren *amerikanischen* Millenarismus nennen könnte.

Denn obwohl Hubbard und seine Genossen überzeugt waren, daß das Millennium drastische Umwälzungen mit sich bringen würde, hatten diese Umwälzungen für sie die Bedeutung von »Metamorphosen«: eine Veränderung in dieser Welt und eine, die sich besonders dramatisch in ihrer Neuen Welt auswirken würde. Ihr Auftrag führte sie nicht von der Erde zum Himmel (wie die Pilgerfahrt der Plymouth-Siedler), sondern von geringen zu immer größeren Herrlichkeiten an den Gestaden Amerikas. Das Neue Jerusalem würde nicht kommen, um ihr Wagnis abzubrechen, sondern um es zu vollenden. Die Wunder der Apokalypse waren für sie ein Teil der jüngsten »magnalia Christi Americana« und das Millennium, in Erweiterung dazu, Teil der Geschichte ihres Landes. Während ihre europäischen Zeitgenossen vom Millennium das Ende der Säkulargeschichte erwarteten, erblickten die Neuengland-Puritaner in ihm die treibende Kraft für ihren Auftrag. Für sie gehörte Amerika (wie Eden, Kanaan und das Neue Jerusalem) unauflöslich zum voranschreitenden Erlösungswerk. Natürlich wurde eingeräumt, daß das Neue Jerusalem anders und allzu weit vom neuenglischen Kirchenstaat entfernt war. Doch angesichts der Prophezeiung war es für sie bereits gegenwärtig, so wie die Ernte schon in der Aussaat, der glorifizierte Heilige im von Schuld freigesprochenen und der Antityp in der *figura* enthalten sind. »Obwohl es insbesondere *eine* große Erfüllung biblischer Weissagungen gibt«, sagte William Adams an einem Fasttag des Jahres 1678, »hat es davon trotzdem schon eine glorreiche Erfüllung gegeben«, wenn auch nur eine »partielle Erfüllung... in welcher sich jene... Verheißungen nach ihrem Maß und Grad erfüllt haben.« Adams sprach nicht einfach nur für den Klerus der Jahrhundertmitte. Zusammen mit Hubbard brachte er zum Ausdruck, woran die Orthodoxen von Anfang an geglaubt hatten: daß Gott, indem er die amerikanische Wildnis umgestaltete, durch ihren Kirchenstaat »einen Typus und ein Emblem des Neuen Jerusalem« und sozusagen »die *Ersten Früchte* dessen, was sich nach angemessener Frist überall in der ganzen Welt erfüllen wird«, schuf.[2] Wie die Theokratie das Neue Jerusalem im voraus abbildete, so würde das Neue Jerusalem ein Abbild des Good Old Way verkörpern.

Diese Parallele zwischen Edwards und den Puritanern erinnert daran (oder sollte es zumindest), daß Edwards selbst in dieser Hinsicht jeden substantiellen Unterschied zwischen sich und seinen Vorgängern bestritt. Wir wissen, daß er von Thomas Shepards *Parable of the Ten Virgins* (1636) beeinflußt war, und im Jahre 1744 stellt er selbst den Zusammenhang her, als er sich über die »verleumderischen« Anschuldigungen von Charles Chauncy, dem führenden Sprecher der »Old Light«-Orthodoxie, beklagte. Chauncy hatte Edwards beschuldigt, er habe »oft gesagt, daß das Millennium bereits begonnen habe«; die Wahrheit aber sei, wie Edwards schrieb, daß er die religiösen Erweckungen lediglich als »Vorläufer jener glorreichen Zeiten« betrachte. Sogar auf dem Höhepunkt seiner Begeisterung, während der Ernten der Jahre 1739 bis 1741, sei ihm bewußt gewesen (was er auch in seinen *Thoughts on the Revival* dargelegt hatte), »daß es zahlreiche Veränderungen, Wiederbelebungen und Pausen und die Rückkehr dunkler Wolken und bedrohlicher Sachverhalte geben würde, ehe . . . Christi Königreich überall errichtet sein wird«. Hatten sich nicht Thomas Shepard und all die anderen »Väter« – John Davenport, John Cotton, Richard Mather und andere – mit fast den gleichen Worten über die für Neuengland noch ausstehenden künftigen Ereignisse geäußert?[3] Zweifellos bezog Edwards seinen Einspruch aus solchen Bekundungen einer übertriebenen Ahnenverehrung. Die Anhänger der »New Light«-Bewegung revoltierten nicht (wie gelegentlich behauptet wurde) gegen die Autorität der Väter, sondern gegen eine Generation, die ihrer Ansicht nach die Gründerväter verraten hatte. Kein Zweifel auch, daß Edwards seine Bindungen an die Vergangenheit übertrieb, wie vorher die Puritaner ihre Gebundenheit an die Theokratie übertrieben hatten und wie später die evangelischen Sekten des 19. Jahrhunderts ihre Loyalität gegenüber Edwards übertreiben sollten. Doch dieses Kontinuitätsgefühl war seinerseits Teil des Mythos; gerade die Diskrepanz zwischen Behauptetem und Faktum spricht für das Beharrungsvermögen puritanischer Rhetorik. Selbstverständlich wird damit die Diskrepanz nicht wegerklärt, und ich werde später noch auf diesen Punkt zurückkommen. Zuerst aber scheint es angesichts des derzeitigen Standes der Forschung notwendig, der von Edwards angedeuteten Entwicklung nachzugehen.

Das entscheidende Bindeglied ist die Betonung des Prozeßhaften. Im Gegensatz zu europäischen Chiliasten ging es den Puritanern und Edwardsianern weit weniger um das finale Ereignis selbst als um die Gestalt der allmählich sich einstellenden Erfüllung. Für beide Gruppen war die Zeit immer reif, doch in gewisser Weise war dies von zweitrangigem Interesse. Zum eigentlichen Thema wurde die *figurale* Bedeutung der Gegenwart, das heißt die Vereinigung von Geschichte und Prophetie. Was den Edwardsschen Ansatz auszeichnet, ist die größere Konsistenz seiner Logik. Der puritanische Gedanke des Auftrags ist (vom Standpunkt des historischen Prozesses) trotz seiner inneren Kohärenz durch seinen Prä-Millenarismus belastet. Die puritanische Vorstellung von prophetischer Erfüllung, die von Eden nach Neu-Kanaan hinaufführt, wird durch ihr Vertrauen auf eine ganz und gar außerirdische Intervention – eine übermenschliche »Zerschlagung der natürlichen Ordnung« – belastet (wenn nicht untergraben). Indem er das Szenario für diesen letzten Akt des Auftrags modifizierte, verschmolz Edwards den gesamten Vorgang zu einer organischen menschlich-göttlichen Einheit. Darin bestand seine Leistung. Kulturell gesehen war dies von ungeheurer Tragweite für die Entwicklung des amerikanischen Millenarismus. Als Auffassung von Geschichte aber wurden hier nur Implikationen einer bereits ein Jahrhundert früher entwickelten Anschauung offengelegt. »Obwohl es eine glorreiche Erfüllung ... der Weissagungen bereits gegeben hat«, formulierte Edwards im Jahre 1740, als er den Chiliasmus mit Worten beschrieb, die ihre Herkunft nicht verleugnen können, »sind andere Zeiten lediglich deren Vorläufer und Vorbereitung«, so, wie der Auszug der Israeliten aus Babylon die Reformation und die Große Wanderung »typisiert« hatte. Und was mit der Großen Wanderung gemeint war, schien ihm nun »herrlich sichtbar gemacht worden«. Christus, so verkündete er, wird »die Heiden zum Erbe nehmen«; »an einem einzigen Tag wird eine Nation geboren werden«, und als Höhepunkt wird aus dem protestantischen Amerika ein neuer, größerer Heiliger Berg entstehen: »Schön wie *Tirza*, anmutig wie *Jerusalem* und schrecklich wie ein Heer mit Standarten« – *»Leg an deine schönen Kleider*, O Amerika, *heilige Stadt*!«[4]

Edwards' Überzeugung, die Heilsgeschichte werde in der Neuen Welt ihren Höhepunkt erreichen, läßt erkennen, wie sehr er den Puritanern verpflichtet war. Trotz seiner beträchtlichen Anleihen bei den Philosophen Europas – und ohne zu vergessen, daß sein Millenarismus seine Hoffnungen auf das Erwachen sowohl vor- als auch nachdatiert (so daß er womöglich am Ende den Glauben an die Bestimmung Amerikas verloren haben könnte) – ist es wohl gerechtfertigt zu behaupten, daß Edwards auf dem Gipfel seines Eifers die puritanische Vorstellung von der Neuen Welt pauschal übernahm. Für ihn wie für seine Vorfahren war »die Entdeckung Amerikas« nicht einfach nur ein Ereignis im Lauf der Weltgeschichte, die Erschließung neuer Territorien für Europas Christen. Sie war die Aufdeckung einer folgenreichen Wahrheit – ganz so, als ob ein begabter Exeget den Sinn einer dunklen Textstelle der Heiligen Schrift erschließt. In diesem hermeneutischen Sinne *entdeckte* Edwards Amerika in der Bibel, insbesondere in jener apokalyptischen Textstelle bei Jesaia, 66:19; und wie seine Vorfahren feierte auch er das Goldene Zeitalter der ersten Pflanzer als die millenniale Morgendämmerung. Unter diesen Prämissen war Edwards' Auffassung vom Großen Erwachen eine unausweichliche Schlußfolgerung. Englische Millenaristen wie Moses Lowman verhalfen ihm zu bestimmten apokalyptischen Datierungen; deutsche Pietisten wie August Hermann Francke und englische Evangelisten wie George Whitefield schärften seine Erwartungshaltung. Doch im wesentlichen bezog er seine Vorstellung vom Northampton-Millennium – nicht nur seine Darstellung von Sachverhalten aus Vergangenheit und Gegenwart, sondern auch seine Prognosen für künftiges Geschehen (große Bevölkerungszuwächse, Glaubensökumenismus, große Frömmigkeit, wahre Freiheit, allgemeiner Wohlstand und eine Vertiefung wissenschaftlicher, moralischer und religiöser Erkenntnisse) – aus dem puritanischen Neuengland.

Besonders aufschlußreich ist bei Edwards der Gedanke der Prüfung, dem er besondere Bedeutung beimißt. Der bekannte Gegensatz zwischen der »kosmischen Hoffnungslosigkeit« der Puritaner und dem »hochmotivierten kosmischen Optimismus« der Anhänger der Erweckungsbewegung simplifiziert die Einstellung dieser beiden Gruppen. Wie erstere seinerzeit einen Ausweg aus der Hoffnungslosigkeit gefunden hatten, so fanden nun, umgekehrt, die Calvinisten des 18. Jahrhunderts reichlich Gelegenheit, ihren Anhängern die vor ihnen liegenden Gefahren drastisch vor Augen zu führen – die »Kataklysmen«, die »inneren Unruhen und Kämpfe«, den »mächtigen und gewalttätigen Widerstand«, die alle der Niederwerfung des Reiches Satans vorausgehen würden. In diesen letzten Tagen, so wurde erklärt, »mußte jederzeit mit Finsternis und Leiden gerechnet werden«. Wie einst die puritanischen Jeremiasse verschmolzen nun die Edwardsianer Drohung und Verheißung zur alles beherrschenden Metapher ihrer Epoche: Bewährung. Wenn es den Anschein hatte, als wolle Gott »dieses Land verlassen und ein furchtbares Strafgericht über es bringen«, dann bestand Grund zur Freude. Gerade durch eine solche »Zeit der Prüfung« konnten Christi amerikanische Heilige (gewissermaßen) ihr Anrecht bekräftigen, aus Neuengland »den Himmel auf Erden zu machen«. In den Predigten des 17. Jahrhunderts finden sich zahlreiche Parallelen zu solchen Äußerungen – vielleicht am eindrucksvollsten in den Zeremonien der Covenant-Erneuerung, die während des »King Philip's War« (1674–1676) eingeführt wurden. In den puritanischen Covenant-Erneuerungen wie in den Gebetsversammlungen der Erweckungsbewegung verband der Klerus das persönliche Heil und den Fortgang des Erlösungswerks mit einer einzigartigen amerikanischen Unternehmung. Und beide Male basierte das Ritual auf der Erneuerung des Bundes der Israeliten unter Josua und Nehemia. Damals hatte Gott sein Volk aus der Gefangenschaft nach Kanaan geführt; heute erging Gottes Ruf an Sein Volk in Neuengland, die Befreiung der Kirche zu vollenden. Cotton Mather zufolge war die erste Antwort auf diesen Ruf die große Wanderung gewesen, als die puritanische Arche Christi »siegreich um den *Erdball* gesegelt« und die Geographie in *»Christiano-graphie«* verwandelt hatte. Genau ein Jahrhundert später bekräftigte David Austin in seinen Bemerkungen hinsichtlich der den Vereinigten Staaten bevorstehenden revolutionären Zeit der Prüfung noch einmal diese Verheißung in seinem »Advertisement« zu Edwards' *History of the Work of Redemption*:

»Zwar mag es dem Auge des Unglaubens so scheinen, als segle die Arche derzeit in stürmischem Wetter und drohe mit großer Wahrscheinlichkeit durch das Versagen ihrer nur geborgten Kraft zu versinken; doch gibt es zur Freude der Passagiere solche, die durch die Nebelschleier menschlicher und innerer Erschütterungen zu sehen vermögen und die das Kommen des TAGES des MILLENNIUMS willkommen heißen!
Auf dem Ozean des Millenniums wird [unsere]... Arche sicher und ungehindert segeln.«[5]

Austin sprach damit unmittelbar das Schicksal der Erweckungsbewegung im 18. Jahrhundert an. Seine Verachtung für den »Unglauben« der Skeptiker erinnert daran, daß seit 1742 eine wachsende Zahl von aufgeklärten Liberalen »Enthusiasten« wie ihn mit Spott überschüttet hatten. Den Liberalen aber fehlte es an Überzeugungskraft. Austins Optimismus, sein Gespür für die apokalyptische »Freude« an Bord des amerikanischen Staatsschiffes, erinnert an die fortdauernde Vitalität der Edwardsschen Erweckungsbewegung. Ich wage die Behauptung, daß der Erweckungsgedanke deshalb für die Kultur lebenswichtig blieb, weil Edwards weder mit den Puritanern brach noch sich mit ihnen arrangierte, sondern ihren Mythos so umgestaltete, daß er den Erfordernissen seiner eigenen Epoche entsprach. Aus meiner Sicht bestand Edwards' Leistung darin, die Erweckungsbewegung zu einer treibenden Kraft für die Unabhängigkeit zu machen, indem er sie in die sich entfaltende Typologie der Bestimmung Amerikas integrierte. Dies ist (ich wiederhole es) eine sehr eingeschränkte Sicht der Edwardsschen Leistung; sie offenbart den Provinzialismus eines brillanten Geistes, die Fähigkeit eines profunden religiösen Philosophen, sich durch kulturelle Einflüsterungen zu einer erstaunlichen Arroganz sowohl in bezug auf seine Person als auch hinsichtlich seiner Region und seines Kontinents verleiten zu lassen. Trotzdem: insofern Edwards' Arroganz eine Reihe weitverbreiteter Überzeugungen widerspiegelt, scheint sie mir einige hervorstechende Implikationen seines Denkens deutlich zu machen.

Vor allem wird deutlich, daß Edwards die protonationalistischen Tendenzen des »New England Way« fortsetzte. Edwards übernahm die Vorstellung vom neuen auserwählten Volk und dehnte den Kreis seiner Mitglieder von den heiligen Neuengland-Theokraten auf nachgeborene amerikanische Heilige aus. Denn Theokratie bedeutete zwar nicht in der Theorie, wohl aber in der Praxis Exklusivität, den wörtlich verstandenen und direkten Übergang vom auserwählten Vater auf den (mutmaßlich) auserwählten Sohn. Die erweckerische Bekehrung aber öffnete die Reihen der amerikanischen Armee Christi für jeden weißen protestantischen Gläubigen. Während die puritanischen Covenant-Erneuerungen die Nachkommen Neuenglands an ihre Kindespflichten erinnerten, versuchten die Edwardsschen Gebetsversammlungen, alle künftigen amerikanischen Heiligen in Nord und Süd aufzurütteln: für den Zustand ihrer Seelen, die Unzulänglichkeiten ihrer Gesellschaft und das Schicksal ihres Kanaan in der Neuen Welt.

Edwards erweiterte praktisch die puritanische Stammesgenetik der Seelenrettung zu einer Genealogie der amerikanischen Kirche der letzten Tage. Der Klerus der zweiten und dritten Generation hatte die Auswanderer als Gründerväter gepriesen, die Legende aber notwendigerweise auf die Neuengland-»story« beschränkt. Edwards befreite den Gedanken des Auftrags von den Einschränkungen einer regionalen Theokratie. Er machte die Gründerväter-Legende zum Allgemeingut aller evangelischen Sekten der Neuen Welt und eröffnete so die Möglichkeit, die puritanische Vergangenheit zu einer *figura* des American Way zu erweitern. Aufgrund dieser Tatsache ist bei vielen Wissenschaftlern der Eindruck eines relativ starken Optimismus in den Predigten der Erweckungsbewegung entstanden. Die Puritaner beschrieben ihre Mission auch als »Christi Wundertaten in Amerika«. Aber sie waren an eine regional definierte, dogmatisch exklusive Lebensweise gebunden; und trotz all ihrer Selbstsicherheit gelang es ihnen nie ganz, die restriktiven und expansiven Tendenzen ihres Denkens zu versöhnen. Edwards waren derartige Konflikte fremd. Sein Geschichtsbegriff beinhaltete, wie auch sein Evangelismus, die Vorstellung eines kontinuierlichen und indefiniten Wachstums. Er konnte sich eine post-millenare Haltung erlauben, weil es für ihn keines übernatürlichen Geschehens bedurfte, um die Kluft zwischen einem »abgeschlossenen Garten« und der ganzen Welt, also zwischen einer überholten Vergangenheit und einer Welterlösungs-Zukunft zu überbrücken. Der »New England Way« war für ihn vor allem ein Vorzeichen oder Typus der »Union der Liebe«, die das ganze protestantische Amerika – wie eine einzige Stadt auf einem Berge – zusammenschließen würde.

Denn wenn Edwards auch den puritanischen Glauben an die Theokratie aufgab, so bewahrte er doch die puritanische Vorstellung eines persönlichen/kommunalen Exzeptionalismus. Alan Heimert stellt dazu fest, er unterscheide sich von englischen Vertretern der Erweckungsbewegung, Whitefield eingeschlossen, durch seine besondere Betonung der gemeinsamen Bestimmung. Edwards attackierte die Separatisten wegen ihres geistigen Hochmuts und das koloniale Establishment wegen seiner laxen Haltung bei der Zulassung zur Kirche. Der von ihm favorisierte »Mittelweg« bestand wie bei John Cotton in einer doppeldeutigen Vereinigung von Extremen: angestrebt wurde gleichzeitig absolute Reinheit und volles Engagement in weltlichen Belangen. Edwards insistierte darauf, daß in Amerika »die heilige Gemeinde als Typ des Neuen Jerusalem« und folglich als ein irdisches »Instrument zu seiner Hervorbringung« dienen müsse. Die Separatisten argumentierten (wie einst Roger Williams gegenüber Cotton), daß es, typologisch gesehen, »einen klaren Unterschied zwischen Welt und Kirche« gab. Edwards erwiderte darauf (wie Cotton einst Roger Williams geantwortet hatte), daß zwischen der Amerika-»story« und der Religionsgeschichte ein innerer Zusammenhang bestehe. Das Ziel der amerikanischen Kirche, als »ein Typ des Neuen Jerusalem«, sei nicht nur »die Errettung des Einzelnen, sondern der Gesellschaft insgesamt«, weil die Gesellschaft in diesem Falle per definitionem »an der Förderung des Erlösungswerkes« unmittelbar beteiligt sei.[6]

Ich ziehe nun die Williams-Cotton-Parallele heran, um den Wandel in den Blick zu rücken, der sich zwischen 1640 und 1740 vollzogen hatte. Es ist oft gesagt worden, daß Edwards im kulturellen Zusammenhang eine Übergangsstellung einnehme. Dies ist zweifellos richtig, wenn wir hinzufügen, daß dieser

Übergang weniger das Ende einer alten Ordnung als vielmehr das Aufkommen einer neuen Wachstumsphase in der kolonialen Gesellschaft markierte. Perry Miller zufolge war Edwards, ohne es zu wollen, ein Moderner – der erste Amerikaner, der den Puritanismus »in die Sprache der empirischen Psychologie« umarbeiten sollte – und somit eine zentrale Figur innerhalb der Bewegung für die Werte eines liberalen »free enterprise«. Für diese Auffassung gibt es reichlich Anhaltspunkte; doch gibt es noch mehr, die für den Traditionalisten Edwards sprechen – für den orthodoxen Calvinisten, der leidenschaftlich dafür kämpfte, die Drohung der Moderne mit allen ihm zur Verfügung stehenden Mitteln, einschließlich dem Ideal christlicher Selbstzucht, zurückzuweisen. Seine Behauptung, die wahre Individuation sei kein selbständiger empirischer Prozeß, sondern ein öffentliches und geistiges Engagement, stand in direktem Widerspruch zu Locke. Regeneration war bei ihm abhängig von der Anpassung – durch die Gnade – an »ein Prinzip des Einsseins, das sich ... als identische multiple Einheiten eines Gattungsbewußtseins manifestiert«. Was diese beiden Seiten des Edwardsschen Denkens zumindest während der Zeit des »Erwachens« verbindet, war sein Versuch, den Gedanken der Regeneration mit dem Schicksal der Neuen Welt zu verknüpfen. Immerhin hatten die amerikanischen Protestanten eine besondere Rolle im göttlichen Plan. Vor allen anderen Völkern waren für sie Bekehrung, Wiedergeburt und »Gattungsbewußtsein« typologisch offenbar geworden durch die Übereinstimmung von persönlicher Erfüllung und gesellschaftlicher Harmonie (wie Edwards beständig wiederholte). Das unbeabsichtigte Ergebnis war, daß er in seiner Anpassung des puritanischen Denkens an die Normen seiner Zeit weiter ging als seine Vorgänger. Neuere Religionsgeschichtler haben dazu festgestellt, daß Edwards' »Ethik in einer klugen und flexiblen Applikation der frühpuritanischen Tradition auf das inzwischen gefestigte Leben von Massachusetts in der Mitte des 18. Jahrhunderts bestand«, daß seine wichtigsten Schüler »zu einer ... radikal egalitären, libertären und fraternitären Einstellung zum ... sozialen und politischen Leben neigten« und daß sich seine Theologie für sie als flexibel genug erwies, um »die Theorie einer Nation zu rechtfertigen«.[7] Selbstredend soll Edwards hier nicht mit der Sündenlast seiner Jünger beladen werden; in diesem Falle aber können wir sein Denken nicht völlig von dem seiner Schüler trennen. Implizit scheint klar, daß seine ausdauernden Bemühungen, Calvin und Locke unter einen Hut zu bringen, in die Vereinigung von Eschatologie und Eigeninteresse unter dem Baldachin des amerikanischen Fortschritts mündeten.

So betrachtet stellt Edwards' Post-Millenarismus tatsächlich einen wesentlichen Fortschritt gegenüber der puritanischen Auffassung dar. Indem er die Zukunft für die Kontrolle durch den Menschen öffnete, paßte er den Glauben an eine Weiterentwicklung den Erfordernissen eines Unternehmens an, das über die Grenzen einer spezifischen Region oder einer religiösen Sekte hinausgewachsen war. Die Theokraten der Massachusetts Bay hatten Säkulargeschichte mit Religionsgeschichte verbunden und postulierten ein kontinuierliches Anwachsen materieller/spiritueller Segnungen. Edwards machte die Spirale der Erlösung zum Synonym für den Fortschritt der Menschheit. Cushing Strout hat gezeigt, daß er damit »einen Ausweg aus den harschen Restriktionen des Calvinismus schuf und den Weg für ... neue arminianische Theologien des Glaubens an den freien Willen und an moralisches Handeln erforschte und ebnete«. Die historischen Ironien, die dabei im Spiele sind, können auch noch stärker herausgestellt werden. Edwards sanktionierte eine Vorstellung von Weltlichkeit, die er verachtet haben würde, und unterstützte neue Ideologien, die amerikanisches Streben mit biblischer Weissagung, wirtschaftliche Reformen mit dem Wirken des Geistes und libertäre Ideale mit dem Herannahen des Neuen Jerusalem verbanden. So wurde sein Gebrauch einer kaufmännischen Bildersprache (»im Angesicht Gottes zu leben ... ist das Geschäft und ... das Gewerbe eines Christen«) zu einem Stützpfeiler des Yankee-Pietismus. So taucht sein figurales Verständnis von Wirtschaft (der Zuwachs im Handel der Kolonie »ist ein Typ und Vorläufer« der Zeit, wenn die ganze Welt »mit geistigen Schätzen aus Amerika versorgt werden wird«) in zahllosen Werbetraktaten auf. Und so ermutigt das von ihm inspirierte »Erwachen«, wie Richard Bushman gezeigt hat, »weltlich gesinnten Ehrgeiz und Widerstand gegen [konservative Formen von] sozialer Autorität« – eine Rebellion des Mittelstands, die in territoriale Expansion, in eine »Steigerung wirtschaftlicher Möglichkeiten«, eine »Masse neuer Handelsleute, die nach der Ausgabe von Währungskursen riefen«, und in ein wachsendes Verlangen nach demokratischer Selbstverwaltung mündete; alle diese Elemente wurden getragen und vermehrt durch das Gefühl, daß sich darin ein großer Plan der Vorsehung – mit Edwards'

Worten, »die Entstehung eines Neuen Himmels und einer Neuen Erde in der Neuen Welt« – widerspiegelte.[8]

Die Erweckungsbewegung Edwardsscher Prägung war im Rahmen dieser Entwicklung natürlich nur einer von mehreren Faktoren. Es kommt für mich hier nicht darauf an, daß sie spätere Ereignisse hervorrief, sondern daß sie einen Rahmen schuf, innerhalb dessen sich die puritanischen Vorstellungen für die Bedingungen eines neuen Zeitalters fruchtbar machen ließen. Ihre Wirkung zeigt sich z. B. in der Revidierung von Ansichten hinsichtlich eines »adamitischen« Naturzustands und der *translatio imperii*, dem »Vorrücken des Reiches nach Westen« (»the Westward course of empire«). Die Rückkehr zur Natur bedeutete traditionell einen statischen Zustand (ob pastoral oder utopisch), während der »Westward course of empire« ein zyklisches Geschichtsverständnis, den sich ständig wiederholenden Aufstieg und Fall von Zivilisationen, impliziert. Im Amerika der Aufklärung wurden diese einander widersprechenden Auffassungen von einer ganz und gar progressiven Perspektive absorbiert und in alternative Formen kultureller Affirmation umgewandelt. Wenn koloniale Autoren ein Paradies in der Neuen Welt besangen, dann dachten sie nicht an den Garten Adams, sondern an ein neues, endzeitliches Eden, wo eine Versammlung neuer Adame Gottes großen Plan vollenden würde. Weit entfernt von Nostalgie oder Primitivismus sollte ihr Paradies das Ergebnis einer Reihe von historischen Umgestaltungen und daher eine Erfüllung sowohl sozialer als auch geistiger Normen sein. Und wenn »Eden«, »Paradies« und »der göttliche Plan« – Begriffe, die immer wieder gebraucht wurden – nach anderen Maßstäben lediglich Metaphern für profane Errungenschaften waren, so dienten sie den Amerikanern zugleich auch als Mahnung, daß hier wie nirgendwo sonst das Weltliche von einer besonderen teleologischen Bedeutung durchdrungen war.

Dieselbe Teleologie wurde dem klassischen Begriff der *translatio imperii* übergestülpt. Edwards (der sich hierin den Puritanern anschloß) hatte dies in eine Variation des apokalyptischen Schemas der »vier Reiche« des Propheten Daniel umformuliert, und allmählich übernahmen die Kolonisten des 18. Jahrhunderts ebendiese puritanisch-Edwardssche Version, wobei an die Stelle der Bibel als Belegtext nun die Amerika-»story« trat. Der Stern im Westen des Reiches bedeutete für sie weit mehr als nur das

Vorrücken der Zivilisation von Ost nach West. Er signalisierte die »vollständige Erfüllung« der »verschiedenen alten Weissagungen«. Er war der Morgenstern, der den Triumph von Sonne/Sohn verkündete, die/der (mit Edwards' Worten) »im Westen, gegen den Lauf ... der Welt, aufgehen« würde. Dies gilt für alles, was die Begriffe *Reich, Westen* und *Erfüllung* im Amerika des 18. Jahrhunderts implizierten. Libertinismus war nicht einfach nur eine bessere Lebensweise, sondern »die lang verheißene Herrlichkeit«; die Hoffnung auf freien Handel und offenen Wettbewerb rief die »Schönheiten von IMMANUELS LAND« ins Bewußtsein; die Expansion nach Westen verhieß die grenzenlose Großzügigkeit des »Königreichs der letzten Tage«. Es ging nicht um Ursprünglichkeit und Unschuld, um den Erwerb von mehr Land und Reichtum, um die Verfeinerungen einer Hochkultur. Diese Ziele waren der Ausdruck einer größeren Sache. Anderswo mochten solche Fortschritte (zumindest zeitweilig) zum Aufbau einer guten Gesellschaft vielleicht genügen. In der Neuen Welt aber, wie ein englischer Reisender in der Jahrhundertmitte staunend bemerkte, brachte das »Vorrücken des Reiches« eine neue »ebenso seltsame wie visionäre Idee« mit sich, daß nämlich »jener schicksalhafte Augenblick nahe ist ... wo Amerika der übrigen Welt Gesetze geben wird«.[9]

In welchem Maße die Anhänger von Edwards für diese seltsame, visionäre Idee verantwortlich waren, weiß ich nicht. Eines scheint jedoch klar: sie sanktionierten die Vereinigung von Heilsgeschichte, lokalem Fortschritt und geistiger Selbsterfüllung und schufen so die Bedingungen, unter denen Yankee-Amerikaner die Typen der Bibel zu nationalen Zwecken usurpieren konnten. Auf lange Sicht war das Große Erwachen trotz seines offensichtlichen Scheiterns als religiöse Bewegung erfolgreich in seinem Bemühen, die evangelische Denkweise zum zentralen kulturellen Orientierungspunkt zu machen. Der Gedanke der Bestimmung speiste auf ganz direkte Weise die Rhetorik während des Krieges gegen Frankreich und gegen die Indianer. Das Resultat war ein Triumph sowohl für die englische Außenpolitik als auch für den amerikanischen Millenarismus. Indem er die alten Verfahrensweisen erweiterte, um sie mit kommerziellen und territorialen Bestrebungen zu vereinbaren – indem er dem Imperialismus den Mantel des heiligen Krieges umhängte –, versammelte der Klerus in der Mitte des 18. Jahrhunderts die Kolonisten zum anglo-protestantischen Feldzug in die katholische Wüste. Die Franzosen wurden zur »Nachkommenschaft der *Großen Hure*« erklärt; Französisch-Kanada war »das nordamerikanische Babylon«; und die Invasion selbst ein »großer Entscheidungskampf zwischen dem Lamm und der Bestie«, ein Vorausblick auf Armageddon. Nathan Hatch hat dargelegt, wie ganz Neuengland von der Belagerung von Louisbourg (1745) bis zum Frieden von Paris (1763) von »millenarem Optimismus« erfaßt war. Hatch verweist auf den Einfluß neuer Ideen und stellt dazu fest, daß dieser »bürgerliche Millenarismus« eine radikale Wende in der kolonialen Eschatologie markierte. Nach meiner Meinung ist seine Behauptung ebenso wenig haltbar wie die über den Edwardsschen Post-Millenarismus; doch hat er recht mit seiner Einschätzung der in jenen Tagen herrschenden Stimmung. Liberale und Anhänger der Erweckungsbewegung aus Massachusetts und Virginia und auch Edwards' alter Gegenspieler Charles Chauncy stimmten in den Chor ein. Die Niederwerfung von Französisch-Kanada, so lautete die Prognose, werde »große Umwälzungen mit Signalwirkung für den zivilen und religiösen Zustand dieser Welt« mit sich bringen; der Sieg bedeutete nichts weniger als das »Eintreffen der auf den millenaren Staat bezogenen biblischen Weissagungen«.[10]

Bezeichnenderweise übernahm auch Edwards im wesentlichen diese Einstellung zum Krieg. Von seinem Wüstenexil in Stockbridge aus erging er sich in Jubel über jede hoffnungsvoll klingende Nachricht, wie unbedeutend sie auch sein mochte. Sein *Account of Events Probably Fulfilling the Sixth Vial* – gemeint ist die Erfüllung der letzten derjenigen Weissagungen, die vor den Weissagungen kommen, die sich auf das Neue Jerusalem beziehen – enthält Berichte, die er aus einer riesigen Menge von Lokalzeitungen aus Boston und New York herausgepflückt hatte. Nichts schien zu trivial, nichts zu schamlos profan oder egoistisch, um nicht doch seinen Berechnungen einverleibt zu werden. Die Kaperung französischer Schiffe, »Handels- und Akquisitionssteigerungen« in Neuengland, Anzeichen eines wirtschaftlichen, militärischen und moralischen Niedergangs in Frankreich, politische »Bedrängnis« in Französisch-Kanada, die (in Piratenmanier) durchgeführte Beschlagnahmung von französischen Rüstungsgütern, von Gold-, Nachschub- und Warenlagern – jedes Detail, das mit dem Krieg zu tun hatte, war mit prophetischer Bedeutung erfüllt, war mindestens so sehr ein Bild oder Vorzeichen des Kommenden wie jeder biblische Sachverhalt. »Die neuerlichen Wundertaten Gottes in Amerika«, schrieb Edwards an einen schottischen Korrespondenten nach der Schlacht von Kap Breton, beschleunigten die Vollendung des göttlichen Plans. Sie zeugten von »einem außerordentlichen Geist des Gebets, der dem Volke Gottes in Amerika verliehen war und der im Hinblick auf dieses Unternehmen stärker zum Ausdruck gekommen ist als in jeder anderen öffentlichen Angelegenheit, an die ich mich erinnern kann«. Kein Zweifel, »der Allerhöchste hat seine Hand aufs deutlichste und wunderbarste ausgestreckt ... und es ist vielleicht eine Fügung der Vorsehung, die in ihrer Art so bemerkenswert ist wie schon lange nicht mehr, ... und überdies eine großartige Sache, behaupten zu können ... daß wir in einer Zeit leben, in der noch göttliche Wunder erwartet werden dürfen.«[11]

Edwards' Begeisterung über den Krieg gegen Frankreich und die Indianer ist ein schlagender Beweis für die Kontinuitäten zwischen weltlichem Millenarismus und dem der Erweckungsbewegung. Der Krieg aber trug das Seine zur Erweiterung des rhetorischen Horizonts bei. Die Erwecker hatten in das Bild des Auftrags nicht nur die sichtbaren Heiligen aus Massachusetts, sondern aus allen englischen Kolonien miteinbezogen. Das geistliche Establishment von 1745 bis 1763 ging sogar noch einen Schritt weiter. In ihrer Mobilisierung der »patriotischen Bevölkerung des protestantischen Amerika« wurde »unser Zion« in einem ganz und gar weltlichen Sinne mit »unseren Kolonien« assoziiert. Die Basis ihres Aufrufs bildete nicht nur die Religion, sondern insbesondere die bürgerlichen Traditionen Anglo-Amerikas – also nicht nur der Protestantismus, sondern auch englischer Libertinismus. In gewissem Maße führte diese Haltung zu einem gesteigerten Loyalitätsgefühl gegenüber dem »Mutterland«. Großbritannien war die Quelle kolonialer Freiheiten, und die Literatur dieser Dekade wurde nicht müde, dieses Legat zu feiern. Doch wie Paul Varg bemerkte, war auch immer wieder von *Amerika* und den *Amerikanern* die Rede, und immer häufiger wurde das Loblied der »Gründerväter« gesungen, die »England verließen«, um »die Segnungen der Freiheit« in einem »Neu-Kanaan der *Freiheit«* zu genießen. *Ein Kanaan der Freiheit!* Dieser Satz ist ein geeigneter Gradmesser für die Entwicklung des Mythos. Die Puritaner hatten ihre Entsendung durch den Verweis auf den Exodus der Israeliten gerechtfertigt. Amerikaner des 18. Jahrhunderts rechtfertigten sowohl die Israeliten als auch die Puritaner durch den Verweis auf den eigenen Fortschritt und beschworen dann das Beispiel der Bay-Auswanderer, um ihre Landsleute zu noch größeren Leistungen anzuspornen. »Freiheit war der edle Auftrag unserer Väter über den Atlantik«; sie »trotzten Meer und Himmel, Ungeheuern und Wilden, Tyrannen und Teufeln um der Freiheit willen«. So adaptiert und revidiert gehörte die Legende der puritanischen Gründer unmißverständlich allen weißen protestantischen Kolonisten. Wie »die Kinder *Israel* herausgeführt [wurden] aus *Ägypten*«, rief 1754 der New Yorker Theodorus Frelinghuysen, »so [wurden] unsere Väter von Europa in dieses Land gebracht.« Und wie »Gott der Allmächtige ihnen das Land der Heiden [gab]«, so hat er jetzt vor, Französisch-Kanada den Streitkräften des protestantischen Amerika zu überlassen.[12]

Diese Botschaft, während der Kriegsjahre ständig wiederholt, wurde wie schon in früheren Zeiten mit der figuralen Rhetorik der Bewährung verbunden. Im letzten, kritischen Stadium der Auseinandersetzung äußerten die Geistlichen ihre Drohungen ein wenig zurückhaltender. Doch kaum war der Friede geschlossen, nahmen sie ihr Lamento mit voller Kraft wieder auf. Die eben geschlagenen Schlachten, so wurde gewarnt, hätten das Problem nicht gelöst. Ganz im Gegenteil: die wahre Krise habe jetzt erst begonnen. Wie die Erwecker sahen auch sie Zeichen der Degeneration, wohin sie auch immer schauten, und der Donner ihrer Moralpredigten setzte sich bis in die Revolutionszeit hinein fort. Papismus, Korruption, Verweichlichung und Luxus, ungezügelte Lasterhaftigkeit, Spielleidenschaft, Müßiggang und Maßlosigkeit – all die »Greuel«, die schon in der Synode von 1679 und in den Predigten von 1740 angeprangert worden waren, kehrten in den Reden der sechziger und siebziger Jahre wieder. Jetzt ging es um die Unabhängigkeit, nicht mehr um den britisch-amerikanischen Protestantismus; das soziale Ideal war nun die Republik, nicht die aufgeklärte Monarchie. Und natürlich hatte der Feind nun eine andere, subtilere und perfidere Gestalt angenommen. Nicht mehr der französische, sondern der englische König war jetzt das Instrument der Scharlachroten Hure; England, nicht Französisch-Kanada war das moderne Babylon; die Gefahr im Inneren ging von europäischen Moden und königlichen Agenten aus, weniger von Indianern, Jesuiten oder Ketzern.

Trotz ihrer beträchtlichen Ausweitung besaß die Rhetorik im

wesentlichen dieselbe Struktur. Niemals ertönte die Stimme Jeremias lauter im Lande als im Frühling der Republik. Am Vorabend der Unabhängigkeit schrieb John Adams, es könne der »Wille des Himmels« sein, daß »Amerikaner noch viel schrecklichere Katastrophen und viel furchtbareres Elend erleiden werden... Der Feuerofen des Leidens führt zur Läuterung sowohl des Staates als auch des Einzelnen.« Das war am 3. Juli 1776. Kurz zuvor hatte er gehört, wie ein Priester voraussagte, daß Gott »mit schrecklicher Wut« über das Land kommen würde – und »diese Weissagung erfüllte und schwellte die Brust eines jeden Zuhörers«, so berichtete Adams seiner Frau. Er wußte, daß er Abigail mit dieser Aussage nicht im Glauben unterwies, sondern bestärkte. Sie selbst hatte ihm oft genug hinsichtlich der Doppeldeutigkeit des göttlichen Zorns gegenüber seinen Auserwählten Trost zugesprochen. Beide hatten erkannt, daß es »der Wille des Himmels« war, daß die Erlösung der Nation *durch* »alle Düsternis«, *mittels* »Blut und Verrat« bewirkt werde, »wie es bei den Kindern Israel gewesen war«. Niedergang, Zweifel, politische und wirtschaftliche Umwälzungen – ihre Aufzählung der Katastrophen, die Gottes eigenes Land heimsuchen würden, lief, alles in allem, wieder einmal auf den »Tag der Prüfungen Israels« hinaus. Beide konnten die Botschaft unterschreiben, die in rohen Buchstaben auf einem Plakat zum Thanksgiving Day in Vermont prangte, daß nämlich »Gott uns noch froh machen wird über die Tage unserer Leiden und die Zeit, in der wir das Böse gesehen haben«.[13]

Dieses Vermonter Plakat ist typisch für eine Fülle von weltlichen und geistlichen Schriften – Abhandlungen, Reden und Pamphlete –, in denen zunächst jede am jeweiligen Ort geschehene Missetat genau aufgezählt wird, um danach den eindringlichen Appell zum gemeinsamen Gebet und zur Erneuerung des Bundes ertönen zu lassen. Und wie Gordon Wood feststellte, war dieser Appell stark genug, um gerade aus dem Prozeß des An-Sich-Selbst-Zweifelns millenniale Raserei hervorgehen zu lassen. Während der sechziger und frühen siebziger Jahre bezogen sich patriotische Anführer immer öfter auf das Bild der »auserwählten Gemeinde, die aus der Verkommenheit... Europas hinweggeführt wurde« und nun vorrückt, um »das Land der Heiden... zum Erbe und diese äußersten Enden der Erde zum Eigentum« zu erhalten. Immer stärker wurde beschworen, was man als das libertäre Vermächtnis der puritanischen Gründer interpretierte. Und immer öfter war, in apokalyptischen Wendungen, die Rede vom beginnenden Kampf um die Unabhängigkeit. Als Thomas Jefferson 1774 das Fasttags-Ritual wiederaufleben ließ, stellt er mit einiger Überraschung fest, daß »die Wirkung wie ein elektrischer Schlag durch die ganze Kolonie fuhr und jedermann aufwühlte und sich erheben hieß«. Er zog die Lehren daraus und setzte diese rhetorischen Tricks auch bei anderen wichtigen öffentlichen Anlässen immer wieder ein, von seinen beschwörenden Ansprachen während der Zeit der Revolution bis hin zur Rede anläßlich seiner zweiten Amtseinführung. Auch Tom Paine muß sich dies wohl zu Herzen genommen haben, nach seinem verblüffenden Rückgriff auf diese Sprache in *Common Sense* zu urteilen. Ich denke dabei an seinen Gebrauch biblischer Vorbilder, an seine besondere Betonung der Vorsehung und vor allem an die figurale Skizzierung des amerikanischen Exzeptionalismus – unter angemessener Würdigung der Meilensteine der frühen neuenglischen Christianographie: eine gefallene Alte Welt (die einen römisch-katholischen Antichrist beherbergt), ein ägyptisches England, das von einem »erbarmungslosen, übellaunigen Pharao« in Knechtschaft gehalten wird, und ein Neu-Kanaan, das »durch den himmlischen Plan« mit »der Sache der ganzen Menschheit« betraut worden ist.[14]

Es ist unbestritten, daß diese Heroen der Aufklärung aus der Arbeit des »schwarzen Regiments« Kapital schlugen – jener »zahlenmäßig starken, gebildeten und angesehenen Zunft«, wie David Ramsay, ein Historiker der Revolutionszeit, den neuenglischen Klerus beschrieb, »die großen Einfluß auf ihre Zuhörer besaßen. Sie verbanden Religion und Patriotismus und stellten in ihren Predigten und Gebeten die Sache Amerikas als die Sache des Himmels dar.« In ähnlicher Weise verhielten sich auch die meisten anderen führenden Revolutionäre – nicht nur die Kleriker, sondern auch so unterschiedliche politische Denker wie Washington, Hamilton, Sam Adams, David Humphries und Elias Boudinot. Ihre Appelle zur Einheit, aus Kaserne, Studierstube und von der Rednertribüne, wiederholen dieselbe Typologie der gemeinsamen Bestimmung: der hebräische Exodus, Neuenglands Auftrag, Amerikas Schicksal. Athen und Rom boten ein Repertoire von praktischen Anregungen oder Warnungen für die Republik. Wie zuvor lieferte die Religionsgeschichte die leitenden Metaphern. Neuere Historiker haben darauf hingewiesen, daß die ersten, von Franklin und Jefferson eingebrachten Vorschläge für das Siegel der

Vereinigten Staaten Moses zeigten, der das auserwählte Volk anführt; man könnte hinzufügen, daß das statt dessen gewählte Symbol auf eben diese Weise interpretiert wurde. »Wenn jemand fragen würde«, sagte Edwards' Schüler David Austin, »was aus dem Adler geworden ist, auf dessen Flügeln die verfolgte Frau [Offb. 12:14] in die amerikanische Wüste getragen wurde, könnte man dann nicht antworten, daß er seine Bleibe auf dem Staatssiegel der Vereinigten Staaten gefunden hat?« So lautete in der Tat (und zu niemandes Überraschung) die Antwort von Samuel Sherwood am Vorabend der Revolution. Sherwood bezog sich auf den nämlichen Text aus der Geheimen Offenbarung und verband ihn dann mit den entsprechenden daran erinnernden und proleptischen Textstellen im Alten Testament: »Ihr habt gesehen, was ich mit den Ägyptern getan habe und wie ich euch getragen habe auf Adlerflügeln... Und ihr sollt mir... ein heiliges Volk sein« [Exod. 19:4–6] und »fahren auf mit Flügeln wie Adler« [Jes. 40:31]. Sherwood erklärte sodann den figuralen Sinn aller drei Texte und verkündete seinen Zuhörern am Wahltag im Mai des Jahre 1776:

»Als jener Gott, dem die Erde und ihre ganze Fülle gehört, seine Kirche kraft seiner gütigen, schützenden Vorsehung wie auf Adlerflügeln in diese Wüste führte, gab er ihr dies gute Land zu Erb und Eigen für alle Zeit. Er pflanzte sie wie eine schöne, edle Rebe; und er vertrieb vor ihr alles Heidnische. In den Tagen ihrer Jugend hat er sie zärtlich genährt und gepflegt und sie in zahllosen Gefahren beschützt... Gott hat in diesem amerikanischen Teil des Erdballs für die Frau und ihre Nachkommen gesorgt... Er hat sie glorreich errettet und sie vom grausamen Joch der Tyrannei und Unterdrückung befreit... indem er sie ins gute Land Kanaan führte, das er ihnen zum immerwährenden Erbe gab«.[15]

Sherwoods *The Church's Flight into the Wilderness* war die populärste und flammendste Predigt des Jahres 1776, das klerikale Gegenstück zu Tom Paines *Common Sense* und für das, was einmal die dominierende Kultur der neuen Nation werden sollte, weitaus repräsentativer als *Common Sense*. Die darin entwickelte figurale Sicht ist ein eindrucksvolles Beispiel für Kontinuität *und* Veränderung. Fast anderthalb Jahrhunderte früher, im Frühling des Jahres 1630, hatte John Cotton die nämlichen Texte (aus Exodus, Jesaia und aus der Geheimen Offenbarung) ausgewählt, um die Passagiere der *Arbella* über ihr Wagnis in der Neuen Welt zu unterrichten. Doch während *God's Promise to His Plantations* sich zur Rechtfertigung des Unternehmens auf die Überlieferung als Autorität beruft (das traditionelle Bild des Adlers als Christus), erblickt Sherwood in dieser Rechtfertigung, und nicht in der hinter ihr stehenden Überlieferung, seine Legitimation. In letzter Instanz bezieht er sich nicht auf kirchliche Überlieferungen und noch nicht einmal auf die Bibel, sondern auf das Amerika-Erlebnis; damit kehrt er das hermeneutische Verfahren praktisch um – er krempelt den Figuralismus um. Sherwoods Legitimation besteht im Fortschritt seines Landes, sein Text ist die puritanische Vergangenheit, sein exegetisches Gerüst sind die Weissagungen über die Zukunft Amerikas. So erklärt sich die Leichtigkeit, mit der er den Adler als den puritanischen Geist der Freiheit, als *figura* des Geistes von 1776, intepretiert. Die radikalen Whigs sind nach seiner Auffassung die Kinder der Verheißung, wie Josua der Erbe Moses' war: alles ist eine einzige große Spirale, die von der Theokratie zur Demokratie führt. Obwohl Sherwood, wie schon Cotton, die Reformation einbezieht und das Millennium voraussagt, beschreibt er die wichtigsten zur Erlösung beitragenden Ereignisse im Sinne des Wachstums der kolonialen Gesellschaft. Der heilige Ursprungspunkt ist die erste puritanische Ansiedlung; ihr Höhepunkt der drohende Unabhängigkeitskrieg.

Ähnlich hatte auch Samuel Danforth im Jahre 1670, zum vierzigsten Jahrestag der Mühen und Plagen Neuenglands in der Wüste, eine figurale Vorwärtsentwicklung von der Großen Wanderung hin zu einem neuen Himmel und einer neuen Erde postuliert. Doch Danforths prä-millenare Einstellung schloß eine säkulare Erfüllung von vornherein aus. Edwards hatte den Weg bereitet für eine Gleichsetzung des amerikanischen Fortschritts mit dem Werk der Erlösung, aber das Große Erwachen war nur *ein* Meilenstein im sich entfaltenden Schauspiel der Neuen Welt. In Edwards' Vorstellung war die Entwicklung der anglo-amerikanischen Kolonien unbegrenzt, sie setzte sich bis ins Zeitalter des Geistes hinein fort. Für Sherwood und seine Landsleute nahm der Begriff der Bestimmung eine klar erkennbare, in sich geschlossene amerikanische Form an. Sie führten die Logik ihrer Vorväter zu einer Schlußfolgerung, die für Danforth oder Edwards nicht einmal im Traum vorstellbar war (von Cotton und Winthrop ganz zu schweigen), und verkündeten, daß der lang verheißene, begierig erwartete apokalyptische Augenblick mit der amerikanischen Revolution gekommen sei. Die Whig-Patrioten, die »zum Wohle der ganzen Welt und zukünftiger Zeitalter handelten«, ließen den gleichen Trompetenstoß erschallen »wie die himmlischen Heerscharen, die die Geburt des Erlösers verkündigten«. Die Revolution, so wurde erklärt, markierte die volle und endgültige »Erfüllung der *magnalia Dei* – der großen Ereignisse ... die seit unvordenklichen Zeiten vorbestimmt waren, um nun an diesen Enden der Erde offenbar zu werden ... bis ans Ende der Zeit«; die »Unabhängigkeit der Vereinigten Staaten von Amerika ist nicht nur ein markanter Wendepunkt im Zeitenlauf, sondern der wirkliche Endpunkt, von dem an die neue Ordnung der Dinge neu berechnet werden muß. Sie ist der Gabelungspunkt in der Menschheitsgeschichte; sie ist der Augenblick der politischen Regeneration der Welt.« Dem Anlaß angemessen nahm die Tradition des 4. Juli ihren Anfang mit einer im Jahre 1778 (in Charlestown, South Carolina) gehaltenen Rede, in der »die Revolution als der Beginn eines neuen Zeitalters in der Geschichte der Menschheit« definiert wurde.[16]

Wir können die Entwicklung dieses figuralen Schemas anhand der patriotischen Ansprachen der revolutionären und föderalistischen Zeit verfolgen – Nicholas Streets *The American States Acting Over the Part of the Children of Israel in the Wilderness* (New Haven, 1777), Samuel Langdons *The Republic of the Israelites an Example to the United States* (Exeter, N.H., 1788), Abiel Abbots *Traits of Resemblance in the People of the United States of America to Ancient Israel* (Haverhill, Mass., 1799). In all diesen »state-of-the-covenant«-Botschaften und zahllosen anderen, ähnlichen Schriften bezeichnen Begriffe wie »acting over« (»wiederholen«), »example« (»Beispiel«) und »resemblance« (»Ähnlichkeit«) eine inzwischen weit zurückliegende biblische Realität. Für die Puritaner bedeutete ihr Auftrag die Fortsetzung des biblischen Exodus; für Edwards war mit der Erweckung die Erfüllung des puritanischen Auftragsgedankens erreicht; für die Whig-Prediger enthüllte die Revolution den Sinn von Exodus, Auftrag und Erweckung. Noahs Flucht, Abrahams Wanderungen, Israels Wüstenzug, die Formierung der frühen Kirche, Luthers und Calvins Auflehnung gegen Rom: all dem stand die Revolution als Antityp gegenüber. Wie die Menschwerdung Christi markierte sie eine qualitative Veränderung in der Spirale der Menschheitsgeschichte. Mit der Entdeckung der Neuen Welt hatte eine neue Ära begonnen, und die Revolution bestätigte dieses Faktum, wie einst Christus die neue Glaubensära bestätigt hatte. Christus hatte die Autorität der Heiligen Schrift angerufen, aber es war seine Sendung, die die Weissagungen präzisierte und erklärte. Gleiches galt für das Verhältnis zwischen dem Alten und dem Neuen Jerusalem. Jetzt, wo die Amerikaner den Bund erfüllt hatten, würden ihre *magnalia Dei* sich im Bild der Revolution fortsetzen »bis ans Ende der Zeit«.

Es sollte noch mindestens eine Generation dauern, ehe sich die Typologie der amerikanischen Bestimmung in ihrer Gesamtheit darstellen ließ – ehe Washington als Retter einbalsamiert, seine Ruhmestaten interpretiert, seine Apostel klassifiziert, der Judas in ihrer Mitte erkannt, die Unabhängigkeitserklärung mit der Bergpredigt verglichen und die heiligen Orte und Objekte (Bunker Hill, Valley Forge, die Freiheitsglocke) angemessen etikettiert werden konnten. Mehrere Jahrzehnte sollten noch verstreichen, ehe die Verfassung die höheren Weihen als (wie Emerson formulierte) »das beste Buch der Welt« nach dem Neuen Testament erhielt und ehe die Revolution (laut John Quincy Adams) »unauflöslich« mit dem »Geburtstag ... des Erlösers verbunden« war als soziales, moralisches und politisches Korrelat zum »Auftrag, um dessentwillen der Erlöser in die Welt gekommen war« und wodurch die Revolution zum »ersten unwiderruflichen Pfand der Erfüllung der Weissagungen [wurde], die uns vom Himmel selbst verkündet worden sind«. Das Modell aber war gegen Ende des 18. Jahrhunderts bereits etabliert. Und die Schlüsselfigur bei seiner Entwicklung war Edwards' Enkel Timothy Dwight, ein führendes Mitglied des »schwarzen Regiments«, Mitunterzeichner der Unabhängigkeitserklärung, aufgeklärter Intellektueller und führender Geist Connecticuts, Freidenker, Calvinist und patriotisch gesonnener Whig. »Dieser große Kontinent«, so Dwight, »wird bald erfüllt sein vom Lobpreis und von der Frömmigkeit des Millenniums; *hier* ist der Stamm jenes Wunderbaums, dessen höchste Zweige in den Himmel reichen werden.«

»Die Zeit ist jetzt nicht mehr fern, wo ›die Erkenntnis des Herrn die Erde erfüllen wird wie das Wasser die See‹ ... Es ist nicht ausgeschlossen, daß, noch ehe eine weitere Sonne ihren Umlauf um das große zenturiale Jahr vollendet hat, sie erleben wird, wie der Jude ›wieder auf den Olivenbaum aufgepfropft wird, von dem er einst abgebrochen wurde‹ ... Gedenkt, wie Gott eure Väter *auf Adlerflügeln* in dieses Land *getragen* hat. Erinnert euch an ihre zahlreichen Errettungen ... Ein so begonnenes und so ausgeführtes Werk ist in sich selbst Beweis genug, daß es nicht vergehen kann.«[17]

Ihren eindringlichsten Ausdruck fand diese Hoffnung in Dwights Epos *The Conquest of Canäan:* nach der Beschreibung immer neuer Krisen und »Prüfungen« (Rückschläge, Verrat, heiliger Krieg) schließt der Text mit einer Zelebration der Republik in der Neuen Welt – Amerika, das zweite »selig strahlende Eden«, »vom Himmel selbst entworfen«. Dwights Held ist Josua, sein Gegenstand der Kampf um das biblische Kanaan. Es wird allerdings deutlich, daß die Handlung selbst Teil eines größeren Prozesses ist, der in der Revolution gipfelt. Der Führer der Israeliten (als Vorbote einer »größeren Ordnung«) ist das Gegenstück zu Washington als des Christus-ähnlichen »Wohltäters der Menschheit«, der einen »noch schicksalhafteren Kampf an *Neu*-Kanaans Gestaden« lenkt. Israels Eroberung des Landes Kanaan findet ihre Rechtfertigung, ihre episch-heroische Bedeutung letztendlich in dem, was sie uns über Amerikas Bestimmung sagt.

To nobler bliss yon western world shall rise,
Unlike all former realms ...
...
Here union'd choice shall form a rule divine;
Here countless lands in one great system join;
The sway of Law unbroke, unrivall'd grow ...

Zu höherer Glückseligkeit wird jene Welt im Westen auferstehen,
wie noch kein Reich zuvor ...
...
Hier soll vereinte Wahl eine göttliche Regierung bilden;
Hier sich zahllose Länder zu einem großen Verbund zusammenschließen;
Die Herrschaft des Gesetzes soll ungebrochen, uneingeschränkt
wachsen ...

Etwa zwanzig Jahre später reflektierte John Adams, Washingtons Nachfolger in der Rolle des amerikanischen Josua, über den Sinn dieses »noch schicksalhafteren Kampfes«. In einem zu Recht berühmt gewordenen Text kam er zu dem Schluß, daß die Motive für die Revolution »zweihundert Jahre zurückverfolgt und in der Geschichte des Landes, ausgehend von den ersten Ansiedlungen, gesucht werden sollten. ... Dies führte in den Jahren 1760 und 1761 zu EINEM ERWACHEN und einer WIEDERERWEKKUNG amerikanischer Prinzipien und Gefühle, verbunden mit einer Begeisterung, die sich immer mehr steigerte, bis sie sich 1775 in offene Gewalt entlud.«[18] Adams Gebrauch der Großen Wanderung als Wegbereiterin des Unabhängigkeitskrieges ist ein signifikanter Beweis für die weltlich-religiöse Typologie, die im Laufe des 18. Jahrhunderts entstanden war. Und signifikant sind auch seine Schlüsselbegriffe, die uns, gewollt oder ungewollt, an das Millennium von Northampton erinnern: *Begeisterung, Erwachen, Erweckung.**

(Aus dem Amerikanischen von Margit Smuda)

Anmerkungen

1 David E. Smith, *Millennarian Scholarship in America*, in: *American Quarterly*, 17 (1965), S. 537 (vgl. auch S. 530, 541–542); William Hubbard, *The Happiness of a People*, Boston 1676, S. 61.

2 William Adams, *The Necessity of the Pouring Out of the Spirit*, Boston 1679, S. 35; James Allin, *New England's Choicest Blessing*, Boston 1679, S. 13; Increase Mather, Vorwort zu Samuel Torrey, *An Exhortation Unto Reformation*, Cambridge, Mass., 1674, Sig. A_2 recto.

3 Jonathan Edwards, *Great Awakening*, hg. v. C. C. Goen, New Haven 1972, S. 560, und ders., *Works*, hg. v. John Erskine, New York 1849, Bd. 3, S. 316.

4 C. C. Goen, *Jonathan Edwards: A New Departure in Eschatology*, in: *Church History*, 28 (1959), S. 32; Edwards, *Works*, Bd. 1, S. 484–486.

5 Alan Heimert, *Religion and the American Mind: From the Great Awakening to the Revolution*, Cambridge 1966, S. 64, 66; Edwards, *Works*, Bd. 1, S. 481 und Bd. 3, S. 316 (vgl. auch Bd. 1, S. 322–324, 469, 486–494 und Bd. 3, S. 291, 299, 308–319, 322–324, 410, 417–418, 424, 431–434, 454–461, 492); Cotton Mather, *Magnalia Christi Americana*, hg. v. Thomas Robbins, Hartford 1853, Bd. 1, S. 42–43; David Austin, »Advertisement« to Jonathan Edwards, *History of Redemption*, hg. v. Austin, New York 1793, S. IV.

6 Alan Heimert, Einleitung zu Jonathan Edwards' *Humble Inquiry*, in: *The Great Awakening*, hg. v. Alan Heimert u. Perry Miller, Indianapolis 1967, S. 424; *A Letter from the Ministers of Windham* (1745), in: *Great Awakening*, hg. v. Heimert u. Miller, S. 401; Heimert, *Religion*, S. 123–124 (für das Edwards- bzw. Separatistenzitat; vgl. auch S. 125–130).

7 Perry Miller, *Jonathan Edwards*, New York 1949, S. 62; David Lyttle, *Jonathan Edwards on Personal Identity*, in: *Early American Literature*, 7 (1972), S. 165; William Clebsch, *From Sacred to Profane America: The Role of Religion in American History*, New York 1968, S. 185; Roland Delattre, *Beauty and Politics: A Problematic Legacy of Jona-*

than Edwards, in: *Amercian Philosophy from Edwards to Quine*, hg. v. R. W. Shahan u. K. R. Merrill, Norman, Okla., 1977, S. 21–22; Clebsch, *From Sacred to Profane*, S. 144.

8 Cushing Strout, *The New Heavens and New Earth: Political Religion in America,* New York 1975, S. 113; Edwards, *Works*, Bd. 1, S. 10, und *Images or Shadows of Divine Things*, hg. v. Perry Miller, New Haven 1948, S. 102; Richard Bushman, *From Puritan to Yankee: Character and the Social Order in Connecticut*, Cambridge 1967, S. 37, 288; Edwards, *Works*, Bd. 3, S. 88. Ich muß noch einmal wiederholen, daß die Wirkung, hier wie auch an anderer Stelle, von der ursprünglichen Absicht völlig verschieden war. Es steht außer Zweifel, daß sich Edwards in vielerlei Hinsicht von »Revolutionscalvinisten« unterschied, wie etwa »Abraham Keteltas ... [der] für die Sache Gottes jeden einlud, der bereit war, gegen den Antichrist der britischen Tyrannei das Schwert zu ergreifen«. Die Anhänger der Erweckungsbewegung richteten ihre Aufrufe an »Verbände frommer Heiliger« oder an potentielle Heilige in der Hoffnung, »für das Königreich zu werben«, wohingegen die radikalen Whigs Bürger für rein politische Ziele mobilisierten. (Nathan O. Hatch, *The Origins of Civil Millennialism in America: New England Clergymen, War with France, and the Revolution*, in: *William and Mary Quarterly*, 31 [1974], S. 409). Trotzdem läßt sich ein gemeinsames Grundmuster erkennen. Die kulturell verblüffende Tatsache ist dabei, daß die bürgerliche Unterdrückung die Gestalt des Antichrist annahm, während gleichzeitig der Kreuzzug, um »die Mächte der Finsternis zurückzudrängen«, derart spezifisch amerikanische Implikationen gewann, daß Geistliche wie Keteltas »die amerikanische Gesellschaft als Modell und Grundlage für das millenniale Königreich« und hochgemutes Republikanertum als »die Sache des ... Himmels gegen die Hölle« betrachten konnten (Hatch, *Origins*, S. 409; Abraham Keteltas, *God Arising and Pleading His People's Cause*, Newberryport, Mass., 1777, S. 30). Vgl. auch Robert Middlekauff, *The Ritualization of the American Revolution*, in: *The National Temper*, hg. v. Lawrence W. Levine u. Middlekauff, New York 1972, S. 103 und Nathan O. Hatch, *The Sacred Cause of Liberty: Republican Thought and the Millennium in Revolutionary New England*, New Haven 1977). Ich bedaure, daß Hatchs Buch zu spät erschien, um in der vorliegenden Arbeit Berücksichtigung zu finden.

9 William Smith, *Works*, Philadelphia 1803, Bd. 2, S. 70 (vgl. auch Bd. 2, S. 171–173); Jonathan Edwards, *Images or Shadows*, S. 92; Thomas Frink, *A Sermon Delivered at Stafford.* Boston 1757, S. 4–5, und ders., *A Sermon Preached Before His Excellency*, Boston 1758, S. 30; Jonathan Mayhew, *A Sermon Preach'd*, Boston 1754, S. 34; Michael McGiffert, *The Question of '76*, Williamsburg, Va., 1977, S. 10.

10 John Burt, *The Mercy of God*, Newport, R. I., 1759, S. 4; Nathaniel

Appleton, *A Sermon Preached,* Boston 1760, S. 36; Samuel Davies, *Sermons on Important Subjects,* Philadelphia 1818, 257–258; Hatch, *Origins,* S. 417; Jonathan Mayhew, *Two Discourses,* Boston 1759, S. 61; Charles Chauncy, *Marvellous Things,* Boston 1745, S. 21.

11 Jonathan Edwards, *Apocalyptic Writings,* hg. v. Stephen J. Stein, New Haven 1977, S. 254–257, 261, 267, 449, 459.

12 David Hall, *Israel's Triumph,* Boston 1761, S. 11; Paul A. Varg, *The Advent of Nationalism, 1758–1776,* in: *American Quarterly,* 16 (1964), S. 180–181; Jonathan Mayhew, *A Sermon Preach'd,* S. 23; Samuel Cooper, *A Sermon Before Thomas Pownall,* Boston 1759, S. 48; Theodorus Frelinghuysen, *A Sermon on the Late Treaty,* New York 1754, S. 9; Samuel Haven, *Joy and Salvation,* Portsmouth, N.H., 1763, S. 28 (vgl. auch Matthias Harris, *A Sermon in Lewes,* Philadelphia 1757, S. 35–36).

13 John Adams, *Adams Family Correspondence,* hg. v. L. H. Butterfield, Cambridge 1963–73, Bd. 2, S. 28; John und Abigail Adams, *Familiar Letters,* hg. v. Charles Francis Adams, New York 1876, S. 306, 403; Thomas Chittenden, Plakat, zitiert nach Mason I. Lowance, Jr., Einleitung zu *Early Vermont Broadsides,* hg. v. John Duffy, Hanover, N.H., 1975, S. XVII.

14 Gordon Wood, *The Creation of the American Republic,* 1776–1789, Chapel Hill 1969, bes. S. 107–108, 414; David Griffith, *Passive Obedience Considered,* Williamsburg, Va., 1776, S. 14; Jacob Duché, *The American Vine,* Philadelphia 1775, S. 26; Thomas Jefferson, *Writings,* hg. v. P.L. Ford, New York 1892–99, Bd. 1, S. 11; Thomas Paine, *Common Sense,* hg. v. N. F. Adkins, New York 1953, S. 27, 3, 23.

15 David Ramsay, *History of the American Revolution*, Lexington, Ky., 1815, Bd. 1, S. 243; David Austin, *The Millennium*, Elizabethtown, N.J., 1794, S. 415; Samuel Sherwood, *The Church's Flight*, New York 1776, S. 22–24.

16 Chandler Robbins, *A Sermon Preached at Plymouth*, Boston 1794, S. 16, 6–8 (vgl. auch Samuel Cooper, *A Sermon Preached Before John Hancock*, New York 1780, S. 43–57); Robert Rantoul, zitiert bei Rush Welter, *The Mind of America, 1820–1860*, New York, 1975, S. 49; Wesley Frank Craven, *The Legend of the Founding Fathers*, New York 1956, S. 71.

17 Ralph Waldo Emerson, *Works*, hg. v. Edward W. Emerson, Boston 1903–1904, Bd. 9, S. 199; John Quincy Adams, *An Oration Delivered...* Newburyport, Mass., 1837, S. 5–6; Timothy Dwight, *A Discourse on the National Fast*, New York 1812, S. 54, 55–56 und ders., *A Discourse on Some Events...* New Haven 1801, S. 39–40, 42–43.

18 Timothy Dwight, *The Conquest of Canäan*, Hartford 1785, Bd. 1, S. 2–3, 755–757; Bd. 10, S. 466, 524–530; John Adams, zitiert bei

Richard J. Hooker (Hg.), *The American Revolution: A Search for Meaning*, New York 1970, S. 11–12.

* Die in diesem Aufsatz angesprochenen Themen und Gedanken werden in meinem Buch, *The American Jeremiad,* Madison, Wis., 1978, im Detail entwickelt.

Henri de Lubac
Schleiermacher, Fichte, Hölderlin

Bevor wir die Wandlungen in der Geschichte des Joachimismus im Frankreich des 19. Jahrhunderts untersuchen, gilt es, sich Deutschland am Anfang dieses Jahrhunderts zuzuwenden, das heißt den beiden Generationen, die auf die Generation Lessings und Herders folgten. Obwohl uns die deutsche Romantik und der deutsche Idealismus (trotz mancher konkreten Verbindungen) in eine andere Atmosphäre als die eines de Maistre oder eines Ballanche versetzen, so entfernen wir uns doch nicht weit vom großen Traum des Joachim von Fiore – zumindest in jener Gestalt, die er durch Lessings Umdeutung und Vergegenwärtigung angenommen hatte, und auch von jener nicht, in der er von Pietisten, Aufklärern und Freimaurern übermittelt worden ist. Nachdem bereits drei Jahrhunderte Geschichte vergangen sind, verbinden die deutschen Romantiker und Idealisten mit diesem Traum – nicht anders als Lessing, aber doch mit erheblichen Unterschieden – eine bestimmte Einschätzung des Protestantismus, der zu einem mittleren, zu überwindenden Stadium auf dem Weg zum Zeitalter des Geistes wird. Neben dem immer noch prägenden Eindruck des Bruchs, der das Christentum gespalten hat, bringen die räumlichen und zeitlichen Ausdehnungen der Weltkenntnis und besonders die Entdeckungen im Bereich der Religionen den ökumenischen Anspruch Joachims verstärkt zur Geltung. Deutlicher als ihre Vorgänger lassen die deutschen Romantiker und Idealisten erkennen, daß das Zeitalter des Geistes das Zeitalter der universalen religiösen Versöhnung ist.

Wenden wir uns jedoch zunächst einem Text zu, der nicht ganz in diesen Zusammenhang gehören mag, da er von Goethe stammt; Hans Urs von Balthasar zitiert ihn in seinem Buch *Herrlichkeit*: »›Der erste Artikel (des Credo) – Vater – ist ethnisch‹, ›der zweite – Sohn – christlich‹, der dritte – Geist – lehrt die Gemeinschaft der Heiligen, ›der in höchstem Grad Guten und Weisen‹ und vollendet die philosophische Religion.«[1]

Bei Baader (1745–1841), der einer der Begründer der großen idealistischen Theologie war oder zu sein beanspruchte, atmet man zuweilen eine von Gnosis geschwängerte Luft. Hegel behauptet, diese Gnosis sei das Zeugnis eines »tief spekulativen Geistes«.[2] Baader bewunderte Meister Eckhart und Böhme[3] sowie Oetinger, den »Magier des Südens«, für dessen mystische Vorwegnahmen er sich lebhaft interessierte. Böhme, Oetinger und Saint-Martin vermitteln einer vom katholischen Traditionalismus[4] ausgehenden Mystik die Kenntnis von Joachims Prophetismus. In der Tat versichert Baader seinem Leser, daß die Zeit der Lilien, von der Böhme so häufig spricht, jene Zeit, da man seine Schriften erst richtig verstehen und schätzen wird, unmittelbar bevorsteht, ja, daß sie bereits angebrochen ist; ein Zeichen dafür soll die Offenbarung der natürlichen Magie oder die unmittelbare und ursprüngliche Herrschaft des Menschen über die Natur sein.[5] Baader hält andererseits für den Christen den Glauben an die historische Gestalt Christi für ebenso unabdingbar, wie den an Christi Allgegenwart, die in der Himmelfahrt begründet ist, und die Hoffnung auf seine Wiederkehr und den Glauben an seine Aufnahme in den Tiefen der Herzen, wenn er verborgen zurückkommt.[6] Baader unterscheidet drei Zeitalter, und diese Unterscheidung entspricht genau der Joachims: die jüdische Religion, behauptet er, bedeutet für das Christentum das, was das Christentum für eine dritte, höhere Stufe darstellt, auf der dann beide, jüdische Religion und Christentum, verwandelt sind.[7] Freilich sind die Strahlen dieser letzten und endgültigen Verwandlung, die Baaders Gesicht erhellen, von denen, die von Joachim ausgehen und die Gesichter seiner in Kontemplation versunkenen Anhänger treffen, recht verschieden.

In der fünften und letzten seiner berühmten Reden *Über die Religion*, 1799 im Alter von 31 Jahren verfaßt, bekundet Schleiermacher die Hoffnung auf eine Zukunft, in der der Vater »Alles in Allem«[8] sein wird. Er fragt sich aber sogleich: »Wann soll diese Zeit kommen?«, und antwortet: »Ich fürchte, sie liegt außer aller Zeit«. Diese Aussage kann man so verstehen, als wende der Redner sich gegen die Welle des Neo-Joachimismus, die seit über zwanzig Jahren einen Teil des protestantischen Deutschland überflutete. Schleiermachers Ausführungen kann man jedoch ganz anders verstehen. Zeiten des Verderbens, sagt er, stehen allem Irdischen bevor, wenn es göttlichen Ursprungs ist. Was Schleiermacher hieraus folgert, rückt ihn in die Nähe der kühnsten unter jenen Denkern, deren Traum er zunächst zu kritisieren scheint. Wenn

»die Grundanschauung jeder positiven Religion an sich ewig ist«[9], so ist sie selbst und »ihre ganze Bildung (doch) vergänglich«, behauptet er. Deshalb ist auch das Christentum, die »Religion der Religionen«, vergänglich: es wird durch die Zeit entkräftet. Der Tag kommt, da »neue Gottesgesendete nötig werden«; sie leiten neue Epochen der Menschheit ein: »jede solche Epoche wird die Palingenesie des Christentums und erweckt seinen Geist in einer neuen und schöneren Gestalt«. Nach Schleiermacher sind »große Gegenden in der Religion noch nicht bearbeitet worden«: sie können sich der christlichen Grundanschauung erschließen, doch Christus konnte sie ebensowenig sehen wie seine Jünger. Weshalb, so fragt Schleiermacher, soll das Christentum »in der Menschheit allein herrschend sein«? »Es verschmäht diesen Despotismus... Es will nicht nur in sich Mannigfaltigkeit bis ins Unendliche erzeugen, sondern sie auch außer sich anschauen... Immer wartend einer Erlösung aus dem Elend, von dem es eben gedrückt wird, sieht es gern außerhalb dieses Verderbens andere und jüngere Gestalten der Religion hervorgehen«, denn »nichts ist irreligiöser als Einförmigkeit zu fordern in der Menschheit überhaupt, nichts ist unchristlicher als Einförmigkeit zu suchen in der Religion«.

In einem solchen Verständnis der Zukunft und der »Palingenesien« des Christentums hat sich der Geist so stark von Christus gelöst, daß sich nicht mehr erkennen läßt, wie Christus der »einzige Mittler« genannt werden kann. Den Anspruch, »einziger Mittler« zu sein, hat er auch, laut Schleiermacher, nie erhoben: er hat nie behauptet, »das einzige Objekt der Anwendung seiner Idee zu sein«. Seine »Schüler haben dem heiligen Geist nie Grenzen gesetzt, seine unbeschränkte Freiheit und die durchgängige Einheit seiner Offenbarung ist überall von ihnen anerkannt worden. Und wenn späterhin, als die erste Zeit seiner Blüte vorüber war«, die heiligen Schriften zum »geschlossenen Kodex der Religion« erklärt wurden, so geschah das durch jene, »welche den Schlummer des Geistes für seinen Tod hielten«. Es handelte sich also um ein »unchristliches Beginnen«: »Die heiligen Schriften... verbieten keinem andern Buche auch Bibel zu sein oder zu werden, und was mit gleicher Kraft geschrieben wäre, würden sie sich gern beigesellen lassen.« Es wäre in den Augen Schleiermachers sogar ein Akt der Untreue gegenüber Christus, »gewisse glänzende und göttliche Punkte« in der Zukunft zu leugnen, die für eine »neue und nähere Vereinigung des Endlichen mit der Gottheit« stehen.

Gerade die Ereignisse, die im Zeitalter Schleiermachers die Welt erschüttern, scheinen eine Verwandlung im Sinne einer solchen Vereinigung anzuzeigen: »Doch was ist nicht zu erwarten von einer Zeit, welche so offenbar die Grenze ist zwischen zwei verschiedenen Ordnungen der Dinge! Wenn nur erst die gewaltige Krisis vorüber ist, kann sie auch einen solchen Moment herbeibringen, und eine ahnende Seele ... könnte jetzt schon den Punkt angeben, der künftigen Geschlechtern der Mittelpunkt werden muß für die Anschauung des Universums.«

Dem Gesetz folgend, dem alle Propheten des dritten Zeitalters und der Apokalypse verpflichtet sind, scheint also dieser hyperjoachimistische Prediger anzunehmen, daß die Zeit reif ist. Wir dürfen nicht übersehen, welchen ungeheueren Eindruck die Französische Revolution bei den größten Geistern Deutschlands hinterlassen hat: den Eindruck einer völligen Erneuerung. Ayrault schreibt: »Symbol einer Epoche, in der das menschliche Wissen mannigfaltigen revolutionären Umwandlungen ausgesetzt war, näherte sich die politische Revolution dem Endpunkt der Wandlungen und bereitete einer religiösen Erneuerung den Weg: prophetische Stimmen hatten dieses Motiv bereits anklingen lassen.«[10] Schleiermacher ist jedoch so zurückhaltend oder so umsichtig, die neue Religion, die, einmal mehr, die Menschheit wiederbeleben soll, in ihren einzelnen Zügen nicht genauer zu beschreiben. Er hält sich an die praktische Absicht seiner Reden und fordert von seinen Hörern – oder Lesern – einzig, daß sie »in die Eine und unteilbare Gemeinschaft der Heiligen, die alle Religionen aufnimmt und in der allein Jede gedeihen kann«, eintreten. »Laßt die Profanen«, ruft er am Ende aus, »an der Schale nagen, wie sie mögen; aber weigert Uns nicht den Gott anzubeten, der in Euch sein wird«.

Die Bedeutung der frühen Romantik und ihrer Sprache für diese Reden ist größer, als man denkt. Schleiermacher wendet sich an eine Gruppe Gebildeter und Nicht-Gebildeter, für die die Religion der Vergangenheit angehört: es gilt, sie auf den Weg des Christentums zurückzuführen. Der Titel seines Werks läßt daran keinen Zweifel: *Über die Religion. Reden an die Gebildeten unter ihren Verächtern*. Es ist nicht erstaunlich, daß Christus – sein irdisches Leben und seine irdische Gestalt – nur eine geringe Rolle in diesen Reden spielt: ihr Gegenstand ist nicht das Christentum, sondern die Religion im allgemeinen; die Offenbarung Gottes im

Menschen und nicht das geschichtliche Ereignis der Offenbarung. Man muß im übrigen davon ausgehen, daß die Begeisterung des jungen Autors, der in viel stärkerem Maß Prediger war, als Friedrich Schlegel annahm, ihn dazu verleitete, ungenaue, zweideutige Wendungen zu benutzen. Wie wir wissen, hat Schleiermacher seine Reden für die Neuauflagen, die 1806 und 1821 erschienen, überarbeitet. Er tilgte all jene Stellen, die von einem »bewußt anstößigen Radikalismus« zeugten.[11] Aus Rücksicht auf die geistige Verfassung seiner Leser – sie waren noch von Rationalismus und Spinozismus bestimmt und auf »wissenschaftliche« Sprache eingeschworen – hatte er nur vage von Unendlichkeit, von Gottheit und von All geredet, um die Religion in Erinnerung zu rufen – freilich hatte er nicht versäumt, das All zu personifizieren, es in einen Gegenstand der Anbetung zu verwandeln und zum schaffenden All zu machen. Hatten sich nicht auch andere Lehrer der Generation, an die er sich richtete, im selben Sinne geäußert? Herder war noch am Leben: sein Enthusiasmus für das »hen kai pan« hatte ihn dazu gebracht, seiner Zeit, wenn man so sagen kann, in Fragen der grundlegenden Wirklichkeit eine gewisse Unbestimmtheit aufzuerlegen. Hatte nicht ein anderer bekannter Philosoph, der Holländer Hemsterhuis, ein bei den gebildeten Jugendlichen beliebter Autor, behauptet, daß der religiöse Geist »nie müde wird, das All zu suchen und auf dessen Manifestationen zu achten«?[12] 1806 nimmt Schleiermacher das Wort »Gott« in seine *Reden* auf. Viele Änderungen, die er bei den Neuauflagen vorgenommen hat, betreffen auch jene Stellen, die wir zitiert oder paraphrasiert haben. Schleiermacher schwächt solche Äußerungen ab, die die Gläubigen verletzen könnten, modifiziert indes nicht die Grundgedanken.[13] Diese waren übrigens nie in das Wirkungsfeld Lessings geraten, sie waren nicht von dessen rationalistischem Progressismus und seinem »Messianismus ohne Messias«[14] bestimmt. Vielleicht müssen sie bereits in ihrer frühen Gestalt als Ausdruck der authentischen christlichen Tradition verstanden werden. Das denkt zumindest einer der scharfsinnigsten Interpreten, Robert Stalder, der sich auf einleuchtende Argumente stützt.[15]

Später, nachdem er den Subjektivismus seiner frühen Religionsphilosophie überwunden hat und christliche Dogmatik lehrt, legt Schleiermacher in seiner Rolle als Pastor nicht mehr dieselbe Unbekümmertheit an den Tag. In seinem großen Traktat *Der christliche Glaube nach den Grundsätzen der evangelischen Kirche*, dessen beide Bände er 1821 und 1822 publiziert und dessen Neuauflage 1830 gedruckt wird, sieht er die Kirche als ein in Bewegung befindliches Ganzes, das fortschreitet und sich entwikkelt; er fügt jedoch eine wichtige Einschränkung hinzu: es ist uns nicht erlaubt, zu denken, daß die christliche Kirche eine Vollkommenheit erreichen kann, welche die Christi übertrifft – sonst geht das Christentum unter. Jeder Fortschritt kann nur eine genauere Kenntnis Christi oder eine größere Angleichung an ihn bedeuten. Ein skeptischer Leser mag sich fragen, ob eine solche Behauptung nicht in einer ähnlichen Weise zweideutig ist, wie die Behauptungen von Joseph de Maistre es sind. Handelt es sich um eine Vorwegnahme der Gedanken Newmans oder handelt es sich wiederum – wie in den *Reden* – um eine Art »Palingenesie«? Ist der Unterschied zu dem, was Joachim von Fiore denkt – zu der Idee eines »dritten Zeitalters«, das das Zeitalter der Erkenntnis ist –, sehr groß? Schleiermachers Ausführungen scheinen solche Zweifel auszuschließen: Christus ist für ihn »der Gipfel und das Ende aller Prophetien«.[16] Er sagt – und sagt es dann erneut in seinem Werk *Christliche Sitte* –,[17] der Christ wisse, daß das Eigentliche seines Lebens in der durch Christus hergestellten Gemeinschaft mit Gott liege und daß ihm das göttliche Prinzip in der symbolischen und geschichtlichen Beziehung zur absoluten Einheit beider – Christus ist diese Einheit – zuteil werde.[18] Dieser Gedanke bestimmt Schleiermachers Vorstellung von der Kirche. Hat man ein naturalistisches Bild von der Gestalt Christi, so wäre es unsinnig, sagt Schleiermacher, eine bestimmte christliche Gemeinschaft gründen zu wollen; man könnte nur eine Verbindung jener, in denen die Vernunft sich vollständig entfaltet und erkannt hat, anstreben. Wenn es aber zutrifft, daß Christus der menschlichen Natur etwas geschenkt hat, was sie sonst nie bekommen hätte und was sich einzig im Bund mit ihm erhält, so ist die christliche Kirche unbedingt notwendig.[19]

Wir müssen nun, ohne weitere Abschweifung, auf die abweichende Haltung Johann Gottlieb Fichtes eingehen, da Fichte 1794 in Jena lehrt und die *Wissenschaftslehre* veröffentlicht, für die Hölderlin und auch Novalis großes Interesse zeigen; es ist Novalis, der Friedrich Schlegel und die Gruppe um das *Athenäum* mit dem Werk vertraut macht (die beiden jungen Dichter ahnten aber nicht, in welche Richtung die Lehre des berühmten Meisters führen konnte).

Im Gegensatz zu Joachim von Fiore verwirft Fichte in seinen Betrachtungen zum christlichen Dogma der Dreifaltigkeit das *Filioque* der atinischen Überlieferung. Der Heilige Geist ist allein »vom Vater ausgegangen« (Johannes, 15, 28). Das bedeutet für Fichte, daß der Mensch »von Natur aus mit der übersinnlichen Welt verwandt ist und daß er in einer Weise für sie empfänglich zu sein vermag, die von Jesu Lehre erhellt wird; die völlige Entfaltung dieses Vermögens wird jedoch von der Gegenwart Jesu gehemmt«.[20] Genau diese Vorstellung findet sich, so Fichte, im Johannes-Evangelium, das, wie er in der *Anweisung zum seligen Leben*[21] schreibt, eine »wunderbare und rätselhafte Zeiterscheinung« ist, »ohne Vorgang und ohne eigentliche Folge«, das einzige »Evangelium des Geistes«; Fichte hält Johannes allein für den »Lehrer des echten Christentums«, der dem Christentum seine Beständigkeit verliehen und seine wahre Bedeutung aufgewiesen hat.[22] Johannes lehrt, daß der Geist, der Jesus geschichtlich vorausgeht (er beeinflußt bereits Sokrates), auch nach Jesus fortwirkt. Doch die anderen Jünger sollen Jesu Botschaft nicht begriffen haben. Sie haben das Einwirken des Vaters (und des Sohnes) auf sie selbst mit dem Wirken des Heiligen Geistes verwechselt (gemeint ist, daß sie Symbol und Wirklichkeit verwechselt haben). Daraus ist ein abergläubisches Christentum hervorgegangen, das über Jahrhunderte hinweg geherrscht und seine Macht vergrößert hat. Erst mit Kant ist der letzte Schritt in einem langen Vorgang der Verinnerlichung getan worden, hat man den Geist endlich als wirklich heilig erkannt, hat er sich unabhängig von der historischen Gestalt Jesu behaupten und sich ganz mitteilen können. Fichtes Wissenschaftslehre, die das Zeitalter der »philosophierenden Vernunft« einleitet, ist mit der Lehre Spinozas verwandt, über die sie hinausgeht, indem sie sich auf den Kantschen Begriff der Subjektivität stützt. Sie sucht den wissenschaftlichen Nachweis der Identität des Menschen mit Gott zu erbringen, eine Identität, die Christus in einer großartigen Vorwegnahme erahnt und auf deren Erkenntnis der Geist die Christen vorbereitet hat.[23]

In der sechsten Vorlesung der *Anweisung zum seligen Leben* (1806) hat Fichte, der sich an ein breites Publikum richtet, den Begriff des Christentums im Sinne seiner *Wissenschaftslehre* umgewandelt. Das Werk soll eine Erwiderung auf Schellings Schrift *Philosophie und Religion* sein; der Titel selbst geht auf eine Schellingsche Wendung zurück.[24] Sowohl durch seinen Inhalt als auch durch seine exoterische Form erinnert die Schrift aber ebenso an das berühmte Opusculum Lessings.[25] Fichte nimmt das darin Ausgeführte wieder auf und sagt, das Christentum sei eine »zeitige Anstalt zu religiöser Bildung der Menschen«. Seine Umdeutung des Christentums führt dieses zu sich selbst zurück, zu seiner echtesten und reinsten Form. Es ist das Christentum, das dem Denken Jesu entspricht, so wie es der Apostel Johannes als treuer Interpret überliefert hat. Besser als alle seine Zeitgenossen soll Jesus den Sinn des Alten Testaments begriffen haben; doch Paulus und »seine Partei« sollen – »halbe Juden geblieben«[26] – den »Grundirrtum des Juden- sowie des Heidentums ruhig stehen gelassen« haben. Anders Johannes: »Nur mit Johannes kann der Philosoph zusammenkommen, denn dieser allein hat Achtung für die Vernunft, und beruft sich auf den Beweis, den der Philosoph allein gelten läßt: den innern.« Es geht nicht darum, »die ernstesten und unumwundensten Äußerungen – des christlichen Schriftstellers – für bloße Bilder und Metaphern zu halten«, wie es manche Exegeten tun, »bis eine Plattheit und Trivialität herauskommt, wie diese Erklärer sie auch wohl selber hätten erfinden und vorbringen können«. Man darf auch nicht des Johannes bedeutende Lehre vom Wort mit »jüdischen Träumen von einem Sohne Davids und einem Aufheber eines alten Bundes und Abschließer eines neuen« verbinden. Das sind nämlich »vernunftwidrige Träume«, die man nur zu Jesu Zeiten, als das Christentum gestiftet wurde, träumen konnte. Die »metaphysische« Lehre ist von den »historischen« Behauptungen unterschieden (eine grundlegende Unterscheidung Lessings). Dann erst tritt die christliche Lehre, die die »absolute Wahrheit« ist, hervor. Sie erscheint uns heute – so Fichte – als »neu und unerhört«, weil sie verlorengegangen ist, in Wirklichkeit aber ist sie »so alt als die Welt«. Jesus Christus, ewiges Wort, ist »die zu einem unmittelbaren Selbstbewußtsein gewordene Vernunft, oder, was dasselbe bedeutet, Religion«. Jesus verstehen, wie ihn Johannes verstanden hat, heißt begreifen, daß es kein Sein, kein Leben neben dem unmittelbaren Leben Gottes geben kann.

Karl Löwith merkt an: »Daß Fichte von sich selber glaubte, er sei ein Christ, während er auf Grund seiner Offenbarungskritik des

Atheismus bezichtigt wurde, spricht nicht gegen die christliche Herkunft seiner Geschichtsphilosophie, sondern für sie. Auch der radikale Atheismus zieht ... seine Stärke aus dem christlichen Glauben.«[26a] Als hätte er im voraus Löwith antworten wollen, um sich zugleich im Wesentlichen mit ihm einverstanden zu erklären, schreibt Fichte: »So bleibt es doch ewig wahr, daß wir mit unserer ganzen Zeit, und mit allen unseren philosophischen Untersuchungen auf den Boden des Christentums niedergestellt sind, und von ihm ausgegangen: daß dieses Christentum auf die mannigfaltigste Weise in unsere ganze Bildung eingegriffen habe, und daß wir insgesamt schlechthin nichts von alledem sein würden, was wir sind, wenn nicht dieses mächtige Prinzip in der Zeit vorhergegangen wäre.«[27]

Ebensowenig wie im Falle Lessings oder Spinozas werden wir in diesem Falle in dem immer wieder auflebenden Streit um den Atheismus als Schiedsrichter auftreten. Mit Martial Gueroult ist jedoch festzustellen, daß es Fichtes »christlicher« Übersetzung seiner Lehre an Klarheit mangelt. Dem Anschein zum Trotz besteht weiterhin ein Konflikt zwischen dem religiösen Leben und der Selbstverwirklichung, der absoluten Selbstdurchdringung, die Fichte als das Ziel der »Wissenschaft« und als das einzige Ideal, das eines Philosophen würdig ist, ansieht. Das Gleichgewicht, das er »zwischen Glaube und Spekulation« herzustellen sucht, bleibt »unbeständig«.[28] Mit demselben Nachdruck wie Löwith behaupten auch wir – wenn wir die nicht-geschichtliche Frage des *Filioque* einmal ausklammern –, daß die Vorstellung vom Geist als eines von der geschichtlichen Gestalt Jesu – dessen Bote und Zeuge er ist – unabhängigen, den Abenteuern der – mystischen oder vernünftigen – menschlichen Subjektivität unterworfenen Geistes zu allem, auch zum Atheismus führen kann.

1813 behauptet Fichte in den Berliner Vorlesungen zur *Staatslehre* – ohne dabei die evangelische Ausdrucksweise aufzugeben und ohne daß man seine Formulierungen mißverstehen kann: »Zuvörderst muß die Anerkennung des Himmelreichs unabhängig gemacht werden vom historischen Glauben und der besonderen Gemüthsverwandschaft Einzelner dazu, und die Form annehmen eines von jederman, der nur menschlichen Verstand hat, zu Erzwingenden.«[29] Fichte will darlegen, daß dieses von Jesus verkündete Himmelreich in Wirklichkeit das Reich der Vernunft ist, wie es sich nun offenbart. Dieses Reich wird vom Geist gestiftet, dessen Bote Jesus ist, der jedoch vom Vater ausgeht; es ist das Reich der Freiheit – was man nicht im Sinne bloß individueller Freiheit verstehen darf. Die Gelehrtengemeinde, die um den Geist weiß und die Aufgabe der Bildung übernimmt, ebnet den bereits vorgezeichneten Weg zur »absoluten Kirche«, die mit dem »absoluten Staat« zusammenfallen soll. Ist dieser Weg einmal geebnet, so wird der Christ nicht mehr vergeblich die Beschwörungsformel »Dein Reich komme!« benützen müssen. Da Jesu Versprechen – das Versprechen des Geistes – erfüllt sein wird, wird der Christ sagen: »Dein Reich ist gekommen.« Das ist das Evangelium des neuen Zeitalters, das wahre »ewige Evangelium«.[30]

Auch Joachim von Fiore glaubte, daß sich seine Exegese einer Eingebung verdanke. Sie sollte aber von dem ewigen Evangelium nur künden, es nicht hervorbringen. Fichtes Anspruch ist weniger bescheiden: es ist der eines Demiurgen. Denn Fichte weiß, daß er das letzte Ereignis herbeiführt, jenes, das die Schöpfung vollendet, durch das die Menschheit ihre Freiheit erlangt und sich von der Vormundschaft löst. Seine von einer Eingebung geleitete philosophische Lehre gibt endlich den verkörperten Logos der ersten Verse des Johannes-Evangeliums zu erkennen: er ist das »höhere Selbstbewußtsein«, in dem sich der Mensch, die Welt und die Gottheit verbinden und verwirklichen. Unmittelbar nach dem Ersten Weltkrieg zitiert der Lutheraner Wilhelm Lütgert die Sätze, die Fichtes stolze Behauptungen enthalten, und schreibt, man traue seinen Augen nicht, wenn man diese Ausführungen lese, und doch habe Fichte seine Verantwortung ernstgenommen. Lütgert hatte eine Vorstellung davon, wohin ein solcher Wahn führen mußte. In seinem Umkreis haben nur wenige die furchtbare Bedeutung, die Fichtes Gedanken annehmen konnten, ermessen; sie fanden im pädagogischen Alltag der Universitäten einen Nährboden. Hasso Jäger bemerkt, daß der »germanische Geist« selbst dann, wenn er eine radikale Verweltlichung erfahren hat, von dem »dritten Reich der Geistlichen« fasziniert ist.[31]

Zwei fast gleichaltrige Dichter haben – unabhängig voneinander, doch mit derselben Begeisterung – Fichtes Vorlesungen in Jena besucht. Wir haben oben daran erinnert. Es ist immer wieder bedauerlich, daß man manche Autoren im Rahmen der knapp zu haltenden geschichtlichen Entfaltung eines Themas nur als »Statisten« behandeln kann; bei diesen beiden außergewöhnlichen und geplagten Menschen, die ein tragisches Schicksal gehabt haben, ist das Bedauern freilich besonders groß. Der eine ist im Alter von zweiunddreißig Jahren dem allzu gewaltigen Andrang seiner dichterischen Kraft erlegen, die er seit seiner Jugend in sich trug und die sich an der kümmerlichen Wirklichkeit stieß; der andere ist im Alter von neunundzwanzig Jahren gestorben, von der Schwindsucht heimgesucht: er hatte gerade der wirren Botschaft »aller Erleuchteten«, der Botschaft seiner eigenen Träume das schönste und »katholischste« geistliche Lied entnommen.

Mit dem Erscheinen von Hölderlins symbolischem Roman *Hyperion*[32] in den Jahren 1797 und 1799 läutet die Totenglocke der Aufklärung. Dieser Roman fordert, proklamiert ein neues Zeitalter: »Es werde von Grund aus anders! Aus der Wurzel der Menschheit sprosse die Neue Welt!... Überall werd' es anders!... Es muß sich alles verjüngen!« Und: »O nun, nun soll es anders werden!... Alles für jeden und jeder für alle!« Der »freudige Geist in den Worten« ist ein »Göttergebot«; im heiligen Reich der Liebe wird jede Eigensucht zunichte. Sicherlich liegen dieser begeisterten Zukunftssicht – die ihren Ort nicht in Deutschland, sondern in einem erdachten Griechenland hat – ein patriotischer Anspruch und eine patriotische Hoffnung zugrunde – eine Hoffnung, die auch schlimme Enttäuschungen kennt: »Ach! ich habe dir ein Griechenland versprochen und du bekommst ein Klaglied dafür.«[33] Doch Hölderlin überwindet die Enttäuschungen: er sieht bereits die »Lieblingin der Zeit, die jüngste, schönste Tochter der Zeit, die neue Kirche hervorgehn aus diesen befleckten, alten Formen«; ist sie dann einmal hervorgegangen, so ist »das Element der Geister gefunden!« Diese unsichtbare Kirche ist jene, von der Hölderlin gemeinsam mit Hegel und Schelling, als sie in Tübingen studierten, geträumt hat[34], und die er in einem an Hegel gerichteten Brief vom 10. Juli 1794 »das Reich Gottes« nennt. »Das Reich Gottes« sollte Hölderlins und Hegels Losungswort sein.

Traum, der in Wahrheit eher heidnisch als christlich ist, wenn er auch von einem edlen Heidentum zeugt; »Heilige Natur! O meine Gottheit!« ruft Hyperion aus. Hier kommt die Sehnsucht nach einer ursprünglichen Welt, nach einem »goldenen Zeitalter«, nach dem verlorenen Paradies zum Ausdruck. Der Mensch kann nicht leugnen, so Hölderlin, daß er einst glücklich war wie die Hirsche im Walde, und daß nach unzähligen Jahren der Wunsch nach einer ursprünglichen Welt in ihm noch wach ist, nach einer Welt, die jeder wie ein Gott durchmessen konnte, deren allgegenwärtige Seele, deren heilige Luft jeden umgab. Es ist die Sehnsucht nach »Kinderharmonie«, nach der »himmlischen Ruhe der Kindheit«, nach der »goldenen Zeit der Unschuld«.[35] Eine Sehnsucht, die sich jedoch von einer bloßen Verfallenheit an die Vergangenheit unterscheidet: wenn sie nicht zu früh kommt, sagt Hölderlin, hat die Zeit des Erwachens auch ihre Schönheit. Wie die »Ahnungen der Kindheit dahin müssen, um als Wahrheit wieder aufzustehen im Geiste des Mannes, so verblühen die schönen jugendlichen Mythen der Vorwelt, die Dichtungen Homers und seiner Zeiten, die Prophezeiungen und Offenbarungen; aber der Keim, der in ihnen lag, gehet als reife Frucht hervor im Herbste. Die Einfalt und Unschuld der ersten Zeit erstirbt, daß sie wiederkehre in der vollendeten Bildung, und der heilige Friede des Paradieses gehet unter, daß, was nur Gabe der Natur war, wiederaufblühe, als errungenes Eigentum der Menschheit.« Es wird nur eine einzige Schönheit geben: der Mensch und die Natur werden sich in der allumfassenden Gottheit vereinigen. Xavier Tilliette faßt das, was Hölderlin vorschwebt, in folgende Worte: »Das Leben, das ohne Bewußtsein gelebt worden ist und das im Rückblick als Bild des Glücks erscheint – wenn auch als Bild eines nicht wirklich erfüllten Glücks –, soll mit Bewußtsein noch einmal gelebt werden.«[36] Wenn »der Baum von unten verdorrt ist und verwittert«, aber »ein frischer Wipfel noch aus ihm hervorgegangen ist«, dann beginnt »das zweite Lebensalter der Welt«.

Doch dieses zweite Lebensalter verlangt, im Unterschied zu dem natürlichen Kreislauf, der auf der Wiederholung beruht, daß der Mensch ein drittes kennt: »Alles altert und verjüngt sich wieder. Warum sind wir ausgenommen vom schönen Kreislauf der Natur? Oder gilt er auch für uns? Ich wollt' es glauben, wenn Eines nicht in uns wäre, das ungeheuere Streben, Alles zu seyn, das, wie der Titan des Aetna, heraufzürnt aus den Tiefen unseres Wesens.« An dieser Stelle finden wir ein Analogon zur joachimitischen Trias. Die Verbundenheit mit den harmonischen Göttern Griechenlands (mit den Göttern, wie Winckelmann und Schiller sie sich vorstellen, mit den Göttern, die Hölderlin als Symbole der Natur betrachtet oder vielmehr als die Natur selbst in ihrem Wesen) hat für den Menschen die Bedeutung eines ersten, entscheidenden Schrittes; sie wird aber von der christlichen Religion abgelöst, deren Ende sich wiederum ankündigt. Hölderlin glaubt an eine Art »Dämmerung des Christentums« – vielleicht nicht anders als Schleiermacher zur selben Zeit; er ist davon überzeugt, »daß eine neue Religion – deren Prophet er ist – entsteht«.[37] Dem Menschen wird die Welt zufallen, aber nicht, wie Novalis meint, durch eine prometheische Tat, sondern durch ästhetische Kontemplation[38]: »Schönheit der Welt! ... Versöhnung ist mitten im Streit und alles Getrennte findet sich wieder. Es scheiden und kehren im Herzen die Adern und einiges, ewiges, glühendes Leben ist Alles.«

Drei Jahre nach dem Erscheinen des *Hyperion*, kurz nachdem er »von Apollo geschlagen« worden ist, schreibt Hölderlin zwei Gedichte, die zu seinen Meisterwerken zählen; sie lassen besonders deutlich erkennen, welche Stelle Christus in seinem Denken einnimmt: er steht zwischen den »antiken Göttern« und dem »Geist«. Diese beiden Gedichte heißen *Der Einzige* und *Patmos* (1802).[39]

»Und gesungen Gottes Bild hab' ich, das lebet unter den Menschen. Aber dennoch, ihr alten Götter und all ihr tapferen Söhne der Götter, noch einen such' ich, den ich liebe unter euch, den letzten eures Geschlechts ... Mein Meister und Herr, o du, mein Lehrer! ... Denn zu sehr, o Christus, häng ich an dir, wiewohl Herakles Bruder du bist, Bruder auch des Eviers ... Es hindert aber eine Schaam mich ... Und freilich weiß ich, der dich zeugte, dein Vater, derselbe ... Es hänget aber an Einem die Liebe.« (*Der Einzige*)

Zwischen den Göttern des Paganismus und Christus – sagen wir vorläufig: zwischen dem ersten und dem zweiten Zeitalter – besteht Kontinuität: der himmlische Gott kommt allmählich zu uns. Herakles, Bacchus, Wohltäter der Menschheit, und Christus, ihr Bruder: »herrlich blühendes Kleeblatt«. Doch »Christus bescheidet sich selbst. Wie Fürsten ist Herkules. Gemeingeist Bacchus. Christus aber ist das Ende.« Wir sind nicht der Auffassung, daß diese Verszeilen einen »hellenistischen«, »zum Helden stilisierten, der klassischen Antike zugeordneten« Christus meinen, der »an der Spitze eines siegreichen Zuges« steht, eines Zuges, den die »umfangreiche Theorie der alten Götter« einmal darstellen wird.[40] Denn die alten Götter werden nicht wiederkehren: kein Wort weist in dem Gedicht darauf hin. Überleben sie dennoch, so deshalb, weil die Welt ein Ganzes ist und weil alles, wofür sie stehen, in Christus seine Aufhebung erfährt: Christus »erfüllt, was noch an Gegenwart den Himmlischen gefehlet, den anderen«. Hölderlin geht es letztlich eher darum, zu »vereinen«, als darum, zu »scheiden«, ihm geht es eher um die »Erfüllung« als um den »Bruch« und die »Trennung«.[41] Er »nimmt die griechischen Götter als Gestalten eines bestimmten Zeitalters des Göttlichen ernst: sie sind vergangen, aber bedeutend«. Diese Ansicht ist der christlichen Tradition nicht völlig fremd: »Wir meinen, daß wir zwischen einem vagen Synkretismus und einer Verachtung, die alles verwirft, wählen müssen. Die Kirchenväter sind anders vorgegangen. Hölderlin fordert uns auf, die Einheit dessen, was unsere Alternative vergebens auseinanderhält, zu denken.« Wir müssen jedoch mit dem Autor dieser Zeilen[42] zugeben, daß Hölderlins Gedicht »theologisch zweideutig« ist.

Nun aber wollen wir uns jenem zuwenden, der, auf seiner Insel lebend, einst der »Gottgeliebte (war), der Seher, der in seeliger Jugend war gegangen mit dem Sohne des Höchsten, der das Angesicht des Gottes genau sah, da beim Geheimnisse des Weinstocks sie zusammensaßen«. Die Beschwörung des Johannes, der in seiner ärmlichen Bleibe auf Patmos meditiert, dient Hölderlin dazu, die Erinnerung an das Abendmahl wachzurufen, an den Leidensweg und an jenen Augenblick, da »der Sonne Tag erlosch, der Königliche, und das Zepter von selbst zerbrach«. Diese Verse, in denen man zahlreiche Reminiszenzen an das Evangelium findet, drücken eine kaum zu ermessende Zuneigung aus, die Hölderlin für Christus und dessen »höchste Liebe« empfindet. Die Jünger haben Christus wiedergesehen, »wie er siegend blickte, den Freudigsten«. Doch sie waren überrascht: das Leben unter der Sonne war ihnen angenehm, sie wollten weder »vom Angesicht des Herrn« noch von der »Heimath« lassen: »Drum sandte er ihnen den Geist ...« Der Geist bestimmt im Stillen die Geschichte. Das erste Pfingsten war nur eine Vorwegnahme: »Nicht gar ein Übel ists, wenn einiges verloren geht manchmal von Reden, verhallet der lebendige Laut. Denn göttliches Werk gleichet dem unsern. Alles will nicht der Höchste zumal.« Werden die letzten Hymnen Hölderlins nicht »von der Ahnung eines neuen Pfingsten beherrscht, eines Pfingsten der Völker«, das nach einer ungeheueren Zeit des Dunkels, der Umstürze und der Kriege kommt, nach einer Zeit, in der der Boden Europas verwüstet, zugleich aber gepflügt worden ist?

Die Vorstellung eines ekstatischen Einswerdens mit der Natur führte Hölderlin von Fichte weg, von dem er sich anfangs hatte einnehmen lassen. Hat er jedoch nicht das Bild des Sehers von Patmos beibehalten und damit kommenden Generationen die Offenbarung eines Jenseits des Christentums, eines ewigen Evangeliums verkündet? Wenn das zutrifft, so dürfte man Hölderlin nicht unmittelbar mit Joachim von Fiore vergleichen, man müßte ihn vielmehr mit dem Heiligen Johannes selbst vergleichen – mit dem Bild, das Fichte und Joachim von Johannes haben. Man hat behauptet, es bestünden wenig Zweifel daran, daß sich Hölderlin »für einen modernen Johannes« gehalten habe. Folgen wir Ernest Tonnelat, so hat er sogar den Autor der *Apokalypse* ein wenig nachahmen wollen, indem er »viel Dunkles – manches erscheint durchaus willkürlich – gedichtet hat«.[43] Dennoch: entfernt sich Hölderlin nicht von dem ewigen Evangelium der Apokalypse und des Joachim von Fiore, mag er auch einen anderen Weg wählen als den, den die Erben der Aufklärung eingeschlagen haben? Oder gehört er trotz allem zur joachimitischen Tradition, da er ein Dichter und ein Prophet ist, den die Schau eines letzten Zeitalters der Welt fasziniert, eines strahlenden Zeitalters, das man sich jenseits des immer noch dunklen Reiches Christi vorstellen muß? Man könnte meinen, daß ihn eine alte Überlieferung, mit der er in seiner schwäbischen Heimat vertraut geworden ist und von der er sich nicht losgesagt hat, dazu anhält, von Christus und vom Geist zu reden, um seinem Traum Gestalt zu geben; daß eine tiefe persönliche Empfindung ihn veranlaßt, Jesus über die alten Götter zu stellen, deren »Bruder« er gleichwohl sein soll; hält er Jesus wirklich für den Retter, ist sein Kommen wirklich das Kommen des Gottesreichs? Verwandelt Hölderlin nicht den Geist, dessen Ankunft Jesus angekündigt und versprochen hat, in den Geist der Welt, »der für das Fortschreiten der Geschichte sorgt, für die heilige Sprache und die Namen, deren Träger die Boten des Heils sind«?[44] Hyperion sagt: »Es ist, als fühlt ich ihn, den Geist der Welt, wie eines Freundes warme Hand.« Dieser Geist ist sicher kein »Naturgeist«: die »heilige Luft«, der »schöne Äther«, denen der Gesang gewidmet ist, sind bloß die Symbole des Geistes. Man hat ja hervorgehoben, daß Hölderlin »die Wirklichkeit reinigen und vergeistigen will, um sie in einer großen Synthese, in der die Natur und der Geist sich vermählen, aufzuheben«. So wird Hölderlin zum »Hegelschen Dichter vor Hegel«.[45] Man könnte also meinen, daß er nicht der Herold des Geistes Christi ist.

Hölderlin wäre eine Gestalt in der Nachfolge des Joachim von Fiore.

Melden wir zunächst einen Zweifel an. Eine solche Deutung setzt bereits – was die Religion betrifft – eine prophetische Absicht voraus, von der wir in Hölderlins Werk kaum eine Spur finden. Sie stützt sich darauf, daß im *Hyperion* von dem »Geist der Welt« die Rede ist, ein Ausdruck, der in den Hymnen, die Hölderlin nach *Der Einzige* und *Patmos* geschrieben hat, nicht mehr vorkommt. *Der Einzige* und *Patmos* feiern etwas anderes als die Vermählung von Natur und Geist. Ihr Symbolgehalt ist zweifellos christlich; liest man sie unvoreingenommen, so stößt man auf keinen Aufruf, im Namen des Geistes über das Christentum hinauszugehen. Im *Einzigen* ist Christus »das Ende«; in *Patmos* soll »der veste Buchstab' gepflegt (werden) und Bestehendes gut gedeutet«. Wir möchten uns nicht mit der simplen Auskunft zufrieden geben, jede Diskussion sei überflüssig, weil die Hymnen ein »ausschließlich poetisches Werk« und die »Ideen, die sie beinhalten«, von zweitrangiger Bedeutung seien – die Bedeutung der Ideen soll in der Dichtung angeblich bloß im Gefühl, das durch sie entstehen kann, liegen.[46] Die einzige Frage, die sich stellt, lautet: sind diese Hymnen in ihrem Wesen christlich oder sind die christlichen Elemente nur Mittel, um etwas anderes auszudrücken? Deuten sie eine »Wiederkehr des Christentums« an oder sind sie im Gegenteil – wie Pierre Bertaux meint – Zeichen eines »bekräftigten Paganismus«?[47] Die Antwort ist in unserer Augen eindeutig. Daß sie in ihrem Wesen christlich sind, wird von einer anderen Hymne, die in die Zeit ihres Entstehens fällt, bestätigt: von der Hymne *Friedensfeier*. Jean-Luc Marion, der sich auf eine unveröffentlichte Arbeit von J.-M. Garrigues beruft – Garrigues lehnt sich an Erik Przywara an –, hat gezeigt, daß die zweite Strophe der Hymne *Friedensfeier* »Wort für Wort die christologische Hymne der Epistel an die Philipper aufnimmt«. Das »aufgeben« steht für die Kenose, die Paulus mit dem Verb »sich leeren« (»entäussern«) zum Ausdruck bringt; die Strophe endet mit einer »väterlichen Feier des Sohnes«, vor dem jeder in die Knie geht. Unmittelbar darauf wird die Gestalt des »Friedensfürsten«, der der »Sohn« ist, »in ihrer ganzen ›trinitarischen‹ Bedeutung dargestellt«.[48] Nachdem er sich derart auf einen der »wichtigsten christologischen Texte der christlichen Überlieferung« bezogen hat – er taucht im Zusammenhang mit dem grundlegendsten Dogma des Christentums auf –, denkt Hölderlin über die Stelle nach, die Christus in der spirituellen Geschichte der Menschheit einnimmt; schließlich gelten seine Gedanken der Notwendigkeit des scheinbaren Rückzugs Christi: zugleich *Der Einzige* und *Patmos*. Das Angesicht des Herrn ist verschwunden, der Dichter aber möchte nicht betrübt sein wie einst die Apostel, deren »Übermaß an Liebe« Anlaß für Mißverständnisse sein konnte und darum »reich an Gefahren war ... Man hätte hinnehmen müssen, daß die Zeit der Teophanien der Vergangenheit angehörte, man hätte sich mit Christi Weggang, der an seine Auferstehung gebunden war, abfinden müssen. Damit ist der Grund genannt, weshalb das Geistliche der Hymnen auf Emmaus verweist.«[49] Erwarten wir von dem Dichter keine theologischen Begriffserklärungen; staunen wir nicht über das Unbestimmte eines Denkens, das vielleicht noch keine Gewalt über sich selbst hat. Die Gewißheit bleibt: Christus ist der Pol, der den Dichter stets anzieht. Hölderlin möchte Christus feiern. Wir stimmen Pierre Bertaux zu, wenn er schreibt: »In dem Augenblick, in dem – wie die Psychiater glauben – Hölderlin vom Wahn befallen wird, liefert er den unwiderlegbaren Beweis seiner Weisheit; er ist vernünftiger als jene, die später aus ihm einen Propheten machen wollten.«[50]

(Aus dem Französischen von Alexander G. Düttmann)

Anmerkungen

1 H. U. von Balthasar: *Herrlichkeit*, 3. Band, 1965, S. 742
2 G. W. F. Hegel: *Enzyklopädie*, Vorwort zur 2. Auflage, Frankfurt 1970 (Theorie-Werkausgabe Band 8), S. 28
3 Am 30. 4. 1822 schreibt er Varnhagen von Ense, er finde große Lust daran, die Gelehrten mit Hinweisen auf Böhme zu empören. Die Stelle wird von G. Durand in: *Jerusalem* zitiert (1976, S. 163).
4 Um, wie Ayrault sagt, in einer »neoplatonischen Teosophie« zu münden (Roger Ayrault: *La genèse du romantisme allemand*, Paris 1961–1977, Bd. 2, S. 536).
5 Brief an Meyer vom 4. 12. 1815
6 Briefe an C. Schmid und an Meyer (1816 und 1817). Vgl. A. Faivre: *Eglise intérieure et Jérusalem céleste*, in: *Jerusalem*, a. a. O., S. 82 und

87–88, sowie: ders. *La critique boehmienne de Franz von Baader*, in: Jakob Boehme, Vrin 1979, S. 135–154

7 *Les enseignements secrets de Martinez de Pasqually*, S. 5; in Auguste Viatte: *Les sources occultes du romantisme*, Paris 1928, Bd. 1, S. 301

8 Sämtliche Zitate aus den *Reden* sind folgender Ausgabe entnommen: Schleiermacher: *Über die Religion*, Hamburg 1958. Vgl. auch: E. Cramaussel: *La philosophie religieuse de Schleiermacher*, Montpellier 1908, S. 57–136

9 Schleiermacher, der Platon übersetzt und bewundert hat, betrachtet die Religion an sich als eine Art platonische Idee.

10 Ayrault: *La genèse*, Bd. 3, S. 430ff.

11 Der Ausdruck stammt von M. Simon: Vgl. auch ders.: *La philosophie de la religion dans l'oeuvre de Schleiermacher*, Vrin 1974; S. 284–311

12 Zitiert von: Ayrault, a. a. O., S. 393

13 Vgl. Rougé: Vorwort und Anmerkungen zur französischen Übersetzung der *Reden* (1944).

14 Rougé, a. a. O., S. 86

15 Vgl. Lubac, Anhang zu *La posterité* de *Joachim de Fiore.*

16 Schleiermacher: *Der christliche Glaube nach den Grundsätzen der evangelischen Kirche*, Berlin 1960; S. 112

17 1843 von Jonas herausgegeben.

18 Schleiermacher: *Christlicher Glaube*, in: WW, Erste Folge, Band 12, S. 15. Vgl. Stalder: *Aspects du principe d'individuation chez Schleiermacher*, 1969, S. 221

19 Vgl. wiederum Stalder, a. a. O., S. 229

20 X. Tilliette: *Le Christ des philosophes*, Band 1; vervielfältigte Vortragsreihe des Katholischen Instituts Paris, Philosophische Fakultät, 1974, Kapitel 10: »Fichte et le Jésus historique«, S. 95

21 Sämtliche Zitate aus der *Anweisung*... sind folgender Ausgabe entnommen: Fichte: *Anweisung zum seligen Leben*, Hamburg 1954

22 Ayrault, a. a. O., Bd. 1, S. 194

23 Tilliette, a. a. O., S. 95–96; Vgl. Ayrault, a. a. O., Bd. 1, S. 206

24 Übersetzung von Bouillier (1845)

25 Vgl. X. Léon: *Fichte et son temps*, Band II, 1, 1924, S. 488–497 sowie Gueroult: Einleitung zur Übersetzung von Rouché, S. 6–7, erneut gedruckt in: *Etudes sur Fichte*, 1974, S. 90 (auch S. 143)

26 Zum Verhältnis Fichtes und Lessings zum Freimaurertum vgl. Léon, a. a. O.; S. 12–57

26a K. Löwith: *Weltgeschichte und Heilsgeschehen*, Stuttgart 1953, S. 191

27 Zu Fichtes Antisemitismus vgl. L. Poliakov: *Histoire de L'antisémitisme*, Band 3, 1977, S. 199–200

28 Fichte: *Anweisung*..., a. a. O., S. 96. Das sagt auch L. Brunschvicg

29 Gueroult: *L'évolution et la structure de la doctrine de la scienc chez Fichte*, Band 2, 1930, S. 198–202, sowie ders. Einleitung... a. a. O.; S. 92

30 Fichte: *Staatslehre*, in: *Sämtliche Werke*, Band IV, Hg. J. H. Fichte Berlin 1845, S. 589

31 Vgl. die Analyse von Léon, a. a. O., S. 260–271 (Band II, 2, 1927)

32 H. Jaeger: *Zeugnis für die Einheit. Geistliche Texte aus den Kirchen der Reformation*, Band 1, Mainz 1970; S. 53–57

33 Sämtliche Zitate aus dem *Hyperion* sind folgender Ausgabe entnommen: Hölderlin: *Sämtliche Werke*, Stuttgarter Ausgabe, Band 3, Stuttgart 1957

34 Zu Hölderlins Patriotismus vgl. G. Bianquis: *Einleitung zu Hölderlins »Gedichten«*, Paris 1943, S. 41–45. Hemsterhuis hat den Plan einer »idealen Gesellschaft in Gestalt eines erneuerten und verwandelten mythischen Griechenlands« entworfen; vgl. Faivre, a. a. O., S. 78

35 Vgl. Anmerkung von Jaccottet in: Hölderlin *Œuvres*, Paris 1967, S. 1153 (Pléiade-Ausgabe)

36 Solche Ausdrücke der Sehnsucht finden sich auch bei Novalis und Schiller.

37 Tilliette: *La nature, la nostalgie et le sacre*, in: *Archivio di Filosofia*, Rom 1974; S. 387–389

38 E. Tonnelat: *L'œuvre poétique et la pensée religieuse de Hölderlin*, 1950, Kapitel 16: »La Réapparition du Christ«, S. 288

39 Vgl. A. Béguin: *L'âme romantique et le rêve*, neu herausgegeben bei Corti 1946, S. 161–164. Zum romantischen Mythos eines doppelten goldenen Zeitalters: daselbst, S. 396–403

40 Die Gedichte werden nicht als solche – in ihrer Gedichtform – zitiert; wir sind uns dessen bewußt, daß wir sie entstellen, indem wir nur einige Zeilen wählen. Sie werden zitiert nach der Stuttgarter Ausgabe, a. a. O., Band 2.1

41 Vgl. Bianquis, a. a. O., S. 45–47; P. Bertaux: *Hölderlin, essai de biographie intérieure*, 1936, S. 348: »Die Hymne ›Der Einzige‹ versucht Christus in den antiken Pantheon einzugliedern« (das Gegenteil trifft zu).

42 Bianquis, a. a. O., S. 45

43 J.-L. Marion: *L'idole et la distance*, 1977; S. 176–177 und S. 181; vgl. auch: A. Michel: *In Hymnis et canticis*, Louvain-Paris 1976, S. 276–283

44 Tonnelat, a. a. O., S. 303

45 Vgl. Balthasar: *Romano Guardini* und *Herrlichkeit*, Band 3, S. 676–765

46 Bianquis, a. a. O., S. 34 und S. 51

47 Bertaux, a. a. O., S. 330

48 Marion, a. a. O., S. 145–149

49 Michel, a. a. O., S. 281

50 Bertaux: a. a. O., S. 350. Marion erinnert auf S. 177 seines Buchs an die von Waiblinger überlieferte Behauptung Hölderlins, er sei auf dem Weg, Katholik zu werden. Vgl. P.-J. Jouve: *Poèmes de la folie de Hölderlin*, 1963, S. 130

Karl Keller

Alephs, Zahirs und der Triumph der Ambiguität: Typologie in der amerikanischen Literatur des 19. Jahrhunderts

> »Die über Häresie schreiben, die Häresiologen, werden sich zweifellos an ihn erinnern: Zur Auffassung vom SOHN, die ausgeschöpft schien, goß er eine Flut von Bedrängnis und Bösem hinzu.«
>
> Jorge Luis Borges, *Die drei Versionen des Judas*

I

Etwas ist geschehen mit der religiösen Typologie in Amerika, auf ihrem Weg ins 19. Jahrhundert und in dessen Verlauf.[1] Bedeutende Autoren haben Mißbrauch mit ihr getrieben, ihre Konturen verwischt und sich über sie lustig gemacht. Einst Ausweis des wahren Glaubens unter den Puritanern Neuenglands, wurde sie zur Zielscheibe ikonoklastischen Spotts in der Zeit Emily Dickinsons und Mark Twains. Die mittelalterliche Allegorie wurde mehrdeutig. Das Streben puritanischerFrömmigkeit nach der Mystik des Metaphorischen wurde ent-christlicht, vom Paradiese abgetrennt, aus der Tradition und jeglicher Zweckbindung herausgelöst. Unter den Händen der bedeutenden Autoren Amerikas ging das Entscheidende verloren.

Wir erinnern uns, daß Amerikas frühe Siedler zwei allegorische Systeme mitgebracht haben, die beide das Etikett »Typologie« trugen. Beide konnten sich auf die Bibel berufen und hatten den milden, von den Kirchenvätern ausgehenden, exegetischen Glanz, von Philon und Origenes bis hin zu Calvin und William Ames. Beide Systeme errangen in der Neuen Welt den Status anerkannter Exegese als Beleg für die Kontinuität der Theologie. Wie andere metaphorische Systeme, welche zur Gestaltung der frühen amerikanischen Kultur beitrugen, haben beide zu beachtlichen Neuerungen geführt, weil sie aus grandiosen Abstraktionen bestanden und gerade deshalb die Vorstellungskraft anregten; selbst am Anfang verfügte die Tradition zwar nur über eine begrenzte Zahl festumrissener Ideen, sie besaß jedoch eine produktive Struktur.

Beide typologischen Systeme waren überarbeitete Spielarten des Platonismus mit epischem Umfang und utopischer Tonlage, einem leichtfertigen Verfahren und provinzieller Wirkung; amerikanischen Autoren galten sie freilich als grundsätzlich tragfähig, weil sie das Vorstellungsvermögen ansprachen.

Die orthodoxe Typologiebildung (oder das, was Stephen Manning die »*klassische* Tradition der Typologie« nennt) hat aus dem Alten Testament Typen/Vorankündigungen/Prophezeiungen abgeleitet, welche dem Bedürfnis der Christen entgegenkommen sollten, Jesus (den Antitypus/das Licht/die Vollendung) zu einem göttlichen Wesen zu machen, ihn in den Mittelpunkt menschlicher Geschichte zu rücken, ihn gar zur »Fülle der Zeit« werden zu lassen. Diese Gleichsetzung kam nicht als eine ungeordnete Menge von Ideen in die Kolonien, sondern als eine feststehende Struktur mit der Formel $a>B$ *wenn* $B = a$, die auf alles menschliche Geschehen angewandt werden konnte. Die Formel funktionierte meiner Meinung nach wie Borges Aleph: ein Punkt, der alle anderen in sich einschließt:

»... der Ort, an dem, ohne sich zu vermischen, alle Orte des Erdenrunds sind, von allen Ecken aus gesehen. ... Wenn alle Orte der Welt im Aleph sind, dann müssen auch alle Leuchten, alle Lampen, alle Quellen des Lichts hier versammelt sein. ... In diesem gigantischen Augenblick habe ich Millionen beglückender und gräßlicher Vorgänge gesehen; am meisten war ich darüber erstaunt, daß sie alle in demselben Punkt stattfanden, ohne Überlagerung und ohne Transparenz. Was meine Augen schauten, war simultan. ... Welch ein sagenhaftes Observatorium! ... [Es ist] die unbegrenzte und lautere Gottheit; auch wurde gesagt, daß das Aleph die Gestalt eines Menschen habe, der auf den Himmel und die Erde zeigt, um anzudeuten, daß die untere Welt Spiegel und Kartenbild der oberen sei.«[2] (*Das Aleph*)

Christus, der Antitypus, der Prüfstein/der Fokus/das Ende vorangegangener Zeit, ist das Aleph mittelalterlichen Bewußtseins (und danach des puritanischen Bewußtseins). *Durch* ihn gewinnt die hebräische Vergangenheit Bedeutung; *für* ihn hatte sie ihre Gestalt; *in* ihm ist sie lebendig, weil sie erfüllt ist, obwohl sie tot, weil zu Ende ist. Christi wegen ist menschliche Geschichte geordnet, gleichzeitig und dynamisch, wenn sie auch obsolet erscheint. Christus – »welch ein sagenhaftes Observatorium«, auf die Vergangenheit gerichtet – ist Anfang und Ende der Geschichte.

Unter dem Einfluß des orthodoxen Typologisierens verbanden in

Amerika Pfarrer, und nicht nur diese, Fakten der Bibel einfallsreich mit ihrer Auffassung von Christus. Englische Schriftsteller ebenso wie Autoren vom Kontinent haben im Verlauf der Renaissance entdeckt, wie einfach dieses Muster anzuwenden war. Daraus, daß Josua Kanaan erbt, macht Thomas Shepard einen Typus des himmlischen Königreichs Christi, und aus Jesajas kleinem Rest einen Typus der Kirche Christi. Aus dem Sich-Niederwerfen vor den Mächtigen bei Jesaja macht John Davenport einen Typus, dessen Antitypus die Demut der Nachfolger Christi wird. Daraus, daß die Erde Adam übergeben wird, macht Samuel Sewall einen Typus zum Antityp der Eroberung der Seelen durch Christus. Aus Samson macht Samuel Mather den vollendeten Vorboten Christi, in seiner Erscheinung, in seinen Handlungen, in seinen Motiven und sogar in seinem Tod. Cotton Mather macht in seinen *Gerechten Erinnerungen* den Tod, wie er in den Psalmen erwähnt wird, zu einem »Typus unseres Erlösers, der im Psalm spricht«. Edward Taylor macht »Josephs herrlichen Glanz zu Deinem Abbild«. »Josuas /Sonne/ ist nur ein Strahl / Von Deiner hellen Sonne«, und »all der Glanz, den Samson trug, ist Dein / Dein in der Art«. Christus diente beinahe jedem, der über das Verhältnis zwischen dem Göttlichen und der menschlichen Geschichte nachdachte, als Gegentypus. Das Verfahren war einfach: Man konnte sich, wie Borges' Figur, in Christi zeitliche Perspektive versetzen und so mit allen zur Verfügung stehenden sprachlichen Mitteln die Vergangenheit auf ihre Bedeutsamkeit für die eigene Frömmigkeit hin lesen. Dieses Muster erlaubte die Illusion eines Zusammenhangs zwischen christlichem und jüdischem Denken und bestärkte das Überlegenheitgefühl der Christen über die Juden. So ist das Aleph der Inbegriff puritanischer Frömmigkeit.

Da die amerikanischen Denker die klassische Typologie eher als eine Struktur und nicht, wie ihre englischen Glaubensbrüder, als ein Dogma auffaßten, begann die Innovation unmittelbar, nachdem sich das amerikanische Sendungsbewußtsein herausgebildet hatte. Von den Einschränkungen einer alleingültigen Interpretation befreit, entwickelte sich die klassische Typologie Neuenglands zu einem Mittel der Rechtfertigung unterschiedlichster Lehrmeinungen. Möglicherweise verstand sie sowieso niemand als einen festen Bestand religiöser Überzeugungen, denn die Siedler der ersten Generationen fügten beständig neues Material hinzu und integrierten dadurch die Typologie in die amerikanische

Kultur. An der Tatsache, daß sie ganz unterschiedliche Anwendungen erlaubte, lasen die Siedler deren Wahrheitsgehalt ab. Die daraus resultierenden neuen Vorstellungen förderten den Individualismus, die Auflösung hierarchischer Strukturen und die Abwertung von Autoritäten. Für das frühe amerikanische Bewußtsein war die typologische Struktur immer dann bedeutsam, wenn es um Vervollkommnung ging. Mit der Zeit verwandelte die typologische Struktur den Glauben an Christus in nationalen und persönlichen Egozentrismus.

So proklamierte John Cotton, die Bay-Kolonie sei »die antitypische Erfüllung aller biblischer Typen« und zugleich der »Vorgriff auf die sich abzeichnende Wiederkunft«. Er sah in der Beziehung zwischen den Heiligen Neuenglands in der Wildnis und den Kindern Israels in der Wildnis eine Wiederholung des Verhältnisses Christi zu den Kindern Israels. Für William Bradford standen die Abtrünnigen in der Nachfolge Christi, da sie Ereignisse des Alten Testaments wieder aufleben ließen, und deshalb waren sie für ihn ein Wirklichkeit gewordener Antitypus zu den tradierten Typen der Bibel. Für ihn erlangt, was gefallen ist, in der Parallele zu Christus, das Leben. Samuel Sewall rechtfertigte das Verfahren, eine typisierende Allegorie über historische Ereignisse zu stülpen, und er machte damit Neuengland zum Antitypus der gesamten religiösen Geschichte, indem er jene Begebenheiten auswählte, welche der Kolonisierung günstig waren und auf sie vorausdeuteten. Solche Auslegungen gaben einem frühen Nationalismus Auftrieb. Cotton Mather folgte seinem Beispiel und faßte die Typen in Wendungen wie: »die einzelnen Phasen aller Zeitalter, welche in Erfüllung der göttlichen Prophezeiungen unausweichlich und in erstaunlicher Weise sich ereignen, wie sie sich auch bisher erfüllt haben«. Amerika war für ihn der Antitypus, weil es sich »als segensreich für alle Nationen der Erde erweisen werde«. Roger Williams schrieb von den Juden, sie seien »der Typus des... [amerikanischen] Königreichs Jesu Christi«. Er glaubte, daß »die vollständige und endgültige Befreiung und Wiederherstellung der Kirche bei uns stattfindet«. Urian Oakes sah Amerika antitypisch als »eine Kerze im Leuchter, die dem ganzen Haus Licht spendet«. Thomas Shepard sprach von Rechtfertigung als von einer Form des Antityps, welcher die Schritte des einzelnen zur Heiligwerdung bekräftigt. Noch die Verheißung der Gnade fügt sich in diese Struktur. Ähnlich faßte Thomas Hooker das Auserwähltsein als einen Antityp und erleichterte damit das Verständnis all der Werke, all der Typen, die die Frömmigkeit des einzelnen ausmachen. Edward Taylor erprobte das Aleph in einer Reihe von Varianten: sich selbst machte er zum Boden für Christus als die Rose von Scharon, zu jemandem, der nach Christus als dem gebrochenen Brot hungert, zum Kind Christi als des Vaters, zur Braut Christi als des Bräutigams.[3]

Jonathan Edwards' Antitypus im Rahmen der menschlichen Psychologie war der freie Wille oder die individuelle Neigung. Alles übrige war durch den Willen bestimmt, durch ihn vollzogen, durch ihn getilgt. All dies waren Spielarten des Aleph, unterschiedliche Ausformungen der vorgegebenen Struktur.

Ein liberaleres (oder »vergeistigteres«) Typologisieren – Perry Miller nennt es »die Bewegung *plebejischer* Typologie« – bestand in einem allegorischen Muster, das zugleich dazu diente, gewisse Glaubensrichtungen zu rechtfertigen, und das für die ersten Generationen der Amerikaner weitaus verlockender war. Es übertrug die historische Ordnung der klassischen Typologie auf den gesamten Kosmos; innerhalb derselben Struktur wird also aus einer teleologischen eine moralische Ordnung. Das plebejische Verfahren bildete in einer eher induktiven/subjektiven/metaphorischen Weise – sei es willkürlich oder der Natur angemessen – Typen aus spezifischen weltlichen Sachverhalten und Gegenständen, die auf den Antitypus, das Göttliche, hinwiesen und durch dieses seine Bedeutung gewannen. »Die gewöhnlichen Verrichtungen des Lebens zu spiritualisieren und aus den alltäglichen Geschäften religiösen Nutzen zu ziehen«, schrieb Cotton Mather in seinem *Agricola* (1727), »ist eine fromme und glückbringende Kunst.« Das plebejische Verfahren besitzt dieselbe Struktur wie das orthodoxe, in seiner Wirkung aber entspricht es eher Borges' komplementärem Zahir – das Absolute als im Augenblick gegenwärtiger Gott, das Flüchtige, dem Allgemeingültigkeit zukommt, das Wesen, das sich in der Erfahrung verbirgt:

»Jede Münze dieser Welt [steht] sinnbildlich für die berühmten Münzen, die in Geschichte und Sage aufblinken. ... [Der Zahir ist] eine Art unendlicher Tiger. ... Der Zahir ist der Schatten der Rose, der Riß im Schleier. ... nichts [ist] so unscheinbar, daß es nicht das Werden des Alls und die unendliche Verkettung von Ursachen und Wirkungen in sich birgt. ... jedes Phänomen [bezieht] die sichtbare Welt ein. ... Vielleicht werde ich hinter dieser Münze Gott finden.«[4] (*Der Zahir*)

Klassisches Allegorisieren geht von Christus aus und spürt Momenten in der Vergangenheit nach, mit denen er in Verbindung gebracht werden kann und die als prophetische Entsprechungen zu den geheiligten Ereignissen seines Lebens vorstellbar sind: der Aufweis von Belegen aus der Heiligen Schrift erhält den Rang einer Eschatologie. Plebejisches Allegorisieren aber nimmt seinen Ausgang bei den Lebensumständen eines einzelnen oder bei irgendeinem Merkmal der Natur und ortet das Göttliche, welches sich dahinter verbirgt, nach der Formel *a = B wenn B>a:* Die Metapher erhält den Rang einer kosmischen Symbolik. Der Zahir führt über sich selbst hinaus, er verweist als Synekdoche auf Bedeutsamkeit/Christus/das Allganze; der Tenor *macht* ihn zu einem Vehikel. Der erstere Typus ist durch seinen Bezug auf die Zeit gekennzeichnet, der zweite im wesentlichen durch den auf den Raum. Beide aber ordnen Vielfalt/Möglichkeit/Unendlichkeit den Regeln der eigenen Frömmigkeit unter.

Plebejische Typen – die aus allem Persönlichen und Individuellen Allegorien bilden – finden sich in der frühen Literatur Amerikas allenthalben. Die typologische Deutung realer historischer Ereignisse war im 16. und 17. Jahrhundert ein erregendes hermeneutisches Abenteuer, galt jedoch danach zunehmend als überholt und erwies sich schon zur Zeit der puritanischen Apologeten Neuenglands als ziemlich verbraucht – von wenigen Ausnahmen abgesehen. Die Platonisierung der Typologie (das Geistige wird durch das Materielle repräsentiert, das Materielle durch das Geistige belebt) bot andererseits aber auch eine Freiheit, die sich späterhin die meisten Autoren zunutze machten, von Lord Herbert über Edwards bis hin zu den Romantikern und Transzendentalisten, und zwar nicht um dieser Freiheit willen, sondern um die Natur in den göttlichen Plan einzubeziehen. Dies war eine andere Art des Wirklichkeitsbezugs.

So bewegte sich Anne Bradstreet in ihrem plebejischen Typologisieren vom Weltlichen zum Göttlichen hin: »Wie unvergleichlich ist doch ER hoch droben, / dess' Macht und Schönheit wir durch SEINE Werke kennen.« Ähnlich gelangte Samuel Sewall zu der Überzeugung, daß »all die ewigen Wahrheiten … in trefflichen Mustern bildhaften Ausdruck finden«. Auch Cotton Mather hat Typen außerhalb des biblischen Kontextes einfallsreich allegorisiert und sie auf Gegebenheiten Neuenglands bezogen: Die Arche steht für die Bostoner Gemeinde, die damit das ideale Christentum repräsentiert. In Analogie zu biblischen Typen spiritualisiert Edwards das natürliche Universum, und dies bedeutet in seinem Fall eine wichtige ästhetische Neuerung: »Die Weisheit Gottes bei der Schöpfung zeigt sich darin, daß er die Dinge der Natur so ordnete, daß sie auf lebendige Weise das Göttliche und das Spirituelle verkörpern. ... Die Dinge der Natur sind nach Typen für Spirituelles geordnet. ... Der Typus ist nur die Repräsentation oder der Schatten des Gegenstandes, der Antityp dagegen die Substanz und das Wahre.«

Während das klassische Denken sich vom Antityp zum Typus hin bewegte, schritt das plebejische vom Typus zum Antityp – ein wesentlicher Unterschied, der zu einer beträchtlichen Erneuerung der Struktur führte. Der Bewegung von Christus aus auf die spezifisch menschliche Erfahrung hin waren enge Grenzen gesetzt. Hingegen war die Bewegung von der menschlichen Erfahrung hin zum Göttlichen nahezu grenzenlos, wenn sie auch eine ernsthafte Bedrohung der auf der klassischen Typologie beruhenden Lehren bedeutete.

Innerhalb der amerikanischen Kultur kann man einen großen Teil des Erfolgs plebejischen Typologisierens zwischen dem 17. und dem 19. Jahrhundert – Zeichen, welche der Natur eingeschrieben sind, entsprechend der jeweiligen Gegebenheit, die in die Struktur eingepaßt werden mußte – sicherlich Cotton Mather und Edwards zuschreiben. Gleichermaßen materialistisch, aber noch sehr viel deutlicher in ihren optimistischen naturwissenschaftlichen Mutmaßungen, wandten sie mit großem Einfallsreichtum die Typus-Antitypus-Struktur auf die Welt und das Universum an und versahen dadurch die metaphorische Konvention von Tenor und Vehikel mit einer primär religiösen Bedeutung, die selbst dann noch wirksam war, als diese Konvention ihre religiöse Geltung bereits verloren hatte. »Das«, so schrieb Edwards in seinen *Miscellanies*, »sind Gottes Wege: Die Schatten des Höheren und des gänzlich Erhabenen in geringen Dingen spürbar werden zu lassen; Äußerliches zum Schatten des Geistigen zu machen ...« »Die Gegenwart eines höheren, nämlich eines geistigen Elements«, schrieb Edwards in *Nature*, »ist unabdingbar für die Vervollkommnung [der Natur].« Der hier vorliegende Typus entspricht einer freieren, subjektiveren Allegorie, welche persönliche Erfahrungen höher einschätzt, als es die orthodoxe Methode tut; gleichzeitig läßt sie, über das streng an Christus bzw. dem alten Testament orientierte klassische Typologisieren hinaus, weitreichende Vermutungen zu.

Gleichwohl muß man die plebejischen Typen – »der Schatten der Rose und der Riß im Schleier« – von den einfachen platonischen unterscheiden. Der zeitlose Archetypus bedeutet mehr als die einfache Harmonie der Dinge; er verweist vielmehr darauf, daß – nach typologischer Auffassung – die Dinge, selbst noch in ihrer Eigenständigkeit, vom Archetypus *ausgehen*. Das Vehikel geht dem Tenor voran und doch von ihm aus: Das Bekannte wird durch die Kraft des Glaubens zu einem spirituellen Medium. Die amerikanische Literatur zeichnet sich durch die Vorstellung aus, daß der Antitypus, wiewohl unbekannt/unsichtbar, eine Yankee-hafte Beharrlichkeit an sich hat, ja sogar eine deutliche Überlegenheit über das Bekannte – beinahe in dem Sinne von William Carlos Williams: »Außer in den Dingen gibt es keine Bedeutung«, obwohl hier noch das wichtige Element eines selbstgerechten Schöpfers hinzukommt. Es handelt sich um eine religiöse Besonderheit, um eine, wie ich meine, amerikanische religiöse Besonderheit.

Ich habe diese Gemeinplätze kolonialer Hermeneutik nur deshalb aufgeführt, um mein Argument zu untermauern, daß sich die Struktur typologischen Allegorisierens bis ins 19. Jahrhundert fortgesetzt und für lebhafte Neuerungen gesorgt hat. Da diese Struktur eine Denkform darstellte, konnten die Autoren den Inhalt je nach Erfordernis variieren. Als Ideensystem erlosch die Typologie mit den Edwardianern und den Millenaristen, und zwar lange vor dem Ende des 19. Jahrhunderts; die Möglichkeit des Typologisierens blieb freilich erhalten, weil sie im Bewußtsein der ersten Generationen selbst dann noch als Konstrukt weiterlebte, als die zugrundeliegenden Lehren und Leidenschaften nicht mehr existierten oder sich erheblich verändert hatten. Als Struktur, als Konstrukt spielt es in der Literatur des 19. Jahrhunderts eine große Rolle. Die beständige Versuchung, *der Typologie entsprechend* zu schreiben und die Dignität der Typen und Antitypen zu erreichen, zeigt die Wirkungsmacht der Struktur.

Selbst als sich die Typologie nicht mehr mit einer strikt theologischen Terminologie in Einklang befand, blieb sie doch eines der Momente, das den Puritanismus in Amerika am Leben erhielt, und zwar noch lange, nachdem er seine gesellschaftliche oder selbst seine religiöse Kraft eingebüßt hatte. Die Struktur besteht immer noch. Es war ein schrittweiser und kein radikaler Übergang, dem die amerikanische Kultur unterworfen war. Sie bewahrte ihren strukturellen Zusammenhang auch im Widerspruch zu den höchsten Formen idealistischer Theorie und Praxis.

Eine Schwierigkeit, die Entwicklung der Typologie ins 19. Jahrhundert hinein zu verfolgen, liegt freilich in dem Begriff selbst. Wie ich bereits angedeutet habe, hatte sie ihr religiöses Moment verloren. Mit dem Beginn des 19. Jahrhunderts war die dogmatische Bedeutung typologischer Begriffe nicht länger aufrechtzuerhalten, und die Typologie wurde zu einem Instrument der Säkularisation. Im Prozeß der Säkularisation wurden die religiösen Bilder ihres Gehalts entkleidet. Religion wurde durch Dichtung ersetzt. Nach Cotton Mather und nach Edwards erhielten »Typus« und »Typologie« im großen und ganzen eine andere Bedeutung, so daß es sinnlos ist, die Entwicklung dieser Begriffe zu verfolgen[5], insbesondere nach Wordsworth, der seine Bildersprache sehr ungenau als »Typen und Symbole für das Ewige« bezeichnet. Er verstand unter dem Begriff »Typus« lediglich ein Beispiel oder ein Modell, technisch ausgedrückt: eine Synekdoche. Während des gesamten 19. Jahrhunderts waren die Termini »Symbol«, »Emblem«, »Typus«, »Allegorie« und »Sprachbild« aufgrund ihrer sorglosen Verwendung austauschbar und deshalb weitgehend wertlos. Die unterschiedlichen Vorstellungen von Metaphern spiegelten sich nicht in unterschiedlichen Bezeichnungen.

Emerson nennt, z. B. in seinem Essay *Imagination*, beinahe alles und jedes einen Typus, das auf etwas anderes als auf sich selbst verweist:

»Während der gewöhnliche Verstand die Gegenstände oder die sichtbare Natur als reale oder als endliche Gegebenheiten betrachtet, schaut Dichtung, oder die Einbildungskraft, welche sie leitet, durch sie hindurch und benutzt sie als Typen oder Bezeichnungen von Gedanken, für die sie stehen.«

Ähnlich versteht Thoreau, etwa in *Walden*, einen Typus als einen bloßen Stellvertreter:

»Dann folgen spanische Felle, deren Schweife noch die Krümmung und Erhebungswinkel besitzen, welche sie hatten, als die Ochsen, denen sie gehörten, über die Pampas der spanischen Ebene hingaloppierten. Sie sind der Inbegriff [Anm. d. Ü.: type] allen Eigensinns und ein Beweis, wie hoffnungslos und unheilbar alle konstitutionellen Laster sind.«[6]

Hawthorne gebraucht den Terminus ebenfalls ungenau; seinen Reverend Mr. Hooper (aus *Des Pfarrers schwarzer Schleier*) läßt er den Begriff in der Bedeutung eines soteriologischen Symbols verwenden:

»So wißt denn, daß dieser Schleier ein Sinnbild [Anm. d. Ü.: type] und ein Symbol ist, und daß ich ihn immer tragen muß bei Tag und bei Nacht, in der Einsamkeit und vor der gaffenden Menge, vor Fremden ebenso wie vor meinen vertrauten Freunden.«

Melville verwendet den Begriff des öfteren als einen von mehreren, die seine symbolischen Absichten in *Moby Dick* verdeutlichen sollen: »[Die Begegnung der Schiffe] mag zugleich mit einem Typus, einer Entsprechung und einer Prophezeiung zu tun haben.« Und im *Confidence Man* [dt.: *Der Hochstapler*] heißt es: »Hier herrscht der stürmische und alles verschmelzende Geist des Westens, dessen Typus der Mississippi selber ist.« Bei Whitman bedeutet derselbe Begriff (wie in seinem Gedicht *An eine Lokomotive im Winter*) einen idealen Stellvertreter oder ein Emblem, und er verwischt so beinahe gänzlich seine Herkunft:

Der Zug dahinter, bald jäh, bald schlaff, doch unablässig vorwärts
getragen,
Urbild der neuen Zeit – Sinnbild von Kraft und Bewegung – Puls du des
neuen Kontinents,
Einmal nur komm und diene der Muse und tauch' in Gesang, so wie ich
dich hier leibhaftig sehe,
Mit Sturm und schüttelnden Windstößen und wirbelndem Schnee,
Bei Tag mit warnender, läutender Glocke laut,
Bei Nacht mit schwingender Lampen stummem Signal.[7]

Die Begriffe wurden also in späterer Zeit in einem anderen Kontext verwendet, wobei sie ihre ursprüngliche Bedeutung im wesentlichen eingebüßt hatten. Übriggeblieben war eine Spannung zwischen den neuen Bedeutungen und dem residualen Kern der alten, was die Möglichkeit zu Anspielungen bot. Damit wird deutlich, wie wichtig ein religiöser Bezugsrahmen für profane/ästhetische Begriffe im Amerika des 19. Jahrhunderts ist. Das Profane bewahrt einen moralisch/geistlichen Unterton.

II

Wichtiger freilich ist, was mit dem Typologie-Konzept selbst geschah. Im großen und ganzen erkennen wir einen Liberalisierungseffekt: Das Konstrukt verlangte nach beständiger Erneuerung. Die amerikanische Romantik unterschied sich beträchtlich von der europäischen durch die Innovationsformen der Typologie. Die Gründe, weshalb für das Vorstellungsvermögen im Amerika des 19. Jahrhunderts das archaische Verfahren des Typologisierens gehaltvoll und befriedigend war, sind unbekannt. Wir wissen nur, daß es in eigentümlichen und bezeichnenden Zusammenhängen auftrat.[8] Ohne die variationsreiche Verwendung dieser Struktur hätte die amerikanische Literatur im 19. Jahrhundert einen völlig anderen Verlauf genommen. Man betrachte nur, welchen Erfolg die klassische Form im Werk einiger der anerkannten Autoren hatte. Christus wird in vielfältiger Weise gestaltet, wodurch neue Ausdrucksmittel entstehen und ein größerer Bereich menschlicher Erfahrungen ästhetische Bearbeitung erfährt.

Emerson z. B. hat die Überseele nicht erfunden als »überladen und bedrückt von einer Kraft / die ihren Willen auf Zeit und Stunde ausübt«.[9] Sie war ihm vom typologischen Konstrukt vorgegeben. Sie ist sein Antitypus.[10] Wiewohl platonisierende Deutungen ihre Konturen fast völlig aufgelöst haben, ist sie doch ebenso religiös und ebenso mächtig wie der puritanische Antitypus Jesus. »Eine Seele ist es, die allen Menschen Leben gibt.« Die Dinge der Welt »empfangen ihre Gestalt und lichte Farbe / Von ihr [der Weltseele], die den Traum aussendet«. In der Gestalt von Emersons Sphinx »verschmolz sie mit purpurner Wolke, ... ergoß sie sich in das Silber des Mondes, ... schoß sie in gelber Flamme auf, ... entfaltete sie sich zu roter Blüte, ... zerfloß sie in schäumender Woge«. Der undurchschaubare Gott macht die Welt durchschaubar: »Das Genie entdeckt ... durch alle Geschlechter hindurch den [Anti]Typus, der immer sich gleich bleibt.« Der Heilige Geist des Unitarismus (oder zumindest das, was bis zur Mitte des Jahrhunderts von der Dreifaltigkeit übriggeblieben ist) erhält einen Yankee-haften Bezug zu den *Dingen*. Mit der Stimme und dem Bewußtsein eines freundlichen Übermenschen* singt Emersons Antitypus so:

* Deutsch im Original

Ich schrieb die Vergangenheit in Lettern auf
Aus Stein und Feuer die Schriftrolle,
Das Bauen im Korallenmeer,
Das Entstehen der Kohle.

Und von Trabanten und Sternenhöfen
Und vom zerbrochenen Gestirn nahm ich
Und aus verbrauchten und alten Dingen
Schuf ich die Welt neu.

(Song of Nature)

Abgesehen von der gegen die Institution Kirche gerichteten Sprache und von der anthropozentrischen Emphase ist Emersons Überseele ebenso antitypisch wie der die Fülle der Zeit repräsentierende puritanische Christus:

»Der höchste Kritiker der Irrtümer der Vergangenheit und der Gegenwart und der einzige Prophet für dasjenige, was sein muß, ist jene große Natur, in der wir so ruhen, wie die Erde in den sanften Armen der Atmosphäre ruht; jene Einheit, jene Überseele, innerhalb deren eines jeden Menschen besonderes Sein enthalten ist und mit allen anderen eins wird; jenes gemeinsame Herz, all dessen wahrer Umgang die Verehrung ist, dem alles rechte Tun Gehorsam ist; jene überwältigende Wirklichkeit, die unser Können und unsere Talente widerlegt und jeden zwingt, als das zu gelten, was er ist, und aus innerem Wesen zu sprechen und nicht nach seiner Zunge; welches immer danach strebt, in unser Denken und unser Tun einzudringen und Weisheit, Tugend, Kraft und Schönheit zu werden. Wir leben in Wechselfolgen, im Geteiltsein, in Teilen und Splittern. Indessen ist im Menschen die Seele des Ganzen, das weise Schweigen, die allumfassende Schönheit, zu der jeder Teil und jeder Splitter gleichermaßen in Beziehung steht; das ewig EINE. Und diese tiefe Kraft, in welcher wir existieren und deren Seligkeit uns gänzlich zugänglich ist, ist nicht nur sich selbst genug und vollkommen zu jeder Stunde, sondern der Akt des Sehens und das gesehene Ding, der Betrachter und das Betrachtete, Subjekt und Objekt, sind eins. Wir sehen die Welt in ihren Teilen, die Sonne, den Mond, das Tier, den Baum; das Ganze aber, von dem diese nur die erscheinenden Teilstücke sind, ist die Seele. ... Von innen heraus oder von hinten scheint ein Licht durch uns hindurch auf die Dinge und läßt uns gewahr werden, daß wir nichts sind, aber das Licht alles ist.«[11]

(The Over-Soul)

Obgleich Emerson, wie Wordsworth und auch die plebejische Typologie, häufig vom Besonderen (sein »jedes einzelne«) zum Allgemein/Göttlichen (sein »Allganzes«) übergeht, gleicht seine Methode doch dem klassischen Typologisieren: Gott ist das Ziel und die Vollendung, und er verleiht allen Dingen ihren Wert. Dinge sind nicht bloß Synekdochen (und genau darin besteht der Unterschied zum schlichten Platonisieren, wie es zu jener Zeit üblich war), sondern sie sind zu Synekdochen *gemacht*, und zwar durch die Kraft der Sehnsucht, welche von einer Gottesgestalt in die Gegenstände einfließt; nicht die Vehikel bestimmen die Wirkung eines Tenors, sondern der Tenor greift jeden dafür geeigneten Gegenstand der Welt auf (ähnlich den Concetti metaphysischer Dichter) und verwandelt ihn, oft in einem Wortspiel, durch die Beziehung oder die Korrespondenz zu IHM in ein Vehikel. Wie bei Edwards geht das Sein dem Seienden voraus, bestimmt es, gibt ihm Leben, verleiht ihm seine Eigenart.

Emersons Gleichsetzung der Überseele mit dem Selbst macht das Selbst (typologisch ausgedrückt) zum Jesus der Transzendentalisten. Selbstvertrauen ist Gottvertrauen, meint Emerson, weil jedes Individuum einen Typus zum göttlichen Antityp darstellt und zugleich, wenn es von Gott erfüllt ist, einen Antityp zur äußeren Welt bildet, indem es die Natur durch seine Natur prägt. Das eherne Band des immanenten Antityps belebt (unter Emersons Voraussetzungen) alle Sachverhalte. Im Sinne eines Brahmas hat ein Mensch Empfindungsvermögen (der neue Antityp), das allem (den Typen) Wirklichkeit verleiht. Ohne ihn können sie (für ihn) nicht existieren. Er *will*, unterstellt, er hat einen eigenen Willen, daß sie für ihn bedeutsam sind. Die Schönheit ist im Auge des Emersonschen Beschauers deshalb, weil er als Antityp die Qualität des Wahrgenommenen ermöglicht: Er ist *sein* Schöpfer. Die Denkkraft des Menschen, eine weitere Bezeichnung Emersons für den Antityp, stellt die Gegebenheiten der Welt auf *seine* Füße. Die unvermeidliche Kreisbewegung der Denkstrategie Emersons geht vom wahrnehmbaren Antityp zu den Typen der Schöpfung über: »Wirf einen Stein ins Wasser, und die Kreise, die aus sich selbst entstehen, sind aller Einwirkung schöner Typus.« Menschen *schaffen* die Welt gleichsam stellvertretend, weil Emerson ihnen die antitypische Stellung zumißt, welche aus den Typen schöpft und allem übrigen Leben gibt. Selbstvertrauen, Emersons Sammelbegriff, bewirkt, daß alles sich auf das Selbst/die Überseele/Christus bezieht: »Von jedem anderen Lebewesen geht ein verbindender Strahl hin zu ihm.«

Vom Standpunkt des Strukturalisten aus gesehen, sind die Unterscheidungen zwischen dem Antityp von Winthrops Stadt auf dem

Hügel, von Sewalls vollendetem Amerika, Cottons sich entäußerndem Christus, Taylors Liebe und Zuwendung spendendem Jesus, Mathers heroischem Neuengland, Edwards Auffassung vom Willen und Emersons alles überragendem Selbst wenig bedeutsam. Sie alle konzipieren ihre Welten, ob mit Hilfe orthodoxer Typen eher zeitlich oder mit vielen der neuen plebejischen Errungenschaften räumlich, indem sie eine Christusgestalt entwerfen, die den Weg und das Ziel für alles übrige innerhalb ihres Horizonts bestimmt.

Swedenborgs, Kants, Coleridges und Carlyles Einflüsse auf Emersons Anthropologie verblassen meines Erachtens angesichts der dominierenden Kraft des puritanischen typologischen Konstrukts bei seinen kühnsten Positionen. Emersons Welt ist nie gänzlich diesseitig oder autonom, nie *symboliste*, sie ist hingegen (nach der Ordnung von Typus-Antitypus) bedingt durch das Göttliche oder durch die Stellvertretung eines Göttlichen, nämlich durch das mit der Überseele begabte Selbst. Sein Anliegen war es, als selbsternannter Diener innerweltlichen Typen den Antitypus herauszustellen: dem Menschen zu seiner höchstmöglichen Bestimmung, der Güte, zu verhelfen.

Nach Emerson tritt dieses überragende Selbst bei Thoreau, bei Whitman und bei vielen anderen in Erscheinung.[12] Eine mit Bedacht angewandte Typologie ist hilfreich bei der Unterscheidung zwischen dieser aufsässigen Gruppe kanonisierter Autoren des 19. Jahrhunderts und dem eher unbeteiligten Kreis von Autoren wie Poe, Hawthorne, Melville, Dickinson und Twain. Sie hat dazu beigetragen, aus konservativen, von sich selbst überzeugten Individualisten soziale Reformer zu machen. Die anderen hatten diese Vorgabe nicht.

Obwohl er sich von allen religiösen Systemen losgesagt hat, unterlag auch Thoreau dem Zwang zu typologisieren. Allerdings mit einem amüsanten Unterschied. Der Thoreau Thoreaus, ein antitypischer Held von beinahe mythischem Zuschnitt, tritt an die Stelle von Emersons postulierter Überseele und Überselbst. Der radikale Einzelgänger hat sich mit der ihm eigenen Maßlosigkeit und mit unbändiger moralischer Kraft zu einer allumfassenden Einzigartigkeit stilisiert: ein Antitypus, der Momente des Typischen an den Tag legte. Die Typen der Thoreauschen Erfahrung sind in phantastischer, antitypischer Klarheit verkörpert, wie er es selbst vorgesehen hatte. Die höchste Instanz in seinen Werken ist das Bestreben, man selbst zu sein. Der Jesus freier unitarischer Gemeinden (ein Menschengott in der Gestalt einer Geistperson) wird zu einer Person, welche die Welt in sich selbst aufnehmen und dann die natürlichen Gegebenheiten mit metaphorischen Kräften versehen kann. Durch seine Gegenwart ergießt sich Gnade über seine Welt und sie fließt zurück, *ihn* zu begnaden.

Die Einheit der Person bringt Ordnung in das Chaos. Indem man Gott verinnerlicht, verwandeln sich die Tatsachen. Aus den Typen (»Hieroglyphen des menschlichen Lebens«) wird der Antitypus (»Verzückung, die aus dem milden Hauch des Lebens entsteht«), welcher sich selbst zur Darstellung bringt. Der Geist (ein »neues Bewußtsein von den Dingen«) verlangt, das Natürliche zu lieben (die »Gestalten und Abfolgen des Lebens, wie sie sich in der gesamten Natur finden«), es zu beeinflussen und schließlich das Äußere und das Innere umzuwerfen. Die Gegenstände der Natur verhalten sich organisch zum subjektiven Antitypus, dem Ganzen (und stammen von ihm her).

»Es will etwas heißen, ein besonders schönes Bild malen, eine Statue meißeln, etwas Schönes hervorbringen zu können; aber es ist weit ruhmvoller, die Atmosphäre, das Medium selbst, durch welches wir hindurchblicken, zu malen und zu meißeln, was wir moralisch zu tun vermögen. Auf die Beschaffenheit des Tages selbst einzuwirken, das ist die höchste aller Künste. Jeder Mensch hat die Aufgabe, das Leben selbst in seinen Einzelheiten der Betrachtung seiner höchsten und kritischsten Stunde würdig zu gestalten.«[13]

Bei Thoreau wird der Antitypus ein seltsam widersprüchlicher Erlöser nicht nur der Typen/der Welt, sondern auch seiner selbst.[14]

Das Ego Whitmans stellt einen weiteren Antityp von fast identischer Struktur dar; er entspringt einem ähnlichen Motiv, läuft aber auf etwas ganz anderes hinaus. Sicherlich ist Whitmans Bezug auf die puritanische Hermeneutik durch Emerson vermittelt, obwohl man die Differenz zwischen beiden nicht übersehen darf. Andere Ursprünge für seine rhapsodische, dem Antitypus ähnliche Selbstherrlichkeit müssen berücksichtigt werden, z. B. seine Bibellektüre, der Enthusiasmus der Quäker, der Glaube an eine offenkundige Bestimmung, wie sie Jefferson vertrat, das Hegelsche utopische Denken und der Personalismus der Phrenologen. Und doch geht sein typologisches Denken Hand in Hand mit dem Nationalismus in der Mitte des 19. Jahrhunderts, mit dem Millenarismus und dem Individualismus amerikanischer Grenzer. Die Rolle, die Whitman in seinen Gedichten einnimmt, ist die, welche der Puritanismus durch Erneuerung des Antityps im amerikanischen Bewußtsein aufzubauen suchte. In seinen persönlicheren Gedichten stellt Whitman einen Typus dar (»Ich feiere mich selbst und singe mich selbst«), der sich selbst zum Antitypus aufgeschwungen hat (»Walt Whitman, ein Kosmos, von Manhattan der Sohn«[15]), der sein wirkliches Ich und dessen Welt in den Dienst eines idealen Ich stellt und dessen Stimme die eines wirklichen Menschen ist, der mit der Fülle, der großen Wärme und der Erhabenheit des Göttlichen spricht. Das Ideale wird zur Triebfeder für das Reale. In dieser Rolle umgreift Whitman das gesamte Emersonsche Universum, einerseits das Konkrete, das extrem Persönliche (als Typus), andererseits das Göttliche, das extrem Allgemeine (als Antitypus) – beides in einer einzigen Person vereinigt, in ihm selbst. Er ist beides – Körper *und* Universum (ein Zustand, der wohl nur in den Termini der Typologie zu verstehen ist). Entfernung und Annäherung – vom Antitypus zum Typus und wieder zum Antitypus – bilden zusammen eine Metapher für das Selbst und eine Hoffnung für die Menschheit. Dazwischen liegt die reiche Fülle des Universums, sie liegt in der Struktur und ist so eins mit dem Selbst:

Ich spreche die urerste Losung, ich gebe das Zeichen der Demokratie,
Bei Gott! Ich will nichts haben, woran nicht alle zu gleichen Bedingungen
teilhaben können.

Durch mich viel langverstummte Stimmen,
Stimmen endloser Geschlechter, Gefangener und Sklaven,
Stimmen der Kranken und Verzweifelten und von Dieben und Krüppeln,
Stimmen von Kreisläuften des Werdens und Wachsens
Und von den Fäden, die die Gestirne verbinden, und von Vatersamen und
Mutterschoß
Und von den Rechten derer, die unterdrückt sind von andern,
Der Verwachsenen, Blöden, Flachen, Narren, Verfemten,
Des Dunsts in der Luft, der Käfer, die Bällchen aus Dünger rollen.

Durch mich verbotene Stimmen,
Stimmen der Geschlechter und der Begierden, verschleierte Stimmen,
ich ziehe den Schleier weg,
Unzüchtige Stimmen, durch mich erhellt und geklärt.[16]

(*Gesang von mir Selbst*)

Durch den Antitypus (den kosmischen Whitman) gewinnen die Typen (die reiche Fülle) Zusammenhang, Richtung, Persönlichkeit und eine einzige Stimme. Vermittels der typologischen Struktur wird Whitman zum neuen amerikanischen Christus. »O zu kämpfen gegen große Übermacht. ... Wirklich ein Gott zu sein!«[16] Der mythische Mensch, zu dem Whitman sich macht, wäre ohne die Typologie nicht möglich gewesen.

Zudem spricht Whitman, wenn er sich selbst als Dichter beschreibt, als Antitypus: »Ihm eröffnet sich das wahre Wesen der Dinge«, schreibt er 1855 in seinem Vorwort zu den *Leaves of Grass* [dt.: *Grashalme*], »und vergangene und gegenwärtige Geschehnisse, ... die ungeheure Vielfalt.« Er ist der Erlöser, der ein neues Bewußtsein in uns schaffen möchte, auf daß wir uns alle als »antitypisch« verstehen und der Welt durch unsere Liebe Erfüllung verschaffen. Schicksalhaftes Verlangen gibt es auf der Ebene der Typen (»fühllose, schöne Prediger«) und wohlmeinende, narzißtische Anpassung auf der Ebene des Antityps, welcher den zugleich gebenden und nehmenden Dichter, die Person, ausmacht, »den Knoten des Widerspruchs«. Er ist, um mit Whitmans eigenen Metaphern aus dem Vorwort von 1855 zu sprechen, ein großer Ozean, in den alle Flüsse münden, nachdem er sie mit seinem Regen hat anschwellen lassen, eine Sonne, die Licht spendet, das auf ihn selbst zurückstrahlt, ein Phallus, der andere erregt und zugleich mit ihnen interagiert. Whitman als die Brooklyn-Fähre ist ein wirksames Aleph, welches »alle Dinge zu jeder Stunde des Tages« (die Typen in diesem Falle) in »die Seele« (den Antitypus) einschließt:

Die unsichtbare Nahrung, die ich aus allen Dingen zu allen Stunden des Tages ziehe,
Das einfache, feste, wohlverbundene Ganze, ich selbst gesondert, jeder einzelne gesondert und doch ein Teil des Ganzen,
Die Wiederkehr in Vergangenheit und Zukunft,
Der Glanz, der gleich aufgereihten Perlen leuchtet über meinem geringsten Sehen und Hören beim Gang durch die Straßen oder bei der Fahrt über den Fluß,
Die Strömung, die da so schnell hineilt und weit fortschwimmt mit mir,
Die andern, die nach mir kommen, die Bande zwischen ihnen und mir,
Die Gewißheit der andern, Leben, Liebe, Sehen und Hören der andern.
(...)
Ihr steuert bei euer Teil für die Ewigkeit,
Groß oder klein, ihr steuert bei euer Teil für die Seele.[17]

(Auf der Brooklyn-Fähre)

Whitman ist der bemerkenswerteste Typologe in der amerikanischen Literatur des 19. Jahrhunderts, obwohl er meiner Meinung nach seine Vorstellungen nie im mittelalterlichen Sinn verstanden hat. Er ist jener Künder eines zukünftigen Zeitalters, den Cotton Mather sich verschiedentlich gewünscht hat, denn er machte sich zum Musterbeispiel für einen Propheten (einem alttestamentarischen Seher des Messianischen/Utopischen vergleichbar), und er hatte ein vollendetes, antitypisches Amerika der Zukunft entworfen, indem er, wie er in den *Democratic Vistas* (1871) schrieb, »den stummen, aber stets aufrechten und aktiven, den alles durchdringenden und durchziehenden Willen und das für das Land typische Bestreben im Geiste sich selbst entgegenhielt«. Diese amerikabezogene, auf den Geist gerichtete Hoffnung Whitmans brachte neue Elemente in die typologische Struktur des neuenglischen Millenarismus, weil sie beanspruchte, daß erstens amerikanische Geschichte und amerikanische Lebensweise ihren Wert allein im (typischen) Fortschreiten zu einem vollkommenen Land (»eine gemeinsame, unteilbare Bestimmung für alle«) gewinne und zweitens das vollkommene (antitypische) Land, auch wenn es vorerst nur erhofft und auf dem Weg dorthin sei, den Überschwang an geistigem und demokratischem Potential mit einem Zweck/einer Einheitlichkeit/einem gotterfüllten Ziel segne. Der Glaube an das tausendjährige Reich Christi[18] ist seinerseits ein Prozeß, der Mathers Verbindung von heroischer amerikanischer Vergangenheit und ruhmreicher amerikanischer Zukunft vermittels der Gestalt Christi sehr ähnlich ist: Die Typen (*alles* am amerikanischen Leben) verweisen auf den Dichter-Messias und sind erfüllt in ihm, der sie mit Wert und Zweck segnet und der sie und sich selbst zu weiteren Typen eines kommenden messianischen Zeitalters erklärt (»das *wahre* Amerika«):

Ich sehe in euch, was sicherlich kommt, die Verheißung von vielen
tausend Jahren, aufgeschoben bis jetzt,
Gegeben jedoch, um erfüllt zu werden: Unsere gemeinsame Art und Rasse.

Die neue Gemeinschaft endlich, ebenbürtig den Maßen der Natur,
In euren Männern, mehr als eure Berggipfel oder starken königlichen
Bäume,
In Frauen, mehr, weit mehr als euer Gold und Wein oder selbst eure
lebendige Luft.
Frisch angekommen in eine neue, doch seit langem bereitete Welt,
Seh ich den Genius der neuen Zeit, Kind des Realen und Idealen,

Den Boden bereiten für breites Menschentum, das wahre Amerika,
den Erben so großer Vergangenheit,
Für eine noch größere Zukunft.[19]

(Gesang des Rotholzbaums)

Andere Erscheinungsformen solcher Typen in jener Zeit sind kaum weniger spektakulär. Poes Gestaltung der Struktur (in *Eureka*) ist das ursprüngliche Atom, aus dem alle Schöpfung kommt und zu dem alle Schöpfung zurückkehrt, wie der Antitypus zum Typus und dann wieder zum Antitypus. Es ist, wie Poe es in *Der Fall des Hauses Ascher* beschreibt, als ob eine »wirklich & wirksam gewordene Dunkelheit über alle Objekte seines geistigen & physischen Universums flutete, in einer einzigen nicht enden wollenden Schwarzen Strahlung«.[20] Poe war dem Druck der puritanischen Ästhetik kaum ausgesetzt und hatte deshalb kein sonderliches Gespür für die in Neuengland herrschende Auffassung kontingenter Selbständigkeit der Typen, die sich von einem Antitypus fernhalten; er konnte sich eine Welt im Stande der Gnade (in der Dekadenz, der Auflösung, im rauschhaften Gedanken und im Tod als Bewegung zum Göttlichen) aber nur vorstellen, wenn sie, vom Schicksal dazu bestimmt, nach ihrem Antitypus suchte. Der Druck kosmischer Einheit (im Wahnsinn, in der Krankheit, in einer Überreizung der Sinne) treibt mit der Individualität seinen Scherz, während die puritanische Typologie Individualität rechtfertigt und fördert. Und doch wird Poes äußerst statisches Universum kurioserweise immer dann dynamisch, wenn ein Wechselverhältnis zwischen Typus und Antitypus besteht. Wegen der gegenseitigen Anziehung stellt es für ihn ein lebendiges Herz dar. Da in Poes Schema das Schicksal herrscht, und es nicht wie das jüdisch-christliche Verlangen nach weltlichem Überfluß Typen schaffen kann, bildet es keine überzeugende Typologie, sondern allenfalls einige plebejische Typen aus.

Auch der plebejische Typus ist, ähnlich wie der bei den erwähnten Autoren, ein Erbe des 19. Jahrhunderts. »Quanta« verweist im 19. Jahrhundert in beinahe jedem Werk offensichtlich auf das »Große Quantum«, und zwar ohne weitere Diskussion, es sei denn, es soll gezeigt werden, wie die Form Innovation anregt und dazu beiträgt, die umfangreiche transzendentalistische Naturdichtung der Zeit von Bryant bis Whitman und dann weiter bis zu Frost hervorzubringen. Den Schriftsteller des 19. Jahrhunderts, wie den puritanischen Autor des 17. Jahrhunderts, versetzt das Universum in Erstaunen; es ist für ihn voller Metaphern. Von Anfang an war die puritanische Ästhetik eine Lehre von den bewegenden Kräften: ein beständiges Suchen nach der Hand Gottes in der Welt. Diesem Suchen – im besten Fall einfältig, farbenreich und anregend – erschien das sinnlich Erfahrbare wie das Übersinnliche als Gottes Fügung. Und dies galt auch für die späteren amerikanischen Autoren.

In diesem Sinne »verweisen« Emersons niedere Ausdrucksformen des Lebens auf die höheren und sind infolge der Kontingenz Signifikanten des Signifikats. »Besondere natürliche Sachverhalte«, versichert er, »sind Symbole für besondere geistige Sachverhalte«; »die Natur ist das Symbol für das Geistige«. Seine Synekdochen sind keine bloßen Symbole, sie sind organische Bestandteile eines großen Ganzen. »Die Seele des Menschen«, schreibt er in seinem Essay *Representative Men*, »muß als der Typus in unserem System gelten, gerade so, wie der Körper eines Menschen der Typus ist, nach dem man ein Wohnhaus baut.« Ähnlich entsprechen Thoreaus Wanderungen der Reise eines kosmischen Pilgers, wobei die ideale Wanderung der wirklichen Richtung und Ziel vorgibt: »Bereitwillig würden wir diese Wanderung tun«, schreibt er in seinem Essay *Walking*, »die wir durch diese wirkliche Welt doch nie unternehmen können, und die zum vollkommenen Symbol für den Weg in die innere und die ideale Welt wird, welchen wir so gerne gingen.« In großen Teilen seines Werks bildet Whitmans Homosexualität einen plebejischen Typus für seine Vorstellung von der kosmischen Einheit, für seine Erfahrungen, die durch göttliche Zuwendung spiritualisiert werden. »Denk an die geistige Wirkung«, schrieb er in seinem späten Gedicht *Think of the Soul*, »so sicher wie die Erde durch die Himmel schwimmt, werden aus jedem ihrer Dinge geistige Wirkungen.«

Erstaunlicherweise gehen diese plebejischen Neuerungen zumeist nicht über das typologische Konstrukt hinaus, wenn sie die zentralen Gedanken der Autoren belegen sollen, sondern bestätigen dessen Gültigkeit für eine neue Zeit. Die »Häresien« bekräftigen den Glauben.

Das wirklich Neue daran ist das Ausmaß an Skeptizismus, an Vorbehalten und an Ambiguität. Es war völlig ausgeschlossen, daß sich irgendeiner dieser Autoren das typologische Denken vollständig zu eigen machte. In Emersons Kompensationsmodell halten sich das Gute und das Böse, der Erfolg und das Scheitern, der Krieg und der Frieden, der Mensch und das Objekt die Waage, und so werden die typologisch einfachen Muster eines Zeitalters des Glaubens vielschichtig und gleichzeitig diffus. »Alle Dinge haben ihre andere Seite«, gesteht Emerson entgegen seinem eigenen Monismus zu, »die eine steht gegen die andere.« Seine antitypische Überseele kann sie nicht erfassen und wird am Ende eine tragische, weil nicht zu realisierende Idealvorstellung. Ein anderes Beispiel für Momente, welche gegen das Typologische gearbeitet haben: Thoreau entdeckt am Waldenteich, daß das Leben nur in einem Prozeß erreicht werden kann, der das fixierte Muster der Typologie unterläuft. Ein Antitypus in Aktion kann auf seine Typen kaum in überzeugender Weise einwirken; der orientalische Einfluß auf ihn hat die gefälligen christlichen Typen bereits ins Unfaßliche und Unerkennbare zerfließen lassen. In ähnlicher Weise erlaubt Whitman seinem Selbst eine mehrdeutige Sprache, er läßt zu, daß es seine Selbstzweifel kultiviert und vielfältige Widersprüchlichkeiten pflegt, so daß der Verdacht entsteht, er sei (trotz seiner künstlerischen Leistungen und entgegen seinen Wünschen) als ein Antitypus möglicherweise nur ein aufgeblasenes Ego. Die Maske des Gottes fällt, sobald wir (seinem Insistieren nachgebend) seinen Körper berühren. Whitman ist vielleicht nur deshalb großartig, weil er einsam und daher allem zugetan ist, und nicht, weil er wie eine Christusgestalt alles umfaßt. Die Autobiographie straft das Ideal Lügen.

Weitaus stärkere Einwände gegen das Typologisieren stammen von Hawthorne, Melville und Twain, weil diese Autoren unzufrieden sind mit den ihrer Ansicht nach anmaßenden Prämissen und unbefragten Anforderungen der Struktur, an die die andere Gruppe ihre typologischen Bedürfnisse anpaßte. Für sie ist der Antitypus zum Mittel eines literarischen Faschismus geworden. Hawthorne hat deshalb den Antitypus zum Bösen im menschlichen Herzen umgedeutet, zu einem Prinzip, das sämtliche typischen Handlungen hervorruft (und sie letztlich auch negiert). »Das Herz, das Herz, –«, schrieb er in seiner Skizze *Earth's Holocaust*, »dort war der kleine und doch grenzenlose Bereich, in dem sich das ursprünglich Falsche aufhielt, dessen Typen in der äußeren Welt die Verbrechen und das Elend sind.« Bei Melville erscheint der Antitypus als ein Schiffskapitän, der auf tragische Weise sich selbst und die Welt zerstört, als ein Hochstapler, als chronometrisches Prinzip, das von allen irdischen Typen losgelöst ist. Sein Antitypus/Archetypus, der Wal, ist nur noch (freilich auf grausige Weise) weißgetünchte Bosheit, Schönheit und Schrecken in einem. Melvilles Antitypen haben zumeist einen tragisch-grotesken Effekt und sind Parodien auf die verschiedenen Ausprägungen des Faschismus in den Werken der Autoren, welche die gängige Typologie der Zeit verwenden. Der Antitypus bleibt für Melville immer undurchschaubar; daher ist für Typen, welche in Bezug zu ihm stehen sollen, die Welt nicht erreichbar. Das jeweils spezifisch Bestimmte scheidet als Hinweis auf eine andere Welt aus. Außerhalb der typologischen Struktur wird jede Zielsetzung hinfällig. Twain geht in seiner Ablehnung noch weiter: der Antitypus nimmt die Gestalt eines schauerlichen Teufels an, dessen Bösartigkeit alle Typen zu einer Illusion werden läßt. In seiner zwiespältigen Haltung zu der Figur des messianischen Connecticut Yankee vermischen sich Feindseligkeit und Zuneigung. Das antitypische Prinzip der Verdammnis bedeutet für die gesamte Menschheit Antrieb und Zerstörung zugleich. Kein Antitypus kann eine solche Ambivalenz überstehen, es sei denn, er wäre das anmaßende Trugbild eines Narren.

Aus dem Wall von Typen, wie ihn Emerson, Thoreau und Whitman aufgerichtet haben (eine Welt der unendlich beflügelnden Möglichkeiten), wird bei der anderen Fraktion eine Folge bitterer Paradoxa. Diese enttäuschte Autorengruppe ist sich des Tenors weniger sicher, sie ist sich des Geistes weniger gewiß, der den Typen Wirkung verleiht, sie ist weniger überzeugt von einem Antitypus, der Richtung und Ziel vorgibt. Das Chronometrische (um Melvilles Analogie aus *Pierre* zu gebrauchen) ist für sie *nicht* die Kunst des Uhrmachers. Typologie ist weithin zu etwas Schalem geworden. Sie repräsentiert etwas, das es zu zerstören gilt, sie ist ein dummer Scherz, ein Schandfleck, ein Stein des Anstoßes, ein Mißgriff.

Wie die Attacke auf den amerikanischen Traum in der amerikanischen Literatur des 20. Jahrhunderts hat die Typologie eine ganze Reihe von ikonoklastischen Werken angeregt.[21] Hawthornes Mr. Smooth-it-away ist ein zum Betrüger gewordener Emersonscher

Antitypus. Ethan Brands Antitypus, die unverzeihliche Sünde, treibt ihn zum Selbstmord. Das antitypische Prinzip des Bösen ist für den jungen Goodman Brown traumatisch. Der große Karfunkel, der Schatz Peter Goldthwaites und Owen Warlands Schmetterling sind zu trügerischen Symbolen geschrumpfte Antitypen. Melvilles antitypischer Ahab ist Whitmans Mensch, der weiter kommt als nur nach Indien als faschistischer Führer. Sein Wal ist der Antitypus als das Undurchschaubare, sein messianischer Kapitän Delaney bleibt der Naive, sein Billy Budd (anfangs als antitypische Figur konzipiert) wird zu einer die Realitätsbezüge zerstörenden und deshalb kriminellen Figur. Und bei Twain bildet die Verdammnis das organisierende Prinzip einer unauslotbaren Welt, ein zum Zynismus verkommener Antitypus. Das moralische Bewußtsein, vordem ein Vermittler, der zum rechten Tun anleitet, ist zum Schurken verkommen. Bei all den erwähnten Autoren sind die Parodien Tragödien. Der Antitypus ist eine monströse Gestalt – und er ist hohl.

Die Struktur des plebejischen Typologisierens blieb in der amerikanischen Literatur des 19. Jahrhunderts jedoch bestehen – in der Form der Synekdoche, der Metonymie, des objektiven Korrelats, des imagistischen Bildes und anderer sich ausbildender Gestaltungsmittel –, einerseits, so meine These, weil bis zu einem gewissen Grad der Glaube an eine Art Heiligen Geist weiterexistierte, der den Zusammenhang der Dinge deutlich macht, zum anderen wegen des Vorhandenseins einer moralistisch-hermeneutischen Tradition und schließlich wegen eines zunehmenden Vertrauens in die subjektive Erfahrung als eine auf Spirituelles hinweisende. Mathers »Außergewöhnliches, worin sich die Existenz und Wirkkraft der unsichtbaren Welt unmittelbar sinnlich zeigt«, und Edwards »Allganzes, das sich in unterschiedlichem Lichte betrachten läßt«, oder sein »einmütiges Einverständnis zwischen der Schönheit des Himmels, der Bäume, der Felder, der Blumen, etc. und herausragenden geistigen Eigenschaften« waren in der plebejischen Struktur der Metapher im 19. Jahrhundert nur wenig aufeinander abgestimmt. Der Restbestand an religiösen Überzeugungen nahm im 19. Jahrhundert Zuflucht zur Analogie: sie blieb von dem einst magischen, harmonischen Universum übrig – Vermutungen von Halbgläubigen.

Das plebejische Typologisieren in der amerikanischen Literatur des 19. Jahrhunderts unterscheidet sich kaum von dem anderer

Literaturen, es sei denn in der religiösen Emphase, die in den Mittelpunkt rückte und nachhaltig demokratisiert wurde: Jeder Gegenstand verwies auf die *Gesamtheit* der Gegenstände. Und das wiederum war möglicherweise die Auswirkung des 17. Jahrhunderts.

Die Struktur des plebejischen Typus, um es zu wiederholen, blieb im 19. Jahrhundert aufgrund ihrer beständigen Erneuerung bestehen: sie regte dazu an, sie mit neuem Stoff entsprechend den eigenen Bedürfnissen zu füllen. Die Struktur selbst war kein Symbol und kein Symbolreservoir, dessen sich die Autoren bedienten, um die früher von der Religion eingenommene Position zu ersetzen[22], sondern eine Form, welche die *Form* vergangenen Denkens lebendig erhielt, ohne die Ideen aus der älteren Zeit in die neue zu übertragen. Dies ist ein entscheidender Unterschied, weil er erklärt, wieso – im 19. Jahrhundert – der Puritanismus, obwohl er als Glaubenssystem nicht länger virulent war, doch als Vorstellungsweise bei den bedeutenderen Schriftstellern, in welch abgeschwächter Form auch immer, fortleben konnte. Plebejisches Typologisieren – wie es von der Bibel, mittelalterlichen Exegeten, den Puritanern und besonders Mathers und Edwards in einer langen und das Bewußtsein bestimmenden Tradition ausgeprägt war und sich schließlich zu einem *mythischen Denken* entwickelte – wurde für das 19. Jahrhundert (um einmal mehr Borges' Beispiel zu gebrauchen) ein *jeglicher* Schatten einer *jeglichen* Rose. Weil es zur Struktur allen amerikanischen Denkens geworden war, verwendete man es so zügellos, wie es vorlag. Die Struktur hat die Person freigesetzt. So hat der Puritanismus die Befreier vom Puritanismus befreit.

Nun war ich dabei zu zeigen, daß es im 19. Jahrhundert auch Autoren gegeben hat, die gegen jede Form des Mythos, gegen den klassischen wie gegen den plebejischen, aufgetreten sind. Eine Reihe von Federn wurde von dieser Gegenpartei gespitzt, aber trotz allem verwendeten diese Schriftsteller die Ambiguität als Mittel, um typologische Konstruktionen auf den Erdboden zurückzuholen. Meine Skizze einer Literaturgeschichte, die der Gegenfraktion eines Hawthorne, eines Melville, eines Twain und einer Emily Dickinson letztlich den Vorrang vor Positionen eines Emerson, Thoreau und Whitman einräumt, wie es auch F. O. Matthiessen in seinem Buch *American Renaissance* tut, ist sicherlich unausgeführt. Obwohl Emerson und Whitman die praktische

Politik, die Sozial- und die Erziehungswissenschaften wie auch die Kunst in Amerika nachhaltig beeinflußten, erscheint von heute aus gesehen die Teleologie der anderen Autoren wesentlich moderner. Nach Autoren wie Kafka, Nabokov, Borges und anderen können wir jetzt ihre Überlegenheit erkennen.

Mit Hawthorne, Melville und Emily Dickinson ist der Anfang einer Literatur der Bescheidenheit gemacht, gegen den wahren Glauben der Typologie-Anhänger jener Zeit – und dies weitgehend dank der Ambiguität.

Hawthorne wäre es unmöglich gewesen, Typologie nach Art der Puritaner zu verwenden, weil sie die Kenntnis des transzendenten/omnipotenten Antitypus, also Gottes, voraussetzt. Wenn er metaphorische Begriffe wie »Typus« und »Allegorie« gebraucht, schränkt er sie in der Regel vermittels eines Konjunktivs oder einer Konjunktion ein. In *The Vision of the Fountain* lesen wir: »Verträumt, wie die Szene war, könnte sie doch der Typus gewesen sein von...«; und in *Egotism, or the Bosom Serpent* finden wir: »Allgemein war es die Ansicht, ... daß die Eherne Schlange ... in Wirklichkeit der Typus war von...«

Ambiguität ist für diese Autoren – und für viele andere bei zunehmender Ungewißheit hinsichtlich der Annahmen, welche die Typologie möglich gemacht haben – nicht der Ausdruck einer Gegensätze aufbauenden Imagination oder eines antithetischen begrifflichen Denkens, sondern resultiert aus der Fähigkeit zu synthetisieren und in der Schwebe zu halten, über die die Typologie-Anhänger nicht verfügten. Die amerikanische Ambiguität ist kein verzweifeltes, gespaltenes Bewußtsein, keine von Irritationen geplagte Perspektive und auch nicht ein klarer Konflikt, sondern ein nicht aufzuhebender Balanceakt, der keine eindeutige Lösung kennt – eine Ausgangssituation, die jeden Antitypus unmöglich macht. Eine solche Ambiguität besteht nicht so sehr in einer doppelten Sicht oder in der Wahrnehmung des Paradoxen – derlei ließe sich problemlos in das Konstrukt einer Typologie einfügen –, sondern sie verweist auf eine zögernde Annäherung, die, wie ich meine, mit dem typologischen Verfahren nicht vereinbar ist. Ambiguität ist ein Versuch, eine unausschöpfliche Komplexität zu erfassen, sie steht für den Kampf mit Gegebenheiten, ohne Siegesaussichten und deshalb immer hypothetisch. Wer zu Ambiguitäten neigt, ist, anders als der Typologie-Anhänger, voraussetzungsgemäß ein Verlierer: Alternativen werden nebeneinander gestellt, aber keine wird bevorzugt; alles wird gezeigt, aber nichts erweist sich als überlegen; etwas ist zugleich vieles, *jedes*. Melvilles Gedicht *Kunst* beschreibt dies überzeugend:

In stillen Stunden träumen wir zufrieden / von manchem kühnen körperlosen Entwurf. /
Aber Form zu geben, pulsierendes Leben zu schaffen, /
Welch unähnliche Dinge zusammengehen, sich vereinen müssen:
Eine Flamme, die schmilzt – ein Wind, der eisig erstarren läßt; /
Trauriges Dulden – frohe Kräfte; /
Bescheidenheit – und doch Stolz und Hohn; /
Natürliches Vermögen und Lernen; Liebe und Haß; /
Verwegenheit und Ehrfurcht. Die müssen sich vereinen /
und verbinden mit Jakobs mystischem Herzen, /
um mit dem Engel zu ringen – Kunst.

Die Ambiguität der Autoren von der »unzufriedenen Fraktion« ist eine Form des Irrationalismus. Sie betonen nicht die Verworrenheit, den beständigen Wandel, das Unfertige der Schöpfung, sondern den Umstand, daß wir nichts darüber wissen können, und enttäuschen dann unser Verlangen nach konsistenten Lösungen, das die Typen zu befriedigen suchen. Das Ergebnis ist Stagnation, Befangensein, Bescheidenheit. Diese Autoren nehmen den Umschwung wahr, Ambiguität, das Ungewöhnliche, Komplexität, die Unmöglichkeit des Benennens, des Identifizierens, des Wissenkönnens und deshalb die Omnipräsenz des Sündenfalls; und doch nehmen sie gleichzeitig den Reichtum, die Tiefe, die Fülle der Dinge wahr (wenn sie sich auch als unerkennbar, unnahbar erweisen), und sie spüren deshalb die dem Leben innewohnende Gnade. Das Ergebnis ist ein Neo-Puritanismus wie der Hawthornes, Melvilles oder Emily Dickinsons. *Nichts ist sicher, alles ist möglich*. Weil sie die Wahrheit nicht kennen, erfinden diese Autoren sie sich in Formen, welche – bescheidenerweise – sämtliche Möglichkeiten einschließen. Das Prinzip der Ungewißheit ist ihre Antwort auf die Typologie. Aus ihnen werden Realisten, wie wir sie gerne nennen, weil sie die Struktur und die Beschaffenheit der Dinge *nicht* verstehen. Dieser Schwebezustand ist kreativ. Das Glück des Sündenfalls wird für sie zu einem schöpferischen Mißverständnis. Eine vorläufige Welt macht jeden Strukturierungsversuch, den man an sie heranträgt – wie die Typologie einer war –, künstlich und unsinnig.

Die Gleichzeitigkeit von Gegensätzen – d. h. Ambiguität als eine fruchtbare Voraussetzung des Nichtwissens – bedeutet für diese Autoren eine angemessene Ordnung, die einfachere Auffassungen wie die der Typologie ersetzt. Zweifel ist Glaube. Ungewißheit ist Gewißheit. Unsicherheit ist Sicherheit. Dauer besteht aus gegenwärtigen Augenblicken. Das Wirkliche ist erfunden, das Erfundene wirklich. Jedes Dunkel ist hell genug. Erfolg gibt es nur im Scheitern.

Der beharrliche Dualismus dieser Autoren sperrt sich gegen das Tragische in einer Weise, wie dies meines Erachtens keine der beiden typologischen Strukturen vermochte. Er richtet sich gegen die notwendige Folge und favorisiert die »Natürlichkeit«, einen feststehenden, bestimmten Zustand der Dinge, eine üppige, vielfältige, bedeutungslose, zur Kenntnis genommene Wirklichkeit. Mit Hilfe der Ambiguität betonen diese Autoren ihre Kontingenz. Ambiguität ist der Ausdruck ihres Glaubens. Auf diese Weise lassen sich im 19. Jahrhundert zwei Gruppen amerikanischer Schriftsteller unterscheiden: jene, die den Glauben an die puritanische Ideologie verloren hatten (Emerson, Thoreau und Whitman waren unsere Beispiele), aber die typologische Struktur in erneuerter Form beibehielten – weil sie eine Struktur war; und jene, die ihre enge Beziehung zu puritanischem Denken nur aufrechterhalten konnten (Hawthorne, Melville, Emily Dickinson und Twain) – auch wenn ihnen dies gelegentlich persönlich und künstlerisch zum Nachteil gereichte –, indem sie die aus dem 17. Jahrhundert stammenden Strukturen, also auch die Typologie, zerstörten. Bis zu einem gewissen Grad sind beide Häresien ironischerweise zugleich die Bestätigung der typologischen Struktur.

III

Emily Dickinson ist ein gutes Beispiel für meine Argumentation. Da bei ihr, gemessen an anderen Autoren des 19. Jahrhunderts, einige der glaubensstärksten Spuren puritanischer Ästhetik zu finden sind, einige der entschiedensten Widerstände gegen puritanische Einschränkungen und einige der hintergründigsten Transformationen der zentralen puritanischen Annahmen ihrer Zeit, möchte ich die These aufstellen, daß man in ihren Gedichten die besten Beispiele für die religiöse Typologie des 19. Jahrhunderts finden kann.[23]

Typologische Terminologie kommt in Emily Dickinsons Gedichten sicherlich vor, aber das meiste von deren mittelalterlicher/religiöser Bedeutung ist daraus verschwunden. Daß sie davon Gebrauch macht, will wenig besagen.

> Später im Sommer als die Vögel
> Ergreifend aus dem Gras
> Feiert ein geringes Völkchen
> Seine unaufdringliche Messe.
>
> Kein Ritual zu sehen
> So allmählich die Gnade
> Tiefsinnige Übung wird es
> Wachsende Einsamkeit.
>
> Von lang her gefühlt am Mittag
> Wenn August nicht mehr wärmt
> Steigt dieser geisterhafte Sang
> Ruhe anzukündigen ... (Nr. 1068)[24]

Das Verb »ankündigen« ist eine religiöse Anspielung, die der frommen Bildhaftigkeit des Gedichts entspricht, seine Absicht kommt allerdings eher dem Ton Wordsworths gleich: Die Grille legt den Gedanken an friedliche Stille nahe.

In zwei anderen Fällen gebraucht Emily Dickinson die Termini etwas traditioneller, obwohl die Intention noch etwas undeutlich ist. Hier ist ihre Definition von »Typen«:

> The Things that never can come back, are several –
> Childhood – some forms of Hope – the Dead –
> Though Joys – like Men – may sometimes make a Journey –
> And still abide –
> We do not mourn for Traveler, or Sailor,
> Their Routes are fair –
> But think enlarged of all that they will tell us
> Returning here –
> »Here!« There are typic »Heres« –
> Foretold Locations –
> The Spirit does not stand –
> Himself – at whatsoever Fathom
> His Native Land. (Nr. 1515)

(Die Dinge, die niemals wiederkommen können, sind verschiedene – / Kindheit – einige Arten der Hoffnung – die Toten – / Obwohl die Freuden – wie die Menschen – bisweilen auf die Reise gehen mögen – / Und doch verweilen – / Trauern wir nicht um einen Reisenden oder um einen Seemann, / Deren Wege sind gut – / Sondern denken vermehrt an all das, was sie uns erzählen werden / Wenn sie hierher zurückkommen – / »Hierher!« Da gibt es typische »Hiere« – / Geweissagte Orte – / Der Geist steht nicht – / Als er selbst – in welcher Fadentiefe immer / Zu seinem heimatlichen Land.)

Und hier ihre Definition des »Antitypus«:

The murmuring of Bees, has ceased
But murmuring of some[thing]
Posterior, prophetic,
Has simultaneous come.
The lower metres of the Year
When Nature's laugh is done [,]
the Revelations of the Book
Whose Genesis was June.
Appropriate Creatures to her change
The [anti]Typic Mother sends
As Accent fades to interval
With separating Friends [,]
Till what we speculate, has been
and thoughts we will not show
More intimate with us become
Than Persons, that we know. (Nr. 1115)

(Das Summen der Bienen, es hat aufgehört / Aber ein Summen von etwas / Etwas Späterem, prophetisch, / ist gleichzeitig gekommen. / Das leisere Zeitmaß des Jahres / Wenn das Lachen der Natur vorüber ist [,] / Die Offenbarungen des Buchs / Dessen Genesis der Juni war. /Geeignete Geschöpfe, sie zu wandeln / Schickt die [anti]typische Mutter / wie der Ton sich verliert in der Pause / Wenn Freunde sich trennen [,] / Bis, was wir vermuten, gewesen ist / Und Gedanken werden wir nicht zeigen / Die uns vertrauter geworden sind / Als Personen, die wir kennen.)

Die Begriffe an sich interessieren die Autorin nicht besonders; das Verfahren läßt sie gleichgültig. Wie bei den meisten Autoren des späten 19. Jahrhunderts kann Emily Dickinsons typologische Begrifflichkeit nicht in einem puritanischen Sinn interpretiert werden.

Vieles in ihrer Lyrik stellt sich wenigstens annähernd als Antityp dar, aber nichts davon vermag wirklich zu überzeugen. Jesus bestimmt für sie weder historische Ereignisse, noch besitzt er die Macht, die Welt räumlich zu ordnen. Er ist auf die rührselige Rolle des Freundes reduziert (»Jesus! Dein Angesicht wende uns zu im Paradies«), auf den gleichgültig Liebenden (»Jesus – hier ist dein kleiner John! Kennst du mich nicht?«), auf den verlorenen Erretter (»Und ›Jesus‹! Wo ist *Jesus?*... Vielleicht kennt er das Haus nicht«) und auf den unzuverlässigen Erlöser (»Sprich, Jesus Christus von Nazareth – hast du keine hilfreiche Hand für mich?«). Christus steht Emily Dickinson zum Zweck der Analogie, nicht der Typologie zur Verfügung:

A piercing Comfort it affords
In passing Calvary –
To note the fashions – of the Cross –
and how they're mostly worn –
Still fascinated to presume
That Some – are like My Own – (Nr. 561)

(Einen stechenden Trost bereitet es / Am Kalvarienberg vorüberzugehen – / Das neueste Gepränge wahrzunehmen – vom Kreuz – / Und wie es meist abgetragen ist – / Noch immer angetan von der Vermutung / Daß einige sind – wie Ich Selbst.)

Gott ist ein Bezugspunkt für ihr Leben und für die Natur, aber ihm fehlt das entscheidende Merkmal eines Antitypus – ein wirklich allumfassender Großmut und Einschließlichkeit.

I think, they call it »God« –
Renowned to ease Extremity –
When Formula, had failed –

And shape my Hands –
Petition's way,
Tho' ignorant of a word
That Ordination – utters –

My Business, with the Cloud,
If any Power behind it, be,
No subject to Despair –
It care, in some remoter way,
For so minute affair
As Misery –
Itself, too great, for interrupting – more – (Nr. 293)

(Ich denk', man nennt es »Gott« – / Gerühmt dafür, das Äußerste zu lindern – / Wenn phrasenhafte Formel nicht mehr trägt – // Und falte meine Hände – / Zum Bitten, / Wiewohl ich nicht über ein Wort verfüge / welches das Amt der Berufung – von sich gibt – // Mein Geschäft, mit der Wolke, / So irgendeine Macht dahinter, sei / nicht Anlaß zur Verzweiflung – / Es kümmere sich, auf eher versteckte Weise, / um eine so winzige Angelegenheit / Wie den Jammer – / Zu groß, sich einzumengen – mehr –.)

Emily Dickinsons »So irgendeine Macht dahinter« verweist eher auf Bedrängnis als auf ihren Glauben, den kein Antitypus zufriedenstellen könnte. Gott konnte sie nur als dem Inbegriff ihres Skeptizismus gegenübertreten. »Glauben *heißt* Zweifeln!«, schrieb sie in einem Brief aus dem Jahr 1874. Welcher Antitypus aber wäre in der Lage gewesen, einer solchen Ambiguität standzuhalten? »Gewähre mir, oh Herr, ein fröhliches Gemüt – / Deinen unfaßbaren Willen zu ertragen!«

In einem der bereits zitierten Gedichte finden wir einen weiteren möglichen Antitypus, Natur, »die typische Mutter«. Aber bei ihrem Versuch, die Welt zu transzendieren, kann Emily Dickinson sich nicht an das eherne Band halten, das, wie bei Emerson, Thoreau und Whitman, aus allen Dingen Typen für Antitypen macht. Es fällt ihr schwer, jene Eigenschaften der Natur in einer antitypischen Kraft-die-durch-all-die-grünen-Sprengkapseln-der-Welt-die-Blume-treiben-mag[25] zu personalisieren, welche ihr ihre Erfahrung nahelegt, und zwar aus dem einfachen Grund, weil dies nicht nur eine Fülle von möglichen Typen einschließt (»Meine kleinen Hände weit ausbreiten / das Paradies zu ergreifen«), sondern auch Täuschung, Abstriche, Einbußen und Verblendung (»Natur ist, was wir kennen – / Und doch ist unsere Weisheit schwach / gegenüber ihrer Einfachheit«). Der Antitypus kann kein Rätsel sein, wie offen er auch immer in Erscheinung treten mag. »Kann ich die Himmel ermessen? / Wie still das Rätsel daliegt!«

Ein weiteres Moment bei Emily Dickinson, in dem man vielleicht einen Antitypus aufspüren könnte, der uns davon überzeugte, daß die klassische Struktur in erneuerter Form im 19. Jahrhundert wirksam blieb, liegt in der Funktion einer überlegenen Sensibilität, zu der sie sich erhebt, und die zu einem dem Whitmanschen ähnlichen Selbst führt. Sämtliche in der Welt vorfindlichen Typen könnten sich dank ihrer starken, antitypischen Persönlichkeit als Möglichkeiten erweisen – dank einer Persönlichkeit, die das Gewicht Gottes spürt, die sich ihren eigenen Umgang auswählt, die »sich selber gegenüber / der alles überragende Freund ist«. Gleichwohl scheint sie nie eine systematische Metaphysik des Empfindungsvermögens vertreten zu haben (Edwards und Emerson, ästhetische Vorläufer, zu denen sie Zugang hatte, hatten die Wahrnehmung zum Kriterium für das Wahrgenommene erklärt), aufgrund deren ihre Verzückung zu einem Mittelpunkt geworden wäre, der sie selbst und ihre Welt wirklich lebendig gemacht hätte.

Sie konnte und wollte das, was sie wußte, nicht zu einem Unbekannten überhöhen, welches Ursache und Wirkung von allem bedeutet hätte. Ihre puritanische Haltung, sich klein zu machen, hat eine solche Selbstsicherheit verhindert:

Why – do they shut Me out of Heaven?
Did I sing – too loud?
But – I Can say a little »Minor«
Timid as a Bird! (Nr. 248)

Warum – haben sie Mich des Himmels verwiesen? / Habe ich gesungen – zu laut? /
Aber – ich kann das auch gedämpfter / Ängstlich wie ein Vogel!)

Ihr Solipsismus ist nicht stark genug, der Welt einen Willen aufzuzwingen, welcher sie, narzißtisch, dazu bringt, ihre Ordnung preiszugeben. Die typologische Struktur impliziert einen Bezug, und sie versteht es nicht, Bezüge herzustellen.

Die Bibel ist in ihren Gedichten überall anwesend, genau so wie in den Büchern der orthodoxesten Autoren der Zeit; und die verschiedenen Weisen, in denen sie die Heilige Schrift benutzt (von der persönlichen Tröstung bis zur kruden Parodie), lassen ein typologisches Vorgehen erkennen. Ihre Anwendung des Verfahrens ist im allgemeinen sehr persönlich, wiewohl sie das historische und auch das platonische Moment in der christlichen Tradition der Typen konterkariert. In einem Gedicht aus dem Jahr 1862 führt sie z.B. ins Feld, daß eine ihrer engen Freundschaften deshalb wahrhaftig sei, weil sie typologisch Christi »neuem Bund« mit den Auserwählten ähnlich ist:

There came a Day at Summer's full,
Entirely for me –
I thought that such were for the Saints,
Where Resurrections – be –

The Sun, as common, went abroad,
The flowers, accustomed, blew,
As if no soul the solstice passed
That maketh all things new –

The time was scarce profaned, by speech –
The symbol of a word
Was needless, as at Sacrament,
The Wardrobe – of our Lord –

Each was to each The Sealed Church,
Permitted to commune this – time –
Lest we too awkward show
At Supper of the Lamb....

Sufficient troth, that we shall rise –
Deposed – at length, the Grave –
To that new Marriage,
Justified – through Calvaries of Love – (Nr. 322)

(Es kam ein Tag im tiefsten Sommer, / Ganz allein für mich – / Ich dachte, daß derlei für die Heiligen sei, / Wo Wiederauferstehungen – geschehen – // Die Sonne ging, wie gewöhnlich, fort, / Die Blumen, wie üblich, blühten, / Als ob keine Seele über die Mittagswende hinausschritte / Die alles neu macht – // Die Zeit war kaum entweiht, durch Sprechen – / Das Symbol eines Wortes / War nutzlos, wie beim Hl. Sakrament, / Gewandung – unseres Herrn – // Jeder war jedem die Besiegelte Kirche, / Durfte das Abendmahl empfangen – diesmal – / Damit nicht auch wir fehl am Platz scheinen / Beim Mahle des Lamms. ... // Genug Treue, auf daß wir auferstehen – / Entgangen, schließlich, dem Grab – / Zu diesem Neuen Bund, / Gerechtfertigt – durch ein Golgatha an Liebe –)

Es fällt schwer zu glauben, daß Emily Dickinson hier mehr als eine schlichte Analogie zur Bibel im Sinn gehabt hat. Weil ihr Leben ungewöhnlich und einzigartig ist, spürt sie vielmehr, daß sie Christus, dem Antitypus, keine typische Bedeutsamkeit abgewinnen kann:

Our Lord – indeed – made Compound Witness –
And yet –
There's newer – nearer Crucifixion
That That – (Nr. 553)

(Unser Herr hat – wirklich – ganzes Zeugnis abgelegt – / Und doch – / Gibt es Neueres – der Kreuzigung näher / Dies Dies –)

Ihr eigenes Leben bleibt ihr eigenes Leiden. Keinerlei metaphorische Verbindungen zu Christus können den Schmerz beenden.

In der konventionellsten Verwendung typologischer Bilder aus der Bibel, etwa in einem Gedicht aus der Zeit um 1860, läßt sie Augustus Topladys populäres Lied »Rock of ages, cleft for me« wieder lebendig werden, indem sie die konventionellen Bilder für Christus, wie sie aus dem Mittelalter überkommen sind, personalisiert und parodiert:

A *Wounded* Deer – leaps highest –
I've heard the Hunter tell –

'Tis but the Extasy of *death* –
And then the Brake is still!

The *Smitten* Rock that gushes!
The *trampled* Steel that springs!
A Cheek is always redder
Just where the Hectic stings!

Mirth is the Mail of Anguish –
In which it Cautious Arm,
Lest anybody spy the blood
And »you're hurt« exclaim! (Nr. 165)[26]

(Ein *verwundeter* Hirsch – springt am höchsten – / Habe ich den Jäger sagen hören – / Nichts als die Ekstase des *Todes* ist das – / Und dann liegt das Dickicht still! // Der *geschlagene* Felsen, aus dem es hervorbricht! / Der *gehämmerte* Stahl, der springt! / Eine Wange ist immer röter / Grad wo das Fieber brennt! // Frohsinn ist die Botschaft der Qual – / Mit der sie sich behutsam rüstet, / Damit nicht irgend jemand das Blut erspäht / Und ausruft »Du bist verwundet«!)

Dickinsons »Ekstase des Todes«, ihr Felsen, aus dem es hervorbricht, der springende Stahl und die gerötete Wange sind, gemessen an den Standards von 1860 und an ihren eigenen Möglichkeiten, abgegriffen und übertrieben; sie parodiert das typologische Verfahren, mit dem gläubige Christen in früheren Jahren ihrem Leben Sinn verliehen haben. Sie glaubt nicht, daß sich die Moses-Jesus-Parallele auf sie selbst bezieht: Der gekreuzigte Christus findet »am höchsten« sein Ende, *ihre* typologische Abwehr der Pein ist freilich das Lachen. Sie verspottet die typologischen Lösungen und bietet eine eigene, spielerischere, an.

Typologisch vorzugehen war für Emily Dickinson weithin unmöglich, weil die meisten ihrer Analogien zur Bibel von Zweifeln durchsetzt waren:

Ararat's a Legend – now –
And no one credits Noah – (Nr. 403)

(Der Ararat ist eine Legende – jetzt – / Und niemand schenkt Noah Glauben –)

in soberer moments –
No Moses there can be (Nr. 597)

(in nüchterneren Augenblicken – / Kann es keinen Moses geben.)

That after Horror – that 'twas *us* –
That passed the mouldering Pier –
Just as the Granite Crumb let go –
Our Saviour, by a Hair –
A second more, had dropped too deep
For Fisherman to plumb – (Nr. 286)

Dieser späte Schrecken – daß *wir* es waren – / Die über das morsche Pier schritten – / Genau wie der Granitbrocken verfehlt hat – / Unseren Erlöser, um ein Haar – / Eine Sekunde länger, und er wäre zu tief hinabgestürzt, / Als daß ein Fischer ihn noch mit dem Senklot hätte ausmachen können –)

Obwohl Emily Dickinson die Bibel auf ihre eigene Weise geschätzt hat, war sie doch der Meinung, dies sei »ein altes Buch – / Geschrieben von längst verblichenen Menschen / Auf die Anregung Heiliger Hirngespinste hin –« (Nr. 1545).

Allerdings interessiert sie sich noch in anderer Weise für die Typologie, und das hat mehr mit Hermeneutik als mit der Bibel zu tun. In einem Brief aus dem Jahr 1851 führt sie einen erregend neuen Gedanken an – nämlich daß ein Wort *als Wort* nicht der Typus zum antitypischen Gegenstand sei, welcher durch das Wort repräsentiert werde, sondern der Typus dessen, der es erfindet:

»Nur ein kurzes Wort kann ich Dir schreiben, lieber Austin, weil es schon mittags ist und Vinnie darauf wartet, für mich ins Kontor zu gehen, und dennoch könnte *ein einziges Wort* es Dir leichter machen, wo Du doch jetzt weiterreisen wirst. Es sollte ein großes Wort sein, warm und voll liebevoller Zuneigung, falls ich ein solches finden kann – Oh, es soll diesen Raum erfüllen, diese enge und einsame Kammer voll tausend liebenswerter Dinge und köstlicher Verrichtungen – ich frage mich, ob es das *tun* wird, denn sei Dir gewiß, wenn *nicht*, dann ist es böse und ungehorsam und ein höchst unwürdiger Typus seiner zärtlichen Schreiberin.«

Das ist ein Hinweis auf eine typologische Poetik: Die Worte einer Dichterin verweisen auf ihre Person, sie beanspruchen Sinn für deren Existenz, haben für sich genommen, nachdem sie sich im Antitypus ihrer Schöpferin erfüllt haben, keinen Wert, und sie dienen doch deren Bedeutsamkeit, selbst wenn sie die eigene verlieren. Ein Wort wird als eine lebendige Synekdoche/Andeutung der Meisterin/des Meisters verstanden, welche die Archetypen eines individuellen Dichters sind: Wortreich, unvoreingenommen, sich selbst genug, schreibgehemmt und doch ans eher Geringfügige gebunden. Das Wort erfüllt seinen Zweck nur, wenn es das eigenartige, typische Geltungsbedürfnis eines absurden, alles beherrschenden Selbst aufhebt. Emily Dickinsons Wörter/Gedichte sind ihrer einzigartigen Person untergeordnet. Aber jene Möglichkeit einer originellen typologischen Poetik wird von ihr nicht weiterentwickelt, sie wird sogar kaum bemerkt. Ihre Auffassung von den Wörtern – ein selbstbewußter Versuch, zu einem System des Erkennens zu kommen – ist sehr vielschichtig und auch in sich unklar und mag allenfalls durch eine zufällige Wendung als im klassischen Sinne typologisch erscheinen.

Man hätte von Emily Dickinsons Werk die letzte, glorreiche Erscheinungsform der orthodoxen Typologie erwarten können. Aber für sie läuterte weder der Puritanismus das Geheiligte noch der Transzendentalismus das Profane zu einem Antitypus, obwohl sie sich in den zitierten Gedichten daran versucht hat, als hätten sie gelegentlich die alten oder neuen Orthodoxien dazu verleitet. Zumeist aber scheint sie sich bewußt gewesen zu sein, daß beide zu einem tyrannischen Aberglauben führen. Der Antitypus fehlt in ihren Gedichten hauptsächlich deshalb, weil die Verfügung über ihn für sie *belanglos* war. Wie viele andere hat Emily Dickinson die Ungenauigkeit der Struktur bemerkt. Wie Hawthorne und Melville hat sie der Ungewißheit den Vorzug gegeben. Der Einwand, bei dieser Frau sei der Puritanismus lebendig geblieben, übersieht, daß bei ihr das orthodoxe Typologisieren nicht vorkommt – ein überzeugender Beleg dafür, daß sie andere Vorstellungen hatte.

Was ihr und anderen im späten 19. Jahrhundert an Typologischem noch zur Verfügung stand, war, wie ich oben erwähnt habe, das Plebejische, das sie »die schimmernde Grenze, die/die Felder des Vielleicht umgibt«, genannt hat. Die Struktur mußte aus den Stoffen des Plebejischen und aus der eigenen, Aufmerksamkeit erregenden und fehlbaren Erfahrung *übertragen* werden – eine einfachere, weniger innovative und doch risikoreichere Art des Glaubens.

A science – so the Savans say,
»Comparative Anatomy« –
By which a single bone –
Is made a secret to unfold
Of some rare tenant of the mold,
Else perished in the stone –
So to the eye prospective led,
This meekest Flower of the mead
Upon a winter's day,

Stands representative in gold
Of Rose and Lily, manifold,
And countless Butterfly! (Nr. 100)

(Eine Wissenschaft – so sagen die großen Gelehrten, / »Vergleichende Anatomie« – / Mit der ein einzelner Knochen – / Dazu gebracht wird, ein Geheimnis zu enthüllen / Eines seltenen Bewohners der Natur, / Der im Stein zugrunde gegangen ist – / So ist vor das vorausschauende Auge getan, / Diese unscheinbarste Blume auf der Wiese / An einem Wintertag, / Die stellvertretend steht im Gold / Der Rose und der Lilie, in Vielfalt, / ungezählter Schmetterling!)

Die »stellvertretende« Blume, möglicherweise Emily Dickinson selber, bildet, nach Emersons Manier von allem in jedem, eine typologische Synekdoche für die Gesamtheit der Natur. Das plebejische Verfahren rechtfertigt/rationalisiert/belebt so die eigene kleine Welt. Die Ehrfurcht vor dem Kleinen wurde Emily Dickinsons persönliche Variation plebejischen Typologisierens.

In einem Gedicht aus dem Jahr 1862 beschreibt sie uns die plebejische Typologie auf eine Weise, die im Neuengland des 19. Jahrhunderts üblich war: Der Typus ist vertraut und zufällig; der Antitypus ist fern und vergeistigt; die Sprache des Typus ermöglicht es, sich an der Überlegenheit des Antitypus zu erbauen; und das Ergebnis lautet, daß die Mittel, den Antitypus zu erkunden und zu verdeutlichen, faszinierender sind als dieser selbst.

... Least Village has it 's Blacksmith
Whose Anvil's even ring
Stands symbol for the finer Forge
That soundless tugs – within –
Refining these impatient Ores
With Hammer, and with Blaze
Until the Designated Light
Repudiate the Forge – (Nr. 365)

(... im geringsten Dorf gibt es einen Schmied, / Dessen Amboß gleichmäßiges Klingen / Symbol ist für die sorgsamere Schmiede, / Die stumm – von innen – wirkt / Die dieses ungeduldige Erz läutert / Mit Hammerschlag und mit der Lohe / Bis daß das vorbestimmte Licht / Die Schmiede verwirft –)

Eine Aufstellung der plebejischen Typen in Emily Dickinsons Gedichten müßte Tausende von Beispielen anführen und bereitete doch die Schwierigkeit, zwischen Typen, einfachem Wordsworthschem Platonisieren und schlichten Vehikeln normaler Metaphern unterscheiden zu müssen. Diese Schwierigkeit macht aber offensichtlich, daß sie es nicht für nötig gehalten hat, typologische Unterscheidungen zu treffen.

Ihre Lyrik lehrt uns, daß die Überlieferung der plebejischen Typologie von Cotton Mather und Edwards bis zu Emily Dickinson und weit ins späte 19. Jahrhundert von einem wachsenden Zweifel gegenüber den alten symbolischen Mustern gekennzeichnet ist. Sind die puritanischen Antitypen einmal aus ihrem Kontext herausgelöst, werden die Typen mehr und mehr privat, mehrdeutig, exzentrisch, spielerisch. Das Vehikel ist nicht länger in der Lage, seinen Tenor zu finden. Die Zeichen lassen nichts erkennen.

Dies soll nicht bedeuten, daß Emily Dickinson die Methodologie der Typen nicht gekannt hätte, es besagt lediglich (wie die folgenden Zeilen eines Gedichts aus dem Jahre 1864 nahelegen), daß sie das übliche Verfahren nicht ohne Ironie, Vielschichtigkeit und Ambiguität betrachten konnte:

> ... The Finite – furnished
> With the Infinite –
> Convex – and Concave Witness –
> Back – toward Time –
> And forward –
> Toward the God of Him – (Nr. 906)

(... Das Endliche – ausgestattet / Mit dem Unendlichen – / Konvexes – und konkaves Zeugnis – / Zurück – gegen die Zeit – / Und vorwärts – / Seinem Gott entgegen –)

»Ausgestattet mit« – wahrhaftig! Aus dem Antitypus ist eine Erfindung geworden, eine Projektion, die bloß konvexe Form, welche sich aus der bloß konkaven ergibt.

Die aufrichtige Zwiespältigkeit, mit der Emily Dickinson ihren puritanischen Hintergrund ins Auge faßt – sie benutzt dessen Formen und mißbraucht sie oft in erheiternder Weise –, steht als Beispiel dafür, daß der Glaube in jener Zeit häufig nur im Gewand der Ambiguität noch möglich war. Jedenfalls gilt dies für Emily Dickinson.[27] Sie konnte sich mit »der verworrenen Seite / Des Wesens des Göttlichen« vermittels ihres »ausgleichenden Gesichts«, wie sie es nannte, ihrer »umfassenden Zeugenschaft«, ihrer Fähigkeit, »vergleichend zu sehen«, befassen, d. h. eher im Sinne der Ambiguität als mit Hilfe irgendwelcher religiöser Strukturen, die ihr, wie die typologische, durch die Tradition vermittelt worden waren. Von ihr selbst wissen wir, daß angesichts der Möglichkeiten und Verworrenheit der Welt und dem prinzipiellen Unwissen des Menschen »die Gegensätze – einander anlocken«. Dies stellte für sie ein religiös-ästhetisches Prinzip dar. Ihr Verständnis von Ambiguität war lediglich deshalb ein religiöses, weil Religion für sie nicht diese scharfen Kanten und diese klaren Schatten besaß, welche sie für jene zu haben schien, die mit einiger Überzeugung von den typologischen Strukturen Gebrauch machen konnten. Glaube und Zweifel waren in einem einzigen Akt der Einsicht zugleich vorhanden. Man konnte am Wesen der Religion, ähnlich wie Hawthorne und Melville, als Häretiker teilhaben.

Gegensätze zögen einander an, hat sie behauptet, weil der Glaube und die Vorstellungskraft mehrdeutig und widersprüchlich verfahren: *Nichts ist gewiß, alles ist möglich*. Hoffnung und Hoffnungslosigkeit überlappen sich: »So plätschern Bäche in den Wüsten / Für Ohren, die im Sterben liegen.« Das Absolute gibt klein bei: Gott ist zugleich »Einbrecher [*und*] Bankier«. Das Leben bewegt sich zwischen Wandel und Wechsel: »Wieviel mag kommen / Und wieviel mag gehen / Und doch bleibt die Welt sie selbst.« Gefühlsregungen, unbezweifelbar, täuschen uns: Kummer ist ein »stechender Trost«, »eine gramvolle Ekstase«, eine »vollkommene – lähmende Wonne«. Leben kann für sie zu verschiedenen Zeiten eine »einsame Pracht« bedeuten, ein »stummes Gepränge«, »schmutzige Vorzüglichkeit«, eine »ehrlose Ehre«. Existieren, das Unbekannte, ist in vollkommener Ambiguität/Widersprüchlichkeit für ihren Glauben wie für ihre Kunst »ein magisches Gefängnis«.

Die betörenden Gegensätze, welche sich durch ihr gesamtes Schreiben hindurchziehen, entstammen nicht etwa einer tieferen Einsicht, sondern einer beschädigten Sehweise. Jede vorstrukturierte Form der Frömmigkeit muß aufgegeben werden, wie sie in einem Gedicht aus dem Jahr 1862 schreibt, da wir »das Ding so hoch da droben« nicht sehen können und uns deshalb mit Näherungen zufrieden geben müssen (»Dieses Morgens schöneres Urteil –«). Dadurch ersparen wir uns »die Qual«, alles zu erstreben und zu versagen. Dennoch liegt Hoffnung in der Zwiespältigkeit der Dinge: »Das Erwachen in der Umarmung einer Mücke – / Unsere Riesen bis auf weiteres –« (Nr. 534). Dies hat bei ihr die

Position eines geordneten Glaubens, wie er der Typologie zugrunde liegt, eingenommen: ein Prinzip der Ungewißheit. Wie Hawthorne und Melville wurde sie eine Realistin, weil sie die Dinge *nicht* verstand. Die daraus resultierende Spannung ist auf eine sehr puritanische Weise kreativ.

Sie scheint beständig das Gefühl gehabt zu haben, daß das menschliche Leben prinzipiell vieldeutig ist – und daß dies (hier kommt ihre christliche Zuversicht ins Spiel) ein *Vorteil* sei. Sie entdeckte, daß das Leben ein widersprüchlicher Zustand ist, in dem einander Entgegengesetztes sich gleichzeitig ereignet, in dem Kontingenz die Oberhand inmitten von Paradiesischem behält, in dem nichts sicher, aber vieles möglich ist. Ihre Beschreibung eines »Lebens ... drunten« lautet:

> 'Tis this – invites – appalls – endows –
> Flits – glimmers – proves – dissolves –
> Returns – suggests – convicts – enchants –
> Then – flings in Paradise – (Nr. 673)
>
> (Darin besteht es – es lädt ein – erschreckt – beschenkt – / Huscht – schimmert – erweist – löst auf – / Kehrt zurück – schlägt vor – verurteilt – verzaubert – / Und stürzt sich – dann – ins Paradies –)

Das hauptsächliche Motiv für ihre Dichtung scheint in einer Modifikation des Sicheren zu bestehen (»Es ist eine verwirrende Welt«) und in einem Aufweis des Möglichen (sie nennt es »die Felder des Vielleicht«). Ihre Antinomien sind jene einer kämpfenden Frau, der kein Sieg beschieden ist – allerdings zuversichtlich an die Möglichkeit glaubend. Dies ist ihre Umformung puritanischer Frömmigkeit in Ambiguität.

(Aus dem Amerikanischen von Norbert K. Buchta)

Anmerkungen

1 Ich möchte dieses Kapitel Sacvan Bercovitch widmen, dessen Studien zur puritanischen Imagination, insbesondere zur Typologie, mich angeregt haben und für dessen Hilfe bei der Ausarbeitung dieses Essays ich sehr dankbar bin.

2 Zitiert nach: Jorge Luis Borges, *Gesammelte Werke*, Band 3/II, *Erzäh-*

lungen 1949–1970. Nach den Übersetzungen von Karl August Horst und Curt Meyer-Clason, bearbeitet von Gisbert Haefs, München, Wien 1981 (Anm. d. Ü.).

3 Zu Edward Taylors typologischen Neuerungen vgl. meinen Aufsatz: *»The World Slickt up of Types«. Edward Taylor as a Version of Emerson,* in: *Typology and Early American Literature*, ed. Sacvan Bercovitch, Amherst 1972. Die Aufsätze in Bercovitchs Sammelband bieten dem an amerikanischer Literatur Interessierten die beste Typologie-Diskussion, obwohl sie den strukturellen Aspekt etwas vernachlässigen und deshalb die Kontinuität der Typologie in der amerikanischen Literatur bis ins 19. Jahrhundert nicht berücksichtigen.

4 Zitiert nach: Jorge Luis Borges, *Gesammelte Werke*, Band 3/II, *Erzählungen 1949–1970*, a. a. O. (Anm. d. Ü.).

5 Die Schwierigkeit mit Ursula Brumms sorgfältiger und wegweisender Erörterung, veröffentlicht in: *American Thought and Religious Typology*, New Brunswick, N. J. 1970, der einzigen ausführlichen Darstellung der Entwicklung der Typologie vom 17. bis ins 19. Jahrhundert, besteht in ihrer Begrifflichkeit. Frau Brumm verfolgt den Terminus »Typus« durch die amerikanische Literaturgeschichte, nicht aber das Konzept oder die Struktur der Typologie selbst. Deshalb wird ihre Argumentation für das 19. Jahrhundert falsch und geht bei den Ausführungen über das 20. Jahrhundert fast völlig in die Irre.

6 In *Walden* gerät Thoreaus Gebrauch der Begriffe »Typus« und »Antitypus« durcheinander: »Besonders zieht mich die geschweifte und garbenartige Spitze des Wollkrauts an; sie bringt den Sommer zurück in unsere Wintergedanken und ist eine der Formen, welche die Kunst mit Vorliebe nachbildet und welche im Pflanzenreich dieselbe Beziehung zu schon in der Seele des Menschen vorhandenen Typen haben wie die Astronomie.« Zitiert nach: H. D. Thoreau, *Walden oder Leben in den Wäldern*. Aus dem Amerikanischen von Emma Emmerich und Tatjana Fischer, Zürich 1979 (Anm. d. Ü.).

7 Zitiert nach: Walt Whitman, *Grashalme*. Nachdichtung von Hans Reisiger, Zürich, 1985 (Anm. d. Ü.)

8 Charles Feidelsohn, Jr., hat in seinem Buch *Symbolism and American Literature*, Chicago 1953, eine bestimmte Gruppe von amerikanischen Autoren des 19. Jahrhunderts irrtümlich zu frühen »Symbolisten« erklärt, zum Teil weil er das puritanische typologische Konstrukt in ihrem Werk nicht berücksichtigt hat. Ihr Symbolismus – sei es Hawthornes scharlachroter Buchstabe, sei es Whitmans Indien, sei es Melvilles Pazifischer Ozean – bestand für ihn in einer lebendigen Gegenständlichkeit ganz eigener Art, einer Gegenständlichkeit mit eigener Zeit und eigenem Raum; dabei hat er die immense Vielfalt von Antitypen übersehen, auf die sich jene Autoren gestützt hatten und welche häufig die Bezugspunkte für ihre Symbolik abgaben. Er hat in

jenen Autoren (selbst, wenn sie parodiert wurden) die klassische Typologie vermißt und sie, unter Vernachlässigung ihres neuenglischen Hintergrunds, einer existentiellen Richtung zugeordnet.

9 Zititert nach: Ralph Waldo Emerson, *Essays. Erste Reihe*. Ins Deutsche übertragen und herausgegeben von Harald Kiczka, Zürich 1982 (Anm. d. Ü.)

10 Die große Zahl an Veröffentlichungen zum metaphorischen Charakter von Emersons Denken und Schreiben macht kaum deutlich, daß er auf das Typologische nachgerade angewiesen war. Darauf ist man bisher nicht aufmerksam geworden. Dennoch möchte ich betonen, daß wir nicht unterstellen müssen, Emerson habe an die mit der Typologie verbundenen Annahmen geglaubt; sie machten aber seinen Bewußtseinshorizont aus. Typologie war für ihn kein Thema, sondern die Art und Weise, in der er über die Dinge nachdachte.

11 Zitiert nach: Ralph Waldo Emerson, *Essays. Erste Reihe*, a. a. O., (Anm. d. Ü.).

12 Vgl. Quentin Andersons fesselndes und zugleich problematisches Buch *The Imperial Self: An Essay in American Literary and Cultural History*, New York 1971, in dem er die Selbstsicherheit dieser Autoren mit einer zupackenden, energischen Auffassung der Wirklichkeit identifiziert, es aber versäumt, das majestätische Selbst jener Autoren als eine religiöse Anspielung zu verstehen, als eine Spielart des puritanischen, antitypischen Jesus, als eine überkommene/inhärente Struktur, die einige jener Neuerungen erst möglich gemacht hat. Für Anderson sind diese Autoren von einer Überheblichkeit, die teilweise für die soziale Entfremdung und Unordnung in Amerika verantwortlich ist. Nach anderer Ansicht (vgl. meinen Aufsatz *Emerson and the Anti-Imperialist Self*, in: *Emerson: New Appraisals: A Symposium*, Hartford, Conn. 1973) kann das Ego jener Autoren als mächtiges Gegengewicht zum amerikanischen Imperialismus angesehen werden. Indem sie innerhalb der typologischen Strukturen an die Stelle Jesu das Selbst setzen, wurde ihre Linksorientierung im 19. Jahrhundert möglich. Ohne diese Transformation hätten sie die Literatur nicht so ohne weiteres in den Dienst sozialer Reformen stellen können.

13 Zitiert nach: H. D. Thoreau, *Walden oder Leben in den Wäldern*, a. a. O.

14 Mason I. Lowance, Jr., betont in seinem Aufsatz über das Aufkommen der Typologie in der amerikanischen Literatur des 19. Jahrhunderts, *From Edwards to Emerson to Thoreau: A Revaluation*, in: *American Transcendental Quarterly*, Nr. 18 (Spring 1973), daß die Transzendentalisten möglicherweise über die mystische Fähigkeit verfügten, Typus und Antitypus zu verschmelzen: »Man brauchte die ›Typen‹ nicht länger als Vorgriff auf die ›Antitypen‹. Typus und Antitypus waren vielmehr gleichzeitig gegenwärtig im ewigen, mystischen Augenblick,

der jede Zeit in einer ›süßen‹ und herrlichen Erfahrung der Einheit transzendierte.« Das besondere Verdienst von Lowances Aufsatz, der besten von wenigen wirklich sorgfältigen Arbeiten zum Typologisieren im 19. Jahrhundert, ist sein Argument, das sich insbesondere auf Thoreau stützt, daß ein bedeutender Teil der Identität der transzendentalistischen Bewegung sich dem puritanischen typologischen Erbe verdankt. Ein ebenfalls wertvoller Beitrag zu dieser Argumentation ist William H. Schurrs Besprechung *Typology and Historical Criticism of the American Renaissance*, in: *Emerson Society Quarterly*, Nr. 74, (First Quarter, 1974), S. 57–63.

15 Zitiert nach: Walt Whitman, *Grashalme*, a. a. O. (Anm. d. Ü.)

16 Zitiert nach: Walt Whitman, *Grashalme*, a. a. O. (Anm. d. Ü.)

17 Zitiert nach: Walt Whitman, *Grashalme*, a. a. O. (Anm. d. Ü.).

18 Es ist in der Typologieforschung zum Gemeinplatz geworden, den Ursprung der amerikanischen Vorstellung des *Manifest Destiny* der Typologie zuzuordnen. Das freilich ist schwierig nachzuweisen. Möglicherweise hat die Struktur, welche aus Neuengland das antitypische Israel macht, auch den Imperialismus Amerikas religiös aufgeladen; durch eine solche Erklärung aber würde der Einfluß nicht-hermetischer Kräfte ausgeschlossen. Möglicherweise hat die Typologie dazu beigetragen, daß viele Autoren aus Amerika einen Messias unter den Völkern gemacht haben; dennoch scheint, bis eine hinreichend fundierte Diskussion zu anderen Resultaten gelangt, die These haltbarer, daß nicht alle nationalistischen Impulse ihren Ursprung in der puritanischen Typologie haben.

19 Zitiert nach: Walt Whitman, *Grashalme*, a. a. O. (Anm. d. Ü.).

20 Zitiert nach: Edgar Allan Poe, *Werke I*. Deutsch von Arno Schmidt und Hans Wollschläger, Olten und Freiburg im Breisgau 1966 (Anm. d. Ü.)

21 Mit einem ungeheuerlichen Scherz parodiert Coopers Psalmensänger David in *The Last of the Mohicans* (1826) das puritanische Typologisieren: »Niemals zuvor habe ich ein Untier gesehen, welches dem Streitroß aus der Bibel so nahekam. ... Es wollte scheinen, als ob der Pferdebestand Israels auf uns herabgekommen wäre; so ist es doch, Freund?«

22 Hier irrt m. E. Charles Feidelsohn, Jr., op.cit. S. 162–212.

23 Wenn man eine andere Gruppe von Autoren des 19. Jahrhunderts – die weniger geschätzten – betrachtet, erscheint das Fortbestehen der Typologie sicherlich in anderem Licht. Schriftsteller, die sich in größerer Nähe zu religiösen Institutionen befanden (etwa Channing, Whittier, Brownson, Jones Very und Beecher), behielten die Formen des Glaubens ebenfalls bei. Ich hebe nicht hervor, welche Aspekte der Tradition sie bewahrt haben könnten; die älteren Glaubensinhalte waren ihnen sicher bewußt, auch wenn dem im 20. Jahrhundert wenig Aufmerksamkeit gewidmet wird. Eine Zeitgenossin Emily Dickinsons,

Harriet Beecher Stowe, handhabt z. B. die Typologie ganz korrekt. Vgl. ihr Gedicht *A Day in the Pamfili Doria*:
»Und diese fremde und alte Stadt/ In dem Reich seiner Wahrheit und Liebe,/
Soll *sein*, was sie *scheint* in der Dämmerung,/
der Typus jener Stadt da droben.«

24 Zitiert nach: Emily Dickinson, *Gedichte. Englisch/Deutsch*, ausgewählt und übertragen von Gertrud Liepe, Stuttgart, 1970 (Anm. d. Ü.).

25 Keller bezieht sich hier auf das Dylan-Thomas-Gedicht *The force that through the green fuse drives the flower* (Anm. d. Ü.).

26 Die Kursivierung findet sich im Original. Für den Hinweis auf dieses Beispiel bin ich George P. Landow und Barton L. St. Armand von der Brown University dankbar.

27 In seiner Biographie Emily Dickinsons, *This was a Poet*, New York 1938, S. 200, sagt George F. Whicher von ihr, »ihr langes Hadern, mit der Enttäuschung fertigzuwerden, brachte eine sonderbar gespaltene Sehweise mit sich, als ob ihre beiden Augen nicht eine einheitliche Sicht erzeugten, sondern, wie bei einem Vogel, in zwei verschiedene Richtungen blickten ...«

Marcel Muller
Präfiguration und Romanstruktur in *A la recherche du temps perdu*

Die Aufmerksamkeit, die die Literaturwissenschaft den Strukturproblemen eines so umfangreichen und verzweigten Werkes wie *A la recherche du temps perdu* entgegenbringt, ist nicht gerade neu, und es wäre nicht angebracht zu behaupten, daß dieses Kapitel der Proustforschung bisher besonders vernachlässigt worden wäre. Trotz allzu eiliger oder in traditionellen Formeln befangener Leser – man denke nur an den Direktor d'Ollendorff, der sich für unfähig erklärte, »zu verstehen, wie jemand dreißig Seiten darauf verwenden könne zu beschreiben, wie er sich in seinem Bett hin und her dreht, bevor er einschläft«[1] – gab es immer zahlreiche Interpreten, die sich im Sinne des Autors darum bemühten, die »strenge, wenn auch verhüllte Komposition« der *Temps perdu* aufzuzeigen.[2] Bald schon sprach man von der architektonischen, musikalischen, Mallarméschen, traumhaften, präformistischen, verzweigten, dialektischen, ja sogar wellenförmigen und granulären (mithin Einsteinschen) Struktur (und wir haben sicher einige Bezeichnungen vergessen...) und verband dies zumeist wenigstens mit dem Versuch einer Beweisführung.[3]

Dies Bemühen, die Prinzipien, nach denen sich die unzähligen Personen, Episoden und Anmerkungen des Romans ordnen, auf ein einziges zurückzuführen, mag zwar anfechtbar sein, es blieb gleichwohl nicht ohne Gewinn. Der jeweils neue Ansatz (die »idée fixe«) eines Interpreten brachte immer wieder einen bislang unbeachteten Aspekt der narrativen Textur zum Vorschein, so daß sich – indem eine Lesart die andere ergänzte – schließlich ein deutliches Bild abzeichnete. Auf diese Weise wurde das Chaos, das »durch die Sammlung der Erinnerungen nach den zufälligen Gesetzen der Ideenassoziation« entstanden wäre[4], durch eine von unzähligen Kraftlinien strukturierte *Welt* ersetzt.

Diese zahlreichen Untersuchungen haben das Thema aber noch nicht erschöpft. Besonders ein Verfahren Prousts wurde bisher nicht hinlänglich erörtert. Gemeint ist die Tatsache, daß Charles Swann durch seinen Charakter, seine Interessen und durch seine zögernde Haltung in bezug auf ihre Verwirklichung den Helden und Erzähler ankündigt. Es wäre aber auch falsch zu behaupten, daß den Lesern diese Beziehung zwischen den beiden Personen entgangen wäre, denn sie ist in der Tat zu deutlich herausgestellt, um nicht bemerkt zu werden. So hat beispielsweise Claude-Edmonde Magny dieses Prinzip zutreffend zusammengefaßt, wenn sie schreibt:

»Der Text enthält außer dem Erzähler ›Marcel‹ noch einen anderen Protagonisten, der ihn ankündigt und präfiguriert, so wie Johannes der Täufer Jesus ›prophezeit‹ hat. Dieser Protagonist ist Swann, der unvollkommen Eingeweihte, den Faulheit, mondänes Leben, Snobismus und auch Überdruß daran gehindert haben, die Suche nach der Wahrheit bis zum Äußersten zu treiben. ... Swann ist die Doppelung und das Gegenbild von Marcel; er ist derjenige, der die Rettung verfehlt hat.«[5]

Solche Bemerkungen gehen freilich über einen bloßen Vergleich nicht hinaus, und ein Vergleich ist noch keine Erklärung. Ein Darstellungsmodus, der darin besteht, der Hauptfigur eines Romans eine ältere Figur vorauszuschicken, die zwar mit denselben Wünschen ausgestattet ist, sich aber als weniger ausdauernd oder weniger glücklich bei ihrer Suche nach der Wahrheit erweist, verdient eine aufmerksamere Betrachtung als die, die ihm bisher durch die Literaturwissenschaft zuteil wurde. Daher soll im folgenden versucht werden, dieses Verfahren in seiner Besonderheit näher zu bestimmen, wobei auch die Umstände, die zu einem solchen Verfahren geführt haben, eine genauere Untersuchung verdienen.

Unseren Ausgangspunkt bildet hierbei die Chronologie. Proust war vor *A la recherche du temps perdu* das Spiel mit den doppelten Hauptfiguren noch fremd; sein erster großer Romanversuch kannte ja bekanntlich nur einen Protagonisten, Jean Santeuil. Möglicherweise findet sich der Schlüssel zu dem Problem, das uns hier beschäftigt, durch die Untersuchung der intellektuellen und künstlerischen Beschäftigungen Prousts in der Zeit zwischen der Abfassung des *Jean Santeuil* und der Arbeit an *A la recherche du temps perdu*.

Was ist im Verlauf dieser Zeit geschehen? Hier existieren zweifellos noch immer dunkle Stellen, die sich vielleicht durch die Erforschung der in der Bibliothèque Nationale befindlichen Manuskripte aufklären lassen. Dennoch sind wir durch die Proustforscher und vor allem durch ihren Mentor, Philip Kolb, hinreichend unterrichtet, um uns, ohne allzusehr zu zögern, auf dieses schwierige Terrain vorwagen zu können. So wissen wir beispielsweise genau, daß Marcel Proust die Arbeit an seinem ersten Roman im Oktober oder November 1899 abbrach – oder, aus seiner Sicht, vorläufig zur Seite legte –, um sich seinen Studien, Übersetzungen und Kommentaren zu Ruskin zu widmen.[6] Am 5. Dezember 1899 schrieb er an Marie Nordlinger: »Seit etwa zwei Wochen beschäftige ich mich mit einer kleinen Studie über Ruskin und gewisse Kathedralen, welche sich von meiner sonstigen Arbeit sehr unterscheidet.«[7] Gemeint sind hiermit sicherlich die *Journées de pélerinage*, die im April 1900 im *Mercure de France* erscheinen. Einige Aufsätze und Rezensionen, die sich direkt auf Ruskin beziehen oder Ruskin zumindest zum Ausgangspunkt haben, werden diese Studie ergänzen oder auf sie folgen. Die letzte dieser Arbeiten erscheint im November 1907. Zu diesem Zeitpunkt ist Marcel Proust bereits seit geraumer Zeit mit verschiedenen Vorhaben ganz anderer Art beschäftigt: mit den Pastiches, der Studie über (oder gegen) Sainte-Beuve und den Schriften zur Homosexualität. All diese Schriften führen ihn, jede auf ihre Weise, zu einem Roman oder vielmehr zu einem Buch, das einem Roman ähnelt und dem er sich von 1909 an ausschließlich widmen wird.

Philip Kolb hat die besondere Bedeutung zumindest eines Elementes in diesen Jahren zwischen *Jean Santeuil* und *Swann* hervorgehoben. Es handelt sich hierbei um das Interesse an den literarischen Verfahren des Schriftstellers Ruskin, von dem eine lange Fußnote (offenbar aus dem Sommer 1905) Zeugnis ablegt, die der Übersetzer des *Sésame* dem Motto des ersten Kapitels als Kommentar beigibt. »Proust hatte bemerkt, ... daß Ruskin mit einem Motto beginnt, dessen Sinn sich erst später enthüllen wird. Während seines Vortrages legt er seine Ideen ohne offensichtliche Reihenfolge dar, aber am Ende ruft er sie ins Gedächtnis zurück, faßt sie zusammen und erklärt sie in einer Weise, die darauf schließen läßt, daß er einen geheimen Plan und eine geheime Absicht habe«.[8] Bei der Lektüre der von uns hier Ruskinsche Schriften genannten Texte Prousts fällt aber noch etwas auf. Es handelt sich hierbei nicht – wie im Fall der von Kolb kommentierten Anmerkung – um eine literarische *Praxis*, auf die Proust mit einer gewissen Emphase zu sprechen kommt, sondern um ein *bildungsgeschichtliches* Faktum sowie um die Häufigkeit, mit der dieses zum Tragen kommt. Gemeint ist jene Überlegung, nach der das Alte Testament das Neue nicht nur durch die von den Propheten verkündeten Prophezeiungen ankündigt, sondern ebenso und vielleicht sogar in erster Linie auf das Neue Testament durch die sogenannten phänomenalen Prophezeiungen, das heißt also durch Ereignisse, verweist. Ruskin selbst spielt auf diese Auffassung in seinen Kommentaren an, und sein Übersetzer greift sie in verstärktem Maße auf, indem er in diesem Zusammenhang auf das lehrreiche Werk *L'Art religieux du XIIIème siècle en France* von Emile Mâle verweist. Proust lernt dieses Werk des Historikers vermutlich schon im Erscheinungsjahr 1898 durch Robert de Billy kennen. »Ich kann mich nicht erinnern«, schreibt Robert de Billy, »ob Marcel mit uns nach dem Treffen in Kreuznach nach Mainz gefahren ist und die Kathedrale besichtigt hat. Es scheint mir, als ob unsere ersten Unterhaltungen über gotische Kunst dort ihren Anfang genommen hätten ... Meine Bewunderung war noch nicht von genauerer Kenntnis getragen, und so war es mir eine große Freude, als das erste Buch von Emile Mâle erschien. Ich las es wie einen Roman und habe es sofort an Marcel verliehen. Er behielt es ungefähr vier Jahre, und als er es mir zurückgab, hatte es weder Umschlag noch Titelseite und trug die Spuren sämtlicher Mißgeschicke, die einem Buch, das im Bett und in unmittelbarer Nähe von Medikamenten gelesen wird, widerfahren können ...«[9]

Folgen wir also Marcel Proust in der Lektüre dieses Werks, das in vier Bücher mit folgenden Titeln unterteilt ist: »Der Spiegel der Natur«, »Der Spiegel der Wissenschaft«, »Der Sittenspiegel«, »Der historische Spiegel«. Dem letzten dieser Bände entnahm Proust jene Abschnitte, die ihm den Begriff der phänomenalen Prophetie lieferten, mit dessen Hilfe er den Ruskinschen Text zu erhellen suchte.[10]

Prousts Definition dieses Begriffs enthält drei Elemente: *Erstens:* die Ähnlichkeit zwischen dem Alten und dem Neuen Testament, die auf der Ähnlichkeit einer Person, eines Ereignisses oder einer Situation basiert. Bereits Paulus und in seiner Nachfolge die Kirchenväter (Clemens von Alexandria, Origenes, Hilarius, Ambrosius und sein Schüler Augustinus) sowie zahlreiche mittelalterliche Kommentatoren haben sich darum bemüht, die jeweiligen Gemeinsamkeiten zwischen einem Abschnitt aus dem Alten Testament und einem Text aus dem Evangelium hervorzuheben. Emile Mâle erinnert daran, daß Jesus selbst einen solchen Vergleich anführt, wenn er mit folgenden Worten seine Niederfahrt zur

Hölle vorhersagt: »Gleich wie Jonas war drei Tage und drei Nächte in des Walfisches Bauch, also wird des Menschen Sohn drei Tage und drei Nächte mitten in der Erde sein« (Mat. 12,40). Für solche Vergleiche gibt es zahlreiche Beispiele, welche nicht selten der Imaginationskraft der Theologen alle Ehre machen. Besonders die Vergleiche bei Augustinus sind »geistreich und überraschend«.[11] *Zweitens:* der signifikative Charakter dieser Ähnlichkeiten. Da die Ähnlichkeiten von Gott gewollt sind, der alles unter dem Aspekt der Ewigkeit betrachtet, verweisen sie auf eine tiefere Harmonie, durch welche der Geschichte eine prophetische Funktion zukommt. Das zentrale Ereignis der Inkarnation und alle Geschehnisse, die hiermit zusammenhängen, werden durch ein vorangehendes Ereignis vorhergesagt, das den Charakter eines ersten Entwurfs hat. *Drittens:* es ist wichtig zu betonen, daß der prophetische Charakter des vorherweisenden Ereignisses diesem seine existentielle Authentizität nicht entzieht, wie zumindest die Hüter der Orthodoxie und deren hervorragendster Vertreter Augustinus versichern:

»Brüder, vor allem ermahne ich euch im Namen Gottes, wenn ihr die Schrift leset, daran zu glauben, daß die Dinge, die in dem Buch stehen, wirklich geschehen sind. Nehmet der Schrift nicht ihre historische Grundlage, sonst habt ihr in die Luft gebaut. Abraham hat wirklich gelebt, und er hat wirklich einen Sohn von Sarah, seinem Weibe, gehabt. Aber Gott hat diese Menschen zu Herolden seines kommenden Sohnes gemacht. Deshalb kann man in allem was sie sagten und taten den Heiland suchen und finden. Alles was die Schrift von Abraham erzählt, ist wirklich geschehen, aber gleichzeitig ist alles ein prophetisches Sinnbild.«[12]

Woher rührt das Interesse Emile Mâles an diesen Übereinstimmungen? Aus der Tatsache, daß die Künstler des 13. Jahrhunderts »unter Führung der Kirchenväter im Alten Testament eine Anzahl von Szenen auswählen, die sie zu Ereignissen des Neuen Testamentes in Beziehung setzen, um die tiefe Übereinstimmung der beiden Bücher zu bekunden«.[13] Es ist das Verdienst Emile Mâles, die Bedeutung der symbolischen Intention für die gotische Kunst aufgezeigt und als solche definiert zu haben.

Drei Anmerkungen in *La bible d'Amiens,* die uns zugleich konkrete Beispiele liefern, beweisen, daß Proust von dem Begriff des vorausdeutenden Sinnbildes (»figure«) Kenntnis hatte.

Der Text der ersten Anmerkung ist direkt Emile Mâles Buch entnommen:

»Was Salomon betrifft, so hat man in Chartres, Amiens und Reims seine Statue neben diejenige der Königin von Saba gestellt. Damit kam die geistliche Doktrin zum Ausdruck, daß Salomon den Heiland symbolisiert, während die Königin von Saba die Kirche vorstellt, die vom Ende der Welt herbeikommt, um das Wort Gottes zu hören. Der Besuch der Königin von Saba wurde im Mittelalter auch als Sinnbild der Anbetung der Weisen aus dem Morgenlande angesehen. Die Königin von Saba, die aus dem Orient kommt, stellt die Weisen vor, König Salomon, auf seinem Thron sitzend, symbolisiert die auf den Knien Mariens sitzende Weisheit.«[14]

Im folgenden Text greift Proust auf Emile Mâle zurück, um den Portalvorbau von Laon zu kommentieren:

»Vergleiche bei Mâle (p. 198 und ss.) die Interpretation der Skulpturen des Portalvorbaus in Laon, welche Daniel darstellen, der in der Löwengrube den ihm von Habakuk gereichten Korb in Empfang nimmt. Dieser Portalvorbau ist der Verherrlichung der Heiligen Jungfrau gewidmet. Aber nach Honorius von Autun, dem der Künstler gefolgt ist, symbolisiert oder vielmehr prophezeit der Umstand, daß Habakuk Daniel den Eßkorb gab, ohne das Siegel zu verletzen, und daß der König Daniel am siebenten Tag lebend und das Siegel unversehrt fand, die Tatsache, daß Christus in den Schoß seiner Mutter gelangte, ohne ihre Jungfräulichkeit zu verletzen und ihren jungfräulichen Schoß wieder verließ, ohne sein Siegel zu berühren.«[15]

Und es war schließlich wieder *L'Art religieux du XIIIème siècle*, das Proust Material für folgende Anmerkung lieferte. Es handelt sich hierbei um die großen Statuen, die den Portalvorbau der Kirche von Amiens umgrenzen und die den Erzengel Gabriel und die Jungfrau Annunziata darstellen, sowie um »vier Blätter«, die Themen aus dem Alten Testament darstellen und sich unter diesen Figuren befinden:

»Die Verbindung zwischen diesen Themen und dem Leben der Jungfrau findet sich nach Mâle bei Honorius von Autun (Predigt für Mariä Verkündigung). Honorius zufolge wurde die Jungfrau bereits durch einige Ereignisse des Alten Testamentes angekündigt und ihr Leben wurde symbolisch dargestellt. Der Busch, den die Flammen nicht verzehren konnten, ist die Jungfrau, die den Heiligen Geist in sich trägt, ohne vom Feuer der Sinnenlust entflammt zu werden. Der Busch, von dem der Tau herabfällt, ist die Jungfrau, welche fruchtbar wird, und die trockengebliebene Luft um den Busch ist die unversehrte Jungfräulichkeit. Der ohne die Hilfe menschlicher Hände vom Berg losgelöste Stein ist Jesus Christus, der von einer Jungfrau geboren wurde, die von keiner Hand berührt worden ist. Dies schreibt Honorius von Autun im *Speculum Ecclesiae*.«[16]

Man errät, zu welchen Schlußfolgerungen uns diese Feststellungen führen. Wenn man das Wort »Präfiguration« auf das Verhältnis zwischen Swann und *Ich* mit Recht anwenden kann, und wenn andererseits die Idee der Präfiguration ein ursprünglich von den Kommentatoren der Schrift ausgearbeiteter Gedanke ist, kann man dann nicht auch mit einiger Plausibilität von der »theologischen« Struktur der *Recherche* sprechen? Könnte es nicht sein, daß Proust durch die Vermittlung Ruskins, Emile Mâles und der mittelalterlichen Künstler dem patristischen Denken ein Prinzip entliehen hat, das es ihm gestattete, in den noch zu inkohärenten Romanstoff signifikante Korrelationen einzuführen?

Was diese Hypothese auf den ersten Blick plausibel macht, ist die Tatsache, daß Proust nicht nur Gelegenheit hatte, sich mit dem Gedanken der Präfiguration vertraut zu machen, sondern daß er ihn sich darüber hinaus sogar angeeignet hat. Dies beweisen zwei Stellen in den Ruskinschen Schriften, in denen Proust den Gedanken der Präfiguration in der Tat zu eigenen metaphorischen Zwecken heranzieht. So lobt er in *La Bible d'Amiens* einen Autor, der seit seiner *Etude sur M. John Ruskin* bereits einige Arbeiten über den englischen Kritiker verfaßt hatte, und läßt sich hierbei von seiner Begeisterung soweit treiben, folgendes zu schreiben:

»Von allen Schriftstellern, die über Ruskin geschrieben haben, war Milsand einer der ersten, und zwar sowohl was den Zeitpunkt der Veröffentlichung als auch was die Kraft des Gedankens angeht. Er war gewissermaßen ein Vorläufer, eine Art begeisterter und unvollendeter Prophet, der aber nicht lange genug lebte, um zu erfahren, wie sich das Werk entwikkeln würde, das er in summa vorausgesagt hatte.« *(La bible d'Amiens,* S. 50, Anmerkung 1)[17]

Hier wird der Begriff der phänomenalen Prophetie bzw. der Begriff des Sinnbildes mit dem Gedanken der verbalen Prophetie vermengt und auf eine zeitgenössische Person angewandt, die keinerlei Eigenschaften aufzuweisen hat, die dieser theologischen Dignität entsprächen. Joseph Milsand ist jedoch zumindest ein Gelehrter und verdient als solcher zweifellos, mit einem Propheten des Alten Testamentes verglichen zu werden. Mit dem folgenden Beispiel steigen wir auf der Stufenleiter der Menschen einige Grade hinab und nähern uns dem Alltäglichen und damit dem

Roman. Der folgende Abschnitt aus einem Aufsatz, in dem Proust von seinen Eindrücken bei einem Besuch der normannischen Kathedralen berichtet, handelt von Agostinelli:

»Von Zeit zu Zeit – und nur die heilige Cäcilie spielte auf einem noch unsichtbareren Instrument – berührte er die Klaviatur und bediente eines der Spiele der versteckten Orgeln des Automobils, deren ständige Musik wir höchstens beim Wechsel der Register wahrnehmen, sobald ein neuer Gang eingelegt wird.... Aber die meiste Zeit über hielt er in seiner Hand nur sein Rad – sein Richtungsrad (das man Lenkrad nennt) –, das dem Kreuz der Apostel gleicht, die an den Säulen des Chores der Sainte-Chapelle in Paris lehnen, wie auch dem des heiligen Benediktus und überhaupt jeder Stilisation des Rades in der mittelalterlichen Kunst. Es schien, als ob er sich des Rades gar nicht bediente, so unbeweglich blieb er, und hielt es so, wie er ein Symbol halten würde, das er nach altem Brauch bei sich haben muß. So halten die Heiligen am Portal der Kathedralen zuweilen einen Anker, ein Rad, eine Harfe, eine Sense, einen Rost, ein Jagdhorn oder Pinsel in der Hand. Obwohl diese Attribute im allgemeinen dazu bestimmt waren, an das Handwerk zu erinnern, durch welches sie sich im Leben auszeichneten, so zeigten sie manchmal aber auch das Bild desjenigen Gegenstandes, durch den jene zugrunde gegangen waren. Möge das Lenkrad des jungen Mechanikers, der mich fährt, das Symbol seines Könnens bleiben und nicht zum Vorzeichen seines Unterganges werden!«[18]

Es ist somit erwiesen, daß Proust aufgrund ernsthafter Lektüre mit dem Begriff des vorausdeutenden Sinnbildes bekannt war, daß er ihn behalten und in den Schriften vor seinem großen Roman verarbeitet hat. Hieraus ergibt sich die berechtigte Frage, inwiefern das typologische Denken, in dem sich der Kommentator Ruskins und der Autor der *Impressions de route* so zu Hause fühlten, in dem *Roman*autor weiterlebte. Wir werden einige Seiten des Romans daraufhin befragen, ob die Anwendung des figurativen Schemas zur Erhellung von bisher unbeachteten Bezügen beiträgt, ob sie einigen bisher ungenügend verstandenen Einzelheiten die ihnen zukommende Bedeutung und einigen Sätzen eine unerwartete Kraft verleiht.

Es liegt nahe, sich zunächst auf Swann zu beziehen, da wir eingangs von den Behauptungen einiger Forscher über die Unvollständigkeit dieser Figur berichtet haben. Daß das Leben Swanns durch Nichtvollendung gekennzeichnet ist, beruht auf zwei Ursachen. Zum einen auf einem Unfall: seinem vorzeitigen Tod, und zum anderen auf einem Charakterzug: seiner Indifferenz gegenüber tiefergreifenden Fragen.

Das Schicksal will es, daß Swann verschwindet, bevor sein Traum wahr wird und Gilberte im Faubourg Saint-Germain Einlaß findet und Oriane vorgestellt wird. Er stirbt auch zu früh, um dem Helden die versprochenen Enthüllungen zu machen und auf seine zahlreichen Fragen zu antworten. Schließlich und vor allem ist es ihm nicht vergönnt, das Septett von Vinteuil zu hören, das ihm vielleicht das Verständnis für den transzendentalen Charakter der musikalischen Botschaft eröffnet hätte.

Dort, wo der Erzähler diesen Schicksalszug der Person zusammenfassend darstellen will, schreibt er, daß Swann »und viele andere gestorben sind, bevor die für sie gemachte Wahrheit ihnen enthüllt worden war« (VII, 301).[19] Dachte Proust hier nicht an die Väter des Alten Testamentes? Dachte er hier nicht an Abraham und an Moses, denen es nicht vergönnt war, den Messias zu kennen, den anzukündigen doch ihr Auftrag war?

Einige Anspielungen auf die Frauengestalten Botticellis in *Un Amour de Swann* scheinen es nahezulegen, daß Proust diesen Vergleich im Sinn hatte. Odette besitzt eine Art der Schönheit, die in Swann die Sinne nicht zu erwecken vermag:

»Um ihm zu gefallen, hatte sie ein zu ausgesprochenes Profil, eine zu zarte Haut, zu vorstehende Backenknochen und zu müde Züge. Ihre Augen waren schön, aber so groß, daß sie sich selbst zu schwer zu sein schienen und dem übrigen Gesicht etwas Überanstrengtes, etwas von schlechtem Befinden oder schlechter Laune gaben.« (I, 292)

Wenig später fällt Swann auf, daß dieser Frauentyp jener der Modelle des florentinischen Meisters ist, dem er in seiner ästhetischen Kultur einen besonderen Platz einräumt (I, 330–334 und II, 281). Die Beschreibung, die Proust von dieser Art Frau gibt, betont insbesondere ihre Schwäche: »Ihre Wangen, die so oft... schlaff... waren«; »sie fühlte sich nicht recht wohl«; »... bog das eine Knie..., um sich desto bequemer über den Stich beugen zu können, den sie mit geneigtem Kopf betrachtete und den großen Augen, die so müde und leidvoll wirkten« (I, 330–331); »Er bewunderte die großen Augen, das zarte Gesicht, das auf die Unvollkommenheit der Haut schließen ließ, das Haar, das in herrlichen Locken an den müden Wangen niederhing...« (I, 334); »... außer in solchen Augenblicken unwillkürlichen Sichnachgebens, in denen Swann die Gebärdensprache Botticellis wiederzufinden versuchte...« (II, 281). Man beachte die Schlüsselworte dieser Passagen: *biegen, sich beugen, neigen.* Eine solche Insistenz ist offensichtlich bedeutsam. Wenn sich Legrandin durch die erlesene Wahl seiner Worte und durch seine Faszination für die untergehende Sonne (»les bois sont déjà noirs, le ciel est encore bleu«, I, 281) als Mann einer Mode erweist, an der die Etiketten »Dekadenz« und »Fin-de-siècle« haften geblieben sind, so bezeugt Swann sein geheimes Einverständnis mit den Präraffaeliten durch seine Vorliebe für einen bestimmten Frauentyp in der Kunst, der die genaue Antithese zur »kleinen Arbeiterin..., frisch und blühend wie eine Rose« (I, 324), darstellt, von der er im Leben so begeistert ist. Dieser Umstand wurde bisher hinlänglich beachtet, wobei die Kommentatoren bereits die sterile Kunstliebhaberei und den ichbezogenen Schönheitskult, die vom geistigen Vater des Erzählers an den Tag gelegt werden, klar mit dem Namen Ruskin in Verbindung gebracht haben.[20]

Zur näheren Bestimmung dieses Frauentyps hätte Proust auf bekanntere und charakteristischere Beispiele des florentinischen Meisters zurückgreifen können: Welcher Leser vermag sich nicht, ganz unabhängig vom Stand seiner Bildung, an Venus zu erinnern, die aus den Wogen steigt? Wer hat nicht zumindest eine Reproduktion der drei Grazien der *La Primavera* gesehen, oder wer kennt nicht die junge Frau, die auf dem Bild gleichen Namens den Frühling darstellt? Auf diesen Werken ist deutlich zu sehen, wie das Modell den Kopf neigt, ein Merkmal, das bekanntermaßen dem präraffaelitischen Ideal aufs genaueste entspricht. Dennoch bezieht sich die einzige präzise Anspielung des Textes auf Sephora, die Tochter des Jethro, mit der Swann Odette an jenem Tage vergleicht, an dem er sie besucht hat, um ihr eine der dreiundzwanzig Figuren eines Werkes zu zeigen, das zwar nicht unbekannt ist, aber doch in gewisser Weise durch Michelangelos berühmtes Deckenbild und durch das *Jüngste Gericht* für den Besucher der Sixtinischen Kapelle im Hintergrund bleibt. Sephora neigt sich wirklich nach vorn, wie Odette es tut, als sie den Stich betrachtet, aber es ist kaum zu erkennen, ob der Hals, der von den langen Haarlocken und dem hochschließenden Kleid verdeckt wird, sich wirklich so wie der Odettes neigt, was im Falle der Venus und des Frühlings offensichtlich wäre.

Was folgt aus dieser Beobachtung? Vor allem, daß Proust Sephora und Venus miteinander identifizierte. Daß es sich hierbei um eine bewußte Identifikation handelt, wird in der Kußszene direkt zum Ausdruck gebracht: »Sie beugte den Hals, wie sie alle es tun, in den heidnischen Szenen so gut wie auf den religiösen Bildern« (I, 346). Eine allgemeine Ähnlichkeit ist mit Sicherheit nicht von der Hand zu weisen. Ruskin selbst hat festgehalten – und Proust hatte diesen Text mit Sicherheit in Erinnerung –, mit welcher Leichtigkeit der Künstler von der Mutter Jesu zur Göttin der fleischlichen Liebe übergeht: »Botticelli war der einzige italienische Maler, der das Denken der Christen und der Heiden gleichermaßen verstand und der in einem Zuge sowohl Aphrodite als auch die Madonna malen konnte«.[21] Vor Ruskin war es bereits ein Kritiker der *Gazette des Beaux-Arts,* den Proust hätte lesen können, der zu der Zeit, auf die sich die Anfänge des Verhältnisses zwischen Swann und Odette datieren lassen, schrieb: »Man wird vergeblich versuchen, den Typ der Venus von dem der Jungfrauen Botticellis zu unterscheiden. Der Frühling ist der Engel der Verkündigung, und die Genien gleichen den geflügelten Boten des Himmels, die man auf heiligen Bildern wiederfindet«.[22] Proust entfernt sich aber deutlich von der Wahrheit, wenn er als Beweis für die Beobachtung der Ähnlichkeit die Neigung des Kopfes anführt.

Ein Autor, der eine Figur heranzieht, um eine Beschreibung von ihr zu liefern, die einer anderen Figur viel mehr entspricht, verfolgt eine doppelte Absicht. Odette muß in dem Augenblick Venus sein, in dem sie als Priesterin der Liebe in das Leben des dekadenten Helden tritt. Es ist aber ebenso nicht bedeutungslos, daß sie Sephora ist. Auf diese Weise sollte nämlich die Anspielung auf Venus den Bezug zur präraffaelitischen Ästhetik herstellen, die für die Epoche, in der der Roman spielt, prägend war, während das Einschreiten Sephoras gleichzeitig indirekte Einblicke in die Rolle Swanns innerhalb des gesamten Offenbarungsprozesses des Romans zu geben vermag. Schließlich hat Proust in der Schule Ruskins gelernt, daß wir die Fresken der Sixtinischen Kapelle einem gelehrten Theologen und Prediger verdanken:

»Botticelli war einer der gebildetsten Theologen, einer der perfektesten Künstler und der zuvorkommendsten Gentlemen, die Florenz je hervorbrachte. Seine theologischen Kenntnisse waren so groß wie die Dantes und noch viel größer; er war der einzige unfehlbare, unfurchtsame und zu seiner Zeit vertrauenswürdige und wahre Prediger der reformierten Lehre der Kirche Christi.«[23]

Mehr noch als an den Künstler richtete sich die Aufforderung Sixtus IV. zur Ausgestaltung der vatikanischen Kapelle an den Theologen: »Botticellis Meisterwerk wurde ihm offensichtlich eher in seiner Eigenschaft als Theologe als in seiner Eigenschaft als Maler übertragen«.[24] Dieser Botticelli, in dem Ruskin, ohne zu zögern, einen Reformator zu sehen vermag, der einem Luther oder Savonarola zur Seite zu stellen wäre, entwirft ein Ensemble, das die Restauration der päpstlichen Autorität unterstützen soll:

»Er kam wie gesagt nicht, um die päpstliche Autorität zu bekämpfen, sondern um sie wiederherzustellen, um die Kraft der ererbten Würde zu zeigen, den allumfassenden Anspruch des heiligen Gesetzes in der jüdischen und christlichen Kirche, – dieses Gesetzes, das zuerst von Mose und dann in endgültiger Gnade und Wahrheit von Christus überbracht wurde.«[25]

In diesem Geist arbeitet der Künstler an zwölf Fresken, deren zentrales Thema die Parallelität zwischen dem Alten und dem Neuen Testament ist. Zum einen stellen sie den Erhalt des mosaischen Gesetzes dar, zum anderen zeigen sie die Bestätigung und Erfüllung des Gesetzes durch Christus. Auf diese Weise findet jede Freske einer Gruppe ihre Entsprechung in einer Freske der anderen Gruppe. Sephora wird einmal dargestellt, und zwar in jener Episode, in der sie sich Moses nähert, den sie später heiratet (Exodus, 2, 16 und ss.)[26] Diese Szene befindet sich in der Mitte und im Vordergrund einer Freske, die von Ruskin »Eintritt Moses in den Dienst Gottes« genannt wird (in Frankreich kennt man sie unter den Namen »Geschichte des Moses«, »Moses in Ägypten« oder »Szenen aus dem Leben Moses«) und die ihre Entsprechung findet in der Freske »Eintritt Christi in den Dienst Gottes« (»Die Versuchung Christi« oder »Die Heilung des Aussätzigen« oder »Die Reinigung des Aussätzigen«).[27] Diese typologische Entsprechung muß im weitesten Sinn verstanden werden, denn es ist unmöglich, für die drei Versuchungen Christi bzw. für die zentrale Episode, deren Bedeutung in der Forschung noch umstritten ist, in irgend einer der sieben Episoden der »Geschichte des Moses« ein genaues Äquivalent zu finden.[28] Es handelt sich aber in beiden Fällen um eine Vorbereitung. Moses steht kurz davor, die Führerschaft über sein Volk anzutreten, und Jesus wird ins öffentliche Leben treten. Um die prophetische Rolle Moses in der uns hier interessierenden Freske darzustellen, verwendet Ruskin den Ton eines begeisterten Predigers, wobei der Leser selbst entscheiden mag, inwiefern der lyrische Charakter dieses Textes dem Übersetzer von *Sésame et les lys* gefallen haben muß.[29] Uns erscheint dieser Text von hervorragender Bedeutung, da er – folgt man dem von den Herausgebern der Library Edition erstellten Index, der keinen Aufsatz im Umfeld dieses Themas ausweist – von einer der wenigen expliziten Aufnahmen des typologischen Denkens in das Ruskinsche Œuvre zeugt.

Dem Leser ist der Sinn dieser Anspielung auf Sephora bereits deutlich geworden. Neben dem Rekurs auf eine Zeitströmung, die einen Abschnitt in der Geschichte der europäischen Sensibilität geprägt hat und die es dem Leser durch die Charakteristik der Figur des Dekadenten erleichtert, die Handlung von *Un Amour de Swann* in der Zeit zu situieren, beabsichtigt der Verweis auf Botticelli, den präfigurativen Charakter des Charles Swann hervorzuheben. Die Ähnlichkeit zwischen Odette und der Tochter Jethros impliziert nämlich die Gleichsetzung von Swann und Moses[30], wobei die vorausdeutende Funktion Moses durch verschiedene Details deutlich wird. Man erinnere sich beispielsweise an den »Kleiderständer, der sieben Arme hatte wie der Leuchter der Heiligen Schrift« (II, 116) und der sicherlich nicht zufällig im Hause Swanns zu finden ist. Des weiteren denke man an die Lebkuchen, die der Vater Gilbertes in großen Mengen verzehrt, so daß er »seiner Rasse entsprechend zu Hautausschlägen neigte und an der Konstipation der Propheten litt« (I, 592). Aus der Gleichsetzung von Swann und Moses folgt indirekt die Identifikation des Ich mit dem Messias. Diese Identifikation ergibt sich aus der Tatsache, daß der Held in seiner Eigenschaft als Nachfolger Swanns eine Rolle spielt, die unter Beibehaltung derselben Verhältnismäßigkeit mit der Rolle Christi als Nachfolger Moses sowohl in bezug auf die Wahrheitsfindung als auch in bezug auf die schöpferische Arbeit zu vergleichen ist.[31]

Eine besondere Form der Nichtvollendung Swanns ergibt sich aus dem Umstand, daß er durch seinen vorzeitigen Tod daran gehindert wird, jene wichtige Mitteilung zu machen, die er dem *Ich* versprochen hatte. Aus welchem Grund hat Proust diese mysteriöse Botschaft erfunden, deren Inhalt der Leser nie erfahren wird? Die Heranziehung eines Aufsatzes Marcel Prousts gestattet es uns, hierzu eine Hypothese aufzustellen. Als Ruskin im Januar 1900 starb, verfaßte Proust für den *Figaro* einen Nekrolog. Der folgende Auszug vermag unsere Frage in gewissem Maße zu beantworten:

»Sollten diese Zeilen einigen der teuren Freunde und Jünger Ruskins unter die Augen kommen, die ich oft beneidete, wenn ich las, daß sie ihn bei seinen häufigen Besuchen seiner alten Freunde, den französischen Kathedralen, begleiteten, so kann ich nicht sagen, wie dankbar ich ihnen wäre, wenn sie mich wissen lassen würden, was in *Source de l'Eure* und *Domrémy* gestanden hätte, in diesen Werken über die Kathedrale von Rouen und die Kathedrale von Chartres, die die Forsetzung der *Bible d'Amiens* sein sollten und die zu schreiben, Ruskin keine Zeit mehr blieb. Wenn sie mir zumindest einige der Worte Ruskins während dieser Reisen wiedergeben könnten, so würden sie den Fragen ein Ende machen, die ich mir ohne Unterlaß stelle und die auch die Steine von Chartres und Bourges nicht haben beantworten können.«[32]

Beim Lesen dieses Textes denkt man an Bergotte, der die Kathedralen zusammen mit Gilberte besucht hat (in diesem Zusammenhang ist Ruskin sicherlich einer der »Schlüssel« für diese Figur). Aber der Auszug erinnert auch und vor allem an die Abschnitte, auf die wir weiter oben verwiesen haben. Wenn Proust sich vorstellt, daß Swann seinen *Vermeer* niemals vollenden wird, so denkt er dabei an den Autor des *Jean Santeuil;* die Unfähigkeit, die Botschaft mündlich zu übermitteln, führt uns hingegen den Fall Ruskins vor Augen. Der Tod Ruskins hatte trotz seines beträchtlichen Alters für Proust etwas Schmerzliches. Sein erster Kontakt mit dessen Werk fand in dem Moment statt, in dem er die Nachricht vom Tode Ruskins erhielt. Diese Unmöglichkeit, sich mit einem Mann zu unterhalten, dessen Lippen sich auf ewig geschlossen haben, hat Proust auf die Geschichte des Verhältnisses zwischen Swann und dem Helden übertragen, wobei der Leser hier dieselbe Stellung einnimmt, in der Proust sich Ruskin gegenüber befunden hat. Es wäre zu fragen, ob diese Thematik des unterbrochenen Werks nicht bei der Festlegung der generellen Einteilung der Romanteile eine (vielleicht unbewußte) Rolle gespielt hat. Der übergreifende Titel des Werkes, dem Ruskin sich verschrieben hatte, lautete *Our Fathers Have Told Us.* Wenn man den Aspekt der »Suche nach der verlorenen Zeit« besonders hervorhebt, so wird man ohne Mühe in *Combray* die Proustsche Entsprechung zu Ruskins *La Bible d'Amiens* sehen können. Als bescheidene Schwester der picardischen Kathedrale nimmt Sainte-Hilaire jedoch im mythischen Universum Prousts einen mindestens ebenso wichtigen Platz ein, wie er der Kirche von Amiens in der Wirklichkeit zukommt. Aber da, wo das Werk des englischen Kunsttheoretikers unvollendet bleibt, setzt sich der Roman fort: zum einen nehmen Proust (und sein Erzähler) die vom Autor des

Jean Santeuil liegengelassene Arbeit wieder auf und führen sie zu Ende, zum anderen sind sie in gewissem Sinn Nachfolger Ruskins. Darüber hinaus ist es zumindest möglich, daß die Entscheidung, das Romanganze mit einem Text einzuleiten, der sich in erster Linie mit der Gemeindekirche des Ortes beschäftigt, eine Hommage an den Philosophen aus Brantwood sein sollte.[33]

Obwohl das Nichtvollendetsein Swanns häufig so hingestellt wird, als sei es durch das Erscheinen der Hauptperson verursacht, gründet es ebenso – und dies wiegt vielleicht noch schwerer – im Charakter dieser Figur. So existieren Eigenschaften wie Faulheit, Dilettantismus und mangelndes Engagement, die diese Figur so offensichtlich kennzeichnen, nicht unabhängig vom Willen Swanns, und sie verdienen darum unser Verständnis. Es handelt sich hierbei vielmehr um ein schuldhaftes Versagen, das sowohl auf der Ebene des Geistes- als auch des Liebeslebens sichtbar wird.

Als Freund und auch später als Liebhaber Odettes überläßt sich Swann nur widerwillig der großen Leidenschaft. Der Erzähler faßt die Haltung Swanns während der Zeit, in der er zum Opfer seiner Eifersucht wird, wie folgt zusammen: »Damals tat er einer lustvollen Neugier Genüge, indem er die Freuden der Menschen zur Kenntnis nahm, die ganz aus der Liebe leben. Er hatte geglaubt, es dabei belassen zu können und nicht in die Lage zu kommen vermeint, auch ihren Schmerz zu erfahren...« (I, 509) Durch denselben Hang, auf halbem Wege Halt zu machen, zeichnet sich auch der geistig arbeitende Swann aus. »Vielleicht war es so, daß er im Grunde immer irgendwie bedauert hatte, sein Leben ganz auf das Gesellschaftliche und die Konversation beschränkt zu haben, und nun eine Art Ablaß von seiten der großen Künstler in der Tatsache fand, daß auch sie Gesichter mit Vergnügen betrachteten und in ihr Werk aufgenommen hatten, die diesem einen eigenartigen Zug von Wirklichkeit und Leben, eine gewisse Art von Modernität verleihen« (I, 331). Dieser ausgeprägt gesellschaftliche Charakter seiner Existenz ist dafür verantwortlich, daß die Studie über Vermeer unvollendet blieb. Selbst bei seiner Beschäftigung mit Literatur und Kunst schreckt er vor ernsthafteren Ansprüchen zurück und wird vom Erzähler beschuldigt, vor der »Schönheit des Lebens, einem Begriff, der eigentlich gar nichts Bestimmtes besagt, einem Stadium, das vor der Kunst liegt« (II, 620), stehenzubleiben. Er bekennt, daß er dem, was er spöttisch *»die Hierar-*

chie!« der Künste nennt, keinen Glauben schenkt, und der Erzähler bemerkt hierzu, daß er, »wenn er von ernsthaften Dingen sprach, wenn er einen Ausdruck gebrauchte, der eine Meinung über einen bedeutenden Gegenstand einzuschließen schien, ihn durch eine besondere Betonung hervorhob, als setzte er ihn in Anführungsstriche« (I, 149). Sobald der Name Pascal in seinen Gesprächen auftaucht, sieht man Swann bei dem Gedanken, seine Bildung zur Schau zu stellen, von Zweifeln geplagt:

»›... In dem Augenblick, wo wir jeden Morgen fieberhaft die Zeitung auseinanderfalten, sollte plötzlich eine Vertauschung der Dinge stattfinden, und in der Zeitung, ich weiß nicht was, die ... ›Pensées‹ von Pascal stehen! (er hob diesen Titel mit ironischer Emphase hervor, um nicht pedantisch zu erscheinen) ...‹ Aber da er gleich darauf bedauerte, wenn auch nur leichthin von ernsten Dingen geredet zu haben, setzte er in ironischem Ton hinzu: ›Eine schöne Unterhaltung führen wir da! Ich weiß nicht, warum wir uns auf solche Höhen begeben.‹« (I, 43)

Dies sind die Reden des abendlichen Besuchers in Combray. Schon als Vertrauter der Verdurins umgab sich Swann in seinen Gespächen mit Vorsichtsmaßnahmen, um zu beweisen, daß er, selbst wenn er Adjektive wie »bedeutend«, »gehoben« und »tief« benutzt, »den Dingen nicht auf den Grund zu gehen« gedachte (I, 313). Derselbe Swann weigerte sich auch zu bestimmen, was Intelligenz sei, und vermag ebensowenig in der Sonate von Vinteuil »den ›Willen an sich‹ und die ›Synthese des Unendlichen‹« zu erblicken, »sondern zum Beispiel den alten Verdurin in seinem Überrock im Palmengarten des Jardin d'Acclimation« (II, 160).

Gerade im Hinblick auf die Sonate von Vinteuil tritt die Unvollkommenheit Swanns in einem Vorgang zu Tage, durch den die Bedeutung einer typologischen Lektüre von *A la recherche du temps perdu* in besonderem Maße deutlich wird. Zu Beginn von *Un Amour de Swann* trifft Swann Odette bei den Verdurins wieder: »Sobald er eintrat und Madame Verdurin, indem sie auf die Rosen zeigte, die er ihr am Morgen geschickt hatte, sagte: ›Ich bin Ihnen ernstlich böse‹ und ihm einen Platz neben Odette anwies, pflegte der Pianist für sie beide das Thema aus der Sonate von Vinteuil zu spielen, das gleichsam die Nationalhymne ihrer Liebe war« (I, 324). Gibt es im gesamten Werk Marcel Prousts einen konziseren, geistigeren und gleichzeitig bewegenderen Ausdruck für die zarte Vertrautheit zweier Menschen? Es ist durchaus möglich, daß uns die Anziehungskraft dieses Bildes dazu verleitet, eine bestimmte und auf den ersten Blick nicht sofort sichtbare Absicht des Autors außer Betracht zu lasen. Wenn wir uns aber mit dem darauf folgenden Text beschäftigen und uns hierzu des durch die figurative Begrifflichkeit bereitgestellten Rasters bedienen, werden wir den obigen Ausdruck unter Umständen in einem ganz neuen Licht sehen:

»Sie (die kleine Melodie) schritt im schlichten Faltengewand der Unsterblichen hin und teilte die Gaben ihrer Anmut mit einem unsagbaren Lächeln aus; doch glaubte Swann darin jetzt einen Anflug von leiser Enttäuschung zu spüren. Sie schien die Eitelkeit des Glückes zu kennen, zu dem sie doch die Wege wies. In ihrer lichten Grazie lag etwas Vollkommenes wie in der zarten Gelöstheit, die auf die Trauer folgt. Aber es machte ihm nichts aus, er sah sie weniger für sich – in dem, was sie für einen Musiker bedeuten konnte, der von ihm und von Odette nichts gewußt hatte, als er sie schuf, oder für alle anderen, die sie in Jahrhunderten hören würden – vielmehr als ein Unterpfand und Symbol seiner Liebe, das selbst die Verdurins und den jungen Pianisten gleichzeitig an Odette und an ihn denken ließ und damit ein gemeinsames Band um sie beide schlang; so hatte er denn auch, da Odette ihn aus Laune darum gebeten hatte, auf seinen Plan verzichtet, sich von einem Künstler die ganze Sonate vorspielen zu lassen, von der er immer nur die eine Stelle kannte. ›Wozu brauchen Sie das übrige?‹ hatte sie gefragt. ›Dies hier ist unser Stück.‹ Und da er sogar darunter litt, daß dies Thema in dem Augenblick, wo es so nah und doch auf dem Weg ins Unendliche an ihnen vorüberschritt, sich an sie wendete, ohne sie doch zu kennen, bedauerte er beinahe, daß es eine Eigenbedeutung, eine ihm innewohnende unverrückbare Schönheit ganz unabhängig von ihnen besaß, so wie man bei geschenktem Schmuck oder sogar dem von einer geliebten Frau geschriebenen Brief dem reinen Wasser des Steines oder den Wörtern der Sprache grollt, weil sie nicht ausschließlich aus dem Stoff einer flüchtigen Verbindung und eines bestimmten Wesens hervorgegangen sind.« (I, 325–26)

Dies also ist die Einstellung Swanns in bezug auf die Sonate. Aber – und hier ist kein Zweifel möglich – er verkennt den Sinn des Werks von Vinteuil. Dieses Unverständnis ist in der völligen Indifferenz des Hörers gegenüber der »ökumenischen« Bedeutung der Sonate begründet. Wir haben bereits festgestellt, daß Swann bei gewissen Anlässen auf die Juden des Alten Testamentes verwiesen hat. Wenn er nun darauf verzichtet, die ganze Sonate zu hören, schließt er sich dann nicht den Israeliten zu Christi Zeiten an, die eine lange Tradition für schuldig befand, die frohe Botschaft aufgrund einer engen und nationalistischen Auffassung ihrer Religion zurückgewiesen zu haben? Erinnert die Enttäuschung Swanns nicht an die der Juden, die in Jesus vielmehr das weltliche Oberhaupt Israels als den Retter der Menschheit zu sehen glaubten? Diese Lesart gewinnt vielleicht noch an Wahrscheinlichkeit, wenn man folgende Punkte, die sich alle in unterschiedlicher Weise auf ein bestimmtes Thema der jüdisch-christlichen Religionsgeschichte beziehen, in ihrer vollen Bedeutung berücksichtigt: der Vergleich der kleinen Melodie mit einer Nationalhymne, die Odette nach ihren eigenen Worten für »unser Stück« hält, die Enttäuschung Swanns nach dem Anhören dieses Stückes, das ihm »etwas Vollkommenes wie in der zarten Gelöstheit, die auf die Trauer folgt«, zu enthalten schien, und schließlich das Bild des Schmuckes und der Briefe, von denen man sich wünschte, daß sie »aus dem Stoff einer flüchtigen Verbindung und eines bestimmten Wesens hervorgegangen« seien. Das geheime Zentrum, um das sich diese Bemerkungen gruppieren, ist unserer Meinung nach die Idee des alten Bundes zwischen Jehova und dem einzig auserwählten Volk. Ein Bund, dessen wahrer Wert für das patristische Denken in der Präfiguration des neuen Bundes bestand und der im Text durch »die Gaben ihrer Anmut« (Anm. d. Übersetzers: »les dons de la grâce« bedeutet auch »die Gaben der Gnade«) repräsentiert wird, die die kleine Melodie im »schlichten Faltengewand der Unsterblichkeit« und »einer anderen Welt angehörend« »hier und da« austeilt. Diese kleine Melodie hat »für einen Musiker, der von ihm und Odette nichts wußte,... und für alle anderen, die sie in Jahrhunderten hören würden«, eine Bedeutung, von der Swann keine Vorstellung hat.

Eine gewagte Interpretation? Vielleicht. Aber ist es nicht bemerkenswert, daß man bei Emile Mâle die Beschreibung eines ikonographischen Themas wiederfindet, das von den Künstlern des 13. Jahrhunderts unzählige Male auf Glas oder auf Stein dargestellt wurde: die Niederlage der Synagoge und der Sieg der Ecclesia am Fuße des Kreuzes.

»Die Ecclesia wurde zur Rechten, die Synagoge zur Linken des gekreuzigten Christus aufgestellt. Auf der einen Seite fängt die gekrönte und mit einem Nimbus versehene Ecclesia, die eine Siegesstandarte in der Hand hält, in einem Kelch das Blut des Heilands auf. Die Synagoge auf der anderen Seite trägt eine Binde vor den Augen, ihre Fahne ist zerbrochen, die Gesetztafeln entgleiten ihrer Hand, und man sieht, wie ihr die Krone vom Haupt fällt«.[34]

Daß Proust diesen Abschnitt aufmerksam gelesen hat, beweist die

Tatsache, daß er in die Beschreibung des Portalvorbaus von Balbec indirekt Eingang gefunden hat. Elstir macht das *Ich* in *Les Jeunes Filles en fleurs* auf den Schleier aufmerksam,

»den sich die Jungfrau von der Brust reißt, um die Blöße ihres Sohnes damit zu verhüllen, auf dessen einer Seite die Kirche das Blut, das heilige Naß der Eucharistie einsammelt, während auf der anderen die Synagoge, deren Herrschaft zu Ende gegangen ist, mit verbundenen Augen dasteht, ein halb abgebrochenes Zepter in der Hand und mit der Krone, die ihr vom Haupte fällt, auch die Tafeln des alten Bundes in den Staub sinken läßt...« (II, 604)[35]

Diesen Gedanken, nach dem sich die Juden zu Christi Zeiten der Blindheit schuldig gemacht hätten, findet man auch an zwei Stellen in der Proustschen Ausgabe der *Bible d'Amiens.* Zum einen in einem Text von Joseph Milsand, den Proust im Vorwort zitiert und in dem Milsand auf ein Urteil Ruskins über ein Bild von Tintoretto aufmerksam macht:

»Ruskin hält die Arbeit desselben Venezianers, eine Kreuzigung, für ein Meisterwerk der Malerei, da es dem Künstler gelungen ist, durch die Einführung eines scheinbar belanglosen Ereignisses – eines Esels, der im Hintergrund des Kalvarienberges Palmenblätter frißt – den tiefgreifenden Gedanken zu bekräftigen, daß es der jüdische Materialismus war, der in seiner Erwartung eines weltlichen Messias und in der Enttäuschung seiner Hoffnungen beim Einzug nach Jerusalem den Haß gegen den Heiland ausgelöst und somit seinen Tod bewirkt hat.«[36]

Zum anderen in einer Anmerkung, in der Proust sich auf eine Beobachtung bei Emile Mâle bezieht:

»Die Darstellung in der Rose von Notre-Dame in Paris weist ein merkwürdiges Detail auf: der Mann, der sich gegen den Bischof empört, trägt die konische Mütze der Juden... Der Jude, der sich seit Jahrhunderten gegen die Worte der Kirche taub verhalten hatte, wird zum Symbol für die Empörung und Verstocktheit.«[37]

Diese Texte lassen in bezug auf die geheimen Absichten Prousts bei den oben zitierten Ausführungen zur »Nationalhymne« der Liebe, die Swann und Odette vereint, kaum noch Zweifel offen. Wenn man bei der Betrachtung Swanns, dem durch seinen vorzeitigen Tod die vollständige Offenbarung durch das Septett nicht mehr zuteil wird, an Moses denken muß, könnte dann nicht der *Judaeus obduratus,* der verstockte Jude der patristischen Schriften und der gotischen Kunst, in jenen Passagen Modell gestanden haben, in denen das zu ausschließliche Interesse Swanns für eine

Stelle der Sonate hervorgehoben wird? Anders als Claude-Edmonde Magny glauben wir nämlich nicht, daß Swann der Mann ist, »der sowohl die Lektionen seiner Liebe zu Odette als auch den mystischen Wert der kleinen Melodie von Vinteuil vergessen hat«[38]; für uns ist er derjenige, der sich dem Verständnis *verweigert.* Diese selbst auferlegte Beschränkung der Figur wird ständig erneut unter Beweis gestellt. Kann man sie nicht sogar bis in die Syntax jener Sätze zurückverfolgen, in denen Swann das (grammatikalische oder logische) Subjekt ist? »Swann aber liebte die Frauen so sehr, daß er von dem Tage an, da er ungefähr alle Damen der Aristokratie kennengelernt hatte und alles wußte, was sie betraf (sie ihm *nichts mehr* zu offenbaren hatten, wäre die hier notwendige Übersetzung; Anm. d. Übersetzers), seine Mitgliedskarte ... *nur noch* als eine Art von Tauschobjekt ... betrachtete ... (I, 285); »... eine Eleganz zu betonen, die der Name Swann allein ... *nicht* genügend verbürgte« (I, 286); »Er teilte dieser Person darin mit, daß er Paris verlasse und *nicht mehr* kommen werde« (I, 290); »er tat es dann in ironischem Ton, als stehe er eigentlich *nicht ganz* zu seinen Worten« (I, 314); »... Swann traf den kleinen Kreis ... bei den Verdurins selber an, aber er kam *nur* abends ...« (I, 323); »doch *niemals* ging er zu ihr mit hinauf« (I, 326); »Er ging immer *nur* abends zu ihr, und er wußte *nichts* davon, wie sie ihre Zeit am Tage verbrachte« (I, 355); »als ob es in dem ganzen farblosen ... Leben seiner Geliebten außerhalb jener verschiedenen Arten von Lächeln, die sie an ihn wendete, *nur* eine Sache gäbe: ihren Besuchsgang unter einem Rembrandthut, mit einem Veilchenstrauß an der Brust« (I, 357); »Odette traf er meist *nur* am Abend« (I, 394)[39]; »... daß er nur jetzt *keine* Zeit habe, auf den Kern der Sache zu kommen« (I, 358). Proust zeigt die deutliche Tendenz, seine Figur durch die Negation zu charakterisieren, wobei er selbst das vollständige Aufgehen Swanns in der Person Odettes in die Form dieser Negativität zu bringen versteht: »Niemand bekam *mehr* einen Brief von ihm, in dem er um die Vermittlung der Bekanntschaft irgendeiner Frau bat. Er wandte keiner *mehr* seine Aufmerksamkeit zu« (I, 349). Swann ist der Mann des *Nicht* oder des *Nur.*

Der Unvollkommenheit Swanns steht der Erfolg des Helden gegenüber. Dieser zeigt Verständnis für die Dinge, gegen die Swann blind geblieben war oder die er aufgrund seines vorzeitigen Todes nicht hatte sehen können. In diesem Sinn antworten die

Unterhaltungen in Doncières und die Ausführungen des Liebhabers von Albertine über Dostojewskij und Mme de Sévigné auf die charmanten, aber unbedeutenden Äußerungen Swanns, wie auch die oberflächlichen Überlegungen desselben, der in der Musik Vinteuils ein Pfand, eine Erinnerung an seine Liebe zu Odette oder – schlimmer noch – »den alten Verdurin in seinem Überrock im Palmengarten des Jardin d'Acclimation« (II, 160) zu erblicken meint, durch die Aussagen des *Ich* über die tiefere Bedeutung des Septetts hinfällig werden: »Und dennoch, sage ich mir, schien etwas Geheimnisvolleres als die Liebe zu Albertine zu Beginn dieses Werkes in dem ersten Aufschrei der Morgenröte verheißen zu werden« (V, 379).[40] Dieser Erfolg stellt sich aber nicht plötzlich und mit einem Male ein. Auch dieser Held muß zunächst sein Altes Testament durchqueren. Auch er muß lange Zeit auf der Stelle treten, bevor er ins verheißene Land kommt: er verliert seine Zeit auf Empfängen, er täuscht sich in bezug auf den Sinn gewisser Theophanien oder vertagt die Mühe, seine Eindrücke zu vertiefen und zu verarbeiten, ständig auf morgen.[41] Dennoch kommt für ihn der Tag, an dem er begreift, daß das Reich der Musik nicht von dieser Welt ist, daß das Wiederaufleben der Erinnerungen das Versprechen der Ewigkeit enthält und daß er dazu berufen ist, ein großes Werk zu schaffen.

Im Sinne dieser typologischen Gegenüberstellung des Juden und des Heiden betont Proust den jüdischen Aspekt in Swann, ohne diesen dem *Ich* in direkter Form zu entdecken. Es ist zwar richtig, daß Swann getauft ist, wie »schon seine Eltern und Großeltern« (I, 493), und daß er auf dem Kirchhof in Combray begraben wird. Dies ändert jedoch nichts daran, daß »der Semitismus Swanns« – um einen Ausdruck Prousts zu gebrauchen (VII, 402) – ständig betont wird, zuweilen sogar mit Ausdrücken, deren Verbindung zu einer Form des Rassismus nur schwer geleugnet werden kann. So zum Beispiel in den *Jeunes Filles en fleurs:*

»Man wird vielleicht einwenden, daß Schlichtheit auf der Höhe der Eleganz bei jenem früheren Swann nur eine raffiniertere Form der Eitelkeit gewesen sei und daß, wie es manchmal bei Juden der Fall ist, der ehemalige Freund meiner Eltern nacheinander die verschiedenen Stadien durchlebte, durch die die Angehörigen seiner Rasse hindurchgegangen sind, vom naivsten Snobismus und von gröbster Ungehobeltheit bis zur feinsten gesellschaftlichen Form.« (II, 10)

Nur durch eine genaue Lektüre der Texte lassen sich jene Seiten in Swann aufdecken, in denen seine Abstammung deutlich wird. So beispielsweise in der sozialen Mobilität dieser Figur. Als sie zu Beginn von *A l'ombre des jeunes filles en fleurs* wieder eingeführt wird, spricht Proust von einem plötzlichen »Umschlag« (II, 9): die Eltern des *Ich* hatten mit einem Mann verkehrt, der Zutritt zu den ersten Kreisen hatte und darüber äußerste Diskretion bewahrte; der Gatte von Odette hingegen ist in der Zwischenzeit zur lächerlichsten Form des Snobismus übergegangen: »Er hatte es darauf angelegt, sich weit unterhalb seiner früheren Position eine neue zu schaffen, welche der Gefährtin, mit der er sie zu teilen gedachte, angemessen war« (II, 9). Verändert haben sich sowohl die Kreise, in denen Swann verkehrt, als auch die Bedeutung, die er diesen Beziehungen beimißt. Diese Anpassungsfähigkeit stellt aber kein ganz neues Element in seinem Charakterbild dar. Bereits in der Zeit von *Un Amour de Swann* war sie so offenkundig, daß sie Anlaß zu einem Kommentar gab, in dem der Autor das Sozialverhalten Swanns deutlich von dem der meisten anderen Franzosen seiner Zeit unterschied:

»Er war nicht wie viele Leute, die aus Trägheit oder aus dem resignierten Gefühl der Verpflichtung, die eine hohe soziale Stellung ihnen auferlegt, einem bestimmten Milieu verschrieben sind und auf die Vergnügungen verzichten, die das Leben ihnen außerhalb ihrer Stellung in der Gesellschaft, der sie bis zum Tode zäh verhaftet bleiben, bietet ... Er baute nicht Hütten in dem, was er sich an Beziehungen geschaffen hatte, sondern schlug statt dessen lieber überall da, wo eine Frau ihm gefiel, eines jener leicht abzumontierenden Zelte auf, wie die Forschungsreisenden sie mitzuführen pflegen.« (I, 286–88)

Zweifellos ist der ruhelose Charakter des Charles Swann als ein jüdischer Zug dieser Figur zu begreifen, wenn nicht sogar die »leicht abzumontierenden Zelte« eine Anspielung auf die nomadisierenden Hebräer der Wüste sein sollen. Ein Kommentar zu einer Lichtprojektion der Laterna magica, in dem deutlich wird, daß Swann, der das Ich ankündigt, gleichzeitig von einer anderen Person, von Golo, präfiguriert wird, macht diese Interpretation noch wahrscheinlicher:

»Ruckartig vorwärtsreitend kam Golo, Böses im Sinne, aus dem kleinen dreieckigen Wald heraus, der mit seinem dunkeln Grün den Abhang eines Hügels samtartig überzog, und rückte in zuckender Bewegung auf das Schloß der armen Genoveva von Brabant vor. Dies Schloß war in einer gebogenen Linie ausgeschnitten, die offenbar nichts anderes war als die Begrenzung eines der Glasovale, die in dem Rähmchen ausgespart waren, das durch die Laufrinnen der Laterne geschoben wurde. Es war nur eine Ecke von einem Schloß, und vor ihm lag eine Heide, auf der Genoveva träumte, mit einem blauen Gürtel geschmückt. Schloß und Heide waren gelb, und ich hatte sie nicht erst sehen müssen, um ihre Farbe zu kennen, denn früher als die Glasscheibe in dem Rahmen hatte der dunkelgoldene Klang des Namens Brabant sie mir sichtbar vor Augen geführt. Golo hielt einen Augenblick, um mit trauriger Miene dem erklärenden Text zu lauschen, den meine Großtante mit lauter Stimme vorlas und den er vollkommen zu verstehen schien, wobei er seine Haltung mit einer Gefügigkeit, die dennoch eine gewisse Majestät nicht ausschloß, dem Wortlaut anpaßte; dann entfernte er sich auf die gleiche ruckartige Weise. Nichts konnte ihn in seinem langsamen Ritt aufhalten. Wenn jemand an der Laterne rückte, sah ich deutlich, wie Golos Pferd sich auf den Fenstervorhängen weiterbewegte, sich mit den Falten wölbte und in ihren Schluchten verschwand. Aus ebenso unwirklichem Stoff gemacht wie sein Reittier, wußte sich Golos Körper mit jedem materiellen Hindernis, jedem störenden Gegenstand abzufinden, indem er sie einfach als Knochengerüst in sich hineinschluckte, und wäre es der Knopf an der Tür; auf der Stelle ihrer Form sich fügend, schwamm in unzerstörter Deutlichkeit sein rotes Gewand oder sein blasses, immer gleich vornehmes und gleich melancholisches Gesicht, dem keinerlei Aufregung wegen dieser Rückgratvertauschung anzusehen war, über ihre Oberfläche hin.« (I, 18–19)

Diese Beschreibung geht dem dreifachen Bericht über die Ankunft Swanns voraus. Golo und Swann weisen zahlreiche Ähnlichkeiten auf, da die Vorführung der Lichtprojektion abends in einem dunklen Zimmer stattfindet. Hierin kündigt Golo Swann an, von dem gesagt wird, daß »er wirklich nur an der Stimme zu erkennen war, denn nur undeutlich sah man sein Gesicht mit der gebogenen Nase und den graugrünen Augen ..., ließen wir doch im Garten sowenig Licht wie möglich brennen, um nicht die Schnaken anzuziehen ...« (I, 26) Genau wie Golo ist auch Swann eine »dunkle undeutliche Gestalt, die sich ... aus dem finstern Hintergrund ablöste« (I, 32). Golo nähert sich, »Böses im Sinne«, dem Schloß der armen Genoveva von Brabant. Was hat er im Sinne? In der Legende wird Genoveva vom Schloßverwalter zu unrecht des Ehebruches beschuldigt und von ihrem Gatten, dem Comte Sifroy, zum Tode verurteilt. Die Bosheit Golos hat also die Trennung des Paares zur Folge. Ebenso wird die Ankunft Swanns mit Schrecken erwartet, da sie die Trennung des Kindes von seiner Mutter nach sich zieht. Obwohl Golo gefährlich ist, paßt er seine

Haltung »mit einer Gefügigkeit, die dennoch eine gewisse Majestät nicht ausschloß, dem Wortlaut« des Vorgelesenen an (I, 19). Und auch Swann zeigt sich der Großtante gegenüber folgsam:

»Wenn das Gespräch gelegentlich auf die Prinzen des französischen Königshauses kam, sagte meine Großtante zu Swann, der vielleicht einen Brief aus Twickenham in der Tasche trug: ›Leute, deren Bekanntschaft wir niemals machen werden, weder Sie noch ich, und wir können auch darauf verzichten, nicht wahr‹; sie ließ ihn das Klavier rücken und an den Abenden, wo die Schwester meiner Großmutter sang, die Noten umblättern; sie behandelt diesen gesuchten Gesellschafter mit der naiven Rohheit eines Kindes, das beim Spielen ein seltenes Stück einer Sammlung nicht mehr in acht nimmt als irgendeinen wertlosen Gegenstand.« (I, 31–32)

Diese Folgsamkeit, die Swann an den Tag legt, nimmt zwei verschiedene Formen an: zum einen die Bereitwilligkeit, mit der er den Bitten um Hilfe nachkommt, zum anderen die Diskretion, die er bewahrt, obwohl er die Ausführungen der Großtante widerlegen und sich somit weigern könnte, diese Person zu sein, die sie sich geschaffen hat (»der Swann ..., den meine Großtante sich schuf, wenn ... sie diese dunkle und undeutliche Gestalt ... mit all dem, was sie über die Familie Swann wußte, anfüllte und für ihren Gebrauch erst zum Leben erweckte ... I, 32) – und zwar auf ganz ähnliche Weise geschaffen hat, wie sie es mit Golo tat, als sie den erklärenden Text über ihn las.

Diese Übereinstimmung zwischen den beiden Figuren läßt sich bis ins Vokabular des Erzählers hinein verfolgen. Die Worte »rund« (»ovale«) und »golden«, die das Klingeln der Glocke bei Swanns Ankunft charakterisieren, erscheinen bereits in dem Abschnitt über die Laterna magica, in dem der Erzähler sowohl von der »gebogenen Linie« berichtet, die »offenbar nicht anderes war als die Begrenzung eines der Glasovale, die in dem Rähmchen ausgespart waren«, als auch von dem »dunkelgoldenen Klang des Namens Brabant«. Dieser Klang macht deutlich, daß Schloß und Heide gelb sind. Mit derselben Deutlichkeit kündigt das schüchterne, runde und goldene Klingeln der Glocke die Ankunft Swanns an: »Alle fragten gleich: ›Besuch? Wer kann das sein?‹, aber alle wußten auch, daß es nur Swann sein konnte« (I, 25).

Und ist nicht der Körper Golos – dieser Körper, »der sich mit jedem materiellen Hindernis, mit jedem störenden Gegenstand abzufinden wußte, indem er sie einfach als Knochengerüst in sich hineinschluckte«, der selbst dann seine Identität nicht verlor, wenn er »den Knopf an der Tür« in sich aufnahm, dem sich auf der Stelle »sein rotes Gewand oder sein blasses, immer gleich vornehmes und gleich melancholisches Gesicht, dem keine Aufregung wegen dieser Rückgratvertauschung anzusehen war, fügten« – ist dieser Körper nicht schließlich ein Bild für die gesellschaftliche Person Swann, deren besondere Anpassungsfähigkeit an neue Lebensumstände Proust ja betont hatte?

Die bürgerlichen Kreise jener Zeit »stellten sich die ›Gesellschaft‹ wie bei den Hindus vor, nämlich glaubten, sie setze sich aus geschlossenen Kasten zusammen« (I, 28), und empfanden angesichts der Milieusprünge Swanns dieselbe Verwunderung wie der kleine Knabe angesichts der Rückgratvertauschung des Pferdes von Golo, »das sich auf den Fenstervorhängen weiterbewegte, sich mit den Falten wölbte und in ihren Schluchten verschwand« (I, 19).[42]

Solange man nur diesen einen Text der Romaneröffnung, so wie er veröffentlicht wurde, vor Augen hat, wird man vielleicht noch zögern, uns in der hier vorgeschlagenen Interpretation zu folgen. Betrachtet man aber die Manuskripte von *Combray*, ist man in der Lage, sowohl die präfigurative Bedeutung Golos vollständig nachweisen zu können als auch die Hypothese zu stützen, nach der es eine Verbindung zwischen der sozialen Mobilität des Juden und jener Geschmeidigkeit geben soll, mit der sich das Bild der Oberfläche anpaßt, auf die es projiziert wird. So findet sich in der Tat in Heft IX der Manuskripte eine äußerst instruktive Version des täglichen Dramas des Zubettbringens. Hierbei ist von einer Person die Rede, die in den späteren Fassungen so gut wie nicht mehr auftaucht. Diese Person ist die Mutter Swanns, die in der veröffentlichten Fassung nur durch zwei Anspielungen vertreten ist (einmal, als von der Krankheit die Rede ist, an der sie starb: III, 840, und ein andermal, als an die »Mutter Moser« erinnert wird, die immer ›Ponchour Mezieurs‹ sagte: VI, 380).[43] Der im folgenden zitierte Passus zeugt von dem Zusammenhang zwischen sozialer Mobilität einerseits und Judentum andererseits: als Neuankömmling in Frankreich ist der Jude ein Reisender; seine von den Reisen herstammenden Gewohnheiten erleichtern ihm mehr als anderen den gesellschaftlichen Aufstieg.

»Sie erhob sich nach Art einer Luftblase, die leicht und leuchtend, ruhig aus der Mitte der Moleküle einer Flüssigkeit auftauchte, welche selbst durch ihren Zusammenhalt zu größerer Unbeweglichkeit genötigt waren. Gerade aus dem Orient gekommen (ihre Familie lebte erst seit fünf oder sechs Generationen in Frankreich), verfügte sie noch über jene Unbeständigkeit, diese Vorliebe für das Neue, diese Geschmeidigkeit des Organismus, der sich seinen Wünschen gefällig überläßt, aufgrund derer ein Reisender, kaum angekommen in einem neuen Land, Ausflüge wagt, für die er am Ort seiner Herkunft und seiner Gewohnheiten weder die Kraft und das Interesse noch überhaupt den Gedanken aufgebracht hätte. Ihre wenigen brillanten Freundschaften – diese Freundschaften, die sie emporhoben und bei deren entfernten Anzeichen andere Frauen derselben bürgerlichen Kreise (selbst dann, wenn sie ihnen aus den Tiefen des Planeten Mars zukämen) ohne Zweifel in Gelenkstarre verfallen wären, in ein physiologisches, statisches, astronomisches Wir-können-nicht, das aus ihrer Unterwerfung unter die Gesetze der Schwerkraft resultiert, durch welche es ihnen nicht verstattet ist, Anziehungskräfte außerhalb des Entfernungsquadrates ihrer ›Welt‹ wahrzunehmen – diese Freundschaften also verschleierte Madame Swann, die in keiner Weise eitel war, ihrer gesamten weiblichen Umgebung von Notariats- und Beamtenfrauen durch das unschuldige und natürliche Spiel ihrer Distinktion und ihrer Feinfühligkeit.«[44]

Dieser Text verlangt in mehrfacher Hinsicht unsere Aufmerksamkeit. Zunächst sei auf den Humor hingewiesen, mit dem von der Familie berichtet wird, die »erst seit fünf oder sechs Generationen in Frankreich lebt«. Ferner beachte man, wie das Bild der Schwerkraft in Anlehnung an eine lange Tradition auf zweifache Weise zur Charakterisierung des Bürgertums benutzt wird: zum einen erscheint es hierin als Welt der Materie und der Schwere, zum anderen als die Welt des analytischen Geistes und der quantitativen Erklärungsmodelle, welche das Bürgertum unter Ausschluß aller anderen Möglichkeiten seiner Wirklichkeitsauffassung zugrunde legt und wofür es demnach auch haftbar gemacht werden kann. Für uns sind hier besonders jene Ausdrücke wichtig, mittels derer der Jude von der übrigen Gesellschaft, in der er sich bewegt, abgegrenzt wird: »nach Art einer Luftblase, die leicht und leuchtend ruhig... auftauchte...«. Ein Vergleich, der sowohl an die Lichtprojektion in der publizierten Fassung erinnert (gleicht das blaue und gelbe Glasoval nicht einer leichten und leuchtenden Luftblase?) als auch an die poetische Beschreibung, die sich ebenfalls in Heft IX befindet und in der die Rede ist von »schönen, leuchtend blauen Flecken wie denen, die man auf den Flügeln mancher Schmetterlinge sehen kann, welche *sich anschicken fortzufliegen*«.[45]

Es ist sinnvoll, diese Texte durch den Abschnitt über den Flieder zu ergänzen, der mit seinem »Minarettrosa« über den »gotischen Giebel« des sogenannten Bogenschützenhauses im Park von Swann hinwegschaut (I, 203) (wobei die Moschee als Bild für die Synagoge gedeutet werden kann), und auch die Textstelle über die Schloßruine von Combray miteinzubeziehen, in der es von den Goldknöpfchen heißt, sie seien fremde Blumen, die sich im Dorfe heimisch gemacht hätten und »bei aller volkstümlichen Schlichtheit« dennoch »einen zarten Schimmer von orientalischer Poesie« behielten (I, 250). Die entscheidende Annäherung all dieser verschiedenen Motive unternimmt jedoch der Autor selbst in *Les Jeunes Filles en fleurs.* Hier versammelt Proust in seiner Eigenschaft als Kritiker und Kommentator in einem der bei Romanautoren seltenen Momente der Synthese und Explikation jene zuvor verstreuten Elemente auf der Oberfläche des Textes, die uns bis dahin nur bei fragmentarischer Nachlektüre des schon Gelesenen durch einen zufälligen Glücksumstand in die Augen springen konnten. Der Held, der einen »gotisch verzierten Schokoladenkuchen« verspeist, überläßt sich seinen Träumen von den Petits-Fours-Tellern der Tante Léonie. Die »Bilder« dieser Teller stammen aus *Tausendundeiner Nacht* (worin sich auch Ali Baba befindet) und liefern dem Helden den Ausgangspunkt für ein ganzes System expliziter Vergleiche:

»... blieben für mich diese Teller und die Bilder darauf dem ländlichgrauen Combray vielfarbig aufgesetzt, sowie die schwarze Kirche Leben gewann aus den Fenstern mit ihrem wechselnden edelsteinhaften Aufleuchten, die abendliche Dämmerung meines Schlafzimmers durch die Projektionen der Laterna magica, die Ansicht des Bahnhofs und der Lokalbahn durch die aus Indien stammenden Goldknöpfchen und den persischen Flieder, die dunkeln Provinzdamengemächer meiner Großtante durch ihre reiche Sammlung von chinesischem Porzellan.« (II, 695)

Dieser thematische Komplex enthält drei wesentliche Motive: die Blumen, die Kirchenfenster und die Lichtprojektion. Von Swann wird zwar nicht explizit gesprochen, aber man wird sich an den Vergleich erinnern, durch welchen der Erzähler das Ausmaß des Erstaunens seiner Großtante zum Ausdruck bringen wollte, das diese gezeigt hätte, wenn sie von der wahren gesellschaftlichen Stellung des Ehemannes von Odette etwas erfahren hätte: »das wäre für meine Tante ebenso unglaublich gewesen ... wie der Gedanke ... sie hätte Ali Baba bei sich zu Tisch gehabt, der, kaum wieder allein, in die Höhle zurückgekehrt wäre, die von ungeahnten Schätzen glänzt« (I, 30–31). Wir sind nun in der Lage, einen gleichsam synoptischen Überblick über die aus den verschiedenen Texten zusammengetragenen Elemente zu geben. Die auf Seite 429 abgebildete Tafel wird uns hierbei behilflich sein.

Als erstes fällt bei der Betrachtung des Textes II, 695 auf, daß die Goldknöpfchen und der Flieder hier zusammengebracht werden. In *Combray* befanden sie sich jeweils am Ufer der Vironne und im Park von Swann. Nun vergißt Proust diese Einteilung in zwei »Seiten« und pflanzt die beiden Blumenarten in Combray an denselben topographischen Ort, wodurch er zum Ausdruck bringt, daß sie in seinem imaginären Universum eine identische Rolle spielen. Wir können nunmehr die oben aufgestellte Gleichung Flieder = Minarette (d.h. Synagoge) = Goldknöpfchen durch Textbelege ausweisen, haben doch die Goldknöpfchen den hübschen Namen, »der wie der eines Prinzen aus einem französischen Märchen klingt«, der vielleicht »vor Jahrhunderten schon aus Asien zu uns gekommen« war (I, 250). Aber die wirklich bedeutsame Konvergenz im zitierten Text aus *A l'ombre des jeunes filles en fleurs* ist der Vergleich der Blumen mit den Kirchenfenstern und der Lichtprojektion. Legt man nämlich alle Texte gleichsam übereinander, so läßt sich der »Flieder« auch als »Swann« und die »Projektion« natürlich als »Golo« identifizieren. Hiernach erhält die Gleichung Flieder-Goldknöpfchen = Kirchenfenster = Projektion erst ihren vollen Sinn. Andererseits gibt es auch die Analogie (die im veröffentlichten Text freilich fehlt) zwischen der Luftblase, mit der Mme Swann verglichen wird, und den leuchtenden Flecken (»taches *lumineuses*«) auf den Flügeln der Schmetterlinge, die, wie man sich erinnern wird, auch für den Wortlaut der Lichtprojektion (»projection *lumineuse*«) eine Rolle spielen. Hieraus ergibt sich folgende Reihe von Gegensatzpaaren: Mme Swann (= Swann) : nichtjüdische Bürgersfrauen :: Luftblase : zur Unbeweglichkeit genötigte Flüssigkeit :: Lichtprojektion : Zimmer :: gotisches Kirchenfenster : romanische Kunst. Dies ergibt: Swann = leuchtende Luftblase = Projektion = Kirchenfenster.[46]

Diese Analyse hat uns erheblich von dem entfernt, was wir eigentlich nachweisen wollten. Ausgegangen waren wir von der Annahme eines figurativen Zusammenhangs zwischen Golo und Swann. Da aber die typologische Beziehung die Ähnlichkeit

Themen / Texte	Flieder	Goldknöpfchen	Lichtprojektion	leuchtende Flecken	gotisches Kirchenfenster	Mutter Swanns	Luftblase	Bilder auf den Petits-Fours-Tellern	chinesisches Porzellan	Swann
Heft IX, 29r°		X	X							
Heft IX 48r°–50r°						Jüdin ↕ Bürger	X ↔ zur Unbeweglichkeit genötigte Flüssigkeit			
I, 18–19			X ↔ Undurchdringlichkeit der Wände		X ↔ romanische Kunst					
I, 31–32								Ali Baba		X
I, 203	Flieder-Minarette ↔ gotischer Giebel									
I, 250		X ↔ bescheidener Horizont … kleine Bahnhofsansicht								
II, 695	Goldknöpfchen und Flieder	↔ Bahnhof und Lokalbahn	X ↔ abendliche Dämmerung meines Schlafzimmers		X ↔ schwarze Kirche			X ↔ das ländlich-graue Combray	X ↔ dunkle Gemächer	
implizite thematische Gleichungen				X	X X	X X	X			X X

zwischen zwei Größen notwendig zur Voraussetzung hat, haben wir zunächst versucht, ein Inventar ähnlicher Punkte zusammenzustellen, das uns den Vergleich zwischen dem Freund des Helden und dem Verwalter Sifroys ermöglichen sollte. Diese Punkte waren: die abendliche Stimmung, der »dunkle und undeutliche« Charakter der Gestalt, die »böse Absicht«, die Folgsamkeit und Diskretion, die Rolle der Worte »golden« und »oval« und schließlich die Fähigkeit zur »Rückgratvertauschung«. Bis zu diesem letzten Punkt waren wir gekommen. Es ging uns hierbei vor allem darum, den Aspekt des »wandernden Juden« in Swann hervorzuheben, um auf diese Weise zu zeigen, daß die Bewegungsfreiheit Golos möglicherweise als Symbol für die ungehinderte gesellschaftliche Beweglichkeit des Vaters von Gilberte verstanden werden kann. Unsere Untersuchung ergab ein System von Gegensatzpaaren, die sich in zwei einander gegenüberstehende Blöcke einteilen lassen: Swann und seine Mutter, Golo und die Flecken auf den Flügeln der Schmetterlinge, das gotische Kirchenfenster, die schillernde Luftblase, Ali Baba und das chinesische Porzellan auf der einen Seite und auf der anderen Seite die in hinduistischen Kasten erstarrte bürgerliche Gesellschaft, die Wände des Zimmers, die romanischen Kirchen, die zur Unbeweglichkeit genötigte Flüssigkeit, das ländlich-graue Combray, die dunklen Gemächer der Tante Léonie. Swann ist Golo in diesem thematischen Komplex nicht übergeordnet, denn beide sind durchaus austauschbar. Auch wäre es falsch, sie mit jenem blinden und in überholten Traditionen befangenen *Judaeus obduratus* gleichzusetzen, da sie ganz im Gegenteil die ursprüngliche Differenz inmitten eines unbeweglichen und indifferenten Chaos repräsentierten; sie sind gleichsam die Form, die gegen ihre Umgebung »absticht«, wie dies in *La Nausée* Roquentin mit seinen roten Haaren, die Negerin und insbesondere der New Yorker Jude als Komponist des Jazzstückes getan haben. Auf der Ebene des Übergangs vom Chaos zur Schöpfung sind Swann und Golo von leuchtender, beweglicher und daher lebendiger Präsenz inmitten einer undurchdringlichen und erstarrten Welt; im Umfeld der eingesessenen Bürger und der wohlvertrauten Zimmereinrichtung wirken sie jedoch eher pittoresk und fremd.[47] Dies ändert aber nichts daran, daß die Korrespondenz zwischen der Beweglichkeit des Lichtbildes auf der Wand und derjenigen des Juden in der französischen Gesellschaft auch auf einer anderen Ebene eine

Rolle spielt, für welche als verbindendes Moment einzig die figurative Beziehung bedeutend ist, die beide Elemente in ihrer Gegenüberstellung vereinigt. Die Beweglichkeit des projizierten Bildes, die bereits in *Jean Santeuil* als bloße *littera* zum Tragen kam, wird im imaginären Universum der *Recherche* zur *figura* des eingewanderten Juden.

Bei der Fortsetzung der Lektüre des *Temps perdu* stoßen wir auf einen weiteren Abschnitt im Leben Swanns, der an die Ankunft Golos erinnert. Proust schildert hier, wie Swann, von Eifersucht getrieben, die junge Frau auf frischer Tat zu ertappen versucht.

»In der Dunkelheit aller dieser Fenster, hinter denen seit langem das Licht gelöscht war, sah er nur ein einziges, aus dem – zwischen den Fensterläden, die eine goldene, geheimnisvolle Frucht zusammenzupressen schienen – das Licht aus dem Innern des Zimmers träufelte... Er konnte sich nicht verhehlen, daß er litt beim Anblick dieses Lichts, in dessen goldenem Schimmer sich hinter dem Fensterrahmen das unsichtbare, verhaßte Paar bewegte;... Und doch war er zufrieden, daß er gekommen war: die Unruhe, die ihn gezwungen hatte, noch einmal auszugehen, hatte von ihrer Qual verloren... jetzt wo das andere Leben Odettes... auf einmal im vollen Lampenlicht vor ihm lag, arglos gefangen in diesem Raum, in den er überraschend treten und wo er es mit Händen greifen konnte...«

(I, 403–404)

Ist nicht der Wille, das Liebespaar zu trennen, ein Echo der »bösen Absicht« Golos (I, 18)? Und ist nicht die Atmosphäre der Bedrückung, die goldene Farbe des Lichtes, das sich aus dem Dunkel abhebt, und vor allem der »Fensterrahmen« – sind sie nicht alle gleichsam ein Widerhall der Szene mit der Laterna magica, deren Charakter als originäre Szene – zugleich Genese und Prophezeiung – immer deutlicher zu Tage tritt[48]?

Man könnte hier einwenden, daß man im Verhältnis zwischen Golo und Swann nicht jenen Entwicklungsschritt vom Unvollkommenen zum Vollkommenen beobachten kann, der doch für das Verhältnis zwischen Swann und dem *Ich* wie überhaupt für jedes wahrhaft typologische Verhältnis konstitutiv ist. Demnach wäre es eine vielleicht geistreiche, den Absichten des Autors aber widersprechende Angleichung, in diesem Fall von einem Sinnbild zu sprechen. Diesem Einwand kann man entgegenhalten, daß sich von dem Verführer Genovevas bis zum Nachbarn in Combray eine Linie vom Legendären zum Realen ziehen läßt. Somit findet jener Entwicklungsschritt durchaus statt, wenn auch nicht im

Hinblick auf die zunehmende Enthüllung der Wahrheit, so doch zumindest im Sinne einer existentiellen Stufenleiter. Während nämlich Golo nur ein inkonsistentes Abbild, eine Projektion, eine *umbra* ist, ist Swann bereits eine lebendige Person.

Daß Marcel Proust aber in der Tat an seine Leseerfahrung bei Emile Mâle gedacht hat, als er das Eingangskapitel von *Combray* schrieb, beweist ein scheinbar marginales und oberflächliches, gleichwohl entscheidendes Detail: der Vergleich zwischen der Lichtprojektion und einem Kirchenfenster:

»... nach dem Vorgange der ersten Baumeister und Glasmaler der Gotik ersetzte sie (die Laterna magica) die Undurchdringlichkeit der Wände durch ein ungreifbares Irisieren, durch eine unwirklich vielfarbige Bilderwelt, in der Legenden abgebildet waren wie auf einem schwankenden und nur für Augenblicke sichtbaren Kirchenfenster.« (I, 18)[49]

Liest man die Beschreibung dieser Projektion in *Jean Santeuil* nach, so wird man feststellen, daß der Vergleich mit dem Kirchenfenster in diesem Text bereits enthalten ist und dort sogar noch deutlicher entfaltet wird als in *A la recherche du temps perdu*:

»Auf einmal war es nun, als ob auf dieser schlichten, mit einer graugemusterten Tapete bedeckten Mauer über dem alten schwarzen Sofa etwas wie ein unwirkliches Kirchenfenster entstand, das aber eben doch nicht aus blauem, rotem, violettem Glas gefertigt war, sondern nur in seiner roten, blauen und violetten Helligkeit eine Vorstellung von Glas in einem weckte, sich aber nach Art von Geistererscheinungen und Lichtreflexen zitternd vorwärts und rückwärts bewegte. Verdankten wohl diesen schönen Farben, wie ihresgleichen Jean oft in dem bunten Widerschein auf Kirchenpfeilern bewundert hatte, wenn die Fenster ein vielfarbiges, kostbar funkelndes Licht darauf warfen, die Gestalten ... die märchenhafte Poesie, die sie in seiner Einbildungskraft behielten?«[50]

In *Jean Santeuil* kommt dieser Episode keinerlei figurative Bedeutung zu. Proust hat aber in der Zeit zwischen der Abfassung dieses ersten Versuchs und der Arbeit an seinem Meisterwerk folgenden kleinen Satz in *L'Art religieux du XIIIème siècle en France* lesen können: »Die bedeutendsten Werke, welche die gotische Kunst in dieser Art (scil. im Hinblick auf die Übereinstimmung der beiden Testamente) geschaffen hat, bestehen aus Glasgemälden.«[51] Selbst ohne genauere Kenntnis jener »Studie über Kirchenfenster«, die Proust im Mai 1908 geschrieben haben will[52], wissen wir doch so viel, um behaupten zu können, daß diese Anmerkung Emile Mâles Proust höchstwahrscheinlich dazu bewogen hat, das typologische

Schema auf die Szene mit der Lichtprojektion zu übertragen. Dies würde gestatten, der in *Jean Santeuil* rein äußerlichen Ähnlichkeit eine funktionelle Rechtfertigung beizumessen. Denn ebenso wie die Fenster der gotischen Kirchen von den Ereignissen des alten Bundes erzählen, welche mit den Begebenheiten des Alten Testamentes auf vielfache Weise verknüpft sind, so sollte auch die Lichtschein-Person Golo die wirkliche Person Charles Swann präfigurieren. Man könnte sogar die Hypothese wagen, daß von hier alles seinen Ausgang genommen hat, da die punktuelle Anwendung dieses Verfahrens Proust möglicherweise zu einer umfassenderen Anwendung des Themas der Präfiguration geführt hat.[53]

Nachdem Proust mit den Möglichkeiten typologischer Konstruktion einmal vertraut war, vermehrte er die typologischen Bezüge in seinem Werk, die sich nun nicht mehr nur *zwischen* Swann und dem *Ich* und *zwischen* Golo und Swann finden lassen, sondern auch in *das Innere* der Geschichte der beiden Hauptfiguren Eingang gefunden haben. So ist das »posthume Glück«, dessen sich Swann erfreut, da er die einst geliebte Frau heiratet, als er sie nicht mehr liebt, nach Prousts Worten eine »Art Vorklang« (»comme une préfiguration«) der Verwirklichung eines anderen Wunsches: Sein Traum, seine Frau und seine Tochter der Herzogin von Guermantes vorstellen zu können, scheitert zu seinen Lebzeiten an deren unbedingtem Veto, während Oriane die beiden nach seinem Tode nicht nur empfängt, sondern sie auch häufig besucht (II, 67). Ebenso erkennt der Protagonist in allen seinen früheren Liebeserlebnissen nur »dürftige, schüchtern vorbereitende Versuche«, die »ein bloß wiederholtes Rufen nach dieser weit umfassenderen Liebe: der Liebe zu Albertine« gewesen waren (V, 378), wie auch die ersten Versuche, das junge Mädchen kennenzulernen, in bezug auf die Geschichte dieser Liebe bereits das spätere Zusammenleben in Paris präfigurieren, wo, wie der Autor sagt, sein »Leben so eng mit dem ihren verknüpft war« (ibid.).[54] Aber Proust beläßt es dabei nicht, denn diese doppelte typologische Beziehung in der Entwicklung der Liebe wird mit der Entwicklung des künstlerischen Schaffens parallelisiert, so daß die Sonate von Vinteuil und andere Jugendwerke des Komponisten »das sieghaft vollkommene Meisterwerk« ankündigen, also das Septett, wie auch die verschiedenen sich abwechselnden Elemente die Offenbarung des Finales vorbereiten und herbeirufen (V, 377).[55]

Schließlich liefert uns die lange Ausführung über die Literatur in *Le Temps retrouvé* auch theoretische Überlegungen zum Verhältnis zwischen Gelebtem und Geschriebenem, wobei das Thema der Konkordanz eine besondere Rolle spielt. Die Erfahrung – die bei Proust bekanntlich eng mit dem Leiden verbunden ist – ist hierbei gleichsam das Alte Testament, dem der Text (Proust benutzt zur Bezeichnung des vom *Ich* erträumten Werkes niemals das Wort »Roman«) als Neues Testament gegenübersteht. Überraschend ist hier auch der Gedanke – der uns andererseits ganz natürlich erscheinen müßte, da wir ja an dem Geschriebenen den Begriff der Präfiguration gewonnen haben –, daß Schreiben immer Präfigurieren bedeutet. Erst nachdem man eine Liebe erlebt hat, kann man sie beschreiben; umgekehrt kann man aber lieben (und also leiden), nachdem man geschrieben hat. So ist es dann auch das Liebesleben, das die in den poetischen Text eingeschriebene Prophezeiung verwirklichen wird:

»... seine Liebeserfahrungen, seine Schmerzen haben dem Dichter dazu gedient, haben ihm dazu verholfen, sein Werk zu schaffen, wenn unbekannte Frauen, die es am wenigsten ahnten – die eine durch ihre Bosheit, die andere durch ihre spöttische Art – jede einen Stein für *den Aufbau des Monumentes beigesteuert haben, das sie nicht sehen werden...* Unter diesem ersten Gesichtspunkt muß das Werk nur wie eine unglückliche Liebe betrachtet werden, die unweigerlich andere prognostiziert und die die Ursache dafür bildet, daß das Leben dem Werke gleicht, welches der Dichter kaum mehr zu schreiben braucht, so sehr *wird er bereits in dem, was er geschrieben hat, die vorweggenommene Gestalt alles dessen finden, was noch kommen kann.*« (VII, 341)[56]

Vergleicht man Golo und Swann, Swann und das gegenwärtige Ich, das gegenwärtige und das zukünftige Ich wie auch die Jugend Vinteuils mit seiner späteren Reife und den jungen mit dem älteren Swann, so stellt man fest, daß die Vergangenheit die Gegenwart und die Gegenwart die Zukunft ankündigt gemäß einer Geschichtsauffassung, die im wesentlichen die des Augustinus ist.[57]

Dennoch muß man einräumen, daß sich diese theologische Sicht bei Proust mehr als einmal mit anderen Modi der Wirklichkeitserfahrung vermischt, die mit jener nur entfernte Ähnlichkeit haben. So gesellt sich zuweilen zur Religion ein gewöhnlicher und unbestimmter Aberglaube (»Zeichen ... unweigerlich ... prognostiziert,« VII, 341, siehe oben). An anderer Stelle ist es eine Beobachtung, die sich ganz einfach dem gesunden Menschenverstand verdankt (»die Ähnlichkeit unserer Gefühle, ... auf Grund derer ein Werk gleichzeitig die Erinnerung an unsere vergangenen Liebeserlebnisse und die Prophezeiung weiterer, neuer ist« VII, 347). Ausgehend von diesem gesunden Menschenverstand gelangt Proust manchmal auch zu Anschauungen, durch welche Freud kurze Zeit darauf berühmt werden sollte, die aber der aus dem christlichen Mittelalter stammenden Geschichtsphilosophie entgegenstehen. Ein Beispiel hierfür ist die Bemerkung über die Angst des von seiner Mutter getrennten Kindes, »jene Angst ..., die später in die Liebe übergeht« (I, 274, eine Überlegung, die bereits zu Beginn von *Combray*, I, 49, angekündigt wird).[58] Schließlich entlehnt Proust so manchen seiner Vergleiche den Naturwissenschaften und nähert sich somit eher der Teleologie eines Lamarck als der Theologie eines Augustinus. Beispielsweise wenn er über die Liebhaber der Architektur oder der Musik spottet, »die nichts aus ihren Erlebnissen herausziehen und nutzlos und unbefriedigt altern, gleichsam alte Hagestolze der Kunst!« – »Sie sind die ersten Versuchsmodelle der den Künstler planenden Natur, noch ebenso unförmig, ebenso lebensunfähig wie die ersten Tiere, die den gegenwärtigen Arten vorausgegangen sind und noch nicht für die Dauer geschaffen waren.« (VII, 322 und 323)[59]

Einerseits also: »Sinnbild«, »Präfiguration«, »vorweggenommenes Bild«, »Prophezeiung« und andererseits: »Ansatz«, »Versuch«, »Ruf«, »Bemühung«, »Zölibat«, »Zeichen«, »Vorzeichen«. Die verschiedenen Ursprünge dieser Ausdrücke – ganz zu schweigen von jener Überlegung, die der typologischen Sicht geradezu widerspricht[60] – machten deutlich, daß wir es hier mit einem Autor zu tun haben, dem an der Integrität des theologischen Denkens wenig gelegen ist und für den das typologische Schema allenfalls eine bevorzugte, aber keine ausschließliche Übersetzungsmöglichkeit darstellt. Daher kann es hier nicht darum gehen, aus Proust auf naiv reduktionistische Weise einen katholischen Autor machen zu wollen. In diesem Sinn spricht Adele King davon, daß *»A la recherche* nicht das Christentum predigt, sondern sich vielmehr die in christlicher Liturgie und Kunst vorgefundene Vorstellungsweise angeeignet hat, um sich eine eigene Weltsicht zu schaffen«.[61]

Worauf beruht aber jene Übertragungsarbeit, die der Begriff der phänomenalen Prophetie ermöglicht hat? Der Text, der dieser »Übersetzung« zugrunde liegt, beruht auf der persönlichen Erfahrung und der persönlichen Situation Marcel Prousts. Daher muß man diese Erfahrung und diese Situation näher betrachten, um über das bloße Konstatieren jenes Einflusses hinaus zu verstehen, warum Proust sich dazu *entschieden hat*, sich von den Lehren Ruskins und Emile Mâles faszinieren zu lassen.[62]

Unter den verschiedenen Motiven, die jene Anleihe begreifbar machen, ist eines in der Person Prousts selbst begründet; andere resultieren aus Schwierigkeiten, die der Romangattung inhärent sind, wie auch aus den Schwierigkeiten des spezifischen literarischen Unternehmens des Autors. Ohne die Berücksichtigung des intellektuellen Klimas der Jugendjahre Prousts ist diese Aufzählung jedoch unvollständig.

Wenn Proust von den Möglichkeiten einer typologischen Interpretation der Geschichte fasziniert war, so hing dies zweifellos damit zusammen, daß er in der jüdisch-christlichen Offenbarungsgeschichte gewisse Züge seines eigenen Schicksals wiederfand. Proust war ja bereits achtunddreißig Jahre alt und immer noch im Stadium der Versuche. Er hatte allen Grund, darüber zu verzweifeln, daß er das verheißene Land des großen Romans niemals erreichen werde, und konnte sich dazu verdammt glauben, sich mit dem alten Gesetz der *Plaisirs et les Jours* und des *Jean Santeuil* zufrieden geben zu müssen. An diesem Punkt brachten ihn aber einige glückliche Anregungen auf den richtigen Weg. Die Arbeit über Sainte-Beuve vermittelte ihm das Gefühl, an der Schwelle zu diesem erwarteten Werk zu stehen. In dem progressiven Charakter der Offenbarung, die vor Jesus Christus den Vorläufer namens Abraham und vor der Kirche jenen ersten Versuch, die Synagoge, hervorbrachte und den Eintritt in das Paradies erst nach dem Aufenthalt im Lande Kanaan ermöglichte, konnte Proust auch einen grundsätzlichen Zug seiner eigenen Geschichte wiederentdecken und somit seine Jugendwerke als vorausdeutende »Sinnbilder« des Meisterwerks begreifen, das zu schreiben er sich nunmehr in der Lage fühlte. Vigneron schreibt, daß Proust »seit 1903, d.h. seit der Arbeit an den Anmerkungen zur *Bible d'Amiens*, die Vorstellung Ruskins übernommen hat, nach der der Prophet oder der Künstler lange Zeit in völliger Unkenntnis seiner künftigen Aufgaben bleiben kann«.[63] Die Texte Ruskins, die Proust in einer Anmerkung zu seiner Übersetzung zitiert, können als Zeugnis seiner damaligen Erwartungshaltung gelesen werden: »Als er (Moses) vor sich die gesamte Geschichte seiner letzten vierzig Jahre ablaufen sah und als ihm das Geheimnis seines eigenen Dienstes schließlich offenbart wurde...«; »So war ich von Jahr zu Jahr angehalten zu sprechen, ohne zu wissen – als ich die Rolle entfaltete, die meine Botschaft enthielt –, was sich weiter unten befinden würde, so wenig wie ein Sproß die Form seiner künftigen Frucht kennt« und »(Giotto) sah zu seinen Füßen die unzähligen Türme der Stadt der Lilien; aber der schönste von allen (der Campanile) war noch in den Tiefen seines eigenen Herzens verborgen«.[64] Seltsamerweise beschreiben diese Texte nicht nur die Situation des Schaffenden, der das Werk noch nicht kennt, das er in sich trägt, sondern enthalten darüber hinaus auch das Thema, mit dessen Hilfe es Proust sechs Jahre später gelingen sollte, dieser passiven Erwartung zu entkommen und die auseinanderlaufenden Stränge auf einer Fläche zu vereinen, indem er eine Geschichte erzählt, die gerade von Enttäuschungen, Mißerfolgen, ungeschickten Versuchen und falschen Ausbrüchen durchzogen ist, aber gleichzeitig die Geschichte eines Mannes darstellt, der hofft und dem schließlich eine Offenbarung zuteil wird.

Diese Auffassung von Zeitlichkeit, die auf der Ebene der erzählten Geschichte herrscht, stimmt gleichzeitig vollkommen mit dem besonderen Stil überein, den Proust zu dieser Zeit entwickelt. Unsere Bewunderung für Proust ist daher nicht zuletzt in dieser kompletten Übereinstimmung zwischen dem Diskurs des *Ich* auf der Ebene des Satzes und dem Entwicklungsprinzip des gesamten Textes begründet. Die verschiedenen Momente, die in die Ausarbeitung des Textes eingehen, stellen alle, mit Ausnahme – und welch bedeutsamer Ausnahme – des Pseudo-Goncourt, Eindrücke, Erinnerungen, Beziehungen und Hinweise dar, die der allwissende Autor als Zeichen angelegt hat, die erst am Ende eines ganzen Abschnittes vom Leser dechiffriert werden können. Leo Bersani hat jene Neigung Prousts erkannt, uns vor dem Objekt selbst zunächst die Beschreibung dieses Objektes zu liefern und – in Übereinstimmung mit der in den Ausführungen des *Ich* über Dostojewskij und Mme de Sévigné enthaltenen Ästhetik – uns zunächst mit den Wahrnehmungsabweichungen zu konfrontieren, um diese später durch die »rectifying... truths« zu korrigieren. Interessanterweise greift Bersani unwillkürlich auf die Ausdrucksweise der Theologie zurück, um die Proustsche Metapher in bestimmten Momenten ihrer Anwendung zu beschreiben: »Die Metapher wird verwandt..., um bestimmte Ereignisse zu *antizi-*

pieren; für den Leser *präfiguriert* die metaphorische Beschreibung das, was erst später im Roman folgt... Bilder, die zunächst bestimmte Ereignisse beschreiben sollen, werden in Marcels weiterem Leben zu wirklichen Ereignissen. So werden beispielsweise militärische Strategien metaphorisch eingesetzt, um Marcels schlaue und dienstbare Taktiken im Umgang mit seinem eigenen Charakter zu beschreiben. Später sehen wir ihn dann mit Saint-Loup und dessen Freunden in Doncières, wo er sich mit der militärischen Strategie selbst auseinanderzusetzen hat...«[65]

Ein weiterer Grund dafür, daß die Arbeit Emile Mâles bei Proust so große Resonanz findet, ist darin zu sehen, daß das typologische Schema dem Künstler eine glückliche und neuartige Lösung für ein vielen Romanautoren wohlvertrautes Problem in die Hand gibt. In den ersten Entwürfen läßt sich verfolgen, wie Proust in der Tat zunächst zwischen den beiden gleichermaßen beschränkten und verlockenden Formen der Erzählkunst – dem Er- und dem Ich-Roman – geschwankt hat. Diese Unentschlossenheit verflog, als er begriff, daß ihn der figurative Romanaufbau in die Lage versetzte, im Rahmen eines und desselben Werkes sowohl eine »objektive« Erzählebene – die des ebenso häufig lächerlichen und unehrlichen wie rührenden Liebhabers – als auch eine subjektive Erzählebene – die des vor Kritik und Argwohn ewig gefeiten Subjektes – unterzubringen. Somit wäre das Alte Testament die dritte Person, die die Offenbarung nur unvollständig erlangt und die dem gesellschaftlichen Ich verschrieben ist, während das Neue Testament das *Ich* oder die schließlich vollendete Offenbarung darstellt, in der das »gesellschaftliche Ich« durch das »schaffende Ich« abgelöst wurde, welches nun über die Erklärungsmodelle eines Sainte-Beuve hinauszugehen vermag.

Diese Überlegungen gelten allerdings nicht nur für Proust, sondern auch für viele andere Romanautoren. Proust mußte aber darüber hinaus für die besonderen Pobleme seines literarischen Unternehmens eine Lösung finden. Hierbei gab es einerseits die Möglichkeit, eine Verbindung zwischen dem gegenwärtigen Augenblick und der verlorenen Zeit herzustellen, die ihre Grundlage in der affektiven Erinnerung und den hierzu gehörigen theoretischen Ausführungen findet. Andererseits war es auch möglich, den Bruch zwischen der Vergangenheit eines unfruchtbaren Dilettantismus und der Gegenwart der schöpferischen Eingebung klar herauszustellen. Die Zusammenführung dieser beiden Absichten ruft aber unweigerlich einen Konflikt hervor, den der metaphorische Gebrauch des figurativen Bezuges lösen soll. In ihm werden Kontinuität und Diskontinuität im Sinne jener Weltsicht vereint, in deren Auge das Alte Testament als einfaches Sinnbild dennoch bereits die frohe Botschaft in sich birgt, und Swann, je nach Blickwinkel, entweder als der Vorläufer betrachtet wird, ohne den das Werk des *Ich* unbegreifbar geblieben wäre (»den Stoff meiner Erfahrung, der auch der meines Buches sein würde, hatte ich von Swann« VII, 358), oder aber als willensschwacher Kunstliebhaber angesehen wird, der der Protagonist auch geblieben wäre, wenn er in seinem passiven Kult der Schönheit und der gesellschaftlichen Werte verharrt hätte, statt in sein Leben jene »Arbeiten« wieder einzuführen, die Proust an jenem Tag auslöschte, an dem er unter dem Einfluß Hesiods den Titel *Les Plaisirs et les Jours* erfand. Neben diesem Widerspruch, der sich zwischen dem Themenbereich Leichtlebigkeit–Arbeit einerseits und dem Spiel der unwillkürlichen Erinnerung andererseits auftun kann, ergibt sich eine weitere Schwierigkeit aus dieser Erinnerungsfähigkeit selbst. Denn das *Ich*, das sich erinnert, ist zwar zweifellos zugleich im Zimmer der Tante Léonie und an jenem unbestimmten Ort, an dem ihm seine Mutter ein Stück von der Madeleine zu essen gibt, und wir sind auch bereit, dem Erzähler aufs Wort zu glauben, wenn er uns seine Theorie von der »Zeit im reinen Zustand« unterbreitet – wo aber liegt die Verbindung zwischen dem Ich in Combray und dem in Balbec, zwischen dem in Doncières und dem in Venedig? Bersani verweist hier besonders auf die Diskontinuität eines Werkes, dessen Autor seiner erklärten Absicht treu bleibt, den Text auf den rein affektiven Erinnerungen zu begründen.[66] Um die *Recherche* nicht, nach Art des *Jean Santeuil*, nur zu einer Ansammlung unzusammenhängender Evokationen zu machen, arbeitet Proust mit zahlreichen Motiven, Umständen und Verfahren. Bei dieser Reorganisation des Werkes spielt das Prinzip der typologischen Korrespondenz zwischen Altem und Neuem Testament eine nicht zu vernachlässigende Rolle. Das empirische Ich, das in den ersten Sätzen des Romans als *fons et origo* des Diskurses eingeführt wird und das, weil es sich in der spezifischen Ausformung besonderer Momente zur Totalität aufgeworfen hat, lediglich Bilder hervorbringen konnte, die auf sich selbst zurückverweisen, wird von der höheren Instanz eines stimmen- und gesichtslosen Gottes abgelöst, wodurch Proust die

Verwendung des Konzeptes der *figura* noch einmal erweitert und darin zum Theologen seiner persönlichen Geschichte wird. Die Kontinuität der *Recherche*, die sich in der Textur des Werkes selbst (d. h. in seinem Stil und seiner Tonart) realisiert, wird auf der Ebene der Geschichte durch das Motiv der organischen Beziehungen bestätigt, die willentlich zwischen den Personen und den Episoden hergestellt werden.

Aber von allen denkbaren Gründen, die man anführen mag, um das Interesse Prousts an dieser Frage zu erklären, die sonst fast nur Gelehrte und Theologen beschäftigt, würde keine zum Tragen kommen, wären die Zeitumstände hierfür nicht günstig gewesen. Wie alle Schriftsteller seiner Generation betrat Proust in dem Moment die literarische Bühne, in dem der Terminus »Symbolismus« aufkam. Zweifellos muß man sich davor hüten, Proust der Schule von 1885 umstandslos zuzuordnen. Als Zeitgenosse Gides, Claudels und Valérys sah man den jungen Proust dennoch nie in der Rue de Rome, und man erinnere sich auch, daß er für das Dunkle in der Literatur recht harte Worte fand.[67] Wenn der Symbolismus von einer poetologischen Konzeption getragen wird, die den Klang der Worte über ihre Bedeutung stellt, und wenn diese Schule solche Dichter versammelte, die – nach einem Wort Valérys – ihr Bestes der Musik zu entnehmen trachteten, so ist Marcel Proust unverkennbar kein Symbolist. Dennoch verbindet ihn ein anderer Aspekt mit dieser Bewegung, der auch uns hier in erster Linie interessiert. Der Symbolismus ist nämlich auch die Kunst der stufenweise enthüllten Bedeutung, und aus dieser Perspektive kann man Proust, ohne zu zögern, in die Nachfolge Baudelaires stellen. Einem Schriftsteller, der zur Welt kam, als »dieses Jahrhundert zwei Jahre alt war«, war es noch möglich, *Notre-Dame de Paris* zu schreiben und von den Reizen der typologischen Geschichtsauffassung gänzlich unberührt zu bleiben. Dies ist für den Übersetzer der *Bible d'Amiens* kaum noch denkbar, der in demselben Jahre volljährig wurde, in dem Mallarmé seine hinlänglich bekannten Erklärungen über die Unterschiede zwischen der Ästhetik der »jungen Dichter« und der der Dichter des Parnaß veröffentlichte.[68]

Proust zeigte sich von den Vorzügen des Verfahrens einer stufenweisen Enthüllung so beeindruckt, daß er auf das Ruskinsche Kompositionsprinzip mit großer Zustimmung zu sprechen kam: »Er schreitet von einer Idee zur nächsten fort, ohne daß ein bestimmtes Ordnungsprinzip sichtbar würde. In Wirklichkeit folgt seine Phantasie aber tieferen Kräften, die ihm von einer höheren Logik auferlegt wurden. Auf diese Weise hat er am Ende einer Art geheimem Plan gehorcht, der, wenn er am Schluß enthüllt wird, dem Ganzen nachträglich ein gewisses Ordnungsprinzip unterlegt und einen großartigen stufenweisen Aufbau bis zu dieser letzten Apotheose sichtbar werden läßt.« Mit diesen Worten hebt der Übersetzer des *Sésame* den Zusammenhang zwischen dem Epigraphen und dem letzten Satz des ersten Vortrages hervor, und er wird diese Zustimmung später nochmals durch die Entscheidung bestätigen, das letzte Kapitel des *Temps retrouvé* auf die Einleitung von *Combray* antworten zu lassen.[69] Das Vorgehen Ruskins konnte aber nur deshalb für Proust beispielgebend werden, weil beide derselben literarischen Tradition angehörten. Wir stimmen hier Adele King vollkommen zu, wenn sie schreibt: »Sein wichtigstes ästhetisches Prinzip, das darin bestand, Korrespondenzen zwischen den verschiedenen Arten der Erfahrung zu stiften, war sowohl durch die symbolistischen Lehren des 19. Jahrhunderts beeinflußt als auch durch traditionelle christliche Vorstellungen, nach denen jedes weltlich Seiende zugleich Zeichen eines göttlichen Planes ist.«[70] Wir können also sicher sein, daß die theologische Geschichtsauffassung, mit der Proust durch seine Ruskinstudien vertraut wurde, ohne den Einfluß des besonderen Klimas, in dem der Autor der *Recherche* heranwuchs, bei der Ausarbeitung seines Meisterwerkes niemals die Rolle gespielt hätte, die wir hier haben aufzeigen wollen.

(Aus dem Französischen von Iris Radisch)

Anmerkungen

1 Zitiert bei Louis de Robert in: *Comment débuta Marcel Proust,* Paris 1925, S. 16.

2 *A Propos du style de Flaubert,* in: *La Nouvelle Revue Française,* 1. Januar 1920, S. 89.

3 a) Zur architektonischen Struktur: cf. Albert Feuillerat, *Comment Marcel Proust a composé son roman,* New Haven 1934, der an die Angaben Prousts in bezug auf die ursprünglich in Erwägung

gezogenen Titel für die einzelnen Romanteile (Portalvorbau, Apsis etc.) erinnert. Diese Aussage ergänze man durch die Bemerkung Prousts zu Henri Ghéon über die Beziehung zwischen der sadistischen Szene in Montjouvain und dem Ende von *Sodome et Gomorrhe* sowie durch die von Henri Malherbe (in: *L'Avenir du roman,* in: *Problèmes du roman,* v. Jean Prévost, Sondernummer der *Confluences* 21–22, S. 396) gesammelten Erklärungen. Jene Theorien, die sich auf den Vergleich zwischen dem Roman und einer Kathedrale stützen, wurden von Adele King in : *Proust,* Edinburgh und London 1968, S. 77 und 82, wieder aufgenommen und weiterentwickelt.

b) Zur musikalischen Struktur: cf. einen älteren, zu unrecht vergessenen Aufsatz von John Bovey, *The Orthodoxy of Marcel Proust,* in: *The Harvard Advocate,* 128, Nr. 4 (April 1942), S. 36–44; Georges Piroué, *Proust et la musique du devenir,* Paris 1960; John Kneller, *The Musical Structure of Proust's »Un Amour de Swann«,* in: *Yale French Studies, 2, Nr. 2 (1949),* S. 55–62; Armand Pierhal, *Sur la composition wagnérienne de l'oeuvre de Proust,* in: *Bibliothèque Universelle et Revue de Genève,* Juni 1929, S. 710–19; Pierre Costil, *La construction musicale de A la recherche du temps perdu,* in: Bulletin de la Société des Amis de Marcel Proust (BSAMP), 1, Nr. 8 (1958), S. 469–89, und 2, Nr. 9 (1959), S. 83–110, und Matila Ghyka, *Vision analogique et composition symphonique chez Mallarmé et chez Marcel Proust,* in: *La France Libre* (London), 16. März 1942, S. 386–90; schließlich J. M. Cocking in: *Proust and Music,* in: *Essays in French Literature,* Nr. 4 (Nov. 1967), S. 13–29, der die Hypothese aufstellt, daß Proust das Buch von Vincent d'Indy über César Franck gelesen und sich von den Ausführungen dieses Werkes über das Quartett für seinen Romanaufbau habe inspirieren lassen. In jüngster Zeit widmeten Georges Matoré und Irène Mecz dieser Frage eine ausführliche Arbeit unter dem Titel *Musique et structure romanesque dans la »Recherche du temps perdu«,* Paris 1972.

c) Zur »Mallarméschen« Struktur: John Bovey und Matila Ghyka (siehe b).

d) In bezug auf die traumhafte Struktur sei verwiesen auf: William S. Bell, *Proust's Nocturnal Muse,* New York und London 1962.

e) Zur prä-formistischen Struktur: cf. Jean Rousset, *Notes sur la structure d'A la recherche du temps perdu,* in: *Revue des Sciences Humaines,* Nr. 79 (Juli–September 1954), S. 387–99. Dieser Essay ist in überarbeiteter Form wieder aufgenommen worden: *Forme et signification. Essais sur les structures littéraires de Corneille à Claudel,* Paris 1962, zusammen mit einer Studie über *Les livres de chevet des personnages proustiens,* die zuvor erschienen ist in: *Studi in onore di V. Lugli e D. Valeri,* Venedig 1961, II, S. 835–43. Die

Notes sur la structure... wurden wieder aufgenommen in: Jacques Bersani, *Les Critiques de notre temps et Proust*, Paris 1971, S. 99–116. *Les livres de chevet* erschienen wieder in: Jean-Yves Tadié, *Lectures de Proust*, Paris 1971, S. 216–29.

f) Der Ausdruck »verzweigte Struktur« stammt von Michel Zéraffa in: *Thèmes psychologiques et structures romanesques dans l'œuvre de Marcel Proust*, in: *Journal de Psychologie Normale et Pathologique*, 58. Jahrgang, Nr. 3 (April 1961), S. 193–216. Auch Zéraffa sagt vom Romanaufbau des *Temps perdu*, daß er »einer Rede gleiche: es gibt eine Einleitung, die Ausführung und einen Schluß« (S. 205 bzw. 194). Inzwischen legte Zéraffa seine Dissertation unter dem Titel vor: *Personne et personnage. Le romanesque des années 1920 aux années 1950*, Paris 1969.

g) Zur dialektischen Struktur: cf. Reinhard Kuhn, *Proust and Sartre: The Heritage of Romanticism*, in: *Symposium*, 18, Nr. 4 (1964), S. 293–306.

h) Der Ausdruck »wellenförmige und granuläre, mithin Einsteinsche Struktur« stammt von Cattaui (Nachweis am Ende dieser Fußnote). Zum Problem des Zusammenhanges (des Einflusses? der Affinität?) zwischen der Weltsicht des Physikers und der des Romanciers: cf. den sehr nuancierten und kenntnisreichen Aufsatz von John D. Erickson, *The Proust-Einstein Relation: A Study in relative Point of View*, in: *Marcel Proust. A Critical Panorama*, hg. v. Larkin P. Price, Urbana 1973, S. 247–76.

i) Die Bibliographie der Schriften zum Thema der Struktur der *Recherche* bliebe unvollständig ohne die Erwähnung der drei Aufsätze, die Vigneron unter dem gemeinsamen Titel *Structure de »Swann«* veröffentlicht hat (wobei *»Swann«*, in Anlehnung an Prousts Gebrauch dieses Namens in seiner Korrespondenz, die gesamte *Recherche* bezeichnet): *Structures de »Swann«: prétentions et défaillances*, in: *Modern Philology*, 44 (Nov. 1946), S. 102–28, beschäftigt sich mit den beträchtlichen Änderungen und Kürzungen, die Proust am dritten Teil von *Du côté de chez Swann* (in der Fassung von 1912) vornehmen mußte, um dieses Buch gemeinsam mit *Combray* und *Un Amour de Swann* in einem Band veröffentlichen zu können; *Structure de »Swann«: »Combray« ou le cercle parfait*, in: *Modern Philology*, 45 (1948), S. 185–207, betont den Aspekt des »gut gebauten Romans« in bezug auf *Combray* und die *Recherche* im allgemeinen. Uns interessiert der zeitlich am frühesten entstandene Aufsatz *Structure de »Swann«: Balzac, Wagner et Proust*, in: *French Review*, 19 (Mai 1946), S. 370–84, insofern in besonderem Maße, als er von dem Gedanken einer sich erst im Rückblick herstellenden Einheit der einzelnen Fragmente und Werkteile getragen wird. In diesem Zusammenhang empfiehlt sich auch die Lektüre des Aufsatzes von Philip Kolb, *Proust et Ruskin: nouvelles perspectives,* in: *Cahier de l'Association Internationale des Etudes Françaises,* Nr. 12 (Juni 1960), S. 259–73.

j) Nicht zu vergessen in der Reihe dieser Studien ist auch der exzellente Aufsatz von René de Chantal, *Proust et Phèdre,* in: *Etudes Françaises,* 1. Jahrgang, Nr. 2 (Juni 1965), S. 87–114, der die Rolle der Racineschen Tragödie für die Komposition des Romans herausarbeitet. Schließlich sei noch erinnert an: L. Beauchamp, *Des atavismes reposaient sur son visage,* in: *Revue de Paris,* Oktober 1966, S. 94–95, der die generelle Absicht der *Recherche,* die er im Sieg des eigenen Selbst (oder wahren Ichs) über das Ich (oder negative Ich) zu sehen glaubt, in nicht sehr überzeugender Weise als eine Anleihe beim »psycho-stellaren« System Léon Daudets und seiner Nachfolger auszuweisen sucht.

In allen die Struktur der *Recherche* betreffenden Fragen konsultiere man Georges Cattaui, *L'œuvre de Proust, son architecture, son orchestration, sa symbolique,* in: *Critique,* Nr. 130 (März 1958), S. 196–213, und vor allem auch Michel Raimond, *Les Débats sur la composition de »A la recherche du temps perdu«,* in: *»La Crise du roman du naturalisme aux années vingt,* Paris 1966, S. 405–8. Es existiert auch eine japanische Dissertation von K. Inoue mit dem Titel *La Structure de l'œuvre de Marcel Proust,* auf die eine kurze Anmerkung in der *RHLF* (63. Jahrgang, Juli–September 1963, S. 508–09) verweist.

4 *A propos du style de Flaubert,* S. 89.

5 *Histoire du roman française depuis 1918,* Paris 1950, S. 171-2. Wir lassen eine Textstelle aus, die auf unsere weiter unten ausgeführten Vorbehalte trifft (vergleiche Seite 419 dieser Arbeit). Ähnliche Ausführungen finden sich bei Ramon Fernandez, *A la gloire de Proust,* Paris 1943, S. 129: »Swann bleibt auf der Schwelle zur Offenbarung stehen«, und bei Georges Cattaui, op. cit., S. 199: *»Du côte de chez Swann* ... stellt eine Art Präfiguration dar, wie sie uns aus dem Alten Testament bekannt ist, denn das Verhältnis zwischen Marcel und Albertine wird eine Wiederholung und ein Wiederbeginn der Liebe und der Eifersucht sein, die zwischen Charles Swann und Odette de Crécy geherrscht haben.« Vor kurzem hat Gérard Genette aufgezeigt, wie sich einige Elemente der *Recherche* auf der Grundlage jüdisch-christlicher Mythen erklären lassen: *Proust palimpseste,* in: *Figures,* Paris 1966, S. 65.

6 Für Einzelheiten sei verwiesen auf Philip Kolb, *Proust et Ruskin: nouvelles perspectives,* S. 259–73, wo die wesentlichsten Aspekte dieser Frage zusammengetragen sind. Der Proust der Jahre 1900 bis 1909 hat die Neugier zahlreicher Forscher geweckt. Der erste, der den Einfluß Ruskins näher untersucht hat, war Henri Lemaître in seiner Arbeit *Proust et Ruskin* in: *Pyrénées. Cahiers de la pensée française,* Toulouse,

4. Jahrgang, Nr. 16 (Januar–Februar 1944), S. 310–97. Es sei darauf hingewiesen, daß sich die Veröffentlichung nicht in der Bibliothèque Nationale befindet. Die Aussagen von Mme Riefstahl-Nordlinger, nach denen Proust, entgegen allen früheren Vermutungen, *Praeterita* nie gelesen habe, wie auch das Zutagetreten des vor 1900 geschriebenen, bis dahin unveröffentlichten Romans veranlaßten Lemaître dazu, seine These in: *De »Jean Santeuil« à la »Recherche du temps perdu«: la médiation ruskinienne*, in: *BSAMP*, Nr. 4 (1953), S. 58–71, zu nuancieren und eine »prä-stabilierte Harmonie« zwischen den beiden Autoren geltend zu machen. Selbst in eingeschränktem Maße, so Lemaître, sei der Einfluß unverkennbar: er hatte für die Proustsche »Selbstentdekkung« eine Rolle gespielt, und – dies kommt unseren eigenen Schlußfolgerungen sehr nahe – er hätte es ihm ermöglicht, jene »vielfältigen Verbindungen« aufzufinden, »durch die sich die durch Beobachtung entstandenen und im *Jean Santeuil* nun fragmentarisch übermittelten Erfahrungen heimlich reorganisieren werden« (S. 59). Die Forschungen von Lemaître wurden schließlich durch die Arbeit von Jean Autret überholt: Jean Autret, *L'Influence de Ruskin sur la vie, les idées et l'œuvre de Marcel Proust*, Genf 1955.

Über einige bereits in Anmerkung 3 behandelte Arbeiten hinaus, in denen die Probleme der Entstehung gemeinsam mit dem Strukturproblem behandelt werden, sei verwiesen auf: 1) Henri Bonnet, *Le Progrès spirituel dans l'œuvre de Marcel Proust*, Paris 1949, der uns wertvolle Einzelheiten über das Verhältnis Proust-Ruskin liefert, und 2) *Marcel Proust de 1907 à 1914. Edition nouvelle, augmentée et corrigée, avec une bibliographie générale*, Paris 1971; 3) Tsutomu Iawasaki, *Marcel Proust et l'Italie*, in: *Etudes de Langue et de Littérature Française* (März 1964), S. 78–92; 4) Hans Robert Jauß, *Proust auf der Suche nach seiner Konzeption des Romans*, in: *Romanische Forschungen*, 66. Band, 3/4. Heft (1955), S. 255–304. Jauß charakterisiert die drei Etappen der Evolution, die Proust von seinen Jugendschriften zu seinem Meisterwerk führt, wie folgt: a) als Abgrund, der das Reale vom Imaginären trennt (von *La Revue Lilas* bis zu *Plaisirs et les Jours*); b) als Realität des Schönen und als Vertiefung der Poesie der Erinnerung (von *Jean Santeuil* bis zu Ruskin); c) als Verzicht auf den Realismus und als Konzeption des Romans der verlorenen und wiedergefundenen Zeit; zum Verhältnis Proust-Ruskin: cf. S. 278 und ss. 5) Georges D. Painter, *Marcel Proust*. Frankfurt 1962–1968, der eine lesbare, aber mitunter zu freihändige Synthese der aus zahlreichen Quellen entnommenen Stoffe bietet.

7 Marcel Proust, *Lettres à une amie*, Manchester 1942, S. 5 und 6.

8 P. Kolo, *Proust et Ruskin ...*, S. 268.

9 Robert de Billy, *Marcel Proust. Lettres et conversations* (Paris 1930), S. 111–14, der hiernach einen Brief wiedergibt, der von Philip Kolb auf

den 8. August 1907 datiert wird und den Proust aus Cabourg an Emile Mâle sandte, von dem er zu wissen wünschte, »was das Interessanteste sei, das es in der Normandie zu sehen gibt«; er spricht davon, nicht nur Kathedralen oder auch nur Baudenkmäler im Blick zu haben und fährt fort: »auch wenn ich gesagt habe, daß ich mich nicht auf die Kirchen beschränke, die Sie mir durch Ihre Worte wieder vor Augen geführt haben, so werden sie mich doch begeistern.« Was die Datierung des Briefes angeht, cf. Philip Kolb, *La Correspondance de Marcel Proust* Urbana 1942, S. 258. *La Dette de Marcel Proust envers Emile Mâle* heißt ein Aufsatz von Jean Autret in: *Gazette des Beaux-Arts,* 1068. Lieferung, VI. Periode, Band 51 (Januar 1958), S. 48/9. Autret greift hier seine wesentlichsten Aussagen zu dieser Problematik aus seinem *Influence de Ruskin,* Kapitel V, »L'Art religieux dans *Swann*,« S. 138–57 wieder auf und ergänzt sie durch einige neue biographische Details.
Diese Ausführung muß noch ergänzt werden durch die folgenden, jüngst erschienenen Arbeiten von Richard Bales und J. Theodore Johnson: 1) Richard Bales, *Proust et Emile Mâle,* in: *BSAMP,* Nr. 24 (1974), S. 1925–36, sowie *Proust and the Middle Ages,* Genf 1975. Nach Bales, der unveröffentlichte Dokumente und neue Zeugnisse zu Rate zog, ist es möglich, daß sich Proust und Mâle durch die Vermittlung Robert Prousts schon im Jahre 1890 kennengelernt hatten, obwohl sich die ersten brieflichen Kontakte der beiden erst auf das Jahr 1906 datieren lassen. 2) J. Theodore Johnson, Jr., *Marcel Proust et l'architecture (suite),* in: *BSAMP,* Nr. 26 (1976), S. 247–66. Man achte darauf, diesen Aufsatz nicht mit jenen zwei anderen Aufsätzen gleichen Titels zu verwechseln, die in den Nummern 24 und 25 des *Bulletin* erschienen sind.
Wir müssen zwei Ausgaben des *L'Art religieux du XIIIème siècle en France. Etude sur l'iconographie du moyen âge et sur ses sources d'inspiration* unterscheiden: Die Erstausgabe, illustriert mit 96 Stichen, erschienen 1898 bei E. Leroux (in-8°, 354 pp.; Proust bezieht sich auf diese Ausgabe, wenn er Mâle zitiert); und die Neue Ausgabe, revidiert und durchgesehen, illustriert mit 127 Stichen, erschienen 1902 bei A. Collin (in-4°, 468 pp.). Zur Erleichterung für den Leser beziehen wir uns auch auf die neunte Ausgabe, illustriert mit 190 Stichen (A. Collin, 1958). Diese drei Ausgaben werden im folgenden jeweils durch die Kürzel AR (1), AR (2), AR (9) bezeichnet. Zitiert wird aus der deutschen Übersetzung von L. Zuckermandel, *Die kirchliche Kunst des XIII. Jahrhunderts in Frankreich. Studie über die Ikonographie des Mittelalters und ihre Quellen* (Straßburg: Heintz, 1907), im folgenden abgekürzt durch: dt. Übs.. (Anm. d. Übersetzers).

10 Cf. insbesondere AR (1), S. 179–89; (2), S. 162–70; (9), S. 134–41. dt. Übs., S. 168–69

11 AR (1), S. 185; (2), S. 168; (9), S. 139; dt. Übs., S. 166.

12 AR (1), S. 183; (2), S. 166; (9), S. 138 dt. Übs., S. 165. Es lohnt sich, noch ein Wort zur Terminologie anzufügen, die man zur Bezeichnung dieser Art der Prophezeiung verwendet. Der griechische Terminus für das vorausweisende Ereignis ist τύπος; das vorausgewiesene Ereignis ist 'αντίτνπος τύπος, das in dem Wort »Typologie« noch enthalten ist, wurde im lateinischen durch *figura* übersetzt. Im Französischen spricht man von *figure* (im Deutschen hier in Anlehnung an Zuckermandel mit »Sinnbild« wiedergegeben. Anm. d. Übersetzers) und *préfiguration* (Präfiguration). Man denke auch an *imago* und *umbra*, die man in den englischen Worten *adumbration* und *adumbrate* (und in der germanisierten Form in *foreshadowing* und *foreshadow)* wiederfindet. Einen besonderen Platz nehmen *littera* und *spiritus* ein. Die littera ist das Ereignis im Alten Testament, das gewissermaßen auf sich selbst beschränkt und seines Sinnes beraubt bleibt. Der *spiritus* ist dieses selbe Ereignis, das aber mit einer geheimen prophetischen Bedeutung erfüllt ist, die erst manifest wird in der Erfüllung der Prophezeiung in einem Ereignis, der *veritas* des *spiritus.*

Dies sind gleichbedeutende Begriffe, an die man sich halten sollte, um jede Verwirrung zu vermeiden. Dennoch nehmen es die Theologen und in ihrer Folge auch Emile Mâle nicht immer sehr genau. Sie sprechen ebenso von *Symbol, Allegorie, Prophetie* und *Vorhersage*.

Zur Geschichte dieser Begriffe cf. Erich Auerbach, *Figura* in: *Scenes from the Drama of European Literature. Six Essays,* New York 1959, und *Mimesis. Dargestellte Wirklichkeit in der abendländischen Literatur,* Bern 1946. Man kann sich in dieser Frage auch mit Gewinn an das V. Kapitel des *Art religieux du XIIe siècle en France. Etude sur les origines de l'iconographie du moyen âge* halten, ein Werk, das nach *L'Art religieux du XIIIe siècle* entstanden ist und das Proust bis zum Erscheinungsjahr 1922 nicht gekannt hat. Die gleiche Empfehlung gilt einem sehr viel älteren Werk, auf das Ruskin bei der Beschreibung des Chorgestühls in Amiens verweist und das Proust sicherlich neugierdehalber zu Rat gezogen hat: Louis Jourdain und Antoine-Théophile Duval, *Les Stalles et clôtures du chœur de la cathédrale d'Amiens,* Amiens 1867, zitiert in: *La Bible d'Amiens,* Übersetzung, Anmerkungen und Vorwort von Marcel Proust, Paris 1904, S. 257. Die Theologie der Präfiguration wird von Duval und Jourdain klar dargelegt am Beispiel der symbolischen Statuen der Kirche und der Synagoge, die die aus den Baldachinen der vier Hauptchorstühle hervorbrechenden Pyramiden übersteigen (cf. S. 239–46 für den Kommentar und die Tafel XIII für die Abbildungen dieser Statuen). Vergleiche schließlich auch: Georges Durand, *Monographie de l'église Notre-Dame d'Amiens,* Amiens 1901–1903, II, S. 277, und Louis Réau, *Iconographie de la Bible,* passim in seiner *Iconographie de l'art chrétien,* Paris: 1956 und 1957.

13 AR (1), S. 179; (2), S. 162–63; (9), S. 134; dt. Übs., S. 162.
14 *La Bible d'Amiens,* S. 325, Anmerkung 1, die verweist auf: *L'Art religieux du XIIIe siècle* (Ausgabe von 1898), S. 209f, in (2) findet sich der Text S. 189f; in (9) S. 158; in der dt. Übs., S. 188.
15 *La Bible d'Amiens,* S. 314, Anmerkung 1. AR (1), S. 198–201; (2), S. 180f; (9), S. 149f; dt. Übs., S. 180.
16 *La Bible d'Amiens,* S. 326, Anmerkung 4. Vergleiche AR (1), S. 199–203; (2), S. 180–84; (9), S. 149–53; dt. Übs., S. 179.
17 Proust spielt hier auf J. A. Milsand an, *L'Esthétique anglaise. Etude sur M. John Ruskin,* Paris 1864.
18 *Impressions de route,* in: *Le Figaro,* 19. November 1907, wieder aufgenommen in: *Pastiches et Mélanges,* Paris 1919, unter dem Titel »En mémoire des églises assassinées. I. Les églises sauvées. Les clochers de Caen. La cathédrale de Lisieux. Journées en automobile«, S. 96.
19 Die Abschnitte aus *A la recherche du temps perdu* werden nach der deutschen Übersetzung von Eva Rechel-Mertens zitiert: *Auf der Suche nach der verlorenen Zeit,* Bd. I–Bd. VII, Frankfurt 1954–1957.
20 Cf. Juliette Monnin-Hornung, *Proust et la peinture,* Genf 1951, S. 44. Zu Swann und Ruskin cf. Henri Lemaître, *Proust et Ruskin,* S. 323, n. 2 und S. 369f. Nach Lemaître handelt es sich bei der dargestellten Person eher um Ruskin, wie er in Frankreich um 1900–1905 verstanden (das heißt mißverstanden) wurde.
21 *The Works of John Ruskin,* hg. v. E. T. Cook und Alexander Wedderburn, Library Edition, London 1903–1912, XXVII, S. 372. Zu dieser Feststellung wäre noch hinzuzufügen: »Unser junger Reformator (Botticelli) beschritt einen sehr vielfältigen Studiengang: die Krönung unserer Herrin; St. Sebastian; Pallas mit Weinblättern und Venus – ohne Feigenblätter.« (XXII, S. 430). Vergleiche auch im selben Band S. 415 und 440.
22 J. A. Crowe, *Sandro Botticelli,* in: *Gazette des Beaux-Arts,* 28. Jahrgang, zweite Periode, Band XXXIV (1. September 1886), S. 186.
23 *The Aesthetic and Mathematic Schools of Art in Florence,* »Lecture VIII. Botticelli,« Library Eidition, XXIII, S. 266. Vergleiche auch: *Ariadne Florentina,* Library Edition XXII, S. 422: »Die Führer der stärksten Schulen müssen immer entweder Lehrer der Theologie oder Prediger des moralischen Gesetzes sein ... als Lehrer der Theologie auf den Wänden des Vatikans erlangten jene Meister, deren Namen einem so vertraut sind, ihren ewigen Ruhm.«
24 *Ariadne Florentina,* S. 441
25 Ibid.
26 Ebenso wie Swann bekundet auch Ruskin ein besonderes Interesse an Sephora: er verwandte vierzehn Tage darauf, eine Kopie dieser Figur anzufertigen (Band XXII der Library Edition, S. XXXVI, und Frontispiz des Bandes XXXIII). Aber die besonderen Gründe des Swann,

diesen Frauentyp zu bewundern, fand Proust bei Charles Ephrussi: »Man erkennt leicht in zumindest einem der zwei Fresken des Louvre Botticelli und zwar in *Die Grazien werden von Giovanna empfangen.* In der jungen Verlobten macht sich – dies ist wahr und sei hiermit wiederholt – der unmittelbare Einfluß Ghirlandaios geltend, aber in den vier anderen Figuren ist alles unverkennbar von Botticelli: die allgemeine Haltung der schlanken und langen Körper, vor allem ihre gebeugte und weich bewegte Art, die graziöse Neigung der Köpfe, die sich matt auf den Schwanenhälsen wiegen, die langen, hilflosen Arme, die in schmalen, charmant manieristischen Händen auslaufen, die großen Füße mit unpassenden Zehen wie Fischschwänze, das luftige Wehen der leichten, fliegenden Stoffe, die in feinen und weichen Falten fallen und wie bei den Antiken noch die geringste Rundung der weiblichen Formen verdecken und zugleich verraten, das Kind mit dem großen Kopf und der überschwenglichen Lebhaftigkeit.« Charles Ephrussi, *Les deux fresques du Musée du Louvre attribuées à Sandro Botticelli,* in: *Gazette des Beaux-Arts,* Band LIV (Mai 1882), S. 475–83.

27 *Ariadne Florentina,* S. 442. Reproduktionen dieser beiden Fresken findet man in: Bettina Wadia, *Botticelli,* Feltnam Middlesex 1968, Tafeln 21 und 22. Für die historischen Details und den Kommentar verweisen wir auf Roberto Salvini, *All the Paintings of Botticelli,* übers. v. John Grillenzoni, New York 1965, und *La Capella sistina in Vaticano,* Mailand 1965.

28 Der Bericht von der Versuchung Christi wurde vor allem mit Adam und dem Sündenfall in Verbindung gebracht. So findet man beispielsweise in der *Passio Bartholomaei* die Paulinische Ausdrucksweise wieder: »Der Teufel, der über den ersten Menschen durch die Nahrung einen Sieg errungen hatte, wird durch das Fasten des zweiten Menschen besiegt. Ebenso wie er durch die mangelnde Enthaltsamkeit des ersten Menschen, dem Sohn der jungfräulichen Erde, zum Ziel kam, wird er von uns besiegt durch die Enthaltsamkeit des zweiten Adam, dem Sohn der Jungfrau Maria.« (Man findet hier die Ausdrücke des Apostel Paulus im ersten Brief an die Korinther wieder: »Der erste Mensch, Adam, wurde zu einer lebendigen Seele, der letzte Adam zu einem lebendig machenden Geiste. Aber nicht das Geistige ist das erste, sondern das Natürliche; hernach das Geistige. Der erste Mensch ist von der Erde, irdisch, der zweite Mensch ist vom Himmel« [1. Kor. 15, 45–47]). Die Exegeten haben es sich auch nicht entgehen lassen, die Parallelen zur Geschichte des Moses aufzuweisen, wobei man besonders das Fasten der Juden (das vierzigtägige Fasten) beachtete (Irenäus und nach ihm zahlreiche Kirchenväter wie zum Beispiel Hilarius von Poitiers) und das Manna (vor allem Tertullian). Die Kommentare des Klemens von Alexandria, die am bestimmtesten von der Idee der *Überwindung* getragen werden und die sich mit der Antwort Jesu im

Moment der Versuchung auf dem Berg beschäftigen (mit dem Zitat aus dem Deuteronomium 6, 16: »Ihr sollt den Herrn, euern Gott, nicht versuchen«), sind am besten dazu geeignet, den beiden Fresken zugrunde gelegt zu werden. Klemens will beweisen, daß Moses, dem bereits eine große Bedeutung zukommt (Weiser, König, Gesetzgeber), von Jesus, der über der menschlichen Natur steht, überwunden wird. Wir beziehen diese Auskünfte von Klaus-Peter Köppen, *Die Auslegung der Versuchungsgeschichte unter besonderer Berücksichtigung der Alten Kirche,* in: *Beiträge zur Geschichte der biblischen Exegese,* 4 Tübingen, S. 80, zu Adam und S. 63 und passim zu Moses.

29 Dieser Text findet sich im Appendix I der vollständigen, französischen Fassung dieser Arbeit. In der deutschen Übersetzung ist er nicht enthalten.

30 Die Ähnlichkeitsmerkmale, die durch den Proustschen Text deutlich werden, könnten noch durch den besonderen Umstand ergänzt werden, daß Moses Frau ebensowenig wie Odette jüdischer Herkunft ist. Hierauf macht William S. Bell in einer Fußnote seiner exzellenten, wissenschaftlichen Ausgabe von *Un Amour De Swann* aufmerksam (New York 1965), S. 80, Anmerkung 165.
Hat Proust diesem Detail Bedeutung zugemessen? Möglicherweise, obwohl weder die Freske Botticellis noch der biblische Text diesen Umstand hervorhebt. Lediglich im Bibeltext ist durch die Etymologie des Namens »Gershom« vielleicht ein Hinweis gegeben: »Die (Sephora oder hier »Zippora«, Anm. d. Übersetzers) gebar einen Sohn, und er nannte ihn Gershom, denn er sprach: Ich bin Gast geworden im fremden Lande.« (Exodus, 2,22).

31 Aber dies ist nicht das einzige Mal, daß sich, wenn auch indirekt, eine assoziative Verbindung zwischen dem Erzähler und Christus einstellt: die Annäherung zwischen der Mutter des *Ich* und der Jungfrau Maria in *La Fugitive* impliziert offensichtlich die Identifikation des Protagonisten mit dem Messias, wie Gérard Genette in *Figures III,* S. 49 ausführt. Des weiteren wird der Vater seit dem Beginn von *Combray* mit Abraham und somit sein Sohn indirekt mit Isaak verglichen, wobei der Sohn des Patriarchen von den mittelalterlichen Kommentatoren immer als ein Sinnbild des Messias verstanden wurde. Aber man kann in diesen Überlegungen auch zu weit gehen: Adele King dient dieser letzte Umstand als Vorwand, um eine ihrer Meinung nach existierende Kette von Anspielungen auf den Text des Evangeliums in der *Recherche* aufzuzeigen. Diese Annäherungen sind nicht alle von gleicher Überzeugungskraft. Die Leiden, die das Ich zu ertragen hat, können in der Tat an die des Heilands erinnern, wie es auch unbestreitbar ist, daß die Karwoche in dem Text eine wichtige Rolle spielt. Auch kann man zweifellos die vom Helden verlorene Zeit, die die unerläßliche Voraussetzung für die »wiedergefundene Zeit« darstellt, mit der Fleischwer-

dung des Menschensohnes vergleichen. Es ist unserer Meinung nach äußerst wahrscheinlich, daß Proust an die Schrift dachte, als er seinen Erzähler sagen ließ: »Man hätte mir einen Besuch machen, mich zum König ernennen, mich ergreifen, verhaften können, ich hätte mir alles ruhig gefallen lassen, ohne ein Wort zu sagen, ohne die Augen zu öffnen... (VII, 550): die Anspielung auf die Gefangennahme Jesu und auf seinen Prozeß ist deutlich (obwohl der humoristische Vergleich am Ende des Satzes daran zweifeln läßt: »so wie hochgradig seekranke Leute, wenn sie auf einem Dampfer über das Kaspische Meer fahren, auch nicht den leisesten Widerstand andeuten, falls man ihnen sagt, man werde sie nunmehr ins Wasser werfen,« ibid.). Vielleicht hat Adele King auch recht, wenn sie sagt, daß durch das dreimalige Stolpern des Erzählers beim Hinabsteigen der Treppe auf jenen Augenblick angespielt wird, in dem Christus auf dem Leidensweg nach Golgatha strauchelte (VII, 550). Von hier bis zu der Vermutung, es handele sich bei dem Abendessen, an dem das *Ich* teilnimmt, bevor es sich an die Arbeit macht, um eine Anspielung auf das letzte Abendmahl, ist es allerdings ein weiter und kaum nachzuvollziehender Weg. Zum einen wird auf das Abendessen nur mit sehr vagen und nicht gerade ausführlichen Worten verwiesen: »eines Abends, als ich ausging« (VII, 550). Zum anderen wird durch den Kommentar, den uns der Erzähler über diese Art der Zusammenkünfte gibt, jede Möglichkeit einer Annäherung an den Text des Evangeliums ausgeschlossen: »Eines meiner Ichs, dasjenige, das einst jene Barbarenfeste besuchte, die man als Abendessen in der Stadt bezeichnet – Veranstaltungen, bei denen für die Männer mit weißer Hemdbrust und die halbnackten, federngeschmückten Frauen die Werte derart umgekehrt sind, daß jemand, der, nachdem er zugesagt hat, nicht zum Diner oder doch erst beim Braten zu erscheinen, einen strafwürdigeren Akt begeht als die unmoralischen Handlungen, von denen man während der Mahlzeit ebenso leichtfertig spricht wie von jüngst erfolgten Sterbefällen, und bei denen der Tod oder eine schwere Krankheit die einzigen Entschuldigungen sind, daß man nicht kommen kann, wofern man (noch rechtzeitig für die Einladung eines Vierzehnten) Nachricht gegeben hat, man liege soeben im Sterben – dieses Ich nun hatte seine Gewissenhaftigkeit bewahrt und sein Gedächtnis verloren« (VII, 550–51). Es wird von jenem Punkt an besonders schwierig, Adele King noch zu folgen, wo sie in »ich besaß weder Gedächtnis noch Denkvermögen, noch sonstige Kräfte, noch eigentlich meine Existenz« (VII, 550) und in »ich konnte acht Tage lang nur mehr vegetieren« (VII, 552) eine Anspielung auf den Tod und die Grablegung Christi zu sehen meint. Schließlich, wenn Proust die Menschen darstellt, »als ob sie alle auf lebendigen, unaufhörlich wachsenden, manchmal mehr als kirchturmhohen Stelzen hockten«, führt er dann wirklich »eine religiöse Metapher« ein, deren zwei Seiten

das Ende des Lebens jenes *Ich* und die Auferstehung des Heilands wären? (Cf. Adele King, *Proust,* S. 85) Und ist der Baron de Charlus wirklich so ernst zu nehmen, wie Adele King uns glauben machen will, wenn er Reden hält, deren grotesker und dünkelhafter Aspekt aufs deutlichste betont wird: »Sie wissen, daß mein Wappen die Devise unseres Herrn Jesus Christus enthält: *Inculcabis super leonem et aspidem«* (VII, 186)? Trotz dieser Einwände wollen wir uns davor hüten, die Bedeutung dieser Arbeit zu verkleinern. Adele King hat bereits vor uns auf das Spiel mit der Konkordanz zwischen Neuem und Altem Testament in der *Recherche* aufmerksam gemacht, und sie ist die einzige Forscherin, die erkannt hat, daß die architektonische Struktur des Romans (die durch den Vergleich zwischen dem geschriebenen Werk und einer Kathedrale zum Ausdruck kommt) das Spiel der typologischen Beziehungen implizierte. (Cf. S. 79, 80, 82 und 86.)
Für einen weiteren Aspekt des Gebrauchs, den Proust von seinen Kenntnissen im Bereich der gotischen Kunst machte, cf. J. Theodore Johnson, Jr., *Proust and Giotto: Foundations for an Allegorical Interpretation* of *A la recherche du temps perdu,* in: *Marcel Proust: A Critical Panorama,* hg. v. Larkin B. Price, Urbana 1973, S. 168–205. Johnson bemerkt beiläufig, daß die Anspielungen auf Sephora erst in einem späteren Stadium eingefügt wurden, was durch die Untersuchung der Dokumente in der Bibliothèque Nationale zu Tage trat. Der Hinweis hierauf ist zwar berechtigt, aber folgt daraus notwendigerweise, daß sich die Bedeutung dieser Verweise verringert und daß man sie wie Johnson für rein dekorative Elemente halten kann? Wir haben vielmehr zu zeigen versucht, daß die Anspielungen auf Botticelli, ganz unabhängig von den nachträglichen Bemerkungen zu Giotto, eine wichtige Funktion innerhalb des Romanganzen haben und vom Autor bereits vor der Überarbeitung des Typoskriptes von *Du côté de chez Swann* geplant waren.
In einer jüngeren Studie liefert uns Johnson selbst die entsprechenden Argumente: er zeigt, daß die Allegorie ein Verfahren ist, das einer Ästhetik entstammt, von der Proust sich gerade lossagen wollte. Da die *Recherche* (so Johnson und wir pflichten ihm darin bei) auf einer Dialektik beruht, nach der der Erzähler von der Vorstellung einer erstarrten Realität zum Bewußtsein des bewegten Charakters der Welt gelangt, hat die Allegorie (ob es sich um die des Dante Gabriel Rossetti, S. 33, oder um die Giottos handelt, wobei letztere beispielsweise in einem wohlgeordneten, psychischen Mechanismus Tugend und Laster auf ewig einander gegenüberstellt) in ihr keinen Platz. Die Anspielungen auf Giotto, die in Prousts Werk erscheinen, beziehen sich auf die erste Phase einer zu überwindenden Sterilität: so in dem Text über die Seerose, der von Johnson auf S. 26 und ss. kommentiert wird. Wir glauben, daß Proust deshalb auf den Titel »Les Vices et les Vertus de

Padoue« (Tugend und Laster Paduas) verzichtet hat, weil er sich als eine – wie Proust sich sicher eingestehen mußte – in ihrem Signifikaten manichäistische und in ihrem Signifikanten allegorische Formulierung nur schlecht dazu eignete, den Roman als Ganzes zu bezeichnen. Der Bezug zu Giotto wird aber in den Reden Swanns insofern hinlänglich deutlich, als diese Figur als Repräsentant einer »jüdischen« Lesart der Wirklichkeit fungiert (wir verwenden dieses Adjektiv in jener pejorativen Bedeutung, die zu Prousts Zeiten noch im Larousse nachzulesen war und deren theologischer Hintergrund die Denunziation der Synagoge durch die bekannte Formulierung des Paulus war: »der Buchstabe tötet, der Geist macht lebendig«). Dieser jüdische Bezug ist gleichsam als Junggeselle der Kunst oder als schwangere Frau, die aber ihre Last nicht in sich, sondern »vor sich« trägt, besonders bedeutsam. Solche Betrachtungen vermögen jenen »petit fait vrai« (wie Stendhal gesagt hätte) sicher nicht auszulöschen, der sich dem Leser der Manuskripte aufdrängt: die Anspielung auf Giotto – und es liegt uns fern, dies zu bestreiten – geht dem Auftreten Sephoras chronologisch voraus; während aber erstere auf die Starrheit der »littera« verweist, bestimmt sich der »spiritus« durch die Lebensgeschichte Moses', in der man somit mehr als nur eine bloße Zutat zu sehen hat. Cf. *Prousts »Impressionism« Reconsidered in the Light of the Visual Arts of the Twentieth Century*, in: Georges Stambolian (Hg.), *Twentieth Century French Fiction: Essays for Germaine Brée*, New Brunswick 1975.
Wir können diese – zwar schon viel zu lange – Anmerkung nicht abschließen, ohne nicht auch verwiesen zu haben auf: *Marcel Proust et l'architecture*, (s. Anm. 9) S. 258–60, wo der Frage der Allegorie bei Proust in interessanter Weise nachgegangen wird.

32 *Pèlerinages ruskiniens en France*, in: *Le Figaro*, 13. Februar 1900, wieder aufgenommen in: *Chroniques*, Paris 1927, S. 145–49. Der Ausschnitt, der weiter unten zitiert wird, findet sich auf Seite 147.

33 Da wir schon einmal dabei sind, die mehr oder weniger bewußten Beweggründe Prousts heranzuziehen, sei auch daran erinnert, daß der Vater des Romanautors dazu neigte, nostalgische Reden zu halten. Dieser Umstand scheint zumindest so bemerkenswert gewesen zu sein, daß Dr. Noir, der Kollege des Herrn Professor Proust, darauf in der Totenrede, die er auf ihn gehalten hat, zu sprechen kommt. Mit folgenden Worten wird hierin an die Person des Adrien Proust erinnert, der vor seinen Landsleuten aus Illiers seinerseits auf die Suche nach der verlorenen Zeit ging: »... Trotz der zahlreichen Funktionen, die er im Übermaß bekleidete, verstand er es, ein Gelehrter zu bleiben und die Gefühle des Dichters in sich lebendig zu halten. Wir können die Freude nicht vergessen, die wir bei der Lektüre eines Vortrages empfunden haben, den A. Proust anläßlich der Preisverleihung in der Ecole primaire supérieure in seiner kleinen Heimatstadt Illiers gehalten hat.

Nichts in dieser bezaubernden Rede wirkte geschraubt oder pompös, obwohl sie sogar mit Zitaten französischer und lateinischer Dichter versehen war. Aus jedem Satz stiegen melancholische Erinnerungen an einst und die tiefe Liebe zu seiner Heimat wie ein erlesenes Parfüm hervor...« (J. Noir, *Le Pr A. Proust, 1834–1903,* in: *Le Progrès médical,* 5. Dezember 1903, S. 469).

34 AR (1) S. 248 und Fig. 64; (2) S. 223–25; (9) S. 191 (mit einigen Abänderungen); dt. Übers. S. 225. Nach Emile Mâle geht dieses ikonographische Thema auf Jeremias' Klagelieder 5, 16–17 zurück: »Weh uns«, sagt der Prophet, »daß wir gesündigt haben! Darum ist unser Herz traurig, darob sind düster unsere Augen ... Gefallen ist der Kranz von unserem Haupte.«

35 Autret macht auf diese Anleihe aufmerksam. Cf. *L'Influence de Ruskin...,* S. 145. An dieser Stelle sei auch der Kommentar Emile Mâles zu einem Kirchenfenster in Saint-Denis zitiert, der sich in: *L'Histoire de l'art,* hg. v. André Michel, befindet: »Man sieht Jesus, der auf seiner Brust eine Art Heiligenschein, geformt aus sieben Tauben, trägt, welche die sieben Gaben des Heiligen Geistes symbolisieren. Mit der rechten Hand bekrönt er die Kirche, und mit der linken Hand zieht er den Schleier weg, der das Gesicht der Synagoge bedeckt. Dies ist eine den Kirchenvätern wohl vertraute Allegorie, die bedeutet, daß Jesus, indem er auf die Welt kam und das neue Gesetz verbreitete, plötzlich auch das ganze Geheimnis des alten Gesetzes enthüllte, welches sich zuvor unter einem Schleier zu verbergen schien. Ein Vers, der auf dem Kirchenfenster nicht ganz erhalten ist, den man aber bei Suger vollständig nachlesen kann, erklärt den Sinn dieser Komposition sehr klar: *Quod Moyses velat Christi doctrina revelat.* »Was Moses mit einem Schleier verhüllt, enthüllt die Lehre Christi.« Cf. *La Peinture sur verre en France,* in: André Michel, *Histoire de l'art depuis les premiers temps chrétiens jusqu'à nos jours,* Paris 1905, Band I: *Des débuts de l'art chrétien à la fin de la période romane,* Zweiter Teil, S. 784. Die zeitweilige Blindheit, in die Swann sich jedesmal flüchtet, wenn sein Geist vor eine schwierige Frage gestellt wird, ist Proust vielleicht durch dieses Bild nahe gebracht worden. Vergleiche für Swann die Seiten I, 34, 242, 268, 296, 318, 347, 358, 378, 563 und für den Vater Swanns, der diesen Ausfällen auch schon ausgesetzt war: I, 15 (der französischen Ausgabe Bibliothèque de la Pléiade, 1954). Das Motiv der Blindheit findet man in einem wichtigen Detail des Südportals der Kathedrale von Chartres wieder, wo eine kleine Person vergeblich versucht, den Text einer Schriftrolle zu lesen, die ihm der hl. Hieronymus hinhält. Diese Statue wird von Proust niemals erwähnt, sie würde aber eine Vielzahl von Romanabschnitten wunderbar illustrieren.

36 *La Bible d'Amiens,* S. 50. Es handelt sich um die Kreuzigung, die sich in der Sala dell'Albergo de l'Ecole de Saint-Roch in Venedig befindet. Cf.

Hans Tietze, *Tintoretto: The Paintings and Drawings with Three Hundred Illustrations,* New York 1948, S. 374 und Tafel 130.

37 *La Bible d'Amiens,* S. 298, nach AR (1), S. 172; (2) S. 157 und (9) S. 128 und 129, dt. Übers. S. 155. Wir zitieren den Text so, wie er bei Marcel Proust erscheint. In Wirklichkeit heißt es bei Mâle *wurde zum Symbol* (und nicht *wird zum Symbol*). Es handelt sich um ein Medaillon auf blauem Grund mit 0,70 m Durchmesser, von dem es im *Corpus vitrearum Medii Aevi, France,* Band I: *Les Vitraux de Notre Dame et de la Sainte-Chapelle de Paris,* Paris 1959, S. 31 folgende Beschreibung gibt: »Ein Mann hebt seine Hand gegen seinen Bischof, der links von ihm aufrecht steht und eine grüne Dalmatika mit roten Streifen, ein purpurnes Meßgewand und ein grünes Achseltuch trägt und eine bläuliche Bischofsmütze auf dem Kopf hat. Der Empörer trägt eine Kappe aus gelbem Pelz, ein grünes Kleid mit gelbem Gürtel und einen roten Mantel. Seine Kleidung besteht aus einigen neuen Stücken.« Es wird deutlich, daß sich die Autoren des *Corpus* der von Emile Mâle vorgeschlagenen Interpretation nicht anschließen, obwohl sie ihn an zahlreichen Stellen in dem Werk zitieren. Proust hat sich an diese Darstellung in *Le Côté de Guermantes* erinnert: »Unter dem Barett mit den goldenen Quasten waren, wie die Hohenpriester unter der spitzen Mütze der Juden, die Professoren noch in den Jahren, die der Dreyfus-Affäre vorangingen, befangen in streng pharisäischem Geist« (III, 668–69).

38 *Histoire du roman français...,* S. 172.

39 Es sei darauf verwiesen, daß die Betonung der abendlichen Stunde der Swannschen Besuche, sei es als Nachbar in Combray oder als Liebhaber Odettes, als eine weitere Anspielung auf den alten Bund verstanden werden kann. Es ist nämlich das nördliche Querschiff, das als der dunkelste Teil der Kirche die Aufgabe hat, in der Ikonographie der Kathedralen das Gesetz zu repräsentieren. Ebenso befinden sich in der Sixtinischen Kapelle die Fresken, die das Leben Jesu darstellen, auf der rechten Seite, die am besten beleuchtet ist, während die gegenüberliegenden »Figuren« im Gegenlicht bleiben.

40 Weiter unten bemerkt Proust in seiner Fußnote: »Hier jetzt möglicherweise zu sagen, daß ich mich frage, welche geistige Realität durch einen schönen Satz Vinteuils symbolisiert wird – *und er symbolisiert mit Sicherheit eine, da er diesen Eindruck von Tiefe und Wahrheit vermittelt* – und am Ende des Buches nur diese Realität bestehen zu lassen, dies waren die Gedanken, die die Tasse Tee in mir hervorrief« (In der deutschen Ausgabe nicht enthalten, in der französischen: III, 1092, 2. Fußnote zur Seite 374. Die Hervorhebungen stammen von Proust).

41 Und umgekehrt: wenn nämlich das *Ich* das Alte Testament durchquert, bleibt auch Swann seinerseits nicht nur im alten Gesetz befangen; so ist beispielsweise eine gewisse Entwicklung zwischen dem ersten und dem

zweiten Anhören der Sonate durchaus feststellbar. Man mag hier einwenden, daß Proust an dieser Stelle bewußt eine Verwirrung zwischen der Figur des *Ich* und der Swanns gestiftet hat, und es ist in der Tat nicht ganz einfach zu unterscheiden, was an dieser Entwicklung dem Liebhaber Odettes und was der Erfahrung des Protagonisten zuzuschreiben ist.

42 Diese Identifikation schließt jene andere zwischen dem Verführer Golo und dem Kind nirgends aus. Die Vielschichtigkeit des ödipalen Dreiecks gestattet eine solche Lektüre, die sich ansatzweise schon durch die Worte des *Ich* rechtfertigen läßt, das sich daran erinnert, wie ihn »die Verbrechen Golos zu einer besonders sorgfältigen Gewissenserforschung anregten« (I, 20). Es gäbe noch vieles über die Ähnlichkeit zwischen Golo und dem Erzähler zu sagen. So präfiguriert beispielsweise das Spiel der Laterna magica in gewisser Weise die Arbeit der geistigen »Projektion«, nämlich die der Erinnerung während der Arbeit am *Temps perdu*. Proust stellt diesen Zusammenhang selbst her (VII, 310 und 372). Möglicherweise ist Marcel Proust auf diesen figurativen Zusammenhang durch eine Bemerkung Ruskins hingewiesen worden, die der Übersetzer der *Bible d'Amiens* wie folgt hervorhebt: »Die ausgezeichnete Wahl dieses Motivs, das den Geist der Seefahrt darstellen soll, aus dem sich die künftige Größe der Stadt entwickeln wird, stellt einen Gedanken dar, dessen Kraft auch in der schriftlichen Übermittlung erhalten bleibt und der mit den Technizismen der Kunst nichts gemein hat. Nur wenige Worte hätten dies ebenso vollständig wiedergeben können wie die vollkommenste Darstellung durch den Pinsel. Ein solcher Gedanke steht über jeder Kunst und ist die höchste Form der Poesie.« (Proust über Ruskin und Ruskin zitierend. *La Bible d'Amiens*, S. 49f.).

43 Im Vergleich zu den ersten Entwürfen ist der jüdische Charakter Swanns in der veröffentlichten Fassung des Romans stark zurückgenommen. In einigen Abschnitten wurde der Vater Gilbertes durch Bloch ersetzt. So macht sich der Großvater in Heft IX, Blatt 42 über Swann lustig, indem er – in deutlich antisemitischer Absicht (»Er hatte eines dieser Vorurteile, wie wir sie alle haben«) – das Lied »Israel, zerbrich deine Ketten« singt. Daraufhin erklärt Swann seinem Freund, daß die sogenannten christlichen Tugenden ebenso jüdische Tugenden sind.

44 Heft IX, Blätter 49–50 Vorderseite. Der Text stammt aus der Hand eines Kopisten und ist überladen mit handschriftlichen Korrekturen. Die Abschrift, die wir hier vorlegen, erhebt nicht den Anspruch der Genauigkeit, wie man sie von einer kritischen Ausgabe zu recht verlangen kann. Wir wollten dem Leser nur eine zusammenhängende und vollständige Fassung dieses unveröffentlichten Abschnittes vor Augen führen, und wir haben zahlreiche Abweichungen nicht berücksichtigt, die in unserem Zusammenhang keine Bedeutung haben. Wer

sich mit dem Manuskript näher beschäftigen will, sollte es mit der Handschrift von *Du Côte de chez Swann*, Blätter 35–37 vergleichen. In Heft VIII findet man keine frühere Fassung dieses Abschnittes.

45 Blatt 29 r°; Hervorhebungen stammen von uns. Für eine frühere Fassung der Episode mit der Lichtprojektion vergleiche Heft VIII, Blatt 11 v°, in dem aber kein entsprechender Abschnitt zu dem weiter oben zitierten enthalten ist. J. Theodore Johnson verweist auf weitere für diese Episode bedeutende Auszüge aus den Dokumenten der Bibliothèque Nationale: *»La laterne magique«: Prousts Metaphorical Toy*, in: *L'Esprit Créateur*, 11 (1971), 17–31 (Heft VI, 2 r°, 6 r[r] und *Du Côte de chez Swann, I, Combray*, zweite, endgültige handschriftliche Fassung, S. 255). Unsere Untersuchungen lassen sich durch die Analyse Johnsons ergänzen, der den symbolischen Gehalt der Lichtprojektion (in psychologischer Hinsicht) besonders hervorhebt und darauf verweist, wie unterschiedlich der Erzähler und die gescheiterten Künstler (Swann und Charlus) jeweils mit ihrer persönlichen Laterna magica umgehen. (Vergleiche vor allem S. 28f. mit dem Kommentar zum Besuch des *Ich* im Atelier Elstirs und den Hinweis auf den Vergleich in II, 419). Ebenso hilfreich ist der Aufsatz *Marcel Proust et l'architecture*, den Johnson in *BSAMP* von 1976 veröffentlicht hat. Hier vergleiche man besonders S. 258–60.

46 In diesem Themenkomplex wird die ambivalente Bedeutung des Gotischen deutlich. Im Hinblick auf die Chronologie ist es ein eher störendes (und in diesem Fall bereicherndes, vertiefendes) Element. Der Stil der »ersten Baumeister und Glasmaler der Gotik« paßt nicht zur »Undurchdringlichkeit der Wände«, die wiederum für die romanische Kunst charakteristisch ist. Im Hinblick auf den Raum hingegen wirkt die gotische (d. h. französische und katholische) Kunst im Vergleich zu den (persischen und islamischen) Flieder-Minaretten sehr vertraut. Wenn sich die beiden Gegensatzpaare Vorzeitigkeit/Nachzeitigkeit und Vertrautheit/Fremdheit überkreuzen, so ergibt dies »romanisch/persisch«, was genau den Stil Balbecs charakterisiert. Es ist sicher kein Zufall, daß gerade Swann die Aufgabe erhält, den Helden hierüber aufzuklären, denn der Besitzer Tansonvilles spricht ebenso von sich selbst wie von Balbec, wenn er dem Helden das zweifache Gesicht der Kirche erläutert.

47 Die Episode mit Golo würde sich für eine Auslegung nach Jungschem Muster eignen, durch die neben ihrer Bedeutung als präfiguratives Symbol auch ihr kosmologischer Sinn zur Geltung käme. So wie die Figur auf der Projektionsplatte im Roman dargestellt wird, scheint sie uns in der Tat einem Archetypus zu entsprechen, auf den Mircea Eliade aufmerksam gemacht hat. »In der asiatischen und ozeanischen Ikonographie wie auch in der der Indios wird der Übergang von der Finsternis zum Licht, vom Unbestimmten zur Kosmogonie, durch

Masken des Typs *t'ao-t'ieh* dargestellt. Dies ist ein Ungeheuer, das das Licht symbolisiert, oder ein Kind (das als mythischer Vorfahre die Anfänge der ›Menschheit‹ oder den Anfang einer neuen Geschichte symbolisiert).« Mircea Eliade, *Le Symbolisme des ténèbres dans les religions archaïques,* in: *Polarité du symbole,* Paris 1960, S. 19. Wir können hier zwar nicht näher darauf eingehen, aber es ist doch auffallend, daß sich dieser Abschnitt in einem Text findet, der gleichsam eine Anthologie aller ursprünglichen Muster enthält, durch die der Mensch der abendländischen Kultur seinen Ausgangspunkt zu bestimmen suchte: das ursprüngliche Chaos (I, 9), Adam und Eva (I, 11), der Höhlenmensch (I, 12) etc. In diesem »Alten Testament«, das *Le Temps perdu* darstellt, spielt der Anfang von *Combray* eine der biblischen Genesis vergleichbare Rolle. Ein anderer anschaulicher Vergleich, den man heranziehen könnte, ist der mit dem jiddischen »Luftmenschen« (im Original deutsch. Anm. d. Übers.), d. h. mit dem Bild des schwerelosen Juden, der am Rande der Gesellschaft dahinfliegt. Im Rückgriff auf dieses Symbol versucht Lucien Goldman, die Obsession der fliegenden Figur in den Bildern Chagalls zu interpretieren (Vergleiche den Vortrag, den Goldman am 23. Oktober 1967 in Ann Arbor gehalten hat. Die unter dem Titel *Sur la peinture de Chagall,* in: *Annales,* Nr. 4, 1960 veröffentlichte Studie enthält noch nicht den Begriff des »Luftmenschen«).

48 Bis zu dem Augenblick, in dem Swann seinen Irrtum erkennt, präfiguriert dieser Abschnitt seinerseits die Episode in *La Prisonnière,* in dem das Fenster Albertines, wenn es von innen beleuchtet war, einem »magischen Zauberbuch« gleicht, das im Geiste des Helden »exakte, ganz nahe Bilder abzeichnete, in deren Besitz (er) sogleich gelangen würde...« (V, 499). Die Ähnlichkeit zwischen dem Liebesleben Swanns und dem des Helden kommt in den *Jeunes Filles en fleurs* besonders deutlich zum Ausdruck, als Swann davon spricht, daß der eifersüchtige Liebhaber »seine Mätresse das Dasein von Gefangenen führen läßt, die Tag und Nacht im beleuchteten Raum leben müssen, damit er sie beobachten kann. Das gibt dann gewöhnlich ein Drama.« Diese Worte sollten später in den Erinnerungen des Erzählers »einen prophetischen Klang bekommen« (II, 202).

49 Vergleiche auch die Nebeneinanderstellung der beiden Elemente in *Le Côte de Guermantes:* »So begann der Dunstkreis, in dem Madame de Guermantes in mir wohnte, nachdem sie jahrelang nur Widerschein eines Glases der Laterna magica und eines Kirchenfensters gewesen war, gerade zu verblassen, als ganz anders geartete Träume sie mit den feuchten Schauern eines Gebirgsbachs von neuem übersprühten« (III, 12).

50 *Jean Santeuil* in der deutschen Übersetzung von Eva Rechel-Mertens, Frankfurt am Main 1965, Bd. I, S. 177.

51 AR (1), S. 190; (2), S. 171; (9), S. 142; dt. Übers., S. 170.

52 *Trois Lettres inédites au marquis d'Albuféra* (»Drei unveröffentlichte Briefe an den Marquis von Albuféra«), in: *Le Figaro Littéraire*, 9. Juli 1971, S. 16 (Brief vom 7. Mai 1908).

53 Liest man die Ausführungen über Kirchenfenster in den entsprechenden Fachwerken, so kann man den Eindruck gewinnen, daß sich Prousts Beschreibung der Lichtprojektion weniger aus Kindheitserlebnissen speist als vielmehr aus seinen jüngsten Leseerfahrungen über gotische Kunst. Ist nicht beispielsweise der blaue Gürtel der Genoveva von Brabant einer der Figuren der West-Rose in Notre-Dame in Paris entnommen? Es ist möglich, daß nähere Forschungen über die Schriften und Werke, die Proust zum Thema Kirchenfenster hat lesen können, diese hier von uns aufgestellte Hypothese bestätigen würden.

54 Vergleiche auch VII, 341. Proust geht soweit, dieser Betrachtungsweise jede mögliche psychologische Erklärung zu opfern. »Im allgemeinen berücksichtigt der Erzähler eher die Ähnlichkeit seiner Verhaltensmuster als die Gründe für diese Ähnlichkeit. So betrachtet er beispielsweise sein ängstliches Verlangen nach seiner Mutter, das er als Kind hatte, nicht als die Grundlage für sein späteres Verhalten in der Liebe, sondern sieht hierin lediglich die Präfiguration der Liebe, zu der diese Angst ›prädestiniert‹ ist«, schreibt Leo Bersani in: *Marcel Proust: The Fictions of Life and of Art*, New York 1965, S. 114.

55 Dieser Gedanke wird weiter unten wieder aufgegriffen (V, 394). Hier wird Vinteuil mit Wagner verglichen, um die Entwicklung von so »unbedeutenden Stücken wie das ›Lied an den Abendstern‹ oder ›Elisabeths Gebet‹« bis zu *Tristan*, *Rheingold* und den *Meistersingern* aufzuweisen. Allerdings geschieht dies in erster Linie, um den großen Abstand zwischen den Jugendwerken und den Werken des reifen Alters hervorzuheben.

56 Hervorhebungen stammen von uns. Aus Gründen der Klarheit haben wir einige Auslassungen vorgenommen.

57 Den zitierten Beispielen könnte man noch eines aus *La Prisonnière* hinzufügen, das sich in einem Abschnitt findet, in dem von dem kranken und gealterten Bergotte die Rede ist: »So kühlte er fortschreitend immer mehr aus, ein kleiner Planet, der ein vorweggenommenes Bild des anderen, großen bot zu dem Zeitpunkt, wenn nach und nach zuerst die Wärme und endlich auch das Leben sich aus der Erde zurückziehen wird« (V, 272). Vielleicht sollten wir auch folgende Bemerkung in *Un Amour de Swann* festhalten: »... er (Swann) verspürte das Bedürfnis, in einem alten Kunstwerk solche vorgreifenden und verjüngenden Anspielungen auf ganz bestimmte Persönlichkeiten unserer Tage zu erkennen« (I, 332). Aber – welch sonderbare Umkehrung der Dinge! – Swann macht sich diese Sichtweise zu eigen, weil er sich »von der Frivolität der Weltleute« hat erfassen lassen. Das

Aufstellen von Korrespondenzen zwischen der Gegenwart und der Vergangenheit als Ausdruck der oberflächlichen Veranlagung der Person, darin erkennen wir Moses wieder, der sich der Sinnbilder schuldhaft bemächtigte! Zur Erinnerung sei auch noch auf folgende Vergleiche hingewiesen, auf die Adele King aufmerksam macht: Françoise, die über einen »unbestechlichen Kodex« verfügt, der »jener alttestamentarischen Gesetzgebung glich, die... mit übertriebenem Zartgefühl verbietet, das Zicklein in der Milch seiner Mutter zu kochen oder von einem Tier den Schenkelnerv zu essen« (I, 47), und die »sibyllinische Orakel oder Sentenzen so allgemeinen Charakters wie die des Ecclesiasticus« (I,163) hervorbringt, wird einer Jüdin im Alten Testament gleichgestellt, während Tante Léonie, der das *Ich* mehr und mehr ähnelt, für das neue Testament steht (King, S. 86–87). Adele King vergißt, daß der Anspielung auf die alttestamentarische Gesetzgebung ein Abschnitt folgt, in dem Proust hinzufügt, »daß in ihr (Françoise) eine sehr alte... französische (katholische) Vergangenheit fortlebte«, und in dem er von »zarten Steinreliefs« spricht, »die das Wunder des hl. Theophil oder die vier Haimonskinder darstellen« (I, 47). Außerdem berücksichtigt sie nicht die Tatsache, daß der Vergleich zwischen dem *Ich* und der Großtante auf dem neurasthenischen Charakter der alten Dame beruht. Die Gleichung Léonie = Leo (Löwe, Symbol Christi und seiner Auferstehung), die Adele King aufstellt, scheint uns somit nur der Phantasie zu entstammen. Ebenso fällt es schwer zu glauben, daß die Familie der Guermantes allein deshalb das Neue Testament symbolisieren soll, weil die Vorfahren Orianes in einem Kirchenfenster von Combray dargestellt sind, da man doch weiß, daß im Hauptfenster der Kirche Gilbert der Böse abgebildet ist.

58 Im Hinblick auf diese Bemerkung sprach Rainer Maria Rilke als einer der ersten Proustleser von einer »wahren psychoanalytischen Entdekkung«: *Rilke écrit, de Paris à l'aimable Princesse,* in: *Le Figaro Littéraire,* 16. April 1960, S. 12.

59 Auch die folgende Überlegung des Erzählers scheint einem der typologischen Geschichtsbetrachtung gänzlich fremden Denken zu entstammen: »Ganz so, wie ich, wenn ich Cottard oder Brichot und viele andere noch reden hörte, gespürt hatte, daß *auf Grund von Kultur und Mode* eine gleiche Welle durch den gesamten Raum die gleichen Eigenheiten des Sprechens und Denkens fortträgt, wühlen auch während der ganzen Dauer der Zeiten gewaltige Grundwellen aus den Tiefen der Menschenalter die gleichen Regungen des Zornes, der Trauer, der Tapferkeit, die gleichen Manien in immer wieder sich übereinanderschichtenden Generationen auf, wobei jede Unterart, wenn man mehrere Exemplare derselben Serie herausgreift, gleich den Schatten auf immer neu vorbeiziehenden Bildschirmen die Wiederholung eines in sich identischen Bildes ergibt, das allerdings häufig

weniger unbedeutend ist als dasjenige, das Bloch und seinen Schwiegervater, den Vater Bloch und Monsieur Nissim Bernard und andere, die ich nicht gekannt hatte, identischen Formen des Ausdrucks unterworfen zeigte« (VII, 402–403). (Hervorhebungen stammen von uns.) Wir widersprechen an dieser Stelle Adele King, die zu derselben Textstelle folgenden Kommentar gibt: »Ganz wie die mittelalterlichen Theologen sieht er (das *Ich*) in der menschlichen Geschichte eine stete Wiederkehr derselben Typen und Ereignisse durch die Jahrhunderte« op.cit., S. 88.

60 »... die Wesensart, die wir in der zweiten Hälfte unseres Lebens hervorkehren, ist nicht immer – wenn auch häufig – eine dürftigere, vergröberte oder gemilderte Form unserer früheren; sie ist manchmal genau so ›gewendet‹ wie der Stoff bei einem Kleidungsstück« (II, 13).

61 Op. cit., S. 90.

62 Wir beschränken uns auf den Nachweis einer bewußten Übernahme dieses an und für sich anerkannten Schemas. Aber ist in dieser Übernahme nicht auch die unbewußte Verarbeitung eines dunklen Archetypus enthalten? Anlaß zu dieser Vermutung gibt uns die bereits erwähnte Ähnlichkeit zwischen Golo und jenem mythischen Vorfahren, der durch die Maske des Typs *t'ao-t'ieh* symbolisch dargestellt wird. (Vergleiche Anmerkung 47.)

63 *Structure de Swann: Balzac, Wagner et Proust, S. 382.*

64 Ruskin: jeweils in: *Modern Painters, Fors Clavigera* und *Giotto and His Work*. Die Texte werden zitiert in: *La Bible d'Amiens*, S. 227, Anmerkung des Übersetzers.

65 Leo Bersani, op. cit., jeweils S. 237 und 236 (Hervorhebungen stammen von uns.) Cf. auch die ausgezeichnete Untersuchung von John Bovey: »In gewisser Weise findet sich das Geheimnis des gesamten Proustschen Vorgehens in seinen langen, periodischen Sätzen, in denen die Bedeutung solange in der Schwebe bleibt, bis sich die letzte Wendung an der richtigen Stelle befindet und bis das letzte Wort verstanden wurde. Die Fragmente der Vergangenheit, die der Roman wieder hervorbringt, sind alle dazu bestimmt, wie die Teile eines komplexen Satzes, auf die Sensibilität des Autors einzuwirken. Die vollständige Verwirklichung dieser Sensibilität und der Gesellschaft, die durch sie beschrieben und bestimmt wird, ist solange nicht gänzlich erreicht, als er noch nicht seine letzte Erinnerung aus ihrer Behausung jenseits der Zeit hervorgerufen hat«, op. cit., S. 39.

66 Op. cit., S. 217.

67 *Contre l'obscurité*, in: *La Revue Blanche*, Nr. 75, 15. Juli 1896, S. 69–72, wieder aufgenommen in: *Chroniques*, S. 137–45.

68 *Sur l'évolution littéraire (Enquête de Jules Huret)*, in: *Œuvres complètes*, hg. v. Henri Mondor und G. Jean-Aubry, Paris 1945, S. 866–72.

69 Diese Überlegungen wurden durch Philip Kolb, *Proust et Ruskin: nouvelles perspectives*, angeregt, der in dieser Anmerkung »den Ent-

wurf eines Planes« sieht, »der es Proust ermöglichte, die Elemente aus *Jean Santeuil* zu benutzen und zu überarbeiten« S. 271.

70 Op. cit., S. 89f.

Nachweise

Friedrich Ohly – Germanistisches Seminar der Westfälischen Wilhelms-Universität Münster. Veröffentlichungen: *Hohelied-Studien*, Wiesbaden 1958; *Vom geistigen Sinn des Wortes im Mittelalter*, Darmstadt 1966; *Schriften zur mittelalterlichen Bedeutungsforschung*, Darmstadt 1977; *Gesetz und Evangelium. Zur Typologie bei Luther und Lucas Cranach*, Münster 1985. Hg.: *Frühmittelalterliche Studien*, 1971 ff.
Typologie als Denkform der Geschichtsbetrachtung, in: *Natur, Religion, Sprache, Universität*. Universitätsvorträge 1982/83, (Schriftenreihe der Westfälischen Wilhelms-Universität Münster) Heft 7, 1983.

Northrop Frye – Department of English, University of Toronto. Veröffentlichungen: *A study of English Romanticism*, 1968; *The Stubborn Structure* 1970; *The Critical Path* 1971, *The Secular Scripture* 1976; *Spiritus Mundi* 1976.
Typologie als Denkweise und rhetorische Figur, Kapitel aus: N. F., *The Great Code. The Bible and Literature*, London/Melbourne 1982 (Harcourt, Brace, Jovanowich)

Jean Pépin – Centre Nationale de la Recherche Scientifique. Veröffentlichungen: *Mythe et allégorie*, Paris 1958; *Théologie cosmique et théologie chrétienne*, Paris 1964; *Idées grecques sur l'homme et sur Dieu*, Paris 1971.
Die frühe Hermeneutik. Worte und Vorstellungen, in: *Poétique* 23 (1975).
Allegorie und Autohermeneutik, in: Université Libre de Bruxelles, *Morale et Enseignement, Annales de l'Institut de Philosophie et de Sciences morales*, ed. J. Sojcher et G. Hottois, 1984 (vom Autor überarbeitete und erweiterte Fassung).

Jean Daniélou † – Kardinal, Paris. Veröffentlichungen: *Platonisme et théologie mystique*, Paris 1944; *Sacramentum futuri*, Paris 1950; *Théologie du judéo-christianisme*, Tournai 1958.
Auszug aus: *L'Etre et le temps chez Grégoire de Nysse*, Leiden 1970.

Hans Blumenberg – Philosophisches Seminar der Westfälischen Wilhelms-Universität Münster. Veröffentlichungen: *Die Legitimität der Neuzeit*, Frankfurt 1966; *Die Genesis der kopernikanischen Welt*, Frankfurt 1975; *Arbeit am Mythos*, Frankfurt 1979; *Lebenszeit und Weltzeit*, Frankfurt 1986.
Kritik und Rezeption antiker Philosophie in der Patristik. Strukturanalysen zu einer Morphologie der Tradition, in: *Studium Generale*, Jg. 12 (1959), H. 8.

Hans Holländer – Institut für Kunstgeschichte, Rhein.-Westf. Technische Hochschule Aachen. Veröffentlichungen: *Kunst des frühen Mittelalters*, Stuttgart 1969; *Hieronymus Bosch. Weltbilder und Traumwerk*, Köln 1975; *Rudolf Hausner. Werkmonographie*, Offenbach 1985; Hrsg. (mit Christian W. Thomsen): *Studien zur Zeitstruktur und Zeitmetaphorik in Kunst und Wissenschaft*, Darmstadt 1984; Hg. (mit Christian W. Thomsen): *Besichtigung derModerne: Bildende Kunst, Architektur, Musik, Literatur, Religion. Aspekte und Perspektiven – eine Anthologie*, Köln 1987. Originalbeitrag

Paul J. Korshin – Department of English, University of Pennsylvania, Philadelphia. Veröffentlichungen: (ed.) *Studies in Change and Revolution: Aspects of English Intellectual History, 1640–1800* 1972; *From Concord to Dissent: Major Themes in English Poetic Theory, 1640–1700* 1973; *The Eighteenth Century: A Current Bibliography* 1982.
Typologie als System, Kapitel aus: P. J. K. *Typologies in England 1650–1820*; Princeton University Press 1982.

Thomas Borgstedt – Johann Wolfgang Goethe-Universität Frankfurt. Originalbeitrag

Thomas M. Davis – Department of English, Kent State University. Veröffentlichungen: *Edward Taylor on the Day of Judgment* 1972. *Edward Taylor's Church Records & Related Sermons etc.* (3 Bde.), 1981
Die Traditionen puritanischer Typologie, in: Sacvan Bercovitch (ed.), *Typology and Early American Literature*, 1972.

Sacvan Bercovitch – Harvard University, Department of English and American Literature and Language, Cambridge/Mass. Veröffentlichungen: *The Puritan Origins of the American Self*, New Haven/London 1975; *The American Jeremiad*, Madison/Wis. 1978; (ed.) *Typology and Early American Literature*, 1972.
Die Typologie der Bestimmung Amerikas, in: *American Quarterly*, Vol. XXX, Nr. 2, 1978.

Henri de Lubac – Theologische Fakultät Lyon – Fourrières; Kardinal, Paris. Veröffentlichungen: *Exégèse médiévale*, Paris 1959; *Geist und Geschichte*, Einsiedeln 1968; *La Foi chrétienne*, Paris 1970; *La postérité spirituelle de Joachim de Fiore*, 2 Bde., Paris 1979 u. 1981.
Kapitel aus *La postérité spirituelle de Joachim de Fiore. Tome I.: De Joachim à Schelling*, Paris (Editions Lethielleure) 1979.

Karl Keller † – Department of English, San Diego State University. Veröffentlichungen: *The Example of Edward Taylor*, 1975; *The Only Kangaroo Among the Beauty: Emily Dickinson and America*, Johns Hopkins University Press 1979.
Alephs, Zahirs und der Triumph der Ambiguität – Typologie in der amerikanischen Literatur des 19. Jahrhunderts, in: Earl Miner (ed.) *Literary Uses of Typology from the Late Middle Ages to the Present*, Princeton University Press 1977.

Marcel Muller – Department of Romance Languages, University of Michigan, Ann Arbor. Veröffentlichungen: *Les voix narratives dans ›A la recherche du temps perdu‹*, Genf 1965.
Präfiguration und Denkstruktur in »A la recherche du temps perdu«, French Forum, Lexington Kentucky, 1982.

Zu ›Poetik. Internationale Beiträge‹

Die Reihe *Poetik* will mit ihrer Konzeption einigen strukturellen und inhaltlichen Mißlichkeiten der poetologischen Diskussion abhelfen.

Es dürfte unbestritten sein, daß sich die Planung ebenso wie die Nutzung geisteswissenschaftlicher Publikationen in der jüngsten Vergangenheit immer stärker ausdifferenziert und spezialisiert hat, so daß der in der Theorie gepriesene Gesichtspunkt der Interdisziplinarität in der Praxis der Lernenden und Lehrenden kaum zu wirklicher Geltung kommt. Sogar innerhalb einzelner Disziplinen sind analoge Tendenzen zu beobachten: nicht nur, daß – um ein Beispiel zu geben – der Literaturwissenschaftler sich nach wie vor schwer tut, Einblick in die für ihn relevanten Debatten in der Philosophie, Soziologie, Psychologie, Geschichte und Kunstgeschichte, Theologie usw. zu erlangen; er wird sogar in der Regel empfinden, daß er nur unzureichend über die Entwicklung in den verschiedenen Philologien orientiert ist. Dies leistet zwei Tendenzen Vorschub: zum einen befördert es, rekursiv verstärkend, eben jene Spezialisierung und faktische Zerrissenheit; zum anderen verschafft es periodisch gerade solchen Diskussionsgesichtspunkten unangemessene Aufmerksamkeit, die jeweils schlaglichtartig, kurzfristig fokusbildend, ordnende Funktion wahrzunehmen versprechen. Dies aber erzeugt lediglich den Schein einer interdisziplinären Orientierung.

Ganz ähnlich läßt sich der Zustand unter dem Aspekt der Internationalität beschreiben. Gewiß wird der spezialisierte Wissenschaftler die internationale Diskussion auf seinen eigenen Forschungsgebieten zu überblicken suchen; und er wird ebenfalls zur Kenntnis nehmen, auf welche Weise Themen und Methoden in der internationalen Diskussion Bedeutung gewinnen oder verlieren. Es ist aber unverkennbar, daß auch in dieser Hinsicht das Verhältnis zwischen der spezialisierten Arbeit und den allgemein-aktuellen Forschungsfragen sich oft als beliebig (oder erzwungen) darstellt. Darüber hinaus sehen wir immer wieder, daß internationale Beiträge grundsätzlichen Anspruchs, die allenthalben rasch wahrgenommen werden müßten, viel zu spät, und also in völlig verändertem Kontext wirksam werden. Dies kann für bekannte und weniger bekannte Autoren, für prominente wie vernachlässigte Gegenstände gelten – ein Umstand, dem die Konzeption der Reihe ebenso wie der einzelnen Bände Rechnung zu tragen hat.

Besondere Aufmerksamkeit gilt, nach dem Gesagten, den Aspekten der Internationalität und der Interdisziplinarität; insofern ist das Vorhaben im Grunde eine Selbstverständlichkeit – und also ebenso bescheiden wie anspruchsvoll.

Die Einzelbände sollen eine Mischung aus Sammelband und Zeitschrift darstellen; eine Form, die Gliederung und Konzentration erlaubt, ohne die nötige Spannweite und Offenheit einzuschränken. Die Bände setzen sich in der Regel aus Übersetzungen bereits veröffentlichter Arbeiten, aus Vorträgen, Teilabdrucken (auch im Entstehen begriffener Arbeiten) und Originalbeiträgen zusammen. Das Rahmenthema jedes Bandes soll die publizistisch-informative Funktion der Reihe, international bedeutsame poetologische Beiträge in die hiesige Diskussion einzuführen, durch einen sachlich begründeten Orientierungsgesichtspunkt unterstützen und präzisieren. Mit Hilfe der Themenplanung, der Auswahl und Anordnung der Beiträge wollen Herausgeber und Redaktion Diskussionen nicht nur dokumentieren, sondern auch fördern; Kontinuität, Resonanz und Korrespondenz nicht nur aufweisen, sondern auch schaffen. Das wird sich u. a. auch darin äußern, daß verdrängte und vergessene Ansätze gelegentlich den Vorzug vor der Tagesaktualität erhalten. V. B.

Poetik
Band 3:

Bildlichkeit

enthält u. a.:

Michel de Certeau
Das Geheimnis eines Blicks

Gilles Deleuze
Im Jahr Null: Das Wesen des Gesichts

Jean-Luc Nancy
Larvatus pro Deo

Massimo Cacciari
Der versiegelte Engel

W. J. T. Mitchell
Was ist ein Bild?

C. Christopher Soufas
›Esto si que es leer‹ – Wie man lernt, Goyas ›Capriccios‹ zu lesen

Renée Riese Hubert
Max Ernst – Die Verdrängung des Sichtbaren und des Sprachlichen

Wendy Steiner
Williams Brueghel – An interartistic Analysis

Dan Cameron
Die Kunst und ihr Doppel

edition suhrkamp
Eine Auswahl

Abelshauser: Wirtschaftsgeschichte der Bundesrepublik Deutschland (1945-1980). NHB. es 1241
Abendroth: Ein Leben in der Arbeiterbewegung. es 820
Achebe: Okonkwo oder Das Alte stürzt. es 1138
Adam/Moodley: Südafrika. es 1369
Adorno: Eingriffe. Neun kritische Modelle. es 10
– Gesellschaftstheorie und Kulturkritik. es 772
– Jargon der Eigentlichkeit. Zur deutschen Ideologie. es 91
– Kritik. Kleine Schriften zur Gesellschaft. es 469
– Ohne Leitbild. Parva Aesthetica. es 201
– Stichworte.
Kritische Modelle 2. es 347
– Zur Metakritik der Erkenntnistheorie. es 590
Das Afrika der Afrikaner. Gesellschaft und Kultur Afrikas. Hg. von R. Jestel. es 1039
Anderson: Die Entstehung des absolutistischen Staates. es 950
– Von der Antike zum Feudalismus. es 922
Andréa: M.D. es 1364
Arbeitslosigkeit in der Arbeitsgesellschaft. es 1212
Aus der Zeit der Verzweiflung. Zur Genese und Aktualität des Hexenbildes. es 840
Bachtin: Die Ästhetik des Wortes. es 967
Barthes: Elemente der Semiologie. es 1171
– Kritik und Wahrheit. es 218
– Leçon/Lektion. es 1030
– Literatur oder Geschichte. es 303
– Michelet. es 1206
– Mythen des Alltags. es 92
– Das Reich der Zeichen. es 1077
– Die Sprache der Mode. es 1318
Beck: Risikogesellschaft. es 1365
Jürgen Becker: Ränder. es 351
– Umgebungen. es 722
Beckett: Fin de partie. Endspiel. es 96
– Flötentöne. es 1098
– Mal vu, mal dit. Schlecht gesehen, schlecht gesagt. es 1119
Samuel Beckett inszeniert Glückliche Tage. es 849
Benjamin: Aufklärung für Kinder. es 1317
– Briefe. 2 Bde. es 930
– Das Kunstwerk im Zeitalter seiner technischen Reproduzierbarkeit. es 28
– Moskauer Tagebuch. es 1020
– Das Passagen-Werk. 2 Bde. es 1200
– Über Kinder, Jugend und Erziehung. es 391
– Versuche über Brecht. es 172
– Zur Kritik der Gewalt und andere Aufsätze. es 103
Bernhard: Die Billigesser. es 1006
– Ein Fest für Boris. es 440
– Prosa. es 213
– Ungenach. Erzählung. es 279
– Watten. Ein Nachlaß. es 353
Bertaux: Hölderlin und die Französische Revolution. es 344
Biesheuvel: Schrei aus dem Souterrain. es 1179

3/1/6.87

Blick übers Meer. Chinesische Erzählungen aus Taiwan. es 1129
Bloch: Kampf, nicht Krieg. Politische Schriften 1917-1919. es 1167
Boal: Theater der Unterdrückten. es 987
Böhme: Prolegomena zu einer Sozial- und Wirtschaftsgeschichte Deutschlands. es 253
Böni: Alvier. Erzählungen. es 1146
Bohrer: Plötzlichkeit. es 1058
Bond: Gesammelte Stücke 1/2. es 1340
Bottroper Protokolle, aufgezeichnet von Erika Runge. es 271
Botzenhart: Reform, Restauration, Krise. Deutschland 1789-1847. NHB. es 1252
Bovenschen: Die imaginierte Weiblichkeit. es 921
Brandão: Kein Land wie dieses. es 1236
Brasch: Engel aus Eisen. es 1049
Braun: Berichte von Hinze und Kunze. es 1169
Brecht: Der aufhaltsame Aufstieg des Arturo Ui. es 144
– Aufstieg und Fall der Stadt Mahagonny. es 21
– Ausgewählte Gedichte. es 86
– Baal. Drei Fassungen. es 170
– Baal. Der böse Baal der asoziale. es 248
– Das Badener Lehrstück. Die Rundköpfe. Die Ausnahme. es 817
– Der Brotladen. Ein Stückfragment. es 339
– Buckower Elegien. es 1397
– Die Dreigroschenoper. es 229
– Einakter und Fragmente. es 449
– Furcht und Elend des Dritten Reiches. es 392
– Gesammelte Gedichte. 4 Bde. es 835 – es 838
– Gedichte und Lieder aus Stükken. es 9
– Die Geschäfte des Herrn Julius Caesar. es 332
– Die Gesichte der Simone Machard. es 369
– Die Gewehre der Frau Carrar. es 219
– Der gute Mensch von Sezuan. es 73
– Die heilige Johanna der Schlachthöfe. es 113
– Herr Puntila und sein Knecht Matti. Volksstück. es 105
– Im Dickicht der Städte. es 246
– Der Jasager und Der Neinsager. es 171
– Der kaukasische Kreidekreis. es 31
– Kuhle Wampe. es 362
– Leben des Galilei. es 1
– Leben Eduards des Zweiten von England. es 245
– Mann ist Mann. es 259
– Die Maßnahme. es 415
– Mutter Courage und ihre Kinder. es 49
– Die Mutter. es 200
– Gesammelte Prosa. 4 Bde. es 182 – es 185
– Schweyk im zweiten Weltkrieg. es 132
– Stücke. Bearbeitungen. 2 Bde. es 788/789
– Die Tage der Commune. es 169
– Tagebücher 1920-1922. Autobiographische Aufzeichnungen 1920-1954. es 979
– Trommeln in der Nacht. es 490
– Der Tui-Roman. es 603

3/2/6.87

– Über den Beruf des Schauspielers. es 384
– Über die bildenden Künste. es 691
– Über experimentelles Theater. es 377
– Über Lyrik. es 70
– Über Politik auf dem Theater. es 465
– Über Politik und Kunst. es 442
– Über Realismus. es 485
– Das Verhör des Lukullus. Hörspiel. es 740
Brecht-Journal. es 1191
Brecht-Journal 2. es 1396
Brunkhorst: Der Intellektuelle im Lande der Mandarine. es 1403
Buch: Der Herbst des großen Kommunikators. es 1344
– Waldspaziergang. es 1412
Bürger: Theorie der Avantgarde. es 727
Buro/Grobe: Vietnam! Vietnam? es 1197
Celan: Ausgewählte Gedichte. Zwei Reden. es 262
Cortázar: Letzte Runde. es 1140
– Reise um den Tag in 80 Welten. es 1045
Deleuze/Guattari: Kafka. Für eine kleine Literatur. es 807
Deleuze/Parnet: Dialoge. es 666
Derrida: Die Stimme und das Phänomen. es 945
Determinanten der westdeutschen Restauration 1945-1949. Von H.-U. Huster u. a. es 575
Ditlevsen: Gesichter. es 1165
– Sucht. Erinnerungen. es 1009
– Wilhelms Zimmer. es 1076
Takeo Doi: Amae. Freiheit in Geborgenheit. es 1128
Dorst: Toller. es 294
Dubiel: Was ist Neokonservatismus? es 1313
Duerr: Satyricon. Essays und Interviews. es 1346
– Traumzeit: es 1345
Duras: Sommer 1980. es 1205
Duras/Porte: Die Orte der Marguerite Duras. es 1080
Eco: Zeichen. es 895
Eich: Botschaften des Regens. Gedichte. es 48
Elias: Humana conditio. es 1384
Enzensberger: Blindenschrift. es 217
– Deutschland, Deutschland unter anderm. es 203
– Einzelheiten I. Bewußtseins-Industrie. es 63
– Einzelheiten II. Poesie und Politik. es 87
– Die Furie des Verschwindens. Gedichte. es 1066
– Landessprache. Gedichte. es 304
– Palaver. Politische Überlegungen (1967-1973). es 696
– Das Verhör von Habana. es 553
– Der Weg ins Freie. Fünf Lebensläufe. es 759
Esser: Gewerkschaften in der Krise. es 1131
Faszination der Gewalt. Friedensanalysen 17. es 1141
Feminismus. Hg. v. Luise F. Pusch. es 1192
Feyerabend: Erkenntnis für freie Menschen. es 1011
– Wissenschaft als Kunst. es 1231
Foucault: Psychologie und Geisteskrankheit. es 272
Fragment und Totalität. Hg. v. Dällenbach und Hart Nibbrig. es 1107
Frank: Der kommende Gott. es 1142

3/3/6.87

3/4/6.87

Bd. 5 Gesammelte Gedichte. Anna Livia Plurabelle. es 1438
Bd. 6 Finnegans Wake. Englischsprachige Ausgabe. es 1439
Hans Wollschläger liest »Ulysses«. es 1105
Mat. zu Joyces »Ein Porträt des Künstlers als junger Mann«. Hg. von K. Reichert und F. Senn. es 776
Kantowsky: Indien. es 1424
Kapitalistische Weltökonomie. Hg. von D. Senghaas. es 980
Marx: Die ethnologischen Exzerpthefte. es 800
Kenner: Ulysses. es 1104
Kindheit in Europa. Hg. von H. Hengst. es 1209
Kipphardt: In der Sache J. Robert Oppenheimer. es 64
Kirchhof: Body-Building. es 1005
Kluge: Gelegenheitsarbeit einer Sklavin. es 733
– Lernprozesse mit tödlichem Ausgang. es 665
– Neue Geschichten. Hefte 1-18. es 819
– Schlachtbeschreibung. es 1193
Kluge: Die deutsche Revolution 1918/1919. NHB. es 1262
Kolbe: Abschiede und andere Liebesgedichte. es 1178
– Hineingeboren. Gedichte 1975-1979. es 1110
Konrád: Antipolitik. es 1293
Kriegsursachen. Friedensanalysen 21. es 1238
Krippendorff: Staat und Krieg. es 1305
Kristeva: Die Revolution der poetischen Sprache. es 949
Kroetz: Bauern sterben. es 1388
– Frühe Prosa/Frühe Stücke. es 1172
– Furcht und Hoffnung der BRD. es 1291
– Mensch Meier. es 753
– Nicht Fisch nicht Fleisch. es 1094
– Oberösterreich. es 707
– Stallerhof. es 586
– Heimarbeit. es 473
Krolow: Ausgewählte Gedichte. es 24
Laederach: Fahles Ende kleiner Begierden. es 1075
Lefebvre: Einführung in die Modernität. es 831
Lehnert: Sozialdemokratie zwischen Protestbewegung und Regierungspartei 1848 bis 1983. NHB. es 1248
Lem: Dialoge. es 1013
Hermann Lenz: Leben und Schreiben. Frankfurter Vorlesungen. es 1425
Leroi-Gourhan: Die Religionen der Vorgeschichte. es 1073
Lessenich: »Nun bin ich die niemals müde junge Hirschfrau oder der Ajilie-Mann«. es 1308
Leutenegger: Lebewohl, Gute Reise. es 1001
– Das verlorene Monument. es 1315
Lévi-Strauss: Das Ende des Totemismus. es 128
– Mythos und Bedeutung. es 1027
Die Listen der Mode. Hg. von S. Bovenschen. es 338
Literatur und Politik in der Volksrepublik China. Hg. von R. G. Wagner. es 1151
Löwenthal: Mitmachen wollte ich nie. es 1014
Logik des Herzens. Hg. von G. Kahle. es 1042

3/5/6.87

Lohn: Liebe. Zum Wert der Frauenarbeit. Hg. von A. Schwarzer. es 1225
Lukács: Gelebtes Denken. es 1088
Maeffert: Bruchstellen. es 1387
Männersachen. Hg. von H.-U. Müller-Schwefe. es 717
Mandel: Marxistische Wirtschaftstheorie 1/2. es 595/596
– Der Spätkapitalismus. es 521
Marcus: Umkehrung der Moral. es 903
Marcuse: Ideen zu einer kritischen Theorie der Gesellschaft. es 300
– Konterrevolution und Revolte. es 591
– Kultur und Gesellschaft 1. es 101
– Kultur und Gesellschaft 2. es 135
– Versuch über die Befreiung. es 329
– Zeit-Messungen. es 770
Gespräche mit Herbert Marcuse. es 938
Mattenklott: Blindgänger. es 1343
Hans Mayer: Anmerkungen zu Brecht. es 143
– Gelebte Literatur. Frankfurter Vorlesungen. es 1427
– Versuche über die Oper. es 1050
Mayröcker: Magische Blätter. es 1202
– Magische Blätter II. es 1421
McKeown: Die Bedeutung der Medizin. es 1109
Medienmacht im Nord-Süd-Konflikt: Friedensanalysen 18. es 1166
Christian Meier: Die Ohnmacht des allmächtigen Dictators Caesar. es 1038
Menninghaus: Paul Celan. es 1026
– Schwellenkunde. es 1349
Menzel/Senghaas: Europas Entwicklung und die Dritte Welt. es 1393
Milosz: Zeichen im Dunkel. es 995
Mitscherlich: Freiheit und Unfreiheit in der Krankheit. es 505
– Krankheit als Konflikt 1. es 164
– Krankheit als Konflikt 2. es 237
– Die Unwirtlichkeit unserer Städte. es 123
Mitterauer: Sozialgeschichte der Jugend. NHB. es 1278
Moderne chinesische Erzählungen. 2 Bde. es 1010
Möller: Vernunft und Kritik. NHB. es 1269
Moser: Eine fast normale Familie. es 1223
– Der Psychoanalytiker als sprechende Attrappe. es 1404
– Romane als Krankengeschichten. es 1304
Muschg: Literatur als Therapie? es 1065
Die Museen des Wahnsinns und die Zukunft der Psychiatrie. es 1032
Mythos ohne Illusion. Mit Beiträgen von J.-P. Vernant u.a. es 1220
Mythos und Moderne. Hg. von K.H. Bohrer. es 1144
Nakane: Die Struktur der japanischen Gesellschaft. es 1204
Nathan: Ideologie, Sexualität und Neurose. es 975
Der Neger vom Dienst. Afrikanische Erzählungen. Hg. von R. Jestel. es 1028

3/6/6.87

3/7/6.87

Sloterdijk: Der Denker auf der Bühne. es 1353
– Kopernikanische Mobilmachung. es 1375
– Kritik der zynischen Vernunft. 2 Bde. es 1099
Sport-Eros-Tod. es 1335
Staritz: Geschichte der DDR. NHB. es 1260
Stichworte zur »Geistigen Situation der Zeit«. Hg. von J. Habermas. 2 Bde. es 1000
Struck: Kindheits Ende. es 1123
– Klassenliebe. es 629
Szondi: Theorie des modernen Dramas. es 27
Techel: Es kündigt sich an. Gedichte. es 1370
Tendrjakow: Sechzig Kerzen. es 1124
Theorie des Kinos. Hg. von K. Witte. es 557
Thiemann: Schulszenen. es 1331
Thompson: Entstehung der englischen Arbeiterklasse. 2 Bde. es 1170
Thränhardt: Geschichte der Bundesrepublik Deutschland. NHB. es 1267
Tiedemann: Studien zur Philosophie Walter Benjamins. es 644
Todorov: Die Eroberung Amerikas. es 1213
Treichel: Liebe Not. Gedichte. es 1373
Trotzki: Denkzettel. es 896
Vernant: Die Entstehung des griechischen Denkens. es 1150
– Mythos und Gesellschaft im alten Griechenland. es 1381
Versuchungen. Aufsätze zur Philosophie Paul Feyerabends. Hg. von H. P. Duerr. Band 1/2. es 1044/1068
Verteidigung der Schrift. Kafkas ›Prozeß‹. Hg. von F. Schirrmacher. es 1386
Vom Krieg der Erwachsenen gegen die Kinder. Friedensanalysen 19. es 1190
Martin Walser: Eiche und Angora. es 16
– Ein fliehendes Pferd. Theaterstück. es 1383
– Die Gallistl'sche Krankheit. es 689
– Geständnis auf Raten. es 1374
– Heimatkunde. es 269
– Lügengeschichten. es 81
– Selbstbewußtsein und Ironie. Frankfurter Vorlesungen. es 1090
– Wer ist ein Schriftsteller? es 959
– Wie und wovon handelt Literatur. es 642
Wehler: Grundzüge der amerikanischen Außenpolitik 1750–1900. NHB. es 1254
Peter Weiss: Abschied von den Eltern. es 85
– Die Besiegten. es 1324
– Fluchtpunkt. es 125
– Gesang vom Lusitanischen Popanz. es 700
– Das Gespräch der drei Gehenden. es 7
– Der neue Prozeß. es 1215
– Notizbücher 1960-1971. 2 Bde. es 1135
– Notizbücher 1971-1980. 2 Bde. es 1067
– Rapporte. es 276
– Rapporte 2. es 444
– Der Schatten des Körpers des Kutschers. es 53
– Stücke 1. es 833
– Stücke II. 2 Bde. es 910

3/8/6.87

– Die Verfolgung und Ermordung Jean Paul Marats. es 68
Peter Weiss im Gespräch. Hg. von R. Gerlach und M. Richter. es 1303
Wellershoff: Die Auflösung des Kunstbegriffs. es 848
Die Wiederkehr des Körpers. Hg. von D. Kamper und Ch. Wulf. es 1132
Winkler: Die Verschleppung. es 1177
Wippermann: Europäischer Faschismus im Vergleich (1922-1982). NHB. es 1245
Wirz: Sklaverei und kapitalistisches Weltsystem. NHB. es 1256
Wissenschaft im Dritten Reich. Hg. von P. Lundgreen. es 1306
Wittgenstein: Tractatus logico-philosophicus. es 12
Wünsche: Der Volksschullehrer Ludwig Wittgenstein. es 1299
Zimmermann: Vom Nutzen der Literatur. es 885
Ziviler Ungehorsam im Rechtsstaat. Hg. von P. Glotz. es 1214

3/9/6.87

204/1/8.87

204/2/8.87